世界传世藏书 图文珍藏版

世界上下五千年

马博◎主编

线装書局

诺曼底登陆

　　苏德战争爆发后,苏、美、英3国曾多次商讨在西欧开辟第二战场,共同打击希特勒德国的问题。几经周折,直到1943年11月苏、美、英3国首脑在德黑兰会议上,才最后达成协议,确定开辟第二战场的日期不迟于1944年5月1日,届时苏军将发动大规模进攻相配合。1943年12月7日,艾森豪威尔被任命为盟军最高司令,统一指挥盟军在西欧的登陆作战,并在伦敦市郊的布歇公园区设立盟国远征军最高统帅部。1944年初,盟军开始进行登陆作战的准备工作。

诺曼底登陆

　　1944年上半年的世界形势,对盟军在西欧登陆开辟战场极为有利。在亚洲太平洋战场,日本陆军深陷中国大陆,海、空军也在太平洋上连遭失败,日本政府自顾不暇,无力与德国进行战略配合。在意大利战场,由于意大利政府投降,德国不得不把大批兵力部署在那里,以对付美、英军队的进攻。在苏德战场,苏军已经发动了大规模的战略进攻,法西斯德军一再溃退,希特勒不得不把大量预备队的西线兵力调去阻止苏军的推进。在西欧各国,大规模的反法西斯运动正蓬勃发展,各国人民展开了反对占领制度的武装斗争,德军在各占领国已立脚不稳。6月底以前,仅在法国就有近50万人在进行反对法西斯占领军的战斗,有的城市正在酝酿起义。在地中海和大西洋,盟军已控制了那里的海上通道。所有这些,都为盟军在西欧登陆开辟第二战场提供了最有利的条件。

　　盟军开辟第二战场总的企图是,在法国西北部登陆,夺占登陆场和港口,保障主力上陆和后勤供应,然后发动攻势占领整个法国西北部地区,并与在法国南部登陆的部队配合,向德国内地进攻,协同苏军最后战胜法西斯德国。盟军认为,在法国西北部有三处比较合适的登陆地区,即康斯坦丁半岛、诺曼底地区和加来地区。从康斯坦丁半岛登陆虽易成功,但该半岛地形狭窄,登陆后不易展开兵力向纵深发展进攻。加来地区距英国海岸最近点只有33公里,有其登陆的有利条件,但该地区距英国海港较远,运送人员和物资不便,同时又是德军重点设防地区,登陆必遭激烈抵抗。加之这一地区缺乏内陆通道,即使登陆成功,也不易向纵深发展。诺曼底地区与另两个地区相比,登陆条件优越得多。这里沿海地势开阔,可同时展开26至30个师,距英国西南海岸的各大港口较近,便于输送部队和运送物资,德军在这里兵力薄弱,登陆容易成功。这里虽然缺乏良港,但可用人造港补救。因此,盟军在权衡利弊后决定把在法国西北部登陆地区选在诺曼底,规定登陆作战的代号为"霸王"(登陆阶段代号为"海王")。

　　为了确保在诺曼底登陆成功,盟军进行了周密的准备工作。参加战役的盟军共36个师,总兵力约288万人,其中陆军为153万人;空军飞机1.37万余架,其中轰炸机5800架、战斗机4900架、运输机(包括滑翔机)300架;海军各型舰艇9000余艘,其中登陆艇4000艘。地面部队编为4个集团军。美第1集团军、英第2集团军和加拿大第1集团军组成第21集团军群,由英军蒙哥马利将军指挥,美第3集团军直属远征军总部。登陆前对诺曼底地区进行了长期空中侦察,查明了德军海岸防御配系、预备队集结地域、弹药和补给品贮存位置,以及纵深内交通枢纽、桥梁、机场和军工生产基地的位置,并于登陆前50天就开始轰炸上述目标,摧毁德军海岸防御配系,削弱德军空军力量,破坏德国军工生产能力。为了在登陆地点和时机上迷惑德军,盟军进行了一系列战役伪装。例如,在加来地区所投炸弹吨数比在诺曼底地区所投炸弹超过2倍;登陆前对加来地区德军海岸炮兵阵地、防御支撑点及其他防御设施进行了集中轰炸,在加来海峡的英国海港设置了大量假登陆艇和假的物资器材堆积场,并以一部兵力在加来当面运动。这些伪装措施给德军造成了错觉,以为盟军要在加来地区登陆,从而忽视了对诺曼底地区的防御。盟军还对天气、水文进行了周密的调查,并进行了大规模的登陆预演,以保障登陆成功。

　　希特勒为了预防盟军在西欧登陆,曾下令从挪威到西班牙修筑一道由坚固支撑点构成的"大西洋壁垒"。但由于工程量过大,到1943年末还远远没有完成。德军统帅部判断,盟军可能在1944年进攻西欧,并认为盟军在西欧登陆可能会带来两种后果:一是造成德军的总崩溃;二是成为德军扭转败局的好时机。如果不能击退盟军的登陆部队,就可能导致前一种结果。但倘若能一举歼灭盟军的登陆部队,就会使盟军与苏军两面夹击的企图破产,德军就可腾出50个师的兵力加强东线,从而阻止住苏军的进攻。为争取达成后一种结果,德军研究制定了抗登陆的方针,即集中大部兵力、兵器于敌人可能登陆的主要方向上,对已登陆的敌军实施决定性的反突击,一举歼灭登陆之敌。为此,德军必须在漫长的海岸线上确定一个盟军可能突击登陆的主要方向。希特勒本人和德军总参谋部都认为,盟军将横渡加来海峡在加来地区登陆,向法国东北沿海地区实施主要突击。德军根据这一判断进行了部署。这时,德军在法、比、荷的兵力有"B"集团军群(司令隆美尔元帅)、"G"集团军群和独立第 88 军,共 60 个师(含统帅部预备队 4 个师),飞机 450 架、舰艇 301 艘,统由龙德斯泰特元帅指挥。"B"集团军群辖第 15、第 7 集团军共 39 个师,其中第 15 集团军 23 个师(14 个海防师、4 个步兵师、5 个装甲师)配置在加来地区 900 公里的海岸线上。其余部队都分散地配置在荷兰、诺曼底地区、康斯坦丁半岛和布列塔尼半岛沿海地区。诺曼底地区只部署了第 7 集团军的 6 个师又 3 个团,地面部队兵力不超过 9 万人,"G"集团军群共 17 个师,防守法国南部和西南部海岸。在加来地区,德军沿海岸修筑了一道纵深 5~6 公里的防御地带,设有岸炮阵地以及由坦克陷阱、防坦克壕、钢筋混凝土隐蔽部构成的坚固支撑点,各支撑点之间敷设有大量地雷和障碍物。水中设置了障碍物和水雷区。诺曼底地区的海防工事远不如加来地区。这里只构筑了若干个独立支撑点,且大部是野战工事,纵深内只设置了防空降障碍物。

1944 年 6 月 6 日晨,盟军利用涨潮时机和刚刚出现的暂短的好天气,开始在诺曼底地区登陆。在登陆兵登陆前 4 至 5 小时,美空降第 82、第 101 师和英第 6 师在登陆地域两翼距海岸 10 至 15 公里的纵深处实施了空降,占领登陆地域内的交通枢纽、渡口、桥梁和其他设施,配合了登陆兵登陆。美第 1 集团军所属第 7 军步兵第 4 师、第 5 军步兵第 1 师(配属 1 个团)和英第 2 集团军所属第 30 军步兵第 50 师(加强 1 个装甲旅和 1 个突击营、第 1 军步兵第 3 师及加拿大步兵第 3 师其他部队)参加了登陆作战。6 日 5 时,盟军开始火力准备。一个半小时之后,美、英军第 1 批登陆部队陆续登陆。由于盟军掌握着制空权,德军抗登陆的准备又不足,所以登陆部队未遇德军强大的反击,日终前已夺占了数个纵深 8 至 10 公里的登陆场。但各登陆场未建立起联系。有的地段,登陆兵上陆的速度非常缓慢,有的师在 6 日日终只前进了 1.6 公里。从 6 月 7 日起,登陆部队开始建立统一登陆场。经过激战后,于 6 月 12 日各登陆场连成一片,正面宽约 80 公里,纵深 12~18 公里。

这时,德国为了干扰和阻止盟军大批上陆,迫使美、英妥协,使用了所谓"新式秘密武器"V-1 型飞弹。(这是一种小型火箭,总重量 2300 公斤,弹头炸药量为 850 至 1000 公斤,最大时速 240 公里,最大射程 280 公里,可由地面发射架或由飞机载运发射。由于飞行中发出可怕的声响,因而也叫"嗡嗡飞弹"。8 月初,德国还使用了射程为 350 公里,时速 5800 公里的 V-2 型火箭。)6 月 12 日,第 1 枚飞弹落入伦敦。同时,德军统帅部还调来 4 个师先后投入战斗。但德军采取的这些措施,对盟军登陆没有产生多大影响。从 6 月中旬起,盟军开始扩大登陆场。盟军在扩大登陆场的战斗中,于 6 月 21 日包围了瑟堡,并于 26 日攻占了该港城,从而使登陆部队的物资供应有了保障。6 月底,盟军占领了正面 100 公里、纵深 50 公里的登陆场。7月底,盟军已有13个美国师、11个英国师和1个加拿大师,100万人在诺曼底登陆场登陆,有近56.7万吨物资和17.2万辆车辆被运送上岸,而这时在那里抵抗的德军只有13个师。7月9日,英军攻占了卡昂西北部,至7月18日完全占领该城。与此同时,向圣洛方向进攻的盟军占领圣洛,从而在西欧大陆上建立起从卡昂,经科蒙、圣洛,一直延伸到来赛的稳固战线。至此,盟军已具备了收复西欧大陆的条件。从6月6日到7月18日,德军伤亡11.7万人,盟军伤亡12.2万人。

诺曼底登陆战役,是第二次世界大战中规模最大的一次登陆战役。这次登陆作战历时43天,主要特点是:第一,战前进行了长期周密的准备。战役准备时间长达半年之久。兵力与物资器材准备充足,对登陆地区的天气、水文、地形调查清楚,战役伪装成功,为保障登陆提供了必要的条件。第二,登陆是在掌握绝对制空制海权的条件下实施的。在整个登陆战役过程中,盟军可能使用的各型飞机1万余架,而德军不超过500架,盟军空军超过德军空军实力20倍。因而盟军能在登陆前和登陆过程中以强大的航空兵进行猛烈的轰炸。仅在航空火力准备阶段,就在整个登陆正面上投下了1万吨炸弹,平均每公里正面达100吨,这对于摧毁德军海岸防御,掩护登陆兵上陆起了重要作用。第三,有大规模空降相配合。登陆前在德军防御战术纵深内同时空降了3个师,支援了登陆兵上陆和扩大登陆场的战斗。第四,采取了严密的伪装措施。盟军出敌不意地选定登陆地区,荫蔽地进行战役准备,以及在加来地区当面进行佯动等措施,使德军错误地判断了主要登陆方向。德军把大量兵力配置在加来地区,而在诺曼底地区部署兵力较少,使盟军登陆得以成功。

粉碎德军在阿登地区的反扑

1944年12月,战争已逼近德国本土,法西斯德国已濒临灭亡。这时,希特勒孤注一掷,在阿登地区发动了一次大规模反击。德军这次反击的目的是,打破盟军新的进攻计划,进而挫败荷兰、比利时境内的盟军,扭转西线的不利局势,摆脱困境,以便抽出兵力去东线与苏军作战。德军计划在蒙绍、埃赫特纳赫盟军防御薄弱的地段上实施突破,在列日和那慕尔一线强渡马斯河,尔后向安特卫普方向发展进攻,断绝盟军的后方供应,分割并歼灭荷、比境内的盟军。

1944年12月中旬,德军在阿登地区集中了"B"集团军群的党卫坦克第6集团军、坦克第5集团军和第7野战集团军,共25个师(其中7个坦克师),25万人、火炮和迫击炮2617门、坦克和自行火炮900辆、飞机800架。为加强进攻集团力量,德军统帅部还打算在进攻过程中从本土和其他地段抽调新的部队到阿登地区。

粉碎德军在阿登地区的反扑重型武器

　　盟军实力远远超过德军。但由于盟军统帅部低估了德军的反攻能力，未考虑德军进行反扑的可能性，因而对组织防御未予应有的重视。盟军也未从1940年的德、法战争中吸取教训，仍认为阿登地区不适于进行大规模的进攻，因而未在该处加强防守。12月月中，盟军共有87个师，其中25个装甲师，共有坦克6500辆、飞机1万余架。但在阿登地区长达115公里的正面上，只部署了美第1集团军的5个师，共有官兵8.3万人、火炮394门、坦克242辆、反坦克自行火炮182辆。结果，德军在阿登地区的兵力、兵器占有很大优势。

　　1944年12月16日拂晓，德军开始反击。在反击之前，德军组织了一支约800人的特遣队，身穿美国军服，口操英语，佩美式武器，潜入美军驻地进行破坏，使美军陷于混乱。5时30分，德军实施炮火准备，之后部队在数百架探照灯照耀下发起攻击。美军顺利地在美军防御中打开了一缺口。至12月20日，突破正面扩大到100公里、纵深30至50公里，形成一个很大的突出部。德军继续向马斯河推进。

　　盟军统帅部决心阻止德军越过马斯河，为此迅速加强了阿登地区的防御力量，在德军进攻正面和所形成突出部的南部各增2个军的兵力，并把美101空降师调到巴斯托尼地域增援。盟军的指挥关系也做了部分调整：把突出部北面的军队，包括美第1、第9集团军，交由第21集团军群司令蒙哥马利统一指挥；突出部南部的军队由第12集团军群司令布莱德雷统一指挥。盟军调整部署后，于23日开始对德军进行大规模航空兵袭击。与此同时，美第3集团军在德军南翼实施坚决的反突击，并于12月26日与坚守在巴斯托尼市的美空降第101师的部队会合。这样，在德军前进90公里，其先头部队距马斯河只有4公里的时候，盟军便阻止了德军的前进。

但是,德军并没有就此放弃它的反扑计划,进攻受阻后继续调集兵力,对巴斯托尼和斯特拉斯堡地域发起了新的攻击。1945年1月1日,德国空军出动1000多架飞机,对盟军的机场、特别是对"突出部"附近的一些机场,进行了几个月以来最猛烈的轰炸,炸毁盟军停在机场上的260架飞机。

德军新的进攻行动,使盟军的形势再度紧张起来。为彻底击退德军反扑,盟军统帅部决定于1月3日转入进攻,经过激战,于1月8日击退了德军。至1月16日,美第1、第3集团军在乌法利兹会师。在此期间,英国首相丘吉尔曾于11月6日打电报给斯大林,希望苏军发动大规模进攻相配合。苏军于1月12日至14日,在北起波罗的海南至喀尔巴阡山1200公里的正面上,对德军发起了强大进攻,使柏林方向受到严重威胁,因此希特勒不得不从西线抽调兵力去加强对苏作战力量,以对付苏军的大规模进攻。这就减轻了西线盟军的压力,盟军乘机迅速推进,到1月底,将法西斯德军全部赶到反扑前原出发阵地。至此,德军在阿登地区的反扑被彻底粉碎。

德军在阿登地区反扑未成,损失惨重。据统计,德军死伤和失踪人数达8.2万人,损失坦克和强击火炮600辆、飞机1600架、其他车辆6000辆。盟军损失也很严重。人员损失7.7万人,其中亡8000人,伤4.8万人,被俘或失踪2.1万人,大量武器装备被毁坏。阿登战役之后,遭到严重削弱的法西斯德军,士气更加低落,已彻底丧失了反攻的能力。希特勒妄想在西欧取得决定性军事胜利以迫使盟军妥协的企图彻底破产。

"自由法国"运动

法国败降后,戴高乐于1940年6月17日抵达伦敦,通过英国广播公司向法国人民呼吁全国抗战到底。从而开始了他领导的抵抗运动,在丘吉尔的直接支持下,他们运动的中心设在伦敦,并于8月7日同英国正式签订了确认其地位的协议,随后戴高乐又把他领导的运动命名为"自由法国",还以"洛林十字"作为它的象征。

在法国还未从惨败的噩梦中清醒过来的时候,只有前印度支那总督贾德鲁、实业家普利文等少数比较知名的人士支持戴高乐。为了进行民族抵抗,戴高乐做了大量组织工作和联络工作。他接连不断地发表各种文告、广播讲话和通讯,揭露可耻的停战协定。谴责维希政权同德国"合作"的罪行。他明确指出维希政权是"不合宪法的","只能是当作法国的敌人用来作反对国家的荣誉和利益的一种工具"。

戴高乐十分重视武装部队的筹建，认为"没有武装就没有法国。建立一个战斗部队比什么都重要"。他在伦敦积极招募军队，志愿人员由6月下旬的几百人发展到7月末的7000人。尽管人数仍不多，戴高乐还是继续惨淡经营他所开创的事业。

戴高乐深知寄人篱下终非长久之计，必须在非洲拥有自己的立足点。法属西非和赤道非洲土地辽阔，资源丰富，未被贝当政府所牢固控制，完全可以成为"自由法国"的根据地。他成功地利用当地的有利条件，派出一个代表团深入非洲盆地，在8月份几乎不发一枪就促使乍得、喀麦隆、下刚果（今刚果人民共和国）和乌班吉——沙里（今中非共和国）加入"自由法国"。9月，法国在大洋洲和印支的殖民地都纷纷宣布支持戴高乐。散布世界各地的法国侨民，也建立了戴高乐委员会、自由法兰西委员会等组织。下一步就是夺取西非的咽喉达喀尔。为此，"自由法国"动用了它拥有的全部舰只，同英国海军组成联合舰队，于8月31日离开利物浦向达喀尔进发。不幸在中途被维希海军发现，9月23日驶抵达喀尔时又遭到当地驻军的抵抗，只得折回。这是"自由法国"的一次重大挫折，也使戴高乐无端受到许多英国报刊的指责。

这一切并没有阻止"自由法国"在非洲的发展。10月在布拉柴维尔成立了"卫国帝国委员会"，其使命是"进行战争和与国外打交道"。到1940年底，"自由法国"控制的海外殖民地总人口已达1200余万。这样，戴高乐所领导的抵抗运动就有了自己的基地。

但是，它同盟国的摩擦不断发生。法德停战协定签订后，英国人担心法国舰队落入德国人之手。7月4日，英国海军袭击停泊在北非麦尔斯——埃尔——克比尔港的法国舰队，大部分法国舰只受重创，1300名海员死亡，严重损害了法国人民的感情。不久戴高乐又得悉丘吉尔通过一位名叫路易·鲁吉埃的教授同维希政府进行秘密接触；英国大使在马德里也同维希政府的代表保持着联系。这使同盟者之间更为不和。至于美国，则一向同贝当政府搞得火热，它任命李海海军上将出任驻维希的大使，又派出干练的外交家墨非到北非进行活动。显然美国另有自己的打算，它不仅不愿意丧失在西欧的据点，还试图乘法国之危，攫取法国在北非的殖民地。戴高乐因而对美国一直存有戒心，双方的关系十分冷淡。但是戴高乐仍孤军苦斗，毫不气馁！

"自由法国"的军队尽管人数少，装备差，但很快就活跃在反法西斯战争的各条战线上。它的空军组成"阿尔萨斯""洛林""布列塔尼"等大队，同英国皇家空军一起战斗。它的海军舰只在各个海洋担负起护航任务。"自由法国"的陆军活跃在利比亚战场。1941年3月，勒克莱尔率领一支小部队，在经过1600多公里的急行军后，一举攻克重镇库夫拉，全歼那里的意大利守军。这批法国勇士们宣誓："只要国旗不飘扬在斯特拉斯堡的上空,我们就决不停止前进!"

1941年春开始,"自由法国"的部队同英军在叙利亚和黎巴嫩并肩作战,反对那里的维希政府,取得了很大的成果。由于英国政府试图排挤法国在两地的势力,导致双方关系日趋紧张。有一段时间,戴高乐被迫滞留在伦敦,几经交涉才得以亲往叙利亚和黎巴嫩进行视察。他9月重返伦敦时才发现,不仅英国公开以中止援助相威胁,而且在"自由法国"内部也出现了分裂。为了扭转这种局势,戴高乐便在1941年9月24日正式成立领导"自由法国"的民族委员会,分别由自己的亲信贾德鲁、普利文、苏斯戴尔等出任不管、财政、宣传委员。接着,它得到英、苏等大国的承认,这样戴高乐的地位重新得到巩固。不少干练的政治家,如德勃雷、德姆维尔和沙邦——戴尔马等也纷纷投奔戴高乐,协助他领导抵抗运动,并且成为战后戴派的核心。

在斗争的过程中,戴高乐逐渐认识到,只有团结一切愿意抗战的同胞,才能解放祖国,同时顶住某些大国的压力。

他在扩大海外抵抗基地的同时,加强了法国本土的工作,首先是开辟情报工作的特殊战场。化名为帕西领导的第二局承担了本土的侦察任务。一年内先后派遣了十个小组的谍报员,在国内抵抗组织协助下,搜集情报。戴高乐"6·18"演讲在国内得到很大反映。6月9日,戴高乐的广播演说首先在南部《小普罗旺斯报》头版全文发表,其他报纸也刊登了广播的消息。据许多爱国者回忆,戴高乐"6·18"的号召是鼓舞他们走上抵抗道路的巨大力量。一位抵抗战士德·拉巴多尼回忆说:"自从我聆听了戴高乐的首次广播时起,我就参加了抵抗运动⋯⋯当我意识到戴高乐讲演的内容时,我大声叫喊着:'我们战胜了'。"一个红衣主教阿尔维特回忆说,当他听了戴高乐的首次广播演讲后,马上跟人说"我是戴高乐主义者"。甚至共产党人罗歇·佩斯图尔也说:"我们做的不如戴高乐主义传播得快,它有着无线电广播的有利之处,而且还有许多流行的方法表明你是戴高乐主义者。我记得在洛特、来自我们村庄的一些人就相互转告着'戴高乐万岁!'国内一些爱国者宣布自己是戴高乐派,出版和散布传单。据维希政府的秘密报告说,从1940年9月到11月,戴高乐派的传单在北部、南部16个城市发现,包括巴黎、里昂,马赛、波尔多、南特、维希、蒙贝利埃等大城市。有的传单说:"如果我们想得救,我们就要跟随戴高乐和他的志愿者。如果我们想叛卖,就跟随赖伐尔及其喽啰!"有的说:"善良的法国人,我们为我们的自由和法国而斗争,我们不要轻视我们以前的盟国,我们和戴高乐在一起"。在北部占领区,尤其是布列塔尼沿海一带,一些法国人偷渡海峡,投奔"自由法国"。有个士兵躲在渔船甲板下逃到英国。有个旅行飞机的飞行员,从布列塔尼起飞,在几乎没有汽油的危险情况下,冒着暴风雨,飞越海峡到了英国的康沃匀。上述事实表明,作为"国外抵抗"的自由法国运动,是整个法国抵抗运动的组成部分,对于促进国内抵抗运动的开展,有着重大影响。

随着国内抵抗运动的蓬勃开展,戴高乐于1942年1月派出忠诚的抵抗战士让·穆兰去法国内地,作为"自由法国"的全权代表,并与各抵抗组织建立联系。1942年7月,社会党人菲力普参加民族委员会。1943年初,共产党代表格利尼埃来到伦敦,会见戴高乐,表示全力支持他所领导的抵抗运动。于是,国内抵抗运动也就成为戴高乐的强大支柱。

根据戴高乐《战争回忆录》的记载,到1942年,他所领导的武装部队已达7万余人,并且接近越来越多的战火洗礼。它的一部分参加了埃塞俄比亚境内驱逐意大利侵略军的战役,曾经在1941年4月8日进攻马索阿重镇的战斗中,生擒来非意军总指挥,立过赫赫战功。另一部分在利比亚境内作战。特别是第一轻机械化旅于1942年6月上旬曾在昔兰尼加的比尔哈凯姆同数量占优势的德军奋战近半个月。这支不到5000人的队伍,经过血战虽被迫后退,并且蒙受了近千人的伤亡,但这是法国败亡后法军首次同德军大规模交锋,法国官兵所表现的英勇气概使这块不出名的地方后来成为法国人民英雄主义的象征。1942年底至1943年初,勒克莱尔率领的"自由法国"军队横越利比亚沙漠3000余公里,胜利进入的黎波里,同英国第八集团军会师,并共同进军突尼斯。戴高乐还计划派出一个旅前往苏德战场作战,由于英国的反对未能如愿。1942年底,法国"诺曼底"飞行大队被派往东线同苏联人民并肩战斗。在整个战争期间,它前后参加869次作战,共击落敌机300余架。全大队70%的飞行员光荣牺牲。

1943年2月苏联红军在斯大林格勒战役中的伟大胜利,使第二次世界大战发生了转折性变化,苏联红军全面反攻,从此法西斯德国的覆灭只是时间问题了。美、英决定开辟拖延已久的第二战场。1944年6月6日,美、英联军横渡英吉利海峡,在法国北部诺曼底海滩登陆。这样,战后法国的地位问题便提上了日程。美国想把法国变成其附庸,完全撇开戴高乐和法兰西民族解放委员会,不让他们参与登陆事宜,准备对法国采取类似意大利南部的那种"盟国军政府"方案。实行军管。同时美国又玩弄政治手腕,在盟军迫近巴黎之际迟迟不作解放巴黎的部署,以给维希政府实权人物赖伐尔留有充分时间策划重新召集"国民议会",拉拢原第三共和国政界知名人士赫里欧之流建立所谓"联合政府"。

戴高乐围绕"盟国军政府"问题同美国展开了针锋相对的斗争。在盟军登陆前三天,即1944年6月3日,他将法兰西民族解放委员会改名为法兰西共和国临时政府,正式声明盟军必须尊重法国主权,决不同意其他任何政府存在,坚决抵制盟军总司令艾森豪威尔在诺曼底登陆后片面宣布在法国建立占领区军政府和强制

图文珍藏版

发行货币的决定。

解放法兰西

　　1944 年 7 月 25 日登陆盟军开始大规模进攻。布莱德雷从圣洛对德军发起攻势,不到一周时间便占领了阿佛郎什,迫使德军向东南方向退缩。希特勒急调驻加来地区的德军驰援诺曼底战线,但为时已晚。8 月 1 日勇敢的坦克司令美将巴顿率领的第 3 集团军从阿佛朗什出击,德军阻拦失利,巴顿的坦克兵分三路在开阔地驰骋:一路向西,切断布列塔尼半岛的德军防线;一路东南,于 8 月 8 日攻下勒芒然后驱车北上;一路东进,于 8 月 17 日攻下奥尔良,18 日进入夏特勒。与此同时,美加波联军从冈城南下,8 月 16 日占领法莱斯,与进抵阿尔让唐的由勒克莱尔将军指挥的法军第二装甲师形成阿尔让唐——法莱斯口袋,包围德军 8 个步兵师和 2 个装甲师,毙敌 1 万,俘虏 5 万。德军向塞纳河方向狼狈溃逃,盟军则乘胜追击,进逼法国首都巴黎。

　　8 月 15 日“龙骑兵计划”终于得以实施。美法军队从法国南部的土伦和夏纳之间登陆成功,并继续向北推进。盟军形成南北呼应之势,战局已经确定。

　　8 月 19 日盟军占领了塞纳河西岸的芒特,当天巴黎人民举行武装起义,与德国占领军进行了一周巷战,最后由勒克莱尔的坦克解决了问题。8 月 25 日勒克莱尔的第二装甲师进入巴黎,奉艾森豪威尔之命接受了德军的投降。面对重获自由的巴黎,凯旋的勒克莱尔是感慨万端。当天法国抵抗运动的领袖戴高乐驱车进入巴黎,房屋上下飘扬着欢迎的旗帜,大街小巷成了一片欢腾的海洋。30 日戴高乐宣布法兰西共和国临时政府开始施政。10 月下旬,盟国相继承认戴高乐政府。

　　法国首都巴黎的光复标志着整个诺曼底战役的结束。盟军以伤亡 21 万人的代价使德军折损兵力近 40 万(其中一半是战俘),坦克 1300 辆,火炮 2000 门。这次前所未有的伟大战役不仅使德军遭受了决定性的打击,而且与东线苏军的反击相呼应,把欧洲的抵抗运动推向了最后的高潮。

盟军在意大利的胜利

　　1944 年 1 月初,德军在意大利南部失败后,被迫退守古斯塔夫防线。这条防线从那不勒斯以北地中海沿岸起,经加埃塔、卡西诺直到亚得利亚海滨的奥尔托纳,横贯意大利中部全境。该防线由大量的钢筋混凝土工事和雷区构成,被德军称作

"坚不可摧"的防线。德军企图依托这条防线，阻止盟军占领意大利北部，保障整个欧洲战场南翼的安全。这时在意大利北部驻守的德军是凯塞林元帅指挥的"C"集团军群，下辖第10、第14集团军，约21个师，370架飞机。第10集团军防守古斯塔夫防线；第14集团军驻守在意大利北部地区，与当地的游击队做斗争。

1944年初，在意大利南部的盟军处于有利的作战态势。盟军企图迅速突破古斯塔夫防线，攻占罗马，尔后向意大利北部推进，歼灭意大利境内的德军，以配合西线盟军开辟第二战场的作战，这时，在意大利作战的盟军为美国第5集团军、英第8集团军和英独立第5军。这些军队合编为第15集团军群，由哈罗德·亚历山大指挥，共有19个师又4个旅，支援飞机约4000架，在地中海的舰船3000余艘。

为了突破古斯塔夫的防线，丘吉尔坚决主张在防线北面地中海海岸的安齐奥组织一次登陆作战，以配合正面军队的进攻。他把这一登陆比作是将一只"野猫"投入古斯塔夫防线北面的海岸，去"抓碎德国佬的心脏"。安齐奥位于罗马以南45公里，是一个滨海港口小镇。英、美首脑认为，在这里登陆取得胜利后，即可直取罗马，对于加速盟军在意大利的胜利有重要意义。

按照丘吉尔的意图，盟军很快制订了一个代号为"鹅卵石"的登陆作战计划。计划规定，登陆部队在距前线100公里远的安齐奥登陆，从后方突击防御之敌，切断其退路，并配合美第5集团军从正面突破古斯塔夫防线，尔后攻占罗马。登陆前要对附近机场和交通线进行航空兵火力袭击，同时地面部队从防线正面实施牵制性进攻。为此，抽调美第5集团军所属第6军为登陆部队，该军下辖2个加强师（美、英各1个）、1个伞兵团、5个海军陆战营及专业部队，共5万人，并调集126艘战舰、250艘运输舰和大约700架飞机参加这次登陆作战。

1月12日，美第5集团军队从卡西诺地区发起了进攻，虽未突破德军防御，但却牵制了德军的预备队，为在安齐奥登陆创造了条件。

1月21日晨，集结在那波利湾的登陆部队开始出发，当日午夜抵达安齐奥，并于次日凌晨2时即开始登陆。在这里防御的德军只有2个营和数个岸防连，而且未进入戒备状态，登陆部队几乎未遇抵抗就很快占领了安齐奥港，并把3.6万人和3000多辆车辆运送上岸。但是，登陆部队没有利用这一有利形势迅速推进，却奉命把固守滩头阵地作为首要任务。由于登陆部队裹足不前，使德军得到喘息机会，乘机从第14集团军调来部队加强了防御。以后，登陆部队虽然增加到4个师，但德军却把防御部队增加到6个师，并占据了有利地势，对登陆部队进行反击，丘吉尔首相的这只"野猫"一直未能伸出利爪施展威风，反被紧紧压缩在一个狭窄的登陆场上。盟军依靠绝对的空中优势，才勉强守住登陆场。这种局面一直持续到5月中旬。

在登陆部队毫无进展的情况下,美、英军队在2月中旬和3月中旬曾两次试图突破卡西诺登陆。在意大利的美、英军队必须加强攻势,牵制更多的德军,以配合即将开始的诺曼底登陆。于是,经过休整和补充的美、英军队,决定在卡西诺至第勒尼安海滨发起新的进攻。拟以英第8集团军12个师向卡西诺至罗马方向推进,美第5集团军在滨海地带进攻,尔后与安齐奥登陆部队会合。

5月11日深夜,盟军转入进攻,3天后在许多地段突破了德军古斯塔夫防线。迫使德军退守从台伯河口至东海岸佩斯卡拉的恺撒防线。这一胜利为在安齐奥登陆的部队从滩头阵地向外扩展提供了有利条件。5月22日夜晚登陆部队发起进攻,并于25日与正面进攻部队会师。德军态势更加不利,只好继续向意大利北部撤退,占领从圣马力诺到卡拉拉的哥特防线。6月4日,美、英军队开进罗马城。此后,美、英军队缓慢地向北推进,于8月月中进逼哥特防线。8月中旬,盟军突破该防线。10月,盟军前出到腊万纳、法南查、维尔加托一线后,便停止了进攻。这时,希腊人民武装斗争风起云涌,英国为了扶持希腊地主资产阶级的统治,维持其势力范围,急忙从意大利抽调大批英军去镇压希腊民族解放运动。自此直到1945年春,意大利战场一片沉寂。

1945年4月初,东线苏军和西线盟军同时对德国实施连续的大规模进攻,德国已面临全面崩溃的危险。在意大利南部的美、英军队乘机发起了最后的进攻,企图一举歼灭意大利北部的德军,结束在意大利的作战行动,前出到南斯拉夫边境。这时,驻守北意大利的德军"C"集团军群已由21个师增至26个师,但大部分师都不满员,装备不齐,缺少技术兵器,坦克不超过200辆,飞机只有130架。德军用20个师在前线防御。盟军第15集团军群共有21个师又9个旅,部队齐装满员,有坦克2100辆、飞机5000架,还有海军配合。

4月9日,盟军全线发起进攻。德军无法阻止盟军的进攻,一再败退。至4月23日,盟军全线进抵波河,俘德军3万人,并于次日强渡了波河。这时,在意大利北部爆发了共产党领导的人民起义,起义者解放了许多城市。意大利法西斯头子墨索里尼在逃往德国的途中被游击队截获,于4月28日被处决,并暴尸在米兰市广场示众,受到应得的惩罚。当日,盟军进入米兰和帕多瓦。29日,德军代表在卡塞塔签署了无条件投降书。30日,盟军发表了胜利公报。5月2日12时,双方停止了在意大利的一切军事行动。

盟军在意大利连同西西里岛共歼灭德、意军队65.8万人,并一直牵制着德军1个集团军群的兵力,这对于其他战场的盟军作战,起到了重要的配合作用。

维斯瓦河——奥得河战役

　　1945年是彻底战胜法西斯德国的1年。1月中旬,苏军以5个方面军的兵力在波罗的海至喀尔巴阡山1200公里宽的战线上,发起强大的进攻,同时在波兰和东普鲁士实施两个相互联系的战役,即维斯瓦河—奥得河战役和东普鲁士战役。尔后,苏军为了歼灭两翼德军,解除两翼威胁,又于2月至4月上半月在东波美拉尼亚(现波兰西北部)和奥地利实施了两个大规模进攻战役,即东波美拉尼亚战役和维也纳战役。这些战略性进攻战役的胜利实施,对于最后战胜法西斯德国具有重要意义。

　　苏军1945年的进攻,首先是在华沙至柏林这个主要战略方面上发起的,作战地域在波兰境内的维斯瓦河至奥得河之间,因此称维斯瓦河—奥得河战役。

维斯瓦河——奥得河战役

　　苏军的这次进攻,本来计划在1945年1月20日开始,但1月6日丘吉尔给斯大林打电报说,德军在阿登地区疯狂反扑,盟军期望苏军及早在维斯瓦河发起攻势。因此,苏军于1月16日提前发起进攻。

　　战役开始前,德军统帅部没有发现苏军在这一方向的进攻企图,错误地认为苏军将首先在南北两翼实施重要战役,尔后才可能在柏林方向上进攻,因而把配置在这里的许多兵团调往匈牙利和波美拉尼亚。到战役开始时,德军"A"集团军群(1月26日改称"中央"集团军群,司令哈尔佩上将),辖2个合成集团军和1个坦克集团军,共有56万人、火炮和迫击炮约5000门、坦克和强击火炮1200余辆、飞机600余架。尽管德军为了削弱和阻止苏军而预先在维斯瓦河至奥得河之间建立了横贯整个波兰、纵深达500多公里的7道防御地区,但因兵力不足,防御仍很薄弱。

　　为了歼灭掩护德国边境的德军"A"集团军群,为攻克柏林创造条件,苏军最高统帅部决定,以乌克兰第1方面军和白俄罗斯第1方面军利用在维斯瓦河两岸已经夺占的登陆场发起进攻,实施维斯瓦河—奥得河战役。战役企图是,两个方面军从各登陆场同时实施分割突击,突破德军防御后,迅速向纵深发展进攻,并在德军退却或预备队固守之前夺取中间防御地带。规定乌克兰方面军的战役纵深为280

至 300 公里,白俄罗斯方面军为 300 至 350 公里。为此,乌克兰第 1 方面军应先从桑多梅日登陆场向拉多姆斯科方向发起进攻,继而向布雷斯劳方向发展进攻。白俄罗斯第 1 方面军应实施 3 个突击:主要突击从马格努舍夫登陆场向波兹南方向实施;第 2 个突击从普瓦维登陆场向罗兹方向实施,尔后再向波兹南发展进攻;第 3 个突击从华沙以北向西方向实施,迂回并解放华沙。2 个方面军编成内共有 16 个合成集团军、4 个坦克集团军、2 个空军集团军和若干个独立军及其他部队,共 220 万人,有火炮和迫击炮 3.3 万多门、坦克和自行火炮 7000 辆、飞机 5000 架。波兰第 1 集团军在白俄罗斯第 1 方面军编成内参加了解放自己国土的作战。进攻前 2 个方面军建立了强大突击集团。乌克兰第 1 方面军在桑多梅日登陆场集中了 8 个合成集团军、2 个坦克集团军、3 个独立坦克军的兵力,火炮和迫击炮 1.19 万多门、坦克和自行火炮 1434 辆。白俄罗斯第 1 方面军在马格努舍夫登陆场和普瓦维登陆场集中了火炮和迫击炮 1.3792 万门、坦克和自行火炮 768 辆。苏军对德军的火力优势超过几倍到十几倍。

1 月 12 日,乌克兰第 1 方面军发起进攻。两天后,白俄罗斯第 1 方面军也发起进攻。苏军很快突破了德国防御。从 1 月 14 日和 15 日起,德军开始撤退。至 1 月 17 日,苏军突破了德军防御正面 500 公里、纵深达 100 至 150 公里,德"A"集团军群主力被击溃,波兰第 1 集团军进入华沙,波兰首都获得解放。17 日日终苏军前出到赫林、罗兹、拉多姆斯科、琴斯托霍瓦、梅胡夫一线,完成了大本营赋予的当前任务。苏军的迅猛进攻,使德军统帅部慌了手脚,急忙从预备队、西战场和苏德战场其他方向调来 40 个师,仓促组织防御,但未能阻止苏军进攻。苏军 2 个方面军在乌克兰第 4 方面军和白俄罗斯第 2 方面军于两翼的配合下,高速向纵深追击敌人。乌克兰第 1 方面军左翼军队先于 1 月 19 日攻占克拉科夫,尔后又开始争夺西里西亚工业区,并迫使德军撤退。方面军主力则向布雷斯劳方向进攻,1 月 22 至 23 日前出至奥得河,并在许多地段强渡了该河。白俄罗斯第 1 方面军完成当前任务后,向波兹南方向挺进。1 月 25 日强渡了瓦尔塔河,突破了波兹南防御地区,合围了德军 6 万人。至此,大本营赋予的整个战役任务已经完成。但各方面军并没有停止进攻。乌克兰第 1 方面军解放了西里西亚工业区,巩固了奥得河西岸布雷斯劳、奥珀伦以南各登陆场。白俄罗斯第 1 方面军于 1 月 26 日开始,继续向纵深推进,克服了德军筑垒防御,至 2 月 3 日前出到奥得河,并在河西岸屈斯特林(科斯钦)地区夺取了登陆场。至此,2 个方面军停止了进攻。

苏军在维斯瓦河—奥得河战役中,全歼德军 35 个师,击溃 25 个师,波军同苏军一起作战,收复了波兰的大部领土。这次战役打开了通向柏林的大门,苏军向西推进 570 公里,到战役结束时,距柏林只有 60 公里了。

维斯瓦河—奥得河战役有几个特点：一是进攻的速度高、规模大。苏军在这次战役中的进攻速度是战争以来最高的一次，平均每昼夜达 25 公里，步兵有些天进攻速度每昼夜为 45 公里，快速兵团达 70 公里。进攻规模之大也是以前少有的。两个方面军的进攻正面开始为 500 公里，到战役结束已扩大到 1000 公里。大本营原规定战役纵深为 280 至 350 公里，但实际上达到了 570 公里。二是在主要突击方向上高度集中兵力兵器。据统计，在各方面军的主要方向上，集中了 75% 以上的合成军团和兵团，90% 左右的坦克军团和兵团，75～90% 的炮兵和 100% 的航空兵。三是两个方面军相互协同，采取对敌防御全纵深实施正面突击的方法，分割德军战略防线，歼灭其各个孤立的集团。苏军的这次进攻，先是以优势兵力在 4 个方向同时实施迅猛突击，使德军失去相互间联系而变成孤立集团，然后以部分兵力加以围歼，主力（特别是坦克军团）则继续高速度向大纵深发展进攻。因此，苏军以较小的代价取得了重大胜利。

东普鲁士战役

东普鲁士（今分别属于立陶宛共和国和波兰）是纳粹德国东方重要的战略区和经济区。东普鲁士失守，既影响到柏林方向的安全，也将使德国经济实力受到严重削弱。因此，德军统帅部非常重视东普鲁士防御，多年来一直在那里构筑工事，企图依托经营多年的东普鲁士强大防御体系，阻止苏军推进，不让战火转移到德国本土。在苏军进攻前，德军在东普鲁士建成的防御体系，包括 7 道防御地区和 6 个筑垒地域，其中尤以马祖里湖附近及柯尼斯堡（苏联加里宁格勒）地区最为强固。德军以"中央"集团军群（司令莱因哈特上将，从 1 月 26 日起改称"北方"集团军群，司令伦杜利奇上将）在东普鲁士防守。该群辖 2 个野战集团军、1 个坦克集团军和 1 个航空队，及其他部队共计 78 万人，有火炮和迫击炮 8200 门、坦克和强击火炮 700 辆、飞机 775 架。

为了歼灭东普鲁士德军集团，保障在华沙至柏林方向进攻苏军的翼侧安全，苏军最高统帅部决心在实施维斯瓦河—奥得河战役的同时，以白俄罗斯第 3、第 2 方面军在波罗的海沿岸第 1 方面军一部和波罗的海舰队的配合下，实施东普鲁士战役。战役企图是，以白俄罗斯第 2 方面军（司令员罗科索夫斯基元帅）向马林堡、埃尔宾方向实施突击，以白俄罗斯第 3 方面军（司令员切尔尼亚霍夫斯基大将，1945年 1 月 18 日切尔尼亚霍夫斯基在巡视前线时阵亡，从 2 月 20 日起由华西列夫斯基元帅接替指挥）由马祖里湖以北向柯尼斯堡实施突击，切断东普鲁士集团与其他

图文珍藏版

德军的联系,并将其逼到海边后分割歼灭。参加进攻的苏军共有 14 个合成集团军、1 个坦克集团军、5 个坦克军和机械化军、2 个空军集团军,共计 167 万人,火炮和迫击炮 2.5 万多门、坦克和自行火炮 3859 辆、飞机 3097 架。

1945 年 1 月中旬,东普鲁士地区天气恶劣,航空兵不能出动。但为了保持同在华沙至柏林方向进攻的苏军的战略协同,白俄罗斯第 3、第 2 方面军分别于 1 月 13 日和 14 日及时转入进攻。经过 5 至 6 天激战,至 1 月 18 日日终,2 个方面军均已突破德军防御战术地幅,为向柯尼斯堡和马林堡发展胜利、合围德"中央"集团军群主力创造了条件。德军在防御战术地幅被突破后开始撤退,苏军立即转入追击。1 月 26 日,白俄罗斯第 2 方面军在埃尔宾以北前出到波罗的海沿岸,切断了东普鲁士德军向西的退路。1 月 29 日,白俄罗斯第 3 方面军与波罗的海沿岸第 1 方面军一部也进抵波罗的海沿岸,包围了柯尼斯堡。这样,到 1 月底 2 个方面军把东普鲁士德军集团约 32 个师的基本兵力分割成 3 个孤立的集团,其中最大的集团约 20 个师被合围在柯尼斯堡以南和西南地域,约有 4 个师被压缩到泽姆兰德半岛上,其余被围困在柯尼斯堡,各集团之间已失去了联系。

东普鲁士德军被分割以后,白俄罗斯第 2 方面军主力被调去实施东波美拉尼亚战役,歼灭东普鲁士德军的任务由白俄罗斯第 3 方面军完成。该方面军得到白俄罗斯第 2 方面军留下来的 4 个集团军的加强,同时波罗的海沿岸第 1 方面军从 2 月 24 日起改成泽姆兰德集群后也编入了白俄罗斯第 3 方面军。白俄罗斯第 3 方面军得到加强后,于 3 月 13 日重新发起进攻,至 3 月 29 日,歼灭了柯尼斯堡以南和西南地域的德军主力。尔后,方面军开始集中力量歼灭被围困在柯尼斯堡的德军。至 4 月 9 日,苏军攻占柯尼斯堡市及其要塞,歼灭了被围德军。从 4 月 13 日起,方面军在波罗的海舰队配合下开始进攻德军泽姆兰德集团,至 4 月 25 日歼灭了该集团。至此,整个东普鲁士德军集团被歼灭,白俄罗斯第 3 方面军转入大本营预备队。

在东普鲁士战役中,苏军歼灭德军 25 个师,重创 12 个师,攻占了整个东普鲁士,使法西斯德国失掉了一个重要的战略基地。这次战役虽然到 4 月下旬才结束,但牵制了德军大量兵力,使之不能向柏林方向机动,大大有利于苏军在柏林方向的作战。

东波美拉尼亚战役

1945 年 2 月初,在华沙至柏林方向上行动的苏军已前出至奥得河,而在东普鲁士进攻的苏军仍在东普鲁士作战。这样就在进至奥得河的白俄罗斯第 1 方面军和仍在东普鲁士作战的白俄罗斯第 2 方面军之间的东波美拉尼亚地区,形成了一个大约 150 公里宽的间隙地带。苏军在这里兵力空虚,白俄罗斯第 1 方面军的右翼暴露,后方受到威胁。德军统帅部为了改善柏林方向上不利的态势,决定以 1 月 26 日新组建的"维斯瓦"集团军群(司令希姆莱)的一部兵力对白俄罗斯第 1 方面军右翼实施反突击,妄图歼灭进至奥得河的苏军,尔后在东波美拉尼亚固守,以稳定柏林方向上的防御。德"维斯瓦"集团军群编有 2 个野战集团军和 1 个坦克集团军。德军统帅部拟以 1 个野战集团军阻止可能从东普鲁士调来的苏军,以另 1 个野战集团军对白俄罗斯第 1 方面军右翼实施反突击,坦克集团军作为预备队。

苏军最高统帅部鉴于进攻柏林的苏军翼侧受到严重威胁,决定推迟实施进攻柏林的计划,先抽调兵力在东波美拉尼亚实施一次进攻战役,以消除这一威胁。2 月 9 日,苏军最高统帅部发布训令,命令正在东普鲁士作战的白俄罗斯第 2 方面军将其右翼军队转隶白俄罗斯第 3 方面军,继续歼灭东普鲁士德军,而以中路和左翼军队去围歼东波美拉尼亚的德军集团,占领从但泽至斯德丁之间的东波美拉尼亚,并前出到波罗的海沿岸。

2 月 10 日晨,白俄罗斯第 2 方面军按照大本营的指令,从布罗姆贝格(比得哥什)以北维斯瓦河各登陆场发起了进攻。德军于 2 月 16 日用 6 个师的兵力在施塔尔加德以南开始对白俄罗斯第 1 方面军在右翼实施反突击,并向西南方面压挤苏军,前进了 8 至 12 公里。白俄罗斯第 2 方面军前进 70 公里后,进攻受阻。苏军最高统帅部认为,在这种情况下,白俄罗斯第 2 方面军已不可能单独完成歼灭东波美拉尼亚德军集团的任务,因此,于 2 月 17 日决定,白俄罗斯第 1 方面军编组强大的突击集团(辖 4 个合成集团军,2 个坦克集团军,其中包括波兰第 1 集团军)参加这一战役。苏军企图是,以白俄罗斯第 2 方面军左翼军队由采姆佩尔堡(森普尔诺)以北地区向克兹林(科沙林)方向实施主要突击,以白俄罗斯第 1 方面军突击集团从阿恩斯瓦尔德(霍什奇诺)地区向科尔贝格(科沃布热格)实施突击,并前出到波罗的海沿岸,把德军东波美拉尼亚集团分割成两个部分。尔后,白俄罗斯第 1 方面军突击集团向西北、白俄罗斯第 2 方面军向东北发展进攻,在波罗的海舰队配合下,各个歼灭被分割之敌。

这时,东波美拉尼亚德军集团已得到加强。在白俄罗斯第 2 方面军当面,德军部署了 23 个师,在白俄罗斯第 1 方面军突击集团当面部署了 19 个师。德军统帅部拟以 42 个师在东波美拉尼亚组织预有准备的防御,除了有效利用 1933 年构筑起来的所谓"波美拉尼亚壁垒"外,还在 2 至 3 月新构筑了许多永备工事和大量的野战防御工事。

2月23日,苏军发出进攻命令。白俄罗斯第2方面军突击集团调整部署后于24日晨重新发起了进攻。3月1日,白俄罗斯第1方面军突击集团也转入进攻。2个方面军的部队对德军防御纵深实施深远突击,于3月5日前就突击到波罗的海沿岸克兹林和科尔贝格地区,将敌军分割成两个部分。尔后,白俄罗斯第1方面军突击集团把歼灭科尔贝格地区德军的任务交给波兰第1集团军,主力迅速向西北挺进,至3月10日前出至奥得河。白俄罗斯第2方面军则挥戈东进,向但泽方向进攻,于3月28日攻占格丁尼亚,3月30日占领但泽。整个战役击溃德军21个师又8个旅,其中全歼6个师又3个旅,使柏林方向上苏军的右翼安全得到了可靠的保障。战役结束后,苏军抽调10个集团军加强柏林方向,从而大大增强了进攻柏林的力量。

在维也纳方向的进攻

正当白俄罗斯第2、第1方面军在东波美拉尼亚节节胜利的时候,乌克兰第3、第2方面军于1945年3月又在匈牙利西部向奥地利首都维也纳方向发起了进攻。

苏军1944年第9次突击结束后,乌克兰第3、第2方面军前出到匈牙利西部地区德拉瓦河、巴拉顿湖、埃斯泰尔戈姆一线。希特勒为了确保匈牙利西部石油产地和维也纳方向的安全,决定把反党卫坦克第6集团军从西线调到匈牙利西部,企图在巴拉顿湖附近地区对苏军实施一次大规模反攻,迫使苏军退至多瑙河东岸。同时依托在沿匈牙利山林、奥匈国境线和维也纳接近地构筑的3道防御地带,阻止苏军向维也纳方向突进。

配置在维也纳方向的德军是"南方"集团军群(司令韦勒将军),辖第8、第6集团军、党卫坦克第6集团军和坦克第2集团军以及匈牙利第3集团军。德军这1兵力集团,连同与保加利亚、南斯拉夫军队对峙的德军,总共约有40万人,装备火炮和迫击炮6000门、坦克和强击火炮1600辆、装甲输送车800余辆,由第4航空队700架飞机支援。

苏军最高统帅部总的意图是,首先击退德军的反突击,尔后向维也纳方向进攻,攻占维也纳。为此,苏军拟以乌克兰第3方面军在巴拉顿湖附近地区组织防御,消耗和疲惫德军,然后以乌克兰第2、第3方面军在其相邻翼侧实施两个强大的突击:一个向肖普朗方向实施,目的是迅速歼灭德军党卫坦克第6集团军的基本兵力;另一个向杰尔方向实施,目的是歼灭埃斯泰尔戈姆德军集团。尔后,两个突击均应沿多瑙河南向维也纳方向发展。为保障这一主要突击,乌克兰第3方面军中路和左翼军队向西南方向、乌克兰第2方面军中路军队在多瑙河北岸配合进攻。

苏军参加作战的乌克兰第 3 方面军和第 2 方面军左翼军队共有 7 个合成集团军（含保加利亚第 1 集团军）、1 个坦克集团军、2 个空军集团军、4 个坦克机械化军、1 个骑兵军和多瑙河区舰队。

3 月 6 日，德军在巴拉顿湖附近地区实施了反突击。乌克兰第 3 方面军凭借预先构筑的工事进行了顽强防御，德军前进 7~12 公里，但未能突破苏军防御。至 3 月 16 日，苏军击溃了德军的反突击，使德军损失 4 万人和许多装备，为在纳也纳方向进攻创造了条件。

3 月 16 日，乌克兰第 3 方面军突击集团（由 18 个师编成）出敌意外地发起猛烈进攻。德军开始未能进行有效的抵抗，一时陷于混乱。但苏军由于指挥不力、步炮协同不好和使用坦克不当等问题，也未能扩大战果，致使德军得以利用有利地形阻止了苏军前进。根据这一情况，苏军最高统帅部决定将在布达佩斯以西集结待命的近卫坦克第 6 集团军转隶乌克兰第 3 方面军。该坦克集团军于 3 月 9 日进入交战，很快击溃了顽抗之敌，德军党卫坦克第 6 集团军陷入半合围的不利态势，于 3 月 21 日终开始退却。3 月 25 日，苏军越过了匈牙利西部巴空尼林山进行追击，3 月 30 日进入奥地利，并于 4 月 4 日终前进抵维也纳接近地。乌克兰第 3 方面军左翼集团于 3 月 29 日在巴拉顿湖以南转入进攻，至 4 月 2 日攻占了匈牙利石油中心瑙杰考尼饶市，尔后向西北方向发展进攻。

乌克兰第 2 方面军以 12 个师编成的突击集团于 3 月 17 日发起攻击，在多瑙河以南突破德军防御后，开始向杰尔方向发展进攻。方面军中路和右翼军队于 25 日突破防御后向布拉格方向突击。方面军左翼突击集团在中路部分部队和多瑙河区舰队协同下，于 3 月 28 日歼灭了多瑙河南岸埃斯泰尔戈姆—托瓦罗什德军集团，并攻占了杰尔等地。4 月 2 日，进攻军队进抵奥、匈边境。尔后，突击集团主力第 46 集团军北渡多瑙河，开始从北面迂回维也纳，切断德军退路。

4 月 5 日乌克兰第 3 方面军开始了进攻维也纳的战斗。第 2 天苏军突入市郊。守城德军 8 个坦克师、1 个机械化师和 15 个独立步兵营充分利用外围工事和市内建筑物进行坚守。苏军昼夜不停地进攻，经过激烈争夺，于 4 月 13 日攻占了维也纳。尔后开始追歼逃敌。乌克兰第 2 方面军在此期间强渡了多瑙河和摩拉瓦河，并向维也纳以北进攻。但德军抽调 8 个师加强对乌克兰第 2 方面军进攻地段的防御，使其进攻速度缓慢下来。因而维也纳守军得以从城北和西北方向撤退。4 月 15 日，2 个方面军前出到摩拉瓦河、施托克劳、圣珀尔滕、马里博尔以东及德拉瓦河北岸一线。

苏军在向维也纳的进攻中，击溃德军 32 个师，俘 13 万人，并缴获大量武器装备。这一进攻肃清了匈牙利全境和奥地利东部及首都维也纳的德军集团，同时造成了对布拉格进攻的有利态势。

在这次进攻作战中,苏军先以 1 个方面军进行防御作战,消耗德军,然后再周密地组织 2 个方面军的协同动作,成功地歼灭了当面之敌。

易北河会师

1945 年 2 月初,西线盟军已击退德军在阿登地区的反扑,进逼齐格菲防线。东线苏军已完成维斯瓦河至奥得河的进攻,进至奥得河。在苏军对柏林已构成严重威胁的情况下,德军不得不把西战场半数以上的装甲师和大批的坦克、火炮调到苏德战场对付苏军的进攻,在西战场则企图以剩下的大约 59 个师,依托沿莱茵河西岸构筑的齐格菲防线,阻止美、英、法、加拿大联军的推进。德军 59 个师分别为"H"集团军群(司令施图登上将)、"B"集团军群(司令莫德尔元帅)和"G"集团军群(司令勃拉斯科维次)所属,分散部署在整个防线上,战斗力已大大削弱。这时,希特勒虽然还用欺骗和强迫手段驱使德国人为法西斯卖命,但两线夹击的不利形势和盟军大规模持续的战略轰炸,已使德国军民丧失了信心。因此,联军统帅艾森豪威尔当时预言,如果再发动一次大规模的进攻,就可以使希特勒统治下的德国受到致命的打击。

为了组织一次大规模的进攻,盟军一面以每周 1 个师的速度向西欧增调部队,增强对德作战力量,弥补在阿登地区受到的损失;一面制定尔后总的军事行动计划。盟军总的企图是,首先歼灭莱茵河以西的德军,尔后强渡莱茵河攻占鲁尔区,继而发动最后的进攻,进抵易北河与苏军会师。

为了摧毁莱茵河以西的德军力量,盟军在全线展开了大约 85 个师的兵力,预定实施 3 个突击:在莱茵河下游地区,德军防御薄弱,由英军第 21 集团军群(辖加拿大第 1 集团军、英第 2 集团军和美第 9 集团军)在这里实施主要突击,首先渡过莱茵河;莱茵河中游地区,是德军齐格菲防线最坚固的部分,由美军第 12 集团军群(辖美第 1、第 3 集团军)在这里发起进攻。迫使德军撤至莱茵河东岸,并夺占登陆场,为强渡莱茵河做准备;在南部的萨尔盆地,由美军第 6 集团军群(辖法第 1 集团军和美第 7 集团军)与第 12 集团军群一部共同实施向心突击,歼灭那里的德军,前出至莱茵河。

在下莱茵河以西地区,盟军决定:以加拿大第 1 集团军渡过马斯河向南和东南美第 9 集团军渡过鲁尔河向东北同时实施向心突击,歼灭当面之敌,前出至莱茵河。美第 1 集团军一部负责掩护其右翼安全。2 月 8 日,加拿大第 1 集团军在进行5 个半小时炮火准备后发起进攻,2 月 13 日突破德军主要防御地带后向东南推进,2 月 17 日在戈赫一带受阻。美第 9 集团军原计划于 2 月 10 日发起进攻,但由于德军在 2 月 9 日炸毁了鲁尔河水闸使河水泛滥,美军进攻受阻达 2 个星期。2 月 23 日,美第 9 集团军和第 2 集团军一部开始强渡鲁尔河,由于加拿大第 1 集团军的进攻吸引了当面德军的大量兵力,因此美军进展顺利。至 3 月 2 日,美军抵达靠近杜塞尔多夫的莱茵河,次日与加军在格尔登地域会师,使德军 15 个师陷入被围歼的威胁之中。在这种情况下,希特勒仍严令德军不准撤退,但这时候德军已处于崩溃状态,希特勒的命令已无济于事。德军在遭到损失之后慌忙撤退到莱茵河东岸。

在莱茵河中游以西地区,担负掩护美第 9 集团军右翼任务的美第 1 集团军一部于 3 月 5 日抵达科隆,并于 3 月 7 日攻占该市。与此同时,美第 1 集团军其他部队也向莱茵河迅速推进,3 月 7 日在雷马根抵达莱茵河,并夺取了河上德军未及炸毁的"鲁登道夫"铁路大桥。美军利用这座桥通过了 5 个师

莱茵河

的部队,很快在河对岸建立起一个宽 40 公里、纵深 15 公里的登陆场。美第 3 集团军一部于 2 月 23 日发起进攻后,在特里尔附近首先突入齐格菲防线。3 月初,该集团军发动进攻,于 3 月 9 日至 10 日抵达莱茵河,其左翼与第 1 集团军部队会合。

这时,在莱茵河以西就只剩萨尔盆地的德军还在抵抗。守军部署在一个以莱茵河为底边、以摩泽尔河和齐格菲防线为另外两边的大三角形地域内。3 月 15 日,盟军第 6 集团军群从齐格菲防线的南面发起进攻。与此同时,第 12 集团军群一部也从北边的摩泽尔河发起攻击。两军同时实施强大的向心突击,于 3 月 23 日前出至莱茵河,并在奥彭海姆夺占了登陆场。至 3 月 25 日全部肃清了萨尔盆地的敌人。

在莱茵河以西的作战中,德军损失约 20 个师,被俘 27.5 万人,死伤在 6 万人以上。盟军进抵莱茵河后,德军就被压缩在莱茵河至奥得河这两条大河之间的地带内。这时,德军士气更加低落,军心更加动摇。

3 月 23 日,盟军开始强渡莱茵河,并对河东鲁尔工业区实施突击。在鲁尔工业区防守的是西线德军最强大的集团——"B"集团军群。该集团军群辖 29 个师又 1 个旅,占西线德军总数的一半,由 1704 架飞机支援。参加作战的盟军是第 21、第 12 集团军群和独立空降第 18 军,共 51 个师又 12 个旅,支援飞机 9000 架。盟军企图以第 21 集团军群由威赛尔地域向鲁尔以北实施主要突击,以第 12 集团军群从已取得的莱茵河登陆场向卡塞尔实施辅助突击,围歼德军鲁尔集团,尔后向易北河

总方向发展进攻。

3月23日夜,第21集团军群主要突击集团发起进攻。一夜之间,英第2集团军和美第9集团军强渡了莱茵河,在东岸夺取了登陆场。第2天上午,空降第18军在敌后实施空降,并很快与正面进攻的英军会合。至28日,登陆场已扩大到正面60公里、纵深35公里。第12集团军群在辅助方向的进攻也很顺利,4月1日即与第21集团军群的部队在利普施塔特地域会合,从而对鲁尔工业区的法西斯德军18个师,32.5万人(含将官30人)达成合围。这时,艾森豪威尔发表了告德国军民书,敦促德国投降,但被围德军没有立即投降。

鲁尔集团被合围后,德军西部防线已基本瓦解,于是盟军统帅部决定以一部兵力歼灭被围德军(德军抵抗18天后,于4月18日投降),将主要力量转移到中央方向,立即在全线发起最后的进攻。盟军的企图是,以第12集团军群在中央方向实施主要突击,直接向易北河中游推进;以第21集团军群在北翼向易北河下游进攻;南翼由第6集团军群攻入奥地利。

为了加强中央方向的突击力量,美第9集团军于4月4日由第21集团军群转隶第12集团军群。第12集团军群在鲁尔合围德军后。继续由卡塞尔地域向东推进,几乎未遇德军抵抗,于4月16日在维滕贝格和马格德堡地域进抵易北河,19日攻占莱比锡,尔后进入捷克斯洛伐克国境。25日,美第1集团军的部队在托尔高地域的易北河上与苏军乌克兰第1方面军会师,德国即被分割成南北两部分。在北翼,第21集团军群向东北迅速推进,于4月19日至月底在许多地段前出到易北河。尔后,英军强渡易北河继续向东推进,汉堡守军不战而降。5月初,英军在易北河以东与苏军会师。在南翼,第6集团军群利用3月底夺占的奥彭海姆登陆场发起进攻后,迅速向东推进,于4月月中占领纽伦堡地域,至5月初攻入奥地利西部。与此同时,第12集团军群的部队也进入奥地利的林茨地域。这时,盟军已经肃清了荷兰、挪威和意大利境内的法西斯军队,残余德军被压缩在柏林附近地域做垂死挣扎。

日本法西斯投降

在中美苏英及亚洲其他各国人民的共同打击下,日本法西斯已完全陷入绝境。1945年8月9日上午10时30分,日本最高战争指导会议在皇宫内举行,铃木首相首先表示,鉴于目前形势,日本只有接受波茨坦公告,陆军大臣阿南惟几和参谋总长梅津美治郎要求先讨论应否把战争继续下去,海军大臣米内光政建议附带条件接受波茨坦公告。外务大臣东乡茂德认为只可讨论附带"维持国体"条件一个问题。由于意见分歧,未能取得一致意见。同日下午 2 时半至晚 10 时半,铃木内阁连续召开紧急会议。阿南等仍主张除"维持国体"外,还必须附带三个条件:日本自行处理战犯;自主解除武装;盟军不得进驻日本,万一进驻,也应限制在最小范围内以最低数量实行短期占领。因此仍未做出任何决定。同日午夜,昭和天皇在皇宫防空洞内召开御前会议,会议讨论了两个多小时,与会者意见形成三比三,仍相持不下,毫无结果。铃木根据事前同木户内大臣等人的默契,在会议即将结束时起立面请天皇"圣断"。天皇表示本土决战毫无可能,只有接受波茨坦公告。御前会议遂于 10 日凌晨 2 时 30 分结束。铃木立即召开内阁会议,让阁员们在同意受波茨坦公告的文件上签字。10 日上午 6 时 45 分,日本外务省打电报给驻中立国瑞士和瑞典的日本公使,请两国政府将日本接受波茨坦公告的照会转交中美苏英四国政府,但附有一项"谅解",即认为波茨坦公告"不包含变更天皇统治国家大权的要求"。

8 月 12 日凌晨,日方收听到美国广播同盟国的答复,12 日下午 6 时后,日本驻瑞士和瑞典公使相继发回美国国务卿贝尔纳斯代表美英苏中四国政府的正式复照。主要内容是:"自投降之时刻起,日本天皇及日本政府统治国家之权力,即须听从于盟国最高司令官","按照波茨坦公告,日本政府之最后形式将依日本人民自由表示之意愿确定之。"对此复照,日本统治集团再次争议。13 日上午 9 时,最高战争指导会议开会,下午 4 时,内阁又举行会议,争论均无结果。与此同时,美军舰基飞机猛烈袭炸关东和东北地区,又在广播中谴责日本故意拖延时间,并从 13 日下午 5 时至 14 日清晨派出飞机在东京等地大量散发日语传单,载明 8 月 10 日日本政府接受波茨坦公告的照会电文和同盟国的复照。这样就把日本政府一直讳莫如深的交涉秘密公诸于日本人民,使日本统治集团深为不安。14 日上午 10 时 50 分,天皇再次防空洞召开御前会议,会上仍争议不定,最后,天皇在凄惨沉寂中开始讲话。他说:"我的异乎寻常的决心没有变……如果继续战争,无论国体或是国家的将来都会消失,就是母子都会丢掉。现在如果停战,可以留下将来发展的基础。……希望赞成此意。"天皇讲话后,铃木表示当即起草停战诏书。会议于正午结束后,日本政府随即拟就一份宣布接受波茨坦公告的诏书以及给同盟国的电报稿。这两份文件于 14 日 23 时拍发,天皇诏书还于 23 时 20 分录了音。近卫第一师团中的几名法西斯军官于 14 日深夜至 15 日凌晨,闯进皇宫,图谋劫夺天皇诏书录音盘。事败自杀。15 日晨,陆军大臣阿南切腹自杀。此后,一批死硬的法西斯分子如陆军元帅杉山地、陆军大将本庄繁等亦纷纷自杀。15 日正午,日本广播协会广播了天皇宣读"终战诏书"的录音。至此,日本正式宣布接受波茨坦公告,向盟国投降。这标志着日本法西斯彻底崩溃。

8 月 15 日,铃木内阁总辞职。8 月 17 日,皇族东久迩稔彦组阁,近卫文以副首相身份参加内阁,重光葵提任外相。同日,昭和天皇发布敕谕,命令国内外日本军队立即停止一切战斗行动。

8月28日,美军先头部队在东京附近的厚木机场着陆,开始对日本本岛实行占领。

9月2日上午9时,在停泊于东京湾的美国战列舰"密苏里号"上举行了签降仪式。首先由日本外相重光葵代表天皇和政府、陆军参谋总长梅津美治郎代表大本营在投降书上签字。接着麦克阿瑟上将以盟国最高司令官的身份签字。然后是接受投降的9个盟国代表分别代表本国依次签字:美国代表尼米兹海军上将、中国代表徐永昌将军、加拿大代表穆尔——戈斯格罗夫上校、法国代表雅西·勒克莱尔将军、英国代表布鲁斯·弗雷泽海军上将、苏联代表杰列维扬科中将、澳大利亚代表托马斯·布莱梅将军、荷兰代表赫尔弗里希海军中将、新西兰代表艾西特空军中将。至此,正式宣告了日本法西斯战败投降,德意日轴心国发动的第二次世界大战,也以反法西斯同盟国的胜利而同时宣告结束。

纽伦堡国际军事法庭

早在1941年,欧洲的比、希、卢、挪、荷、波、南、法八国在伦敦的流亡政府,就设置了联络会议,专门研究战后如何处罚战犯一事。次年1月13日发表圣詹姆斯宣言,确定通过司法手续惩罚战犯。1943年10月,他们成立了联合惩办战犯委员会。并初拟过战犯名单。

1943年10月下旬,苏美英三国外长在莫斯科开会,通过了《关于希特勒分子对其所犯罪行责任问题的宣言》。这个宣言由三国政府首脑签署。其中载明:战犯们"将被解回犯罪地点,由他们所曾迫害的人民予以审判"。宣言警言罪犯们:"……三个盟国必定要追赶他们到天涯海角,将他们交给控诉他们的人,俾使公道得以伸张。"

在同年召开的德黑兰三国首脑会议上,斯大林义正词严地敦促:要尽快地对全部德国战犯进行公正的裁判,并对他们严加惩治。他的话充分表达了人民惩治法西斯首恶分子的愿望。1945年初的雅尔塔会议公报重申:要使一切战争罪犯受到公正而迅速的惩办。接着苏、美、英、中四大国于同年5月旧金山召开的联合国创设会议上,又就一系列审判战犯的具体问题进行了热烈的讨论,决定于1945年6月22日在伦敦举行会议,共议设立欧洲国际军事法庭的具体事宜。

在1945年7~8月的波茨坦会议上,苏美英三国首脑郑重签署了《波茨坦会议议定书》,其中包括了设立军事法庭审讯战犯的条款。嗣后,英美法苏四国政府于

纽伦堡国际军事法庭

1945 年 8 月 8 日正式缔结了关于控诉和惩处欧洲轴心国主要战犯的协定,简称"伦敦协定"。不久后陆续有 20 个国家参加该协定。它包括一项附属文件,即国际军事审判条例,内容共 30 条,对设置法庭的目的、任务、法庭的职能、机构、管辖权等一系列问题,都做了明确、详尽的阐述,它规定,签约四大国应各派遣一名审判官、一名代理审判官主持审讯、判刑事项。条例还就对战犯进行起诉的理由陈述如下(要点):

第一条,破坏和平罪:系指策划、准备、发动或进行侵略战争,或违反国际条约、协定或保证的战争。或参与实施上述任何罪行的共同计划或阴谋。

第二条,战争罪:指违反战争法规或惯例。此罪包括但不限于虐待或杀害俘虏、人质、奴隶劳工及掠夺财产,破坏城镇等。

第三条,违反人道罪:指战争发生前或战争期间对任何平民的杀害、灭绝、奴役及其他不人道的行为。

条例规定由缔约国首席起诉代表组成起诉委员会。委员会确定了被定为首要战犯的名单。所谓"首要"者,系指被告"在纳粹政权中所保持的骨干地位,即不仅行为恶劣,而且责任重大"。委员会在审判开始之前,即把起诉书副本交各被告人手一份。起诉书共 66 页,是由各国首席起诉代表共同签字后才正式发出的。它列举了被指控的被告人,被告组织和集团的重大罪行。但允许被告加以申辩,规定每个被告有权任选德籍律师一名。

审判地点选在德国纽伦堡市寓意颇深:该城在历史上留下过创建和践踏人类文明的双重记录。第二次世界大战中它又蒙受了法西斯强盗的玷辱。1935 年在此颁布过臭名昭著的纽伦堡法,该法规定取消犹太人的德国籍,还把迫害犹太人做法公然列入法律。从 1933 年到 1938 年,纳粹党(即民族社会主义德意志工人党,简称民社党)均在此城举行党代会,故希特勒把纽伦堡"誉"为帝国党代会之城。如今,人民正是要在法西斯曾炫耀其成就的地方永久记下他们的耻辱,这是历史的讽刺。

开审之前,盟国进行了充分的准备:法庭掌握了大宗文献,包括纳粹的文件、外交和军事上的记录、信札、日记等数千件。这是盟国从纳粹的官邸、别墅、地下室、甚至盐矿中及假墙的夹缝中搜索缴获的,总量逾千吨。从中精选出可作证据的材料,再加核查、分类、登记、复印、并分别译为英、法、俄文,最后呈交检查官备用。此外还集中了一批证人,多是事先盟军在搜捕过程中有意识地寻找和保全的适宜充当证人者,有苟活下来的纳粹同伙,也有部分是暗中反对纳粹政权者。这些人有条件向法庭提供重要证词。

10 月上旬,罪犯们被押解到纽伦堡候审。美军上将,心理学家安德鲁斯被任命为纽伦堡监狱狱长,管理全体在押人员。至此一切准备就绪,只待开庭。

开庭与起诉　1945 年 11 月 20 日上午 10 时 03 分,庄严肃穆的欧洲国际军事法庭在纽伦堡法院的正义宫开庭了。大厅正面竖立着苏美英法四国国旗,旗前设审判官席。对面是律师席位,被告坐在律师身后。大厅左、右两侧分别为检察官和证人席。厅内有数排座位专供各国记者之用。旁听席在楼上。

开庭之日,审判官们身着黑色法衣(苏联审判官着笔挺的军服)威严入座。21名被告在美国军人的押解下神情沮丧地进入大厅。其他人员先已各就各位。审判长劳伦斯首先讲话,接着四国起诉代表分别致开庭辞,他们都强调了这次审判的严肃性与重要性,表示将公正无私地履行这次正义审判的义务。之后法庭宣读了审判规程。

11 月 21 日,各国检察官宣读起诉旨意。美国检察官指出,被告"是把《我的奋斗》的梦想变为现实的魔术家",是"狂妄的、罪恶冒险行为的积极参与者和领导者。他们是扑灭自由火焰的帮凶,是织成铺盖欧洲大陆的黑色丧服的经和纬,是一伙无所顾忌的歹徒……"接着,苏英法三国代表也强烈谴责了纳粹被告的罪行。

受到起诉的德国首要战犯共 24 名。其中被告鲍曼未缉拿归案、被告莱伊在狱中畏罪自杀,被告克虏伯获准暂不出庭受审。故实出庭者 21 名。法庭起诉书列举了 24 名被告的主要罪状,他们是:

赫尔曼·戈林:纳粹政权第二号人物。1922 年加入纳粹党,历任国会议员、不管部部长、航空总监、普鲁士总理、陆军将军、后作为四年计划全权执行人总揽德国经济大权,还负责控制和掠夺被占国经济。1938 年"荣升"陆军元帅,后被加封绝无仅有的"帝国元帅"。希特勒曾两次颁令宣布在他"遭遇不测"时戈林是他的"全权继承人"。戈林发展起秘密警察并创建最早的集中营,积极参与迫害犹太人。是侵略战争的指挥和推动者。他曾竭力榨取被占国民脂民膏,残酷虐待各国奴隶劳动,抢掠和私吞被占国艺术珍宝。

约翰·里宾特洛甫:1932 年加入纳粹党,曾任希特勒外交政策顾问、驻外大使等。1938 年任外交部长。曾参加纳粹一系列重要会议,策划和推动侵略战争。参与炮制慕尼黑阴谋,胁迫哈查总统就范,签署了所谓《对波希米亚和摩拉维亚的保护关系法》,还曾诱使英国放弃对波兰的保护。

威廉·凯特尔:德国陆军将领,国防军最高统帅部长官。参与吞并奥地利勾当,对奥总理许士尼格施加压力。参加制订、签署和实行多项侵略他国的军事计划。

恩斯特·卡尔滕布龙纳:1932 年加入奥地利纳粹党和党卫军。1941 年任奥保安部长,对德国吞并奥地利起特殊作用。1943 年继任刽子手海德里希之职成为秘密警察保安队勤务处头目,德国保安总局局长。对集中营内种种罪行负有不可推诿的责任。参与虐待奴隶劳工和"最后解决"犹太人行动。

阿尔弗雷德·罗森堡:1919 年加入纳粹党,是公认的"纳粹思想家"。主编纳粹刊物并撰写《二十世纪的神话》一书,大肆发展和传播民族社会主义,还主持纳粹的思想和教育研究工作。1941 年起任德国东方占领区事务部长,执行希特勒对被战区控制、管理、榨取的指令。

汉斯·弗兰克:1927 年加入纳粹党。曾任德国政府不管部部长。纳粹党法律事务全国领导人。1939 年 10 月任波兰占领区总督。曾肆无忌惮地榨取波兰的经济资源,从波兰向德国输送一百万劳工,还参与杀害大批波兰人。

威廉·弗利克:1932 年加入纳粹党。曾任德内政部长、内阁国防委员会成员。1943 年 8 月起作为驻波希米亚和摩拉维亚地区"保护长官"曾签署一系列取缔反对党、镇压工会、教会和犹太人的条令。亲自宣布"犹太人不受法律保护"。他管辖的疗养院、医院、精神病院的把大批老、弱、病、残及精神不健全者当成"无用的饭桶"加以杀害。

尤利马斯·施特莱歇尔:1921 年加入纳粹党。曾参加慕尼黑暴动。是公认的"天字第一号犹太迫害狂"。1923~1945 年主持反犹刊物《前锋报》,鼓吹灭绝犹太人种,诬蔑犹太人是细菌、寄生虫和瘟疫。积极支持 1935 年迫害犹太人的纽伦堡法。还应对 1938 年纽伦堡捣毁犹太教堂事件负责。在"最后解决"犹太人行动中,他操纵宣传机器,对这一暴行起推波助澜作用。

阿尔弗雷德·约德尔:1935~1938 年任德国国防军最高统帅部国防处处长。1939 年后负责作战处,他直接向希特勒汇报战事,并向三军传达其命令。曾策划并参与对奥地利、捷克斯洛伐克、挪威、希腊、南斯拉夫等国的军事行动、草似侵苏的"巴巴罗萨"方案,签署诺曼底登陆备忘录。

弗里茨·绍克尔:1923年加入纳粹党。1932年后担任图林根内务部长和联邦总理等职。曾领冲锋队和党卫队将军衔。1942年被希特勒任命为奴隶劳工全权负责人,制订过榨取各占领区奴隶劳工的计划,他对劳工的原则是"用最低费用达到最高限度的剥削"。

赛斯·英夸特:1938年加入奥地利纳粹党。他对德吞并奥地利起过特殊作用。曾任德驻奥总督、德不管部部长、德驻荷占领区头目等职。

马丁·鲍曼:1925年加入纳粹党。1933~1941年是希特勒助理公署参谋长。此后接替赫斯的纳粹党书记处职务。1943年起为希特勒秘书并日益成其亲信。该被告在缉捕期间下落不明,其律师申明他已死亡,但当时尚无确凿证据,法庭对之进行缺席审判。

罗伯特·莱伊:曾负责德国劳动战线和纳粹党组织工作。制订过使用外国奴隶劳工提案,在押至纽伦堡监狱后,他于10月25日利用禁闭室厕所的水管上吊自杀身亡。

古斯塔夫·克虏伯·冯·博伦·哈尔巴赫:德国克虏伯公司总经理,在第一次、第二次世界大战中都曾生产大量军火武器。法庭虽对他提出起诉,但在1945年11月5日决定暂不审讯,理由是"被告身体和精神状况不佳"。宣布对他案情的审理将推迟到他"身体和精神状态允许之时"进行。

鲁道夫·赫斯:1920年加入纳粹党。1923年与希特勒一起被捕并在狱中协助希特勒写出《我的奋斗》一书。后任希特勒助理且为之心腹。曾系国防委员会成员及纳粹党书记处负责人,积极参与策划侵略战争。1939年被希特勒指定为继戈林之后的第二继承人。但他在1941年5月1日突然只身驾机飞往英国,原因众说不一,至今为历史一谜。此后一直被囚禁在英国。开审之前被引渡至纽伦堡。狱医认定他患有"时间性歇斯底里健忘症",但"并非完全不清醒",故依法受审。

埃里希·雷德尔:1935年任海军总司令,四年后擢升海军特级上将。为德国国防委员会成员。1943年经本人请求只留任海军名义总监。曾参与策划和指挥一系列侵略战争,尤其是海战,对潜艇战更负有不可推卸的责任。

瓦尔特·冯克:1933年起任德国政府新闻总署、宣传部负责人等。1939年为德经济部长和战争经济全权委员,德国国家银行总裁。曾参与迫害犹太人活动。卖力进行战争经济准备并对占领区进行经济榨取。

耶马尔·沙赫特:曾为冯克前任。1923~1930年任德国货币委员会委员和国家银行总裁。1933年又被希特勒任命为国家银行总裁,德经济部长,战争经济全权委员、不管部部长等。他是纳粹上台的积极支持者。他通过种种手段为希特勒筹集大量资金。后因与戈林等发生了矛盾而失宠。1944年曾被秘密警察逮捕。

弗兰茨·冯·巴本:1932 年曾为德国总理。1933 年被任命为希特勒内阁副总理。1943～1938 年先后为驻奥地利、土耳其使节,他曾积极帮助希特勒组阁。但是 1934 年发表过斥责纳粹党的演说,故在"清洗罗姆"事件中被监禁,不久获释。他曾支持奥地利纳粹分子的活动,参与过吞并奥地利的准备工作。

康斯坦丁·冯·牛赖特:职业外交官。1930～1932 年任德驻英大使。1932～1938 年任外交部长。后曾任不管部部长、国防委员会委员、德驻波希米亚—摩拉维亚保护长官等。曾参加炮制慕尼黑阴谋和镇压捷克斯洛伐克人民。

巴尔杜·冯·席腊赫:1925 年加入纳粹党。1929 年为民族社会主义全国青年指导人。1933 年后为全德青年领导人。1940 年被任命为驻维也纳总督。他曾把各青年组织统一到希特勒青年团内,卖力向青年灌输纳粹思想并对之进行军事训练,使青年成为党卫军补充来源。

阿尔伯特·施佩尔:1932 年加入纳粹党。两年后成为希特勒的建筑师和亲信。1942 年后担任托特组织负责人。德国军备、军需及军火部部长,德国国会议员。

卡尔·邓尼茨:自 1936 年任德潜水艇舰队司令,1942 年成为海军上将,次年接替雷德尔任海军总司令。希特勒在自杀前的遗嘱中指定他从 1945 年 5 月 1 日起为国家元首。他曾参与训练和发展德潜艇队,积极策划和参与海上侵略战争。

汉斯·弗里切:从 1932 年就是经常公开露面的广播评论员,主持政治时事节目。1933 年加入纳粹党。1938 年成为宣传部国内新闻司司长,后任广播司司长。他执行戈培尔指示,每日制订和发布新闻宣传口径,为纳粹的活动制造舆论并进行煽惑。

起诉书还对下列集团或组织提出了起诉:

纳粹党政治领袖集团:它是以希特勒为首组成的纳粹党组织机构,实际管理由全国总部领袖(先为赫斯,后为鲍曼)担任。该集团成员包括领袖(即元首),全国总部领导人,大区领导人及办事处成员,县领导人及办事处成员,地方分部、支部和小组领导人。该组织为纳粹党夺取国家政权、控制帝国起了中坚作用。它大肆进行蛊惑宣传,监视人民政治态度,还致力于使占领区日耳曼化并迫害犹太人。

秘密警察和保安勤务处:后者原为党卫队情报机构。自 1936 年 6 月成为纳粹党情报机构并与秘密警察合并一体。该组织原由海德里希、后由卡尔腾布龙纳负责。它通过监狱、集中营等手段凶残对付一切纳粹的反对者,干下大量逮捕、迫害、屠杀和灭绝无辜人民的暴行。

德国纳粹党党卫队:原系希特勒从冲锋队选出用以自卫的"精锐部分",最初仅 200 余人,希姆莱任领袖。到 1933 年发展到 2.5 万人,1945 年达 58 万人。党卫队分两部分,一为调遣部队,必要时可编入国防军;二为髑髅队,控制集中营。队员当时被"誉"为"具有高度组织纪律的中坚分子",有着"看到千万具尸体也无动于衷的无情精神"。党卫队用各种残酷手段杀人,包括搞杀人试验。

德国纳粹党冲锋队:1921年为实现纳粹党的政治目的而建立(罗姆为头目)。曾参加希特勒的啤酒馆暴动,起到"党的臂膀"作用。1933年发展到250万人。在次年6月30日的"清洗"中受到极大削弱,降到纳粹附庸部队的地位。

德国内阁:包括1933年1月30日以后的普通内阁成员、德国内阁国防委员会成员和秘密内阁成员,这批人总数为48人。其成员分管各政府部门。1933年后内阁有权发布新的法律。希特勒曾宣布在对外政策问题上要取得秘密内阁会议的咨询。而国防委员会对侵略战争应负重大责任。

参谋部和国防军最高统帅部:成员为三军最高司令部高级军官,约有130名,希特勒为最高统帅。这伙人策划指挥了一系列侵略战争,使数百万无辜人民蒙受战争的灾难和痛苦。

庭审与判刑　纽伦堡欧洲国际军事法庭从1945年11月到1946年3月进行了错综复杂、旷日持久的审案工作。这是一场艰苦的、面对面的舌战。法庭成为同德国法西斯战犯最后较量的战场。四国检查官分别对被告们做出详尽的控诉。法庭共进行公开审判403次,多次传讯每一名被告。请200多位证人出庭作证。请143人提供调查记录。还允许22名德国律师为被告进行辩护,同时接受了律师们提交法庭的30万条书面证明材料。最后在3月8日至6月26日准予被告行使答辩权。在审讯过程中,法庭的做法充分体现了公正、人道、民主的精神,从而更加显示了法律的尊严。审讯始终是一场激烈的唇枪舌剑。因为要在法庭上彻底战胜纳粹被告,并从法律的角度定下历史的铁案,就必须让被告在大量确凿的人证物证面前理屈词穷,从根本上服罪(而不是表面上,有些人表面上可能决不服输或只是假服),所以这样的较量并不亚于在枪林弹雨的战场上展开的交锋。

一些顽固的被告竟当庭宣扬悖谬的纳粹理论为法西斯开脱罪责,对此,法庭理所当然地进行了有力驳斥。

辩护方面(包括某些律师)反复提出了"无法规定者不罚"的理由,一再抗辩说:追溯既往地运用法律是不允许的,言下之意是,在他们谋划和发动侵略战争时,还不存在禁止密谋和进行侵略战争的法律规定,因之不能给他们定罪。检察方面义正辞严地指出,这恰恰说明法西斯分子从来就无视国际法。法庭列举了海牙、凡尔赛、洛迦诺、凯洛格——白里安等一系列国际条约的具体条文,一一说明德国法西斯对奥地利、捷克斯洛伐克、波兰、丹麦、挪威、比利时、荷兰、卢森堡、法国、英国、南斯拉夫、希腊、苏联及美国的战争从根本上违背了国际法规,是赤裸裸的侵略战争。而侵略战争历来属刑事犯罪。

被告还提出一种"你亦同样"的论调,企图通过诬蔑对方也犯有同样的"罪行",而将自己的罪行勾销。他们制造"双方都违法"的谬论,达到"合理"地追究对方法律责任,"双方均不追究"的目的,实质为自己开脱。法庭戳穿了被告们玩弄的"相互抵销法",指出他们妄图把自己的侵略行径同盟国、受难人民反侵略战争和反法西斯抵抗运动混为一谈。是只许侵略者挑衅而不许受害者作正义还击的强盗逻辑。

被告们还试图以"执行命令"为自己辩解,有军衔者尤其把这点奉若至宝。这是自我洗刷的托词,犯罪已无法抵赖,但不承认是罪犯,因为自己只是执行者,法律责任只能由发布命令的人来承担。按照这种逻辑,最后就只需对希特勒一人治罪,他既已身亡,被告们都可逃脱法网了。但法庭有力地引证道:"即使在最富有盲目服从传统的德国,即使在元首国家时期,德国军事刑法第 47 条仍然规定:就是下属人员,假如他知道上级命令以违反民法或军法的犯罪行为为目的时,再执行这道命令也应受到惩罚。"这一论据使被告们无以对答。最后法庭斩钉截铁地裁断:"执行上级命令不属减刑之列!"

被告戈林在这类诡辩中表现最为狡黠、蛮横,他准备与法庭对抗到底,公然声称不承认法庭的职权,还在下面暗搞攻守同盟,破坏审讯。对这样顽固的罪犯,法庭与监狱管理人员进行了针锋相对的斗争。

经过九个月艰苦斗争,法庭基本上达到预期的目的。1946 年 8 月 31 日,法庭给各被告以最后辩护发言的机会并宣布休庭一个月,对案情加以缜密分析及研究最后判决。

1946 年 9 月 30 日,纽伦堡欧洲国际军事法庭宣读了长达 250 的判决书,判刑情况下如下:

判处被告共 22 名(其中一人缺席)。

判处绞刑者 12 名:戈林、里宾特洛甫、罗森堡、凯特尔、施特莱歇尔、约德尔、绍克尔、弗兰克、弗利克、卡尔腾布龙纳、赛斯—英夸特、鲍曼(缺席)。

判处无期徒刑者 3 名:赫斯、冯克、雷德尔。

判处 20 年徒刑者 2 名:席腊赫、施佩尔。

判处 15 年徒刑者 1 名:牛赖特。

判处 10 年徒刑者 1 名:邓尼茨。

被告巴本、沙赫特、弗里切被宣判无罪,予以释放。

以下各组织被宣判为犯罪组织:德国政治领袖集团、秘密警察和保安勤务处、党卫队。

宣判完毕后附加一则说明:凡有上诉者,可在四天之内向管制委员会呈递"宽恕请求书"。

之后,庭长又宣布了苏联方面的不同意见。苏联法官、司法少将伊·特·尼基钦科认为,不宣告德国内阁、参谋本部及国防军最高统帅部为犯罪组织,判处被告赫斯无期徒刑,宣告被告沙赫特、巴本、弗里切无罪而予以释放是不正确的,没有根据的。苏联法官在长达30页的意见书中详尽阐述了自己的理由。他列举了上述三组织的累累罪行,认定其均为犯罪组织。同时一一摆出四名被告的材料说明均属罪大恶极,认为应将赫斯判处死刑。另外三名均应定罪,不该释放。

1946年10月1日下午,纽伦堡法庭正式闭庭。

从退庭之后到行刑之前,被告里宾特洛甫、弗兰克、赛斯·英夸特、席腊赫、施佩尔、邓尼茨六人先后上诉,要求减刑。戈林上诉要求改绞刑为枪决。以上请求均被驳回,法庭一律维持原判。

整个审讯期间,世界公众密切注视着纽伦堡的动向。对德国首要战犯判刑的消息尤使全世界人心大快。苏联《真理报》在判决宣布之后发表的评论说:"一切进步的人民,诚实的人民都衷心满意地欢迎国际法庭的判决书。这是无情的、坚决而公正的判决。"而苏联法官所持的不同意见也在民众中得到强烈共鸣。判决公诸于世后,人们纷纷谴责法庭对巴本、沙赫特、弗里切三被告的过度宽恕。法、美、英、奥、挪等国进步报刊先后载文,"对释放战犯表示惊愕""遗憾"。柏林十万工人举行罢工,抗议开释战犯。德国统一社会党领导人皮克和格罗提渥发表联合声明,要求对纳粹罪犯严加惩处。值得注意的是"三被告在得知获释时没有任何人比他们本人更觉吃惊"。他们不敢离狱。沙赫特供认:"余深惧德国民众……实觉无处容身",要求暂时"准予留狱",巴本欲往法国,但法国拒绝为其办理过境手续。当然也有极少数人指责"纽伦堡是胜利者的法庭","违背了法律不溯既往的原则",甚至反对通过设立国际法庭的方式惩处战犯。

1946年10月16日对死犯处以极刑。凌晨1时11分,里宾特洛甫第一个被套上绞索,2时许,10名死囚先后在绞架上结束了罪恶的生命。罪首戈林在临刑前两小时吞服氰化钾毙命。鲍曼"需追捕归案后处死",余犯皆投入狱中服刑。

客观地说,纽伦堡审判是一次公正的、经得起历史考验的审判。第二次世界大战是人类历史上一场空前的浩劫,5000万无辜人民惨遭屠戮,广袤的和平土地落得满目疮痍,甚至化为焦土。尸横遍野的战场、灭绝营、毒气室、焚尸炉……构成了名副其实的死亡工厂,而法庭正是对这一惨绝人寰罪恶的主要肇事者加以惩处,从而在全世界伸张正义,所以是符合人民意愿的。同时对战犯的惩治也是世界反法西斯斗争的重大胜利,它巩固了第二次世界大战的成果。纽伦堡所审理的是历史上规模最大、案情最复杂、犯罪事实最令人发指的大案。而审讯和定案又是严格依靠证据进行的。司法人员能严肃、缜密、客观地依法审案、定审,也为国与国联合共同制裁侵略者提供了先例。纽伦堡审判揭开了国际法史上新的一页。在人类历史上,这是第一次给予侵略战争的密谋者、组织者、执行者以公开公正的处分,它表明："破坏和平和违反人道从法学的观点上是构成犯罪的"。美国首席检察官杰克逊谈道："纽伦堡判决的重要性并不在于它怎样忠实地解释过去,它的价值在于怎样认真地儆戒未来。"他认为,审判有两大任务,"一是核实纳粹重大历史罪行的证据,二是解释并规定新形成的国际法基本准则。"后一点在国际范围内是一次新的开拓,而且初见成效,对后来的"联合国国际法委员会"是有启示的。所以有人把纽伦堡审判喻为"国际刑法史上第一部非常重要的文件。"

有人说,纽伦堡审判是"最使德国人民难堪之事"。实际上决不可把德国法西斯与德国人民混为一谈。如果当初德国大众欣然接受了希特勒的计划,那么就根本不需要什么冲锋队、盖世太保了。但纽伦堡审判对德国人民也是有益的教育,因为"德国人民通过纽伦堡审判第一次认识到在他的名义下对手无寸铁者、犹太人、病人、被绑架和被拘捕者所犯下的罪行"。

纽伦堡法庭不宣布德国内阁、最高统帅部和参谋本部为犯罪组织,释放沙赫特、巴本和弗里切三被告是不妥的。杰克逊先生在 1955 年也承认:如果当时对沙赫特的案件"进行非常慎重的调查,那么起诉肯定也不至于败诉"。另外,联邦德国历史学家埃德曼认为:"如果法庭……有中立国参加,那么法庭的设立就会有更大的说服力。"这种见解也属探讨此课题的一家之言。

远东国际军事法庭

第二次世界大战,是人类历史上最大的一场浩劫,给各国人民造成了空前深重的灾难。遭受日本侵略的中国、东南亚等各国人民,在这场战争中付出了重大代价。据不完全统计,仅中国在战争中,军队伤亡达 380 余万人,民众伤亡达 1800 余万人,财产损失达一千多亿美元。日本法西斯侵略者令人发指的罪行,使受害各国人民和支持正义的人们从大战初期起就主张,战后应严厉惩处战争罪犯,不能像以前那样,仅仅惩办违反战时国际法规的战犯,而且要惩办对战争本身负有罪责的人,即对准备、发动、进行侵略战争的人,追究其作为战犯的责任。

1941 年 12 月 4 日,苏联政府发表声明说:"在战争胜利并相应地惩处希特勒罪犯后,苏维埃国家的任务将是保证持久正义的和平"。1942 年 8 月,美国总统罗斯福根据对欧、亚侵略者的调查,主张要在实际进行犯罪活动的国家内进行审判。1943 年 10 月,美、英、中、荷、澳大利亚等国设立了战争罪犯调查委员会。1943 年 11 月 20 日在莫斯科发表的苏、美、英三国外长关于德国暴行的宣言指出:凡是应该对暴行和罪行负责,或者曾经同意进行暴行和罪行的德国军官,人员和纳粹党员,将被解回他们犯下罪恶行为的国家,以便按照这些被解放的国家和将在这些国家建立的自由政府的法律加以审判和惩处；这一宣言不影响主要罪犯的案件，他们罪行没有特殊的地理位置，他们将按照盟国政府的共同决定受到惩处。

1945年8月8日，苏、美、英、法根据上述莫斯科宣言，在伦敦签订了《关于控诉和惩处欧洲的轴心国主要战犯的协定》，及其附件《欧洲国际军事法庭宪章》。欧洲国际军事法庭从1945年11月10日在纽伦堡开庭，到1946年10月1日结束。

战争罪犯调查委员会表示，日本战犯也应受到与德国战犯同样的处理。1945年7月26日，中、美、英三国促令日本投降之波茨坦公告第10项规定："吾人无意奴役日本民族或消灭其国家，但对于战犯罪人，包括虐待吾人俘虏者在内，将处以法律之严厉制裁。"1945年12月16日至26日，在莫斯科召开的苏、美、英三国外长会议决定（中国也同意），驻日盟军统师应采取一切必要措施，以实现日本的投降条件，占领并管制日本。他必须实施波茨坦公告的条件，包括惩办日本战犯。

经盟国授权，驻日盟军最高统帅麦克阿瑟于1946年1月19日颁布了《特别通告》及《远东国际军事法庭宪章》（同年4月26日修正）。设立东京法庭的根据，是1943年12月1日的开罗宣言、1945年7月26日的波茨坦公告、1945年9月2日在美舰"密苏里"号上签署的日本投降书和1945年12月26日的莫斯科会议决定。法庭宪章共5章17条，规定了任务、组成、诉讼程序及其管辖权。其内容与《欧洲国际军事法庭宪章》大同小异。美国迫于战后初期世界民主舆论的压力，同时为了适当打击日本竞争者，在进行一系列民主改革的同时，不得不同意进行东京审判。但在东京审判无论开始或结束的时间都比较晚，由于战后国际形势的发展，这种时间上的差异也就使东京审判及其结果更多地反映了美帝国主义的要求。随着时间的推移，包庇日本战犯的意图变得越来越明显，甚至反映在法庭的一些程序和技术性问题上。

东京审判并不是以所有的战犯为对象，而只是审理和惩办主要的甲级战犯，其他较次要的战犯由被侵略国设庭审理和处置。宪章第五条规定，法庭有权审理三种犯罪：（甲）破坏和平罪，即计划、准备、发动或实行被宣告的或未被宣告的侵略战争，或参加为达成上述任何行为的共同计划或阴谋；（乙）战争犯罪，即违反战争法规和惯例的行为；（丙）违反人道罪，即在战争发生前或战争进行中，对任何平民之谋杀、灭绝、奴化、放逐，及其他非人道行为，或因政治或种族关系，为执行或关涉本法庭管辖范围内之任何罪行而为之迫害，不问其是否违反所在国之国内法。凡参与策动、或执行任何犯上述罪行的共同计划或同谋之领袖、组织者、教唆犯及共犯，对任何人在执行此项计划中所为之一切行为均应负责。主要战犯称为甲级战犯，因为破坏和平罪属甲类，这种罪行是由侵略国最高负责人所犯。

宪章第二条规定，东京法庭应由盟军最高统帅从日本投降书签署国及印度、菲律宾提出的人员中任命6名以上、11名以下法官组成。纽伦堡法庭的组成及有关事项都是根据完全平等选举和表决的原则,而东京法庭的法官和检察官却不经选举,而是由盟军最高统帅即麦克阿瑟任命。这种做法从组织程序上保证了美国意图的贯彻。1946年2月18日,麦克阿瑟任命澳大利亚的韦伯为首席法官,另外还任命了10名法官(中、苏、美、英、法、荷、菲律宾、加拿大、新西兰、印度)。被任命的首席检查官是美国律师约瑟夫·B·基南,其他30名检察官大都来自上述诸国。

宪章第九条丙款规定,为对被告进行公正审理,各被告有权为自己选择辩护人,但法庭可随时不承认本人选择的辩护人。日本方面的辩护人有鹈泽总明等28人,美国方面有柯尔曼等22人。

对日本战犯的审判 1945年9月11日,前首相东条英机等39名战犯被捕;11月19日,宣布逮捕小矶国昭等11名战犯;12月2日,宣布逮捕平沼骐一郎、广田弘毅等59名战犯;12月6日,逮捕近卫文麿、木户幸一等9名战犯。其中除旧有意义的战争罪犯之外,还包括对战争本身负有责任的人。在准备审判时,苏联曾建议,组织和发动侵略战争的财阀头目如鲇川、岩畸、中岛、藤原、池田等也应与东条同时受审。但这个建议被首席检察官基南否决,这些人被捕后又很快被释放。在美国的包庇下,日本财阀头目得以免于受审。对发动侵华战争和屠杀中国人民的战犯,如派遣军总司令西尾寿造、畑俊六、华北方面军司令官多田骏等,到1945年底才被捕,冈村宁次则逍遥法外。

用中国俘虏进行生物武器试验的日本战犯也受到美国的包庇。据参与东京审判的荷兰法官伯纳德·列凌克透露,这种试验杀死了两千名中国人。有关人犯战后逃回日本,被捕后送往美国。美国人答应,只忠实地说出他们通过自己的犯罪行为所得到的全部知识,就不予起诉,后来美国人遵守了诺言,但苏联审讯了犯有这类罪行的日本罪犯,并把起诉书送到东京。实际上,东京审判的首席检察官知道此事,但在法庭上根本不予追究。

关于国家元首应对发动侵略负刑事责任问题,第一次世界大战后对前德皇威廉二世的处理,至少从形式上已有了先例。第二次世界大战后,《欧洲国际军事法庭宪章》第七条规定:"被告之官职地位,无论系国家之元首或政府各部之负责官吏,均不得为免除责任或减轻刑罚之理由"。而《远东国际军事法庭宪章》中相应的第六条却回避了国家元首的责任问题。该第二条措词改为:"被告无论何时期内之官职地位,被告按政府指示或上级官员指示而行动的情况,均不得使其免除对被控所犯任何罪行之责任。"同是关于被告责任问题,东京法庭宪章第六条与纽伦堡法庭宪章第七条不同,恰恰删除了"国家元首"字样,这绝非是偶然,而是反映了美国的需要。

1946年4月29日,即审判开始前四天,对东条英机等28名甲级战犯正式起诉。法庭就设在原日本陆军省即所谓的军部,庭长室就设在东条英机原来的办公室里。5月3日,法庭在军部会议厅召开第一次公开会议,开始审理。由于中国法官梅汝璈的据理力争,法官座次除首席法官外,按日本投降书各受降国的签字顺序美、中、英、苏、加、法……等排定。审理采用英、美法律,分立证和辩论两个阶段,手续烦琐,迁延时日。3日至4日,首席检察官宣读长达42页的起诉书。

起诉书指出,从1928年1月1日至1945年9月2日,日本的对内对外政策"被犯罪的军阀所控制和指导。这种政策是重大的世界纠纷和侵略战争的原因,同时也是爱好和平各国人民的利益和日本人民本身的利益遭受重大损失的原因。"起诉书列举出55项罪状。其中第一项罪状称:"控告全体被告,在1928年1月1日至1945年9月2日这一期间,以领导者、组织者、教唆者或同谋者的资格,参与共同计划或阴谋,欲为日本取得对东亚、太平洋、印度洋以及其接壤各国或邻近岛屿之军事、政治、经济的控制地位,为达到此目的,使日本单独或与其他国家合作,对任何一个或一个以上之反对此项目的国家从事侵略战争。"第27项罪状是"对中国实行侵略罪状"。第55项罪状称:"应其官职应负有采取适当方法确实遵守及防止违反战争法规和惯例之法律上的义务,而竟完全漠视和蔑视其法律上的义务。"检察官根据以上各项罪状追究被告的个人责任。被告中罪状最少的也有25项,最多的达54项。但在5月6日,当时在法庭受审的全体被告27人竟都声辩自己"无罪"。东条英机竟说:"对一切诉因,我声明无罪。"

审理期间共开庭818次,法官内部会议131次,有419位证人出庭作证,779位证人提供供述书和宣誓口供,受理证据4336份,英文审判记录48412页。整个审判长达二年半之久,耗资750万美元。到1948年4月16日,法庭宣布休会,以做出判决。从1948年11月4日开始,宣读长达1231页的判决书,到12日才读完。

判决书由三部分组成。第一部分:一、法庭的设立和审理;二、法庭职责(甲,法庭的管辖权;乙,对俘虏的战争犯罪的责任;丙,起诉书);三、日本的义务和权利;第二部分:四,军部控制日本、准备战争;五,日本对中国的侵略;六,日本对苏联的侵略;七,太平洋战争;八,违反战争法规的犯罪(暴行)。第三部分:九,起诉书中罪状的认定;十,判决。判决书肯定日本的内外政策在受审查的时期(1928~1945年)内都是旨在准备和发动侵略战争。

被告最初是28人,但前外交大臣松冈洋右和前海军大将永野修身病死,为日本侵略炮制理论根据的大川昭明因发狂而中止受审。结果只对25人进行了审判和判决。对七人处以绞刑(东条英机、广田弘毅、土肥原贤二、板垣征四郎、木村岳太郎、松井石根、武滕章),对16人处以无期徒刑(荒木贞夫、桥本欣五郎、畑俊六、平沼骐一部、星野直树、贺屋兴宣、木户幸一、小矶国昭、南次郎、冈敬纯、大岛浩、佐藤贤子、嶋田繁太郎、白鸟敏夫、梅津美治郎、铃木贞一),判处二人有期徒刑(东乡茂德20年,重光葵7年)。

由于美国的操纵和包庇,判决书对有些战犯的判词太轻,对有些史实解释失当。例如,松井石根 1937 年任华中方面军司令官,统率上海派遣军和第十军。他在 1937 年 12 月 13 日统率军队占领南京,指挥日军犯下了震惊世界的"南京大屠杀"暴行,被杀害的中国人达 30 万以上,日军在南京疯狂烧杀掳掠,砍头、劈脑、切腹、挖心、水溺、火烧、砍去四肢、割生殖器、刺穿阴户、肛门等无所不用其极。日军的这些残酷暴行,比德军在奥斯威辛集中营单纯用毒气屠杀更加惨绝人寰。但判决书却对他在第 27 项罪状"对中国实行侵略战争"上,"判决为无罪",硬说"1937年和 1938 年时他在中国的军事职务,就其本身论,不能认为与实行侵略战争有关"。再如,重光葵除在苏、英等国任大使时的反动活动外,还在 1931~1932 年任驻中国公使,1942~1943 年任驻汪精卫伪政府大使时期,为策应日本的军事侵略,进行了大量罪恶活动。由于在审判期间,美国国务院和英国外交部提供文件为他开脱,判决书说他的活动"未超过职务的正当范围","不是阴谋分子之一员","并未实行侵略战争"等,因而仅判七年徒刑。1948 年 11 月 12 日苏联《消息报》曾载文批评,指出这种判决本身就是袒护。此外,判决书认为,日本与德国共谋破坏和平的罪行还缺乏证据,那只是两国总参谋部中个别人员的私人图谋,与日本政府无涉。判决书极力强调日本军部在实行侵略计划方面的罪行,减轻日本政府和垄断资本的责任。

尽管存在上述问题,东京法庭的判决总的说来还是严正的,受到世界舆论的欢迎。1948 年 11 月 28 日,苏联《消息报》发表《东京审判的总结》一文,指出:"苏联人民也像全世界一切正直的人们一样,对法庭的判决非常满意……,法庭的功绩在于,尽管日本主要战犯的辩护人和保护者们机关用尽,国际反动势力施展了许多诡计,甚至法庭的某些法官也当了他们的代言人,但法庭还是做出了合乎正义的和严厉的判决"。

1948 年 11 月 12 日,远东国际军事法庭宣告结束。

第二十七章　自由万岁
——民族独立运动的狂飙

朝鲜"三·一"人民起义

　　在 1904 至 1905 年日俄战争之后，沙俄战败，至此日本把沙俄的势力完全从朝鲜排挤了出去，使朝鲜成了日本的"保护国"，并且让后来为世界所知的伊藤博文作朝鲜的统监。他解散了朝鲜的军队，并且集朝鲜的立法、行政及人事等大权于一身。1910 年，汉城，日本军队冲入朝鲜皇宫，朝鲜的国君在日军的刺刀之下与日本签订了《日韩合邦条约》。至此，朝鲜完全沦为日本的殖民地。

朝鲜"三·一"人民起义

　　日本完全地吞并朝鲜之后，对朝鲜进行了"武断政治"。列宁对这时日本在朝鲜的统治有精辟的论述：日本把沙皇的一切办法，"一切最新技术发明和纯粹亚洲结合在一起，空前残酷地掠夺着朝鲜"。朝鲜的总督由陆海军大将担任，直属天皇，独揽朝鲜的立法、司法和军政大权。被日本天皇任命的朝鲜首任总督陆军大将寺内正公开叫嚷："朝鲜人顺我者生，逆我者死。"日本宪兵、警察遍布朝鲜各地，并且有两个日军师团和两支海军分遣队常驻朝鲜，以便用来镇压朝鲜人民反抗。为了防止朝鲜人民的反抗，日本侵略军强制收取了朝鲜民间的武器，强迫几家合用一把菜刀，就连这一把菜刀也要用铁链拴在案板之上。

日本侵略者在疯狂镇压朝鲜人民反抗的同时,也对朝鲜实行野蛮的殖民掠夺。殖民当局颁布了许多法令,强行霸占朝鲜的土地、森林和矿产资源,并且压制朝鲜民族工商业的发展,占有了朝鲜的绝大部分工厂企业和矿山,把朝鲜变成日本粮食、原料的供应地和日本商品的市场。

日本还在朝鲜实行愚民奴化的政策。禁止朝鲜人民学习和使用本民族语言,而改用日语,并且宣扬朝鲜人民是"劣等民族",禁止朝鲜学校开设朝鲜历史和地理课程,并对朝鲜实施"皇民化运动",想要从根本上灭绝朝鲜。

日本的殖民统治给朝鲜人民带来了深重的灾难,使许多农民流浪国外,不少人被迫逃进深山老林,变成刀耕火种的"火田民"。朝鲜的工人阶级大多在日本殖民者的工厂、矿山、铁路和港口劳动,一般都从事长达 12~14 小时的繁重劳动,但是依然不够养家糊口。所以,朝鲜人民反抗日本侵略者的斗争一直都延绵不断。在 1910 年前后,朝鲜人民的反日起义持续了大约有 10 年左右,起义军最多时发展到 14 万人,给日本侵略军以沉重的打击。1917 年俄国十月革命的胜利,鼓舞了朝鲜人民争取民族独立的信心和决心,终于在 1919 年 3 月 1 日爆发了反抗日本侵略者的民族大起义——"三·一"人民起义。

这次宏大的朝鲜人民全国起义,是由于朝鲜的太上皇李熙被害而引发的。李熙在位时因为不满日本的控制,幻想依靠别的帝国主义国家的支持,来摆脱日本的"监护"。1896 年逃到俄国使馆,又于 1907 年在第二届万国和平会议举行之时,派遣密使在会议上发出呼吁,要求各国承认朝鲜独立,解除日本对朝鲜的保护制度,但是失败了,日本废黜了李熙,让其儿子李拓为王。此后李熙一直被幽禁在德寿宫中,但是 1919 年 1 月 21 日,李熙被日本总督长谷川指使朝奸毒死,并对外宣称李熙死于脑溢血,并要为其举行按日本古礼的国葬。这件事深深地伤害了朝鲜人民的民族感情,激起了各阶层群众的愤慨。

由于朝鲜人民反日情绪高涨,朝鲜民族主义者利用李熙遇害事件,决定在国葬日展开示威活动。他们推选了天道教教主孙秉照为首的宗教领袖 33 人,组成了"民族代表",起草《独立宣言》,并提出"大众化,一元化,非暴力"的方针,控制了运动的领导权,而且和学生团体联合,形成一个松散的反日爱国主义阵线。1919 年 2 月 8 日,留日的朝鲜学生首先在东京集会,发表独立宣言,揭开了斗争的序幕。

与日本的朝鲜留学生相呼应的是在汉城的学生。在 1919 年 3 月 1 日下午,汉城的学生纷纷涌向市中心的塔洞公园,他们同前来参加国葬的工人、市民和农民一同宣读完《独立宣言》之后,开始了示威游行。30 万群众分成几路,奔上街头。他们受到的是日本军队宪兵和警察的镇压。在示威游行的人群中,有一位爱国的女学生,手持国旗,高呼着反对日本侵略者的口号。凶残的日本兵砍断了她的右臂,她不顾伤痛,用左手拾起国旗,继续呼喊着口号,日本兵又野蛮地砍断了她的左臂。尽管她两臂血流如注,但毫无惧色。当日本兵用刀猛刺她的心窝时,仍用最后一息,喊出了"独立万岁"的呼声,充分表现了朝鲜人民争取民族独立的不屈不挠的精神。

而这时期朝鲜的资产阶级领袖们却被这种血流满街的场面吓破了胆。他们不敢把自己暴露在日本侵略军面前,只是在一个饭馆里把《宣言》念了一遍,小声地喊了几声口号之后,就打电话向日本警务总监部主动自首了。

同资产阶级的妥协投降不同的是朝鲜人民群众的英勇抗争。朝鲜人民看到殖民强盗的血腥屠杀,使他们明白和平请愿的办法行不通,必须用革命的斗争,采用武装斗争的方式。3月5日,汉城青年学生首先举行暴动,与日本宪警展开了殊死的斗争。广大工农群众投入了斗争,他们袭击日本官厅、公团,并且处死了许多的日本官吏、亲日朝奸和地主恶霸。朝鲜各行各业的人民群众都参加了斗争。"三·一"人民起义是朝鲜现代史上具有广泛群众性的民族大起义。除了一小撮亲日的大官僚、大地主和买办资本家之外,在朝鲜218个府、郡中的217个府、郡共发生了3200多次示威和暴动,沉重地打击了日本的殖民统治。

"三·一"人民起义爆发后,受到了日本侵略军野蛮的屠杀。在短短的3个月内,就屠杀了7500多人,打伤了15000多人,逮捕了46900余人,焚毁和破坏了49所学校和教堂、715户民房,犯下了滔天罪行,残酷镇压了朝鲜人民的反抗斗争。

由于缺乏坚强的领导,在日本的血腥镇压之下,朝鲜"三·一"人民起义最后失败了,但是这次起义充分显示了朝鲜人民的力量,迫使日本侵略者做出了一些让步。从此,朝鲜人民的解放斗争由原来的资产阶级领导转变为更为革命的自觉、自发的行动。

化玉帛为干戈——印巴分治

时至今日,南亚次大陆上仍时不时散发出战争的气味,其主要大国——印度和巴基斯坦仍然对对方恨之入骨,他们之间的军备竞赛不但影响周边政局,亦使世界关注。究其原因,是历史遗留的克什米尔问题,使得他们无法尽释前嫌。

印度是以印度教徒为主的国家,而巴基斯坦则以穆斯林为主,在独立之前,它们同属英国的殖民地——印度殖民地。印度是英帝国主义最大的殖民地,被称为"英王皇冠上最亮的一颗宝石"。自从被英国入侵的那天,印度人的斗争就从来没有停止过。19世纪末、20世纪初,反英斗争的领导权掌握在国大党手里,而许多穆斯林都站在这一旗帜下,首先起来的是巴基斯坦之父真纳。真纳此时的职务是国大党领导人的秘书,他支持国大党提出的在英帝国范围内实现"印度自治"(斯瓦拉吉)的宗旨。

20 世纪初,随着印度伊斯兰教派自治主义的发展,1906 年全印穆斯林联盟成立,英国当局企图使它成为抗衡国大党的政治组织,但它并没有导致两大组织的对立与分裂。许多人同时是两个组织的成员,真纳也在 1913 年加入穆斯林联盟。在一战前后,两个组织关系较好,力图消除两派的分歧。1916 年,两组织达成协议,即著名的《勒克瑙公约》。在一战后,甘地领导了非暴力不合作运动,印度两大教派并肩作战,空前团结。

但是好日子不长,毕竟是信仰不同,分歧难以弥合。教派很快出现冲突。印度教徒想让印度教一统天下,而穆斯林则要求有自己的生存空间。1923 年,印度教极端分子的组织——印度教大斋会成立,它提出"印度教的国家,穆斯林改宗"等极端口号,并发起"护牛"运动,这严重伤害了广大穆斯林的宗教情感,于是下层群众的冲突加剧。而作为国大党和穆斯林联盟的领导层亦发生了分歧,穆斯林联盟主教真纳不赞成非暴力不合作运动,认为印度教色彩太厚,采用印度教苦修的方法,于是退出国大党。

虽然两组织领导人都曾致力于团结,但是在三次圆桌会议、真纳和甘地 18 天"艰苦会议"均告失败后,两组织的分歧完全没有找到契合点,而穆斯林联盟的纲领渐渐明晰起来,正如真纳所言:"穆斯林印度不能接受任何必将导致一个由印度教徒占多数的政府的宪法。众所周知,穆斯林不是一个少数派。根据任何有关民族的定义,都可说穆斯林是一个民族,他们应当拥有自己的家园、自己的领土和自己的国家。"穆斯林联盟在国大党领导人被监禁、国大党陷入困境之际,迅速发展了自己的组织,增强了与国大党相抗衡的力量。

两大教派的分歧并没有阻碍印度的独立斗争,在二战之后,印度的民族解放斗争迅速高涨是不争的事实。

1945 年,印度爆发了 800 多次罢工,1946 年又增加到 1600 多次;农民运动也汹涌澎湃,席卷了孟加拉、旁遮普省、比哈尔地区,并深入一向沉寂的土邦,1946 年还出现了农民起义。在工农斗争的推动下,印度籍士兵也投入了斗争,1946 年 2 月爆发了孟买印度士兵起义,起义士兵达两万人,得到了人民群众的支援,但由于没有得到国大党和穆斯林联盟支持,终被殖民当局镇压。

风起云涌的民族解放斗争,使得英国在印度的统治岌岌可危,迫使其无法再延续原来的统治方式。

战争期间,印度行政机构已愈来愈多地由印度人充任,而英国在印度的投资则大大减少,英国人在印度所拥有的利益愈来愈少,英国人对没完没了的印度问题已厌倦起来。1945年7月,工党在英国大选中的胜利,是印度事务决定性的转折点,艾德礼首相也主张让印度独立。这些,都成为印度独立的有利条件。

但是,在具体以什么方式来独立却发生了分歧,国大党和穆斯林联盟各有算计,而且对立很尖锐。

国大党向英国使团提出"立即采取步骤实现它宣布过的计划。成立临时政府和制宪议会",要求规定英国"离开印度"的期限;穆斯林联盟则坚决要求首先承认建立巴基斯坦的原则,反对首先成立全国性临时政府和制宪会议,主张英国人"分治后离开"。

而英国人却玩"分而治之"的故伎,利用两党的矛盾,力图继续控制印度,将印度划分为三大区,即印度教、穆斯林为主的省及有穆斯林居民的省份;在临时政府方案中,国大党占六席,穆斯林联盟五个席位,其他方面三个席位。这引起了穆斯林联盟的不满,它宣布1946年8月6日为争取建立巴基斯坦的"直接行动日",结果发生了两派教众的流血冲突,仇杀呈蔓延趋势。

在教派冲突加剧的情况之下,英当局仓促成立临时政府,由总督兼任总理,尼赫鲁任副总理,真纳拒绝入阁,并抵制制宪议会。显然,一个统一的印度是不可能形成的,如果不分治则可能演变为内战。

这种形势令英国当局十分恐慌,在无力镇压的情况,必须迅速解决印度独立问题。

1947年2月,艾德礼发表《白皮书》,宣称:至迟在1948年6月以前把政权转让到负责的印度人手里。同时任命蒙巴顿为印度总督,办理移交政权事务。6月3日,蒙巴顿通过紧张的活动提出了"印度独立法案",即"蒙巴顿方案":印度分为印度斯坦和巴基斯坦两个自治领,分别设立政府和制宪议会,各土邦有权决定加入哪一个自治领。真纳虽不满分治后被分割为两部分,但基本上满足了要求,于是便接受了。而国大党迫于形势,也同意了该方案。英国两大党亦同意了该方案,并于1947年7月通过了《印度独立法案》。

1947年8月15日,英国将政权分别移交给国大党和穆斯林联盟,印度和巴基斯坦宣告独立。贾·尼赫鲁为印度自治领第一任总理,真纳任巴基斯坦自治领第一任总督和制宪会议主席。1950年1月26日,印度宣布成立共和国,仍留在英联邦内。1956年3月23日,巴基斯坦成立巴基斯坦伊斯兰共和国,也仍为英联邦成员国。

但并不是一独立就万事大吉的,教派斗争仍在持续,甘地奔走各地,反对教派斗争,但是最终成了教派斗争的牺牲品,为印度教极右分子刺死。而克什米尔则一直处在矛盾的焦点之上。

克什米尔就是殖民时期的查谟土邦,该土邦王公是印度教徒。克什米尔党的领袖穆罕默德·阿布杜拉的观点与国大党相近,主张建立一个统一的印度。但是该土邦的臣民大部分是伊斯兰教徒,他们要求加入巴基斯坦。

1948年10月,巴基斯坦鼓励边界上的帕坦人进攻克什米尔,很快占领整个克什米尔,克什米尔王公向印度求救,尼赫鲁派军将帕坦人赶走,这导致了巴基斯坦正规军参战,印巴战争开始。由于联合国的干预,双方于1949年1月1日签订了停战协定。但是,这并未能消除危机,双方仍怀敌意,并企图占领克什米尔。

1957年1月,印度单方面宣布克什米尔正式并于印度联邦,于是第二次印巴克什米尔战争开始了。这场战争在联合国的调解下,由于苏联的斡旋,于1966年2月双方在联合国监督下实现撤军,但是克什米尔争端并未得到解决。

由并肩作战、风雨同舟到兵戎相见、仇恨刻骨,使人不得不感慨历史无情。印巴仍然还在虎视对方,时常发动互相指责、不知谁为肇事者的冲突,不知何时相逢一笑泯恩仇。

印度"圣雄"——甘地

1869年10月2日,在印度西部的皮尔班达土邦的一个贵族家庭里降生了一个小男孩,又黑又瘦,一点儿也不起眼,谁也想不到这个小男孩将来会成为印度民族解放运动的伟大领袖。

这个小男孩就是莫罕达斯·卡拉姆昌德·甘地(1869~1948)。他的祖父和父亲都曾在土邦中当过首相,家里很富有,再加上他们都信奉印度教,于是就经常救济穷人,这使得小甘地从小就喜欢助人为乐,深得乡里人喜欢。

小甘地还十分爱国,从小就十分痛恨英国殖民者。当时印度国内有一首儿歌十分流行:"瞧那强大的英国佬,他统治着矮小的印度人;因为他是肉食者,所以有五尺高!"于是小甘地就天真地认为"只要我国人人都能吃肉,那就可以把英国人打败了。"从此,他便以身作则,开始偷偷地吃肉。

由于出身贵族,甘地在1887年中学毕业后,便被送到了英国伦敦大学学习法律。初到伦敦,没见过世面的甘地真觉得自己到了花花世界,眼前不再是印度贫瘠的土地和饥饿的村民。再加上自己又富有,于是年轻的甘地不自觉就开始放纵自己,整日寻欢作乐,置学习于脑后。若是照此下去,一代"圣雄"就不会出现在世界上了。

这样的生活维持了不久,甘地忽然想起了自己心爱的祖国,想起了让自己学有所成的家人和全印度无数受苦的穷人,作为一名教徒的他,内心受到了严厉的谴责。

从此,他决心不饮酒、不食肉、不近女色,严格按母亲的约法三章安排生活,发愤读书,一定要有所作为。他积极参加了许多社会活动,从事反对种族歧视的斗争。

1891年,学业有成的甘地回到祖国,在孟买和拉杰科特先后当了律师。在当律师时,他就运用法律手段进行反歧视斗争,为穷苦百姓主持公道、伸张正义,同英国殖民者针锋相对。为此,他就得罪了许多恶霸豪绅以及英国的殖民当局,以至于他在国内竟无立足之地。一气之下,甘地离开印度,来到南非,在一家印度富商开的公司做事。

大家不要以为南非就是太平盛世,没有歧视和压迫。英国号称"日不落"帝国,南非亦是其殖民地。那里光印度侨民就10多万,并且大多以卖苦力为生。劳动条件恶劣,工作繁重,一有不慎,就要被当地白人毒打一顿,克扣工钱。

年轻气盛的甘地哪能受得了这种事,马上就投身到印度侨民的反种族歧视的斗争当中。

当时南非规定,印度侨民必须拥有50英镑的不动产才能具有选举权。50英镑现在看来不多,但对于当时大多数温饱都不能保证的印度侨民来说,拥有50英镑的不动产简直是天方夜谭。1894年,甘地再也忍不住怒火,他为南非杜尔班侨民起草了请愿书,并递交给了纳塔尔立法会,为取消歧视规定,争取选举权而努力。

甘地同时还发现,印度侨民如果不团结起来,只靠个人力量,那只是蚍蜉撼大树,不起作用。1894年5月22日,他组织成立了南非印度侨民的第一个政治团体——纳塔尔印度人大会。并多次奔回祖国,多方宣传、呼吁,诉说南非侨民的不幸,寻求国内政治力量的支持。

甘地是印度历史上有名的非暴力不合作运动的倡导者。其非暴力思想就是在南非生活的21年间形成并开始实践的。

他的非暴力思想主要是来源于宗教。家里世代信奉印度教。毗湿奴派对甘地影响重大,它要求教徒讲究仁爱、不杀生灵、素食。早在少年时期,甘地就熟读了印度教经典,并以"逢恶报以善,用德报以怨"作为自己的处世格言。以后,他又研读了基督教的《圣经》和伊斯兰教的《古兰经》,并受到了托尔斯泰的"非暴力抵抗"思想之作用,认为所有的政治斗争都要体现出"仁爱"精神来,不提倡暴力革命。从此,这种思想观点陪伴了甘地一生,也影响了无数人。

当时,有人认为甘地的这种思想只是空谈,不会实现的。为了证明自己的观点是可行的，1904年甘地在杜尔班附近买了10英亩土地，建造了一座反映其心中理想的村庄——"凤凰新村"。这个村子吸收那些无家可归和失去工作的穷苦人为村民，大家自食其力，简朴生活。甘地也以身作则，带了家人来此居住，大家一块干活，一起休息，产品均分。后来，这里便成为甘地在南非领导非暴力斗争的一个基地。

甘地说："我不对任何人怀恶意。我也不对任何人的不义屈膝。我要以真理战胜非真理，为了抵抗非真理，我愿意忍受一切痛苦。"他坚信通过非暴力抵抗和自己忍受的苦难，可以使不义之人改邪归正。

南非白人政府并不理睬甘地，我行我素，继续加强对印度侨民的压迫和歧视。他们对印度工人抽取人头税并制定了许多歧视印度侨民的法律法规。以甘地为首的印度侨民为了维护自己的利益，分别在1907年、1908年、1911年、1913年举行了示威游行。甘地也多次被捕，他既不畏惧，也不屈服，自始至终以非暴力形式向"不义"的南非政府抗议。他的

甘地

事迹传到国内，震动很大，许多富裕的印度商人纷纷给他以强有力的经济支援，而印度的劳动群众更是纷纷举行群众大会，声援甘地。

1913年，南非政府突然做出规定，禁止印度人向南非移民，并且不承认按印度宗教仪式结婚的合法性。这些歧视性法规使得甘地领导的非暴力抵抗运动达到了高潮，罢工人数达到了几万人，声势十分浩大，人山人海。迫于压力，南非当局只好释放了已被捕的甘地，并取消了这些规定。非暴力抵抗运动取得了一定的成绩。

这时，第一次世界大战爆发了，英国及其殖民地也卷入了战争之中。这次，一向反对英国殖民者的甘地，以大局为重，积极支持英国作战。虽然当时他已是闻名天下，但他仍头戴白巾，身穿印度土制粗布衣服，赤着脚到印度各地漫游，为英国招募军队。白天赶路，晚上就睡在地板上，只吃米饭和果实。他希望能以自己的行动感化英国政府，一战后能允许印度自治。他曾经充满希望地说："我知道印度采取了这个行动之后，就会成为帝国最得宠的伙伴。"

图文珍藏版

　　在漫长的游历过程中,甘地也掌握许多殖民政府为非作歹的事实,于是在第一次世界大战期间又组织了五次"坚持真理"运动,取得了不小的成绩:迫使殖民政府取消了过境税;禁止贩卖印度苦力出国;惩处罪恶的英国种植园主等等。从此,甘地成了印度人心目中的英雄,也得到了国大党各主要集团的支持,成为印度民族解放运动最有权威的领导者。无论甘地去到那里,都会有一批仰慕之人自愿随行,有时甚至达到几千人。

　　一战期间,英国政府也很是担心,害怕印度人趁自己无暇专注国内事务之机,掀起民族独立运动高潮,于是对印度人采取了怀柔政策,欺骗他们,答应改革印度政府,把省政府内一些次要部门如教育、卫生等部门交给印度人管理,并声称要逐步实现印度自治。

　　大战结束了,英国人把这些承诺都抛在了脑后,露出其本来面目。不但不改善印度人处境,反而颁布了罗拉特法案,使得殖民当局可以随意逮捕印度人,不加审讯就可以不定期地监禁印度人,并且被捕者不能聘请律师或让人为其辩护。这个法案也证明了一个事实:在英国人眼里,印度人不是人,只是任自己摆弄的东西。

　　但是,英国人想错了,印度人民举国上下,民心振奋,共同强烈抗议罗拉特法案,就连甘地也不得不失望地说:"人们要求一块面包,得到的却是石头"。愤怒的甘地从对英当局的合作转向了不合作。他号召全印度人民实行总罢工,进行非暴力抵抗。

　　1919 年 4 月 13 日,在印度旁遮普省的阿姆利则城,数千名群众集合在一起向殖民政府抗议。英国殖民者竟然泯灭人性地对这些手无寸铁的群众开枪射击,当场就死伤了 3000 多人,造成了震惊世界的阿姆利则大惨案。

　　这时,愤怒人们已经难以抑制心头的怒火,他们不顾甘地非暴力抵抗的号召,拿起了石头和棍棒抵抗军队。他们焚毁政府机关、邮局和警局,用暴力来发泄心头的怒火。然而甘地却指责人们采取的暴力行动。

　　甘地所领导的国大党机关越来越感觉到必须把日益高涨的工人运动控制在自己的能力范围之内,1920 年 6 月,国大党发动全国各阶层人士要积极响应甘地的非暴力不合作纲领。他们辞去英国人授予的公职和爵位;不参加殖民政府的任何集会;不接受英国教育,以自设的私立学校代替英国统治者的公立学校;抵制英货,自己动手织布,穿印度传统服饰;不买英国公债,不在英国银行存款,等等。

　　随着"不合作"运动进入高潮,人们的情绪也越来越难以控制。1922 年 2 月被警察枪击的乔里乔拉村村民愤怒地烧毁了当地的警察局,并把警局团团围住,1 名警官和 21 名警察被烧死。这次运动已经远远超出了"非暴力"的范围。

　　甘地却不支持这次事件,反而认为自己没有制止群众的暴力行动,是"最惨痛的耻辱"，并在国大党工作会议上提出停止不合作运动。这引起了党内外人士的强烈不满，众多人士认为"当人民的热情达到沸点的时候，下达退却的命令是真正的民族灾难。"从此，全国反英运动也进入了低潮。

甘地并没有因为众人反对，而修改自己的斗争原则，1924年2月当选为国大党主席的他继续推行"非暴力不合作"计划。并且不顾党内人士反对，反复和英国当局磋商，要求给予印度自治领地地位，但是强硬的英国政府对甘地的呼吁根本不予理睬。这时，国大党内以贾瓦哈拉尔·尼赫鲁为代表的激进民族主义者和甘地产生了分歧，提出了印度独立和反对英帝国主义的要求。甘地虽然认为自治尚未达到，独立只是侈谈，但是它无法控制局势，只好推荐贾瓦哈拉尔·尼赫鲁为国大党主席。紧接着，贾瓦哈拉尔·尼赫鲁提出了"完全独立"的纲领，并把1930年1月26日定为全国"独立日"，在全国发动了大规模的示威活动。

就在这时，英国殖民当局制定和颁布了食盐专营法，垄断了印度的食盐生产，并凭此垄断地位肆意抬高盐价，这引起了人民的强烈不满。

甘地这时已60多岁，仍然身体力行，反抗食盐专营法。从3月起，他就带领来自全国的78名信徒从印度北部阿默达巴德修道院出发，步行向南前往古吉拉特海岸。一路上栉风沐雨跋山涉水，甘地却毫不在意，沿途向经过的村庄村民发表演说，宣传自己的思想。24天后，跟随他到达海边的群众已有上千人。

在4月13日，纪念阿姆利则大屠杀牺牲者那一天，甘地一行不经当局许可就用海水熬起盐来。他们引来海水，然后经过蒸煮、分馏、过滤、沉淀，才能生出盐来，这对于因多次绝食斗争而疾病缠身的甘地来讲极不轻松，但他自始至终参加劳动，一直坚持了三个星期。

甘地的"食盐进军"行动，在全印度迅速得到响应，全国各地群众纷纷开始自制食盐。并且掀起了反抗热潮，罢工，罢课，请愿运动一浪高过一浪。殖民当局惊慌失措，马上派兵镇压，甚至逮捕了甘地和国大党其他领导人，并下令取缔国大党。

当全国人民听到甘地被捕的消息，举国沸腾，出现了全国性的革命高潮，竟然有数万名自愿者要求与甘地一同坐牢。不久，各地就爆发了武装起义，有的地方宣布独立，建立了自治政权。

可是，甘地这次又怕斗争激化，经过和总督三次会谈，签署了"休战协议"，规定国大党停止不合作运动，政府方面停止镇压。这个协议引起群众对甘地的不满，不少青年手拿黑旗与黑花进行示威，对甘地向英国的屈服表示"哀悼"。

第二次世界大战爆发后，在全国反战运动的影响下，甘地也站到反战一边，但仍然用非暴力不合作的老办法。1940至1941年间，他先后发动了四次反战不合作运动，均遭残酷镇压。到1941年10月，国大党各级领导人几乎全部被捕入狱。甘地于 1942 年提出英国"退出印度"的口号,要求殖民者交出政权。这一次甘地终于觉醒了。

由于群众革命运动的高涨,英国感到再也无法在印度统治下去,但又不甘心默默退出,于是便玩弄起印巴分治的阴谋,调拨印度教徒和穆斯林教徒之间的矛盾。甘地一向主张印度教徒与伊斯兰教团结,于是 77 岁高龄的甘地在比哈尔进行一日一村的徒步旅行,呼吁教派团结,反对印巴分治。可是,他的心血白费了。1947 年 8 月 14 日,巴基斯坦自治领成立;8 月 15 日印度联邦成立,英国达到了其不可告人的目的。

甘地曾说他将因教派冲突而牺牲,1948 年 1 月 30 日,在一次调解教派纷争的活动中,甘地被一极端印度教徒枪杀,享年 78 岁。

甘地一生节俭,遗物总共只有一架木纺车,一双拖鞋,三只小猴雕像,一个痰盂,一只怀表和一个从耶拉伏达监狱带回来的金属洗脚盆。从这遗物我们就能体会到甘地极端朴素的本色和一生艰辛的历程。

甘地的非暴力不合作运动虽然有其一定的落后性,但他一生千辛万苦,不屈不挠,在吸引印度人民参加民族解放运动方面起了巨大的作用。因此,印度人民尊称他为"圣雄",印度联邦成立后第一届制宪会议就称甘地为"过去 30 年的向导和科学家,印度自由的灯塔"!甚至英国驻印度总督蒙巴顿都称他为"印度自由的建筑师"。

能有如此高之评价,甘地一生无憾!

土耳其国父——凯末尔

现代土耳其的缔造者——加齐·穆斯塔法·凯末尔·阿塔图尔克帕夏于 1881 年 5 月 29 日出生在奥斯曼帝国境内萨洛尼卡城(今属希腊)。他的父亲阿里·李查当过海关职员,又做过木材商和盐商。凯末尔 7 岁那年丧父,一直跟随他的祖母一起生活。12 岁的凯末尔进入萨洛尼卡幼年军事学校,14 岁升入玛纳斯提尔军事预备学校,因为他和这里的一个老师穆斯塔法同名,老师为了便于区别,在他名字的后面加上了"凯末尔"(Kemal 意思为"完美","完善")。毕业之后,凯末尔到首都进入伊斯坦布尔军官学校,1902 年毕业后又继续在参谋学院学习,1905 年毕业时,被授予上尉军衔,从此带兵作战,并晋升到校官直至将军、元帅。

凯末尔为了土耳其的新生奋斗了一生。在他生活的时期,土耳其正处于内忧外患时期,已经沦为半殖民地的国家。法国和英国掌握了奥斯曼帝国的经济命脉,德国则控制了帝国的政治和军事。德国里曼将军率领的 70 名德国军官组成的军事代表团,操纵着土耳其的政府和军队,并于 1914 年 8 月迫使土耳其签订《德土军事同盟条约》,把土耳其拖入对协约国的战争,最后土耳其战败。

凯末尔

土耳其战败,标志着 50 年庞大帝国的崩溃。根据签订的战败和约:土耳其军队立即复员;交出全部军舰;由协约国军队占领黑海海峡各处要塞等等。随后,协约国军队先后进占了土耳其几乎全部的国土。1919 年底,占领军达 10 万多人,其中英、法军队均在 4 万以上。1920 年 8 月,英、法、日、意、希腊等国同土耳其苏丹政府在巴黎附近的色佛尔签订和约,共 433 条,基本精神就是肢解和灭亡土耳其,不仅把土耳其原有属地削减了 3/4,而且对本土进行瓜分,仅剩下的安那托利亚高原地区(即小亚细亚半岛)也丧失了政治和经济主权。条约把土耳其推向了亡国的边缘。这时凯末尔承担了拯救土耳其的重担。

在凯末尔的学生时代,由于欧洲列强的入侵,苏丹政府的腐败,民族受压迫,同胞被奴役,这一切凯末尔都看在眼里,他无法忍受,所以他便积极串连校友,出版进步刊物,宣传民主思想。在毕业之后,他被捕入狱,后因没有任何证据,经过长时间的审讯之后把他释放了。出来以后,因在监狱中看到了苏丹反动统治的腐朽,他就在大马士革和一些具有进步思想的青年军官、医生、知识分子组成了"祖国与自由社"。后来这一组织与青年土耳其党人合并,凯末尔本人也积极地参加了青年土耳其党人在 1908 年组织的革命,并且在反对封建势力进攻的军事斗争中表现出色。但因凯末尔不同意青年土耳其党人保留帝制主张,所以他受到了排挤。

第一次世界大战爆发后,执政的青年土耳其党人拒不听从凯末尔的正确建议,跟随德国参加了反对协约国的作战。凯末尔在国家的危险之际,毅然担负起了保卫祖国的重担。在这场战争中他成了名将。凯末尔在 1915 年担任了人数少、装备差的新编 19 师的师长,他以机动灵活的战略战术,击溃了英国军队从海上和陆上的进攻,打碎了英国通往俄国的企图,保住了伊斯坦布尔的安全。这场战争使凯末尔名声大振,为此他获得了"伊斯坦布尔救星"和帕夏的称号,并且被晋升为军长。

一战之后,按照停战协议,土耳其要交出它的军队。而在叙利亚前线的凯末尔,拒绝交出军队。但是从伊斯坦布尔传来了不许抵抗的命令。凯末尔愤然辞职,回到伊斯坦布尔之后向苏丹表示,只要成立由凯末尔自己担任军事大臣的强硬政府,就能够把侵略军赶出土耳其,并拯救土耳其。但是,苏丹拒绝了他的要求,他对买办阶级封建势力组成的政府完全失望了,他决定前往爱国力量集中和民族运动高涨的安那托利亚。

安那托利亚在第一次世界大战中是土耳其民族资本主义快速发展的地方,这里新兴了许多的中小型企业,资产阶级逐渐成为一股新兴的政治力量,战败后签订的和约使他们失去既得利益,所以安那托利亚成为土耳其民主主义的发源地,民主主义蓬勃发展。

凯末尔在萨姆拉就任第九军团检阅使。安那托利亚的人民给了凯末尔战胜敌人的信心和决心。1919 年,在锡瓦斯召开安那托利亚和罗姆里护权协会代表大会,成立了全国性的代表大会,凯末尔当选为领导机构代表委员会的主席。大会坚决要求外国占领军撤退和恢复土耳其民族主权。有土耳其独立宣言之称的《国民公约》也在这次大会的基础上形成。他还成立了土耳其国民革命军,为进行反对帝国主义侵略和国内反动势力准备了力量。凯末尔在大会上大声疾呼,要土耳其人民为了民族的独立而奋斗,并提出了"不独立,毋宁死"的口号。从此,土耳其人民在凯末尔的领导之下为民族的独立展开了艰苦的奋斗。

1920 年开始,希腊在英国的支持下向土耳其进军,进入到安那托利亚的腹地。凯末尔利用这一时机,开始组建土耳其国民军。他号召复员的军人起来为祖国的生存而战,以复员军人建立民军的骨干,凯末尔还注意和农民武装建立联系。在凯末尔为民族独立的强大号召力之下,许多官兵脱离旧政权参加国民军,各地的农民游击队和自卫军也先后加入了国民军。

1921 年初,15000 人的国民军,在伊诺努战役中,面对四倍于自己的敌军顽强斗争,打败了希腊入侵军。到 8 月份,凯末尔亲自指挥 5 万国民军,同 10 万希腊军在距安卡拉 40 公里的萨卡里亚河岸进行了一场大会战。凯末尔提出了一切为了前线的号召,动员全体军人不惜一切牺牲,英勇抗敌。所有男子都上了前线,运输弹药的任务就几乎全交给了妇女。她们冒着枪林弹雨,将一发发炮弹送入战壕。成千上万土耳其儿女的血汗遍洒了萨里卡亚河畔。凯末尔后来回忆这次战争时说:"阵地的防线是没有的,有的是肉体的防线。这肉体的防线是由全体人民组成的。人民的每一寸领土,都是用人民的鲜血换来的。"在凯末尔亲自指挥下,经过22 昼夜的血战,击溃了进犯的希腊军,取得了民族解放战争的决定性胜利。凯末尔因这次胜利被大国民议会授予"加齐"(胜利者)的称号,并晋升为土耳其国家元帅。

1924 年 8 月 26 日,经过充分的准备之后,土耳其国民军开始反攻。两周之内把英国支持的希腊军全部赶出了安那托利亚,收复了伊兹密尔,俘虏了希腊军的总司令库皮奇将军,迫使苏丹逃亡国外。1923 年,英、法、意、希等协约国成员同土耳其在瑞士洛桑签订了《洛桑条约》,废除了治外法权,确认了土耳其领土和主权的完整。

1923 年 10 月,土耳其国民军进军伊斯坦布尔,实现了全国统一,并且召开大国民议会,宣告土耳其共和国成立,通过宪法,定都安卡拉,凯末尔当选为第一任总统。1924 年 3 月 3 日,神职哈里发被废除。1928 年 4 月 10 日,宪法删除了"伊斯兰教为国教"的条文。土耳其至此完全成为世俗的共和国。

在土耳其共和国成立之后,凯末尔在政治经济、文化教育等各个方面进行改革,他努力使土耳其成为资产阶级共和国,并且使土耳其世俗化,反对伊斯兰教神权势力对社会政治文化生活的控制和束缚等等,这一切后来被人民称为凯末尔主义。凯末尔主义说来就是以建立资产阶级共和国,对外反对帝国主义,对内反对封建主义专制的土耳其民族资产阶级的思想体系。凯末尔的改革使土耳其获得了新生,并且致力于建设富强的新土耳其。

南斯拉夫的战魂——铁托

1941 年 4 月 6 日南斯拉夫遭到法西斯德国的突然袭击。平时耀武扬威的国王和政府要员都吓破了胆,纷纷逃亡国外。11 天后,全部国土都陷于德军的铁蹄之下。但是素来勇敢善战、坚强不屈的南斯拉夫人民决不甘做亡国奴,他们在南斯拉夫共产党领导下奋起抵抗,全国各地到处是南斯拉夫卫国战士打击德寇的无畏身影。他们的领导人就是二战期间令德国法西斯又恨又怕,却又无可奈何的铁托。

约瑟夫·布罗兹·铁托是南斯拉夫共产党的领袖。他 1893 年出生于克罗地亚的一个农民家庭。在他读完两年中学后即到一个制锁厂当了工人。1911 年他进了捷克斯洛伐克的一家金属厂做工。后来他又曾到德国"奔驰"厂和奥地利汽车厂做工。在当工人期间,他深刻地体会到贫苦人民所受的压迫和剥削,对他们深表同情,但同时,他也看到了在这些贫穷的人身上所具有的善良、勇敢、无畏、乐观无私的高贵品质。在外国的阅历,使他拓宽了视野,增加了许多的见识。这就为他日后从事无产阶级的解放事业奠定了阶级基础。

1913 年,他应征入伍,在 1914 年 8 月到了塞尔维亚前线。次年被派往俄国前线。1915 年 4 月 12 日,他被俄国军队俘虏了。1916 年秋,他同其他战俘一起被派往乌拉尔,在铁路上干活。1917 年逃到列宁格勒,在普梯洛夫厂做工。

十月革命爆发后,他在苏俄参加了红色国际纵队。1918年由于越境去芬兰而被捕,11月被送到西伯利亚,干着管磨坊的活计。就在这一年,他与P·D·别洛乌索娃结为夫妻,别洛乌索娃当时是联共(布)党员。

1920年,他回到了自己的祖国并加入了南斯拉夫共产党。次年,南斯拉夫共产党被查禁,铁托与一些同志到别洛瓦尔州成立了地下党组织,成为州委委员。从1927年7月起,他任萨格勒布党的地方委员会书记。此外,他多次被捕、受刑,又多次逃跑。1928年被判五年徒刑。直到1934年3月才出狱,又开始了地下工作。1934年7月,他被选入南共中央政治局。1935年1月中,他在共产国际巴尔干书记处工作。1936年8月底,征得共产国际领导的同意,受南斯拉夫共产党中央的委托,回国直接领导南共国内工作。

1936年以后,德国法西斯不断扩大战争,把魔爪伸向西班牙、捷克斯洛伐克,战争阴云也笼罩在南斯拉夫的上空,铁托多次往返于莫斯科。

1937年,铁托开始担任南共总书记。他根据马列主义原则对党进行了整顿,并从本国实际出发提出了一系列方针政策,使南斯拉夫共产党成为革命的坚强领导核心。

1940年,作为党的总书记,铁托开始同军队发生了联系。1941年,德寇进攻南斯拉夫,南共决定建立军事委员会。同年6月22日德军进攻苏联,南共号召各民族人民起义。起义的烽火很快燃遍了全国,全国很快建立了游击队、武工队。

就在6月23日至24日夜间,游击队首先在贝尔格莱德到萨格勒布的铁路线进行破坏活动。接着年轻的共产党员在首都组成100个三人小组。他们走近各个报摊,一个人抓起报纸,第二个人倒上汽油,第三个人擦火柴,点燃报纸。一天的时间,几个生意最好的大报摊都不见了。焚烧法西斯报纸的行动产生了巨大影响。各种形式的反抗斗争从此蓬勃开展起来了。

1941年9月26至27日,在斯托利策会议上,成立了南斯拉夫人民解放游击队总司令部和最高统帅部,并在乌日策建立人民政权。11月底,德军在飞机坦克的掩护下大举进攻乌日策,铁托和游击队奋力抵抗后,撤到山区。1942年游击队在没有任何外援的情况下,孤军奋战。它采用机动灵活的战术,不断袭扰敌军,同时极力扩大自己的力量。到秋天,民族解放军达到了15万人,铁托还亲自组建了第一支正规军——无产者第一旅。

1943年,德国和意大利共调集了9个师及伪军,以优势兵力从四面围攻解放区。民族解放军被迫转移,行军过程经历了许多难以想象的困难。由于缺医少药,因病伤亡的人数竟然超过了战场牺牲的数目。

有一次,一个游击队员在矮树丛面前停下来,竟然把这里当成是野战厨房,拿出他的饭匙,等着轮到他来吃饭。还有一次,一个队员指着远处一棵树叫道:"那里有一个烟囱,让我们到那间温暖的房子里去休息一下吧!"于是,整个一队人就朝着那棵树跑去。正是在这样的艰苦条件下,战士们凭借着大无畏的英雄气概和对侵略者的满腔仇恨,在一场生死决斗中,突破了意大利和切特尼克的防线。

民族解放军跳出包围圈不久,法西斯又调动 12 个师于 1943 年 5 月向民族解放军的新驻地发起进攻。敌人的进攻使游击队 8000 名优秀战士牺牲了,铁托在战斗中也受了伤。但敌人要消灭游击队的企图失败了。几个月后,南共领导下的游击队在人民支持下又恢复了元气。

1943 年 9 月,意大利投降了,民族解放军的装备和人员都得到了很好的补充。铁托决定把民族解放战争同人民革命运动结合起来。他不顾外国的反对,决定立即成立全国性的人民政权。

1943 年 11 月,反法西斯会议在亚伊策召开了第二次会议。会议建立了人民委员会,执行临时内阁的职权,铁托被任命为人民委员会主席。1944 年 9 月,铁托的部队正式被国际承认为南斯拉夫国内的唯一反法西斯力量。

1944 年 10 月 14 日,西苏联军向驻守在贝尔格莱德的 2 万德军发起猛烈的进攻,经过 7 天的激战,解放了贝尔格莱德。

1945 年,铁托领导的民族解放军扩大为 80 万人,并于 5 月 15 日解放了全部国土。

铁托领导的南斯拉夫人民,以昂贵的血的代价为全世界人民的反法西斯斗争做出了重大贡献。

战争刚结束,苏联在没有征得南共同意的情况下,决定把有争议的领土里亚斯持划成甲乙两区,甲区交给英美管辖,乙区由南管辖。这引起了铁托的不满。

1946 年 3 月,丘吉尔发表了反苏演说,呼吁英美联合起来抵制苏联。东西方关系趋于紧张。在这种情况下,苏联建立欧洲各国共产党的联合组织——情报局,以便加强联系,共同对抗西方阵营。

南共是这一组织的最早发起者。1947 年 9 月,南、保、罗、匈、捷、意等欧洲九个国家共产主义政党,各派 2 个人在波兰举行秘密会议,这是情报局的第一次会议,情报局设在贝尔格莱德,任务是负责组织经验交流,协调各国党的活动,并出版机关报。

但是由于南、苏两国在战时就埋下了矛盾的种子,战后苏、南矛盾继续加深,主要是在经济、外交和意识形态领域两国存在着不小的分歧。苏联凭借其强大的经济和军事力量,试图把南斯拉夫变为它的一个附属国,这是渴望独立的南斯拉夫所不能容忍的。两国的矛盾逐渐激化甚至到了白热化的程度。

1948 年 6 月 20 日,情报局会议在布加勒斯特召开,南共拒绝参加会议。在这次会议上,南共被开除出情报局。情报局 6 月 28 日决议向全世界公布后,南斯拉夫极为震惊。铁托当时正在散步,他听到广播,盛怒至极。从此,苏南矛盾又发展到新阶段,并导致了东欧各国一系列悲剧发生。

东欧和苏联阵营抛弃了南斯拉夫,但南斯拉夫没有屈服,而是以行动来驳斥情报局的指责,表明自己并不反苏,始终未放弃社会主义道路。他们开始独立地寻找自己发展的道路,在经济政治体制改革中,摆脱了苏联的模式,开辟了一条建设社会主义的新道路。

铁托

为南斯拉夫英勇献身,为缔造南斯拉夫党、军队、共和国做出杰出贡献的铁托,也赢得了人们的尊敬。毛泽东说:"铁托是铁"。

青霉素的发明与应用

弗莱明这样说:"如果我的实验室也像我参观过的实验室那样现代化,我就可能永远也发现不了青霉素。"

弗莱明全名亚历山大·弗莱明,1928 年他发现了青霉素。

弗莱明的实验室与众不同,杂乱的实验设备乱七八糟。他的实验室在伦敦的圣玛丽医院,但是却像一个旧货店。他经常在初步研究了所培养的细菌之后,就把那些小玻璃器皿扔在那里,过一星期左右,再去看看它们发生了什么有趣的变化没有。他正是这样在有意无意之间找到了他最伟大的发现。

1928 年夏末,弗莱明研究葡萄球菌。和他往常的习惯一样,他把葡萄球菌搁置在培养器皿中,然后就去做别的了。葡萄球菌是一种引起传染性皮肤病和脓肿的常见细菌。

9 月的一个下午,弗莱明正在与一位同事闲谈,他突然注意到有点什么东西异乎寻常。他话没有说完就凑上前去观察其中的一个培养皿。

过了一会儿，弗莱明说："太奇怪了!"原来，培养液中大片大片的黄色细菌不见了，而是代之以青色霉菌。与青色霉菌接触的地方，都变得干干净净了。

弗莱明开始细心地研究，他已经有了一个隐隐的意识:这是一种很有价值的生物。

他把培养皿中青色物刮下来一点点，开始用显微镜观察。这些青色的斑斑点点具有青霉素属霉菌——青霉葡萄球菌氧化酶的特征。然后，弗莱明把剩下的霉菌弄出来，放在一个装满营养液的罐子里。几天以后，青霉素长成菌落，清汤呈淡黄色。

弗莱明开始着力研究这种奇怪的霉菌。他认定这种霉菌向液里释放出呈小金珠状的杀菌物质。这些黄色的液体在杀菌方面与霉菌本身同样有效。这是单株真菌，与面包或奶酪里的霉菌并没有什么不同。它对传染病菌有致命的效果。然而他的有限的试验表明，这种真菌对人体细胞无害，而且即使稀释1000倍，也能保持原来的杀菌力。

弗莱明在医学院时，曾接触过帕斯特的发现。法国帕斯特证明，某些疾病和传染病是由微小的生命体，或者说是微生物引起的，它们侵入人体，吞噬人体细胞。1877年，帕斯特又提出了一个看法:某些微生物攫食另一些微生物，就像某些动物攫食另一些动物一样。甚至最低级的微生物也在为生存而斗争。帕斯特最后说:"生命阻止生命"。

"抗生"一词就是由帕斯特创造出来描述这种现象的。

免疫学和细菌学这两门相互关联的科学就是由帕斯特奠定的。

弗莱明上学时，科学家们在这两个领域里都取得了重大进展。研究人员已经查明了大多数致病微生物，并研制出预防天花、霍乱、白喉以及其他疾病的疫苗。

但是还没有人找到治疗传染病的一般消炎方法。弗莱明的发现，结束了对治疗致命传染病的漫长探索。

弗莱明最初的工作是和洒尔佛散打交道。这是法国埃尔利希医生发现的，有一定的抵抗炎菌作用。埃尔利希最后得出结论，科学家可以研制出对特定病菌有相似亲和力的各种化学物质，即攻击并消灭病菌但不伤害人体其他细胞的药物。埃尔利希解释说:"可以这么说，抗毒素和抗菌剂是一些魔弹，它们专打那些需要它们去消灭的细菌。"

一战的时候，弗莱明在赖特领导下去法国的布洛涅建立一个战地研究实验室，研究并治疗协约国伤员所患的传染病。经常发生的是感染，弗莱明说:"那时我站在那些受了感染的伤员中间，站在那些痛苦不堪和垂死的人中间，却爱莫能助。我心里充满了一个愿望,就是希望发现一种能够杀死那些病菌的药物,一种像洒尔弗散那样的药物。"

1922 年,弗莱明有了第一个突破,他患了感冒,回到实验室后,向培养皿里加了一点儿感冒粘液,结果发现,微生物被溶解了。也就是说,粘液里有什么东西对某些细菌有致命效果。用眼泪、甚至唾液进行的其他试验,也产生了同样的效果。

6 年以后,当他终于找到这种物质——青霉素,正是他对溶菌酶的研究帮助他认识到青霉素的巨大重要性。青霉素像溶菌酶一样,能够溶解细菌的细胞壁,此外,它还是葡萄球菌、链球菌和其他传染性细菌的天然敌人。

1932 年 2 月 13 日,弗莱明向伦敦医学研究俱乐部提交了一份关于青霉素的论文。听众们有礼貌地听着,然后就转向其他问题。他的研究成果报告也没有引起很大的兴趣。弗莱明失望地恢复了他的其他工作,但是他仍然小心翼翼地保留着所培养的青霉素,等待着人们迟早使用。

几乎 10 年之后,才使得青霉素运用在病人身上。1939 年,钱恩与弗洛里开始分离和试验一株样品。他们在牛津发现了一株首次在弗莱明实验室里发现的那种青霉葡萄菌氧化酶培养物。那年底,钱恩已经成功地分离出像玉米淀粉似的黄色粉末,并把它提纯为药剂。

钱恩是一名德国出生的犹太人,他曾在弗莱明的实验室工作,因此,他是在弗莱明的基础上做出研究的。

1940 年春天,牛津研究小组在一些老鼠身上试验了这一药物的奇效,结果是惊人的。他们先给 50 只老鼠注射致命剂量的链球菌,然后给其中的一半注射青霉素。在 16 个小时内,25 只没有注射青霉素的老鼠全部死亡,而在 25 只注射了青霉素的老鼠中,除一只以外全部存活。

弗莱明看到了牛津大学的实验报告,去见钱恩和弗洛里。钱恩早就没和弗莱明联系了,看到这位老人,他们很惊讶。

牛津的研究人员从弗莱明提供的试样中培养出效力更大的青霉素菌株。然而,提纯的过程耗时费力,而且收获甚小。他们慢慢地积累了少量的药物,把它储存在实验室的冰箱里,以备急用。

1941 年 2 月,一位警察因为刮破了脸而患上了链球菌感染和急性中毒。在毫无希望的情况下,医院同意让弗洛里和钱恩试一下新药。他们拿出全部的青霉素,仅仅一茶匙,每隔三小时为病人注射一次,不到 24 小时,病人的情况稳定下来,随后竟然降温消肿,只可惜,药太少了,警察最后还是死了。

药是用来救人的,这种青霉素的大批量生产是因为杀人而促进的。第二次世界大战起到了为大规模生产所需的促进作用。本来,弗洛里和钱恩是恳请祖国提供经费来生产青霉素的,但是英国没有意识到这一点,没有理睬这两位医生。最后,弗洛里和钱恩找到了美国,美国立即定为优质军用品。

人们刚一开始生产青霉素时,这种霉菌只在一种容器中生长,而且还需要昂贵的营养液,并且只长在营养液的表面,所以,即使数百瓶的产量都不够一个病人用一天。

1942年,发现了一种来源广泛而且价格低廉的营养液。同时,找到了一种金菌青霉素的霉菌,它的生长比青霉葡萄球菌氧化酶高200倍。而人们摸索到了制取方法:

用可以充气的巨大容器使霉菌不只是在营养汤表面生长,而是在整个营养液中生长。制药商们开始建造约两层楼高、可以装25000加仑营养液的大容罐。像飞机螺旋桨一样大的搅棒使空气通过容器内的营养液。霉菌生长时释放出的热量相当于一所房子一冬天的暖气量。

亚历山大·弗莱明在1944年受封为爵士。1945年,他与弗洛里和钱恩获诺贝尔医学奖。1955年,弗莱明逝世。

让我们用钱恩的评价结束对这位有道德而且谦虚的人的事迹之叙述:"他给我的印象是,他是个不善于表达自己的人,然而他使人感到虽然他竭力装出冷漠的样子,却有一颗火热的心。"

科学与战争

在二战之中,科学家和技术发明起了重大作用。

战争中出现了大批新产品、新武器和新的技术。当然,最重要的是原子弹。另外就是德国人研制出的弹道导弹,这种导弹是用喷气引擎(就是火箭)推动的武器,可以用来轰炸远在许多英里以外的目标。

V-1型导弹是一种小型无人驾驶的飞机,靠用汽油作燃料的脉动式空气喷气发动机来推动,它能沿着预定的路线以每小时350~400英里的速度前进,导弹前端的弹头装有一吨重的炸药,当导弹击中目标时,弹头就爆炸。

后来,德国人又使用了体积较大的V-2导弹。这种火箭没有飞机那样的翅膀,只在尾端周围安装一系列长12英尺11英寸的稳定尾翼。它的引擎用马铃薯制成的乙基酒精作为燃料。V-2型导弹的速度为每小时3000~3500英里,航程约为200英里。

幸运的是,德国把原子裂变的研究和改进雷达的工作放在了较次要的地位。

的确，德国科学家科研能力很强，由于第一次世界大战结束后签订了凡尔赛条约，很多技术被禁，火箭却不在其中。

德国人从20世纪20年代起即积极研究火箭，所以取得了喷气推进的V-1和超音速V-2火箭的成功开发，然而到1944年年底德国才使用这些先进武器，为时已晚。

美国总统罗斯福于1940年设立了国防研究委员会，开始实行一项研制新式武器的计划。在美国历史上，这是第一次由这么高级别的机构负责研制武器工作。

1941年，美国成立了科学研究与发展办公室，用来指导与战争相关的研究工作。然而竟然涉及语言学等学科，可见战争的综合技术性，它不仅仅是机械、医药等竞争，也是交流信息方式以及快速反应等竞争。

在20世纪30年代，美国开始研制雷达。1940年12月，德国的狂轰滥炸肆虐欧洲，英国皇家空军负责人只说了一句话："夜间轰炸开春即将急剧减少。"

不久，德国飞机被陆续从空中击落。不列颠之战就结束了。原因在于英国皇家空军的战斗机配备了新式雷达。

加拿大和美国共同研制了近发引信就是以雷达为基础的。这是战争中别具心裁的发明之一。这种引信装有一个小型的雷达系统，当高射炮或大炮发出的炮弹接近目标足以造成破坏时，引信就通过电子作用引爆炸弹。

在战争期间，要杀人也要救人。青霉素第一次大规模生产是在战场上。战争期间还成功地研制了滴滴涕（DDT），这是一种杀虫剂。当时它能十分有效地杀死传染疟疾的蚊虫和传染斑疹伤寒的跳蚤，从而控制了斑疹伤寒和疟疾的蔓延。

后来，DDT被大规模地应用在农业生产上，使世界粮食产量大幅度增长。然而到今天，DDT已经成了污染源。

麻醉治疗方法得到了广泛应用。这并不是完全的生理麻醉，而是一种心理性治疗。这种方法首先施麻酸，然后引导患者回忆，使他谈到痛苦的往事，心内郁积的恐惧与苦闷在如梦般的境界中得以宣泄。

许多战争中退下来的军人患弹震症。他们失眠不安、痛苦慌乱，这种治疗方法为他们解除了很多痛苦。

在二战中，电子装置、微波发射、橡胶工业、冶金铸造、石油加工等飞速发展。所谓"福祸相生"，这就是战争内涵。

中国人古话："福兮祸所依，祸兮福所伏。"战争中的技术带来更大的伤亡，战后的技术又为人类的经济和平做贡献。技术是一把双刃剑，关键在于人的意识。

要是没有支配社会政治的人文意识，就好比原子弹研究中心奥本海默所说："一个新情况是新事物层出不穷，而衡量变化的尺度本身也在变化，因而，我们一面在这个世界漫步,一面世界在改变着面目。这样,一个人经历了漫长岁月后,他幼年时所认识的那个世界既不是略有发展,也不是重新安排或受到节制,而是出现了大动乱。"

哈定在第一次世界大战阵亡将士遗体面前讲了下面的话:

"在这里有千万件伤心的事触动着我的心弦。有一个迫切的呼吁像一个永恒的告诫在我的耳边萦回不绝:'决不能让历史旧事重演!'"

然而他讲完话之后,二战仍然爆发了。科学家在战争中的角色引起了人们的深思:当今社会,人类应该以什么样的精神和动力去研究和工作呢?

和平在安定地提高人的生存质量和身心质量。

战争与和平

原子弹爆炸时,发出一道耀眼的闪光,其后是一个越来越大的火球,使广岛市中心一带成千上万的人化为灰烬,远达 2.5 英里的人也处于熊熊大火之中。然后出现了冲击波,其冲击力相当于每小时 500 英里的飓风,在两英里以上的半径范围内,几乎将一切夷为平地。满天横飞的木块、碎砖、瓦片和玻璃变成了置人死命的飞弹。正好处于爆炸点下方的一所医院的大石柱被笔直地冲压进土里。自来水管道被炸成碎片。成千上万正在烧早饭的炭火炉子被掀翻了,引起的火灾继续完成热浪和冲击波所开始的灾难。爆炸中心方圆 5 英里内的所有建筑物被夷为平地,广岛市荡然无存。

蘑菇云中落下大滴大滴凝聚的水珠,好像从 5 万英尺的高空落下的油腻的黑雨。最后,刮向市中心的巨大"火风"吞没了那些为躲避大火而逃到河里和公园里的人。树木被连根拔起,在河里掀起惊涛巨浪,淹死了许多躲在河里的人。

原子弹爆炸后的第二天,日本最高统帅部派有末精三将军到广岛。有末这样描述:"飞机飞过广岛后,那里只剩下一棵黑色的死树,犹如一只在城市栖息的乌鸦。除此之外,空空如也。我们在机场着陆时,草地一片通红,好像被烤过似的。火已经熄灭了,一切都同时被烧得精光……城市本身已不复存在。"

在波茨坦会议上,杜鲁门收到了关于在"三位一体"试验成功的详细报告。1945 年 7 月 26 日,美、英、中同时发布了波茨坦公告,警告日本人要么无条件投降,否则就会面临"迅速而彻底的灭亡。"

但是,7 月 28 日,首相铃木贯太郎虽然没有拒绝盟国的条件,但却公然轻视这些条件。日本人在拖延时机,结果美国却认为这是一再拒绝,于是原子弹的投掷开始了。

8月6日凌晨2时45分,B-29型飞机埃诺拉·盖伊号从提尼安岛起飞。蒂尔茨上校用自己母亲的名字为自己的架机命名。这一次明显超负荷,同一架仪表飞盘和摄影飞机一起飞赴日本。

侦察机给他们传来密码电报:广岛上空天气晴朗。

当时,日本已发现了这几架飞机,但没有出动飞机去拦截31600英尺高空的敌机,他们认为不值得动用战斗机。

就这样,上午8时15分17秒,埃诺拉·盖伊号扔下了原子弹。戴着特殊保护眼镜的机组人员看到了紫色的闪光,他们意识到他们扔下了灾难。

广岛一片火海,出现了我们开头描述的场面。8万人立即丧生,而当时没有死去的幸存者在废墟中寻找自己的亲属时,他们根本不知道自己已经受到了致命的放射性辐射,在重建广岛后的漫长岁月里还不断有人死亡。

3天以后,又一朵蘑菇云在长崎升起。长崎遭到了毁灭性打击,7万人立时毙命,至于因污染辐射在痛苦中慢慢死去的人,难以胜数。

即使如此,天皇还是在压服他的两名高级军事顾问,并经历皇家卫队以他的名义发动的一次小小的暴动之后,才宣布了投降。

文雅的宫廷体语言说:"朕亦深知尔等臣民之衷情,然时运所趋,朕欲忍其所难处,堪及所难堪,以为万世开太平。"

广岛、长崎是自原子弹研制出来使用于实际杀伤场合下至今为止的第一次也是唯一一次受害者。

后来,当人们懂得原子弹的性质时,日本人用奇怪的富有诗意的名字"婴儿弹"来称呼它。甚至到现在,人们提到"幸存者"时还使用"被炸的人"和"伤员"这两个词,而很少用"幸存者",因为他们认为"幸存者"强调了存的结果,而这对那些炸死的人是不公平的,爆炸辐射直到今天也未完全散尽,长达10年的严重影响遗患无穷。

日本人树立了死难者纪念碑,来纪念自己死难的同胞。是的,战争带来的后果是将无数生命自愿与不自愿地卷入灾难,生命无常。然而我们在哀叹之余,面对今天的某些残存势力的死灰复燃却要问一句,你们悼念死亡同胞时,可曾想到,那些樱花不在的地方呻吟着几多冤魂!又何止长崎、广岛之人数,而是数以倍记的苦难者死于日本军刀之下。

和平不是一个人、一个民族、一个种族的,和平是共同的。狭隘只有死路一条。

珍珠港事件发生三年零八个月后,这个曾发誓要战斗到死的国家终于投降了。和平似乎到来了。然而核军备竞赛、核扩军等系列政治举措使和平的系数越来越低。

美国建立了自己的秘密发展核能的非军事机构——原子能委员会,并在太平洋的比基环礁岛上试验了第四颗原子弹。到 1947 年,"铁幕"和"冷战"等词已普遍流行。1948 年,美国和苏联由于柏林问题似乎已到战争边缘。1949 年,苏联爆炸了它的第一个原子弹装置。

保密和国际间的猜疑与日俱增,可以与之相提并论的是核技术的发展也在与日俱增。热核"超级炸弹"的爆炸力已不是以吨计,而是上百万倍,以百万吨 TNT 计。精密制导与运载系统也越来越先进了。

投在广岛和长崎的原子弹使第二次世界大战在恐怖气氛中宣告结束。自那时以来,在美国、苏联、英国、德国、加拿大和其他国家,研究原子能的工作大规模地继续进行着。新型的原子弹也已经研制成功,其中有氢弹、钴弹、"没放射性尘埃的"炸弹和裂变——聚变——裂变炸弹。

当然,核能并没有完全应用于军事,它正在而且也应该为人类造福。但是,核武器是悬在人类头上的达摩克利斯之剑,有一天,突然间核按钮的启动,会带来无数生命的灾难性毁灭。

制止的路不是没有,需要人类共同建设自己美好的家园。

有下面这样类似的话,人们说是爱因斯坦的预言,其实这也是所有的良知和智慧与理智所看到的:

有人问,第三次世界大战将是怎样?

答:我不知道第三次,只知道第四次世界大战一定是使用皮弹弓与石头子。

也许,第四次不可能发生了。

这是战争的悲惨结局。今天,令人欣慰的是,核能也正在和平地利用。人们最关注的是从核分裂中获得能量,即使是燃料资源丰富的资本主义国家也十分重视核能利用问题。

苏联在第一座核反应堆投入运行后的八年之内,于 1954 年 6 月 27 日把世界上第一座核电站并入了输电网。这座电站主要是供试验用的,因此功率只有 5000 千瓦,即使如此,两年之内,只消耗了几千克铀,却省下了 75000 吨煤。

继第一座核电站建成之后,苏、英、美等国都相继建成了许多性能更好、功率更大的核电站。同时德意志民主共和国也在 1966 年建成了类似的核电站。开始时,核电力在世界发电量中所占的比例是微乎其微的,但是逐年都在增加。1972 年,世界上已投入运行的核电站有 125 座,总容量约为 3500 万千瓦,此外还有大约 170 座在建造或设计中。

核能可用来作为船舶动力。美国在基尔建造了第一艘"原子潜艇"。1957 年

12月,苏联的第一艘"列宁"号核破冰船下水,多年来这艘44000匹马力的破冰船一直在苏联北部海路航行。1962年美国的第一艘原子货船"萨凡纳"号首次试航成功。

核武器拥有国的增多打破了核垄断,造成了一种压力之下的平衡,人们将核利用在经济生活之中。

初始的核能研究是裂变。但是裂变反应会产生大量的核废料,而这些核废料会产生严重的放射性污染。随着核电的利用,核废料会越来越多,污染也会越来越严重。所以,现在核能的利用危险很大,甚至会有后患,起码就现在来说,是不能有效处理核污染的。

1938年,美国物理学家贝特证明了,在太阳的高温下,失去了电子的氢核会结合成一个双质子,但这种核不稳定,其中的一个质子会立即释放出一个正电子而变成中子,使双质子核变成氢的同位素——氘,在高温动能的驱使下,两个氘核又会合成一个氦核,并放出巨大的能量。这种反应不仅能量更大,而且反应生成物是稳定的元素,没有放射性污染。这就是核聚变。

核聚变就是氢弹的原理。和历史上曾经上演的一样,核聚变的武器研究很快也很容易。但是,和平利用的稳妥途径正在开发。

战争中的科学家

原子能时代是伴随着第一颗原子弹的爆炸而到来的。

提到原子弹,人们马上会联想到"曼哈顿计划",也就是"曼哈顿工程"。曼哈顿的生活与工作是一大群有血有肉的人创造的。在这里,我们将从核能讲起,在这个发展里探索科学与社会和人的微妙关系。

二战之后,制造原子弹是为具有第二次世界大战特点的规模庞大的工程作业。没有办法一一提到对制成第一枚原子弹起过作用的每一个科学家、工程师、军人和企业经理。几乎每一家规模较大的美国制造业公司,都对修建和管理分别位于田纳西州橡树谷和位于华盛顿州哥伦比亚河畔的汉福德工程公司的原子弹工厂贡献出他们的某些专业知识。

早在20世纪30年代,回旋加速器和静电发生器就已经研制成功。这些机器能使带电粒子加速,并把它们飞速地射向靶原子,从而把原子核击碎,并在这个过程中释放出大量的能量。但是这不是使原子里的能量释放出来的一种实际可行的办法,因为只有极少量的原子子弹击中原子。

如果阿道夫·希特勒把重心放在核研究上，也许世界将会有更加的多灾多难。1938 年 12 月，奥托·哈恩和弗里茨·施特拉斯曼经过 6 年的实验，终于在柏林的威廉皇家化学研究所成功地分裂了铀原子，这是一个以前认为违背自然法则的过程。他们的工作意味着，有可能进行受控链式反应，爱因斯坦的理论已经预言了巨大的能量。

哈恩二人使用慢中子来轰击重化学元素铀。他们出乎意料地发现这种轰击的最后一种产物是元素钦，它的比重仅为铀的 3/5。一位犹太血统的奥地利物理学家梅特涅曾同哈恩一起工作过，为了躲避纳粹迫害，她逃往哥本哈根。

1939 年 1 月 16 日，梅特涅小姐给友人写了一封信，收信人也是一位流亡的伙伴。英国科学期刊《自然》公开发表，其中写道："铀原子核在中子的轰击下会分裂为体积大体相等的两个核子。他们说其中一个是钦原子的核。原子核的这种分裂被叫作原子裂变。"

到了哥本哈根，梅特涅与朋友弗利希和著名的玻尔讨论了这项重大发现。玻尔在 1939 年初到美国访问时，把这一极其重要的情报告诉了许多美国物理学家。于是，他们中有些人开始研究原子核的裂变问题。他们发现，当一个铀原子的原子核吸纳了一个中子时，它便分裂为钡、氪和某些别的东西。在这些东西中包括有多余的中子，而这些多余的中子又可以作为原子子弹来使更多的铀原子分裂。这就可以形成一种裂变连锁反应——在一秒的若干分之一的时间使原子一个接着一个地分裂。法国和德国的科学家们也证实了在裂变过程中会释放出中子的现象。人们认识到，在一次涉及几十亿个原子的这种连锁反应中所释放出来的总能量是非常巨大的。根据这种连锁反应的原理而制成的炸弹，威力之巨难以想象。

1939 年底，罗斯福任命了一个委员会来专门研究原子能用于军事目的的问题。1942 年，根据科学研究和发展署的建议，把这项计划移交给了陆军部，并任命格罗斯少将来负责这项工作。于是，有关原子弹的研制工作从这时迅速展开。

但这件事与流亡的科学家有关。希特勒的种族灭绝政策迫害了大批犹太科学家，他实在太忽略这些人的价值了，以致他最终仍然败于他所迫害的犹太人士以及其他进步人士手中。

二战爆发后，匈牙利物理学家西拉德逃亡到美国。他得知德国禁止铀矿石出口，便敏锐地意识到原子弹研究的急迫性。费米也是流亡物理学家，他们草拟了建议信，恳请美国集中财力人力研究原子武器。

爱因斯坦在信上签了名。他们把信交给罗斯福总统的朋友萨克斯。萨克斯劝说罗斯福，但是罗斯福没有认识到严重性和紧迫性。萨克斯殚精竭虑，想到这样的话：

"在拿破仑战争年代,一个年轻的美国发明家富尔顿求见皇帝,建议他组建一支舰队,用蒸汽机作动力。他说,这样的舰队可以天下无敌。但是对拿破仑来说是天方夜谭般的事,所以把富尔顿赶走了。根据英国历史学家阿克顿爵士的意见,这是由于敌人缺乏见识而使英国得以幸免的一个例子。如果当时拿破仑稍稍动一动脑筋,再慎重考虑一下,那么19世纪的历史进程也许完全是另外一个样子。"

于是,1939年12月,"曼哈顿工程"实施了。

1942年12月2日,费米解决了第一步,他在芝加哥大学体育场底下一个临时建成的实验室中主持了世界第一次受控链式反应。真正的原子时代到来了。

费米反应堆用石墨作为中子的减速剂,用镉棒来吸收中子以控制裂变反应的速度,从而实现了输出能大于输入能的核反应。

原子弹的研制工作由美国物理学家奥本海默负责,在新墨西哥州一个叫洛斯阿拉莫斯的荒凉高地上秘密进行。这是1943年开始的工作,这项工作是最主要、最危险和最绝密的。

格罗斯征集了工业界的头子和获得诺贝尔奖奖金的科学家,连哄带骗地从财政部搞到20亿美元的秘密资金,要求参与核计划的成千上万的雇佣工要保守机密,实际上很多地方都实施了封闭的保密制度,与世隔绝的场所进行关键的工程。在华盛顿州的汉福德,平地崛起一座生产钚的城市。原本是田纳西州的乡村橡树岭,成为分离铀的基地,也成为该州第五大城市。在美国的数所大学,理论工作已经开始进行。

1943年12月前后,丹麦哥本哈根的玻尔也到了新墨西哥州的洛斯阿拉莫斯。如玻尔一样,科学巨匠们在曼哈顿计划中不过是些普普通通的人:土生土长的美国人中有奥米海默、劳伦斯、阿瑟·康普顿和卡尔·康普顿,欧洲被希特勒法西斯迫害和流亡的科学家有西拉德、费米、玻尔、詹姆斯·弗兰克和爱德华·特勒。他们在紧急、兴奋和秘密的气氛中工作,计划的各个部分,特别是洛斯阿拉莫斯部分,都是严格独立的。几乎没有哪个科学家知道他们的同事在做些什么。每个人、每件东西都有代号。费米叫"农夫亨利",原子弹叫"野兽"或简单地叫"它",而英国的原子弹计划——开始于1941年,相当不情愿与美国的计划协作,叫管道合金董事会。

洛斯阿拉莫斯的许多科学家过去是玻尔的学生和同事,仍留在希特勒统治下的欧洲的许多同行也是如此。没有人能够像玻尔那样熟悉世界各地的核研究,或者能够像他那样准确地估计德国在原子弹方面的进展。

不仅如此,约上万名不同程度的科技人员投入了不同的工作。曼哈顿工程拥有世界上最强大的科学家阵容,投入了巨大人力物力。动员的人员约50万,仅科研人员就达15万,全国近1/3电力投入了各项研究工作,仅试验方法就建了三座大型工厂。

奥托·弗里希回忆说:"大房在现在不存在了,当时许多刚从大学毕业的科学家住在这里从事原子弹研究。"

美国军队在短期内,用约一年的时间把洛斯阿拉莫斯的私立农场男校建成了一座实验基地。奥托·弗里希在秘密已经过去数十年后从著作中提道:"到战争快结束时,这里的人口已经增加到了约 8000 人,数百个科学家和他们的家庭以及大量的后勤人员在这里工作。炸弹的原料、铀 235 和钚在其他地方生产。洛斯阿拉莫斯的任务是把数学家、物理学家、化学家和工程学家集中到一起,决定需要原料的数量和最有效的构成形式。他们还设计和检验所有的装置,这些装置被装配成一个爆炸单元,在这个单元中,一个中子引发的链式反应以闪电般的速度进行着。选定的地点位于靠近美国中部的墨西哥州。在四壁陡峭的峡谷之中,仅有一条崎岖的山路与外界相通,正如人们所能想象的那种最秘密的军事基地所在的隔离区一样。"

罗伯特·奥本海默被称为"原子弹之父",他于 1942 年正式担任洛斯阿拉莫斯实验室主任。他会对新来的人说:"欢迎你到洛斯阿拉莫斯来,那么你到底是谁?"他常戴一顶宽边的平顶帽,实验基地是他亲手挑选的。

最有意思的是,奥本海默认为这么多顶尖人物构成的文明社会不应该是残缺的,所以,基地里不仅有数学、物理、化学、工程专家,还有几位画家、哲学家以及其他专业的学者。美国各大学的精华在一个小山镇里吹拉弹唱,高谈阔论,场面十分热闹。

在洛斯阿拉莫斯,有一些趣事,各种各样的人物都有,大显神通。

里查德·费曼被认为是正在形成的天才。他在研究出了密码锁的原理之后,能靠听转盘转时发出的轻微咔哒声把别人的保险柜打开。然后,他会放进一张奇怪的留言或者让别人的保险柜敞开。当然,安全部门会对他提出批评的。

今天,大洋两岸的物理学生都用费曼的教材,谁能知道他曾经在"狗洞"爬来爬去呢?弗里希回忆到:"所有的小孩都知道基地的围墙上有一个洞。那个洞口离有士兵把守的官方入口不远。"有一天,费曼从洞口爬出去,然后由哨兵把守处亮证件进去,几分钟后他又出来,再进去。就这样,哨兵一直没弄明白为什么一个人在没有出去的情况下不断地进来。

斯坦·乌拉姆是波兰数学家,他对大家说他是纯数学家,完全用符号工作。但是他认为他慢慢地沉沦了,他最近的一篇论文居然带有真正的数字,真正的带小数点的数字,他宣布那将是他最后的耻辱!他的特长是能用高超的技巧和非常抽象的高深数学手法来预测原子弹的反应。

当然,有些实验很危险,有的科学家因为反应失去控制而牺牲了性命。

然而最终,原子弹研制成功了。

·自由万岁·

图文珍藏版

这时,二战已接近尾声,德国节节败退,但是曼哈顿计划照旧进行。因为这是一项要得到结果的秘密工作。

1945年6月16日,第一颗钚弹爆炸成功。因为滚圆的形状像丘吉尔,所以它的代号叫"胖子"。随即,以詹姆斯·弗兰克为首的科学委员会提交了请愿书,声称对日本使用原子弹将使美国在道义上站不住脚。但是这一请愿被否决了。

科学家中大部分人不认为第二颗原子弹有什么道义上的理由,当然,明显的结果是战争迅速结束了。军界普遍认为:"至少需要两颗原子弹——第一颗使日本相信这一武器的威力,第二颗表明美国手头还有更多的原子弹。"

战争结束了,大批科学家把技术应用于新的研究,使它们在和平年代发挥着巨大的作用。

最后我们谈谈爱因斯坦,他是一个代表。他签署了那封著名的致富兰克林·罗斯福总统的信,说服美国研制核武器并取得成功,然而也是他在战后从事阻止核战争的和平事业。这是一个科学家的轨迹,事实上有一大群人如此。

爱因斯坦的一生用他自己的话来形容是:"踌躇于政治和方程之间。"他致力于和平的活动,效果不是显著的,甚至很可怜,然而他仍然在做。至于从事政治,他自己却说:"方程对我而言更重要些,因为政治是当前,而一个方程却是一种永恒的东西。"

第二十八章 科学前沿
——不断刷新的纪录

被埋没了 35 年的遗传学家

20 世纪的第一个年头，一项在生物学界足以引起不小震动的理论就要诞生了。

这项成果是有关研究遗传规律的。

有三位不同国籍从不同角度用不同方法进行研究的科学家用不同的材料得到了这个定律。他们是荷兰的德佛里斯用月见草和罂粟研究在阿姆斯特丹得出；奥地利的切尔马克通过豌豆实验在比利时根特得出；德国的柯伦斯通过玉米实验在耻纳得出。

然而，一件意想不到的事情发生了。

就当这三位中的一位像往常一样走进图书馆，平静地坐下来开始查阅资料时，他抑制不住内心的喜悦，因为自己的研究将会带来又一次飞跃，他决定查检一下资料，以确定一下自己成果的意义。由于资料太多，平时忙于做实验，有些不著名的文章都没有来得及看。

于是他认真地翻阅资料，这次他有意地向前翻，来到一架较旧的书桌旁，那里都是过去的资料了。书堆满了尘土，已经有很多年、很长时间没有人动过了。他按索引看着文献的名字，寻找自己需要的，果然找到了几篇，于是翻开看了看，这仍和往常一样，没有达到他的论述水平，于是心里更加高兴了。

渐渐地，快找完了，缓口气，接着查检完，这是一项划时代意义的工作啊，他这样对自己说。到了最后，一篇《植物杂交》论文题目跃入眼帘。他漫不经心地瞟了一眼：植物杂交？跟我做的是一种工作，估计和那些差不多，让我随便翻一翻吧！

随手一翻，他忽然被一些词语吸引了：这好熟悉，噢！这是我的论文用词！此时，这位年轻的学者不那么悠闲了，他急匆匆地阅读下去。

这一下，如同冷水浇身！

他翻查了发表日期:1866 年。也就是说,30 多年前,有人已发表了论文,他没有见到过这篇论文,可是论文中已经做出了他将要发表的结论! 这个打击太大了,辛辛苦苦的发现却是一场白忙活,对一个科研人来说,这会使他异常沮丧和悲哀!

最后的结果是,三个兴冲冲的科学家全都得知了这一消息,他们全都被这不愿意相信而又不得不相信的消息打击得失望之至。

三人仔细查阅资料,得知这篇被人忽略了 35 年的论文是神父孟德尔所写。德佛里斯想隐瞒孟德尔论文以保持自己成果的优先权,柯伦斯和切尔马克则一致推崇孟德尔,认为自己的工作不过是对孟德尔定律的证实并在某些方面还不及孟德尔。

柯伦斯和切尔马克尊重他人成果,这种高尚的品质打动了德佛里斯,最终也使"孟德尔定律"获得人们的承认。

孟德尔生于一个贫苦农民的家里,出生地是奥地利海钦多夫西列西亚村(现属捷克,叫海因塞斯)。他是家中 5 个孩子中唯一的男孩。

孟德尔很有才智,然而由于家境原因,使他没能接受更进一步的教育。1840 年中学毕业后,孟德尔进大学攻读哲学,然而被迫中途辍学。他的妹妹为了让他上学,把自己的嫁妆费拿出来供他使用。就这样,孟德尔坚持上了前两年。

1843 年 10 月,孟德尔的父亲积劳成疾,丧失了劳动能力。而孟德尔的身体也是每况愈下,在物理教师弗朗茨的建议下,孟德尔换了个名字叫"格雷戈尔",进了修道院做一名修道士。

1851 年,他被修道院选派进维也纳大学学习自然科学,于是他得以学习到数学、物理、化学、动物、植物以及昆虫学等科学知识,并且认识了几位著名科学家,还发表了关于生物学的论文。1853 年,孟德尔成为一名神父。

在修道院,农业种植是一项重要的经济收入,而修道院似乎是"摩拉维亚"文化和科学研究的中心。修道院里的许多成员,不是布尔诺哲学学院的老师就是大学预科学校的老师,他们之中有人在修道院待了几年之后进入大学做教授去了。

孟德尔在这个环境下,开始研究植物的杂交试验,并且于 1854 年 5 月成为中学的博物学老师直至 1868 年被选为修道院院长。

1856 至 1863 年,在长达 8 年的时间里,孟德尔做了豌豆试验。

他发现,矮株结的种子再种植,就只能生出矮株,所以孟德尔认定矮株豌豆是纯种。高株豌豆则情况明显不同,约有 1/3 的高株是代代均高,而还有 2/3 的高株种子长成矮株。

孟德尔想到,用纯种高株和纯种的矮株杂交。他得到的第一代全是高株,而第二代却有 1/4 的纯矮种、1/4 的纯高种、2/4 的非纯种。

孟德尔还考察了花的颜色。他终于得出了显性与隐性的 3:1 的事实。然而这事实背后是什么呢?

　　孟德尔提出了关于生物遗传的假说:生物性状是由遗传因子决定的,遗传因子是颗粒式遗传。植物种子内稳定的遗传因子,控制着物种的性状。每一种性状由父本和母本的一对遗传因子控制,但只有一方表现出来,而另一方并不表现出来,然而在下一代,不表现出来的一方会以 1/4 的数量比表现。

　　孟德尔连续提出两大遗传定律,1865 年 2 月 8 日和 3 月 8 日,孟德尔在布隆自然科学会上宣读,后来又出版单行本,被欧洲 100 多个图书馆收藏。奇怪的是,竟然没有人对这篇论文产生注意,也许是作者太不出名,又是一个业余研究者之故吧!

　　1868 年后,孟德尔没有时间研究了。1884 年 1 月 6 日,这位现代遗传学之父,患了肾病而与世长辞。他生前是人们尊敬和爱戴的神父,而他遗憾而又坚定地说:"我相信,人们承认我的时代很快会到来的"。他的预言实现了,他不仅是一位令人尊敬的慈蔼的神父,更是一位真正的科学家。

　　孟德尔的工作,正好是达尔文进化学说关于遗传学方面的有效证据。可惜的是,孟德尔读过《物种起源》,但是他没能认识到这一点,而达尔文竟然一直没有看到孟德尔的论文。就这样过去了 36 年。

　　孟德尔默默无闻地种来种去,人们对神父古怪的行径颇感兴趣。实际上,孟德尔成功之处就在于他选择了种豌豆。

　　豌豆是自花传粉的植物,用它做试验可以尽可能地去除外来因素的干扰,从而使性状十分明显。而孟德尔采取的是当时非主流的实验方法,没有从传统的培根方法出发,而是走了统计和归纳的道路,这和实证是不同的。

　　孟德尔在别的科学家把整个物种的全部性状均作为一个单位来研究的时候,独辟蹊径地采用纯种系进行工作,研究那些分离的单一性状,从而使数据可靠明了,简单而有效。

　　如此一来,孟德尔定律第一次结束了两千年来生物遗传的各种假说,揭示了真正的奥秘,人们称他为"植物学上的拉瓦锡",把遗传定律与道尔顿原子论、普朗克量子论并提,以表示对这项重大意义之成果的追认。

　　基因与遗传工程是现代化的一个伟大时代,沿着孟德尔的道路,人们突飞猛进。

紫外线灾难

"普朗克是一位保守的物理学家",人们常常可以这样评价。

正是这样一个保守的物理学家,是 20 世纪杰出的自然学者之一,如果以重要性而论的话,继伽利略与牛顿、爱因斯坦之后,开启物理学新时代的正是普朗克。

普朗克

在 18 世纪末,很多科学家没有意识到原子的存在。到了 19 世纪中期,人们得到了原子的重量,但是无法对原子观测。

还有一个实际困难,即如果原子组成物体,那么无限细分物体的观念就要受到限制,而原子的自由度也要受限制,不然就会出现即使是寻常的温度升高也需要无限大的能量。为了解决这样的问题,很多理论在经典力学与电磁理论下谨慎地说明了一些现象,没有脱离人们的传统认识。

然而,有一个问题却久久地困扰着人们。

这不是一个原子问题,而是一个古典的热力学难题——黑体辐射。

1893 年,威廉·维恩提出一个数学公式。这种公式在光谱的短波部分使测定值与计算值完全一致,然而用在中波和长波部分却无效。

1900 年,英国物理学家为长波找到了一个规律。瑞利根据经典统计力学和电磁理论,推导出黑体辐射的能量分布公式,这个数学式子适用于长波,在短波部分却是无穷值,可相反的是,实验结果是零。

这个反差强烈的严重问题,被称为"紫外灾难",因为紫外线是长波、中波与短波的分界波。

所谓黑体辐射,就是热学中一种对加热物的辐射研究。这种辐射具有较长的红外线到可见光在内的很宽的波长范围,是许多物理学家感兴趣的地方。

人们提出一系列问题:辐射的能与温度相关吗? 辐射是平均分布在整个波谱范围内的吗? 波谱的某些部分能量是否有多少的区别呢?

经过精密的测量,科学家发现,在波谱的一条窄带上辐射能量达到了最高值。人们用曲线描述辐射与波长的关系,精确的图形得出之后,就是为图形找到合适的教学描述了。上面两个数学公式就是想表达曲线的走向,然而全部能量分布的表达方式却始终找不到。

于是,普朗克开始着手研究这个问题。

1900 年,马克斯·普朗克用拼凑的方法,得出一个适用于长波和短波的公式。但是他仍没有弄清这样做的理论原理。他说:"它开始时只有一个意义,即可能是被猜对了的一个定律,我后面的工作就是找出真正的物理意义。"

普朗克假定物体的辐射不是连续变化,而是整数倍跳跃变化。要是这个前提满足了,则一切问题就可以迎刃而解了。

他先引入一个不变数,就是普朗克常数。能量是一份一份以能量包的形式传递的,普朗克常数是能量和时间的乘积。加热体的辐射始终只能以这一常数的整数倍进行。

能量的传输是一份一份的,不是平稳和连续的,这一份,普朗克命名为 guanta,出自拉丁词 guantum,意为"量"。

量子理论的基本思想就是这么简洁。能量是以各含"多少"能量的粒子或粒子束的形式来传导。用一个通俗生动的比喻即能量不是水管里流出来的持续水流,而是从机关枪里射出的子弹,每一个子弹里包含若干小粒。

1900 年 12 月 14 日,普朗克向柏林物理学会阐明了辐射公式。量子论正式诞生。仍然如原来提出的原子学说一样,普朗克将最小的不可分的能量块称为"量子",也就是"能量子"。多少年来,在经典物理学的观念里"自然界是不会跳跃"的,自然现象是连续的。这是力学、热学和电磁场等都证实了的基本规律,微积分正是基于这种连续性思想的数学方法。

1918 年,普朗克获得了诺贝尔物理学奖,他在领奖大会上谈道:"如果作用量子仅仅是个虚构的量,那么辐射定律的全部推论在原则上也就是幻觉,仅仅是毫无内容的公式游戏。与此相反,假若辐射定律的推导是建立在真实的物理思想基础上的,那么作用量子必然要在物理学中起重大作用。作用量子的出现宣告了前所未闻的崭新事物,自从莱布尼茨和牛顿创立微积分以来,我们的物理思考便建立在一切因果关系都是连续的假设上,看来新事物要彻底改造我们的物理思考了。"

尽管实验证明了普朗克理论的很多预言,但是这个奇特的思想仍然得不到公认。因为普朗克对于给定颜色的光波,是用每秒钟的振动次数(频率)乘以普朗克常数来计算能量的,人们认为他"用一个不可理解的假设——光波由振动产生,'解释'了一个无法理解的现象。"

量子假说与人们几百年来的观念不符,连普朗克本人也在一片反对声中没敢向前走,甚至放弃了继续深入运用量子理论。

他曾经致力于将量子(作用量子)纳入古典物理学范围,但是毫无成效。

普朗克后来回忆说:"我想以某种方式把作用量子纳入古典理论的徒劳工作占去了好几年时间,耗费了我许多劳动。某些专业同行把它当作一种悲剧。我对此持不同意见,因为我认为通过这类彻底澄清而得到的收获是更为宝贵的。现在我了解到作用量子在物理学中所起的作用比我原先所设想的要大得多,从而充分理解到在处理原子问题时采用全新的观察和计算方法的必要性。"

爱因斯坦在1905年的论文中就有一篇是以普朗克的理论为基础的。后来沿着他们的思路和角度,出现的是量子力学一个又一个辉煌的名字:波尔、德布罗意、海森堡、薛定谔、狄拉克。

尽管作为先驱者的普朗克由于动摇而没能用充足时间深入研究,而爱因斯坦坚持自己的理念最终远离了热闹的量子力学,甚至成为量子力学的反对者,但是从相对论到量子力学一个又一个的观念被打破,一个又一个的迷惑随解随生,量子论也日益呈现了巨大的理论价值和迷趣。

放射性的发现

在伦琴进行初期试验时,X射线是从阴极射线管的荧光闪闪的玻璃管里放射出来的。在物理学上,伦琴射线和荧光之间的关系究竟是什么? 如果发出荧光的物质在碰到光时或碰到光以后怎样?

1896年1月,法国物理学家亨利·贝克雷尔在得知伦琴的研究成果后提出了这一问题。贝克雷尔和他的父亲长期以来一直在研究某些在遇到光时能自己发荧光或是在光照射以后可以较长时间继续发光的物质。

贝克雷尔从伦琴射线可以使照相底片曝光这个现象出发开始研究。

他把实验室里的许多能发出荧光和磷光的物质收集在一起，把它们放在一块四周不透光的照相版上，接着放在阳光下晒，如果试验材料中出现 X 射线，那么它们一定能使照相底板变黑，从而可以断定它的存在。

实验结果是大多数胶片底片没有被曝光，只有那些上面放着铀化合物的底板上才有些发黑，这下引起了实验者的注意。因为这个现象好像比贝克雷尔想象得更复杂。

最让人注意的是，铀化合物在没有阳光照射的情况下仍然能够辐射。

一个偶然的机会使得研究更加深入。贝克雷尔把观点集中在与阳光的关系上，但恰恰赶上连绵阴雨，不见一丝阳光，于是他感到十分烦闷，便随手把感光板扔到一边，和铀化合物放在了一起。过了几天，天气晴朗，贝克雷尔冲洗了底片。

意想不到的结果出现了，和铀的化合物在黑暗处放了几天的底片曝光的程度十分严重。这使得贝克雷尔继续研究，寻找辐射源。

他用黑暗中的铀化合物——某些铀盐作材料，研究了那些没有人注意的铀化合物，冲洗了数百张底片。最后发现，铀和铀化合物有一种性质，能始终发出一种不可见的、在各个方面同伦琴射线相似的射线，它能透过近似真空的空间，使空气导电。

并且，铀材料的辐射强度几乎不见变弱。

他提出了"贝克雷尔"辐射现象，这种辐射是从原子本身发出的，不受外界条件的影响。但是铀盐放射性的光线没有像 X 射线那样产生轰动现象，因为得到铀盐很不容易，而铀盐的放射性没有直接可利用的价值。

待到一位世界著名的女科学家出现，放射性的研究达到了世界高度。

"放射性"这个词是这位女科学家首先提出的，她就是玛丽·斯克罗多夫斯卡，大家熟悉的名字是居里夫人。

1867 年 11 月 7 日，玛丽生于波兰华沙。这位波兰血统姑娘的父母都是教师。1891 年，她进入巴黎索邦大学攻读物理，而与著名的法国实验物理学家皮埃尔·居里相识。1895 年他们组成幸福和谐的家庭，成为全世界最有名的夫妇科学家。

玛丽·居里在贝克雷尔的基础上研究。她为了寻找辐射，对所有的元素逐一检验。后来她找到了一种叫钍的元素，具有放射性。

而在大量的深入分析中，她还发现了更强的放射性，于是，居里夫人开始寻找这种物质。皮埃尔本来继续研究自己的专业——晶体物理，这时也来帮助居里夫人共同提纯物质，研究放射性。

他们已经充分地估计过,可能在1%的沥青铀矿中有1%的这种新元素,而没有料到,从此以后他们走上了一条艰辛的道路,因为这种新元素其实连十万分之一都不到。

居里夫妇利用不满一杯的沥青铀矿,进行细致的分离和提纯化验。

他们先把含铀的沥青矿物质研碎,弄成粉末状,然后放入酸中溶解,接下来就是反复蒸煮的过程。要凝固和淀析,把酸性溶液分解成不同成分。他们先除掉一切含铀物质,接着分离并剔除所有已知的元素,每进行一道工序,都要检查一下剩余物质,看看是不是把放射性物质剔出去了。

经过繁忙劳累的工作,从1898年4月份开始的工作持续了近百天才有了眉目。6月份或7月份时,居里夫妇得到了微小的细细的黑色粉末。这种粉末的放射性是铀的150倍。

他们再次提炼去渣,放射性更加强烈了,"几个月后,我们成功地从沥青铀矿提炼了一种铋的伴生物质,这一种物质要比铀的放射性大很多倍,并具备十分典型的化学性。1898年7月,我们宣布发现了这一物质。为了纪念我的祖国,我把它称之为钋。"

这是居里夫人所宣布的。她是波兰人,"钋"的原文第一个音节与"波兰"的发音开始是一样的。

然而,当数月后居里夫妇把钋从粉末中分离出来时,剩余的粉末仍然是有放射性的。他们很快就意识到了:沥青铀矿中所含的未知而具有放射性的元素不是一种,至少是两种!

这种物质的含量比钋要稀少得多,但放射性竟然能达到钋的600倍!夫妇二人继续从事艰苦的工作,他们这次用了好几个月,每天工作到凌晨,然后是教书理家。

最初他们连做实验用的矿物都没有,后来皮埃尔·居里把一车皮沥青铀矿的废料买下来,才算有了原料。1899年,一吨又一吨装满矿渣的大麻包从捷克斯洛伐克运到他们的实验室,里面有碎石块、泥土、树叶及大量杂物。

他们在上课的学院院子里找了一间仓库,简陋的实验室就在这里建成了。这是一间大木棚,几吨的沥青就堆在这里。同事们都说这间实验室像马厩,还像马铃薯窖。

居里夫妇在如此简陋的条件下,开始从成吨的沥青中寻找放射性元素,伟大的世界发现就是他们用铁棒搅出来的。这是十分艰苦的工作。他们用几个大铁槽先把沥青铀矿渣煮开,然后用酸加以处理和蒸发,接连无数个小时是用铁棍搅拌。

居里夫人说:"我每次都要用到多达20公斤的矿石。棚子里到处是盛满溶液和沉淀物的大罐子,工作时,既要搬容器,又要倒溶液,还要一连几小时地搅拌熔炼池中滚烫的溶液,简直把人累得死去活来。"

科学家不是都用精巧的溶液器皿和玻璃棒工作的,由于他们十分贫穷,一切都是自己完成。这还不算什么,当时人们并未意识到放性物质的可怕。他们每天受到放射性物质的照射,常常感到头晕、恶心和指尖破裂。但奋不顾身的居里夫妇什么也不顾,持续工作,从提炼到分析测量,他们整整受了3年的放射,也获得了巨大的成功。

当他们做实验时,一开始有很多人对他们的猜测抱怀疑态度。甚至有人说,不要找什么镭了,镭只不过是野心勃勃的居里夫人从脑子里幻想出来的。

事实上,"被提炼的物质显出一种纯化学特体所具有的各种特性的时刻终于到来了。这种物体,即镭,开辟了一个特殊领域。我能确定它的原子量比钡的原子量大得多。我于1902年完成了这项工作。当时,我有10克纯氯化镭,我花了四年时间按化学的要求证明镭确实是一种新元素。"

这是居里夫人对物理学界讲的话,她不无遗憾地说:"如果我当时能得到一笔钱,那么一年时间也就足够了。"但是一开始没有人看到利益,而国家大部分钱用来扩充军费,忙着战争侵略,致使一项真正的科学研究被冷落。

镭的发现使这对夫妇名扬四海,一举震惊世界科学界。1903年,44岁的皮埃尔与36岁的玛丽接到瑞典科学院的邀请,他们获得了诺贝尔物理学奖。贝克雷尔·居里夫妇分获了巨额奖金,居里夫妇终于得到了一大笔资金。

但是居里夫妇病情十分严重,他们都不能亲自去领奖了。人们把居里夫妇的工作与生活当成传奇来讲述,他们之间的深情厚谊也为人所赞扬。然而他们一如既往地谦虚沉默和平凡。有同事去居里的家,带去的孩子摸起居里夫人的金质诺贝尔奖章玩耍,同事十分惊恐,连忙去孩子手中夺,居里夫人却淡淡地说:"这不过是一个玩具,让孩子高兴就好了。"

1903年6月,居里夫人被授予名誉博士,后来被聘担任教职。1905年,皮埃尔成为院士。

幸福的生活没有多久,惨剧发生了。1906年4月19日,皮埃尔在巴黎街头过马路时,天黑路滑,不幸被一辆货车撞伤,立即身亡。

在皮埃尔死前,他们还没有实现建立一个大实验室的愿望。

玛丽·居里接替了丈夫在巴黎大学的物理学教授职务,完成他们未竟的事业。在巴黎,这是第一位女大学教授,这是一项殊荣。在悲痛下,玛丽·居里没有消沉;在困难面前,她也决不低头。

1911年,居里夫人再次获得诺贝尔奖,全球最高的自然科学奖两次授予这位品质崇高、业绩辉煌的女性,一次是物理,一次是化学。

1934 年,居里夫人的女儿伊琳及其丈夫德里克·约里奥在巴黎科学院作了放射性研究的报告。1935 年,这对年轻的物理学家同他们的长辈一样,获得了诺贝尔奖奖金。

此时,玛丽·斯克罗多夫斯卡——居里夫人,已经先于喜悦到来之前故去了。1934 年 7 月,居里夫人由于贫血病恶化而告别人世。他们夫妇为了科学研究而献出了自己的生命。

第一次世界大战期间,镭和 X 射线在治疗和诊断方面得到了广泛应用。

镭射线是铀放射性的 200 万倍,它的医疗效果是:引起生理变化,烧灼皮肤,摧毁细胞,从而对带病细胞具有强大的杀伤力,因此是治疗癌症的化疗方法。

还在皮埃尔·居里同医务人员进行动物试验时,人们对镭的效应已经议论纷纷了。很多公司这时发现了利益,纷纷向居里夫人购买技术,申请专利。

居里夫妇没有同意,他们把技术无偿地公开,以使人类获得广泛的幸福。

居里夫人去世后,与皮埃尔安葬在一起。他们在巴黎郊外的斯克克斯长眠。居里夫人一生质朴,她拥有的纯镭价值连城,而她把镭无偿地留给了人类。

光电效应

普朗克的量子假说提出后,第一个认真考虑他的观点的是阿尔伯特·爱因斯坦。

普朗克的假设违反"连续性"的经典物理,并且以"假设光波振动的解释"解释不连贯的量子能量传递,使多数科学家不能接受。

以上问题在爱因斯坦解决"光电效应"问题之后,变得明晰起来。而爱因斯坦也因此而获得 1922 年诺贝尔物理学奖。

光电效应是在光的照射下金属表面发射电子的现象。

1887 年,威廉·哈尔瓦克斯发现

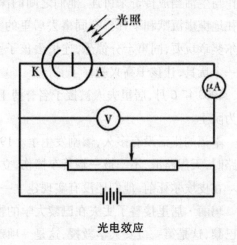

光电效应

了一种现象,用紫外线照射带负电压的验电器金属板,验电器就放电,光线由金属

"打出"电子,现在的光电管原理就在于此。

　　继 1887 之后,俄国学者斯托列托夫等人也做了多次同类型的实验,确证了这个事实,并证明被光照过的金属板带的是正电。

　　人们开始定量地研究这种现象并测试"光电子"所带能量。结果发生矛盾。根据经典物理学定律,光电子的能量会随光度增加而逐渐增加,但实验中发现,光的强度虽然增加了,光电子的数量增加了,但能量却没有变化。

　　令人们百思不得其解的是,光电子的能量和照射光的频率有关。照射光的频率越高,光电子能量越大。这就是爱因斯坦的观点所在。

　　1905 年,爱因斯坦发表了 3 篇论文。其中一篇《关于光的产生和转化的一个启发性观点》的论文认为,在 1899 至 1902 年之间,德国学者赫兹的助手勒纳德提出光电效应中经典波动理论无法解释的三点是光的微粒性质的实验证据。

　　勒纳德提出:

　　其一。每一种金属表面都存在一个特征截止频率,频率再小,不管光强多大,都不能发生光电效应。

　　其二,射出的光电子动能只同入射光频率有关,同光强无关。

　　其三,只要入射光频率超过截止的那个频率,无论怎样强弱,都会立即引发光电效应。

　　在论文中,爱因斯坦把普朗克的量子说和光的微粒观点相结合,提出光量子假说。光是由光子也是能束和能粒子所组成。牛顿曾经想到过的粒子观点被波说取代后,在爱因斯坦这里吸收了他的有益思考。

　　爱因斯坦认为,一束单色光,是一束以光速运动的粒子流,这些粒子称为光量子,也就是光子。每个光子都有一定的能量,这个以通过频率计算,用普朗克常数与频率相乘,可得出每个光子的能量。

　　一束光的能量就是发射出的光子能量之总和,一定频率的光,光子的数目越多,光的强度就越大。

　　光电子能量和入射光频率之间的关系对古典经典物理学而言,是无法解释的。频率和能量的紧密关系要求人们利用普朗克常数。

　　爱因斯坦正是在普朗克的基础上而比普朗克更革命。爱因斯坦考虑了途中发生的事情。也就是说量子是否按波的形式传播或是一成不变。爱因斯坦假设能量按一个量子传播。光辐射也是由微粒子,即一种"能量小包"组成的。这些微粒子以光速飞越空间,粒子能量是由频率和作用量子的乘积得出,意味着频率对光电子的影响。

　　光电效应是由于金属中的自由电子吸收了光子能量从金属中溢出而发生的。

电子吸收一个光子便获得了一份能量,这能量一部分被消耗,因为电子从金属表面溢出要做功。一部分就是电子逃离时的动能。

h 为普朗克常数,电子从金属表面溢出所做的功为 A,速度为 v,则有:

$hv = A + 1/2mv2$,这就是爱因斯坦方程。

爱因斯坦的光量子理论,虽然能正确地解释光电效应,但仍然没能广泛承认,就连普朗克这位最早提出量子论的人,也认为爱因斯坦的理论"太过分"了。

原因就在于我们前面所说的"途中"。普朗克只认为电磁波在发射和吸收能量时是一份一份的,而爱因斯坦认为在传播过程中也具有这样的性质。

爱因斯坦理论的提出,使人们对光本质的认识前进了一大步。他重新引入微粒观,又肯定了波动的意义。主要是由于爱因斯坦的工作,使得光的波粒二象性确立,即光有时表现有波动性,有时表现为粒子性。

实验中的"斯托克斯定律"是爱因斯坦理论的证明。斯托克斯定律是:如果光碰上一块发荧光的平面,那么荧光的频率几乎总是比较低的,决不会高过引发辐射的频率。如果用波动理论,则无法解释,在光量子的假说中,通过爱因斯坦方程可以看到,打在屏幕上的量子放出一部分能量,因此被反射的量子能量较小,频率也较小。

另外,照相底板受到光照时,即使光线强度极弱,感光层的某些小颗粒也会起变化,而感光层的其他部分则依旧如故。这证明是光量子命中的部分引起变化。

美国物理学家密立根,他激烈地反对光量子理论,花了 10 年时间,企图用实验来否定爱因斯坦。为了研究爱因斯坦方程,他把频率已知的单色光落到一块板上,然后尽量准确地测出放出的光电子能量。他用这种方法得出的普朗克常数与普朗克公式的常数完全一致。

根据种种实验,光既有波的性质,又有粒子的性质,爱因斯坦的关于光是粒子组成的理论,没有让现代科学家放弃光的波动,而是有机统一且辩证地结合起来,即光的波粒二象性得到确立。

时空与质能

1879 年,犹太血统的爱因斯坦出生了。那天是 3 月 14 日,很平常的一天,在德国南部的小城乌尔姆。

和牛顿一样,爱因斯坦也没有表现出什么超群的地方,到了几岁时还不大会说话。爱因斯坦数学很好,但是语言学得不好,尤其是古文更糟。

有趣的是,老师劝他:"阿尔伯特,你还是退学吧!"就这样,人类历史上最伟大的天才中途退学了。

　　爱因斯坦的父亲数学才能很好,因为家境贫寒而失学,爱因斯坦的母亲有着很优秀的音乐能力,爱因斯坦的身上都表现出来了。

　　不过现在也有人说,音乐和数学好也是说明与众不同,爱因斯坦也是"神童"。不错,无论怎样,爱因斯坦是一个有特点的孩子,一直到少年、青年、老年,爱因斯坦始终有他独特的个性和见解。

　　后来,16岁的爱因斯坦考大学,但是没考上,原因是那些需要记忆的课程他搞得一塌糊涂。1896年1月28日,爱因斯坦厌倦了从小受到的死板的军国主义和神学束缚,宣布成为一名无国籍者,就在这一年,爱因斯坦考进了联邦工业大学。

　　早在1895年,爱因斯坦就写出了《关于磁场的以太研究》。大学毕业之前,爱因斯坦确定了理论物理的研究兴趣。

　　爱因斯坦在26岁以前没有进入专业物理学科学习,他的所有物理知识都是自学的。在学校里,爱因斯坦结识了好朋友——格罗斯曼。

　　大学毕业之后,我们的人类最伟大的天才失业了。他本想在母校找个教书的工作,但是他没能得到自己那些老师的赏识。因为他大部分课都缺席,而是经常独自研究物理。顺便说一下,他的其他各科后来证明不是差劲,相反带有天才的禀赋。在大学里,爱因斯坦主要依靠格罗斯曼的笔记才得以及格。

　　在失业的岁月里,爱因斯坦帮别人承担演算任务、抄写、家教,在中专代课达一年左右。但即使是这样仅能糊口的岁月,爱因斯坦仍然写出了一篇论文《由毛细管现象所得的推论》,发表在1901年的莱比锡《物理学杂志》上。这是爱因斯坦的第一篇学术论文。

　　1902年,爱因斯坦终于找到了一份稳定的工作,这都要归功于朋友格罗斯曼的帮助。格罗斯曼的父亲有一位朋友是伯尔尼专利局的局长,就这样,爱因斯坦有了得到工作的机会。爱因斯坦这样说:"马尔塞尔·格罗斯曼作为我的朋友给我的最大帮助就是这样一件事:在我毕业后大约一年左右,他通过他的父亲把我介绍给瑞士专利局局长费里德里希·哈勒。经过一次详尽的口试之后,哈勒先生把我安置在那儿了。这样,在我最富于创造性活动的1902至1909这几年中,我就不用为生活而操心了。"

　　从此以后,爱因斯坦有了一份稳定的工作,担任一个普通的三级技术员。而在此之前,1901年2月爱因斯坦取得了瑞士国籍。

　　爱因斯坦于1903年1月结婚。米列娃·玛丽琦成为爱因斯坦的妻子,她也十分喜爱物理学,是爱因斯坦的大学同学。

就是在基本全是自学、毫无正规训练的业余研究下，一个普通的伯尔尼专利局的技术工人在 1905 年发表了 5 篇论文，这其中的 3 篇是划时代的成就，提出的深刻思想改变了人类的科学命运。

爱因斯坦那年 26 岁。

5 篇论文分别是：《关于光的产生和转化的一个启发性观点》《分子体积的新测定方法》《论动体的电动力学》《动体的惯性同它的能量有关吗？》。

其中在相对论、光电效应、布朗运动领域的 3 篇论文任何一篇都足以获得诺贝尔奖。

《论动体的电动力学》是著名的"狭义相对论"。1907 年，朋友们建议爱因斯坦依靠论文谋得编外讲师的职位，但是没有人能够理解。

在德国，普朗克十分重视爱因斯坦的工作，称他是"新时代的哥白尼"，这两位对早期量子发展做出巨大贡献而又都走入另一方向的伟大科学家可谓"心有灵犀"。

相对论认为运动的钟会变慢。这是天才而又超前的思想领域内的大革命，已经超出了物理学意义，影响到人类哲学的广阔范畴。

普朗克委托一名学生到伯尔尼寻找爱因斯坦，但是学生直奔伯尔尼大学，打听一位叫爱因斯坦的教授。谁能知道，普朗克称赞的举足轻重的人物竟然是一个发明专利局的"外行"工人！

在德国，爱因斯坦被大家越来越重视，但在瑞士他还不被人理解。于是，有三位世界著名的科学家联合签名，写了一封推荐信。就这样，爱因斯坦先担任了编外讲师，不久任副教授。1911 年，任苏黎世联邦工业大学理论物理学教授。到 1914 年前，他先后在布拉格大学、苏黎世大学、柏林大学等任教。这期间，爱因斯坦开始享有世界声誉，各大学术团体纷纷给他最高荣誉奖励。

此时，爱因斯坦在能量与质量上认为：

物质和能量是同一现象的两个不同侧面，两者可以互相转变。为了说明这种转变发生时会出现什么情况，爱因斯坦写出了著名的质能方程：$E = mc^2$。原子能的利用就是以此为根据的。

狭义相对论更是举座皆惊：

宇宙中不可能探测到任何绝对的运动，因为一切运动都是相对的，它取决于观察者的位置。

1915 年到 1916 年，革命性的广义相对论提出了。"世界上只有十个人能够懂得爱因斯坦。"这成了科学界的名言。

狭义相对论只适合匀速直线运动，无法处理"双生子佯谬"说。双生子佯谬是说同年同月同时的兄弟,哥哥坐宇宙飞船旅行,飞船以光速飞行,根据相对论效应,飞船上的钟会慢下来,当地球上过去几十年后,哥哥回来,在他的概念里才不过是几天。

到底二人的时间怎么算呢?

这涉及变速问题。狭义相对论对这个问题的解决是无法尽善尽美的。

到了广义相对论阶段,爱因斯坦已经突破物理学,成为大思想家,他是以智者的身份对人类发言的。

这个理论以一切运动都是相对的这样一个假设作为基础。例如,从地球上的一个观察者看来,我们这个行星似乎是静止不动的,而火星这个行星则在运动。相反,一个在火星上的观察者则会认为,地球在运动,而火星却是静止不动的。所以,参照系很重要。在这个不断变化的宇宙中,有一个量恒定,即光速不变,光的速度是绝对的物理常数。

三维空间(长、宽、高)似乎不足以说明物质世界。因为每件事物的发生不仅仅具备长、宽、高三要素,还有时间这一维。一个物体在三维长宽高的空间里待一段时间,就是四维。空间和时间的关系很重要,以致它构成了第四要素,即时空。

在四度空间的宇宙中,点与点连接的是曲线,不再是直线。爱因斯坦广义相对论的重要数学基础是非欧几何。宇宙本身就是弯曲的。能够理解数学基础之上的相对论的人是少之又少,但是其中蕴含的自然哲学思想都是精致而深刻的。质量可变,时间也可变。

理论之所以显示它的神性,还因为有实践的结果来验证。爱因斯坦如先知一样,预言了宇宙的神奇:

第一预言与解释:水是近日点的旋进。水的近日点有无法解释的43秒(角度)偏差,利用引力使空间弯曲的理论,可以很好地解释这一点。

第二预言:引入红移。即太阳光谱线的红向移动。

第三预言:光线在引力场中的偏转。爱因斯坦预言,星光经过太阳表面,会发生偏转,准确数字是1.7秒。等到日全食时,正是验证星光偏移的时刻。在伟大的天体物理学家爱丁顿的支持下,他和克劳姆林各带队伍奔赴非洲和南美,观测并拍摄照片,得出最终结论,即爱因斯坦的预言完全正确。

爱因斯坦成为轰动全球的明星。

人们竞相邀请爱因斯坦讲学,每到一处,爱因斯坦都成为传奇人物。

1933年,希特勒上台后,爱因斯坦受到威胁和迫害,他不得不被迫移居美国。德国的排犹运动也日益高涨,右翼科学家阻挠诺贝尔奖颁给爱因斯坦。爱因斯坦在美国得知家被抄并且财产被冻结,著作被烧毁,他没能再回到德国。

随着岁月流逝，爱因斯坦成为传奇。但是他永远是一个耐心、谦虚、慷慨的人。

他还十分的幽默和有趣。他在晚年总爱穿着高领套衫。他对很多礼节感到难以忍受，虽然他似乎可以忍受。他去英国时，那时为了躲避希特勒迫害，英国朋友们热情地邀请他参加晚会，晚会上每个人都穿着绅士般的燕尾服，还有正规的晚礼服，服务生穿着标准制服上菜。爱因斯坦觉得礼节繁琐，所以还是去了美国。

据说，有一位女作家对爱因斯坦说："您多么有头脑，爱因斯坦教授！当时那些生气勃勃的年轻人在学术讨论会上报告某些崭新的理论时，你怎么立刻就指出那些理论的弱点呢？"

爱因斯坦回答："亲爱的姑娘，我是骗人的，我对这些理论知道得一清二楚，我自己已经考虑过它们，所以我确切地知道它们的症结在哪里！"

霍金在著作中提到，面对纳粹威胁，爱因斯坦放弃了和平主义，忧虑到德国科学家会制造炸弹，建议美国发展核弹。

是的，爱因斯坦亲自写信给罗斯福，建议早些研究核弹，从而导致了曼哈顿工程。而正是爱因斯坦忧心忡忡，四方奔走制止核扩张。

爱因斯坦说："从日常生活的观点来看，我们知道一件事，那就是，人是为了别人而存在的。"他还说，如果没有在科学研究中和志同道合的人进行合作和感觉，他的生命就会是空虚的。

爱因斯坦是一个真正的人，真正的科学家。

他对理论有自己理想的信仰。19世纪末的物理学其实只剩下两部分：电磁理论与引力理论。由于不知道强相互作用和弱相互作用，爱因斯坦的经典世界里只有前两个，他完成广义相对论之后，置身统一论的研究。现在人们认为这是悲剧式的。涅利曾对爱因斯坦说："上帝分开的，任何人还是不要把它结合起来好。"

然而，爱因斯坦的统一论至今使人浮想联翩。

目前世界已发展到电磁与强、弱相互作用的统一，从某种意义上，正是爱因斯坦精神——世界的简单与可理解之美。

对于一个方程，爱因斯坦会说：这不美！也许令后代人深思的正是这一点。

1955年4月18日，爱因斯坦因病去世。如同另一个世界伟大而朴素的人物——托尔斯泰的平凡一样，爱因斯坦没有举行公开葬礼，他的骨灰被秘密保存，不设坟墓，不立纪念碑。

托尔斯泰的坟墓是世界最美的坟墓，爱因斯坦的归宿是世间最美的归宿，这两个人类杰出的精神导师在自然与心灵的认识上达到沟通。为了人类，他们永远是孜孜不倦的探索者和献身者。

波动力学

欧文·薛定谔是奥地利物理学家,理论物理研究者,他提出了波动力方程。

量子力学有两种不同的数学形式,一种是波动力学,一种是矩阵力学,到了狄拉克发展成为广义相对论的量子力学。1926 年 3 月,薛定谔发现理论是等价的,而1926 年,狄拉克用变换理论从矩阵力学导出波动力学,这两个理论的建议者也不再互相敌视,统一的量子力学也确立了。

薛定谔于 1887 年出生在维也纳。还是一个学生的时候,薛定谔就是十分出色的,充满文学才能的。他学的是物理,但却写诗,而且还出过诗集。

在大学里,有一位老师对薛定谔影响很大。这位老师是玻耳兹曼的继承者,名叫哈泽诺尔,讲课十分出众。薛定谔在哈泽诺尔的影响下,迷上了理论物理。后来,自 1921年到 1926 年,薛定谔在瑞士苏黎世高等工业学校执教 6 年。在这期间,他提出了波动力学。

薛定谔

他的波动方程的出发点是:粒子同时是波。

这个理论是沿着德布罗意的思路向下延续的。当薛定谔看到了爱因斯坦对德布罗意的评价时,得知了"物质波"的概念,他当时正在研究热力学中的统计问题,马上认识到物质波的观点,并且认为粒子就像波动辐射上的泡沫。他基于波动的基础认识波粒二象性。着手研究宏观世界的力学与微观世界的力学。他认为德布罗意尚未指出普遍规律。

后来,德国物理学家德拜指出,要是电子是波的话,应该满足一个关系式,即波动方程。薛定谔开始深入思考方程问题。1925 年的时候,薛定谔推出了一个相对论的波动方程,但是与实验结果相比有一定出入。

1926 年,薛定谔发表了《量子化作为本征值问题》,提出了氢原子波函数所遵循的著名方程,以微分方程的形式表现出来,人们称为薛定谔方程。薛定谔在这一时期共发表了 6 篇论文,奠定了波动力学的基础,宣告了量子论力学中波动一支的诞生。

薛定谔方程进一步解决了玻尔原子说中的困难,对氢原子的能级也给出了正确的结果。

电子看起来更像脉动的云而不是沿轨道运行的小行星。从数学上看,波动力学的薛定谔方程与海森堡提出的矩阵力学方程等价。

这一点在1926年被薛定谔认识到,也因此使得量子力学两种形式得以贯通。现在的人们根据实际情况选择应该使用的方程。

薛定谔是一个什么样的人呢?

学生们回忆说:他的文学修养很高,是一个真正的哲学家。他语言雅致、概念清晰,有很大的数学天赋。

薛定谔的课程,可以让人从凳子上跳起来拍手称妙、灵光忽现。他经常提出和普通人相反的观点。当时柏林的教授很严肃古板,但是薛定谔却有时穿着网球鞋去上课。

薛定谔的方程对认识和计算原子中的电子状态起了重大作用。他提出无须像玻尔那样假设一系列条件,而根据波动方程处理一些定态问题即可收到良好效果。

薛定谔创建了波动力学,其目的如他自己所说:

"在用波动力学描述代替通常的力学描述时,我们的目的是要得到这样一种理论,它既能处理量子条件在其中不起显著作用的力学现象。也能处理典型的量子现象……。因此,在用波动力学代替通常力学时,我们可以一方面把通常力学作为一种近似保留下来,它只对于粗略的'宏观力学'现象才是有效的;而另一方面,又有哪些精细的'微观力学'现象(原子中电子的运动),关于这种现象通常的力学完全不能给出任何知识……"

薛定谔方程是波动力学的核心,是反映低速微观物理现象的波动力学的最为基本的方程。

这个方程提供了处理原子结构问题上的系统和定量方法。量子力学是从研究原子结构而引发的,自从卢瑟福——玻尔模型以来,人们不断修正模型并且发展玻尔的量子力学观点,从而形成第一个量子力学系统理论——波动理论。

1933年,薛定谔获诺贝尔奖。

他后来通过量子力学研究生物学与物理学,使得这一方向上的分子生物学诞生很多人才,1953年DNA双螺旋结构的提出,诞生了真正意义的分子生物学。

粒子与波的统一

在 20 世纪以前的经典物理学里,粒子和波是两个不同的概念。粒子是断开的,存在于空间某一处,和不连续性相联系。

描述粒子用体积、长度、动量、能量等术语,而波是弥漫在空间里的,是连续的。描述波用波长、频率、位相、强度。

人们在光本质的争论中一直处在波与粒子的对立上。不管是光还是其他物质,物理学家们认为是粒子就不能是波,是波就不能是粒子。波与粒子是相互排斥,相互对立的。

18 世纪以后,尤其体现在光本质的论争上。麦克斯韦的电磁场理论,加强了波动学说。但是爱因斯坦的"光量子"(光子)学说又加入了微粒说的合理成分,并且在某些方面运用波动原理来解释。

人们此后从光的干射、光的衍射、光的偏振等等认识到光的波动,又在光与其他物质相互作用中认识到了粒子性,从而认识到光的波粒二象性。

真正使粒子与波概念相统一的是德布罗意。他不仅指出光,而且指出二象性同样适用于电子,应当把电子看成粒子,而它们的运动则应作为波来分析。

在德布罗意之前,旧的量子论也出现了危机。玻尔提出的量子化的原子结构仍然有许多缺陷,在解释多电子的原子光谱时遇到困难。

玻尔的模型有着严重的缺陷,在很多方面是经典理论与量子概念的拼接。后来的量子力学的建立者们不断完善,使得量子理论得以确立。迈出第一步的是德布罗意。

他提出了物质波说:

物质粒子(比如电子)同时有波的性质。

这样,光子也好,电磁辐射也好,均是波粒二象的,它们是粒子,也以波的性质运动。

路易·德布罗意 1892 年 8 月 15 日出生。他的家族是一个大家族,与法国王室关系很密切。这个家族在 17 世纪中叶,被法国国王路易十四封为公爵,并且爵位世袭。

德布罗意本来在大学学习历史,后来在他的兄长莫利斯影响下,开始研究放射线的波动性与粒子性。莫利斯是一位著名的 X 射线物理学家。

可能是因为学历史出身吧,他更善于历史总结。他把各种已经确认的现象加以联系思考,终于认识到粒子与波的协调性。

1922 年,在一篇研究气体辐射的论文中,德布罗意运用热力学、分子运动论、光量子假设导出了维恩辐射定量。在此,他已经认识到光是微粒,把它们称为"光原子"。

1923 年,在爱因斯坦光量子理论的影响下,德布罗意认识到,应该推广理论,把这种波粒二象的思想扩展到一切物质粒子,电子更应该是这样。

1923 年 9 月至 10 月,德布罗意连续发表了三篇论文,明确提出电子也是一种波。他还做出预言,电子束穿过小孔时也会发生衍射现象。1924 年,德布罗意完成了博士论文《关于量子理论的研究》,系统地阐述了物质波理论。

德布罗意的论文公开发表之后,法国科学家朗之万建议爱因斯坦发表意见,爱因斯坦看了之后,赞叹说"揭开了巨大帷幕的一角"。

《关于量子理论的研究》认为:

"整个世纪以来,在光学上重视了波动研究方程,而过于忽视了粒子的研究方法,在物质粒子的理论上,同样也是忽略了波的研究。"

二象性是光作为实物粒子的本性,所以爱因斯坦的公式 $E = h\nu$,适用于光及电子等一切粒子。电子的波长也可以求出。德布罗意提出了波长公式,被称为德布罗意关系式。

正是德布罗意第一次完善了玻尔理论并且促使薛定谔方程的诞生。

人们开始用实验检验德布罗意的理论。1927 年,在美国贝尔实验室,戴维逊、革末和英国的汤姆逊(发现电子的汤姆逊之子)对晶体的电子衍射完成了实验,证实了德布罗意的理论。

德布罗意因为博士论文而直接获得了诺贝尔奖,成为世界上第一位获此奖的物理学家。1929 年,德布罗意获奖。1937 年,三名证实理论的实验者也获得了诺贝尔奖奖金。

世界海上无线电服务日

你知道"世界海上无线电服务日"吗?

是 4 月 25 日。

这是为了纪念"无线电之父"——马可尼而由国际海上无线电协会设立的。

1865 年,麦克斯韦预言了电磁波;1886 年,德国物理学家赫兹在实验室里证实了电磁波的存在,但是,1894 年赫兹英年早逝。所以他还没来得及具体研究电磁波。

赫兹做实验时，马可尼正在帕多瓦大学学习，专业是物理学。当报纸上刊载赫兹逝世的消息时，马可尼读到了赫兹具体工作和成就的相关文章，他很受感动并且也很受启发。

那时，有些发明家已经开始意识到无线电波与通讯问题。英国的物理学家洛奇研制了一种电磁波接受器，能够接收 800 米远的电波。法国物理学家布冉利也做了早期的有益试验。

马可尼了解到赫兹的工作，就专心研究无线电通信，他的父亲有一座庄园，他就在庄园里置办了许多设备，进行实验。

1894 年，马可尼制成了一种金属粉波检测器，并且在发射机和接收机上安装了天线与地线。这种天线的使用，增强了接收与发射的准确性。马可尼成功地在自己的住处向 1700 米远的山丘上发射无线电波并准确地进行了接收。

马可尼实验需要资金，但他的父亲不支持他的研究，这使得他无法继续下去。于是，马可尼想求助于政府。他写信给邮政部长，讲明了无线通信的广阔前景和实用价值。但是当时的意大利政府官员们很不合格，堕落腐化。腐败的政府并不重视什么新技术，什么造福百姓。

就这样，马可尼的要求没能实现，愿望落空，实验被迫中断。于是，马可尼离开祖国意大利，到英国寻找发展机会。他向英国邮电部门递交了同样的建议书并恳请合作研究，提供经费支持。英国的邮电部十分支持他的发明工作，马可尼得以继续研究。

1896 年时，他实现了 9 公里远的无线通信。不久，他为了扩大影响、引起人们的重视和支持，特意做了一次公开表演。在这次表演中，他又进步了，做到了 12 英里外准确发射和接收。人们被这项新发明吸引了。

1897 年，马可尼改进了装置，充分利用上了天线。天线能够更为集中地发射和收集信号。如此一来，马可尼的无线发报距离又增加了，而且几乎没有什么错误。1898 年时，马可尼的装置通讯距离已达近二三十英里。

在他刚刚取得成绩时，英国的报纸就报道了这件事："年轻的意大利发明家马可尼成功地把无线电报通过空间发送到两英里外。马可尼是在邮局电气总工程师善里斯爵士的同意和协助下，在伦敦邮政大楼架设他的无线电报机的。这位颇有才华的年轻发明家希望最后能把无线电报拍发到大西洋彼岸。"

马可尼确实满怀壮志。

他的发明受到了英国军事部门的重视，对他大加赞赏，全力支持，这使得马可尼成功很快。

1896 年,马可尼申请了专利,号码为 7777。

1897 年,伦敦成立了马可尼电报公司。

1898 年,马可尼的无线电投入使用,步入商业领域。

马可尼开始向新的困难挑战,他要开创全新的事业:跨越大西洋。

人们听到之后,纷纷摇头。因为人们普遍认为,波是直线传播的,怎么能弯曲前进,绕着大弧奔向美洲呢?无线电的长距离传送,使人们觉得不可思议。

在各种压力下,马可尼毫不退缩,而是专心实验。他要在实验里找到答案,无论能还是不能,都不能臆想猜测,而应该从实验中检测或推算。他不停地试验改进,过了两年,装置的抗干扰能力明显提高。同时,马可尼研制了调节长短波的装置,能够根据情况调节波长。

1901 年,一座 52 米的发射塔建成,坐落在牙买加的康沃尔·马可尼准备发报跨越大西洋了!消息传来,人们争先恐后来围观。只见巨大的风筝在空中飘着,闪闪发光的金属天线被风筝带到高空。

马可尼向人们解释说,天线约在 120 多米的高度,这样会使信号十分清楚。马可尼内心有些激动地发出信号,远在牙买加的助手接到信号,反馈回来,马可尼高兴地叫起来:"成功了!"

人们终于实现了远距离无线通信,世界被缩短了。这年,马可尼 27 岁。

1909 年,马可尼获诺贝尔奖奖金。1937 年 7 月 20 日,马可尼病逝。

与他基本同时,俄国物理学家波波夫也独立地发明了无线电通信。在政府支持下,波波夫的成果投入使用。

无线电应用是人类通讯事业的一场革命。

射电天文学四大发现

20 世纪,是天体物理学成为天文学主流的世纪。天文学家们利用无线电波的接收技术,发现了来自遥远星系的微弱信号所带来的无限神秘气息。

20 世纪是射电天文学的时代。射电天文打破了光学天文的古老观念,使观测进入了全新时代。

无线电取得成功之后,1924 年人们利用无线电反射测定电离层的厚度。在这次实验中,人们无意中发现若是星体发射的电波波长小于 40 米,电波便接收不到了。后来人们知道,电波这时不能被电离层反射,而是穿过大气层,射向遥远的宇宙空间了。

1923年，美国有一位通信技术人员央斯基，偶然接收到了来自银河系深处的人马星座的电波辐射，他公布了这个发现。

以上两件事当时并没有让人们重视，因为那时的仪器灵敏度不高，而且人们对如何排除干扰也不很在行。

射电望远镜的建成使射电天文学真正开始登上天文舞台并成为热门研究。

在20世纪60年代，天文学射电领域有四大发现，为宇宙学和天体研究带来了无限崭新的课题。

第一大发现是类星体。

类星体是一种和恒星类似的物体。被认为是由向一颗巨大并且旋转的黑洞落上去以及正在落上去的那些物质组成。在物质落到黑洞里面之前，会变成非常热并且发射出大量能量的物质。类星体非常遥远，但是由于它们的功率十分强大，所以可以被观测到。

1963年，正在美国的荷兰天文学家首先发现了一种光源，这种光源在几十亿光年处，发射出极强的紫外线与红外线。这种星体和星系是同一层次上的，但它不是恒星，体积非常小，但辐射量却极大。而且，它们的红移量十分巨大。

这种新天体的发现为天文学带来一个至今尚在讨论的问题：如此远的天体辐射巨大的能量，是我们已知的任何物理学定律都不能解释的。要是按照多普勒效应解释，类星体离我们可以达到200亿光年之远，然而运行速度却是每秒近30亿千米，比光速惊人的快！

类星体发现越来越多，红移量都十分巨大。1963年那位荷兰天文学家施密特发现的类星体命名为"射电源3C273"，是第一个被发现的类星体。最远的类星体是我们所测试到的宇宙边界，达200亿光年，最近的离我们也有8亿光年，它们的体积不过是普遍恒星的十万分之一或百万分之一，然而却可以具备恒星20亿倍的能量，这用地球上的物理学 $E=mc2$ 是解释不了的。

第二大发现是宇宙微波背景辐射。

1965年，美国新泽西州的克劳福德山上架设了天线，这是一个极其灵敏的微波探测器。微波的频率只有每秒100亿次振动的数量级，所以微波探测精度之高可想而知。

射电天文学家彭齐亚斯和威尔逊调试天线，检测仪器，想测定银河系平面以外区域的射电波强度。然而当他们一步一步排除噪声之后，包括地面上的以及各种已知情况后，却始终有一个噪声消除不掉。

他们检查探测器上的额外干扰，还清除了天线上的鸟粪等杂物，但是噪声依然存在。他们把天线的方向改变，以检测噪声干扰的位置。比如，把探测器倾斜，如果是大气层里来的噪声则应该更强。但是不管探测器的方向怎样改变,这个噪声十分恒定,相当于 3.5K 的射电辐射温度。

1929 年哈勃的结果证明了宇宙的膨胀。宇宙从一点大爆炸中产生,直到现在还在膨胀。我们的星体都像附着在一只气球上,气球在膨胀,离我们越远的星系以越快的速度远离我们。

俄国物理学家和数学家亚历山大·弗利德曼用广义相对论原理提出了大爆炸说,并且预言:我们不论往哪个方向看,也不论在哪个地方看,宇宙看起来都是一样的。按照大爆炸理论,宇宙爆炸之初应该有遗留的黑体辐射,温度约为 3K。

而彭齐亚斯和威尔逊的发现,不管什么方向,噪声均一样,所以它必须是来自大气层以外的,不论时间,也不受太阳系影响,这表明不仅仅是大气层以外,甚至应该是星系以外。现在我们知道,这种辐射引起的噪声变化在各个方向上相差不到万分之一。

一开始彭齐亚斯和威尔逊不明白这是怎么回事,所以没有以论文形式加以总结。但是消息传到了普林斯顿,那里的罗伯特·狄克和詹姆士·皮帕尔斯正在研究微波,他们知道伽莫夫的宇宙大爆炸理论,认为这个理论认为早期宇宙的白热到现在应该能看到,光作为微波辐射应该能被检测到。听到贝尔实验室的工作,他们致力研究,找到了微波辐射。而此时彭齐亚斯和威尔逊从狄克和皮帕尔斯的研究中也清醒过来,从而意识到自己获得了重大的发现。就这样,他们获得了 1978 年诺贝尔奖。

微波背景的辐射有力地支持了大爆炸理论。

第三大发现是脉冲星。

脉冲星是旋转的中子星。当它的磁场和围绕的磁场之间发生相互作用时就发射出射电波的脉冲。

脉冲星的发现是乔丝琳·贝尔小姐。脉冲以极其精确的间隔发射信号被接收到,人们认为只能是人工才有可能,因此人们幻想是科幻中的“小绿人”所为,是来自天外的讯号,由智慧生命所发。乔丝琳·贝尔说:“我在这儿搞一项新技术来拿博士学位,可一帮傻乎乎的小绿人却选择了我的天线和我的频率来同我们通讯。”

1967 年,乔丝琳·贝尔接受了导师安抚尼·休伊斯交给的任务,检查并改进一种射电望远镜,用来测量遥远的射电电源,那时她是剑桥大学的研究生。在分析记录器打出来的几百米长的图纸时,她发现了一个周期信号,这个信号每隔 1.33730133 秒就出现一次。这正是一颗发射电脉冲的星:脉冲星。

天文学家们当然知道这里面的详情,幽默地管这些星叫“小绿人”,结果让人们激动不已,纷纷传扬。

天体物理学家进行了研究。1968 年,弗兰科·帕齐尼和托马斯·歌尔德提出,脉冲星是快速旋转的中子星。中子星是超高温、超高压、超高密、超强磁场、超强辐射的,完全由中子组成。

中子星又是理论预言了观测的美好例证之一。朗道以及美国的蒋维持和巴德都做过预言,而奥本海默和沃尔科夫提出了严格系统的中子星。

由于中子星的发现,乔丝琳·贝尔的老师安抚尼·休伊斯获得了诺贝尔奖,因为他设计了新的射电望远镜。中子星之密度可达每立方厘米 10 亿吨物质,其表面有 1 万亿度高斯的磁场。中子星的力强到使原子中的大部分电质和质子结合而形成中子。

第四大发现是星际分子。

这是生命科学的重大发现。1963 年,射电天文学家在仙后座发现羟基分子的光谱,这是被发现的第一个星际分子。1968 年,美国科学家在人马座方向发现了氨和水分子谱线。1969 年又发现了多原有机分子:甲醛分子。

甲醛分子在条件适宜的情况下可以转化为氨基酸——生命物质的基本组织形式。这个重大发现为地外生命的探寻提供了宝贵资料,这说明,宇宙空间起码存在着与我们生命起源相关联的重要物质,星际分子天文学从研究生命在宇宙中的存现及演化为其任务之一,随此而诞生。

射电天文学是在二战后蓬勃发展起来的,人们不断利用光学望远镜和射电望远镜观测遥远星空。随着空间时代到来,天文学家冲破了大气,将探测器送入太空,探索了更多的奇异景色,随即创建了 X 射线天文、Y 射线天文、红外天文、紫外天文学科,踏入了全波段探索宇宙的旅程。

宇宙诞生的第一秒钟

1929 年,哈勃定律提出:星系的红移量与它们离地球的距离成正比。这一定律被随后的进一步观测所证实。哈勃定律展示了宇宙在退移,也就是说,现在的宇宙在膨胀。从宇宙中任何一点看,观察者所见的天体都在远离观察者而去,就好比站在一个正在膨胀的气球上看气球上的任意一点。

红移是由于多普勒效应,从离开我们而去的恒星发出的光线红化。可见光即是电磁场的起伏或波动,它的频率(每秒的振动数)高达 4~7 百万亿次,对不同频率的光,人的眼睛看起来为不同颜色,最低的频率出现在光谱红端,而最高频率在蓝端。

如果恒星光源固定,星系的引力场不会对其有足够强的明显作用,那么我们接收到波频率和发出时的频率一样。如果恒星向观察者运动,当光源发出第二个波峰时,它离开我们更近一些,这样波峰到达我们所用的时间会缩短。两个波峰到达我们的时间间隔变小了,那么我们接收到的频率比恒星固定不动时的波频率要高。如果光源离观察者逐渐远去,我们接收到波频率就变低了。

因此,恒星离我们不断远去时,其光谱向红端移动,接收频率减弱,称之为红移。反之,恒星离我们越来越近,光谱则会出现蓝移情况。

哈勃发现的就是红移律。不仅如此,他还发现,离我们越远的恒星其退行速度越快,这不像正在膨胀的气球吗?

这种发现,使宇宙大爆炸理论显出优势地位。宇宙论成为实验科学是由于微波背景的辐射。

关于宇宙的起源和形成,是哲学和神学最关注的问题,科学家们并没有表现出多大的热情,但是20世纪中后期,宇宙学的研究却成为显学,这是由于理论与技术设备的共同发展而导致的。两种互相争论的宇宙论也就应运而生了。

通俗的宇宙大爆炸论,简言之,就是假定宇宙在原初状态时,温度高到无穷大,密度大到无穷高,只有辐射和基本粒子存在,随着乒乓一声,宇宙开始膨胀的冷却降温,星云、恒星、星系就诞生了,宇宙现在正在膨胀。稳恒态理论认为,宇宙自始至终就存在,目前观察到的宇宙膨胀所引起的物质分散,由不断产生的物质来补偿。

在公元前4世纪的古希腊,亚里士多德在《天论》中,论证了大地为球形并且处于宇宙中心,整个宇宙环绕着地球,由7个同心球组成。直到托勒密体系,空间位置是绝对的。

哥白尼指出,太阳是宇宙的中心,而伽利略最早指出相对性原理。地球说被否定了,绝对空间也不存在了。

到了牛顿,他认为宇宙是无边无垠的,宇宙的体积无限,也没有边界。宇宙空间是三维欧氏几何空间,在各个方向上延直线可以延伸到正无穷,在这个空间中,星体密布,无论怎么测量,任何方向上都存在星体。

从哥白尼到牛顿,推翻了地球为宇宙中心的观念,但是牛顿的时空观也是一种绝对时空观,直到爱因斯坦,才根据相对论创立了有限无边的静态宇宙模型。

爱因斯坦的宇宙模型,既不是亚里士多德的有限有边说,也不是牛顿的无限无边型,而是一个有限无边的体质。即空间体积有限,也就是说宇宙体积是有大小的,在这个大小之外任何物质都不存在,这就是无边。

1823年、1894年分别由奥尔勃斯和塞里格尔提出光度悖论与引力悖论,都是对牛顿宇宙模型的责难。

光度学悖论是：如果宇宙无限，那么空间中均匀分布的恒量也应无限，即人们在任何方向上看到的星星应该是无限多，但是实际不是这样。

引力悖论是：如果宇宙中的恒星是无限的，那么任何一个物体就会受到无限多恒星的无限大的引力作用，产生的加速度也会无限大，但是实际上也不是这样。

有些科学家放弃了物质均匀分布的假设，比如在 1908 年，瑞典的沙利叶改善了等级模型，认为物质的密度随着分布系统的级的增加而减少。

爱因斯坦却坚持认为物质均匀分布。他认为应该放弃宇宙无限的概念。在 1917 年，爱因斯坦发表了《根据广义相对论对宇宙学所做的考查》的文章，提出：其一，各向同性。即从空间大尺度上说，在任意时刻观测任意方向，结果应当一致。其二，均匀性假定。即仍然是从空间大尺度上看，天体的分布保持均称，星系的平均密度和光度以及相互间的距离都是一样的。

由此，爱因斯坦从广义相对论的引力方程中企图求得静态结果，但是这种静态解始终寻不出来。1916 年，爱因斯坦提出引进一个"宇宙常数"，他在引力方程中引进常数，用这个常数所具有的斥力与引力平衡，使宇宙是静态的。从哲学上看，这是物质的，而不是运动的。荷兰天文学家同理而提出一个近似模型，区别在于，荷兰人的模型是物质且运动的。

静态，就是说从大的空间、时间来看，宇宙是静止的。爱因斯坦说："由于这个讨论的结果，对天文学家和物理学家提出了一个很有兴趣的问题：我们所居住的宇宙是无限的，还是像球形那样是有限的？ 我们的经验使我们远远不能回答这个问题。但是广义相对论使人们得以在一定程度上可靠地回答了这个问题。"

为宇宙引入静态常数，可能是一个极大的错误，但这是爱因斯坦的一种自然美学意识，他崇尚理解对称和协调。

科学史专家说："从亚里士多德到牛顿，再到爱因斯坦，宇宙理论经历了一个否定之否定的发展过程。爱因斯坦在某些方面又回到了亚里士多德，但又不是简单地重复亚里士多德的观点，从亚里士多德的宇宙有限有边，到牛顿的无限无边，又到爱因斯坦的宇宙有限无边；从亚里士多德承认水晶球般的实在天球，到牛顿否定天球，又到爱因斯坦承认空间弯曲构成天球；从亚里士多德认为空间关系（自然位置）决定天体的运动，到牛顿认为引力决定天体的运动，又到爱因斯坦认为空间的几何性质决定天体的运动，但这种空间的几何性质又是由物质的分布决定的。"

爱因斯坦提出了第一个现代宇宙模型，在他的广义相对论和模型上，科学家们或质疑或遵从，提出了两种较大影响的模型。

在伽莫夫之前，美国的天文学家已经提出了星系似乎彼此退行，且最远的星系

· 科学前沿 ·

图文珍藏版

退行速度最大。这时，30年代的宇宙大爆炸论才开始受到重视，这是由弗里德曼和勒梅特提出的。

1915年，广义相对论影响了科学界，建立了引力方程。1922年，俄国数学家弗里德曼在广义相对论的研究中，解决爱因斯坦引力方程问题，得到了均匀的、各向同性的宇宙动态时空观。什么意思呢？就是说弗里德曼在去掉爱因斯坦的"宇宙常数"后，又推出了一个或多个宇宙模型，这些模型或膨胀或收缩，总之不是静态的。这时弗里德曼就已经猜测大爆炸之类的起源了。

1927年，比利时天文学家勒梅特在宇宙膨胀的观念上，创立了宇宙学模型。他利用弗里德曼解爱因斯坦引力方程的结果，加以发展，从广义相对论出发，提出在大尺度下，空间随时间膨胀。这个宇宙模型是均匀的，各向同性的，宇宙常数不为零，不断膨胀。

勒梅特宇宙模型的初始密度极大，最初膨胀得快，之后膨胀得慢，一直到停止，形成星系，接着再膨胀。在这里，我们已经看到现代大爆炸的影子了。

无论是大爆炸还是稳恒态，物理学家在理论方面贡献了基本粒子以及合成元素的模拟学说。

从爱因斯坦和马克斯·普朗克那里，阐明了黑体辐射的物理过程。黑体是因为它能吸引全部射入辐射，然后又把这些辐射再辐射出去的理想性质而得名。据普良克的理论推测，再辐射出来的辐射能分布在整个光谱区，特性线十分明显。由于原始火球在其初期阶段会使能量和物质进入精确的热平衡，所以首次从爆炸冷却释放出来的辐射一事显示出黑体型。

在这个火球开始膨胀和冷却后数十亿年的今天，会出现什么样的能量分布和光谱型还需要精确定量的计算，这一直等到大爆炸定量演化理论的提出。

一开始，人们认为：宇宙是膨胀的，那么过去的宇宙应该比现在的宇宙要小，物质的密度也应该更大。这种基本思路就是宇宙大爆炸论。

然而起初的宇宙是怎样的呢？

1930年，英国杰出的天体物理学家爱丁顿把哈勒定律与勒梅特的宇宙膨胀论联系起来。人们发现了这种学说的重要性。由星系红移的多普勒效应，可以观测到宇宙的整体膨胀。勒梅特在1927年认为，如果把时间反推回去，就可以想象各个星系越来越靠拢在一起，直到它们开始存在，是一个"宇宙蛋"，或"原初厚子"。这个"蛋"里容纳了宇宙间所有的物质。

这就是太一。

奇妙的是，在中国可以找到类似的词语，就是伏羲氏卦中的"太极"，恩格斯的《自然辩证法》中把宇宙之起点叫"混沌"，宇宙学家叫"奇点"。

这里面集中了全部物质能量,甚至时间和空间,这个点之外,什么都没有。没有天体,没有粒子和辐射,没有时间也没有空间,所有这一切在这个"宇宙蛋"里才有效。

这种物质有着惊人的密度,每立方厘米超过 1 亿吨。而这个"奇点"十分不稳定,像一个超放射物的巨核一样,发生猛烈的爆炸。于是,物质向四面八方扩散,元素开始形成。

在这里,我们介绍几个过程和数据。宇宙演化:

第一层次是物理进化。从大爆炸到开始 3 万年。这段时间里,是太极生两仪,两仪生四象。原初的"太极"(奇点)分化为四种作用力场和二种物质粒子(夸克和电子等轻子)。然后由夸克给合成中子和质子,再结合成核子,并和电子结合成原子。

太极生两仪表现在由大爆炸中产生时间和空间分化,物质和场的分化,正反物质的分化,阴和阳或负和正的分化。两仪生四象的表现形式形成四种基本作用力,即引力作用、强力作用、弱力作用和电磁作用。

宇宙演化第二层次是天体演化,从 3 万年到现在的 150 亿年。在大爆炸后 10 至 30 亿年里,是原星系和原星系团的形成,此后是第一代恒星形成,约占了 10 亿年。依次是第二代恒星、星系等等形成,约从大爆炸开始用了 50 亿年,从而形成我们现在的样子。

当前宇宙有哪些天体呢?

卫星、行星、恒星、星系、星系团、超星系团、类星体、星际物质、背景辐射、暗物质。

依据目前科学家的计算,从大爆炸开始到现在约 150 亿年,就是宇宙的年龄,那么它的大小也可算出来,就是 150 亿年中光所走过的距离。宇宙共分为八层次结构进化。

以上已经是当代科学家的成果了。而在大爆炸理论中,历史上起最重大作用的是苏联的伽莫夫。他是美籍俄裔科学家,由于解释了放射性衰变而出名。他于 20 世纪 30 年代在华盛顿任教,后来转至科罗拉多大学。他曾经与玻尔和卢瑟福在一起工作。

伽莫夫把宇宙的起源和化学元素的起源联系起来,运用基本粒子物理学知识,提出了宇宙大爆炸论。

他指出:宇宙物质和辐射都有质量,在今天的宇宙中,物质的质量比辐射的质量大,但是在过去不是这样,在宇宙演化的早期,辐射能曾经比普通物质更占优势。

伽莫夫指出:"从热辐射时代到物质时代的过渡,必定有一个非常重要的事件作为标志,即巨大的气状云块的形成。现代的星系就是从这些'星系胚'发展而成的。在这以后,由于气体的凝聚而又形成各个恒星。"

伽莫夫还认为,在宇宙开始膨胀的前30分钟,所有化学元素形成。

他的学说与我们在前面介绍的当代科学家对宇宙爆炸的总结相对比,便可以得知宇宙大爆炸的前后发展。

当代科学认为,在宇宙进化的婴儿时期,即从大爆炸到3万年,这又可以分为9个过程,前8个过程只有3分钟。这就是宇宙进化的3分钟。

在火球刚爆炸时,时间开始流动。1秒中不到的第一阶段即10的44次方分之一秒至10的36次方分之一秒之内,发生了"超统一真空相变",宇宙是由此力体用场和大统一作用场与夸克的轻子组成。

第二阶段是10的36次方分之一秒至10的12次方分之一秒间,发生了"大统一真空相变"。宇宙变为引力作用场、强力作用场、电弱作用场和夸克轻子组成。

第三阶段是在10的12次方分之一秒到10的6次方分之一秒之间,发生"电弱场相变"。之后的宇宙由引力作用场、强力作用场、弱力作用场、电磁作用场和夸克与轻子组成。

第四阶段是夸克结合成中子与质子,约在10的6次方分之一秒发生。

第五阶段是正反质子和正反中子几乎完全湮灭的时期,是稍大于第四阶段时间的时候发生的。约100亿分之一的质子和中子侥幸存下来,构成我们今天的物质,其他的都以湮灭告终。

第六阶段是核子时期,时间在10的6次方分之一秒到1秒。这时宇宙中有光子、中微子、正负电子、质子、中子。

整整前六个阶段的发生,不过是从大爆炸开始1秒间的事情,所以著名的物理理论和科学家常常研究宇宙爆炸第一秒,有很多人是"一秒钟专家"。

第七个阶段是正负电子对的湮灭期。约在爆炸后5秒钟。正负电子相遇而湮灭,变成两个伽马光子,宇宙总电荷为零。

第八阶段是轻核合成期。这时距大爆炸是3分钟。大约1小时,轻核合成的早期阶段完成了,电荷的电子是等离子状态。

前八个阶段总共约3分钟。

第九个阶段是中性原子的形成时期。大爆炸后3万年时期,宇宙主要由氢原子和氦原子组成,还有光子和中微子。

这就是奇妙的大爆炸论,经过许多科学家的努力,虽然在很多地方还要改进,但基本的雏形就是如此。物理学家们已经总结了宇宙的演化,我们在这里就不再介绍了。

与大爆炸相对立的学说主要是稳恒态理论。

1946年的一天晚上,英国剑桥的三位年轻科学家霍伊尔、邦迪、戈尔德,看了一部名叫"夜魂"的鬼怪故事片,霍伊尔说"它以这样的方式巧妙地把4个独立的部分连在一起,使它变成一个圆,即结尾和开头一样"。于是大家想到宇宙是不是也可以如此。

邦迪1919年生,1944年成为剑桥大学硕士。戈尔德是1945年获得剑桥硕士的,他1920年生。二人都是从希特勒的统治下逃出来的,他们那时很年轻,都在剑桥同霍伊尔相识。

霍伊尔以变更爱因斯坦场方程中的能量——动量向量的结构为基础,提出和邦迪、戈尔德同样的模型。

宇宙没有开始的时候。星系看上去在远离我们并不一定代表物质的变稀,而是新的物质正在连续不断地产生,产生的速度正好足够补偿从可见宇宙消失的物质。这种新的物质最终会形成恒星和星系,因此,观察者会在任何时刻都把宇宙看成一样的。

在大爆炸与稳恒态的争论中,一种意见认为物质无中生有违背质量与能量守恒定律,但是反驳意见是,大爆炸也是违反的,而且物质是在开始时刻突然产生,开始时刻无法研究无法解释,只能从开始时刻的第1秒内开始研究,始终研究不了那个"零"时间。

霍伊尔认为背景物质中还会不断有新的物质产生出来,弥补由于不断凝聚成新的星系所引起的耗损。

不断创生的物质从何而来呢? 这是不断创生的关键。霍伊尔认为:物质就是出现了——它们被创造了。在某个时刻,组成这些物质的各种原子并不存在,而过了一些时候,它们就出来了。在霍伊尔等人的观点中,从事实出发有两种可能。事实是宇宙在膨胀,那么两个结果都是可能的,要么是宇宙消失,要么是物质创生,他们理所当然选择后者。

后来,霍伊尔又提出了重力能产生物质,这样保证了质能的守恒,但也引发别的困难。总之,稳恒态理论认为:

"当宇宙不断地膨胀时,新的物质便接连创造出来以填补空隙。新形成的物质就是构成星系团的氢。每个星系团将随着宇宙的不断膨胀而逐渐衰老以至死亡,但又形成了新的星系团。新星系形成,老星系衰亡,但宇宙的总密度始终不变;并且总是存在有各种各样年龄的星系。因此,宇宙不论在任何时候检验都是一样的。尽管个别星系和星系团有变化,但整体图像是始终如一的。这就是所谓无论年龄上还是在空间上都是无限的稳恒态宇宙。"

相比来说，大爆炸理论认为太空温度开始很高，现在只比绝对零度高几度；稳恒态理论认为是零度（无辐射）。从宇宙年龄上说，大爆炸可以计算出宇宙年龄；而稳恒态理论认为是无限的。大爆炸理论认为物质突然产生；稳恒态认为物质连续自始至终创生；大爆炸认为元素是爆炸后马上形成的；稳恒态理论认为元素自始至终出现在恒量中。

可是自 20 世纪 70 年代后，稳恒态理论变得没有支持率了，因为一系列的观测事实被大爆炸理论预言并解释：

第一，宇宙年龄问题。

大爆炸理论认为，天体的年龄应小于宇宙年龄。起初有计算为 20 亿年的，但都被观测所否定。继而，当代大爆炸论认为 150 亿年这是宇宙年龄，基于此，目前发现的天体可以纳入演化轨道。

第二，微波辐射。

大爆炸理论预言了残余爆炸的辐射，均匀分布在宇宙空间，结果约 3K 的微波背景辐射的发现强有力地支持了大爆炸。

第三，宇宙中氦的丰度。

天文学中，一直不能解释为什么天体中有相同的氦丰度，并且也不能解释为什么一些恒星的氦丰度（也就是氦含量）是 30% 左右。在英格利斯的著作中是这样解释的：

"大爆炸宇宙学可以定量地解释氦的丰度问题。因此，在宇宙早期高温的几十分钟里，生成氦元素的效率很高。根据宇宙膨胀速度的测量，以及热辐射温度的测量，我们可以计算出宇宙早期产生的氦丰度。这个数值恰好是 30%。这就是说，今天我们看到不同天体上都约有 30% 的氦，这可能正是 100 多亿年前的一次事件所留下来的痕迹。"

第四，河外星系的普遍退行，也就是红移现象。

以上事实有些地方还有争议，但是比起稳恒态宇宙论预测的事实来看，大爆炸理论已十分占优势。

1965 年以后，稳恒态理论迅速退让，但是大爆炸理论受到的严重挑战依然很多，新的问题不断出现，比如说，微波辐射是否真的各向同性，星系红移分布的周期性等等，严峻的形势不容乐观。

科学探索是不惧怕严峻的。

科学家们自我询问：宇宙会永远持续膨胀吗？会最终坍塌成黑洞吗？这一系列的问题要深入研究，而宇宙论这门学科的性质也变为了实验科学，当然主要是因为微波辐射的原因。

上帝掷骰子

　　反映微观粒子运动的量子学说用数学描述的一种途径是薛定谔所建立的波动力学,一种就是矩阵力学。

　　1925 年 5 月,刚刚 24 岁的海森堡从哥廷根大学请了假,暂时居住在海茹兰小岛。他正担任德国著名物理学家玻恩的助教,着手解决原子谱线的问题。

　　因为当时正在流行枯草热病,这是一种花粉过敏症,而海森堡也得了过敏症,所以告假疗养,这次静养使他有充分的时间解决久久萦绕的理论难题。

　　海森堡也是在玻尔量子化理论上开始考虑问题的。他思索怎样使玻尔的理论达到质的飞跃。

　　这个小岛景色宜人,而且经常电闪雷鸣,在这样的环境里海森堡产生了灵感,有人说在一昼夜之间,海森堡就创建了新理论。其实在科学探索达到成功的瞬间,是有思如潮水这种情况的,但是若没有长期的冥思苦想和自我修正、改进,怎么能来灵感呢?

　　海森堡写出了《关于运动学和力学关系的量子论的重新解释》,创立了解决量子波动理论的矩阵方法。

　　在他这里,使玻尔的不精确概念得到完全修正,他彻底放弃了玻尔理论中那些和经典力学相拼凑的概念,诸如电子轨道、运动周期之类的观点,他用辐射频率以及强度这些科学的并且易实验观测的概念来建立起理论体系。

　　玻恩在审查海森堡的论文时,发现海森堡所用的高度抽象繁难的方法正是数学中已经存在的矩阵运算。

　　这个理论的特点是两个矩阵相乘是不可交换的。与一般的代数不同,在矩阵理论中,两个量的乘积与两个量互换以后的乘积是不同的,所以海森堡得出了把经典力学方程中所有的量都看成矩阵就会出现新的力学理论的数学方案。

　　玻恩和约尔丹合作,从数学理论出发,探讨了海森堡的理论,发表了《关于量子力学》论文,建立了“矩阵力学”的最简单的特征,紧接着海森堡又与他们合作写了又一篇《关于量子力学》,由此建立了量子力学的系统理论,这就是矩阵力学。

　　矩阵力学采用代数中的矩阵运算,创立了描述电子运动规律的又一种量子力学体系。

　　反映原子内部关系的两种量子力学思路基本上同时诞生,各自成为完整的体系。

1925 年,矩阵力学;1926 年,波动力学。

在两种力学之间,人们开始互相争论,纠纷四起。海森堡和薛定谔,都是为了克服玻尔理论的弱点而从波粒二象性来考察建立起力学体系的。

他们的出发点不同,数学方法不同,所以描述运动使用的概念和关系也不一样,但这两个表面上看是截然不同的体系却殊途同归。

一开始,物理学家互相认为对方的体系有缺陷,都标榜自己的理论是完善可靠的。但是薛定谔最先醒悟过来,他首先发现了这两种体系在数学上具有等价性。后来泡利又较为完整和详细地论证了这一观点。

1926 年,狄拉克修订了薛定谔方程,改进了海森堡理论形式,并从矩阵力学导出了波动力学的薛定谔方程,证明了波动力学与矩阵力学的等价性,统一的量子力学建立了。

1930 年,更进一步,狄拉克系统总结了量子力学的发展过程,完成了《量子力学原理》著作,提出了完整的数学方法,以优美简洁而深刻的表达方式讲述了量子力学。这部著作被人们称为量子力学的《圣经》,进入了高速微观物理的世界。在他以前的量子力学是狭义相对论的量子力学,而他发展到了广义相对论的量子力学。

量子力学建立了,真正的难题出来了:上帝是否投骰子。

量子力学是以概率和统计论为基础的,讲求可能性。这就是"掷骰子",然而世界竟然是建立在不确定基础上的吗?

关于对量子力学的物理意义的认识,激烈的两派一直争论。

矩阵力学派的代表人物是与爱因斯坦并驾齐驱的玻尔,丹麦哥本哈根学派领袖。他认为微观粒子运动遵从的是统计规律,是在概率的基础上发生的。

而爱因斯坦和薛定谔认为,原子微观世界的粒子运动,必然是因果关系,是决定论。统计的解释肯定有重大缺陷。

1926 年 9 月,薛定谔受玻尔邀请去哥本哈根讲学,他们的争论达到了高峰,薛定谔认为微观世界的连续性无所不在,玻尔提出的量子跃迁是不对的,而玻尔却用 1919 年爱因斯坦跃迁几率的论文观点来做说明。

海森堡于 1927 年初,提出了著名的"测不准原理":

对于微观粒子来说,要想精确地测定其位置,就无法精确地测定其速度;反之,要想精确地测定其速度,就无法精确地测定其位置。

比如日常测量水的温度,要用温度计放入水中,但是水的热量被温度计吸收了一部分,温度已经发生改变。那么电子呢? 如果有一台能看见电子的显微镜,想到电子就要有光,但是光子如果打中电子,就会移动位置,这样任何时候都测不准它的真实位置，除非让电子"停住"。这样一来，电子的速度又会受影响，仍然不能速度和位置兼而测之。

测不准关系划分了经典力学和量子力学的界限。如果在具体问题中普朗克常数微不足道到忽略不计的地步，那么就可以在经典力学中测出速度和位置，如果普朗克常数不能忽略时，则应用量子力学的测不准原理。

海森堡的测不准原理提出了数学上和逻辑上的证据证明：任何科学的准确性和完整性都是有局限性的。

量子论揭示了原子的迷人性质，海森堡代数方法具有深远的哲学意义，薛定谔把原子看作是到处振动的宇宙中的多难折皱。

在这个世界上，粒子和反粒子自发产生和湮灭，由质转为能，由能转为质。

玻尔与爱因斯坦的交往也为量子力学的发展提供了检验。

爱因斯坦与玻尔争论了近半个世纪，直到两人逝世，谁也没能说服谁。爱因斯坦坚持认为测不准原理表明量子力学存在重大缺陷，但是他一直没想出可以绕开测不准原理的实验。

量子理论预言了许多新粒子，均获得实验上的证明，目前已知的各种粒子，其数目已远远超过元素数，这显示了量子论的理论威力同时带来更大疑惑。

量子论已经成为物理学和技术中的关键领域，如果没有量子论、激光、等离子研究，固体电子学、低温物理等等就将失去研究根据，从而无法进行。

有些仪器可接受几万光年以外的光子，而灵敏的光存储电子计算机更加威力无穷、精确迅速。世界微观领域还等待人们去探索，宇宙正更加奇妙地展示在人们眼前。

20 世纪又一位导师——玻尔

爱因斯坦和玻尔在争论。

"上帝不和宇宙玩骰子。"

"用不着你来教训上帝该怎样！"

第一句话是爱因斯坦说的，第二句话是玻尔的回答。

20 世纪的当代物理学成就是量子理论的建立和深入。量子力学是相对论之后的又一发展。

在量子理论的建立过程中，爱因斯坦对量子理论早期的建立起到了巨大作用，甚至说正是他推动了量子论的发展。然而，爱因斯坦最终拒绝了量子物理，走入一种个人的另一理想寻求——电磁性和引力的统一。

这个问题直到现在仍是物理学界及科学史学界的争论焦点。但是在量子理论发展中,功勋卓著的天才们的革命性设想已成为当代世界的一大变革基础。

玻尔终身从事量子物理的实践和基本理论工作,他是 20 世纪的一位导师型人物。当然,爱因斯坦是永远保持令人尊敬的地位的。

爱因斯坦

玻尔是量子力学真正的旗手。在 1913 年至 1943 年,尤其是前 10 年,原子物理的大部分内容只不过是在卢瑟福和玻尔的基础上修正。

1943 年 12 月,玻尔在美国的新墨西哥州进行原子弹的研究工作。

卢瑟福提出的原子结构模型不能解释的突出问题是:随电子绕转速度的不同,可以有任意多的电子轨道。但是像光谱表明所示,原子为什么只辐射一定波长的光,而且为什么会辐射光呢?

并且,原子外旋转的电子必定向外发射电磁波,从而损失能量,使电子被原子核吸引进去,可事实为什么不是如此呢?

由于无法直接观察原子结构,所以只能根据大量原子的光谱分析或粒子轰击来确定原子模型。

玻尔本来是去参加汤姆逊的研究的,但汤姆逊已经改变了研究,所以他就到了曼彻斯特的卢瑟福处。那是在 1913 年。

当时数十年之久的研究方法就是考虑原子受高温激发产生的电磁辐射。各种元素的辐射各有不同。光谱可以鉴定物质成分。炽热物质的光或白光透过某一未加特质,被分光镜(棱镜)分解成发射线光谱成吸收线光谱。

卢瑟福参加了普朗克与爱因斯坦出席的一个会议,他将问题及时地向玻尔转述并讨论。玻尔具有优秀的数学基础和卓越的抽象才能。在曼彻斯特不过四个月,他提出了最杰出的理论:量子化的原子结构。

玻尔受普朗克的理论影响,这种量子论认为能量传输并非人们认为的那样连续不断,而是一份一份地进行。由不能连续这一思想以及爱因斯坦的深入理解,玻尔建立的原子模型称为卢瑟福——玻尔模型。

玻尔认为,电子不能有任意的轨道,它们绕核运动的距离也不是任意的。电子的轨道是一定的。电子在轨道上稳定地运动,而不辐射能量。电子在任何一个轨道动能不变,但是会发生"能级跃迁"。

也就是说,如果从外部把能量供给原子,能量达到普朗克理论规定的量,那么在靠近核的低能轨道上的电子会进入外圈的较高能量的轨道,并且将跃回低能轨道,并以电磁辐射的形式释放能量。

某个特定轨道电子不会随外力加快或减慢,也不会处于轨道之间,电子不会掉入原子核中,因为最低能量级(轨道)的电子一般只有特别微弱的动能,甚至连一个量子都发不出,所以也不会丧失能量。

一条光谱线就是一个电子从某一级轨道进入另一级轨道跃迁而成。原子核逐步向各能级填充可能是形成元素化学性周期律的原因。

这个神奇的理论明显违背了古典经典理论,有很大的缺陷,但是后来的发展却不断出现令人激动的正确预言。

当时很多物理学家都表示反对,爱因斯坦就说:"像玻尔那样绝顶聪明和敏感的人物竟然满足于这种自相矛盾、不可靠的理论基础,在我看真是不可思议。"

然而在解释光谱分析上有关氢原子问题时,玻尔的理论却是完全符合实验结果的,这使得量子力学名声大振。

计算氢谱线是玻尔学说的成功。1914年在一次权威的实验指出,原子的确只能接受和放出一定份额的能量。而作用量子对份额大小有决定性作用,反之,可以从实验结果导出普朗克常数。

玻尔于1922年获得诺贝尔奖奖金。他是量子论发展的奠基人。后来的天才们正是在他的基础上改进并使理论迈进现代的。

他是丹麦哥本哈根大学理论物理研究所的主任。在1943年,丹麦地下组织得到情报说盖世太保要到研究所逮捕玻尔,于是玻尔提前一天上了小渔船,离开纳粹占领的丹麦,乘上英国空军的轰炸机飞抵英国,随即到了美国,参加了原子弹的研究。

玻尔的组织是年轻人活跃的地方。还在丹麦时,就有许多后来成为大物理学家的人对他很尊重也很热爱他。奥托·弗里希是原子核"裂变"一词的发明者,他现在是剑桥大学教授。回忆起20世纪二三十年代来,他还记忆犹新。

他生动地回忆了一些有趣的场景:"也许除了爱因斯坦之外,再没有其他同时代的科学家,不仅仅是在物理学的范围内,能如此强烈地影响我们的思维。我提到过他的原子模型,……这个图像当时是惊人的,不正统的。还有一些物理学家。我在汉堡的老师斯特恩也在其中,曾发誓说如果这种废话是真实的话,他们将放弃物理学(没有哪个照做了)。"

有意思的是,玻尔外表像一个北欧的农民。他的手多毛。大大的脑袋,浓密的眉毛完全符合50岁人的毛发特征。那时弗里希所见的确实是50岁的玻尔。"他体重很重,但当他一步跨两级台阶、大踏步地上楼时,我们这些年轻人都比不上他。"玻尔的弟弟是数学家,颇为著名,然而人们夸奖他的数学时,他却说道:"我算不了什么,你们应该见一见我的哥哥尼尔斯。"尼尔斯就是尼尔斯·玻尔。

玻尔爱体育,年轻时是积极的足球分子。他还划船,滑雪,有时扛着伐木斧去砍树。

一次,玻尔骑自行车回家,由于刚从苏联回来,时间稍长,把密码忘了。大家每人根据自己所看到的部分动作再加上玻尔自己的记忆,用了半个小时把密码锁开了,方才回家。

丹麦科学院把嘉士伯啤酒厂创始人雅可布森修建的别墅奖给玻尔,因此,大家常喝着高级啤酒探讨问题。

晚上,年轻人常去玻尔那里聚会。饭后,人们开始倾听。"有些人就坐在他脚边的地板上,看着他装上第一斗烟并听他说些什么。他的嗓音柔和,带有丹麦口音,我们一直无法确定他讲的到底是英语还是德语,他两种语言都说得很流利并不停地在它们之间换来换去"。

弗里希记道:"这时,我感到苏格拉底又复活了,用他柔和的方式对我们诘难,把每次谈论提升到一个更高的境界,把我们的智慧给激发出来。"

玻尔不总是对的,但是他常常使人陶醉,让人思考而觉得乐趣无穷。

量子理论自海森堡提出测不准原理后,"上帝就开始投骰子"。20世纪物理学两位大师的争论显得更加激烈。他们在思想上的交流为量子力学的发展提供了某些最严格的检验,爱因斯坦一直认为测不准原理肯定说明在我们的理论上存在某些欠缺。而他一直没能设计出可以绕开测不准原理的实验,尽管如此,由于爱因斯坦的反对,更成为有价值的研究角度,开拓了量子力学创建人的思想。

玻尔于1885年10月7日生于丹麦哥本哈根,父亲是哥本哈根大学生理学教授。1903年时,玻尔攻读物理学。大学三年级就发表论文《表面张力的精确测量》而获得了丹麦皇家学院金质奖章。

1920年起,他担任哥本哈根理论物理研究所所长。他诲人不倦,海森堡、泡利、弗米都受过他的指导,形成"哥本哈根学派"。

1937年,玻尔访问中国,他选择自己的金质奖章图案为中国的太极图,因为他认为量子力学互补理论是他的重大理论,正和中国古代的道家哲学和物理思想相契合。

在他的创办和领导下,哥本哈根成为世界物理学的圣地。玻尔本人被誉为"科学国际化之父"。

电影的诞生

第一部真正的电影摄影机和放映机是在新泽西州爱迪生的实验室里制作出来的。

人类的视觉具有暂留性。比如夜间挥动点着的烟头,就会看到一个完整的圆圈。电影的原理也在这里。

19 世纪 30 年代,在欧洲有一种娱乐游戏,经常放置在客厅里的一种装置,叫作"魔盘"。转动其中一个圆盘,透过另一个固定圆盘的缝隙往里看,就会觉得排在活动圆盘边缘上的小画似乎活动起来。

经过改进,人们又利用反光镜和"幻灯"——一种特制灯箱,把绘制的图像投射到银幕上。

最先把这种摄影新技术同转动的魔盘联系在一起的人是费城工程师科曼·赛勒斯。在 1860 年的时候,他曾经做过一个娱乐项目,即把几张照片贴在转轮的轮叶上,这六幅照片是一个动作的前后相连的分段。

赛勒斯把两个儿子钉铁钉时的活动连续拍了 6 张照片,贴在轮叶上后,开始旋转轮子,结果人们看了,就跟看见一个连续钉铁钉的动作一样,活灵活现。

10 年过去了,费城人亨利利用动作的分节静态照片,把一对翩翩起舞的男女形象投射到银幕上。在同一时期,埃维德·梅布里奇利用 24 架拉线快门照相机拍摄活动中的动物和人的静态照片。

1882 年,法国艾蒂安·马雷用一枝带有枪托、扳机和速射快门的单筒"摄影枪"在一卷转动的相纸上拍下鸟儿飞翔的静态照片。英国的威廉·弗里斯格林试验了纪录动作的摄影机和银幕上再现动作的放映机。

爱迪生发明了电灯泡和留声机。他想增加销路,于是决定联系起图像与声音,这样肯定会使他研制的声像设备销路大增。

在影像与声音的配合研究上,爱迪生投资了 24000 美元。1889 年,他的助手威廉·肯尼迪·狄克逊终于设计成功一种链轮系统,可利用一条 50 英尺长、由伊斯曼发明的赛璐珞胶卷进行拍摄。

1891 年,爱迪生申请了发明专利——窥孔式"动画镜",这就是各种各样摄影机的前身。这种动画镜的胶片宽度成为直到现在仍通行的国际标准宽度 35 毫米。

可是声音与图像难以同步配合,因此爱迪生中断了这项发明,并且也没有申请国际专利。而申请国际专利只需150美元手续费。

正是这150美元的"手续费",结果使爱迪生失去了数万倍的巨额钱财。因为他断言这项发明无用,放弃了申请专利,结果欧洲人免费竞相模仿,开始发展并生产、制作。

动画馆就是这样诞生的。过往行人只需花上几个零儿,就可以透过一个小孔,观看15秒钟的生动动作节目。这样的游戏传到我国,人称"西洋景",直到20世纪80年代还可在街头见到。

人们特别对一个节目注意:爱迪生研究所的工人弗雷德·奥特张开大嘴打喷嚏。继而,摄影师们创作各种节目,比如杂技过程等等,也吸引了很多观众。

世界电影史的起点是1895年12月28日,这是人们公认的世界上正式放映电影的开端。路易·鲁米埃尔和奥古斯特·鲁埃尔是两兄弟,法国摄影师。他们在巴黎卡普西尼大街14号租了间地下室,摆了100把椅子,开始收费放映。电影放映就这样在一个寒冷的星期六晚上诞生了。

早期的影片拍的是什么呢?

进站的火车,下班吃饭的女工,吃奶的婴儿等等,而且十分短暂。但是这种新鲜东西却顷刻间迷倒了无数市民。人们争先恐后去看"动画",这些动画是没有声音的,因为爱迪生的研究没能成功,所以一直没有声影同步。

1896年4月23日,活动电影在美国首次公演。地点是科斯特和比亚尔合开的纽约音乐堂。人们对这些不超过两分钟的活动画面兴趣盎然。记者报道中说:"滑稽可笑的拳击比赛","汹涌的怒涛","婀娜的金发少女"。

但是因为这时的电影毕竟过于简单,所以很快就失去了魅力。

电影逐渐冷落下来。

到梅里埃的出现,拍摄技术有了巨大的革新。

梅里埃是一名魔术师。1896年,他也赶时髦购置了放映机,自己摆设把玩。一天,他在自我欣赏地观看自己的一部近作,突然间看到了一个心惊的画面:马车拉着灵柩。这是怎么回事?

梅里埃从椅子上蹦了起来。他惊恐万分,忽然想起拍摄时确有一辆马车拉着灵柩经过,但是那时是机器不转之后刚刚恢复。也就是说,这部突然插入的画面是机器停止之后重拍造成的。

这个新的发现使梅里埃试验了一系列的拍法,他停机,然后再拍景物,再停机,又拍一些动作。就这样,画面切换组合,异常奇妙。

就要夭折的电影在梅里埃手里起死回生了。他成功地创办了制片厂和"明星电影公司",开创了电影工业化的道路。1899年,他拍摄了新闻片《德莱孚斯事件》。这部影片是根据真实的法国社会事件用现实主义手法制作的,开创了电影业中"再现历史"之先河。

梅里埃最先发现电影可以讲故事。他的影片采用新奇的特技,华丽夺目的服饰,吸引了很多观众。他影片中所采用的很多技术是现在为止仍在使用的基本技巧:溶暗、淡入、淡出、慢镜头、快镜头,等等。他的杰出作品是《月球旅行》《艰难的历程》。

但是有盛有衰,梅里埃风行15年,他创办的处于世界电影中心地位的公司开始破败,因为他严重脱离了生活并且拍摄角度极其死板。

百代公司兼并了明星公司,1938年,潦倒的梅里埃度过数年摆摊卖玩具的生涯,在医院孤独地死去了。巴黎是繁华的,他什么也带不走。巴黎依旧繁华,即使再有个梅里埃,巴黎也是如此。

1915年,波特等人的才能繁荣了大洋两岸的电影事业。

1903年的《火车大劫案》是世界上第一部引人入胜的故事影片,它开创了一种影响非常巨大的大众娱乐的新方式。豪华影院随之崛起,好莱坞逐渐成为电影业的"西方不败"。

电影从朴素直白的拍摄事件到成为艺术性的东西,主要是格里菲斯。他导演的电影剪辑艺术十分高超,1915年,他摄制了《一个国家的诞生》。这部长达三小时的影片介绍了美国南方的重建。他把三K党塑造成英雄,把奴隶丑化成强盗,虽然电影很具感染力,但却使许多正直的人愤怒。

无声电影就这样逐渐发展起来。"默片时代"就是这个时期。此时人们习惯的是一边看电影一边听现场乐队伴奏。

1927年,沃纳兄弟制成第一部有声艺术片《爵士乐歌唱家》。主演约尔森本来只是唱几首歌,但是却偶然地即兴加入一段讲话,结果开启了一个电影大发展时期,他说:"你们还什么都没有听见过。"

人们从电影中听到的第一句话就是这句话,它结束了一段历史。

飞行的梦想

从古代开始,人们就梦想"像鸟儿那样飞翔"。达·芬奇这位文艺复兴时的天才人物,也研究过鸟的构造,试图制造出翅膀。

1783年,法国人约瑟夫·艾蒂安·蒙哥勒费埃和雅克·艾蒂安·蒙哥勒费埃首次发明了热气球,开创了一种新的飞行途径。

早在 1766 年,卡文迪许发现了氢气,后来的人们用氢气替代热空气,气球飞行便流行开来。

很多著名的科学家研究气球飞行。英国的乔治·凯利爵士是空气动力学的创始人。他对比空气重的物体飞行发生了浓厚兴趣。他抛开了陈旧的翅膀想法,发明了一种滑翔机。这种滑翔机是带有固定尾翼并且有两个侧翼的装置。

1804 年,在约克郡的庄园中进行了世界第一次滑翔机飞行。人们通常认为这是世界上第一架飞机。然而这种飞机只能借地势和风力滑行一段时间,而不能自己在空中操纵飞行,人能做的只是适当改变方向,至于控制速度及停止与否都谈不上。

莱特兄弟的父亲是基督教兄弟联合会的一位主教。莱特一家有 5 个孩子。1867 年,威尔伯出生;1871 年,奥维尔出生。

很小的时候,他们就十分喜欢摆弄各种机器零件。在他们童年时,还得到了一件玩具,即父亲赠给他们的竹蜻蜓。这架竹蜻蜓是一只以拧紧的皮筋为动力垂直起飞的,十分有趣。它激发了两个孩子童年的梦想。

兄弟俩敢想敢做,敢说敢干,他们一贯勇于实践。

上中学时,奥维尔和威尔伯办过报纸,效果很好,都发展成一天一出的日报了。后来在 1890 年骑自行车热席卷美国的时候,兄弟二人又开办了"莱特自行车公司"。谁又能想到,这个公司是他们从修车铺发展起来的呢。

他们俩最感兴趣的依然是飞行。

多少年来,人们一直神往着像鸟儿一样在空中飞行。中世纪时,许多人模仿鸟类给自己也安了翅膀,然后开始从悬崖上向下跳,结果十分悲惨,很多人因此被摔得粉身碎骨。

莱特兄弟知道,做翅膀来使人飞行是实现不了的,只能从研制载人飞行器入手。

他们找来了大量资料。其中在德国和芝加哥的两个人做的试验吸引了他们。这些人的试验给他们带来了经验也带来压力,谁先研制出来谁就成功了。

1899 年,莱特兄弟投了第一笔钱,造了一架 5 英尺长的双翼飞机,并像放风筝似的把这架飞机送飞到空中。他们要研究在有风条件下如何改变方向的问题。威尔伯得出结论说,只要用与拉线相连的小棍调节,使翼梢保持不同的迎风角度,就可以控制飞机的航向。这次得出的成功结论影响了以后研究。

兄弟二人的第一架滑翔机是 1900 年造出来的。为了寻找试验场地,他们询问美国国家气象局。气象部门告诉他们北卡罗来纳州基蒂霍克村的沙滩比较合适。

因为那里的气流较平稳而且可以托起滑翔机,地势开阔,没有森林和灌木丛。那一带的行人也很稀少,安全性较大。但是对于飞行员来说,安全条件只是一个极小的减少危险的因素,真正的危险来自设计本身。

一旦落地发生事故,那就会造成无可挽回的损失。

莱特兄弟成功地进行了滑翔机的载人飞行试验。

1900 至 1903 年,莱特兄弟孜孜不倦地进行飞行和研究,他们仅在 1902 年 8 月至 10 月期间就飞行了 1000 次。他们达到了在风力下每小时飞行 36 英里的速度。当然,他们飞不了很长的时间。

根据实验得出,过去的一些气压计算方法是错误的,他们开始自己制造仪器并利用新的物理上的新仪器来测量。

沙努提对他们帮助很大。

当时已经 70 岁的老人奥塔维·沙努提无私而耐心地帮助他们。老人是世界上第一流的滑翔机制作和飞行权威,他还亲自到莱特兄弟的试飞场进行指导。

1903 年 12 月 17 日,世界上第一架动力飞机制作出来摆在了试飞场上。

还是在几个月前,莱特兄弟认为进行动力飞行试验的条件已经成熟,开始制造各种零件,当时没有轻便的汽油发动机,他们自己做了一个十分粗笨的 12 马力 4 缸冷水式发动机,并且安了两只 8 英尺长的木制螺旋桨。

这其中有一个小小的花絮。

本来,飞机定在 12 月 14 日试飞。这可是人类世界一件大事,谁能成为荣幸的第一人呢?况且不仅是荣幸,也有很大的危险,一旦发生事故,轻则伤残,重则毙命,可不是闹着玩儿的。

莱特兄弟性格相近,对于危险,他们都想让自己承担,对于荣誉也想竞争。这可怎么办呢?于是两人抽签,结果是威尔伯驾驶。他欣喜而又紧张地做好准备,12 月 14 日起飞。不料起飞出了故障,飞机立即坠落。大家手忙脚乱地抢救抢修,威尔伯幸好没有受伤。

经过 3 天紧张抢修,飞机又好了。但是飞行员轮到了奥维尔,就这样,奥维尔荣幸地成为驾驶世界上第一架飞机飞行的人。

12 月 17 日是星期四,天气晴朗,能见度很好。仍然是在基蒂霍克村的空旷沙滩上,"飞人号"停在那里。它看上去很奇怪,活像一个大箱子风筝。

助手们和莱特兄弟最后又做了一次检查。弟弟就要试飞了,哥哥微笑着说:"祝您成功,我的兄弟。"助手们也都为奥维尔祝福。

10 点 35 分,奥维尔解开了绳子。飞机是被装在一辆滑车上的,可以沿着一条单轨的轨道滑行。在轨道上是涂得均匀的润滑油。绳子一解开,"飞人号"开始缓

·科学前沿·

图文珍藏版

缓地向前滑动,它摇摇晃晃、跌跌撞撞,然而速度仍然在加大。奥维尔慢慢地把 12 马力 4 缸发动机加到最大油门。

飞机升空了!

依然摇晃,奥维尔尽力保持平稳。

突然,飞机栽了下来!

这次栽下来却非同小可,因为它在空中持续飞行了 12 秒,飞行 120 英尺。虽然距地面高度不过 10 英尺,但却是雏鹰的成长,从此开启了人类飞行的新程。

一天之中,他们一共试飞了 4 次。奥维尔两次,威尔伯两次。飞机向下栽不是坠落,而是滑行撞到沙滩上,所以没有造成什么伤害。最长的一次是威尔伯飞行创下的:59 秒内飞行 852 英尺。

然而这次飞行却受到人们的漠视,人们以为是个骗局。报纸上也没有怎样报道。第二次更倒霉,兄弟二人制出"飞人二号",结果由于发动机过重,在演示时怎样都飞不起来。

这下成新闻了。人们一时间纷纷传说两个骗子的事迹。

莱特兄弟毫不气馁。他们不停地试验。人们在很多时候亲眼看见了他们的试飞,但都不表示注意。

1905 年,莱特兄弟在 35 分钟内飞了 24 英里,完成了当时所带燃料支持的最远飞行。莱特兄弟开始申请专利,他们于 1906 年得到了飞行机器的专利。

直到 1908 年,美国政府才意识到了他们的研究价值,罗斯福执政期间,政府购买了莱特兄弟的飞机。接着法国有人邀请他们开设公司,莱特兄弟赴法表演,世界承认了莱特兄弟。

成绩越来越好,莱特兄弟在 1909 年飞出了两小时 135 千米的记录,他们还首次在双座飞机中运载了乘客。

法、英、俄、德的工厂开始研制飞机。随之而来的是科学理论的提出、发动机的改进等等。

航空时代到来了。

火箭的诞生

世界上第一枚火箭出现得很早,但是真正的液体燃料火箭是 1926 年制造出来的。

火箭可能是古代中国的发明。1232 年开封之战的史料就已经记载了蒙古军对中国人的"飞火箭"的恐惧。

早在 1241 年,鞑靼人在莱格尼查之战中曾用火箭打过波兰人,1288 年,阿拉伯人进攻西班牙城市巴伦西亚时也动用了火箭。

人们并不知火箭是怎样具体地制造出来,但是应该确定是火药发明之后的事。到了 18 世纪,火箭仍然使用于战争。

1792 年和 1797 年塞林加帕坦周围的战斗,印度米索莱苏丹蒂普的军队使用了火箭,这使得英国军队伤亡惨重。

1812 年,美国人也利用曾使自己吃过亏的火箭攻打麦克亨利堡。《星条旗》里有"火箭耀眼的红色光芒"就是指此而言。

1405 年,被人们认为是世界第一位真正的火箭技术理论家的康拉德·凯泽·冯·艾希施泰特发表了一篇关于筑城设防的论文,文中谈到几种不同的火箭。1605 年,波兰火炮专家卡奇米尔兹·谢米埃诺维奇发表了很有价值的创新设计,谈到了多级火箭。

但是火箭发展始终跟不上大炮的改进。19 世纪,自从人们研制了复式炮弹以后,发现它比火箭要射得准确,以后,人们逐渐不再发展火箭。

火箭靠的是反冲。有意思的是文学作品最先奠定了反冲思想。在法国人西朗·德贝尔热拉克的著作《月球各国奇遇记》和《太阳各国奇遇记》两本书中描绘了用火箭推动"航天车箱"的宇宙航行。

20 世纪,火箭科学有了转机。

首先是一个十分不起眼的俄国教师齐奥柯夫斯基,是他奠定了火箭飞行的理论基础。在 1903 年和 1911 年,他曾经发表了论文。他计算得出,理论上是可以到达其他天体的。他认识到用固体做火箭的燃料是错误的,而应研究液体火箭。他还设想了宇宙飞船,建立了多级火箭系统。

然而齐奥柯夫斯基的理论当时对欧洲没有很大影响。他一生经常遭人讽刺和嘲笑,直到列宁建立了新的苏维埃政权,齐奥柯夫斯基才当选为科学院院士。

"现代火箭技术之父"是戈达德。

美国物理学教授罗伯特·戈达德进行了液体燃料火箭的试验。他曾经成为人们关注的焦点,但是新鲜劲过去之后,没有人资助这位教授,因为人们和政府组织都没有意识到他的巨大研究潜力。

罗伯特·戈达德还是马萨诸塞伍斯特城一个十六七岁中学生的时候,曾经有过很多幻想。他身体很不好,经常由于肺结核不能根治导致卧床不起。就在一次长达两年之久的卧床之中,1899 年 10 月 19 日,戈达德称为纪念日,他产生了一个"幻想"。

戈达德这样说：

"这是新英格兰 10 月里一个宁静的下午，周围景色美丽极了，五彩缤纷。我在眺望东面的田野时心想，要是制造出有可能登上火星的装置该有多好啊！我想象着有一架机器从树下的草地飞起来，直上天空。

从这以后，我和以前判若两人。"

这时，戈达德刚刚过了 17 岁生日。他决心使人类飞出地球。

在学校里，他首先自学牛顿的著作。牛顿的理论提供了反冲依据。戈达德是一名成绩优异的学生，在 1907 年，他曾建议飞机用陀螺仪来稳定。

1912 年，戈达德成为普林斯顿大学的研究员，他一直利用业余时间研制火箭，谁也不知道。1913 年时，戈达德计算得出：一枚重 200 磅、能将 1 磅重的物体送出大气层的火箭可以研制出来。

戈达德一个人做的工作是现在冶金、热力学、空气动力、结构学、水力学、机械等方面专家联合而做的工作，而且他没有足够的资金，因此没能迅速地把火箭研制出来。

在 1916 年，史密斯学会支援了 5000 美元。

1917 年 4 月，戈达德参与军事火箭研究。后来，他研制了可由普通战士使用的无后座力火箭发射器，但是 4 天之后，战争结束，因此戈达德没有继续得到经济支持。

更糟的是，他的论文发表了，人们对他的一个玩笑似的想法当了真：将镁光灯送上月球，使其发光照射全世界。

人们纷纷嘲笑他。

戈达德就是没钱。如果有充足的资金，他早就实施了很多富有创见的计划了。

1920 年 7 月到 1923 年 3 月，戈达德得到了海军军械局的每月 100 美元经费。这时，德国人正在大力研究火箭，并已经取得了很大的进展。但这个时期的液体推进试验未能成功。

后来，戈达德去克拉克大学教书，得到了大学的资助，在这里他成了家，继续研究液体推进火箭。

1925 年，一种轻型火箭飞行达 24 秒，混合液体初显奇效。

1926 年 3 月 16 日，火箭飞行实验就要开始了。

美国马萨诸塞州奥本老伍德农场的旷野上，薄雪覆盖着平原，戈达德和助手们把火箭发射台上的金属架支好。

火箭的模样很怪。10 英尺长，没有遮盖也没有罩子，发动机和喷嘴不是装在后面而是装在前面。两条细金属管从发动机通向火箭底部的一对小油箱。其中一个装了汽油而另一个装的是液体氧气——臭氧。

这时戈达德经历了许多风霜，已经 44 岁了。他自 17 岁以来梦想飞向太空，到今天终于迈出了一大步。

从固定燃料开始试验，改成爆发力巨大的汽油与液氧的混合液体燃料，凝结了多少艰辛。

下午 1 点，戈达德与助手开始准备，又过了一个半小时，一切就绪。助手亨利·萨克斯拿着一根长 6 英尺，顶端的喷灯正喷着火焰的棍子，得到戈达德发出的信号后，他把喷枪凑近火箭点火器。酒精炉被点着，他迅速躲在远处薄钢板后边。

过了 90 秒，戈达德拉动了一个开关，氧和汽油混合，喷出高速火焰，第一枚液体燃料火箭起飞了。

这就是 V-2 型弹道导弹的雏形，也是阿特拉斯火箭的前身。它飞了 184 英尺，飞了短短的 2 秒，最高高度只达 41 英尺。

戈达德记录到："火箭掉在冰雪地后仍然高速向前窜，简直不可思议，火箭升起时，既听不见任何噪音也看不见火焰。"

戈达德激动地联想到"一个仙女，一个舞姿优美的舞蹈家"。

是啊，正是这优美的舞蹈家，使人们步入航天时代，开始优美的宇宙旅程。

1945 年 8 月 10 日，戈达德因病去世。

20 世纪的智者——罗素

在 20 世纪，有一位百科全书式的智者。自西方世界亚里士多德以来，真正的百科全书式人物越来越少，而要在 19~20 世纪成为令人尊敬的有巨大建树的百科全书式学者，更是难上加难，可望而不可即。

罗素就是 20 世纪的智者、大师级百科全书学者。他是哲学家，然而又是数学家，1950 年，获得诺贝尔文学奖，这一切已经初步使人窥见他的伟大。

他首先是真正的哲学家。

作为分析哲学的创始人和奠基者，罗素和摩尔是分析运动的实际缔造者。他用自己精深的符号逻辑，开创了理想语言学派的分析方法。罗素在整个 20 世纪的精神与思想文化历程上，留下了不可磨灭的印记。100 年来的哲学家，没有一位声称自己完全不受罗素影响，相反，人们认为自己在不同程度上受到了罗素的影响。罗素是哲学家、数学家、逻辑学家、社会活动家和和平主义者。

他自己说过，一生为三种激情所支配：对真理的不可遏制的探求，对人类苦难

罗素

不可遏制的同情,对爱情的不可遏制的追求。罗素的哲学观点在现代有些已经落后,但是从他的一生中,人们看到了从善如流、幽默机智、学识渊博、仗义执言的伟大学者形象。

他从 1900 年起经历了对黑格尔唯心论的反叛,尊重科学、尊重逻辑、尊重经验是他的终生作风。他严肃甚至古板地认为,我们一切信念都必须放在哲学的审判台上,并证明它是合理的。他要在经验主义哲学的基础上,依靠现代高度发展了的逻辑分析技术,寻求人类知识牢固而坚实的基础以及科学可靠无误的根据。

1872 年,罗素生于英国南威尔士莫矛斯郡特雷莱克一个贵族世家。

他的父母是自由主义者,思想极为激进,积极参加各种革命活动。罗素的祖父是伯爵,在辉格党中很有名望,是一位极著名的政治家。辉格党就是英国自由党的前身。在维多利亚女王时代,罗素的祖父曾两次出任首相。

罗素年幼时,父母相继离他而去。因此,祖母照看罗素长大。祖母身上具有独立不羁的顽强性格,她以及她所在家族的自由主义传统深深地影响了罗素的成长。

罗素的童年十分孤寂,他经常在家中荒凉失修的大花园里独自观察大自然,思索人生的意义和自然的秘密。正是大自然、书本和数学把他从孤独和绝望中拯救出来,特别是数学,是罗素的兴趣所在。

1890 年,罗素考入了剑桥大学。前三年,罗素专攻数学,获数学荣誉学位考试的第七名。第四年转攻哲学,获伦理学荣誉考试第一名。1908 年,罗素被选为皇家学会会员。1910年,任剑桥大学讲师,1914年成为剑桥三一学院研究员,1949年成为英国皇家学会的荣誉研究员,罗素曾经到过中国,讲学达一年之久,他对东方的热情和研究在西方世界也是典范。在20世纪50年代后,罗素主要从事社会政治活动。

罗素自己总结过:

按照我所关心的一些问题,按照做过对我有影响的研究工作的人,我的哲学发展可以分为不同的阶段。只有一件事我念念不忘,没有改变:我始终是要急于发现,有多少东西我们能说是知道,以及知道的确定性或未定性究竟到什么程度。在我的哲学研究中,有一个主要的分界:在1899~1900这两年之中,我采用了逻辑原子主义哲学和数理逻辑中的皮亚诺技术,这个变革是太大了,简直使我此前所做的研究(除去纯数学的以外)与我后来所做的一切全不相干。

这两年的改变是一次革命,以后的一些改变是演进发展的性质。

起初,罗素的哲学兴趣有两个来源:一方面,他要急于发现,对于任何可以称为宗教信仰的东西,哲学是否可以提供辩护,不管是多么笼统;另一方面,他想让他自己相信,如果不在别的领域里,至少是在纯数学里,有些东西人是可以知道的。

在罗素没有接受高等教育之前,就已经在思考以上问题了。他对宗教的看法由不相信自由意志到不相信永生到不相信上帝。

剑桥学到的是康德和黑格尔哲学。在深信黑格尔反对这个或那个的那些论证都是不能成立的之后,他的反应是走到相反的极端,开始相信,凡不能证明为伪的东西都是真的。

在1910年以后,罗素做完所有他想做的关于纯粹数学的研究之后,开始考虑物理学界。受到怀特海的影响,二人共同研究了很多问题。从1910年到1914年,罗素开始认识物理世界。

约在1917年,罗素注意到语言与事实的关系问题,对逻辑的研究是罗素的一大巨变。

他的思想大致经历了绝对唯心主义、逻辑原子论、新实在论、中立一元论等几个阶段。罗素在数理逻辑方面,由数理逻辑出发,建立起逻辑原子论和新实在论,成为现代分析哲学的创始人。他善于博采众长,自我省察,不断修正。

罗素一生兼有学者和社会活动家的双重身份,以追求真理和正义为终生职业和志向。他不是躲在书斋里不问人间死活的学者。从青年时代起,他就继承家庭的优良传统,积极参加社会、政治活动,追求并捍卫社会主义。

1895年,罗素曾经两次访问德国,研究"德国社会主义运动",同倍倍尔、李卜克内西等人交流。1920年访问苏联,与列宁晤谈。罗素是举世闻名的和平主义者,第一次世界大战时,由于进行反战宣传,被判刑入狱六个月。20 世纪 50 年代,爱因斯坦和罗素共同发表"罗素—爱因斯坦宣言",用来反对氢弹的研制。

1961 年,罗素已 89 岁高龄,但是他为和平奔走。他主持了一个静坐示威,抗议战争的活动,结果夫妇二人以老迈之躯被判刑入狱两个月。罗素支持希腊和巴基斯坦人民的解放运动,反对美国侵略越南的战争。1966 年他与萨特等人组织"国际战犯审判法庭"。1968 年,罗素发表声明,抗议苏联入侵捷克。1970 年,罗素抗议以色列发动中东战争。这是一个和平主义者的牺牲精神的体现。

罗素的著作理性凝重深刻,但是文笔优美流利,思辨与文采在他那里浑然天成,感人心肺而又启人心智。在英国文学中,他的清新散文享有盛誉。

罗素的著述有七八十种,论文数千篇。他涉及哲学、数学、科学、伦理学、社会学、政治、教育、历史、宗教等诸多方面。

1949 年,罗素获得英王六世颁发的最高"荣誉勋章"。

1950 年,罗素获诺贝尔文学奖。

瑞典学院认为罗素体现了人道主义与思想自由的捍卫者的斗争精神。"表彰他所写的捍卫人道主义理想和思想自由的多种多样意义重大的作品。"

颁奖辞中的一段话可以作为我们的结尾:"罗素的哲学具体地体现了诺贝尔先生创立这个奖的初衷,他们对人生的看法是十分近似的,两个人不但都接受怀疑论,而且都怀有乌托邦理想,并且由于对当前世局的共同忧虑而共同强调人类行为的理性化。"

电子计算机之父——诺伊曼

"约翰毫无疑问地被认为是计算机之父,那时他已经在普林斯顿造了一个。他居然邀请我参加那次讨论实在让人难以置信,很大程度上不是出于友好,而是怀着微弱的希望让我能提出新的想法,结果我辜负了他的期望。但我从没有停止过对计算机的好奇,并且使我感到荣誉的是我竟然受到了大师的启蒙教育。他的数学成就和技术对我来说太高深,无法用语言来描述。但我知道他的大脑是坚强有力的,因为有一次我亲眼看见他连续喝下了 16 杯马丁尼还能清醒地只靠双脚站着,尽管说话的语气带点儿悲观的味道。"

以上是剑桥大学著名教授奥托·弗里希回忆冯·诺伊曼的情况,那时他们在洛斯·阿拉莫斯研究原子弹,他评价道:"约翰·冯·诺伊曼,匈牙利出生的数学家,他发明了竞赛(包括经济的和政治的)规则的理论及第一个电子计算机后面的指导思想。"

的确,正如弗里希所说,诺伊曼是计算机思想的系统提出者。

冯·诺伊曼的运算能力很强,人们在研制导弹时要大量计算,有些数学家用笔,有些数学家用计算尺,但是他只用脑子。常常是和大家同步说出答案,甚至先于大家得到结果。

约翰·冯·诺伊曼是 20 世纪杰出的数学家之一,他在第一台电子数字计算机的制造中做出了巨大的贡献。然而他是一个真正的数学学者和富有创造的专家。

熟悉德国名字的人会在他的译名中得知他出身贵族。不错,他是犹太血统。他的父亲是一位银行家,曾被皇帝授予贵族封号。"冯"就是贵族的标志。

诺伊曼从小就很有才能,记忆力极强,他 6 岁时据说就已会七位数的除法。十多岁时,冯·诺伊曼已经会高等数学的许多方法和概念了。数学家菲克特在老师和家长的邀请下做了冯·诺伊曼的家庭教师。在中学毕业的时候,这个天才少年就和自己的数学家老师写了第一篇数学论文。

关于冯·诺伊曼的心算能力,他的老师、著名数学家波利亚曾经这样说过:"约翰·冯·诺伊曼是我唯一感到害怕的学生。如果我在讲演中列出一道难题,那么当我讲演结束时,他总会手持一张写得很潦草的纸片,说他已把难题解出来了。"

冯·诺伊曼 1927 年至 1929 年担任柏林大学义务讲师,1929 年 10 月到美国讲学,1931 年起为世界著名的普林斯顿大学聘任,授予终身教授职位。他精通英语、法语、德语,对拉丁语和希腊语十分熟练。

在美国,冯·诺伊曼结识了爱因斯坦、维纳等人,维纳是世界著名的神童,天才的控制论创始人。冯·诺伊曼与维纳合著了《博弈论与经济行为》一书,成为数理经济的权威之作。

1940 年后,冯·诺伊曼参与了军工研究,他于 1933 年加入了美国国籍,在军工研究中担任了美军弹道研制室的顾问。

他参加了正在研制的第一台电子计算机工作,说来机会很偶然。

1944 年夏天,冯·诺伊曼已经是一位十分著名的人物了,身为阿伯丁弹道实验顾问的他被人传说得十分神奇。

他参加了 ENIAC 的研制工作。ENIAC 机的研制使莫尔学院成为当时美国的计算机研究中心之一。在冯·诺伊曼到来后不久,经过对 ENIAC 不足之处的认真和细致的对话,研究小组很快又开始研制另一台电子计算机。

当 ENIAC——世界第一台电子计算机尚未完成之时,1945 年 3 月冯·诺伊曼又参加了另一种新型计算机的研究。在他的主持下,根据图灵提出的存储程度式计算机的思想,研究小组完成了 EDVAC 的设计方案初稿。1945 年 6 月,全新的存储程序式通用电子计算机的设计方案——EDVAC 诞生了。而这时第一台 ENIAC 机还未完成。

1945 年 3 月，冯·诺伊曼针对 ENAIC 提出了改进报告，确定计算机采用二进制，用电子元件开与关表示"O"和"l"，用这两个数字的组合表示任何数，可以充分发挥电子元件的开关变换，实现高速运算。

有一个有意思的事情。

冯·诺伊曼本来是数学家，他在此之前对计算机的研制甚至有关的技术都是一无所知，为什么他能够提出改进方案并且确定计算机基本结构和工作原理呢？

冯·诺伊曼提出计算机应有五大部分，即：计算器、控制器、存储器、输入设备、输出设备。

他提出的正是逻辑装置的关键，明确反映出现代电子数字计算机的存储程序控制工作原理和基本结构。

当他刚一开始进入电子计算机研制小组的时候，小组的负责人莫克利和艾克特并不十分热情，他们想要考一考这位来自普林斯顿高等研究院的数学天才，他们声称，只要从冯·诺伊曼提的第一个问题就知道他是否是真正的天才！

结果是可想而知的。冯·诺伊曼到达莫尔学院的计算机研究室看了研制中的计算机之后，提的第一个问题就是这台计算机的逻辑装置和结构，这恰恰是莫克利等人用来判定天才的标志。

1946 年之后，冯·诺伊曼领导了普林斯顿高等研究所的现代大型电子计算机的研制。后来制成每秒百万次的计算机，成功地应用于计算导弹数据与天气预报上。

1955 年，他检查出癌症，正在扩散。他更加夜以继日地工作，写出了人工智能的著作《计算机与人脑》。

1957 年 2 月 8 日，冯·诺伊曼去世。

宇宙中有多少个电子

1920 年，爱丁顿在英国学术协会演讲中讲述了蒂达洛斯和伊卡洛斯的故事。从这里我们窥见一位伟大探索者的灵魂。

钱德拉塞卡教授这样评价："在今天，我们怀着极其崇拜的心情，纪念一位曾朝向太阳勇敢高飞的伟大灵魂。"

爱丁顿是这样说的：

"古代有两位飞行员,他们给自己装上翅膀。蒂达洛斯在不太高的空中安全地飞越了大海,着陆的时候理所当然地受到赞誉。年轻的伊卡洛斯迎着太阳高飞,最后捆绑翅膀的蜡熔化了,飞行也就因此彻底失败。在衡量他们的成就时,也许要为伊卡洛斯说几句话。第一流的权威们告诉我们说他仅仅是在'玩特技飞行表演',可我更愿意这样看:是他明确地暴露出他所处时代的飞行器在结构上存在着缺陷。所以,在科学中,谨慎的蒂达洛斯也会将自己的理论应用到他确信非常安全的地方,可它们的潜在弱点不会被他的过分小心揭露出来。伊卡洛斯会将其理论拉至强度极限,直到脆弱的接合点裂开。仅仅是做一次壮观的特技吗?也许有几分道理,他也是一个普通的人嘛。但是,虽然他命中注定到不了太阳,无法彻底解开飞机的构造之谜,但我们可以希望从他的失败中得到一些启发,去建造一个更好的飞行器。"

阿瑟·斯坦利·爱丁顿于 1882 年 12 月 20 日出生在威斯特摩兰的肯特尔。父亲阿瑟·亨利·爱丁顿是一位校长,学校是肯特尔镇的斯特拉蒙加特校。这个学校历史很悠久,100 年前道尔顿曾经任教在此。

肯特尔的学术传统影响了爱丁顿,那里,科学工作被认为是最重要的公共服务,不是从实际利益出发,而是从社会贡献上说的。

1884 年,爱丁顿还不到两岁时,他的父亲因病去世。母亲带着姐弟二人迁往滨流韦斯顿。

童年时期,爱丁顿表现的和普通孩子不一样,他特别迷恋数,尤其是大数。有一次,他数《圣经》共有多少字。他还学会了 24×24 的乘法表。

这个爱好一直保持到爱丁顿成为著名的科学家。1939 年爱丁顿出版了《物理科学的哲学》,在其中一章的第一句话提道:我相信宇宙中有 15 747 724 136 275 002 577 605 53 961 181 555 468044 717 914 527 116 709 366 231 425 076 185 631 031 296 个质子和相同数目的电子。

这比数恒河沙数还要不可思议。诚然,这里的对和错不一定区分出来,但他表明了物理学家一种推算问题的乐趣。

著名的罗素曾经问过爱丁顿,是他自己算的还是把式子列好请别人算的,爱丁顿说那是在他一次中途旅行自己动手得出的结果。

1926 年,爱丁顿在牛津给英国学术协会做晚会演讲,他的开头是这样的:

恒星具有相当稳定的质量,太阳的质量为——我把它写在黑板上:

2000000000000000000000000000000 吨。

但愿没有写错数字零的个数,我知道你们不会介意多或者少一两个零,可大自然在乎。

1907年，爱丁顿应皇家天文学家克里斯蒂爵士之邀，进入格林尼治天文台任高级助手。他做了5年，1912年被选为剑桥的普卢米安讲座教授，接替乔治·达尔文爵士。罗伯特·伯尔爵士1914年去世后，爱丁顿担任了剑桥天文台台长。这项引人注目的工作，他做了30年。

爱丁顿对物理学最重要的贡献是创立了现代理论天体物理学，开辟了恒星结构、组织和演化的新学科。1916年，为了研究造父变星亮度，爱丁顿开始研究恒星结构。他出版了《恒星的内部结构》一书，并且对爱因斯坦的理论多加注意。正是在他的提议下，两支队伍，一支由爱丁顿本人率领，到非洲西部的普林西比岛，一支由天文学家克劳姆林带领，到南美的索布腊尔，把结果反复核对后，证实了爱因斯坦的伟大预言。

爱丁顿另有著作：《相对性的数学理论》（1923），《关于引力相对论的报告》（1915），《空间，时间与引力》（1920），《恒星与原子》（1927）。后两本书是特别受到欢迎的两本书。

爱丁顿对天体物理学的主要贡献是在恒星结构领域。不仅如此，在其他的领域他仍然硕果累累。他提出了"爱丁顿近似"，这是辐射转移问题的一种近似解决办法。他还解决了恒星大气中谱线的形成，这对研究恒星大气理论的起步阶段尤其重要。爱丁顿根据双星的星线分析光线弯曲，确定单个恒星的质量。这个问题是分层平面大气中有关光的散射与透射这一更大问题的原则。

爱丁顿最先修正了"生长曲线"方法，将这种方法应用于星际吸收谱线问题。爱丁顿引入了"稀释因子"概念，沿用至今。

他还认为：由星际吸收谱线确定的径向速度与银河纬度有一定关系，由这种关系确定的径向速度存在一个幅度，这个幅度应是恒星吸收线所表现出的一半。这个猜测被实际观测所证实。

有意思的是，爱丁顿和琼斯及米尔恩有过很大的争执，他们连续论战。作为一个不完美的人，爱丁顿表现出他争斗的强烈性。

爱丁顿说："米尔恩教授没有详细谈及为什么他的结论与我的有如此天壤之别。我对文章其余部分兴味索然，若对它的正确性还存有丝毫幻想的话，那太荒谬了。"

这可以看出，爱丁顿不是心平气和且公平地对待争论的。但是有一件小事似乎表明爱丁顿对争论的态度：

爱丁顿和他的姐姐常常去参加纽马克赛马大会，哈代问爱丁顿是否赌过马。爱丁顿回答说没有，但是他强调只有一次。哈代便问那一次是怎样的，爱丁顿说有一匹名叫琼斯的马飞跑着，他无法抗拒这匹马的矫健丰姿，于是就下了一次注。结

果大家问他赢了没有,爱丁顿以他特有的微笑说:

"没有!"

这个轶事被人们传说至今。

爱丁顿本人身上有很多优秀品质,比如为了信仰不怕暴力。这也是他在科学上追求太阳的体现。

1917年,世界大战仍在进行。英国制订了征兵法,爱丁顿完全符合条件。但爱丁顿本人是一个反战者,他热心笃信教友派。

朋友们知道爱丁顿是因为自己的信仰而反对服兵役的。但这样就麻烦了,因为以这个理由来反抗政府只能被抓入兵营,强制服役。政府对人道主义立场的反战人士是不欢迎的,而且十分厌恶。社会潮流也认为拒服兵役的人是可耻的人,不管你是否真诚希望和平。

于是,剑桥大学的好朋友们便想办法让内政部下命令使爱丁顿能够缓服兵役。他们提出来的理由是:爱丁顿在科学事业上有举足轻重的作用,从长远利益来看,让他参军是一项重大损失。整个科学界因为著名科学家莫斯利在加里波利阵亡的事都感到遗憾和痛心。

本来,拉莫爵士等人的建议就要成功了,内政部给了爱丁顿一封信,只要爱丁顿在信上签名就可以了。但是,直言不讳的爱丁顿却又在信上添了附注,说如果不能缓服兵役的话,他就要用另外一个理由来拒绝兵役,那就是他崇信的教友派教义。军方当然对此十分生气了,这使得缓解服兵役一事遇到了阻力。

爱丁顿认为,他的许多教友派朋友正在北英格兰的军营里削马铃薯皮,他没有任何理由不和朋友们在一起。最后,经过皇家天文学家戴逊的周旋,爱丁顿终于缓服了兵役。而且还确定,如果1919年5月前结束战争,他将率领考察队去验证爱因斯坦预言。事情发展正如后来发生的那样顺利。

爱丁顿是相对论的阐述者和提倡者。他做出了巨大贡献,并且发现了爱因斯坦的一些错误。

晚年,爱丁顿对于他关于宇宙常数、宇宙模型、相对论简并、黑洞的形成以及"统一量子论和相对论"方法的观点过于自信,但某种程度上也是一种自负和糊涂。

他说:"我相信,当人们认识到必须理解我,并且'解释爱丁顿'成为时尚时,他们会理解我的。"然而人们记叙的却是:"在他最后的日子里,由于长时间的想入非非,他脸色如死人般苍白,显得痛苦不堪。"

1944年11月,62岁的爱丁顿离开人间。20世纪杰出的百科全书式的人物罗素写道:"爱丁顿爵士逝世,天体物理学因此失去了自己最杰出的代表。"

数学危机

数学被人们认为是严密而精确的推理学科,它有系统而严格的思维特点。然而从数学发展的角度看,这最精确的科学也发生过很多次动摇,到 20 世纪,它的严密再一次受到怀疑。

如果回顾过去的话,数学最少有三次危机。

第一次是和谋杀案联系在一起的。

公元前的 6 世纪,毕达哥拉斯学派认为:"任意两条线段的比都是整数比"。他说的既有整数也有分数,分数也可以表示成两个整数之比。

结果后来出现了一个问题:如果正方形边长是 1 的话,那么对角线值是多少?

毕达哥拉斯发现了勾股定理,问题同样可以改成:直角三角形,两条直角边都是 1,那么斜边长是多少?

毕达哥拉斯冥思苦想,埋头细算,熬过许多不眠之夜,竟然得不出来!最后,他认为这个数太可怕了,于是下了禁令:任何人都不许提这件事,也不许研究。

在学派中有一名成员叫希伯索斯。他对未知充满探索的兴趣,他不顾禁令,偷偷研究这个正方形对角线与边长的比例问题。这个问题扩展后,就是求正方形对角线长度与边长的比例。

希伯索斯进一步研究了正五角形。结果发现,当正五边形的边长为 1 时,对角线既不是整数也不是分数,这可怎么办?

当时,人们的数只有整数和用整数比来表示的分数,没有其他的数了,而希伯索斯发现的这个数竟然不是个"数"!

这个发现在学派的内部流传开来,人们惶恐不安,毕达哥拉斯学派的首脑们得知以后,研究了希伯索斯的发现,认为这真是"荒谬"的东西,简直是魔鬼的化身!

当时的毕达哥拉斯学派宗教色彩十分严重,他们对自然的看法也是人们中最权威的。毕达哥拉斯"万物皆数"的话成为毕达哥拉斯学派的真理和教规,但是希伯索斯的发现竟然让"物"不能用数来表示!于是学派内部封锁这个发现,以免动摇人们对他们的权威信仰。并且不允许任何人研究这方面的数,不管是正方形还是正五边形。

然而希伯索斯仍在探索,毕达哥拉斯学派被惹火了,把这个"异教徒"投入大海。希伯索斯可能是第一位为研究思维和自然的奥秘而不幸献身的人。

第一次数学危机就是这件事,希伯索斯发现的是无理数。无理数被后人所证明存在。现在,我们轻易地知道正方形对角线与边长之比是。

第二次数学危机是微积分发明之后。

微积分对自然科学的有力描述引起了贝克莱大主教的恐惧,他也精通数学,对牛顿提出了种种反驳。

这些矛盾主要体现在无穷小概念上。无穷小是微积分的基本概念。在牛顿的推导中,他用了无穷小作分母进行除法运算,之后他又把无穷小量看成零,去掉了它们,得出了公式。这些公式经物理学使用,证明是正确的,但是推导过程却是自相矛盾的。

无穷小到底是零还是非零? 用作除法中的除数,证明不是零,可是后来又消去,近似于看成零,这怎么说得通呢? 不能任意变动一个数,随心所欲是不对的。

18世纪,人们一直陷在微积分的矛盾恐慌之中,这就是数学史第二次危机,它让人们迷失了数学的确定性,直到19世纪柯西提出极限的系统理论后,这次危机告以结束。

20世纪初,智者罗素出现在哲学、数学、文学等各个领域。罗素提出集合中的一个悖论,用通俗语言来说,他在1912年提出了理发师问题。引发了第三次数学危机。

理发师悖论是:

某村一位理发师有一个声明,他只给村子里那些自己不给自己理发的人理发。那么问:理发师本人的头发谁来理呢?

要是理发师不给自己理,他就符合自己所声称的,那么他就应该给自己理;可是他给自己理,就成了给自己理发的人,那么他不应该给这种人理发,所以又不该给自己理。

两面都不是,怎么办?

罗素提出的悖论是集合悖论。用数学来表达,就是集合有两种:

第一种集:集本身不是它的元素;

第二种集:集本身是它的一个元素,比如一切概念构成的集合,一切集合构成的集合。

如果按照上面的前提,每一种集合不是第一种就是第二种。如果设第一种集的全体构成一个集合,那么这个集合属于哪一种呢?

要是属于第一种,那么就是可以认为集合本身是它的一个元素,则应归第二种。若是归到第二种,则又该归到第一种。

这就是集合悖论。人们的数学基础之一就是集合论,集合的确定性等性质是现代数学的几乎全部基础,但罗素悖论直到现在仍然是人们争论的问题。哥德尔提出了"公理集合"，这都是现代数学的复杂问题。

人脑的延伸

人贵在使用和制造工具。一般的工具都可找到原型，延伸的原型。例如，望远镜是目力的延伸，起重机是体力的延伸。

在古代，欧洲以及东方和远东各国的算盘是很盛行的。为了进行反复的计算，人们编制了各种数表。早在埃及和古代西亚，天文学家和丈量土地的人以及商人、高利贷者都使用数表计算。

17世纪，纳皮尔发明了对数。对数表是数学家、技术人员和各业工程人员的必备手册。

英国的埃德蒙·冈特于1624年设计了对数计算尺。计算尺的工作原理十分新颖，使用者没有必要动用算珠或石子以及金属片。对数计算尺将数与对应的长度相邻排列，形象极了。

已知传世最早的机械计算机是法国物理学家和数学家帕斯卡设计的，是一台加法机。

这台加法机像钟表那样，利用齿轮传动来实现计算。计算时要用小钥匙逐个拨动各个数位上的齿轮，计算结果则在带字小轮的另一个读数窗孔中显示出来。计算结束后，还要逐个恢复零位。

这台简单的加法机是计算工具变革的起点。当然，人们传说开普勒设计了一台用于天文计算的计算机，可以做乘法和除法，并且可以进位。但是没有传到后世。

戈特弗里德·威廉·莱布尼茨制造了一台能够运算加减乘除的计算机。在1673年，莱布尼茨展出了实验装置。

历史上，第一次能大批量生产计算机的是科尔马城的保险商人卡尔·托马斯。他自己设计了一台计算机，于1820年应用在巴黎办事处——他的工作处。那里有很多计算人员，托马斯为了减轻工作量而设计了能大批量生产的计算机。这种计算机能使快速度的计算员在18秒内得出两个16位数的积。

奥德纳是一个很有名望的计算机设计师。在1874年，奥德纳展出了他的发明。这位彼得堡的机械师设计的一些重要零件仍然用在今天的计算机上。奥德纳的计算机生产了数千台，并且出口，多次获得国际奖励。

我们今天还使用的台式计算机有很多构造是从机械计算机发展而来。

机械计算机是落后而复杂的。法国在 18 世纪末为推行百进位角度制而重编三角函数表和三角函数对数表时，使用的还是大量人力。这个浩大的计算工程由三个层次的许多人员共同完成。首先由五六名数学家确定所用的最佳数学方法，其次由 8 到 10 名计算人员计算出"主要数值"，最后由 100 多名计算员按照制定好的规则进行计算，而这些人的技术要求不需要很高。

这种办法启发人们制造自动计算机。

在 18 世纪末以来，人们开始不断试制各种机器，使得他们能按程序自动操作。一位法国织布工人约瑟夫一玛丽·雅各德在织布机上安装了穿孔卡控制装置。代替织布工人的手工操作。在硬纸卡上的是系统穿孔，再把它们排成一串，通过针来探孔。引线则根据针尖是否在孔里决定。用这个办法可以很快地和准确地织出极为复杂的图样。只要更换穿孔卡就可织出另一种花样。如果需要一种已停产的花样，只需把老的穿孔卡找出来。

这个机器启发了英国数学家查尔斯·巴贝奇，他想到制造一台这样的计算机。

法国的几个科学家编制了一种程序，把一切计算分解，使之成为各简单步骤的组合。而这些简单步骤的计算所使用的人员要求并不高，只要懂得基本四则运算的人都能办到。

1822 年，巴贝奇发表了《致戴维爵士关于应用机器编制数学用表的信》，提出了"分析机"的思想和计划。这台计算机已经包括了现代程序控制计算机的各种组成部分。它具有一台执行真正运算操作的运算器，一台决定运算程序的控制器，一台保存数据以便在运算过程中取用的存储器。

只可惜由于种种条件，这个十分接近现代计算机的方案没能成功实施。

在计算机的研制史中，物理学的发展曾经吸引了一批探索者从另一个角度研制运算工具即模拟机。我们以上提到的都是数字机。模拟机最具代表性的是布什的微分分析仪，但是模拟机在通用性、精确度以及速度方面存在局限性，当数字计算机的研究取得成功后，人们的注意力便转到了电字数字计算机的研究中，但是现在的模拟机在许多测量和控制问题中仍然有着广泛的应用。

19 世纪，布尔研究了逻辑思维的一般规律，他成功地将形式逻辑归结为一种代数演算，即布尔代数。虽然他从来没有考虑过布尔代数与计算机的联系，但这却是现代计算机重要的理论。

在模拟计算机中，1904 年俄国有人提出了这种思想。1914 年，德国设计了一台类似的装置，用来编制行车时刻表。几年以后制成的微分分析器已拥有上百台电动机和传动结构，而且还有继电器和放大器。

1936 年，图灵设计了一种"理想计算机"，即图灵机。1939 年，图灵又将它改进,使之带有外部信息源。图灵的工作正是把人们在进行计算时的动作分解为比较简单的动作。我们可以分析一下平常计算的步骤和需要:其一,纸张,一种贮存结果的存储器;其二,表示加减乘除的一套符号和规则;其三,每次看到的范围和多少;其四,下一步要做什么;其五,执行下一步,其中不过是变符号与数字,变计算意向不扫描区域等等。

图灵把计算过程转化到一条线性的纸带上进行。例如竖式演算的乘法改成横式书写,而且每个数字全用二进制表示,这样,"0"与"1"构成数串。

图灵机就是基于以上原理制造而出的,可以按照人们指定的算法程序进行计算。利用这个原理和图灵机,图灵根据已解密的英国二次大战绝密档案记载,与同事们一起研制了多台专门用来破译密码的计算机,并成功地破译了德军的密码。战争期间,图灵在破译敌军密码的工作中做出了重要贡献,战后被授予大英帝国荣誉勋章。

1941年,美国的霍华德·哈德威·艾肯和德国工程师康拉德·祖塞两人先后在相隔不到几个月的时间里展出了他们的程序控制继电器计算机。对于不懂之人来说,这台计算机看上去有点像电话交换机,不少于13000个继电器的大设备。

达到极限的继电器计算机在一分钟大概能完成100次运算。因为断开一个继电器到接通它,需要千分之几秒。要想算得快,继电器必须被电子管替代,因为电子管没有机械惯性和不会产生接触磨损,在一分钟可以处理变化几亿次以上的电压或电流。

二战期间,直接原因是计算炮弹的轨道数据,莫尔学院开始研制电子管计算机。第一台真正的电子计算机诞生了。

第一台电子计算机是ENIAC。它是采用电子线路技术研制成功的通用电子数字计算机。由美国宾夕法尼亚大学莫尔学院的莫克利和艾克特负责在1945年年底制造成功。

这是一个庞然大物,占满了一个大厅。机柜中装有18000个电子管,1500个继电器,几千个其他电气和电子元件。"ENIAC"消耗的电力,可以使一辆电车运行,大部分能都要转为热能,所以,为了防止机器温度过高,还要配备为这台计算机进行降温的设备。

尽管如此,ENIAC可以1秒钟进行5000次加减法运算。这台电子计算机在基本结构上和原来的机电式计算机差别不大,程序不能存储,大大降低了效率。

不管怎样,第一台电子计算机诞生了,证明了广阔的发展前景。

ENIAC诞生了,但是研究小组的成员因为发明权之争而引起种种纠纷,小组最终分裂解体,致使研究工作中断。在政府和军方的支持下,冯·诺伊曼、戈德斯坦、勃克斯等人离开了宾夕法尼亚大学莫尔学院，到普林斯顿高等研究所工作，继续研究。1952 年，EDVAC 机建造成功。

自 ENIAC 和 EDVAC 诞生后，美国、英国、苏联、法国等国迅速研究，电子计算机的研究以极高的速度进展。在 20 世纪 50 年代，生产已成规模。

一般认为，到 20 世纪 80 年代，由主要元器件不同而区分，电子计算机约经历了四代发展。

第一代电子计算机用的是电子管或继电器，主要用来解决数学、物理和技术领域内的数值计算问题。第一代计算机的运算速度可达每秒上千次，存储器主要采用磁芯、磁鼓，容量较小。数据一般使用穿孔卡和穿孔带或电传机输入和输出。

在第一代时期，美国计算机的发展实现了三部曲：军用扩展至民用；实验室研制转为工业生产；由科学计算扩展到数据处理。

不久，晶体管技术成熟了。电子管寿命短、体积大、能量消耗和冷却都需要巨大花费，所以人们开始考虑研制新一代计算机。

1959 年开始使用第二代晶体管电子计算机，主要采用半导体。晶体管电子计算机首先产生在美国，其后英、法、日、西德均进入晶体管开发时期。

1958 年，当第二代计算机还处于刚刚准备批量生产的时候，美国得克萨斯州仪器公司制成了第一块半导体集成电路。三年后，得克萨斯仪器公司在军方的支持下，研制成功了第一台试验性的集成电路计算机。然而，初期的集成电路由于集成度不高和价格昂贵，没有能够马上应用于计算机的工业生产。随着集成电路工艺技术的改进和生产成本的降低，到 1964 年 IBM 公司才成功地研制出大型集成电路通用计算机 IBM360 系统，拉开了第三代集成电路计算机的序幕。

IBM360 计算机系统，在系列化、通用性和标准化方面极大影响了世界各国的通用系列计算机的发展，成为计算机发展史上一个重要的里程碑。

第三代计算机是集成电路计算机，到了第四代，发展为超大规模集成电路计算机。今天的微型机速度和容量比过去的中型、小型都要高出许多，计算机技术日新月异。

从 80 年代开始，在超大规模集成电路技术发展和各种应用背景的强劲支持下，第五代计算机的研究开始了。

因为目前四五十年以来，成熟的电子计算机技术都遵循冯·诺伊曼提出的方案结构，所以，科学家们要突破这个结构，取得新的进展。于是，人工智能计算机研究开始了。

80 年代，计算机出现了 20 世纪激动人心的可喜成果：精简指令系统计算技术 RISC 使多处理商品化，产生了第一批大容量并行计算机。

然而,传统硬件技术与理论指导的 20 世纪电子计算机方向似乎已经走到了极限,新的道路在 21 世纪展开。

航天时代

飞机使人类进入航空时代;火箭使人类进入航天时代。被"现代火箭技术之父"戈达德称为"空中仙女和优美的舞蹈家"的火箭,拉开了人类航天序幕。

1957 年 10 月 4 日,人类进入航天时代。

苏联科学家成功地发射了一个金属球,它用一颗火箭冲破地球吸引和大气阻挡,停留在地外空间,不停地绕地球旋转。

报纸上报道:"从苏联领土上成功地发射了世界第一颗人造地球卫星。……运载火箭使卫星具有大约每秒 25000 英尺的速度。

"卫星正以椭圆形轨道绕地球运行,在日出和日落时,可以用最简单的光学仪器观察到卫星的航行。根据目前借助直接观察而进一步校正计算,卫星将在离地面高达 500 英里上空飞行。轨道平面同赤道平面的倾角是 65 啊 * "1957 年 10 月 5 日,卫星将两次通过莫斯科上空。……卫星为球形、直径约 22.8 英寸,重 184 磅。卫星上安装有两架无线电发射机,以便持续不断地发射出无线电信号。"

以上是苏联塔斯社的报道摘录。

这颗卫星就是"卫星一号"或称"旅行者一号",它其实是一个空心的球,什么都没有,只有一个能发射电码的发报机和最简单仪器。

这时,美国可着急了。航空竞争从很大程度上看是军事和国威的竞争。在空间竞争的第一阶段,美国就落败了,岂不太丢面子了吗?

随着世界各地的收音机和电视机都收到那神秘的"嘟嘟"声,到真相大白之时,美国党政要员的心也被嘟嘟声搅得心神不宁。

20 世纪以来,美国人第一次感到抬不起头来。

各大首脑急急布置,迎头赶上。谁知话音未落,1957 年 12 月 4 日,苏联又发射了一颗卫星,这一次重达 500 千克,而且竟然装了一只活的生物——小狗"莱伊卡"。

美国人急匆匆试验,欲发射一枚先锋号。但是"先锋"出师未捷,在卡纳维尔角升空不到 2 米,一声巨响,七零八落。

1958 年 1 月 31 日,由美国陆军的导弹顾问冯·布劳恩教授设计的"丘比特·C"型火箭将美国的第一颗人造地球卫星送上了天。这使得美国稍稍挽回了一些面子。

但是苏联明显是这一阶段的胜利者,因为美国人的卫星又小又轻。我们也看到美国雄厚的科技实力。

这些竞争的前身就是大战中火箭的研制。冯·布劳恩是德国一个富裕的地主家庭后裔。他的家人曾经因为他愿意献身火箭研究而感到很不满意。

1932年,他被任命为德军火箭研究计划的第一助理。德国的"皮奈蒙德工程"就是火箭的军事研究。所谓V-2号弹就是二战令人恐慌的新式火箭。

然而,冯·布劳恩曾一度被纳粹逮捕并警告,因为他"一直研究航天飞行,而不是发展武器。"

后来,冯·布劳恩加入美国国籍,成为主要的火箭负责人之一。

本来在1955年,美国总统艾森豪威尔宣布美国计划发射人造地球卫星,作为对将于1957年7月1日开始的国际地球物理年的一项重大贡献。

美苏竞争,苏联紧接着也宣布于1957年发射。两国默默研制,没想到在人们拭目以待的时候,苏联走在了前面,赢得了宣传上的大胜仗。

1958年3月15日,苏联发射第3颗人造卫星;美国随即发射第2颗即"先锋1号"。

接下来苏联一直领先,回收技术也不断精确。1960年,苏联发射了月球卫星,在这之前苏联的卫星有一颗已经撞在了月球上。1960年8月15日,苏联将载有两条狗以及一些植物的"太空舱2号"回收。

1960年,苏联发射了第一颗气象卫星。自此之后,苏、美以及其他国家的卫星任务日益复杂。有军事卫星、气象卫星、地质考察卫星、传播信息卫星。人造地球卫星可以观测到植物生长区、融雪、矿藏甚至森林大火。

气象卫星可以很好地观测台风,特别适合观察大海与荒漠。通信卫星可以传播数万千米之外的电视节目。

自从1959年以来,苏联的"月球1号"成为第一颗太阳系人造行星;1970年"月球16号"在月球着陆,收集土样;同年"月球车1号"从地球摇控的月球车在月球着陆。美国也研制了火星、月球探测器。这些,都为人类进一步走向太空打开了一条通路。

发射卫星这只是航空时代的一个基础技术,人类真正的梦想是冲出地球。

美苏竞争中,美国一直稍稍落后于苏联,这已经使它很着急了,甚至开始从根本教育制度找原因。顺便说一下,这使得美国对科技的重视大大增加,使它受益不少。

1961年,美国正苦苦追赶苏联的时候,又一件事情发生了:苏联宇航员加加林少校驾驶着"东方 1 号"飞上了太空,在 327 千米的高空上,他渐渐地适应了失重情况,并完成了各种科学实验。

太空漫步不再是梦想。

1961 年 4 月 21 日上午 9 时 7 分到 10 时 25 分,加加林开始返回地球。离地面 7700 米时,加加林与座椅一起弹出,成功地落地,实现了人类第一次太空飞行。

美国总统肯尼迪说:"看到苏联在太空比我们领先一步,没有人比我们更泄气了。……无论如何,加加林的飞行终止了人是否能在太空生存的争论。"

美苏两国均加紧实验,不断有宇航员进入太空,漫步遨游。在卫星的基础上,宇宙飞船使人类有了太空列车。1969 年,人类成功登月。

现在,飞船与卫星可以被设计成各种尺寸和形状,以便完成各种特定的科学任务。它们并不都是金属球状的,有的像地窖,有的是圆柱状,进入宇宙空间后,由于它的太阳能翼板、天线和其他部件都将从卫星主体上伸展出去,所以形状也会更复杂。

五六十年代开始,人们一边发展载人研究,一边发展无人探测技术,都取得丰硕的成果。例如小型的天文台,资源分析中心,实验室。美国的空间技术从登月开始超过了苏联。

1973 年 5 月,天空试验室——空间站使人在较长时间中体验失重的感觉,并进行更深入的研究。航天飞机与空间站的诞生,使人类移民太空成为可能。

阿姆斯特朗登上月球

"这一步,对一个人来说,是小小的一步,对整个人类来说,却是巨大的飞跃。"

1969 年 7 月 20 日美国东部时间晚上 10 时 56 分,阿姆斯特朗在月球松软的土壤上踏下了人类第一个脚印。

奥尔德林紧随其后登上月球。他们看到故乡地球像一个明亮的圆盘悬挂在星球林立的高山丛中。二人将一块特别的金属牌竖立在月面上,并默念:"公元 1969 年 7 月,来自行星地球上的人类首次登上月球,我们为和平而来。"

金属牌下放置了 5 个遇难宇航员的金质像章,他们是苏联的加加林、科马罗夫和美国的格里索姆、怀特和查菲。

苏联的两位勇士牺牲在飞船坠毁的事故中,美国的三位勇敢者牺牲于实验事故,在人类一大步的迈进中,应该永远记住他们。

把人送上月球的美国计划,从一开始就是较量,证明美国技术永远优胜于苏联。在总是被苏联赶超一步的情况下,加加林飞出地球之后的第 43 天,美国总统肯尼迪宣布:"美国要在十年内,把一个美国人送上月球,并使他安全返回地面"。

这就是阿波罗登月计划。

一个首要的问题是,要研制推力极其巨大的火箭,足以把飞船的 45 吨重有效载荷推出地球的引力。另一问题是要充分了解月球地形。另外还有精密的制导系统,完善的操作技术以及宇航员避免重返大气层时的高温伤害。

"阿波罗计划"的第一步是"水星计划"。在这以前接连发射了三个探测器:"突击者","勘察者"和"月球轨道勘测器"。

水星计划较为顺利,取得了成功。1961 年 5 月 5 日,艾伦·谢泼德成了第一个飞入空间的美国人。他乘坐"自由 7 号"在空中停留了 15 分钟 23 秒,虽然只是在空中划了一个大弧而不是圆满的轨道,这已经足以成为美国心目中的英雄。

9 个月之后,约翰·格林乘坐 1680 千克重的"友谊 7 号"水星宇宙飞行器,进行了美国第一次环绕轨道一圈的飞行。

水星计划以戈登·库珀的环绕轨道 22 周飞行而告结束。

从这一计划中,宇航员总共获得约 50 个小时的飞行经验,并且适应和探索了在失重状态下的活动状况,检验了宇航员耐受加速度的情况。

此时的苏联,不公开声称竞赛,而是暗暗地升空,进行多人飞行试验。美国加快研究,实施第二步"双子星计划"。

1965 年 3 月 23 日,弗吉尔·格里森和约翰·扬进行了第一次"双子星座"双人飞行。"双子星座"双人飞行共进行了 10 次,在这期间,美国宇航员掌握了轨道调整技术并且初步处理一些故障,比如双子星座 8 号推进器不发火,被宇航员处理解决。

1966 年 11 月,双子星座计划结束,证明了双子星座飞船比苏联发射的载人飞船"东方"号要先进一筹。

而在 1965 年 4 月,冯·布劳恩领导研制了"土星 5 号"火箭,它总长 85 米,竖起来约 30 层楼。这是一种三级火箭,第一级推力 3500 吨。这种火箭的出现,使美国在运载技术上具备了实施阿波罗计划的能力。

在搜集月球资料上,美国也有所突破。经过六次失败,美国有了个"突击型"探测器在坠毁之前发回的成千上万张近距离月球表面图片。

1966 年和 1968 年,美国有 7 个"勘察者"探测器在月球上软着陆,成功地接触月球而无损伤,它们考察月球土壤的质地和结构,并在月球表面拍摄景色。

一切就绪,"土星 5 号"试飞。这种火箭第一级有 5 个燃烧煤油和液氧混合物的 F·1 发动机,第二级有 5 个氢氧混合的 J·2 发动机,第三级有 1 个 J·2 发

图文珍藏版

动机。

三级分管不同空段和时段,能运载重达千吨的重物。

阿波罗飞船由三个舱体组成:机械舱、指令舱、登月舱。指令舱是飞船的中心部分。飞行期间,主要靠指令舱的设备来工作。指令舱是圆锥形的,里面空间很大。指令舱所装置的微型计算机的存储量超过了水星计划中的主要工作计算机。在指令舱外面是一层金属树脂纤维材料,呈蜂窝结构,因为宇航员最终将乘指令舱返回地球。

机械舱最大,在指令舱的下方。机械舱里安装了发动机,能使阿波罗在外层空间改变方向,进入飞向月球的轨道,并且从月球陆地返回。机械舱里有各种动力装置。尽量可能并且易有:两种用来燃烧的燃料不是靠原来混合,而是靠气压使之接触即燃;燃烧室有喷嘴所敷的深层,可以逐渐烧掉,不需要额外冷却系统。电池有3个,每一个都可供飞一个来回之用。

最怪的是登月舱,人们称之为"甲虫"。登月舱是最终登上月球的部分,而它的任务还有将登月的宇航员送回到指令舱。登月舱外面是金属箔,有4条腿,这样可以支撑着地。

因为登月舱要从月球上起飞,设计人员绞尽脑汁,精益求精地将登月舱减到最轻。舱里面没有可坐或可躺之处,宇航员利用一些绳索控制平衡。登月舱在由飞船分离而向月球着陆时,约一万多千克,这里面很大部分是燃料。返航时,舱的下半节是着陆平台,丢在月球上。上半节飞回指令飞船所在处。据估计,在起飞时登月舱的重量不会超过一辆大汽车。

设想初步实现,1967年1月27日,第一艘飞船造成,开始模拟实验并准备2月份发射。然而装满加压纯氧的密封舱突然着火,3位宇航员在不到一分钟时间内全部因高温灼烧和窒息而遇难。他们就是奥尔德林两人安放的3枚金像所示的牺牲者。

结果发现是一根导线出了毛病,使线皮着火。舱内都是纯氧而救急开关缺乏,并且还有许多其他可燃物。

于是,阿波罗计划暂缓,指令舱重新研制。在这期间,苏联的科马罗夫于1967年4月24日驾驶"联盟号"返航失利,坠毁而献身。

经过了近一年多的努力,1968年7月16日早上,佛罗里达州省尼迪角一带的道路上人山人海,将近100万观众拭目以待。

巨大的土星5号拖着长长的轰鸣冲上云霄,然后折向大海飞去。3天以后,宇航员开始绕月飞行。其中阿姆斯特朗担任飞行文职指令长;奥尔德林职衔是空军上校、航天学博士;科林斯是空军中校,他的任务是在阿姆斯特朗和奥尔德林降落在月球上时留守指令舱。

7月20日中午将过,"鹰号"(登月舱号)载着两名宇航员与指令舱分离,发生了我们所见的登月过程,在降临在月球时,阿姆斯特朗向美国报告了这一消息。

月球上没有空气,温度差异极大,冷时达零下150摄氏度;热时温度可到零上120摄氏度。另外,还会下微小的陨石雨,石头以每小时十多万千米的速度倾泻下来。

宇航员的服装带有加压隔热层,周身围裹,而且带有方便的袖珍型维持生命装置。两位宇航员在月球上停留了21个多小时,有两个小时是野外作业。

在月球上,他们展示了负重而轻的奇妙现象。因为月球引力是地球的六分之一,厚重的达85千克的服装设备只相当于14.5千克物体在地球上的重量。

7月24日,安全返回地球。为了预防月球微生物携带,他们被隔离了近半个月,然后受到了欢迎英雄一样的热烈接待。自1969年7月到1972年12月,"阿波罗"登月飞行共进行了七次,其中六次成功,宇航员共勘察月球80小时,带回384.6千克岩石,并且安置了精密的科学仪器。

值得一提的是阿波罗15号登月,宇航员斯科特驾驶月球车行驶了28千米,并且表演了铁球和鸡毛从同一高度下落、同时落地的奇特实验。

月球上没有生命,也没有微生物。月球主要是钾与钠组成,某些地方留下的外物撞击深坑直径达一千多米。我们对月球背面知之甚少。

奥尔德林说月球是"极为孤寂的世界"。阿姆斯特朗说"月球上有一种荒凉独特的美,很像美国许多荒凉的高原地带。"

在登月之前,美国政府交给阿姆斯特朗一项任务,即把两面美国国旗插在月球表面。

然而,回到地球之后,阿姆斯特朗做了一个著名的演讲:

"太阳只升到地平线上10度,在我们停留期间,地球自转了将近一圈,静海基地上的太阳仅仅上升了11度,这只是月球上长达一月的太阳日的一小段。这令人有一种双重时间的奇特感觉,一种是人间争分夺秒的紧迫感,另一种是宇宙变迁的冗长步伐。

……

我们是为了全人类的和平而来的。

……

现在我们荣幸地在大厦里奉还国旗。国会大厅象征着人类最崇高的目标:为自己的同胞服务。"

基本粒子"不基本"

在 20 世纪 30 年代时,人们的眼光突破了原子到达了电子、质子、中子和光子。人们似乎又一次满足了,称它们是基本粒子。

岂不知,大自然又在给人们开了一个玩笑。没过多久,先是在宇宙辐射中,后是在粒子加速器中,发现了一大批所谓"基本粒子"。自从 60 年代以后,更加巨大的高能加速器建立了起来,许许多多只在一瞬间湮灭的粒子被人们发现了,一大批基本粒子出现了。"基本"有这么多吗? 这是现在物理学家仍在思索的问题。

1928 年,狄拉克预言了正电子的存在。一般来说,电子只带负电,然而相对论的电子运动方程却预言了正的电子荷。

1932 年,美国物理学家安德森在宇宙线中证实正电子确实存在。后来发现正负电子相遇而迅速转化为两个光子。

1922 年,在研究原子核衰变时出现了问题。30 年代时,英国物理学家 C·D·埃利斯仔细地测量了从衰变的放射性核发射出的电子的速度,发现有些能量莫名其妙地消失了。

说起埃利斯,又有一个有趣的事。

本来他不是物理爱好者。在一战中他当军官而被俘。在监狱里,他碰上了一名狱友,二人攀谈很投机。这个倒霉的年轻人被当成间谍成为德国监狱里的囚犯。他就是后来物理学界大名鼎鼎的詹姆斯·查德威克。

查德威克本来是去柏林跟弗里兹·盖革学习放射性问题的,没想到被投入监狱。

就这样,埃利斯跟查德威克学习物理以打发无聊的时间,没想到一发不可收拾,他竟然放弃了军人生涯,成为一名尖端物理研究者。

在埃利斯做实验时,他曾用相对论理论计算了放射性核的质量和它衰变后的核(子核)的质量。运用简单的减法和爱因斯坦的公式就可以算出跑出的电子所应有的能量。

然而埃利斯发现,跑出来的电子能量是不相同的,在一个衰变中离逸的电子速度可能慢一些,而在另一个衰变中速度加快。

这一快一慢,证明能量在失落。爱因斯坦是否有错? 能量守恒不适用微观粒子世界?

玻尔曾一度想过这个问题,他是量子力学的建立者。

1931 年,玻尔的学生,奥地利物理学家沃尔夫冈·泡利提出假说。1933 年,他认为有一种至今未知的粒子,它既不参与强作用,也不参与电磁作用,能带走能量而逃逸。

这就是"黑衣窃贼"中微子。

中微子的原文被人们当成了意大利语。它可真正算被理论预言而后被实验证实的粒子。在物理学上,理论预言实践的重大发现还属于凤毛麟角。爱因斯坦是为数不多的对过一次的人。

泡利这个人很有意思,他在某些方面代表了当代尖端理论物理学家的幽默习惯。他是一个快活的胖子,被人称为"说风凉话的大师"。

据说每当他听说一个新的物理成果、理论体系或验证过程等等,他就会十分悲哀地说:"老天,他居然没什么错。"这句口头禅在物理学界被开成一个善意的玩笑,说泡利死后见了上帝,会恳求上帝透露造物的设计与秘密。

接下来发生了什么呢?

在上帝陈述完秘密之后,威严地看着泡利,只见他悲痛地说:"老天,这居然没什么错"。

泡利得出中微子如幽灵一样穿行,没有质量。在量子物理中,人们最注意概率,也就是可能性。

在推测中,微子只通过弱力参与相互作用,与核或电子相遇并相互作用的概率很小。泡利认为"一个中微子可以像幽灵一样穿过整个地球而不与之发生相互作用。"反过来,我们这些有血有肉的人就不能穿过一道墙,因为我们身体的原子肯定会与墙中的原子发生电磁相互作用。

当代著名的物理学家和教授阿·热在他的著作中征引了一首关于中微子的诗。据他所说,美国小说家约翰·阿普戴克对中微子着了迷,写下这首诗,很可能是唯一的一首文学家对亚核粒子的诗歌:

中微子啊多么小,
无电荷来又无质量,
完全不受谁影响。
对它们地球是只大笨球,
穿过它犹如散步,
像仆人通过客厅,
如光透过玻璃。
它们冷落精心装扮的气体,
无视厚实的墙

冷漠的钢和坚硬的铜。

它们凌辱厩里的种马，

蔑视阶级的壁垒，

穿过你和我！就像那离悬的

无痛铡刀，它们落下，

切过我们的头又进到草地，

在夜里，它们进到了尼泊尔，

从床底窥视

一对热恋的情侣。

你呼其奇妙！

我呼其非凡！

——约翰·阿普戴克《宇宙的尖刻》

与中微子撞击相当于遍天撒网。为了能验证它的存在，物理学家要在粒子加速器中产生中微子来，设法与数不清的核相撞。

泡利曾说，他犯下了一个物理学家所能犯下的最严重的错误："推测出一种不能被实验证明的东西"。然而 20 年后，美国物理学家 F·雷尼斯和 C·考万设法证实了中微子的存在。

在宇宙线中，人们更多地观测了这一点。1987 年 2 月 22 日，神冈的日本物理质子探测器突然在 11 秒内触发了不下 11 次。在地球的另一侧，美国的俄亥俄州一座盐矿里的相似的探测器也记录到八次探测结果。

这是 19 个质子的质量同时自行消失，物理学家们认为，这些质子毁灭是质子与中微子碰撞造成的。

原来在当时，发生了一起天文事件：超新星的爆发。

在大麦哲伦会（LMC）的附近，天文学家命名为超新星 1987A 的爆发，使不可见的中微子风暴瞬间充斥了无比巨大的宇宙空间。

中微子是恒星在最后的核嬗变时期突然释放出来的。恒星内原子的电子和质子被挤压在一起而形成中子球，一个恒星核区就是巨大的中子球。在数天时间内，这颗恒星的亮度会达到太阳的 100 亿倍。

正是如此，这个强度极大的脉冲到达了地球。要知道、地球距 1987A 有 17 万光年之远。但每平方厘米却能穿过近 1000 亿个中微子。我们知道数学史上有过许多大数，阿基米德曾经发明大数来超过恒河沙数，要是请他来超过中微子数，可真要伤脑筋啊！

就是这些无数的中微子，地球上的仪器只拦截了 19 个。

基本粒子在中微子之后层出不穷，人们先想到区别它们。1961 年，盖尔排出了基本粒子的"周期表"。1964 年，正式提出了"夸克模型"，使人们的认识层面又深入到基本粒子的模型。

大物质→元素→原子→原子核→电子→核内质子→中子→光子→中微子等等，进入了神奇的微观粒子夸克世界。

夸克预言

1969 年的诺贝尔物理学奖获得者是 M·盖尔曼教授。他因为"基本粒子分类及其相互作用方面的贡献和发现"而获得当年的物理学奖。

盖尔曼是世界著名物理学家。1961 年，他根据自己的理论预言有两个新粒子存在。在三年后，这两个粒子被实验证明，盖尔曼因此而声名鹊起。

盖尔曼多才多艺，是一位理论物理学家。与霍金一样，在他们身上体现了当代自然科学家探讨世界各种事物现象与本质的联系。

他的著作涉及宇宙论、基本粒子物理学、量子场论、生物学、经济学、语言学、社会学、人类学、考古和文化艺术多个领域，而且思维异常深刻。这和盖尔曼从小的兴趣有关。

1929 年，盖尔曼出生在纽约。他有一个比他大 9 岁的哥哥，名叫本。在盖尔曼 3 岁的时候，本就带他一起游戏。

那时，他们住在纽约的曼哈顿。哥哥教他认阳光饼干盒上的字，并观察鸟类以及其他小动物。

盖尔曼认为，纽约是一片被砍伐过了的森林。他们经常去布隆克斯的动物园。那里有一片没有被破坏的小树林。正是这片幸存的天然环境，使盖尔曼接近了自然，对大自然的无穷奥秘产生了兴趣。

他开始观察多姿多彩的大自然。发现大自然是极其惊人的。

美国著名作家、诗人、思想家爱默生在 1837 年说过："大自然对于学者的心灵起着最早和最重要的影响。每天有太阳，太阳落山后有星星和夜晚。风总在吹，草总在长。学者是所有的人中最被这种现象强烈吸引的人。

在他看来，大自然这种由上帝缔造的巨网的不可思议地周而复始。这种现象同他自己的心灵十分相似，他永远不能找到心灵的开始和终结。"

如上所言，盖尔曼在自然中受到了深刻的熏陶并有所领悟。

作者自己说：很早的时候在大自然中散步留给他的深刻印象是动物严格的分

类。哥哥本和作为弟弟的盖尔曼经常讨论物种如何通过进化而全部联系在一起。两个不同物种之间的关系到底有多近,取决于它们须向下沿进化树回溯,直到找到一个共同点。

本和盖尔曼经常去参观艺术博物馆,还有大量保存着文物的博物馆。他们还爱读历史书,学会了埃及象形文字的一些意义。

他们在兴趣十足的情况下学会了拉丁语、法语、西班牙语。他们还领悟到语言的进化,语系的分支及具体语言的亲属关系。

我们应该注意的是盖尔曼对文化与知识的看法,他认为自然科学、社会行为科学和古典语言与文学及艺术领域并没有显著的差异,他关注的是文化的统一性。

盖尔曼的父亲是 20 世纪初举家搬到美国的,因此,盖尔曼在美国出生,而他一出生就赶上了美国限制移民,父亲开办的语言学校由于缺少生源而倒闭了。

但是父亲在银行找了一份稳定的工作,收入勉强可以养家。他鼓励孩子们学习自然科学,他本身对数学、物理和天文很感兴趣,经常自学狭义广义相对论及宇宙膨胀理论。

有趣的是,盖尔曼一开始并未采纳父亲的建议去学物理,因为他对语言和考古感兴趣,而父亲认为这样会挨饿。

最后,父亲向盖尔曼保证前沿物理优美迷人,会令人得到美的感受。盖尔曼带着将来改行的想法学了物理,没料到他进入了神异的世界而乐不知返。

夸克是什么呢? 很长一段时间,人们认为原子就是电子及原子核内部的质子和中子了。

但中子和质子不是最基本的。物理学家知道,以前人们认为基本的东西后来被证明是由更小的东西组成。分子是由原子组成的,原子虽被希腊人认为是不可分割的,但也被证明是由核和绕核旋转的电子组成。后来,核又被证明是由中子和质子组成,这是在 1932 年在发现中子后才开始明白的。

现在,科学家认为中子和质子也有它们自己的组成部分,它们是由夸克组成的。现在理论物理学家们确信夸克类似于电子。1963 年,盖尔曼把核子的基本成分命名为夸克,其原文是 quark。这是他读到大作家乔伊斯的小说《芬尼根彻夜祭》时,在一句话里得到这个词的。这句话是"对着马斯特·马克的三声夸克"。"夸克"只代表了一种鸥的叫声。

质子由 2 个"u 夸克"(也叫上夸克)和 1 个"d 夸克"(也叫下夸克)组成。而中子由两个"d 夸克"和 1 个"u 夸克"组成。

有趣的是 u 和 d 夸克有色有味。

这是什么样的色与味呢? 请你走入科学的殿堂去品尝吧!

爱因斯坦之后的开创者——霍金

他克服了残废之患而成为国际物理界的超新星。他不能写,甚至口齿不清,但他超越了相对论、量子力学、大爆炸等理论而迈入创造宇宙的"几何之舞"。

他就是史蒂芬·霍金。

他是一位宇宙的探索者,他惊天动地的学说彻底改变了人类的宇宙观。

1942 年 1 月 8 日,刚好是伽利略的 300 年忌日,霍金出生了。霍金教授自己说:"我估计大约有 20 万个婴儿在同日诞生。我不知道他们是否有人在长大后对天文学感兴趣。虽然我的父母当时住在伦敦,但我却是在牛津出生的。

霍金

这是由于第二次世界大战的时候德国承诺不轰炸牛津和剑桥,所以当时牛津是个安全的出生地。英国也把不轰炸海德堡和哥廷根作为回报。可惜的是,英德两国这类文明的协议却不能惠及更多的城市。"

现在的霍金是怎样呢?

1979 年,第一次见到霍金教授的中国学生回忆到:"那是我们第一次参加剑桥霍金广义相对论小组的讨论班时,门打开后,忽然脑后响起了一种非常微弱的电器声音,回头一看,只见一个骨瘦如柴的人斜躺在电动轮椅上,他自己驱动着电开关。"

为了保持礼貌,第一次见到他的人尽量"不显得过分吃惊",但是霍金对首次见到自己的人们的吃惊早就很习惯了。

他的头几乎不能动,他要用极大的力气,费很大劲儿才能稍稍抬起头来。在他彻底不能说话之前,他还能发声,能用一种十分微弱而和平常发音不同的变形音来与人交谈。必须花大力气琢磨,反复询问解释才能明白他说的话。

现在他依靠电子发音机。他当然也早就不能动手书写了,就是看书,他自己也不能翻动,而是靠翻书页的机器。他把书让人平摊在一张大的办公桌上,用轮椅上的按键进行操作,每看一页,几乎都是全身在努力,比蚂蚁搬家、蚕吃桑叶还要艰难。

他拥有顽强的意志。

他拥有一颗无与伦比的大脑。

史蒂芬·霍金是 20 世纪的国际名人，他被人们广泛地推崇为 20 世纪最杰出的理论物理学家，是继爱因斯坦之后的一个全新时代的革命者和开创者。

他是一位享有盛誉的人，一个富有传奇的人。他因为患有卢伽雷氏症（肌萎缩性侧索硬化症），被禁锢在轮椅上已长达 20 余年。但正是他把宇宙认识推向了最前沿的阵地，跨过亚里士多德、伽利略、牛顿、爱因斯坦，使世界走向询问自身之谜的思考。

无论是牛顿还是爱因斯坦，都提供了上帝的存在。牛顿给了上帝"第一推动"的权力，爱因斯坦为上帝提供了宇宙的空间。

到了霍金，空间和时间从物理上而不是从哲学上走向无边无垠。

霍金得出了"一个空间上无缘，时间上无始无终，并且造物主无所事事的宇宙"。宇宙学和思维学是当代最迷人的科学，霍金的无边界宇宙模型是人类探索宇宙的第一次提出的自给自足的宇宙模型。

在这个宇宙中，不存在宇宙之外的生命，当然也没有神。

这些结论只有在量子引力论中才可以得出。霍金认为宇宙的量子态是处于一种基态，空间——时间是有限无界的四维，好像地球的表面再增加两个维数。

宇宙中的所有结构都可归结于量子力学的测不准原理范围内的最小起伏。

1973 年，霍金发现黑洞会像黑体一样发出辐射，其辐射的温度和黑洞的质量成反比。这样一来，黑洞会越来越小而温度越来越高，结果是瞬间爆炸消亡。

这种关于黑洞辐射的发现把引力、量子力学、统计力学统一在了一起。

霍金认为，宇宙未来的关键问题是：平均密度问题。如果平均密度比临界值小，宇宙就会永远膨胀。如果比临界值大，宇宙就会发生坍缩。时间也会终结，在最后坍缩中消亡。

但是霍金满怀信心地说，即便宇宙要坍缩，也不是像有神论那样散布的世界末日。因为上帝降临的末世日一开始被说成 1843 年 3 月 21 日和 1844 年 3 月 21 日之间，后来又找理由推迟到 1844 年 10 月份。然而又没有实现。所以新的理由认为，1844 年第二次回归开始，首先要数出获救者的名单。只有当名单数完之后，审判的末日才会到来，那些不在名单上的人将接受最终裁决。

霍金预言，宇宙在 100 亿年内还将继续膨胀。

霍金教授为人类撰写了一本通俗读物《时间简史》。所谓通俗，就是说读者可以在很多不懂中得到一种冥冥地暗示、一种科学无涯无尽的吸引。这本书荣登畅销书榜100多周,当时售出500万册以上,翻译为30多种文字。

霍金神奇的思维飞向大尺度的时空,在《时间简史》中对极其遥远的星系、黑洞、夸克、大统一理论和"带味"粒子以及"自旋"粒子、反物质、"时间箭头"做了一一阐述,最后得出宇宙分裂成11维空间。

1970年,霍金研究了宇宙论。其后四年他考虑黑洞问题。1974年后,从事广大相对论与量子力学的统一论。

从1985年左右起,霍金教授的病情恶化,那时他就一直不能讲话了。最严重时,全身均不能动,只能扬眉毛。

得病之后,孩子们不能同父亲做游戏了,而且父亲需要照顾。霍金教授自己说:"我实际上在运动神经细胞病中度过了整个成年。但是它并未能够阻碍我有个非常温暖的家庭和成功的事业。"

"很幸运的是,我的病况比通常情形恶化得更缓慢。这表明一个人永远不要绝望"。

或许我们从中得到的这是最重要的。

史蒂芬·霍金,现在在剑桥大学任教。他每天驱动轮椅从剑桥西路5号穿过美丽的剑河和学院,去应用数学和理论物理办公室上班。

现在他担任的职务是最有分量的教授职务——卢卡逊教学教授。牛顿、狄拉克就是这个职务的两位先任。

科学发展到宏观宇宙与微观粒子的世界,漫长而遥远,无数粒子瞬间湮灭转化,无数天体生生不息。

"是先有鸡,还是先有蛋?

宇宙有开端吗?

如果有的话,在此之前发生过什么?

宇宙从何处来,

又往何处去?"

——史蒂芬·霍金。

遗传密码

生命如何起源?

生命怎样延续?

20世纪的生物学诞生了分子生物学,从而使人们在分子层次上认识了生物。

数百年来,人们认识身外比认识自身要简单一些。我们可以画出各种星图分析各种物体,然而对"人从哪里来,又怎样去"这样的问题却一无所知。

简单无非是"神创"说。然而这不是解释。物理学家研究考察物质的基本属性,而生物学家却没有找出类似的带普遍性的东西来建立学科。

研究哪一种现象都看不出线索。谁也归纳不出来生物学的一个共同之处、共通之处。研究青蛙的饮食就和玉米的病没有关系;研究猫头鹰的习性和松树怎样发育也看不出一个角度。

物理学怎样呢?有一系列的概念,有力、运动、质量等等;化学怎样呢?反应、能、原子与分子的组合;唯独生物学不知何物,有进化论,有解剖学,有神经,有化石等等。

这个情况逐渐改观要从孟德尔的重新发现说起。其实,把笼统的知识和具体的知识相沟通就是分子生物学的建立。

即地球上的一切生命实际上都是同一种复杂的分子储存和传递遗传信息。

在遗传学这门科学中,人们研究的是生物的繁殖和发育的遗传基础,核酸在这里起着至关重要的作用。

第一个把遗传建立在科学研究基础上的就是孟德尔。他发现,遗传可以按照动植物的遗传特征,其中包括用显性性状和隐性性状的简单数学比例关系来理解。

孟德尔被埋没了 36 年,直到 1900 年他的论文才被重新发现。但是他只开创了遗传研究的方向,后来的工作还需后人来完成。

孟德尔神父并没有能够说明遗传性状是如何遗传的,这其中的奥秘,留给人们无尽的探索空间。

孟德尔学说的中心观念是"遗传因子",这个思想虽然粗糙,但是还有他正确的思路。

寻找遗传因子或否定它,成为人们研究的重要目标。

1879 年,身为德国解剖学家的弗莱明观察细胞。他使用染色的方法。结果发现,细胞还有未被染过的地方,而染上色的物质集中在细胞核里,这些物质大量吸收碱性苯胺染料。

1882 年,弗莱明发现这些被染色的物质(当时还没有命名)分裂。分裂之后,两个子细胞各分得与母体细胞相同数目的染色质。这其实就是我们称的染色体。

当时弗莱明没有得知孟德尔的成果,因此他不能认识到染色体的重要意义。

1904 年,美国生物学家萨顿证明了染色体的成对存在并猜想染色体上带有遗传因子。

1906 年,贝特森发现豌豆的某些特征总是与另一些特征一起遗传。

1909 年，丹麦植物学家提出"基因"一词。

到了 20 世纪 20 年代，以肯塔基州人摩尔极为首的一批哥伦比亚大学研究人员提出了一种解释。

摩尔根使用了果蝇，这种昆虫在很短的时期内能繁殖许多代，特别利于观察基因的遗传。

1916 年，摩尔根宣布："我们现在知道父代所携带的遗传因子是怎样进到生殖细胞里面去的。"他证明这些遗传因子包含在一种叫做基因的东西里，而基因则在活细胞的染色体链中。在细胞的染色体中有分别控制各种遗传特征的基因。

例如，其中有一些专管树叶和花的形状，有一些专管头发和眼睛的颜色，有一些则专管翅膀的长短等。

摩尔根是染色体及基因遗传理论的一个链，他上接遗传下启分子生物学。

摩尔根青年时是一位博物专家，后来开始转变成实验专家。1908 年，他受《突变论》一书影响开始遗传研究。

他的贡献在于建立了基因遗传学说。他证明了一条染色体上可以有多个基因，他还发明了可以测定基因相对位置的方法，做出了果蝇染色体的连锁图，即确定了每一特定性状的基因在染色体上的位置，从而确立了基因作为遗传基本单位的概念。

1933 年，摩尔根获得了诺贝尔生理和医学奖。

然而这还没有获得突破，"究竟基因是什么？"这个问题一直萦绕在人们的脑海里。

也有许多人在这个问题之前做出了贡献。

1836 年，贝采留斯提出"蛋白质"，这是他从细胞化学研究中得到的。

进而，1842 年，李比希证明蛋白质是生命的基本构成物。蛋白质其实是一种活细胞内非常重要的化学物质，在自然界有几百种互不相同、各自起着特定作用的蛋白质。每种蛋白质都是由一定数目的、称为氨基酸的基砖所组成。氨基酸共有二十几种，这些氨基酸以不同的方式组合起来而成为各种蛋白质。

1869 年，瑞士生物化学家米歇尔发现了与蛋白质不同的东西，称之为核素，后来就是核酸，很显然，它呈现酸性。

1911 年，列文分出两种核酸。一种是核糖核酸，就是 RNA；一种是脱氧核糖核酸，就是 DNA。

遗传物质的两个领域就要相接了。一是生物提出的遗传，一是化学的细胞研究。

摩尔根的一名学生比尔，后来是加利福尼亚理工学院的生物系主任和芝加哥大学校长。他和同事塔特姆研究构造极简单的红色面包霉,进行了一代传转一代的研究,认识到基因实际是分子,它们是核蛋白,同核酸有紧密的联系。

而此前人们发现很多病毒也属于核蛋白这一化学族类。德国土宾根的马克斯·普朗克病毒研究所的希兰姆和吉耶伯二人及其他科学家对于病毒晶体中存在的核酸都特别感兴趣。

洛克菲勒研究所的米尔斯基和阿尔弗利证明了 DNA 不论是对于复制细胞中的 RNA 还是对于合成细胞核中的蛋白质,都是非常重要的。

科学家们于是开始做如下推测:

(1)生命和生长都与核酸和蛋白质分子的相互作用密切相关;

(2)核酸是生长中的蛋白质分子所以会具有某种形状和其他特性的模板。

由这里我们看到,生命是一种化学反应。这种反应之原料是什么呢?

仍然是洛克菲勒研究所的李普曼和约翰·霍普金斯大学的麦克埃尔罗伊曾经指出,蛋白质形成过程所需要的能量是由一种称为三磷酸腺苷(ATP)的高能化合物提供的,这种化合物可以在一种称为线粒体的细胞内找到。麦克埃尔罗伊还通过实验证明了 ATP 可以使萤火虫开亮或者关闭荧光。

1939 年,美国科学家鲍林和科里开始研究氨基酸的晶体结构,他们通过把 X 光射入这些晶体内部的办法,绘制了核酸分子的结构图。

1951 年,英国生物物理学家维尔金斯研究了 DNA 纤维的 X 射线衍射情况,得出图形。

伟大的工作在这样的基础上做出来了。

1953 年,剑桥大学的生物学家沃森和物理化学家克里克为核酸的分子结构提出了一个颇为合理的模型。他们认为,DNA 分子是由两股呈螺旋状的、按互补的顺序排列的核苷酸链所构成,而这个互补顺序似乎代表一种密码。

RNA 的结构和 DNA 的结构非常类似,也是由两股呈螺旋状、按特定顺序排列的核苷酸所组成。

这个学说标志着生物研究进入了分子生物学阶段。

从此,生物学各个领域发生了突变。

1962 年,维尔金斯、沃森、克里克获诺贝尔医学与生理学奖。

仍在进展的克隆技术

早在 100 多年前,就有人研究克隆了。

有一个生物学家名叫汉斯·施佩曼。他想了一个办法,过程很简单。

他找到一种很古老的动物——蝾螈。用婴儿的头发做成一个套环,把蝾螈的胚胎用头发丝割开。就这么简单,他以为割开之后就能各自形成小蝾螈而且绝对一模一样。

现在我们知道,他的做法不正确。这只能把胚胎割坏,或者生出两个残缺的怪物。当然,一般情况是割坏而不能发展。

后来有两个人在1952年宣布克隆动物取得初步进展。结果到底怎么样呢?

他们用一只青蛙的卵子,将其中的DNA分离出来,然后把另一只青蛙的卵子去掉DNA,将一开始提取出的DNA注入失去DNA的卵子中。这种所谓的克隆并不是真正的克隆,但是也是一种实验。他们一心要克隆人,疯狂地研究,结果未能成功。有一人进了农业研究所,一个人进了精神病医院。

在20世纪60年代,英国生物学家认为克隆动物可以给人类带来好处。比如说克隆肥美的牛羊。而进一步,生物学家霍尔丹认为,克隆人更好。他想要把思想家、哲学家、大教授以及大艺术家和漂亮的男人女人克隆出来,人类就会丰富多彩,不再会因为一个人的死而有很多遗憾。

但是在20世纪30年代,英国作家发表了一篇小说《一个更美的新世界》,里面描写了一群标准的人,这些人遵守一切该遵守的,犯错误一样,取得成果也一样,该想到的都能想到,而若有遗漏没有一个人能补充,他们是一个模子里的人。

霍尔凡见到这本书后,便放弃了研究。

在20世纪70年代,德国的卡尔·伊尔门斯宣称他克隆了老鼠,但是后来被专家否定了。权威人士干脆说,研究克隆纯粹是浪费精力,这根本是无法行得通的。

在20世纪80年代,研究人员偷偷地实验。丹麦人斯泰恩·威拉德森有了一步小小的进展,他做成了转基因实验。他把绵羊的基因植入牛的体内,结果这种牛带有了绵羊基因。据说就是他指点过威尔穆特克隆绵羊,导致成功。

1990年,荷兰成功地通过基因嵌入技术将人的某种基因植入牛的胚胎中。

以上表明,转基因是成功的。真正的克隆还没有实现。人们把克隆技术和转基因统称为克隆,是因为转基因技术里有克隆的成分。

1997年2月,英国的罗斯林研究所动物学博士威尔马特宣布了克隆羊的诞生。小羊名叫多利,一时间这只羊成为世界最出名的动物。

1998年1月6日,美国芝加哥一名物理学家公开声称他要克隆人。他认为克隆人可以帮助不养育后代的人解除心头之患,还可以使得了绝症的人通过克隆获得新生。

更有价值的是,克隆人可以使人类的免疫系统更新,可以使人抵御癌症和其他疾病的困扰。从而使人延年益寿,甚至长生不老。

查理德·锡德计划用 18 个月的时间克隆出第一个人,然后每年在美国克隆 500 人,再过一段时间让全世界的克隆人达到 20 万。他还要创办克隆医院,在美国成立多家分院,最后他宣称还要扩展成国际公司。

结果很多专家反对。人们的理由很多。人们认为两个优秀的人结婚都不一定保证生出天才的,只克隆一个人,他的缺点得不到弥补,这样的后代是不能适应进化方向的。

1998 年 1 月 13 日,欧洲 19 个国家在巴黎签署了一项严格禁止克隆人的协议。这个协议称为《人权与生物医学公约》,明确提出禁止克隆人。

有意思的是文学家的小说。奥米·米金森写了一本《第三种解决方案》,讲了无性繁殖的社会。

故事说,人类突然遭受了核战争,这场战争使得大部分人死了,只有一小部分人侥幸活了下来,这少数人认为,不能再有战争了,于是用无性繁殖也就是克隆的方法繁殖后代。正是用这种方法,人们挑选那些最善良最富有同情心的人来克隆。

结果,克隆人长大后出人意料,全反过来了,个个极具进攻性,好战好杀。对同类十分残忍。

1976 年,《来自巴西的孩子们》出版。书中描写的是希特勒又复活。是说在二战时德国纳粹分子已经失败,一个医生保留了希特勒的血样,结果他逃到巴西,在一个十分秘密的实验室里复制希特勒,这些希特勒都奔向世界各地去疯狂占领。

这些故事表现了人们对克隆的恐惧。

其实,克隆一个人的肉体是可能的,但是现在要想克隆一个人的思想,还根本办不到。

不管怎样,克隆和转基因技术正在改善着人类的生活。那么到底什么是克隆呢,简单来说就是无性繁殖的一种复制。

当代著名剑桥科学家巴里·E·齐然尔曼与戴维·J·齐然尔曼认为:克隆人是基因的复制品。克隆一般见于物种,生物无性再生。克隆是单亲的产物。

尽管克隆被人们议论,或赞赏或禁止或主张在一定范围内限制,但是科学家却仍然各自研究各自的。

从胚胎学发展到现在,在克隆的前沿还没有出现完全突破,生物学家始终不能提取成年动物的细胞核。

但是人们不自我检讨就不会进步,"知识就是力量",关键在于人的运用。

第二十九章　二战后的世界
——和平与动荡并存

　　进入 20 世纪以后,随着亚、非、拉地区自身现代因素的增强,民族民主运动持续高涨。

　　在 20 世纪上半期,东欧和亚、非、拉一些国家经过艰苦的斗争,取得了民族独立,开始走上现代化道路,其中较有影响的有土耳其的凯末尔改革和墨西哥卡德纳斯改革。不过,在这一时期,大多数殖民地半殖民地国家仍然处于殖民统治之下,现代化的启动仍然举步维艰。

　　第二次世界大战后,民族民主运动汹涌澎湃,不仅殖民主义体系彻底瓦解,而且东亚、东南亚、北非和拉丁美洲一些民族资本主义较发达的国家推翻了封建制度,建立起现代政治体制。获得独立的新兴国家无不致力于发展本民族的现代经济,以赶超发达国家为目标。到 20 世纪末,世界上几乎所有国家都主动加入或被动卷入了现代化的历史潮流。这也充分证明了"现代化是世界历史必然进程"这一论断的正确性。

　　战后国际关系中第一个重大的调整是国际联盟的成立。国际联盟一方面是战胜国企图控制世界的工具,另一方面作为人类历史上第一个以维持世界和平为宗旨的国际组织,曲折地反映了世界人民的愿望,顺应了整体世界发展的趋势。在国际关系理念上,战争受到谴责和反对。1928 年签订的多边的《非战公约》第一次宣布在国际关系中放弃以战争作为实行国家政策的工具,把反对战争提高到国际法的地位。尽管国际联盟存在着诸多问题,没有能够真正起到制止战争、维持和平的作用,但是它在国际关系发展史上的意义是不容忽视的。

"雅尔塔体系"的确定

　　第二次世界大战接近尾声之时,1945 年 2 月,罗斯福、丘吉尔和斯大林在雅尔塔举行战时第二次美英苏三国首脑会议。雅尔塔会议讨论的主要内容是三大国划分势力范围和维持战后的合作。在西方,它通过关于分区占领德国及德国赔偿的原则协定、关于波兰疆界和临时政府组成的协议以及"被解放的欧洲宣言"等,划分了美英和苏联在欧洲的势力范围。在东方,它通过关于苏联对日作战条件的秘密协定,满足了苏联对外蒙古、库页岛南部、千岛群岛和旅顺大连的要求;苏联则承诺同"中国国民政府签订一项中苏友好同盟协定",并支持美国的对华政策和整个亚太战略,让美国控制中国和单独占领日本。雅尔塔会议上,由于丘吉尔的坚持,英国(当然也包括法、荷)在远东地区的殖民地被保留下来。德意日殖民地则由联合国托管,殖民地独立被纳入大国保护的轨道。战后新的国际组织——联合国确定了"大国一致"的原则,安理会五个常任理事国享有否决权,保证了在这个最重要的世界组织中大国起决定性作用。这就是美英苏三大国首脑为战后世界秩序所作安排的雅尔塔体系。

雅尔塔体系主要制定者是罗斯福和斯大林。美国凭借其在大战中膨胀起来的实力优势,早就谋划建立一个有利于美国霸权地位的战后世界秩序。罗斯福认为必须把美英苏的战时联盟关系发展为战后大国合作的关系,才能实现美国所希望的战后世界蓝图,由美国充当世界盟主。斯大林之所以积极响应三国首脑会议的倡议,是希望扩大和巩固苏联在战争中取得的成果,谋求美英战后不干预东欧并共同占领德国,在远东则要求恢复在日俄战争中失去的权益。苏联还希望创造一个安全、有利的战后国际环境,以恢复经济,扩大社会主义的影响。

雅尔塔会议达到了罗斯福和斯大林各自追求的目标,因为会议期间正值苏联军事地位和政治威望处于反法西斯战争以来的顶峰。战争打出了一个唯一可与美国相抗衡的苏联,并使社会主义越出一国范围而连成一片,这一前景到雅尔塔会议之时已是十分明显了。美国设计它的战后世界蓝图,欲挟其经济、军事的优势称霸世界,就不能不考虑到这一严酷的现实。因此,罗斯福把美苏继续合作视为落实其战后世界安排的关键,愿意做出某些让步,换取苏联的合作。苏联为了达到自己的目标,也同意合作,认为雅尔塔会议"制定了一个以民主的方式安排战后世界的纲领"。

雅尔塔体系是美英和苏联互相妥协的产物,在当时三国都是能够接受的。它具有大国强权政治的性质,但也反映了世界反法西斯战争之后的一些世界现实,是历史上的一个进步。雅尔塔体系对缓和与制约美苏之间与东西方之间的矛盾,维系战后和平起了很大作用。但它并没有消除它们之间的矛盾,相反,它本身包含着许多矛盾与冲突的因素,因此雅尔塔体制是终将要解体的。

波茨坦会议召开

波茨坦会议是苏美英之间政府首脑在第二次世界大战期间召开的三次重要会议之一。它及时地调整了三大同盟国之间在战胜德国后日益尖锐的矛盾,为最后打败日本,为建立战后世界的新秩序打下了基础,对战后国际关系的发展产生了重大影响。

随着 1945 年 5 月 8 日德国的无条件投降,处置战后德国和欧洲的问题提到了议事日程。为此,1945 年 7 月 17 日~8 月 2 日,苏美英三国政府首脑和外长在柏林西南的波茨坦举行会议,史称波茨坦会议。出席这次会议的有苏联的斯大林、莫洛托夫;美国的杜鲁门、贝尔纳斯;英国的丘吉尔、艾登（后期是艾德礼和贝文),以及三国的参谋长和顾问。

波茨坦会议

在整个会议中,三大国各有自己的打算。英国力图同苏联争夺胜利果实,阻遏苏联在欧洲扩大影响。苏联主要考虑巩固胜利果实,确定德国赔偿数额,并让美英承认在东欧各国的新政府和领土变更。美国的主要目的是使苏联实践对日作战的诺言,并确立自己在战后世界的霸权地位。三国在会议上展开了明争暗斗。

会议对许多问题发生了激烈争论,但对若干基本问题仍达成了协议。8 月 1 日,三国政府首脑在柏林签署了《柏林会议公报》和《柏林会议议定书》。议定书载明的三国首脑的主要协议是:举行苏美英中法五国外长会议进行缔结和约的准备工作,盟国管制德国的原则,德国赔偿和领土边界的划定,惩办战犯以及奥地利和波兰等问题。议定书重申"德国军国主义和纳粹主义将予根除";奥得河和尼斯河以东的领土,以及东普鲁士的一部分和但泽归波兰;东普鲁士北部和哥尼斯堡"让予"苏联等等。

会议期间,1945 年 7 月 26 日,中美英三国发表了著名的敦促日本投降的《波茨坦公告》。当时苏联尚未参加对日作战,故波茨坦公告是在波茨坦会议外由美英中商定发表的。苏联既没参与商定,也没有在公告上签字。公告重申"开罗宣言之条件必须实施"。8月8日,苏联对日宣战,同时宣布在波茨坦公告上签字。

《公告》说:"吾等通告日本政府立即宣布所有日本武装部队无条件投降,并对此种行动之诚意予以适当之各项保证。除此一途,日本即将迅速完全毁灭。"为使日本人民知道公告内容,从7月27日~8月1日,盟国飞机在日本各城市上空散发了3000万张波茨坦公告。

波茨坦会议期间,正值美国原子弹试验成功。1945年7月16日,即杜鲁门在抵达波茨坦的第二天,获悉阿拉莫戈多附近原子弹试验成功。次日,美国陆军部长史汀生专程飞抵波茨坦,向总统面告爆炸试验的全部详情。此后几天,杜鲁门不断得到有关原子弹威力的报告。7月24日,全体会议之后,三国首脑等汽车时,杜鲁门未带译员独自走近斯大林。他通过苏方译员对斯大林说:"我们拥有一种破坏力特别巨大的新武器。"斯大林听后,没有表现出特别兴趣,只淡淡一笑说:"希望好好用它来对付日本。"杜鲁门和在一旁观察的丘吉尔以为斯大林不懂原子弹的意义。其实,苏联从1942年6月即开始研究原子弹,并对美国制造原子弹的"曼哈顿"计划了如指掌。关于美国制造原子弹一事,斯大林比杜鲁门知道得还早。

波茨坦会议的历史意义在于它维持了苏美英三大同盟国之间的关系,对大战结束时出现的一系列迫切问题基本上达成了协议,为建立战后世界的新秩序奠定了基础。在会上,丘吉尔的野心最为露骨,在波兰西界和德国赔偿问题上,他都不惜与苏联讨价还价。但英国国力衰微,已经是力不从心。丘吉尔许多建议美国并未采用,加之苏联反对,英国在会上没有多少发言权,阴谋也未得逞。杜鲁门在一些大问题上与丘吉尔基本一致,但也小心地防着丘吉尔的挑拨,以避免美苏关系破裂。他基本上还保持着罗斯福的特点,在从苏占区撤回美军、波兰西界问题上都没有让丘吉尔牵着鼻子走,而是支持美国军方领袖,维持了盟国表面的团结。斯大林则凭借实力,利用英美两国之间的矛盾,挫败了英美统治集团在东欧国家恢复旧制度的帝国主义阴谋,在欧洲事务上得大于失,达到了苏联所追求的目标。

总之,波茨坦会议通过斗争和妥协,为了和约的缔结,为波兰边界的确定等奠定了良好的基础,为德国制定了民主、和平的基本原则。它使日本分化盟国的迷梦化为泡影,维持了同盟国之间的关系。

二战对国际关系的影响

第二次世界大战是人类历史上规模空前的一场战争。卷入大战的国家达60多个,人口超过20亿,战火遍及欧、亚、非和大洋洲四大洲以及太平洋、印度洋、大西洋、北冰洋四大洋。战争给世界人民造成的浩劫和损失难以做出确切的统计。据估计军民伤亡约1亿人以上,军费开支约1万多亿美元,经济损失超过4万亿美元,成为一场几乎毁灭人类全部文明的大破坏。然而,二战以人类的巨大苦难为代价,借助于熊熊的战争烈火,摧毁了旧的世界结构,各种新的力量在经过战火洗礼的大地上滋生发展,反法西斯战争的胜利为它们的成长崛起开辟了道路。二战极大地改变了世界的面貌,对战后历史的发展产生了深远的影响。

第二次世界大战最深刻的影响就是它极大地改变了世界范围的力量对比,打破了数世纪以来形成的以欧洲为中心的国际格局,从而促使世界历史从一个欧洲列强主宰全球的旧时代逐步过渡到一个多元结构的新时代,国际上出现了新的格局。与第一次世界大战不同,第二次世界大战从一开始就不局限于欧洲。第二次世界大战首先使旧欧洲遭受极其沉重的打击,包括英国在内的整个欧洲在战争炮火的破坏和法西斯铁蹄的践踏下已是体无完肤。德意因战败而退出争霸的舞台,英法虽然取胜却被严重削弱,用戴高乐的话来说,就是"没有在这场赌博中抓到一张大国的王牌"。它们不仅未能像第一次大战那样掠取到新的殖民地,而且连旧的殖民统治也岌岌可危。整个欧洲分裂为东西两部分。经过这场战争,旧的欧洲衰落了,欧洲列强主宰世界政治的时代一去不复返了。以欧洲的中心地位为基础的旧世界结构已尽毁于二战的炮火中,战后的欧洲不得不分别处于美苏两个超级大国的庇护之下。

随着欧洲中心地位的丧失和欧洲殖民主义的衰落,美苏逐渐主宰了世界,形成了美苏在欧洲以至全球对峙的局面。

美国霸权地位的确立

拥有得天独厚自然、地理条件的美国,第二次世界大战争为其发展提供了一个又一个极好的机遇。美国虽是二战的主要交战国之一,却也是唯一没有遭受战火破坏的大国。大战期间,美国作为"民主国家的兵工厂",源源不断地为盟国生产、提供军需物资,从而带来了整个经济的迅速发展,使美国的经济实力急剧膨胀。到大战结束时,美国以全世界6%的人口和面积,却占有资本主义世界工业生产量的2/3,外贸出口额1/3,黄金储备3/4;生产资本主义世界的1/3的小麦,1/2的棉花,70%的玉米;开采62%的煤和石油,冶炼61%的钢;生产48%的电力和84%的汽车;拥有全世界84%的民用飞机,85%的冰箱和洗衣机。在军事方面,武装部队总数由1939年的33.5万扩展到1212万,拥有世界上最强大、最先进的海、空军,独家掌握了威力无比的原子弹。而其他资本主义大国或被战败，或遭到削弱，不仅实力远远不能和美国相比，还要仰仗美国的救济、援助和保护。即使苏联的经济军事实力也不如美国。

经济军事实力的急剧膨胀，助长了美国垄断资产阶级中一部分人向全球扩张、夺取世界霸权的野心。早在1941年初，美国《时代》《生活》两杂志的老板亨利·卢斯就发表《美国世纪》一文，声称"20世纪是美国的世纪，……这是美国作为世界统治力量出现的第一个世纪"。他要美国人认清"领导的全部机会都属于我们"，美国的主要目标就是建立在世界的统治地位。1943年4月罗斯福总统授意雷斯特·戴维斯在《星期六晚邮报》上发表了《罗斯福的世界蓝图》一文，透露了罗斯福对战后世界安排的一些设想。按照罗斯福的设想，战后应建立一个由美国领导的、符合美国利益的世界政治与经济秩序。罗斯福逝世后，继任的杜鲁门总统露骨地表达了美国要称霸世界的野心。1945年12月29日，他在致国会的咨文中郑重宣布："胜利已使美国人民有经常而迫切地需要来领导世界了。"1946年4月6日，杜鲁门在芝加哥发表讲话，再次明确宣称："美国今天是一个强大的国家，没有任何一个国家比它更强大了。……这意味着，我们拥有这样的力量，就得挑起领导的担子并承担责任。""承担领导世界的责任"成为美国垄断资本中占主导地位的意识。

美国统治集团迫不及待地要称霸世界，从根本上说是出于两个方面的需要。其一是经济上的迫切需要。二战末期和战后初期，随着战争的结束，国内外军事订货的减少，战争经济向和平经济的转变，美国作为"民主国家兵工厂"作用的消失，其庞大的生产能力骤然面临着一个缩小了的市场。同时，随着大批军队的复员，美国又面临着大规模失业的威胁。这样，向全球扩张，开拓世界市场，就成为美国维持其庞大经济的迫切需要。其二是政治上的需要。美国有一种根深蒂固的"使命感"或曰救世主精神，认为美国的自由民主制度是最完美最合理的制度，"两个世纪以来，美国给世界树立了一个鼓舞人心的、自由民主的榜样"，"全世界应该采取美国制度"（杜鲁门语），美国有义务有责任把它推广到全世界，以自由民主的传播者、捍卫者自居，以救世主自居。与此相反，则视共产主义为洪水猛兽，共产主义是"世界上一切邪恶的根源。"二战末期和战后初期，苏联乘胜利之机在东欧、中近东和远东进行领土和势力范围的扩张，支持、帮助东欧国家建立人民民主政权，使这些国家走上社会主义发展道路。同时，希腊、法国、意大利、中国等国共产党的力量在反法西斯战争中得到迅速发展，朝鲜、越南的共产党取得了政权，亚洲其他一些殖民地半殖民地掀起民族解放运动新高潮。美国统治集团中一些人认为，这是苏联在全球扩张共产主义，"是一种国际阴谋，像章鱼那样身在莫斯科，触角则伸到世界最远的各个角落"。它不仅威胁到整个自由世界的安全，也威胁到美国的安全。美国作为自由世界的领袖,理所当然应承担起领导世界的责任,在全球抵御共产主义的扩张,这种思想本身也就成为促使美国向全世界扩张的一种推动力。

按照杜鲁门政府称霸世界的战略,欧洲是其争夺控制的重点。欧洲是资本主义的发源地、大本营,大多数美国人的"根"就在那里。同时,欧洲经济基础雄厚,市场广阔,投资环境好,资源丰富,战略地位重要,控制了欧洲,可以此为据点向亚、非两大洲扩张。因此,二战后美国政府始终把欧洲作为争夺控制的重点。鉴于二战末形成的"雅尔塔体制",美国力图控制西欧,争夺东欧,遏制苏联。此外,杜鲁门政府力图扶植德国,把德国变成"复兴欧洲"的工具;排斥苏联,独占日本,把日本变成美国控制的反苏反共堡垒和掠夺东方的基地;鉴于中近东重要的战略地位和丰富的石油资源,反对苏联染指,力图伺机控制。杜鲁门政府的这些战略意图无一不和斯大林保障安全的那些战略意图发生尖锐冲撞。

总之,二战中膨胀起来的庞大的经济军事实力刺激了美国统治集团称霸的野心,也为其称霸世界创造了条件;庞大的经济开拓世界市场以及全球抵御共产主义的扩张则成为其称霸世界的两个强大的推动力。

苏联成为世界一流强国

战前在国际政治舞台上扮演主要角色的是英、法、美、德、日、意和苏联七国。战后初期,德、意、日不再是国际舞台上的主角,由反法西斯盟国左右国际局势。而盟国从一开始就有大国、小国之分,1942 年签署《联合国家宣言》时,小国均按国名英文第一字母顺序签名,而美、英、苏、中四大国则例外,其签名排在最前列。战争结束时,法国恢复了大国地位。这样,在国际事务中便形成了五大国起主导作用的局面。但是由于它们之间实力对比的悬殊,其实际的国际地位及其对战后世界秩序的安排和打算又有很大的不同。

五大国中能与美国相抗衡的只有苏联。它被西方政治家称为战后的另一"超级大国"。苏联是战胜希特勒德国的主要力量,德军在苏德战场上损失了 1000 万人,占它在二战期间总伤亡人数的 73%。苏联在反侵略战争中锻炼出了一支数量最多、战斗力最强、技术装备精良的军队。1941 年,苏军约有 540 万人,到 1945 年 5 月,增到近 1140 万人。战时,苏联在东部地区建起了重工业和军火生产基地。1943~1945 年每年平均生产 12 万门炮、19390 万发炮弹、3 万辆坦克、4 万架飞机,这些数字仅次于美国,但远远超过了其他国家。战时,苏军的技术装备全部更新。苏制重型 HC-2 坦克超过德国"虎式"坦克的威力。火箭炮("喀秋莎")、强击机等新型武器都有极大的发展。

战争使苏联领土扩大了 60 万平方公里，从建立"东方战线"起，西部邻国的一些地区先后划入苏联版图。它们是：芬兰的雷巴契半岛、斯莱特尼半岛的一部分、贝柴摩、萨拉地区和卡累利阿地峡（租借汉科半岛 30 年）；波罗的海沿岸国家爱沙尼亚、拉脱维亚、立陶宛；波兰东部的西乌克兰和西白俄罗斯；罗马尼亚的比萨拉比亚和北布科维纳；捷克斯洛伐克的外喀尔巴阡乌克兰；德国的东普鲁士的 1/3。上述领土总面积为 50 万平方公里，人口约有 2450 万人。领土的扩大在战略上加强了苏联的地位。苏军的反攻使它又进驻欧洲更广阔的地区，最终从卢卑克到的里雅斯特形成了一条与美英军对峙的军事分界线，该线还穿过亚得里亚海延伸到希腊北部边界和土耳其海峡。在亚洲，苏军进驻中国东北和北朝鲜，并将日本部分北方领土齿舞、色丹、国后、择捉四岛划归苏联，从而形成了从南库页岛、千岛群岛到朝鲜"三八线"，再到旅大港的另一条与美军对峙的军事分界线。苏联幅员辽阔，能将两条军事分界线连成一片，其间包括 10 多个社会主义国家。显然，这是一支十分强大的国际政治力量。

对于战后世界的安排，苏联希望在长时期内保持国际和平，以便医治战争给苏联带来的严重创伤，恢复并振兴经济。为此，斯大林主张建立一个由爱好和平的国家的代表组成的"新的特别全权国际组织。"斯大林还希望战时划归苏联的领土能得到国际承认，在东欧建立"安全圈"，使西部邻国"实行对苏联友好的政策，而不是实行反对苏联的'防疫线'政策"。此外，他还希望推进世界革命，使更多国家走社会主义道路。

值得注意的是，在卫国战争年代，苏联在强调爱国主义和国际主义的同时，并没有把二者与民族利己主义和大国沙文主义严格区别开来，无论是在对待邻国的领土问题上还是在处理其他外交问题上，都有背离马列主义原则的地方。例如，1945 年 9 月 2 日斯大林对日本投降发表的《告人民书》中，就将 1904 年的日俄战争说成是日本对俄国的侵略，说："那次失败是我国的一个污点"，俄国等待着"污点会被清洗"。这种说法与列宁当年揭露日俄战争双方都是为了"争夺满洲和朝鲜"，"而进行的一场非正义的帝国主义战争"的结论是相违背的。这反映了在苏联领导人的指导思想中仍然存在着老沙皇大俄罗斯主义的思想残余，这对苏联处理战后国际事务有着消极的影响。

英国开始依附美国

长期以来，英国一直是国际关系中的制衡国。在整个 19 世纪，它是世界霸主。

第一次世界大战后,它在国际联盟和国际事务中仍处于领导地位。但第二次世界大战改变了它的国际地位,也改变了英国统治者的心态。英国与德国法西斯作战时间最长,实力消耗极大。尽管战时英军从130万人增加到510万人,但是与美苏相比则大为逊色。还在1943年的德黑兰会议期间,丘吉尔就已意识到"英国是一个多么小的国家"。他曾这样描绘:"我的一边坐着把一条腿搭在另一条腿上的巨大的俄国熊,另一边是巨大的北美野牛,中间坐着的是一头可怜的英国小毛驴"。1944年盟军在诺曼底的登陆,其主力是美国而不是英国。战争虽然使英国获得了战胜国的桂冠,但其实力地位却大大降低了。

英国的决策者在战争后期就已预见到战后的国际舞台上将会出现"两个巨人",一个是美国,另一个是苏联,而英国将"夹在两块大磨石之间,被置于最不舒适的处境"。丘吉尔对战后世界结构的第一个设想是实现在英国领导下的欧洲统一,建立欧洲地区联邦。丘吉尔主张成立一个世界性组织,下面分设欧洲、美洲、太平洋地区三个委员会。英国可以通过组织经济、政治和军事联合体在欧洲委员会中起主导作用,同时还可通过英属殖民地、附属国在太平洋地区委员会中发挥作用,以此来保证其国际地位。但这一想法在1944年8月的魁北克会议上被美国否定,丘吉尔不得不接受罗斯福所设计的"世界蓝图"。他认识到战后能与苏联抗衡的唯有美国,而不是一个改组了的衰弱的欧洲。所以,他的第二个设想是建立战后英美特殊联盟。当然他必须承认,美国是盟主,他还直截了当地告诉美国总统特使说:"我是总统的忠实副手"。他甚至还曾提议战后美英公民不受国籍限制,可以自由交往,公民证可以通用。他的目的是想借助于美国的力量来维持英国在欧洲第一把交椅的位置,以此来挽救大英帝国的没落。

法国大国地位的恢复

法国亡国后,国防部副部长戴高乐将军只身出走英伦,1940年6月18日在英国广播电台发表演说,高举起"自由法国"的旗帜,随后组建军队,在法属殖民地活动。10月27日在非洲布拉柴维尔成立了由他任主席的"保卫帝国委员会",代表法国利益。他与国内抵抗运动联合,1942年7月将"自由法国"改名为"战斗法国"。1943年6月3日在阿尔及利亚成立了法兰西民族解放委员会作为法国的中央政权,并得到美、苏、英的承认。该政权拥有一支23万人的战斗部队,32万吨位和5万人的海军舰队,一支有500架战斗机和3万人的空军。显然,这点力量是不被盟国重视的。所以,在战时盟国的许多会议中从没有法国临时政府的席位。戴高乐对此感到愤愤不平,反复向盟国表示:"1500 年来,法国就已习惯于一个大国的地位,要求所有的人,首先是他的朋友们,不要忘记这一点"。

戴高乐领导下的法军积极参加了在意大利、法国和德国领土上的军事行动。以法共为核心的内地军在解放法国本土的战斗中也做出了重要的贡献。到 1945 年初,法国正规军已达 97.6 万人。塔西尼将军率领下的第一军深入德、奥境内进行战斗,最终由他代表法国政府在德国投降书上签了字。在战争期间,戴高乐还积极争取苏联的支持,1944 年 12 月 10 日签订了法苏同盟互助条约。在这种情况下,美英不得不将法国作为大国对待。

1945 年 4 月,法国代表重新以大国身份出席旧金山会议。但是,这时的法国就其实力而言,已沦为三等国了。

中国加入大国行列

从 1840 年起,中国一直是个受列强欺辱的半殖民地弱国,在国际政治舞台上从来没有中国的地位。但是,中国人民在反法西斯战争中做出的杰出贡献大大提高了中国的国际地位。中国人民最先举起了反法西斯战争的义旗,而且坚持抗战的时间最长,付出的民族牺牲最大。中国是亚洲战场上抗击日本法西斯的主力军。中国的抗日战争阻遏了德日意法西斯的进一步勾结和战争规模的扩大。中国的抗战粉碎了远东慕尼黑阴谋,鼓舞了世界反法西斯力量,促进了国际反法西斯统一战线的形成。中国的抗战支援了苏联和美国的"先欧后亚"战略,使他们有可能集中力量在欧洲战场先战胜希特勒。在最后打败日本法西斯的战争中,中国人民更是起了不容抹杀的巨大作用。在这种情况下,盟国在最后战胜法西斯及对战后世界秩序的安排等重大国际事务上,没有中国参加,是难以真正解决的。中国大国地位的取得是中国人民长期斗争的结果。

但是,美国承认并支持中国的大国地位,是为了在战后能有一个依附美国、追随美国的中国出现,这样的中国将成为美国抗衡苏联、英国的忠实助手。英国则竭力反对中国的大国地位,它深恐一个强大的中国将对争取民族独立的英国殖民地,特别是印度,起到巨大的鼓舞作用。苏联当然不愿意看到蒋介石政府强大,但对中国共产党能够战胜国民党,也不抱信心。因此,中国在战争中虽然取得了大国地位,但这种地位在相当程度上是虚有其表的。只有在中华人民共和国成立,中国人民真正站起来以后,中国才真正作为一个有影响的大国在国际政治舞台发挥自己的作用。

美苏英中首倡联合国

1945 年 10 月 24 日,维护世界和平与安全的国际组织联合国宣告成立。联合国是二战中反法西斯同盟国为了巩固战争胜利成果、维护战后和平与安全而创建的国际组织。它的诞生是当代世界历史上极其重大的事件,对战后国际政治的发展产生了巨大的影响。

同盟国在同法西斯国家进行艰苦战斗的岁月中萌发出创建一个维护世界和平与安全的新国际组织的设想。美国总统罗斯福和英国首相丘吉尔于 1941 年 8 月 14 日共同签署的《大西洋宪章》最早提出这一设想。宪章提到,"待纳粹暴政被最后毁灭之后",建立"广泛而永久的普遍安全制度"。这一提法后来被盟国普遍认为是未来国际组织的同义词。

1941 年 9 月 24 日,在盟国伦敦会议上,苏联政府代表、驻英大使迈斯基宣布同意大西洋宪章的基本原则。同年 12 月 4 日,《苏波友好互助宣言》明确提出,战胜希特勒之后,"只有通过一个新的国际组织,将各民主国家联合在一个持久同盟的基础上,才能保证持久和正义的和平。"

1942 年 1 月,美、苏、英、中等 26 个同法西斯轴心国作战的国家的代表在华盛顿签署了《联合国家宣言》,宣布以《大西洋宪章》的宗旨和原则作为盟国的共同纲领,约定决不单独停战或单独媾和。这是第一次使用"联合国家"一词。据说此词是罗斯福总统在散步时想出来的。"联合国家"代表反法西斯联盟,与后来的联合国组织并不相同,但联合国由此脱胎而成。

1943 年,二战形势发生有利于盟国的根本性战略转折,反法西斯战争的胜利已成定局,安排战后世界的问题变得急迫起来。各大国从形势需要和各自的利益出发,对规划战后国际安全机构都十分重视。

罗斯福鉴于第一次世界大战时威尔逊的教训,急于在和平实现之前建立新的国际组织,以免重蹈美国在参加国联问题上的覆辙。罗斯福从美国的全球战略利益出发,对战后国际组织的设想是:①能切实有效地维护和平,以防止侵略国再发动新的世界大战;②美国能在其中起领导作用;③不能成为软弱无力的国联的再版,强调大国要在战后维护世界和平与安全中起到国际警察作用。为此目的,罗斯福重视以下两个问题:第一,必须争取苏联的支持与合作,否则未来的国际组织就难具有世界性,这是至关重要的。第二,中国应享有大国地位,这是对中国在反法西斯战争中做出巨大贡献和中国蕴藏着伟大潜力、必将享有远大未来的认识,同时也有今后借重中国制约苏联的作用。

苏联也十分强调未来的世界性组织应该成为防止德国东山再起的强大堡垒，这一组织应该拥有制止侵略和维护和平的充分权威和手段。斯大林指出：它"不应当是既没有权力又没有手段来防止侵略的那个国际联盟的重演。"同时，苏联还十分关心这一组织从制度上切实保证自己的大国地位。

至于英国，由于国力日衰，当年的雄风难现，已经预感到难以享有昔日在国联时的殊荣，所以只能紧随美国，并与之保持一致，以尽力守住英国的地盘。

1943年10月19日至30日，苏美英三国外长在莫斯科举行会议，通过了《苏美英中四国关于普遍安全的宣言》。中国驻苏大使傅秉常代表中国政府签署了这个文件。四国在《宣言》分中宣布："它们承认有必要在尽速可行的日期，根据一切爱好和平国家主权平等原则，建立一个普遍性的国际组织，所有这些国家无论大小，均得加入为会员国，以维持国际和平与安全。"

1943年11月23日，开罗会议的第二天晚上，罗斯福在与蒋介石谈话时表示，中国应取得四强之一的地位，并平等地参加四强机构，参与制定该机构的一切决定。蒋介石答称，中国将欣然参加四强的一切机构和参与制定。次日，中国代表团成员王宠惠奉蒋介石的指示，向美国代表团成员霍普金斯递交照会，要求成立美英苏中四国委员会，负责联合国理事会组织事宜。

在1943年11月28日至12月1日的苏美英三国首脑德黑兰会议上，罗斯福提出关于建立国际组织的较为具体的计划，建议未来国际组织包括三个独立机构：一个大约由35个"联合国家"组成的庞大机构；一个由苏美英中四大国，再加上欧洲两个国家、南美洲、近东和英国自治领地各一个国家组成的执行委员会机构；一个由苏美英中四国组成的"四警察"机构。罗斯福强调，新的国际组织应该是世界性的，而非地区性的。罗斯福的建议得到丘吉尔和斯大林的同意。12月24日，罗斯福在谈到开罗和德黑兰两次会议时说："英国、俄国、中国、合众国及其盟国代表了全世界四分之三以上的人口。只要这四个军事大国团结一致，决心维护和平，就不会出现一个侵略国再次发动世界大战的可能。"

罗斯福从德黑兰回国后，要求国务院根据他的设想尽快提出关于战后成立国际组织的建议书。几天后，国务院的非正式议程小组向罗斯福递交了"关于建立维持国际和平与安全的国际组织的计划"。计划对一些重大问题提出了几个可供选择的方案，供罗斯福参考。一个月后，罗斯福原则上批准了这一计划。他对大国否决权的意见是，执行委员会对于重大问题的决议应由大国一致同意做出，大国可以弃权，但必须受决议的约束。根据罗斯福的想法，美国国务院起草了"普遍国际组织暂定草案"。美国参议院外交委员会组成了特别委员会，与国务院非正式讨论了这一草案，并认为这一草案可以与英苏进行讨论。

　　1944 年 5 月 30 日，美国国务卿赫尔把英国驻美大使哈利法克斯和苏联驻美大使葛罗米柯请到他的办公室，简要地向他们介绍了参议院外委会的特别委员会的讨论情况。赫尔请英苏大使转告各自的政府，考虑邀请中国参加草拟战后国际组织章程的会议，同时也希望英苏两国能分别提出关于未来国际组织的建议案。7 月 18 日，美国政府把经修改的草案交给了中、苏、英政府。草案上根据赫尔的意见作了两处重大改动：一是对成为争端当事国的大国能否使用否决权不做明确规定，留待以后讨论；二是增加法国作为常任理事国，并把安理会成员从 8 个增加到 11 个，即增加 3 个非常任理事国。不久，英国政府提出了建议案，它对赫尔的第一点表示强烈不满。苏联则反对中国参加正式讨论，理由是苏联尚未对日宣战。经过磋商，三国达成了如下协议：即将举行的会议分成两个阶段，首先由美、英、苏讨论三国关于国际组织的各项建议，然后美、英再与中国对同样的内容进行磋商。

　　1944 年 8 月 21 日至 10 月 7 日，美英苏和美英中的代表在华盛顿附近的一座古老庄园敦巴顿橡树园举行会议。8 月 21 日至 9 月 28 日，美苏英三国政府代表参加第一阶段会议。9 月 29 日至 10 月 7 日，美英中三国政府代表参加第二阶段会议。中国政府代表是顾维钧。在两个阶段的会议上，四国代表以美国提出的《普遍国际组织暂定草案》为基础，制定并通过了《关于建立普遍性国际组织的提案》，准备递交给以后将召开的新国际组织制宪大会。《提案》建议称新国际组织为"联合国"，规定了联合国的宗旨和原则、会员国的资格、联合国的主要机构的组织和职权等。

　　敦巴顿橡树园会议规划了联合国宪章的基本轮廓，解决了联合国建立的主要问题。罗斯福将会议提案称为"国际政治合作的奠基石"，斯大林认为这次会议是"联合国家战线的鲜明标志"。但是敦巴顿橡树园会议在两个重要问题上未达成协议。

　　一、安理会投票程序问题。按照《提案》，联合国包括大会、安理会、国际法庭和秘书处四个主要机构。安理会负有维护国际和平的主要责任，由苏美英中法五个常任理事国和六个非常任理事国组成。常任理事国拥有否决权，对此三国并无歧义。但美英代表认为，如果一个常任理事国是争端的当事国，该国不应有否决权。苏联代表则认为，在任何情况下不得取消否决权。双方未能统一，故敦巴顿橡树园会议提案只说安理会的投票程序仍在考虑之中。

　　二、联合国创始会员国资格问题。美国提出，除 26 个《联合国家宣言》签字国外，再增加 8 个未曾向轴心国宣战的国家，其中 6 个是拉美国家。苏联代表葛罗米柯提出，假如 16 个苏联加盟共和国也被列入创始会员国之内，苏联就同意接纳这 8

个非宣战国。美国代表闻此大惊。罗斯福认为,苏联的要求,就像美国要求接纳美国的48个州为联合国会员国一样,实为"荒谬"。他要求会议对此问题严加保密。8月31日,他致电斯大林,进行了紧急磋商,双方同意将这个问题暂时搁置起来。

在1945年2月的美苏英三国首脑雅尔塔会议上,罗斯福对敦巴顿橡树园会议两个悬而未决的问题提出折中方案。关于安理会表决程序,他提出:对采取和平手段解决争端的"准司法性"问题,安理会常任理事国如系当事国,不得使用否决权;对采用强制手段加以解决的"实质性"问题,如制止对和平的破坏、控制军备等问题,安理会所做的一切决定均需常任理事国的一致意见,不论其是否是争端或冲突的当事国。这一方案被称为"大国一致原则",又称"雅尔塔公式"。关于联合国创始国问题,美英对苏做出让步,同意乌克兰和白俄罗斯为该组织创始国。三方同时达成一项默契,如果美国也要求增加投票权,苏英将支持美国享有同苏联相等的三票。这一消息传出后,美国公众舆论指责美苏进行"幕后交易"。美国政府不得不于4月3日宣布,美国支持苏联要求,但不为自己谋求三个投票权。

雅尔塔会议决定于1945年4月25日在美国旧金山召开联合国制宪会议,参加国应为1942年1月1日在《联合国家宣言》上签字的国家和1945年3月1日前向轴心国宣战的国家。会议建议中国和法国也为旧金山会议发起国。法国拒绝了这一建议。

1945年3月5日,美国代表中美苏英四国向有关国家发出邀请书,提议把敦巴顿橡树园会议的提案和雅尔塔会议有关协议作为正式方案提交旧金山大会,并请各受邀国对议案提出修正意见。至1945年5月5日,各国提出的修正案近1200个。

1945年4月25日,在苏联红军与英美联军在易北河胜利会师的同一天,联合国制宪会议在旧金山大歌剧院如期举行。会议的正式名称是"联合国家国际组织会议"。这是世界外交史上规模空前的盛会。参加会议的有46个国家的代表团,代表282名,随行人员1726名。大会秘书处工作人员1058人,采访记者2636人。中美苏英四国首席代表为宋子文、斯退丁纽斯、莫洛托夫和艾登。中国共产党的代表董必武是中国政府代表团的正式成员。法国首席代表是皮杜尔。

会议分三阶段进行。

第一阶段,4月25日至5月2日,大会进行一般性辩论,研究和讨论有关会议的组织工作,做出了下列一些决议:设立由各国首席代表组成的指导委员会和由中、美、苏、英、法等14国首席代表组成的执行委员会,四大发起国首席代表轮流担任大会主席,斯退丁纽斯任执行委员会和指导委员会主席,成立四个分别研究宪章有关部分的专门委员会,一切关于实质性问题的决议应以三分之二的多数票通过,一切程序事项应以半数票通过,中、英、俄、法、西5种语言为大会正式语言。此外,大会还通过了邀请4个新参加国的决定。在决定是否接纳阿根廷的问题上,美国自恃拥有多数票,强行表决通过,开创了联合国内操纵投票的恶劣先例。

第二阶段,5月3日至6月20日,各专门委员会讨论和制定宪章。第一专门委员会负责研究联合国宗旨、原则和组织问题,第四专门委员会研究国际法院和各种法律问题,这两个委员会比较顺利地达成协议。

负责研究大会和托管问题的第二专门委员会出现较大争论。澳大利亚等一些中小国代表主张扩大大会权力,遭到苏联代表的反对。最后达成协议,通过对原则案所规定的大会权力有所扩大的修正案。在托管问题上,对于托管之目的产生争论。中、苏等国主张托管应最终实现独立之目的,英、法、意维护凡尔赛和会制定的委任统治制度,美国态度暧昧。经反复争论,最后达成的协议规定,托管制度的基本目的之一是"增进其趋向自治或独立之逐渐发展"。

争论最多和最激烈的是负责研究安理会问题的第三专门委员会。会上,澳大利亚等许多中小国家对大国在安理会的权限和享有否决权表示不满,认为"各大国经协商而握有的、作为自己专门特权的否决权",是"小国和大国不平等的典型表现",应予以修改、缩小甚至取消。会上一度出现40多个中小国与几个大国对立的局面。它们提出23个问题,要求四个发起国回答与解释。但它们限制大国否决权的种种努力终未能奏效。

四大国在讨论如何回答中小国家关于安理会表决程序的问题时,再度发生分歧,对"雅尔塔公式"做出不同解释。苏联代表认为,否决权适用于决定一个问题和争端是否应予讨论,中、美、英反对苏联的见解,认为安理会是否该讨论向其提出的问题是程序问题,可以简单多数通过。双方意见尖锐对立,一度使制宪会议陷于瘫痪。最后杜鲁门通过在苏联访问的霍普金斯,直接与斯大林交涉。斯大林接受了美国的立场。中、美、苏、英四大国经过商讨并统一意见后,发表了"四发起国代表团关于安理会表决程序的声明",对雅尔塔公式做了进一步说明和解释。

至6月20日,各专门委员会的工作全部结束。

第三阶段,6月21日至25日,指导委员会和执行委员会所属各机构对各专门委员会制定的宪章条文进行文字上的修改和审定。

1945年6月25日晚,全体大会一致通过联合国宪章及作为"宪章之构成部分"的国际法院公约。

6月26日早,在退伍军人礼堂举行了历时8小时的签字仪式。一开始参加大会的46国代表加上后来被邀请参加的丹麦、阿根廷等4国,共50个国家约153名全权代表依次在中、英、俄、法、西5种文本的宪章上签字。中国代表团第一个签字,随后是苏联、英国和法国代表团,然后其他国家代表团依本国英文字母顺序一一签字。美国作为东道国最后一个签了字。中国共产党代表董必武作为中国政府代表团成员在宪章上签了字。波兰因尚未成立全国统一政府而未能派代表出席会议,但保留了创始会员国资格,后于 1945 年 10 月 15 日在宪章上签字。在宪章上签字的 51 个国家被称为联合国创始会员国。这一天后来被联合国定为"宪章日"。

当晚,旧金山会议举行盛大闭幕式,中、美、苏、英、法等 10 个国家的代表在会议发言,盛赞会议所取得的成果,杜鲁门总统最后发表演说。历时两个月的旧金山制宪会议圆满结束。

1945 年 10 月 24 日,联合国宪章生效,联合国正式宣告成立。以后,联合国将这一天定为"联合国日"。

《联合国宪章》分序言和 19 章,共 111 条。

《宪章》规定,联合国的宗旨是维护国际和世界和平;促进各国之间以尊重人民平等权利和自决原则为基础的友好关系;促进国际间在经济、社会和文化方面的合作。为实现上述宗旨,联合国依照下列原则行事:各会员国主权平等,互不侵犯和领土完整,不干涉他国内政,和平解决国际争端,和平共处。

《宪章》规定,联合国设 6 个主要机构:大会、安全理事会、经济及社会理事会、托管理事会、国际法院和秘书处。大会由全体会员国组成,是联合国主要审议机构。安理会由中、苏、美、英、法 5 个常任理事国和 10 个非常任理事国组成,有权做出全体会员国都有义务接受并执行的决定。秘书长是联合国行政首长。

《联合国宪章》是当代国际关系史上一部划时代的文献,它孕育于反法西斯战争的艰苦年代,产生于反法西斯战争胜利的时刻,它的宗旨与原则符合各国人民对未来世界的和平与安全的要求。但是,实现这些宗旨和原则要比制定它们曲折、复杂而困难得多。

第一届联合国大会

1946 年 1 月 10 日~2 月 14 日,联合国大会第一届会议在伦敦召开,这是 1945 年 10 月 24 日联合国成立大会以后的第一届全体会员国大会,50 个创始会员国出席了大会。作为联合国组织机构之一的联合国大会正式开始运作。

根据《联合国宪章》第四章的规定,大会由联合国的全体会员国组成。大会每年举行常会时,会员国出席常会的代表团不得超过代表 5 人和副代表 5 人,其中 1 人为团长。如国家元首或政府首脑出席会议,他即为该代表团的当然团长。但代表团的顾问、专家和秘书人员的数目没有限制。联合国大会的代表,是按其派出政府的指示行事的,因此,大会不是世界议会,而是联合国内部一个政府间的国际代表机关。宪章还规定,大会应自行制定其议事规则。每届会议应选举主席1人,副主席21人。主席和副主席人选,按亚洲、非洲、拉美、东欧、西欧及其他国家共5个地区小组分配,由会员国轮流选任。安理会5个常任理事国的代表不担任主席,但每届大会都可当选为副主席。大会在举行常会时,除全体会议外,还设有7个主要委员会,每个会员国都有权派代表参加这7个委员会。大会把大部分议事日程上的有关项目分配给7个委员会,由他们分别进行讨论并提出决议草案。委员会的决议草案须提交大会全体会议通过后,才能成为大会的正式决议。凡未提交给主要委员会的项目,由大会全体会议进行处理。大会除了开会期间的工作之外,还有许多经常性工作需要进行,因此大会还设有一些常设性的委员会协助工作。

宪章对联合国大会的职权做了规定。大会具有比安理会广泛得多的职权,它可以讨论宪章范围之内的任何问题或事项。联合国大会对一般问题的决定,由过半数的简单多数做出,对于重要问题决定,则由2/3多数做出。联合国大会的决议不同于安理会的决议,只是建议,无约束力,但具有道义力量。

联合国大会每年举行一届常会,时间安排在每年9月的第三个星期二开始,到同年的12月20日左右闭幕,如果议程未讨论完毕,可延至第二年春天继续举行,但必须在下届常会开幕前闭幕。联大常会全体会议由大会主席或副主席主持。大会常会按照惯例,一般首先批准总务委员会通过的议程,先选举大会主席、副主席及所属各委员会主席,通过接纳新会员国,然后讨论重大政治问题,最后在大会闭幕前做出各项决议。1946年1月召开的第一届联大,选举赖伊出任联合国首届秘书长,大会讨论了各国关心的重大政治问题并做出了相应决议。这届联大是在伦敦召开的,1954年纽约联合国总部建成之后,历届联大就固定在联合国总部召开了。

自1946年第一届联大召开以来,联合国对世界的政治、经济、社会、文化、生态等重大问题进行了广泛深入的讨论,通过了很多重要的决议。虽然联大的决议是没有约束力的,但是通过集合广大会员国共同意志而形成的道义上的力量,是对各国行动的一种"软约束",这在一定程度上保证了联大决议精神能被各国贯彻执行。总的说来,联合国大会在推动世界和平与发展的过程中发挥了不可忽视的作用。

世界经济统一性趋势的增长

统一性和多样性是世界史的基本特征。第二次世界大战后,这一特征更为突出并有许多新的表现。世界经济是世界各国的经济由于相互联系和相互依存而形成的世界范围的经济整体,世界经济的发展就是世界统一性的主要表现。世界经济并不是自古以来一直存在的。它是随着近代资本主义及其工业革命的发展而产生,到了20世纪初期,由于垄断资本主义和资本主义生产力的高度发展,统一的、无所不包的资本主义世界市场才随之出现;更由于国际分工、国际投资、国际交换的扩大,遂形成了资本主义经济体系的世界经济。不久,第一个社会主义国家的诞生打破了资本主义经济的一统天下,出现了社会主义和资本主义两种经济体制同时并存的世界经济。在1929~1933年世界经济大危机的影响下,资本主义各国盛行贸易保护主义,纷纷高筑贸易壁垒,签订双边协定,放弃统一的金本位制和金汇兑本位制,普遍实行纸币流通制度,出现了英镑区、法郎区、美元区等货币集团。各集团内部规定货币比价、波动界限、货币兑换与支付原则,集团内部的黄金外汇储备集中保管,对外国际支付严格管制。法西斯集团兴起后更加大了这种国际贸易和金融的分割局面。

反法西斯国际统一战线的扩大和法西斯集团的崩溃,为重建世界经济的统一性创造了条件。苏联加入反法西斯阵线,使得社会主义经济与资本主义经济关系空前地密切起来。从理论上讲,社会主义经济是开放的经济,社会主义国家是从资本主义世界中产生出来的,在国际分工、世界市场等方面与资本主义经济体系的历史联系是不能完全割断的。社会主义国家的经济建设也需要在独立自主、平等互利的基础上与资本主义国家发展国际贸易,引进先进技术,利用外资。所以,两者是相互对立又相互联系、相互斗争又相互依存的关系。但是,由于西方国家长期奉行反苏政策,阻碍着两种经济在统一性方面的发展,直到反法西斯战争开始后,才有了突破性的进展。美国是在苏维埃政权诞生16年之后,才承认苏联的。1941年6月22日苏德战争爆发后,罗斯福宣布"美国决心在可能范围之内,全力援助苏联。"同年9月29日至10月1日,苏美英三国代表团在莫斯科签订了在短期内向苏联提供援助的议定书。1942年1月1日,包括苏联在内的26个联合国家发表共同宣言,强调了经济合作问题。接着,在5月和6月又签订了苏英条约和苏美协定,其中不仅规定了双方战时的相互援助,而且还谈到了战后的合作互助问题。1939年苏联从美国的进口贸易额为5150万卢布,1946年增至21300万卢布。美国通过租借法案向战时盟国提供了约506亿美元的援助,其中供应苏联约110亿美元,约占22%。虽然美、英、加拿大向苏联提供的军事工业产品只占苏联战时工业总产量的4%,但这对世界经济的发展是有促进作用的。

布雷顿森林体系的形成

为了恢复受战争破坏的各国经济,稳定各国汇率,平衡国际收支,促进非歧视性贸易的发展,在战争后期美国和各盟国都希望能在战后建立一个统一的国际货币金融组织,利用其自身资金和组织来的私人资本为各国生产项目提供贷款,也希望缔结统一的关税贸易协定,以消除国际贸易的障碍。1943年10月在莫斯科三外长会议上,美国代表赫尔提出了一份关于国际基本经济政策的备忘录,建议盟国组成一个专家委员会研究国际经济合作问题,得到苏联的赞同。1944年7月1日至22日,来自美、苏、中、法等44个国家的730名代表在美国新罕布什尔州布雷顿森林的华盛顿大旅社举行联合国家货币金融会议。经过三周的协商讨论,尽管大国之间矛盾重重,中小国家对漠视不发达国家的经济发展问题表示不满,但会议最终还是通过了三个重要文件:《联合国家货币金融会议的最后决议书》及其附件:《国际货币基金组织协定》和《国际复兴开发银行协定》,决定成立两个国际金融组织。总称"布雷顿森林体系"。

1945年12月27日参加布雷顿森林会议的,包括中国在内的29个国家的代表(不包括苏联),在美国国务院举行了布雷顿森林协定签字仪式,宣告国际货币基金组织和国际复兴开发银行,即世界银行正式成立。这是两个在业务上保持密切联系的姊妹机构,总部均设在华盛顿,成员国陆续增加。1946年6月25日世界银行正式开业,1947年11月成为联合国的专门机构之一。它的宗旨是:为成员国的经济恢复与发展提供和组织长期贷款;为私人银行向各成员国的长期贷款提供担保,以促进资金流动。资金来源包括成员国认缴份额、借款、发行债券、利息收入、各银行贷出的债权转售给私人投资者等。最初的核定资本为100亿美元,此后一再增资。每个会员国都有250票的基本投票权,此外,每认缴10万美元资本可增加一股,同时也增加一票。认股后实付股款10%,其中1%付外汇,9%付本国货币,其余90%为待交股本。美国认缴资本最多,一开始就掌握1/3的表决权。战后初期银行的主要借款人是西欧各国,后来逐渐转向亚非拉国家。银行组织也随之调整。

1947年3月1日国际货币基金组织开业。同年11月15日成为联合国专门机构之一。其宗旨是:商讨和促进国际货币合作,通过提供中、短期资金解决会员国国际收支中出现的暂时不平衡,消除各国的外汇管制,促进国际汇兑的稳定,以便利国际贸易的发展。基金来源于各会员国认缴的份额,其大小由基金组织根据该国的黄金外汇储备,进出口贸易额、国民收入等几项指标提出,经与会员国磋商而定。交纳份额的 25% 为黄金或特别提款权,75% 为本国货币。会员国所占的份额越大,在该组织内享有的权利也越大。每个会员国的基本表决权为 250 票,此外,每投入 10 万美元增加一票。最初,基金总额为 88 亿美元,后多次增加,会员国也不断扩大。它们的权利是:在国际收支出现逆差时,可按照所缴份额的一定比例向基金组织借用外汇,期限为 3 至 5 年;它们的义务是承担实行固定的汇率制,外汇交易不得超过黄金官价(35 美元等于 1 盎司黄金)的 1%;在外汇政策和管理方面接受该组织的监督。

关税与贸易总协定

从 1943 年起,美、英等国还举行了一系列会议,酝酿成立国际贸易组织。在联合国经社理事会的支持下,1946 年 10 月在伦敦举行了第一次筹备委员会会议。1947 年 4 月筹委会在日内瓦举行了第二次会议,就美国提出的“国际贸易组织宪章草案”进行讨论,但未被通过。后来筹委会根据其中部分条文拟定了关税与贸易总协定,同时草拟了关税减让最后议定书作为总协定的一个组成部分。同年 10 月 30 日美、英、中、法等 23 个国家在协定上签了字,1948 年 1 月 1 日生效。由于“组织宪章”未能通过,所以,关税与贸易总协定不是正式的国际组织,而只是国际性的多边协定,它与联合国有关系,但不是其专门机构。总协定的宗旨是:减少关税和贸易障碍,取消歧视待遇,充分利用世界资源,促进各国生产;扩大国际交换,创造就业机会,保证实际收入,增加有效需求。每年缔约国召开一次大会,就国际贸易中的重大问题进行谈判,特别是对主要商品的税率进行协商达成减让协议,以贯彻最惠国待遇原则。所以,总协定既是一个调整各国贸易关系的法律框架,又是一个进行多边贸易谈判、争夺市场的场所,同时还是一个调解和解决争议的机构。

总协定缔结后,多次进行减税谈判,这对国际贸易的发展起了促进的作用。世界银行和国际货币基金组织在相当程度上减轻了战后初期的汇率波动和经济动荡,增加了投资,扩大了世界购买力,也促进了世界贸易。它们对世界经济、特别是对西方国家的经济复兴和发展起了积极作用,因而被公认为调整当代世界经济贸易和金融的三大支柱。但它们存在的共同问题是美国在其中有特殊地位,国际贸易和国际金汇兑本位货币制度对美国的依赖,势必产生许多矛盾,严重地限制和削弱了它们的作用。然而,尽管如此,这三大支柱的出现标志着战后世界经济全球化趋势的开始,反映了世界经济朝着体系化、制度化的方向发展。

社会主义国家经济

战后世界经济在走向统一的过程中，仍然存在着多样性，它的具体表现就是"两种体系、三种国家"的出现。"两种体系"是指社会主义经济体系和资本主义经济体系，"三种国家"是指社会主义国家、发展中国家和资本主义发达国家。每一种国家中又可分为各种类型。

战后世界发生的最大变化是在欧亚大陆诞生了一系列社会主义国家，从而使社会主义越出了苏联一国的范围，形成了一个社会主义国家经济体系。由于历史背景、社会基础、革命道路、过渡政策的不同，这些社会主义国家的经济又可分为三种类型：

1、苏联型：战苏联通过三个五年计划和大规模的社会主义改造已奠定了社会主义的经济基础，工业生产达到欧洲发达国家的水平，与德国的经济实力大体相当，但整体经济技术水平仍较落后。战争给苏联经济造成了严重的损失：约2700万人丧生，莫斯科和伏尔加河以西的1710座城镇、31850个工业企业、65000公里铁路被毁坏、30%左右的国家财富化为灰烬。但是，苏联依靠社会主义制度的优越性和广大人民的爱国主义精神，战时能够迅速集中全国一切人力物力适应战争需要，有计划、有效地把国民经济全面转入战争轨道，顺利实现了工业生产基地的东迁。1944年的工业产值已达到战前1940年的103%，集中统一的计划管理体制和优先发展重工业的方针在战时进一步强化，并发挥了重要作用。在战后的经济恢复中仍继续发挥积极作用。但这种体制的弱点是农业和日用消费品工业的发展受到限制，再加上战争的影响，1944年苏联的农业生产指标只及1940年的54%，1949年时才接近战前水平。此外，市场经济不发达也是战后苏联经济面临的一大问题。

2、东欧型：1944~1945年随着希特勒在东线的溃退和苏军的挺进，东欧和中南欧各国掀起了民族民主革命高潮，以无产阶级政党为核心的各国爱国阵线或民族民主阵线通过武装抵抗运动推翻了法西斯附庸政权，或被占领下的法西斯傀儡政权，建立起了人民民主政权。这些国家除民德和捷克斯洛伐克外，战前都是落后的农工业国家，外国垄断资本和国内的封建地主经济占统治地位，历史上与西方国家有较密切的经济联系。除波兰、捷克斯洛伐克外，普遍实行君主专制制度。战争给这些国家造成的损失是严重的。波兰有600万人丧生，40%的国家财富，相当于两代人的劳动成果荡然无存。南斯拉夫死亡170万人，40%的工业企业被毁，近30万农户破产。战后东欧各国面临的首要任务是恢复国民经济，同时通过没收法西斯占领者、追随者及外国垄断集团的财产,为社会主义国有经济奠定基础;而且还通过土地改革、民主化改革及经济计划措施改造封建的、大资产所有制,探索向社会主义过渡的道路。这是东欧地区划时代的历史性变革。

3、亚洲人民民主国家型:反法西斯战争也为亚洲的中国、朝鲜、越南、蒙古的新型民主主义革命的胜利创造了有利条件。这几个国家都选择了社会主义方向,共同的特点是在殖民地半殖民地的经济基础上探索符合本国实际的社会主义道路。首先,都进行了各种民主主义改革,实现工业化,发展现代化的生产力。但是,由于外部势力的武装干涉,在它们建国后的相当时期内,为了巩固政权、争取国家统一的政治任务要大于经济建设的任务,这是与东欧人民民主国家有所不同的。

发展中国家及殖民地经济

发展中国家多数是从殖民地半殖民地演变而来的民族主义国家,最初被称为不发达国家。就其经济性质而言,应属于资本主义经济体系,但是在战后,由于发展中国家日益增多,它们反对帝国主义、殖民主义,积极创建独立自主的民族经济,并与社会主义国家发展经济联系,从而形成介于资本主义和社会主义体系之间的一种新型经济体系。它的特点是:(1)发展中国家和地区主要分布在亚洲、非洲、拉丁美洲和南太平洋,即地球的南部,土地面积约占全世界的2/3,人口约占全世界的3/4,农矿资源丰富,在世界经济中占有重要地位。(2)由于长期遭受殖民主义、帝国主义的压迫和剥削,经济命脉受外国资本控制,所以,取得政治独立后,这些国家的首要任务是肃清殖民主义势力,谋求独立的经济发展。(3)殖民统治阻碍生产力的发展,造成这些国家的经济十分落后,且畸形发展,普遍存在单一经济,农村中普遍存在资本主义生产关系,文盲众多,科技水平较低,发展现代化民族经济将会面临很大的困难。由于地区特点和社会经济发展水平的差异,就大战结束时的情况而论,又可分为以下几种类型:

1、拉美型:战争结束时,拉美的民族独立国家最多,它们多数在19世纪取得独立,但经济上始终没有摆脱殖民主义的羁绊。战前只有墨西哥等少数国家实行了国有化措施,发展民族经济。大战期间,趁欧洲帝国主义忙于战争之机,许多拉美国家没收轴心国企业,赎买英法垄断资本控制的工矿、石油企业和公共事业。特别是拉美各国都参加了反法西斯联盟(唯阿根廷参加较晚),为盟国提供战略物资和粮食,这又大大促进了民族工业和出口贸易的增长。1937~1945年巴西的钢产量增加了两倍,墨西哥增长了一倍,在化学、纺织、冶金、机器制造等工业中都建起了新型企业。各国的黄金、外汇储备从 1939 年的 7 亿多美元增加到 1946 年的 30 多亿美元。拉美国家从此由农业国变为农工业国家。战争给拉美带来的另一变化是美国在"泛美合作"的幌子下排挤了欧洲帝国主义在拉美的势力,进一步控制了拉美。1945 年 3 月在墨西哥的查普特佩克城堡举行的泛美会议上通过了《美洲国家经济宪章》,即美国提出的《克莱顿计划》,拉美各国接受了所谓"自由贸易""自由投资""自由企业"三原则,从而为美国资本大量涌入拉美铺平了道路,使拉美成为美国的"后院"。

2、中东型:战前,中东的独立国家有阿富汗、伊朗、土耳其、埃及、伊拉克、沙特、也门。黎巴嫩在战争中赢得独立(1943),叙利亚、约旦也相继宣布独立(1946)。所以,到战争结束时中东的独立国家之多仅次于拉美。除埃及、土耳其、伊朗有少量现代工业外,都是以农业或农牧业为主,经济发展水平低于拉美国家。但中东是联结欧亚非三大洲的交通枢纽,经济和战略地位十分重要,成为战时盟国与轴心国激烈角逐的战场。尽管土耳其、伊朗、阿富汗宣布中立,也未能摆脱战争的威胁,战争同样给它们造成经济困难。中东是"世界石油宝库",战前,国际石油公司主要在两伊采油,战时,又在沙特和其他海湾国家大量开发石油资源。石油成为战后中东经济的重要支柱,也是大国争夺的主要对象。为了维护阿拉伯国家的共同利益,为了维护主权和独立,经埃及倡议,1945 年 3 月在开罗成立了阿拉伯国家联盟,通过了联盟宪章,以协调彼此间的政策,加强经济、文化和社会福利等方面的合作。

3、东南亚、南亚型:战前,这里除泰国外,全都是殖民地,分属英、法、美、荷等国。战时,印度以东地区处于日本法西斯的蹂躏之下,而印度和南亚各国则在人力、物力方面给盟国很大的支援。战争给这些国家的经济造成严重的破坏,加剧了人民的苦难。当战争结束时,这些国家的社会矛盾、民族矛盾异常尖锐,加之,民族资本在战争期间有所发展(如印度),这就为战后民族解放运动的高涨准备了社会基础。战后初期,正是从这些地区诞生了第一批新兴的发展中国家。

4、非洲型:400 年的奴隶贸易和最残酷的殖民统治使撒哈拉沙漠以南的非洲成为世界上经济发展水平最低、最贫穷落后的地区。除埃塞俄比亚、利比里亚保持着形式上的独立以外,其他地区都是英、法、葡、比等老牌帝国主义的殖民地,南非一直处于白人种族主义统治之下。非洲被卷入战争并成为战场,宗主国对非洲战略资源和农业原料的掠夺客观上却提高了非洲在世界经济中的地位。据统计,二战期间,非洲供给世界所需铀的 100%,工业用钻石的 98%,钴的 90%,黄金的 50%,铬的 39%,钒的 24%,锡的 22%,锰的 19%,铜的 16%,铂的 13%。随着现代化工矿业的发展,产生了新的社会经济成分和新的阶层,成为民族主义成长壮大的社会基础,使战后非洲成为继东南亚、南亚之后民族独立运动高涨的又一地区。

资本主义国家经济

经济政治发展不平衡是资本主义的绝对规律。经过战争的较量,资本主义各国的经济发展又出现了新的不平衡,它们的情况大体可分为以下四种:

1、德意日战败国。这场战争以法西斯集团的彻底失败而告终。它们的人员和物质损失是十分惨重的。日本在战争中耗尽了它1945年前十年的全部财富积累;德、日的所有大城市几乎成为一片瓦砾;人民流离失所,仅柏林一地的难民数就达800万。这些国家早从30年代起就建立起了反动垄断资本集团与法西斯国家机器结合在一起的、高度集中的军事经济体制,后又将被占领国的经济也纳入这一体制。为了利用那里的劳力、设备和原料,许多产品的初加工过程在被占领国进行,就连德国的粮食都要由被占领国供应,因而,战争的失败使这些国家的经济全面崩溃。企业停产、交通阻断、外贸停止、通货膨胀,食品危机都十分严重。1945年9至11月仅东京就有300人饿死。德国的报纸刊出了妇女儿童在美军营地的垃圾堆里寻找食品的图片。但应该指出的是,由于美英与德国垄断资本间的历史联系,德国一些重要的工业设备有意识地得到了保护,损失不大。如机床受损仅6.5%,炼钢能力的损失不到10%,约3/4的厂房尚可使用,大部分乡村、小镇未受到破坏。就经济受损程度来说,远不如苏联、东欧国家严重;战时日本的工业军事化也为其战后的重、化工业的发展奠定了基础,就其受损程度而言,远不如中国等国严重。

2、英法等战胜国。这些国家虽是战胜国,但受到严重削弱,大量的军事开支和战争的破坏使他们失去了以往的富有和在世界经济中的显赫地位。这正如丘吉尔所形容的那样,战争带给他们的是"胜利与悲剧"。英国的国民财富减少了1/4,对外贸易削减了2/3,外债由1939年的4.76亿英镑增至1945年的33.55亿英镑。法国的铁路运输大部遭到破坏,约50万座建筑物被毁。战争结束时,这些国家普遍存在财政危机、外汇短缺、货币贬值、黑市猖獗、物资贫乏等问题,国民经济呈现出一片衰微破败的景象。应该指出,战争给西欧国家造成的损失是巨大的,但并不是毁灭性的。英国的工业中心基本上没有遭到破坏,相反,战争期间还发展起了航空、化工等新型工业;法国的生产设备只有10%被毁,1944年的农业收成仍达到战前水平的80%。正因为如此,二战后西欧国家用于恢复经济的时间比一战后缩短了一半。

3、经济有所发展的中立国和战胜国。英属自治领国家加拿大、澳大利亚、新西兰等,战时随英国加入反法西斯阵线,但其国土没有受到战争的破坏,而且成为向盟国提供武器装备、战略原料和粮食的生产基地。战时澳大利亚的矿产品增长 1 倍，羊毛出口增长 3 倍，小麦出口增加 50%，重工业、机器制造和造船业迅速发展，从农业—原料国一跃而为工业—农业国。1944 年加拿大的工业产量在资本主义世界中排第三位，仅次于美英。战时的欧洲中立国，主要是瑞典、瑞士，由于它们与战争双方都进行贸易，接受双方的订货而使黄金储备迅速增加，并发展起许多新型企业。1937 年，瑞典的出口额为 5110 万美元，瑞士为 2960 万美元。但到 1946 年分别增长到 7080 万美元和 6250 万美元。

4、呈现"战争景气"的美国。在参战的资本主义国家中，只有美国，不仅因本土远离战场而没有遭到破坏，而且还大发了一笔战争横财。战时经济急速膨胀，仅 1943 年的军火生产产值就等于苏联、德国、英国三国的总和。美国是这场战争中唯一的"暴发户"。

世界资本主义经济体系确立

19 世纪曾形成以英国为中心的资本主义世界经济体系，第一次世界大战后这一体系瓦解，但新的世界经济中心尚未形成。到第二次世界大战时，由于资本主义经济发展的不平衡，美国完全取代了英国的地位而形成了以美国为中心的资本主义世界经济体系。

工业方面　美国拥有了强大的工业力量。过去英国是"世界工厂"，现在美国取代英国也是从建立工业优势开始的。第二次世界大战全面爆发后，罗斯福总统发表了"我们必须成为民主制度的伟大兵工厂"的"炉边谈话"。1941 年 3 月 11 日又签署了租借法案。大量的军事订货和向世界各地出售军火，使美国各大工厂的装配线夜以继日地转动，生产规模日益扩大，固定资本不断更新。1938～1943 年，工业生产年平均递增率为 12.7%，工业产值翻了一番。据统计 1939～1945 年间美国钢的总产量为 5.11 亿吨，英国为 0.99 亿吨，苏联为 0.93 亿吨，德国为 1.87 亿吨，日本为 0.48 亿吨。同期，美国的石油总产量为 14.6 亿吨，英国为 0.93 亿吨，苏联为 1.72 亿吨，德国为 0.46 亿吨，日本为 0.2 亿吨。由此可见，美国的工业产量远远高于其他国家。1937 年美国在资本主义世界工业生产总额中所占的比重为 42%，1945 年增长到 60%，这种优势远远超过了当年的英国。在战后的经济恢复中，无论原反法西斯民主国家，还是法西斯战败国及其仆从国，都必须依赖美国的工业品和设备。

货币金融方面　以美元为中心的资本主义货币体系形成。英镑曾是资本主义世界最主要的储备货币,直至二战前,40%左右的国际贸易仍是用英镑结算的,伦敦仍然是国际金融中心之一。英帝国特惠制和英镑区的存在,维护了英国在世界货币金融领域内的实力地位,这些都阻碍了美国的对外经济扩张。美国统治集团极力想改变这种状况。战争开始后,英国由于大批订购武器装备,黄金外汇大量外流。正如丘吉尔所说的:"即使我们卖掉了我们的全部黄金和国外资产,也不能付清订货的一半贷款。"而与此同时,美国的黄金储备却迅速增加,1938年为145.1亿美元,1945年增加到200.8亿美元,约占资本主义世界黄金储备总量的59%,1948年进而占74.5%。这也就是说,绝大部分的世界黄金储备流入了美国的国库。

为了安排战后世界的货币体系,1941年9月英国提出了"凯恩斯计划",贬低黄金的作用;美国于1943年4月公布"怀特计划",主张建立国际货币稳定基金机构,取消外汇管制和对国际资金转移的限制。在1943年9~10月举行的华盛顿会议上,英国被迫接受了"怀特计划",并同意以此为依据建立国际货币基金组织。1944年7月建立的布雷顿森林体系,实际上确认了"两个挂钩"原则,即美元与黄金挂钩以及资本主义各国货币与美元挂钩的原则。所谓美元与黄金挂钩,即各国协助美国政府维持35美元等于1盎司黄金的官价水平,美国政府承担各国政府或中央银行按黄金官价用美元向美国兑换黄金的义务;所谓资本主义各国货币与美元挂钩,即各国货币与美元保持固定的汇率。美国政府根据35美元等于1盎司黄金的官价规定1美元的含金量为0.888671克,其他各国政府也规定本国货币的含金量,然后按照各国货币含金量之比,确定各国货币对美元的法定汇率,这一汇率不得随意变动。这样一来,美元就成为黄金的等价物。各国货币只有通过美元才能同黄金挂钩,美元成为资本主义国家进行国际清算的支付手段和主要储备货币。这就形成以美元为中心的世界货币体系,美元的霸权地位便确立了。

在国际货币基金组织中,美国从一开始就拥有总投票权的27%,在世界银行中,由于它认缴的资本最多,掌握了总投票权的23.81%。如果没有美国的同意,许多重大问题是无法通过的。美国因此而掌握了国际金融的控制权。英国曾拖延批准布雷顿森林协定,但美国利用战后英国的困难对其施加压力,1945年12月6日签订了英美财政协定,美国答应向英国提供37.5亿美元的长期贷款,以使英国议会同意执行布雷顿森林协定。

国际贸易与投资方面 美国在1941年3月11日至1946年9月30日期间执行的租借法案实际上是一种国家的贷款投资。由美国政府拨款,向美国各大公司订货,再用美国商船运到各受援国,记入一种特别账目。租借法案的执行大大刺激了美国经济的发展,并使美国垄断资本打开了各受援国的大门。共有35个国家接受了租借法案,美国总共提供了506亿美元,其中提供给英国及其自治领约313亿美元,占总数的 2/3,提供给法国 14 亿美元,中国 8.4 亿美元。

战后,美国成为资本主义世界最大的债权国。美国在国外的投资,1939 年为 114 亿美元,1945 年增至 168 亿美元,1949 年又增至 307 亿美元。通过对外投资,美国资本掌握了一些国家的经济。例如,在加拿大,由于战时美国垄断资本的大量渗入,加拿大加工业的 39%,采矿、石油业的 37%,社会公用事业的 24% 都处于美国的控制之下。又如在中东,1937 年美国石油公司仅控制了 13.1% 的石油开采量,1946 年增加到 31.7%,威胁着英法在中东的利益。租借法案还帮助美国进一步争夺国际市场。首先迫使英国放弃了大英帝国的特惠制,取消贸易壁垒,降低关税,使美国商品打入各国市场。例如,印度是英国的传统市场,但 1938~1944 年美国在印度出口中所占的比重由 8.4% 增加到 21.2%,在进口中所占的比重由 6.4% 增加到 25.1%,威胁着英国在印度的利益。美国在资本主义世界出口总额中所占的比重由 1937 年的 14.2% 上升到 1947 年的 32.5%,同期英国由 11.2% 下降至 9.3%,战败国日本由 5.1% 下降至 0.4%。

1947 年签订的"关税与贸易总协定"标志着国际贸易体系的建立。它是由美国首先发起和筹建的,协定确立了资本主义发达国家之间资本、人员、劳力、货物自由流通的新格局。美国打着相互减让关税的幌子,降低别国的关税,以扩大自己的商品输出。实际上形成了以美国为中心的国际贸易体系。

科学技术方面 战时美国经济的繁荣推动了科学技术的发展,使它成为世界科技的中心。战时有许多新技术应用于生产。例如,美国在 1942~1943 年应用战前高分子化学方面的研究成果建立了以石油为原料的合成橡胶工业,使美国从最大的橡胶进口国变成最大的合成橡胶出口国。美国农业在战时基本上实现了机械化,拖拉机、载重汽车、联合收割机等各种机械数量成倍增长,农业生产渡过了长期的危机走向繁荣,农业生产指数(以 1935~1939 年为 100)1940 年为 109.7,1945 年增长到 126.9。

战争期间,欧亚各国许多著名的科学家、科技人才不堪忍受法西斯的迫害而流入美国。从 1933 年起,爱因斯坦就因希特勒的排犹而逃亡美国,意大利核物理学家费米因妻子有犹太血统而携全家赴美;著名数学家冯·诺伊曼也从匈牙利迁往美国定居。1942 年美英就联合研制原子武器问题达成秘密协议。在 1943 年 8 月的魁北克会议上美英与加拿大政府通过决议,要在北美建立原子能工业,当时就有 75 名专家到华盛顿工作,有许多英国科技专家因军事技术合作而赴美。这种人才流动加速了世界科学技术中心从欧洲向美国的转移。这些科学家来到美国后,为了反法西斯的崇高目的都争分夺秒地工作。1939 年 1 月 26 日丹麦物理学家尼尔斯·玻尔向聚集在华盛顿的美国物理学家宣布了柏林威廉皇帝研究所的两位科学家完成了铀核裂变的消息,引起普遍的震惊。8月2日爱因斯坦向罗斯福总统建议制造原子弹。1941年12月开始实施制造原子弹的"曼哈顿计划"。1942年12月2日在费米领导下建成第一个原子能反应堆,为人工利用原子能开辟了道路。1943年春,在新墨西哥州圣菲城外洛斯·阿拉莫斯一座荒山上的实验室里,在罗伯特·奥本海默领导下,建立了一个由美、英和其他欧洲国家的科学家组成的小组。经日夜奋战,1945年7月16日第一颗原子弹爆炸成功。

与此同时,宾夕法尼亚大学莫尔电工学院与军械部合作,按照工程师莫希莱的方案,于1945年底研制成世界上第一台电子计算机,取名"电子数值积分机和自动计算机"。同时,冯·诺伊曼又设计出命名为程序内存计算机的方案,这种效率更高的计算机于1949年在英国剑桥大学制造成功。1942年美国研制成功"火箭筒",但这方面技术领先的是德国。1945年希特勒德国崩溃后,美国俘获了以冯·布劳恩为首的130名优秀的火箭专家及技术装备,这为发展美国的空间技术奠定了基础。

核能的利用、电子计算机的问世及空间技术的发展是第三次技术革命开始的三大标志。显然,美国在这次新技术革命中是处于领先地位的。战后,美国继续其"汲取才智运动",用高薪和优越的工作条件吸引国外学者移居美国,使美国的科技队伍不断壮大。1921~1930年美国只有5人获诺贝尔自然科学奖。同期,德国26人,英国16人,法国14人。自从大批外籍科学家移居美国后,从1931~1966年,美国获奖者猛增至68人,英国为31人,法国6人,德国19人。这说明了美国在战后世界科学技术领域中的优势。正是这种优势更加强了它在世界经济中的主导地位。

人权问题国际化

法西斯主义对民主的践踏、对自由的扼杀、对人权的侵犯已达到无以复加的地步,是历史上绝无仅有的。充分享有人权是长期以来人类追求的理想。面对法西斯的野蛮暴行,人们更加渴望和平与民主。所以,战争结束后无论在世界的任何地方,和平与民主的思潮是最具有普遍性的。法西斯主义集帝国主义时代一切反动思潮之大成。它不仅敌视社会主义、共产主义,不允许马克思主义的人权观、民主观存在;而且也敌视资产阶级的人权观,否定资产阶级的民主思想和多党制,妄图以独裁暴政取而代之。罗斯福、丘吉尔等资产阶级代表人物为了维护本民族、本阶级的利益,也重新打起了"自由、平等、博爱"的旗帜。在《大西洋宪章》中,他们提出消灭纳粹后"重建和平","并使全世界所有人类享有自由生活,无所恐惧,亦不虞匮乏的保证"。这种言论对战后和平民主思潮的发展有一定影响,同时,也与社会主义国家和其他反法西斯国家的人权观取得了某种共识,从而形成了人权活动的国际化。

战后,人权问题受到国际社会的普遍关注,是世界民主化思潮中的一项重要内容。人权问题国际化的标志是《联合国宪章》第一次将"人权"这个伟大的名词写入国际文件,并纳入国际法的范畴。它庄严宣布:"欲免后世再遭今代人类两度身历惨不堪言之战祸,重申基本人权,人格尊严与价值,以及男女与大小各国平等权利之信念。"这反映了世界人民的愿望。

1946年联合国成立人权委员会。1948年12月10日联合国大会通过了该委员会起草的《世界人权宣言》,共30条。第一条宣布:"人人生而自由,在尊严和权利上一律平等",它在重申近代思想家的"天赋人权"论之后,强调"人人有权享有生命、自由和人身安全。"这就是说,人权首先是人民的生存权。对于一个国家和民族来说,没有生存权,其他一切权利均无从谈起。宣言确认这一点有积极意义。宣言在确认私有财产权的基础上还规定了各种个人权利和自由,同时,还规定了社会保障、免于失业、同工同酬、给薪休假、受教育和适度生活水平等经济、社会、文化权利。这说明宣言是各种意识形态在战时特殊历史条件下妥协的产物,它是有历史的局限性的。各国对宣言的解释各取所需。某些西方大国从一开始就想利用人权问题干涉别国内政。但该宣言毕竟是第一个关于人权问题的专门性的国际文件。它首次在世界范围内系统地提出了有关保护基本人权的具体内容和共同奋斗的目标,从而为国际人权领域的实践奠定了基础,产生了深远的影响。20年后各国将12月10日宣言发表的日期定为"人权日"。

世界和平运动

人权的实现需要和平的保障,所以世界人民在关注人权的同时,更加注重世界和平问题。

战后群众性的世界和平运动首先由文化界人士和各国知识分子发起。1947年11月在巴黎和各西方国家首次举行群众性的保卫和平和自由全国代表大会。1948年8月在波兰的弗罗茨瓦夫,来自45个国家的500多位科学家、作家和艺术家举行了世界文化界人士保卫和平大会,并成立了国际联络委员会。其中有法国著名核物理学家约里奥·居里及夫人、作家阿拉贡、苏联作家法捷耶夫、西班牙艺术家毕加索、美国黑人歌唱家保罗·罗伯逊、智利诗人聂鲁达、英国科学家贝尔纳等。1949 年 2 月 25 日该联络委员会和国际民主妇女联合会及 75 位文化界和政界人士联合发表宣言,致全世界各民主团体和全世界和平保卫者,建议召开世界保卫和平大会。

1949 年 4 月 20 日至 25 日,第一届世界保卫和平大会在巴黎—布拉格举行。有 2287 名代表参加,代表 72 个国家、12 个国际组织和 1/4 的世界人口。大会宣言说:"我们,属于一切文化、一切思想和一切肤色的男女",由于"人民正被卷入军备竞赛的危险中",因此呼吁"要求原子能使用只限于为和平目的与人类福利……为争取民族独立与各国间的和平合作、各民族对其将来的自决权——自由与和平的重要条件——而斗争"。

以约里奥·居里为主席的"和大"常委执行委员会倡议在 1949 年 10 月 2 日举行"保卫和平国际斗争日"的群众运动,有 60 多个国家响应。1950 年 3 月 19 日该委员会又发表了以要求"无条件禁止原子武器"为主要内容的斯德哥尔摩宣言,形成了有 5 亿多人在宣言上签字的和平运动,反映了世界人民要求和平的强烈愿望。为了使和平运动经常化,1950 年 11 月第二届世界和平大会决定成立世界和平理事会,417 位理事均由各国著名的文学艺术家、科学家、社会活动家、宗教界人士等担任。理事会尊奉的原则是:"世界上不同的制度可以和平共处;解决各国间的争端应该通过协商和大家都可能接受的协议来实现;遵照民族自决的权利,一个国家的内部分歧只涉及这个国家的公民。"这是对战后世界人民和平观念的概括。正是在这一思潮的影响下,无论是社会主义国家还是资本主义国家都涌现出大量的反对侵略战争、渴望世界和平的文学艺术作品。

尼赫鲁主义

贾瓦哈拉尔·尼赫鲁(1889~1964),印度国大党主席。他自称是甘地主义的继承人,但实际上尼赫鲁主义与甘地主义已有许多不同之处。它不像甘地主义那样包含着许多宗教伦理内容,也没有把非暴力放在高于一切的地位。它认为印度政治运动的最后目标不是自治而是完全的独立。1944 年尼赫鲁在监狱中写了《印度的发现》一书,指出:"在印度民族主义和外国帝国主义之间不可能有最后的和平,虽然暂时的妥协和调整有时是不可避免的。"他还强调:"在任何被奴役的国家中民族自由是最首要最基本的要求。"但他又说:"印度以它现在所处的地位,是不能在世界上扮演二等角色的。要么就做一个有声有色的大国,要么就销声匿迹。"

他认为独立后的印度在领域上应继承英国在次大陆的殖民统治,所以在他的民族主义中还包含着一种大国扩张主义的危险因素。他主张发展民族经济和文化,主张各种反帝力量的联合和合作。在对待社会主义的问题上,他曾表示:"我不喜欢共产主义者,"但又承认:"马克思主义的理论和哲学替我解决了不少疑难问题。"他提出,"解决世界和印度问题的唯一钥匙在于社会主义。"还提出了"如何使民主制度与社会主义结合起来"的任务。这就使他的民族主义又加上了民主社会主义的色彩。

苏加诺主义

苏加诺(1901~1970),印度尼西亚国民党创始人之一。1930年12月因在万隆荷印殖民法庭上发表题为《印度尼西亚控诉》的辩护词而成名。1941年他写了《苏加诺谈苏加诺》一文,称自己是民族主义者、伊斯兰教徒和马克思主义者的"混合体",提出"纳、沙、贡"思想。(纳沙贡是印尼文民族主义、宗教和共产主义的缩略语)主张三种力量的团结与合作。1945年6月1日他在印尼独立准备调查会上提出了"建国五原则"或"五基":"第一是印度尼西亚的民族主义;第二是国际主义或人道;第三是协商制或民主;第四是社会繁荣。第五个原则应该是:在信仰神道的基础上来建立独立的印度尼西亚。"他认为民族主义与国际主义是互相制约的,国际主义可以抑制狭隘的爱国主义,民主主义如果与社会主义相结合,就可以避免西方社会的许多弊端。于是,他又将"五基"改变为"社会民族主义、社会民主主义和信仰神道",最后又将其归并为一个"互助合作"。这一思想一直是印度尼西亚独立和建国中的指导思想。

阿拉伯复兴社会主义

第二次世界大战前中东已兴起了泛阿拉伯民族主义,二战期间在叙利亚又兴起了阿拉伯复兴社会主义。1940年由曾留学巴黎的大马士革中学教师米歇尔·阿弗拉克和律师萨拉赫丁·比塔尔(1912~1980)筹建阿拉伯复兴党。他们从泛阿拉伯主义和伊斯兰教义出发,又从资产阶级自由主义、日耳曼民族主义、马克思主义中吸取某些思想,发表了《阿拉伯的统一高于社会主义》等小册子,提出"复兴阿拉伯""阿拉伯社会主义"等口号。1946年在大马士革创办《复兴报》,1947年4月7日举行第一次党代表大会。通过了党章,系统阐述了该党的基本理论和政治原则:(1)在阿拉伯本土范围内实现阿拉伯民族的统一和自由;(2)相信阿拉伯民族具有有觉悟、有创造力和有活力的特殊品质;(3)相信阿拉伯民族负有促进人道主义的特殊使命,即要有反对殖民主义的思想。他们反对资本主义,主张"公正的、理智的社会主义"。这是一种建立在私有制基础上、以伊斯兰教教义为灵魂的社会主义。这些主张后来被概括为"统一、自由和社会主义"。1950年阿拉伯复兴党与阿拉伯社会党合并为阿拉伯复兴社会党。该党是泛阿拉伯政党,除叙利亚外,在伊拉克、约旦、黎巴嫩、科威特等国都建立了支部,所以,阿拉伯复兴社会主义在阿拉伯世界有广泛的影响。

泛非主义

战前已有泛非运动。它是由美洲黑人知识分子发起的黑色人种思想启蒙运动。1919至1927年在美国黑人学者杜波依斯(1868~1963)的领导下曾举行过四次泛非大会,其纲领口号是:"非洲是非洲人的非洲。"经过第二次世界大战中的分散活动后又有了新的发展和变化,主要是该运动与非洲大陆的反帝、反殖斗争更紧密地结合在一起,提出了更明确的斗争纲领。1945年10月在英国的曼彻斯特举行第五次泛非大会,杜波依斯任主席,来自西非的恩克鲁玛、东非的肯雅塔、南非的亚伯拉罕斯和西印度群岛的黑人学者乔治·帕特莫尔负责各种会务工作。共有200余位代表,大部来自非洲,这反映了泛非运动开始以非洲人为主体,并具有了相当的群众性。会议通过《告殖民地列强书》和《告殖民地工人、农民、知识分子书》,提出了积极的政治行动纲领。过去,泛非主义主要强调恢复黑人的尊严和平等权利等问题,强调请愿和呼吁的斗争方式,现在则强调"必须摆脱外来帝国主义的控制、取得政治和经济自由",并主张采取罢工和抵制等积极的斗争方式。会议首次提出了非洲统一问题,呼吁全非洲的团结。泛非主义对非洲独立运动的影响是不容低估的,泛非运动像是一座学校,培养了一代非洲独立运动领导人。

拉丁美洲的民族主义

地区性强、派别林立,历来是拉美民族主义的特点。第二次世界大战中,由于拉美民族资本的发展,代表中、小资产阶级利益的稳健派或激进派的民族民主主义都有了新的发展。战争结束时,尤以危地马拉的阿雷瓦洛的民族改良主义令人瞩目。1944年10月20日起义后,阿雷瓦洛当选为总统,他效法墨西哥卡德纳斯的改革方针,提出了反对美国垄断资本和封建大庄园制的改革措施。与此同时,秘鲁的德拉托雷和哥伦比亚的盖坦的民众主义也颇有影响。早在战前他们就提出了自己的政治主张,1945～1948 年德拉托雷领导的人民党在秘鲁国会两院中拥有多数;1946 年哥伦比亚掀起盖坦运动,并拥戴盖坦为总统候选人。1948 年盖坦在第 9 届泛美会议上谴责美国干涉拉美内政,使其政治影响进一步扩大。他们坚持民族独立和拉美团结的思想,主张发展民族经济,实行土地改革和工业国有化。德拉托雷还提出了"拉丁美洲是属于印第安人的"的口号。在政治上,他们主张实行议会民主和多阶级合作。还提出过共产主义不适合拉美国情的论点,但是为了争取选票,并不反对与共产党合作。随着战后民族民主运动的发展,拉美民族主义派别也越来越多。

毛泽东思想

第二次世界大战的爆发证实了马克思列宁主义有关资本主义和帝国主义理论的正确性。在反法西斯战争中,社会主义苏联做出的重大贡献大大提高了社会主义国家的世界威望。各国共产党人身先士卒、壮烈牺牲的爱国事迹,树立了共产主义者的光辉形象。所有这一切都有力地驳斥了反动派对共产主义的诋毁,使马克思列宁主义赢得了更多人的信仰。

十月革命一声炮响,给中国人民送来了马克思列宁主义。经过反法西斯战争的锻炼和考验,中国共产党在运用马列主义解决中国革命的实际问题方面走向成熟。越来越多的爱国者接受了马克思列宁主义,抗日战争胜利时,中国共产党已从 1930 年的 10 万党员发展到 120 万党员,共产党领导下的人民军队从 1936 年的 3 万人发展到 120 余万人,民兵发展到 220 万人,解放区的面积达到近 100 万平方公里,人口近 1 亿人。

毛泽东思想是马克思列宁主义同中国革命实际相结合的产物,是中国共产党集体智慧的结晶。抗战期间毛泽东发表的《实践论》《矛盾论》《新民主主义论》《论持久战》等都是在总结中国革命实践的基础上写出的马克思主义理论名著。毛泽东认为中国革命是世界革命的一部分。中国革命要做好上下两篇文章。上篇是领导民主革命,下篇是领导社会主义革命。他说:"我们是为着社会主义而斗争,这是和任何革命的三民主义者不相同的。"所以,这时期中国共产党推行的新民主主义是社会主义理论的组成部分,是对马克思列宁主义的发展。

应该指出的是,不少东方国家又从中国革命中进一步学习马克思主义。例如,越南革命领袖胡志明回忆说:"由于地理、历史、经济、文化等条件的关系,中国革命对越南革命有着巨大的影响。……依靠中国革命的经验,依靠毛泽东思想,我们进一步懂得了马克思、恩格斯、列宁、斯大林主义,从而使我们取得了许多胜利。"

东欧社会主义的发展

欧洲是马克思主义的发祥地。马克思主义在欧洲的发展曾经历过多次高潮和低潮。战胜法西斯之后,出现了空前的高潮。1944 年东欧各国共产党有 25 万党员,1948 年超过了 700 万党员,涌现出季米特洛夫、铁托等一大批杰出的马克思主义者。南斯拉夫共产党总书记铁托曾指出,马克思列宁主义在南斯拉夫的发展是与全党和每一个党员在反法西斯民族解放战争中所进行的艰巨的思想工作和政治工作分不开的。战争初期,南共有 12000 名党员,尽管他们中有 9000 人牺牲,但由于南共得到广大人民群众的拥护,战争末期党员人数猛增至 141066 名。正像铁托指出的那样:"对党在解放战争过程中日益增长和加深的这种信任,是建立在党在反对法西斯占领者的艰苦斗争中做出的重大牺牲之上的。"

东欧各国共产党在战争年代都与社会党、社会民主党及其他工人阶级组织建立起工人阶级统一阵线,进而又建立了更广泛的民族统一阵线。在共同的斗争中,许多社会党、社会民主党党员放弃了社会民主主义,接受了马克思列宁主义。在此前提下,1946 年 4 月 21 日德国苏占区的社会民主党与共产党共同声明,在马克思列宁主义原则基础上联合成立德国统一社会党。1948 年在罗马尼亚、保加利亚、匈牙利、捷克斯洛伐克、波兰,社会党、社会民主党与共产党也进行了合并。合并前这些国家的社会党、社会民主党的左派纷纷宣布与极右派彻底决裂,并把他们驱逐出党,声明以马克思列宁主义为指导思想。这种合并对于共产党的组织建设来说,尽管有历史教训值得记取,但它毕竟从另一个侧面反映了科学社会主义在东欧的深入人心。

西欧和美国的共产主义运动

在西欧,战后初期的反共逆流也遭到各国社会党左翼力量的抵制。战前设在布鲁塞尔的社会民主党、工党的国际组织——社会主义工人国际因受希特勒的迫害而于 1940 年初停止了活动。为了在战后抵制马克思列宁主义的影响和各国共产党力量的增长,英国工党和流亡伦敦、瑞典的各国社会民主党领袖从 1944 年起在英国举行过多次社会党会议委员会,以恢复社会主义工人国际,但都没有成功。其主要原因是战时许多社会党、社会民主党人与共产党人并肩战斗,对共产党所坚持的马克思列宁主义有所了解,认识到他们都有共同的崇高目标,不愿与共产党人断绝联系。例如,意大利社会党领袖南尼等人就持这种立场,他们要求加强国际工人阶级的团结,这使得社会党国际的重建拖延了六年之久,直到1951年7月才宣告建立。

在西欧各发达资本主义国家,战争期间,共产党得到了空前的发展,党员人数猛增,普遍增加一两倍,有的甚至增加五至七倍。意大利共产党在被法西斯取缔前仅有4.2万党员,法国共产党1937年约有34万党员,1945年分别增加到178万和90.6万党员。荷兰共产党30年代约有1520名党员,1947年猛增至5.3万名。丹麦共产党战前有3000名党员,战后发展到50000名。芬兰共产党仅在1944~1945年,党员人数就从2000人猛增了10倍;英国共产党的党员人数在战争末期为5万人,比战前增加了6倍。此外,战后初期各国共产党在议会选举中获得选票的比例也有很大增长,例如法共1936年获得了12.6%的选票,1946年这一数字上升到28.6%。各国共产党威望和影响的增长,反映了马克思列宁主义在这些国家中的进一步发展。

国际共产主义运动的发展始终是不平衡的。二战期间,美国共产党曾有很大的发展,但同时也受到白劳德右倾机会主义的危害。1934~1944年白劳德任美共总书记和共产国际执行委员会委员,1944年4月出版《德黑兰:我们在战争与和平中的道路》一书,否认马克思主义的阶级斗争理论和列宁的帝国主义论,鼓吹阶级合作和阶级和平政策以及"美国例外论"。1944年5月,他在美共"十二大"上宣布解散美国共产党,另组一个非党组织——美国共产主义政治协会。但是,以福斯特为首的多数美共党员高举马克思列宁主义的旗帜,于1945年7月26~28日召开特别全国代表大会,批判了白劳德主义,重建美共,1946年将白劳德开除出党。美共的重建得到各国共产党的支持,白劳德主义也在国际共运中受到批判。

美国的全球霸权战略

第二次世界大战结束时,美国雄厚的经济和军事实力为其全球扩张创造了条件。美国的政治野心与它的实力同步膨胀起来。杜鲁门上台后曾一再声称,"我们赢得的胜利把领导世界的持续重担放到了美国人民的肩头","全世界应该采取美国制度","不管我们喜欢与否,未来的(国际)经济格局将取决于我们!"美国还因为独家垄断着原子弹而骄横不可一世。曾任美国陆军参谋长的马克斯韦尔·泰勒将军后来在形容这一时期美国对外政策的特征时写道："原子弹的惊人的破坏力产生了这样的看法，即我们的空军现在拥有决定性的武器，这种武器可以使美国从此以后建立对世界的警察统治，并迫使世界接受美国统治下的和平。"

与此同时，美国在经济上也有向外扩张的需要。《走向全球主义》一书作者安布鲁斯指出，"尽管国家在全世界保持着优势地位，但美国领导人在1945年夏对未来有三怕。"一是政治上的，怕斯大林，也就是怕社会主义。二是技术上的，怕原子秘密保持不住。第三怕是经济上的，随着和平的来临，经济会重新转向衰退。避免经济萧条的途径就是增加对外贸易，但如果世界其他地区对基本工业实行国有化或者关闭其市场，美国就无法在海外竞争。这第三怕带有根本的性质。当时随着美国国力的增强，美国在外国经济形势面前反而变得脆弱。二次世界大战之前，美国是自给自足的，特别是在能源和钢的生产方面。但是由于日益增长的综合经济与战后年代廉价能源的发展，美国就得日益依赖外国资源。一位美国官员说，"资本主义主要是一个国际体系，一旦在国际上活动不开，就要彻底完蛋的。"总之，由于种种原因，战后美国需要开放世界市场。

就战后初期而言，美国面临的一个严重问题是从战时经济转向和平经济可能出现的经济危机。大量军事订货的消失和大批军人复员立即造成大规模失业的威胁。五角大楼原计划两年内仅让200万人退伍，但结果，由于一场争取士兵立即返回家园的运动，使得退伍人数一下子达1200万人之多。美国当权人物惊恐地看到如果不能维持充分就业，就可能再来一次20年代末30年代初的大危机，那将威胁整个制度的安全。

这样，向全世界扩张，就成为美国维持其经济并从而维持资本主义制度的根本需要。这就构成了一种强大的推动力，促使美国走上全球扩张的道路。美国统治阶级中一部分人，特别是大财团和军人认为，凭着一手美元，一手原子弹，他们是可以做到这点的。一个"美国治下的和平"取代19世纪"英国治下的和平"，似乎是一定可以实现的。

从"强硬"到"遏制"的对苏政策

1945年12月，美国国内掀起一股反对"姑息主义"的浪潮。1946年1月5日，杜鲁门当面指责国务卿贝尔纳斯对苏不够"强硬"，明确表示"我已厌倦于笼络苏联人"，而要用"强硬的抗议"和武力的"铁拳"对付苏联。杜鲁门自己把这一举动称作"我们政策的转折点"。2月22日,美驻苏代办乔治·凯南向国务院发回一份长达8千字的电报,提出了一套"遏制"苏联的政策,美国政府内主张对苏"强硬"的一派立即对此大加赞赏。

美国政府对于公开与苏摊牌会引起什么反响感到没有把握。趁丘吉尔访美的机会,杜鲁门把丘吉尔推上前台,1946年3月5日请他在密苏里州的富尔敦发表了著名的"铁幕"演说,借以试探公众反应。结果是美国各界舆论哗然,表明美国人民希望同苏联继续保持友好关系,美国政府和国会内部也有不同看法。杜鲁门深感时机尚未成熟,赶紧举行记者招待会,矢口否认自己与丘吉尔的演说有任何关系。

从杜鲁门陪同丘吉尔到富尔敦发表演说以后1年间,尽管大国之间就意、罗、匈、保、芬5国和约问题勉强达成协议,美国并未放弃伺机插手东欧事务的企图,同时致力于夺取所谓苏联"势力范围"以外的地区。美国统治集团一方面利用德国、希腊、土耳其等问题,竭力渲染苏联"扩张"的危险,制造反共气氛,另一方面在内部加紧制订遏制苏联、争霸世界的全球战略。

当时在对苏方针问题上,美国有两种人与当权的决策集团有严重分歧。一种是以共和党参议员塔夫脱为代表的"孤立主义"派,他们坚决反共,赞成对苏强硬,不过他们反对过多卷入外国事务,主张回到战前孤立主义的做法上去。他们要求削减政府开支,反对拨付巨额援外经费,反对大量海外驻军,这就实际上剥夺了美国政府实行对苏强硬方针的主要手段。

另一派是以罗斯福时期的担任过副总统的商务部长华莱士为代表的"自由派",他们以罗斯福政策的继承者自居,在美国公众中有较大影响。他们反对与苏联公开决裂,甚至提出用承认苏联在东欧的"势力范围"为代价,换取苏联在经济上服从美国的"门户开放"政策。这种和平缓进战略目的同样是夺取世界霸权,可是在做法上却与杜鲁门政府的"主流派"很不相同。华莱士曾两次写信给杜鲁门,反对丘吉尔的富尔敦演说,抨击联英对苏的对外政策,强调美苏合作的重要性。在美国借口土耳其问题耀武扬威,大搞炮舰外交时,华莱士、佩珀等民主党显要议员公开提出异议,给杜鲁门政府泼了一大盆冷水,指出美国如果强硬起来,苏联照样也会强硬起来。正在巴黎出席21国和会的贝尔纳斯,依仗范登堡、康纳利等人的支持,指责华莱士作为政府官员不该公开批评政府的对外政策。杜鲁门利用华莱士与贝尔纳斯公开对峙、互不相让的局面,于1946年9月20日把华莱士撵出政府,为公开宣布全球扩张计划扫除了一个内部障碍。

4天之后,白宫主要助理克拉克·克利福德提出了"美国与苏联关系"的长篇报告。这份按照杜鲁门的命令起草、由政府重要官员几经商讨写成的文件,继凯南

8 千字长电报之后,进一步系统阐述了遏制苏联、称霸世界的战略原则。报告鼓吹美国应与英国和其他西方国家建立"我们自己的世界";报告还建议将苏联"侵略扩张"、奉行"军国主义"的情况公之于众,以便改变公众对苏联的看法。报告提出"美国必须拥有强大的军事力量,强大到足以抑制苏联,使苏联的势力范围限于目前它所控制的地区",这就是所谓"遏制战略"。杜鲁门把这份报告在统治集团内部传阅,力图在遏制苏联的全球战略上进一步取得一致意见。1946 年底 1947 年初,凯南又写了一篇分析苏联的政权以及美国应采取的对策的文章,凯南征得国务院有关方面许可,化名"X"在《外交季刊》7 月号上抛出这篇文章,题为《苏联行为的根源》。供福莱斯特尔(海军部长,后任国防部长)"私人参考"。福莱斯特尔极为赞赏,把它推荐给新上任的国务卿马歇尔。这样,遏制战略就具有了"更坚定、更严峻的理论基础"。

这时,苏联报刊先后发表了斯大林对英美记者提问的几次答复和会见罗斯福总统之子伊利奥特·罗斯福时的谈话。斯大林表示,在苏联那样的国家内建设共产主义是完全可能的,苏联和西方民主国家可以长期和平合作。对于美国舰队在地中海游弋,他觉得"无所谓",不相信有新的战争的实际危险。他指出,必须揭露和约束丘吉尔之流新战争的煽动者,但是,应把现时进行的战争叫嚣,同目前并不存在的新战争的实际危险区别开来。

美国政府官员根本不相信苏联的和平诚意。他们认为这是苏联"讹诈"政策失败后发起的和平攻势,目的无非是为华莱士那样的反对派撑腰,制造和利用美英之间矛盾,挫败美英的对苏政策。他们苏联大量裁减兵员,说成是因为国内发生严重经济困难而做出的"暂时退却"。他们得出的结论是,情况并不像华莱士他们所说的那样,苏联很可能是欺软怕硬的,美国越是"强硬",也许苏联就越是"谨慎",因此他们更增强了发动"冷战"的决心。

在 1946 年 11 月国会中期选举中,共和党大获全胜,取得了 1928 年以来第一次控制参众两院的胜利。被民主党参议员佩珀斥为"帝国主义反赤色集团"首领的范登堡当上了参议院外交委员会主席,同时由于副总统职位的空缺,又被推为参议院临时议长。当时,许多报刊认为共和党是靠高唱反共口号,抗议民主党政府对苏过于软弱而赢得选票的。本来就属于民主党保守派的杜鲁门,自然不甘心让共和党将反共旗帜夺走。他不仅深知坚决反共在政治上会获得的好处,而且知道只有这样,才能冲破"孤立主义"的障碍,从共和党控制的、正准备把政府预算削减 60 亿美元的国会手中获得大量拨款。

美国统治集团正是在这样的国际国内形势下,决定对苏联实行"坚定""强硬"的方针,进而制定了全面遏制苏联,夺取世界霸权的全球战略。英国决定停止援助希、土,恰好为美国提供了公开宣布这个遏制战略的最佳时机。

美苏关系的变化

但是,美国要实现霸权主义野心却遇到了严重的障碍。正当美国的实力与扩张野心在战后达到空前高度时,苏联和世界各国的人民革命力量也在全世界范围内达到一个新的高度。

在美国看来,第一个也是主要的障碍来自苏联。苏联经济虽在第二次世界大战期间遭到严重破坏,但它的军事力量却大大增强,军队人数近1140万。战后仍保留三四百万人,并拥有精良的装备。东欧一系列国家,在苏联的直接间接援助下,从德、意法西斯的桎梏下获得解放,并先后建立了人民民主政权,这是美国实现其称霸计划的一大障碍。东欧的解放成了美国公开反苏的直接动因。第二个障碍来自发展中的国际共产主义运动和资本主义国家的进步民主力量。在反法西斯战争中,欧洲许多国家如法国、意大利、希腊等国的共产党和民族主义政党积极领导人民进行反法西斯斗争,赢得各国人民的普遍尊敬和赞扬。战后初期,这些力量成为反对侵略,坚持民主进步的主力军。显然,不把这股势力压下去,美国的全球霸权便会落空。第三个障碍来自觉醒了的亚非人民。大战期间被侵略的中国和亚非人民在共产党和民族主义政党领导下纷纷拿起武器英勇抗敌,在战时同盟国武装部队中,有很大一部分人员由亚非国家人民组成,他们经受了锻炼,提高了觉悟,成为战后反对新老殖民主义的生力军,也是抵制美国霸权主义的新生力量。

美国把以上障碍最终归罪于共产主义和苏联。美国当局认为,共产主义"成为世界上一切邪恶的根源。在任何地方发生的每一变动中,我们总能看到有'莫斯科共产主义'在插手。最初对共产主义的概念认为是一种国际阴谋,像章鱼那样身在莫斯科,触角则伸到世界最远的各个角落"。正是由于苏联和各国人民的革命力量妨碍了美国的称霸计划,导致二战期间美苏同盟的破裂和美国对苏"冷战"遏制的开始。

东欧、伊朗问题

早在第二次世界大战期间,美国已在考虑对付苏联的问题。"遏制"这一词汇和概念,事实上从1941年起就充斥于华盛顿官员的头脑。1945年4月上任的哈里·杜鲁门,在追求世界霸权的战略目标上与罗斯福完全一致,所不同的是,他加紧把罗斯福纸上的"蓝图"转变为全面展开的称霸活动;把罗斯福同苏联战时的"合作"转变为战后以苏联为主要敌手;把罗斯福主要通过国际组织建立世界霸权转变为主要运用直接的经济、政治和军事手段向外扩张。他为制定一条以苏联为敌手的"冷战"和"遏制"政策进行了紧张的准备。苏联的支持下,在卢布林成立了波兰人民代表会议(即卢布林政府),美国对此采取拒不承认的态度,继续支持波兰资产阶级在伦敦的流亡政府,对于波兰在 1945 年 6 月 23 日成立以波兰工人党领导的华沙临时政府为基础的全国统一政府极为不满,大造反苏舆论。1946 年 1 月初,杜鲁门在一份备忘录里攻击苏联在波兰采取了"高压和专断的手段"。他还攻击罗马尼亚和保加利亚成了"警察国家",扬言除非这两个国家有根本的转变,美国就不予以承认。同年初,美国还利用苏联和伊朗、土耳其的争端以扩大事态。

苏伊争端源于撤军问题。二战期间伊朗宣布中立,但德国人却在伊朗国土活动。1941 年 8 月苏英两国军队分别占领伊朗北部和中部、南部。1942 年 10 月美军经英军同意后也开进伊朗。三国在不同场合都一致同意在战争胜利后半年内撤出驻伊朗的军队。届时,美英军队陆续撤出,苏军未动,并在苏军占领区成立了"阿塞拜疆民族政府"和"库尔德人民政府"。伊朗政府派军前去镇压,被苏军挡回。美英两次照会苏联,要求苏联撤军,被苏军拒绝。苏联反问美国,美国在许多国家都有驻军,为什么对苏联军队暂缓撤出伊朗一事大惊小怪。1946 年 1 月,伊朗政府在美国默许下在联合国控诉苏联干涉伊朗事务,使苏伊争端成了联合国成立后首次大会审议的第一个问题。英美立即支持伊朗。苏联代表则予以反驳并激烈指责英国在希腊和印度尼西亚的暴行。后来,苏伊通过会议达成协议。5 月 6 日苏军撤出伊朗,这次历时半年的国际危机得以解决。但美国立即乘虚而入,大举渗入伊朗。1947 年,美国向伊朗提供了 2500 万美元的武器,并派遣美国军事代表团帮助改组伊朗军队。美国还以军援的方式,帮助伊朗在接近苏联边境的北部地区修建了军事设施和机场。结果,伊朗成了美国对苏军事威慑力量的一个组成部分。

"希、土危机"

1947 年 2 月 21 日,英国政府发表白皮书,承认 1946 年财政赤字超过原先估计,已达 4.5 亿英镑,不得不大大削减海外开支。同日,英国政府向美国国务院发出了结束援助希、土的照会,声称国内严重的经济困难使英国在 3 月 31 日以后无法继续向希腊、土耳其两国提供援助。英国强调希、土面临共产主义的严重"威胁",根本无力维护"民主制度",由于希、土在军事和战略上的重要性,西方国家决不能眼看它们落入苏联控制之下。白宫要求华盛顿立即接过援助希、土的担子。"希、土危机"一时成为国际关系中引人注目的突出事件。

巴尔干半岛和东地中海地区,历来被英国视为大英帝国的生命线。大战结束前后,美国利用种种借口,千方百计渗入这个连结欧亚非 3 大洲的重要战略地区。苏联与伊朗、土耳其的纠纷,恰好为美国提供了机会。1946 年初,美国指使伊朗向刚刚成立的联合国控告苏联拒绝从伊朗撤军,同时扬言美国准备"使用军事实力"。接着又支持土耳其指责苏联企图侵犯土耳其领土和主权,以夺取黑海海峡。1946 年 3 月,一支包括"密苏里号"主力舰在内的特遣舰队,借口运送土驻美大使的尸体回国,开往东地中海游弋示威。8、9 月间,苏联两次照会土耳其,要求修改蒙特勒公约,由苏、土共同防卫达达尼尔海峡。而美国却派遣最大的航空母舰"罗斯福号"加入地中海舰队;11 月,"伦道夫号"又接踵而至。这支庞大的美国舰队耀武扬威地访问土耳其、希腊、西班牙等地,要以美国的实力驱赶"俄国的巨大阴影"。它后来扩展成为常驻东地中海的第 6 舰队。

与此同时,美国利用英国耗费巨资仍无法消灭希腊民主军的困境,以提供援助的方式来"填补真空"。1946 年初以后,提供了 2.6 亿美元的援助,年底又派经济代表团赴希腊"考察"。这时渲染形势危急的报告接连从希腊和英国传来,国务院认为希腊"正成为紧张的国际关系的焦点",草拟了题为"危机和迫在眉睫的崩溃的可能性"的备忘录。据说形势危急的根源是苏联的"侵略",希腊、土耳其和伊朗当即被确认为遏制苏联的前哨阵地。

恰恰在美国跃跃欲试,准备取代英国控制东地中海地区战略要地的时候,英国发来前述的照会,将渗入、干涉希腊、土耳其的机会拱手送上门来。美国政府官员立刻又惊又喜地认为,"英国此刻已将领导世界的任务,连同其全部负担和全部光荣,一齐移交给了我们",美国应该从更广阔的世界背景上考虑"希、土危机",要把援助希、土当作"一把钥匙",去打开一个"广阔得多的局面"。杜鲁门决定利用这个机会,提出酝酿已久的全球性侵略扩张的纲领。

冷战——杜鲁门主义

从接到英国照会那天起,美国政府内部,上自总统、国务卿,下至各部文武官员,日夜加班,全力以赴,加紧拟订全球扩张的纲领性文件和对付"希、土危机"的具体方案,同时采取了一系列行动,争取国会的赞同和社会舆论的支持。

1947 年 2 月 27 日,杜鲁门邀请国会两党领袖,包括范登堡、马丁、康纳利、伊顿等来白宫商讨拟议中的"援助"计划。唯独塔夫脱没有参加，据说这是"无意的遗漏"。会上先由马歇尔介绍有关背景和行政部门的建议。但是，他的简略而隐晦的讲话，非但没有打动那些显要议员，反而引起了一大堆问题："这样做要花多少钱呀？""我们卷进去到底是为了什么呢？""这不是为英国火中取栗吗？"等等。

眼看讨论将越来越离题，副国务卿艾奇逊在得到杜鲁门、马歇尔同意后做了长篇发言。他从完全不同的角度讲起，一开始就危言耸听地指出美国面临的是苏联的挑战，如果不帮助希腊那样的国家维护自己的"自由和民主制度"，欧亚非 3 大洲都将先后屈服于苏联统治，就像一个烂苹果会烂掉整桶苹果一样。他反复强调战后世界只剩下美、苏两大强国，在这场民主、自由与专制、极权的斗争中，非美国不能对付苏联的挑战。律师出身的艾奇逊鼓起如簧之舌为冷战政策所做的大胆辩护，打动了国会

杜鲁门

显要。他讲话结束后，会场鸦雀无声。接着范登堡表示受到"震动"，他认为援助希、土非常重要，但这仅仅是极为严重的世界形势的一部分。他说国会理当支持政府，条件是总统也应如此这般向国会全体议员和全国公众讲明形势的严重性。

这时已经以"国际主义"者面目出现的范登堡，竭力主张美国必须表现出"世界头等强国的气概"，充当世界"精神上的领袖"，在他看来，对付苏联的办法只能是"不再姑息"。以范登堡为代表的共和党多数派与杜鲁门为代表的民主党"主流派"，在遏制苏联、夺取世界霸权这一战略目标上，观点如此接近，配合得相当默契。范登堡所提出的"条件"，正是杜鲁门所欢迎的。这种"两党一致"使美国政府官员感到，"历史的转折关头"已经到来，美国可以挺身而出，取代没落中的英国，担当"自由世界的领袖"了。

国务院和有关各部的官员，在艾奇逊指挥下，以最快的速度制订了援助希、土的详细计划，草拟了总统致国会的咨文，还准备了新闻宣传计划。即将出席莫斯科 4 国外长会议的马歇尔，指示工作班子不用考虑那个会议的成败，因为事态发展已把它贬低到"次要位置"上去了。杜鲁门访问墨西哥回国后，对咨文稿本又进行一番修改，做好了最后准备工作，只等预定在 3 月 10 日举行的莫斯科外长会议开幕

后，就可以投出这枚"炸弹"了。

1947 年 3 月 12 日下午，杜鲁门向国会两院联席会议宣读了那篇后来被称为"杜鲁门主义"的咨文。

杜鲁门一开头就说，"今天世界面临的严重局势"牵涉到美国的"对外政策和国家安全"。他从所谓"希、土危机"讲到美国"伟大的责任"，反复强调"美国必须提供援助"，"我们是有能力提供那种援助的唯一国家"。

杜鲁门咨文的大量篇幅用来说明援助希土的"广泛的意义"。他含沙射影地攻击苏联和各国共产党人试图通过"直接或间接侵犯"，把"极权政体"强加于各国人民。他把世界上的斗争概括为"自由制度"与"极权政体"之间的斗争，断言所有国家都必须在两者之间进行选择。针对这种局势，他说：

"我认为，美国的政策必须是支持各国自由人民，他们正在抵制武装的少数集团或外来压力所试行的征服活动。

"我认为，我们必须帮助各国自由人民以他们自己的方式去解决有关他们各自命运的问题。

"我认为，我们的帮助应该首先通过经济和财政援助的途径，这种援助对稳定经济和有秩序的政治进展是关系重大的"。

他强调说："自由制度的崩溃和独立地位的丧失不但对这些国家，并且对全世界都具有灾难性"。"假如我们在这一紧要时刻未能援助希腊与土耳其，那么，给予西方的影响将同给予东方的一样深远"。接着他要求国会"果断地"授权政府在 1948 年 6 月 30 日以前向希、土提供 4 亿美元的援助，选派美国文职和军事人员监督美援使用情况，训练希、土两国的有关人员。

杜鲁门的讲话不过 21 分钟，不像艾奇逊对国会议员的讲话那样详尽露骨，甚至连"苏联"这个名词他也没有提到。但是谁都清楚，他把苏联说成是使全世界陷入"灾难"的祸首，是同第二次世界大战中德、日一样的"极权主义"国家。按照杜鲁门的说法，如果不能有效地遏制苏联的"扩张"，那么美国在"二战"中所付出的代价将等于虚掷。很明显，杜鲁门以美国总统的身份，郑重其事地宣读这篇咨文，等于向全世界宣告，战争并没有结束，仅仅是作战的对象和方法发生了变化。杜鲁门后来在回忆中就颇为得意地说过，这是"美国对共产主义暴君扩张浪潮的回答"。

马歇尔计划的提出与实施

1947 年 4 月 28 日，美国国务卿马歇尔在参加完长达 46 天的莫斯科四国外长会议回国后,发表了一篇广播演说。他说:"……欧洲的复兴比期望的要慢得多。分化瓦解的力量日益明显。病人正陷入沉疴,而医生们还在讨论不休。所以我认为不能等待那旷日持久、耗尽精力达成的妥协,必须立即采取行动。"他随即指示当时尚在国防大学任教的乔治·凯南组建政策设计室,就欧洲复兴问题提出方案。5月23日,凯南向马歇尔提出援欧报告。报告从美国全球战略出发,分析了杜鲁门主义与欧洲复兴的关系,提出美国只需表明它关心"复兴"欧洲,具体计划应由欧洲各国

马歇尔

在共同合作前提下达成一致,再向美国提出。报告分析苏联的方针是利用西欧的经济困境把其拉到东欧的"阴影"之中。因此,美国唯有在西欧采取主动,给困顿不堪的西欧经济输血,才能达到遏制苏联的目的。接到报告的第二天,马歇尔即召集其顾问下属进行了讨论。凯南报告完成后4天,在欧洲考察6周后回国的副国务卿威尔·克莱顿向国务院提交了一份题为《欧洲危机》的备忘录,并做了口头汇报。他在报告中以大量数字和事实描述了欧洲经济惨状,说人民生活水平已降到极低限度,"假如再降低水准,就会发生革命",建议美国尽快援欧,"假如没有援助,经济的、社会的和政治的瓦解就会随之发生"。同时,他还就如何援欧提出了具体意见。5月28日,美国国务院召开重要会议,最终确定了美国的"援欧"方针。5月30日,马歇尔决定在6月5日出席哈佛大学毕业典礼、接受名誉学位的大会上发表正式演讲,宣布援欧计划。国务院俄国问题专家查尔斯·波仑受命根据凯南的报告和克莱顿的备忘录起草了演说稿,是日下午,马歇尔向8000名听众发表了演说。

演说一开始马歇尔首先强调欧洲经济的困难,说欧洲是一片废墟,战争夺去千百万人的生命,城市、工厂、矿山、铁路均受到严重破坏,欧洲无法生产足够数量的商品,粮食、原料和燃料严重缺乏,装备也十分陈旧等等,而补救的办法就是美国的援助。"欧洲在今后三四年内需要从外国、主要是从美国进口粮食和其他必需产品,其需要量比它目前所能偿付的能力大得多,因而它必须获得大量的额外援助,不然就得面临性质非常严重的经济、社会与政治的恶化"。美国的方针将是"美国尽其所能,帮助世界恢复正常的经济状态。这是合乎逻辑的,否则就不可能有稳定的政治与有保障的和平。我们的政策不是反对任何国家或任何主义,而是反对饥

饿、贫穷、冒险和混乱。我们政策的目的应该是恢复世界上行之有效的经济制度,从而使自由制度赖以存在的政治和社会条件能够出现。由于各种危机的发展,我们决不能把这种援助放在零星付人的基础上。美国政策的任何援助应是根治疾病的药品,而不是暂时止痛的镇痛剂。任何愿协助完成恢复工作的政府将得到美国政策的充分合作;任何阻挠别国复兴的政府得不到我们的援助"。关于如何援欧问题,马歇尔讲道,"在美国帮助欧洲走上复兴道路之前……欧洲各国必须就形势的需要自己将承担什么义务取得一定程度的协议。由美国政策承担责任,单方草拟一项旨在使西欧在经济上自主的计划,这种做法既不妥当也不会有效。这是欧洲人的事。我认为,欧洲必须首先提出倡议。至于美国的任务,应该在拟定一项欧洲计划时给予友好的协助……支持这一计划。这个计划必须是联合性质的,假使不能商得所有欧洲国家的同意,也应商得部分国家同意。"

马歇尔这篇演说发表后,在欧洲引起巨大反响。英法政府积极响应,苏联也同意召开英法苏三国外长会议讨论马歇尔建议。1947 年 6 月 27 日,英、法、苏三国外长在巴黎会晤。英法坚持在欧洲各国提出各自的国内经济资源报告的基础上,拟就欧洲国家统一的经济复兴计划大纲。莫洛托夫对此表示"严重的怀疑",认为这会泄露各国的经济情报,其结果必然导致某些国家干涉另一些国家的内部事务。对于欧洲复兴计划应否包括苏联东欧的问题,美国国务院曾进行过讨论,副国务卿艾奇逊认为"苏联不会在泄露其国内经济和财政状况的全部情报的基础上参加",凯南主张"俄国人要么婉言谢绝,要么同意它自己为西欧经济的复兴做出实际的贡献",也即为西欧提供原料。由于苏联和英法各持己见,苏联退出三国外长会议,并阻止了波兰和捷克斯洛伐克等东欧国家参加即将召开的巴黎经济会议。

1947 年 7 月 12 日,巴黎经济会议开幕。有英、法、荷、比等 16 国与会。9 月 22 日,巴黎经济会议 16 国代表签署了欧洲经济合作委员会总报告并提交美国政府,总报告向美国提出了在四年内提供 224 亿美元的援助要求。

美国政府一方面忙于同西欧各国洽谈,敦促西欧主动向美请求援助;另一方面积极制定提交国会的援外拨款方案。杜鲁门为争取马歇尔计划迅速在国会通过,成立了由共和党人、企业人士参加的对外援助委员会,由哈里曼任主席,负责研究指导援外的原则和政策。众议院为此也成立专门委员会,去欧洲"实际考察",调查欧洲迫切需要美援的状况。与此同时,美国还组织群众团体"公民支持马歇尔计划委员会",在全国制造声势,其规模超过总统竞选活动,鼓动全国公众支持马歇尔计划。

1947 年 11 月 7 日,哈里曼提出审查报告,即欧洲复兴和美国援助报告,全面阐述了援欧和美国的利害关系,欧洲复兴的症结,援欧数额以及如何通过援助控制西欧等问题。报告强调不能只从经济上来看待美国在欧洲的利益,"它还有战略上和政治上的利益。""美援对民主制度的保存和遏制共产主义具有特别重要的意义。"

报告还提出援欧的四条总原则:(1)重建欧洲,帮助欧洲自助;(2)鼓励私人投资欧洲,以建立的援助机构刺激正常的市场活动而不是取而代之;(3)援助以临时救济和建设相结合,更多地使用贷款而非赠予;(4)援助必须以美国经济稳定为前提。哈里曼委员会把援助额定在 125~172 亿美元,采取每年审批的形式。

为敦促马歇尔计划的顺利通过,杜鲁门总统两次发表拨款咨文,危言耸听地指责苏联对欧洲的威胁和欧洲面临的危险,暗示美国打算把西欧纳入共同防卫的体系。他特别强调美国支持"自由世界"的坚强决心。

这样,在一片反对苏联威胁欧洲的鼓噪声中,1948 年 4 月 2 日,美国国会通过"1948 年对外援助法"。4 月 3 日,杜鲁门签署生效,马歇尔计划正式执行。

该法宣布美国"援助"的目的是要使西欧成为美商品和资本可自由进入的统一市场。关于马歇尔计划的数额,该法规定在开始的 15 个月提供 53 亿美元,逐年审批,不确定为期四年的总数,由经济合作署决定受援的国家、项目和数额。该法还规定,西欧国家需与美签订多边和双边协定,才有资格取得援助。参加国应允许美国对其内部预算作某种程度的控制。此外,还具体规定了受援国应采取必需的金融与货币措施。同时,该法有保护美经济的条款,禁止受援国采购美国紧张物资。随后,杜鲁门任命史蒂贝克公司总经理保尔·霍夫曼为经济合作署团长,负责执行马歇尔计划。

马歇尔计划实施的结果,达到美国预期的目的。美国通过实施该计划既加深了西欧对美国的经济依赖,又巩固了自己在西欧的盟主地位,确立了美国对西欧的控制。同时,对恢复欧洲经济,加强欧洲一体化,起了极大的促进作用。到 1952 年6 月 30 日马歇尔计划结束时,美国共拨款援欧款项为 131.5 亿美元。据 1951 年 12月 30 日经济合作署发表的"马歇尔计划成就"报告称:受援国钢产量从 1947 年的3100 万吨增至 1951 年的 6000 万吨。汽车产量从 5.4 万辆增到 14.5 万辆,农业生产也获得长足增加。特别是西德,恢复和发展得更快,1955 年其工业已跃居资本主义世界第二位。

马歇尔计划是杜鲁门主义的延续和扩大。如果说杜鲁门主义是政治纲领,马歇尔计划则是实现政治目的的经济手段。马歇尔计划实施最严重的后果就是在事实上造成壁垒分明的东、西欧分离与对抗。苏联外长莫洛托夫在英法苏三国外长讨论马歇尔计划的巴黎会议上就指责英法政府如坚持要控制受援国,"必将产生严重后果","把欧洲分裂为两个集团"。苏联在退出巴黎三国外长会议后,就下决心开始经营自己的集团,美苏冷战逐渐深化。

第一次柏林危机

　　1945 年第二次世界大战结束后,美苏英法 4 大国分区占领了德国。苏联和美英法 3 国的占领政策各自有别,在德国问题上的矛盾日益加深。美国提出马歇尔计划后,美苏关系进入"冷战"阶段。作为冷战的必然产物,1949 年 9~10 月间,德国被一分为二,形成了德意志民主共和国和德意志联邦共和国两个国家。

　　德国在 20 世纪曾两度成为欧洲的战争策源地。制止德国军国主义的东山再起,是战后国际关系上的一个重要问题。第二次世界大战尚未结束时,美国便考虑对德处置问题。在经济上,美国曾抛出变德国为农业国家的摩根索计划,后因统治阶层意见不一,中途夭折。在政治上,美国主张肢解德国。1943 年底,罗斯福在德黑兰会议上提议将德国分割成 5 个部分,每个部分为一个独立国家,德国的鲁尔和萨尔地区则由国际共管。罗斯福的政治肢解方案曾得到苏联的支持。斯大林在德黑兰会议上表示赞成肢解德国,他担心一个统一的德国很可能在 10 至 20 年之间恢复它的力量。

　　英国对于美国肢解德国的方案,只在表面上表示支持,实际大有保留。英国首相丘吉尔认为,肢解德国势必损害德国人民的民族感情,他主张占领德国,避免背上肢解战败国的恶名。丘吉尔还通过历史的回顾,为他的占领主张寻找依据。在他看来,德国在第一次世界大战后复活了军国主义,成为第二次世界大战的罪魁,关键在于盟国并未强制德国执行凡尔赛条约中关于解除武装的规定。他认为,若要使德国在第二次世界大战后不再危害和平,首要条件是盟国必须在德国保持主宰地位,强制德国按照盟国意愿行动。丘吉尔主张德国在战后应由美英苏 3 大盟国共同占领。在他的指示下,英国设立了艾德礼委员会,并就占领德国事宜拟订报告。1944 年初,英国根据艾德礼委员会报告,正式向欧洲协商委员会提出关于划分德国占领区的建议。

　　战争后期欧洲战场军事形势的迅速发展,促使美国向英国的立场靠拢。1944 年上半年,苏联红军胜利的攻势很快逼近德国东部边界。美国担忧苏军有可能占领德国大片领土。届时,美国便会陷入被动状态,不仅肢解德国不成,恐怕连占领德国也成问题。出于上述考虑,美国决定支持英国的占领方案。1944 年 9 月,当欧洲协商委员会以艾德礼报告为蓝本,提出第一份临时划分德国占领区建议时,美国表示同意。按照这一建议,德国领土划分成 3 个占领区,苏联占领东部,英国占领西北部(包括鲁尔地区),美国占领西南部和萨尔地区,首都柏林由 3 国共同占领。

1945 年初召开雅尔塔会议时,美英两国已就临时占领德国达成了协议。苏联觉得,按照英国的占领方案,它的占领面积占德国领土的 40%,比英、美的占区都大得多。此外,德国战败在即,苏联若要在德国问题上具有发言权,首先必须取得占领德国的合法地位。因此,苏联愿意接受英国的占领方案。在雅尔塔会议召开之初,美英苏 3 大国实际上已就临时占领德国达成默契。在雅尔塔会议上,美英苏 3 国肯定了大国占领乃是处置德国的有效形式,会议《公报》指出:"根据已商得同意的计划,3 国部队将各自占领德国的一个区域,……成立一个中央管制委员会执行互相协调管理控制的工作。此委员会由 3 国的最高司令官组成;总部设在柏林"。

雅尔塔会议实际肯定了分区占领德国的方式,而且从 3 国扩大为 4 国占领。英国竭力主张法国应参加对德占领,因为英国无法承担在欧洲战场西线单独遏制德国的任务。美国经慎重考虑,同意英国的建议。雅尔塔会议召开的第 2 天,1945 年 2 月 5 日,罗斯福提议法国参加对德占领。斯大林在罗斯福斡旋下表示赞成。会议《公报》表示:"法兰西如果愿意的话,3 国当邀请它承受一个占领区,并参与管制委员会,作为第 4 委员。"法国参加对德占领必须在这样的前提下,即法占区只能从英占区和美占区中划出,而不缩小苏占区的范围。

盟军在欧洲战场告捷和占领德国后不久,1945 年 6 月 5 日,4 国驻德占领军总司令在柏林发表声明,把德国分成 4 个占领区,东区归苏联,西北区(包括鲁尔)归英国,西南和萨尔归美国,西区归法国;柏林由"4 国的武力占领"。柏林声明还规定,由 4 国驻德占领军总司令正式组成"盟国管制委员会","共同管理当地的行政"。从 7 月中旬起,苏美英法 4 国在德国和柏林按划定区域实行占领和管制。8 月初,波茨坦协定肯定了苏、美、英、法对德国的分区占领状态,确定了对德管制的政治与经济原则:在政治上,使德国非军国主义化,非纳粹化,实现民主化;在经济上,有步骤地消灭德国的军事潜力,改组德国经济,使之纳入和平轨道,控制其战后的生产水平。根据这些原则,战后的德国应该建成一个爱好和平的民主国家。

1946 年 7 月巴黎外长会议上,美国国务卿贝尔纳斯提出建立德国管理机构,把四个占领区作为"一个经济单位"进行管理,要求首先实现德国的"经济统一"。苏联则要先建立全德中央政府,实现"政治统一",然后再谈其他问题。双方意见相左。这次会议后,美英采取措施,将其在德国的占领区合并,把重要的行政职权移交给德国人,迈出了德国西方占领区合并的第一步。1947 年 3 月 10 日至 4 月 24 日,莫斯科外长会议召开,全面地讨论了德国问题。会上苏美在处理未来德国东部边界问题上矛盾激化。马歇尔国务卿提出的割让给波兰德东剖地区只限于东普鲁士南部和上西里西业工业区,并要求对这些地区进行国际监督,莫洛托夫坚决拒绝。这次外长会议的中心问题是德国统一。英美都主张成立德国中央政府;苏联建议采用魏玛宪法的比例选举制代替英美占领区的混合选制。莫洛托夫主张德国实行地方分权的统一国家,由管制委员会约束下的一个德国协商机构制定德国临时宪法。与苏联方案唱对台戏的英国提出得到美国支持的贝文计划,把起草宪法找作交给选举产生的民意机构,管制委员会只保留同意的权利。

关于德国经济,双方都认为应把德国作为一个整体,但解释各不相同。苏方声称,英美成立双占区违反波茨坦协定,西方则对苏没有协调德国工业,成立苏联股份公司提出指责。

1947年12月,苏美英法四国外长在伦敦举行了最后一次会议,双方互相指责对方阻挠德国统一。12月15日,会议无限期休会。至此,波茨坦会议后建立起来的关于德国问题的伦敦外长会议宣告彻底破裂。此后,随着冷战的加剧,美苏都已看到双方的利益、意见无法协调,于是各自开始按照自己的意图在力所能及的范围内放手行事。

1948年2月,美不顾苏联反对,和英、法、荷、比、卢六国在伦敦举行会议,商讨成立独立的西德政府。针对美国这一举动,苏联在莫斯科举行了苏、捷、波、南四国外长会议,对西方单方面讨论德国问题进行谴责。紧接着,苏禁止西方代表出席苏占区德国人的政治集会。3月3日苏通知美驻柏林军事长官:从4月1日起,苏将在柏林实行一系列交通限制,检查所有通过苏占区到西柏林的美国人的证件,并检查所有货运和除私人行李外的一切物品。美随即提出抗议,指责苏违背四国共同占领原则。美驻德国军事长官克莱为试探苏限制地面交通的决心,故意从西柏林开出一列火车,但被迫撤回来。西柏林和西德之间的客、货运一时陷于停顿,英美组织大规模空运供应西柏林驻军。

苏曾打算限制柏林与西德间的空运,但在4月5日,一架英国运输机与苏战斗机相碰。机毁人亡后,克莱暗示要用战斗机护航,苏联只得作罢。这一时期苏联对柏林交通限制断断续续,时紧时松,这与西方分裂德国的鼓噪声稀密相关。在具体做法上,苏只限制水陆交通,让空中走廊保持畅通;苏有时威胁要加强对西方的飞行管制,但从未直接干扰空运,以为避免冲突留有更多的回旋余地。

1948年6月18日,美国不顾苏联限制交通的警告性措施,以制止通货膨胀为由,宣布在西占区实行币制改革,这是西方分裂德国的一个严重步骤。6月19日,苏联发表声明,说大柏林在苏占区内,经济上是苏占区的一部分,为了"防止对苏占区货币流通的破坏",决定对西方进入柏林的道路实行全面的地面交通限制。6月23日,苏联宣布在柏林发行东德马克。6月24日,西德和柏林之间的水陆交通完全中断,长达11个月的柏林封锁开始了。

柏林封锁开始后,苏管区还切断对西柏林市民粮食和水的生活供应。美国一方面故意透露西柏林粮食供应只36天,燃料仅够45天,警告西柏林居民将饥寒交迫,煽动对苏的不满情绪;另一方面又声明坚决留在柏林。

与此同时,美英对苏占区实行反封锁,中断运往苏战区的煤、钢,对通过西占区的苏联人故意留难以示报复。6月26日,苏军事长官索科洛夫斯基元帅乘车经过美占区,为美国巡逻车截止,以枪指着元帅胸膛,扣留达数小时之久。

对于苏联的封锁,杜鲁门总统确定了留在柏林的方针,决定以长期大规模空运供应西柏林的需要,以赢得较多时间"打开外交僵局"。根据这一方针,美政府决定采取两项措施:一是派两个 B-29 型轰炸机大队驻留英国,向苏表示决心;二是开动宣传机器,说苏联人为达政治目的,不惜以 250 万西柏林人作"人质",以获得世界舆论的支持。

但双方都不希望在柏林问题上把事情做绝。经过一系列紧张的幕后活动,美英法关于柏林问题找莫斯科会谈于7月6日开始,8月30日达成协议,宣布撤销6月18日后实行的对柏林的封锁,苏占区的德国马克为柏林唯一货币。但柏林封锁仍未彻底解决,4月到6月设置的封锁仍未撤销。英法美把柏林问题提交联合国,但遭苏否决。由于美国强行实施货币改革和苏联封锁,柏林事实上开始分裂为两个城市。11月30日,东柏林选出新的市政府,弗里茨·艾伯特为市长,即日苏承认它为柏林唯一合法政府,但它实际权力仅限于东柏林。12月5日,西柏林选出自己的议会与政府,路透为市长。到1948年底,柏林已正式分裂成各自有立法、行政系统和货币制度的两个城市。

柏林危机没有彻底解决,悬而未决总不是办法,苏美双方都想避免直接冲突,期望通过外交途径打开僵局。互换信息后,1949年2月,西方通过苏联驻联合国代表马立克这个秘密渠道,几经周旋,苏美英法四国政府终于达成妥协,于1949年5月5日同时发表公报,宣称5月12日结束封锁。

5月12日零时,西方车辆进入西柏林,历时近一年的柏林封锁结束,美苏在柏林问题上剑拔弩张局面暂告平息,但两个柏林的分裂局面正式形成了。

莫洛托夫计划和经互会

巴黎外长会议上,由于美国坚持要利用马歇尔计划控制受援国,莫洛托夫便于7月2日(1947年)根据苏联政府指示发表了"拥护基于民主原则的国际合作"的声明,谴责西方的剥夺政策,并警告此种做法实际上是与欧洲人民为敌,结果不是欧洲的统一和重建,而是把欧洲分裂为两个集团。接着,莫洛托夫退出会议。苏联的退出，英法异常高兴，随即邀请除西班牙、德国外的所有欧洲国家参加巴黎经济专家会议，讨论向美申请援助的问题。邀请公报发表后，捷克政府曾就捷是否参加一事，向苏驻捷代办征求意见，这位代办说："苏联未就这个问题发表过官方看法"。捷政府讨论后决定参加巴黎经济会议。但在1947年? 月4日，捷政府总理哥德瓦尔内和外长马萨里克记苏与斯大会谈后，撤销了接受邀请的决议。理由是此举有害捷苏友谊。

波兰政府也为是否参加巴黎经济会议向苏驻波使馆征询意见，被明确告诉不要参加巴黎会议。于是波政府正式拒绝英法的邀请。

东欧一些国家当时为资产阶级掌握政权，渴望利用马歇尔计划的机会，加强与西方的联系，美国也企图通过马歇尔计划达到分化东欧的目的。有鉴于此，苏联发动了马歇尔计划的反击。在波、捷一度表示要参加马歇尔计划后，苏联立即与东欧各国签订一系协定，巩固与苏联的经济联系。1947年7~8月，一个月内苏联先后与保、捷、匈、波、罗等东欧国家谈判与签订贸易协定。7月11日，苏保贸易协定签字；12日，苏捷签订了为期5年的贸易协定；13日苏匈贸易协定在莫斯科签字；8月26日，苏波贸易协定在莫斯科签订。这样，通过这一系列的贸易协定加强了苏联与东欧的经济联系。西方把这些协定统称为"莫洛托夫计划"。这一计划与马歇尔计划针锋相对，逐步形成以苏联为首的东欧贸易圈，为后来经济互助委员会的成立奠定了基础。

1949年1月5~8日，苏、保、匈、波、罗、捷六国代表在莫斯科举行会议，讨论苏联和东欧国家之间的经济合作问题。会议认为：美英等国在封锁社会主义国家的对外贸易活动，威胁这些国家的主权和国民经济利益；各国有必要在原有双边合作的基础上，建立广泛的经济合作关系。会议决定，建立经济互助委员会（简称经互会）。经互会在成立时的任务是：在平等的基础上解决经济建设中相互交流问题，给予参加国以技术援助和原料、粮食和机器设备等方面的援助，确保出口产品有稳定的国际市场，进行合理的国际分工。同年2月和1950年9月，阿尔巴尼亚和民主德国先后加入经互会。

经互会主要机构有：(1)委员会会议，总部设于莫斯科，由成员国部长会议主席或政府总理参加，每年召开一次会议，为经互会最高决策机构。(2)执行委员会，由成员国副总理组成，每两个月开会一次。(3)常设委员会，下设经济、外贸、财贸、电力等专业机构。(4)秘书处，处理日常具体事务。

经互会的建立是苏联对马歇尔计划的进一步回击，意味着两种不同的社会制度之间，出现了两种经济体系，或两个经济集团，这两个经济集团互相对垒，形成一种经济割据的局面，除了政治、意识形态领域之外，冷战已深入到经济领域。经互会建立后东欧国家同西方世界的经济联系减少到最低限度,而主要是同苏联和社会主义国家之间发展经济联系,社会主义"共同市场。"得以建立起来。对于防止西方势力的渗透又筑起了一道坚固的堤坝。

北大西洋公约组织

二战末期和战后初期,苏联在欧洲崛起,在东欧、中近东和远东进行领土和势力范围的扩张,法国、希腊、意大利等国共产党的影响迅速增长,共产主义的浪潮不时侵蚀着西欧。面对这种形势,英国统治者认为"苏联已成为自由世界的最大威胁",但这时英国地位已经衰落,无力单独和苏联抗衡。在严酷的现实面前,为了维护大英帝国的利益乃至整个自由世界的生存,丘吉尔保守党政府确立了"三环外交"的总方针,即建立英美联盟,一个联合的欧洲,巩固英联邦和英帝国。1945 年 7 月,工党上台执政,继续奉行保守党的对外政策。在西欧,它开始加强与法国的合作,企图建立集体安全。

法国在 1946 年 1 月戴高乐下台后,调整对外关系。人民共和党总理皮杜尔,既想在苏美英之间充当调停人从中渔利,又打算与波、捷等国恢复老关系,但这两种企图都不能实现。其后的勃鲁姆政府认识到,英国才会真正保证法国的安全。基于共同的认识,1947 年 3 月 4 日两国在法国的敦克尔刻签署同盟条约。盟约规定,一国卷入对德冲突时,另一方有包括军事援助在内的义务。之后,英国打算以英法同盟条约为核心把西欧组织起来。

1948 年 1 月 22 日,英国外交大臣贝文在下院演说中,全面阐述了英国的对外政策。他在吹捧亲善美国的同时,大力鼓吹苏联的威胁;他认为建立西欧联盟的时机已经成熟,希望同近邻比、荷、卢三国签订条约,使英国同法国的条约成为西欧的一个重要核心,这种联盟的目标就是维护自由和民主。贝文演说发表后,法、比、荷、卢四国表示尽快考虑贝文计划,美国发表正式文告予以支持。1948 年 1 月 31 日,比、荷、卢三国外长根据西欧团结的态度和欧洲统一运动可能发挥的自觉作用,着手与英法会谈。

会谈之初,由于比、荷、卢三国与德国经济依赖较深,三国对双边协定与英法有分歧,使西方联盟计划暂时搁浅。但捷克"二月事件"后增强了西方对共产主义的恐惧,加快和最终完成了布约的缔结。

1948 年 3 月 17 日,英,法、比、荷、卢五国外长在布鲁塞尔签署五国同盟条约。条约规定:缔约国在遭受联盟以外国家进攻时,必须相互支持直至参战;各缔约国将消除经济政策上的冲突和协调各国间的经济活动,各国谋求降低关税壁垒。在主要军事条款上,英法担心条文明文规定针对共产主义威胁触怒苏联,故措辞采用:依联合国宪章在维持和平与安全以及抵抗任何侵略时,彼此提供援助,并采取必要措施。布鲁塞尔条约是英法和低地国家间以军事同盟为核心的经济、文化合作的条约。条约虽公开点名德国,但实际研究的是对付苏联的威胁。

条约签订后,五国设立了由外长组成的协商委员会作为最高领导机构。为处理防务问题,设立了西方联盟防务委员会,由五国国防部长组成。另外还建立了西方联盟参谋部和西方联盟司令官委员会。布鲁塞尔条约促进了西欧军事政治上的合作。1955 年 5 月 16 日,布约组织改名为西欧联盟,其军事机构并入北约。

北约是美国对苏冷战的重要工具。战后初期,欧洲九国共产党和工人党情报局的建立和英法等五国布鲁塞尔条约的签订,从两个截然不同的方面推动了美国实行一项总称为大西洋联盟的政策。

第五届伦敦会议后,美国与西欧酝酿大西洋安全体系。美国认为布约组织对付苏联威胁时无能为力的;西欧也认为没有美国参加欧洲防务,西欧不能保卫自己。1948 年 3 月 17 日,布约电告马歇尔,声称已做好与美国进行关于共同防务的会谈准备,但美国决定先与英国以及和与美国签有共同军事协定的加拿大举行会谈。

1948 年 3 月 22 日,美、加、英三国开始在华盛顿会谈,4 月 1 日通过政策性文件——五角大楼文件,阐述了建立北大西洋集体防务协定的基本思路:(1)美、加与布约五国邀请挪威、瑞典、丹麦、冰岛和意大利加入布约和参加讨论关大西洋防务协定;(2)美将对欧洲任何抵御侵略的民主国家予以支持;(3)英、美对希、土两国的主权与领土完整负有义务;(4)拟建中的北约签字国如遭到外来进攻时被认为是对全体参加国之进攻,缔约国须立即履规定义务,协定的范围包括欧洲大陆和北美参加国;(5)如条约许可邀请西德、奥地利和西班牙参加布约和北约。由于美国在和平时期缔结此类盟约还无先例,1949 年 5 月,美国会通过了"范登堡决议案",为美国政策的区域性集体安全协定提供了法律依据,为美国政策缔结约开了绿灯。

1948 年 7 月 6 日,美、加与布约五国举行华盛顿会议,正式讨论筹建北约。9 月 9 日,与会各国通过"华盛顿文件",对即将建立的北约组织的性质、范围、缔约国承担的义务及其与欧洲其他组织的关系进行了规定。文件在引言中写道:北约将按联合国宪章对北大西洋区域安全有重大利益的国家做出区域性或集体的防务安排。第一部分"影响安全的欧洲形势"写道:苏联的意识形态扩张主义对欧洲和北美安全造成了威胁,为了防止苏联的进攻,消除西欧的恐惧,美国部队应继续留驻西欧。第二部分"北大西洋安全安排的区域范围及其与其他国家的安全关系"规定:北约安全体系不但包括美、加和布约五国,还应保障下列国家安全:丹麦、挪威、冰岛、葡萄牙和爱尔兰。北约包括三类性质国家(1)承担最大限度互援义务的国家,如英法美;(2)承担有限义务的国家,如丹、挪等国;(3)其他非北约成员国。正式成员国受到武装进攻时应承担互援义务、共同协商。文件还规定建立条约执行机构。第三部分"尽可能出现的在大西洋安全安排的性质"规定"安全安排一般应为互助性质"。

"华盛顿文件"随即提交各国政府审查。1948年10月13日,加拿大政府通知美国准备遵循文件的总方针加入条约;10月26日布约五国同意缔结北大西洋安全条约的原则。12月10日,美、加和布约五国就条约文件再次磋商。到1949年3月,丹、挪、冰、葡和意大利先后决定加入北约。3月18日美公布北约条文;4月1日,英、美、法等12国外长在华盛顿正式签署了《北大西洋公约》,到8月24日,法国、丹麦最后交存批准书,北约正式生效。后来土耳其(1952年),希腊(1952年)、西德(1955年)和西班牙(1982年)又先后加入该组织。

北约有一个简短序言和14项条款。条文重复了"华盛顿文件"的主要内容。条约第三、第四、第五条最为重要,它规定了缔约国之间的互助和集体区域防务的责任和义务。北约的特点是力图阐明它同联合国宪章并行不悖;另一点是没有明确规定期限。

1949年9月17日,北约召开第一次会议,决定成立下列机构:(1)北约理事会,为北约最高权力机构,由各成员国外长组成,必要时各成员国总理、财长和国防部长也参加会议,一年开会两次;(2)防务委员会,由成员国国防部长组成,负责制定统一防务计划;(3)军事委员会,设于防务委员会下,由各国参谋长组成,负责处理军事问题;(4)美英法代表组成常设委员会,负责全面指导。为建立统一指挥系统,北约设立了欧洲盟军最高司令,司令官由美国人担任。第一任司令为二战英雄艾森豪威尔。至此,北大西洋公约组织正式建立。

北约的建立是美国在和平时期首次同欧洲结成军事、政治同盟。它强调安全、防务,首先是军事同盟;同时,其目的又在于"拯救西方文明",保卫西方"共同的民主生活方式",又是政治同盟。它是美国对苏冷战政策的工具,是完成美国全球战略的重要步骤。"北约的建立,加强了美国对西欧国家的控制,并在欧洲大陆组成一个遏制苏联、东欧的弧形包围圈"。这必将导致冷战的进一步升级。

北约建立时没有吸收西德加入西欧防务体系,因为法国对德国仍然心有余悸,坚决反对其参加,但这与美国政策不相容。美国从一开始就主张重新武装西德,认为没有德国,欧洲的防御"不过是大西洋岸边的一场后卫战。"1951年至1952年,美国加紧武装西德,企图尽快实现西德重新军事化的计划。在美国的拉拢和压力下,1952年5月26日,美、英、法、西德四国代表在波恩签署了"一般性"条约,即"关于三国和德意志联邦共和国关系的专约"(波恩条约),提出废止占领法规,西德在内外政策方面享有"全部权力",这就为西德参加欧洲防务集团条约保证了"国际法前提"。波恩条约还规定西德参加欧洲防务集团,英法美在西德有驻军权。

5月27日,法、意、比、荷、卢和西德外长在巴黎签订"关于建立欧洲防务集团的条约"即巴黎条约,规定建立"超国家性质的欧洲防务集团,其中包括建立共同机构,共同的武装力量和共同的预算"(第一条);欧洲防务集团"在北大西洋公约组织范围内行动并同它密切合作。受北约最高司令指挥"(第二条和第五条)。这两个条约的主旨规定了西德重新军事化。

但巴黎条约的签订使法国心存疑惧。由于巴黎条约和依据此条约成立的欧洲军,英国都未参加,西德将成为欧洲军核心。法国担心没有英国难于控制西德,1954年8月30日,法国民议会319:264票否决了该条约。这种避势影响到西德重新军事化的实现和波恩条约的前途,因而引起北约组织和波恩的不安。英美利用法国恐惧德国强大威胁本国安全的心理,在英国撮合下,在美国压力下,1954年9月28日~10月3日,英、美、法、荷、比、卢、加、意和西德九国在伦敦举行会议,讨论加强和扩大布鲁塞尔条约和西德加入北约问题。会议最后通过议定书,主要内容有(1)邀请意大利和西德加入布约;(2)扩大布约的活动范围,监督除英国外成员国在欧洲大陆的军备机构;(3)西德不得拥有原子武器和大规模杀伤性武器;(4)西德做出不以武力实现德国统一和改变目前疆界的保证。这就是伦敦协定。

伦敦协定签字后,苏联发出了抗议照会,但西方没有理会苏联的警告。10月21日~23日,九国再次会聚巴黎,10月25日签署巴黎协定,确定了伦敦协定的各项原则和拟定了具体计划。此外,巴黎协定宣布把布约协商委员会改称为西欧联盟理事会,增加与北约组织密切合作一项条款。1955年5月6日布约正式改名为西欧联盟。通过伦敦——巴黎协定,美国实现了西德重新武装和加入北约的目标,在美苏对抗中又加了一剂烈性催化剂,导致了以苏联为首的军事政治集团华沙条约组织的建立。

情报局与华沙条约组织

1945年,铁托向斯大林建议,随着国际形势的变化,需要在各国共产党之间建立一种协商性质的国际会议或组织,以协商各国之间对国际问题的立场。斯大林表示赞同。但他认为完全没有必要复活任何形式的第三国际。之后斯大林与南联盟和保加利亚领导人交换意见，决定建立具有情报性质的机构，但其决议不能束缚任何有异议的党，并决定由法共作发起人。

1947年，冷战爆发后，苏联为抵制美国的遏制政策，加强和巩固东欧诸国的人民民主制度，除在经济上巩固与东欧联系外，政治上迅速成立欧洲工人党和共产党情报局以协调各国党的行动。1947年夏，苏共敦促波共发起召开欧洲工人党和共产党会议，以便加强各党联系，交流经验和协同行动。

1947年9月22～27日，波、苏、捷、南、匈、罗、意、法、保九国共产党、工人党在波兰西南部西里西亚什克拉尔斯卡—波伦巴的小温泉场召开会议。苏联代表日丹诺夫做了关于国际形势的报告，指出世界已分裂为帝国主义和社会主义两大阵营，号召世界反帝民主阵营团结起来制订共同的纲领和策略，反对帝国主义及其同盟者，当前工人阶级的主要威胁是过低估计自己过高估计敌人的力量。哥穆尔卡做了关于各国共产党必须彼此交流经验和协同行动的报告。

经过协商讨论，会议通过各国党交换经验和协同行动的决议；决定成立情报局，由各国党指派两名代表组成，任务为组织经验的交流，并在必要时，在相互协商的基础上，配合各国党的活动。情报局总部设在贝尔格莱德，并出版机关报《争取持久和平，争取人民民主》。1947年10月5日，情报局成立的消息公布。

情报局成立的消息公布后，引起东西方强烈反响。各国共产党表示支持，以美国为首的西方则大肆宣扬红色扩张恐怖的舆论，加紧采取遏制苏联的政策。

情报局成立后，在反对美国的冷战政策，争取世界和平和维护人民民主方面做了不少工作，起了一定作用。但苏联利用情报局加强对东欧各共产党和工人党的控制，实行大党主义，把南斯拉夫共产党开除出情报局，在东欧各国党中制造了一系列所谓"与铁托集团勾结"的"叛国事件"，进行大规模清洗，造成严重后果和恶劣影响。1956年4月17日，情报局宣布解散。

情报局的建立，是苏联对杜鲁门主义和马歇尔计划的反击，它标志着苏联东欧政治同盟的建立。1949年，北约建立，苏联做出强烈反应，向有关各国提出抗议，指责北约的建立违反联合国宪章，是针对苏联的。此后苏联进一步加强对东欧各国的控制，驻军东欧各国，以苏军模式组建和改革各国军队。但苏联和东欧各国并未立即建立军事同盟。

真正导致苏联组建自己军事集团的是巴黎协定的签署并生效。1954年10月23日，西方国家签订巴黎协定，把西德拉往北约，公开武装西德。11月13日，苏联立即向23个欧洲国家和美国发出照会，要求他们不要批准条约；建议立即召开全欧会议，讨论集体安全和德国问题。但西方拒绝了苏联的建议。1954年11月29

日～12月2日,苏联召集匈、保、阿、波、罗、捷、东德七国政府代表聚会莫斯科,警告西方一理批准巴黎条约苏联将与东欧国家共同组成联合武装。1955年5月5日,巴黎协定生效。5月11日～14日,苏联立即与东欧七国在华沙召开会议,缔结了八国友好互助合作条约,即《华沙条约》。条约共11条,第3条规定:缔约国就一切有关共同利益的重要问题彼此磋商;第4条规定:当一缔约国受到武力进攻时,其他缔约国应以一切必要方式,包括使用武力援助。此外,条约还规定成立联合武装部队司令部。条约有效期为20年,1985年决定延期至2005年,东欧形势巨变后,华约集团宣布解散。

华约组织的主要机构有:(1)政治协商委员会。这是华约最高决策机构,下设常设委员会和联合秘书处;(2)联合武装部队司令部。设于莫斯科,总司令由苏第一国防副部长兼任,其他各国国防部长或副部长任副司令;(3)国防部长委员会。这是华约最高军事机构,由各国国防部长,联合武装部队总司令,总参谋长组成;(4)联合武装部队总参谋部,设于莫斯科,总长由苏联人担任;(5)联合武装部队军事委员会,为联合司令部常设机构。

至此,苏联东欧的军事政治集团也已形成,在欧洲出现了两大军事集团对峙的局面。华约的成立,无疑是冷战的产物,同时它又加剧了冷战。它是苏联为首的社会主义阵营在军事方面为防止西方国家的侵略颠覆所采取的主要措施之一;它使美苏从政治、经济、意识形态等领域的对抗扩展为军事集团的对抗。北约和华约两大军事政治集团的对峙加剧了国际紧张局势,使世界人民长期生活在战争的阴影中。

斯大林逝世

1953年伊始,苏联国内掀起了一场新的政治风波:一方面,因"医生谋杀案"的"破获",党和政府号召人民提高政治警惕,消除轻信和漫不经心的现象,同帝国主义派遣的间谍、破坏分子、暗害分子、杀人犯和在人民中隐藏的敌人进行斗争。《真理报》在1月13日的社论中,激烈地批判了那些持阶级斗争"熄灭"观点的人。"他们不明白,或者不能明白:我们的成功不会使阶级斗争熄灭,而会使斗争尖锐,我们向前发展的越顺利,那么注定灭亡的、陷于绝望的人民之敌的斗争就越加激烈。"另一方面,根据斯大林《苏联社会主义经济问题》的观点,在学术界展开了思想批判和检查。与此同时,各级苏维埃的选举正在有秩序地进行。电工器材厂装配工维·布达林提名"敬爱的父亲"斯大林为最高苏维埃代表候选人,获广泛拥

斯大林遗像

护。这一切表明,苏联国内政治生活在斯大林领导下正常进行。

3月4日,塔斯社突然宣布,党和人民遭到不幸,3月1日晚斯大林患了脑溢血。3月5日,苏联共产党中央委员会、苏联部长会议、苏联最高苏维埃主席团沉痛宣告,斯大林于当晚9时50分与世长辞。

斯大林的逝世,使苏联党和政府的领导层面临着人事上的新调整和政策上的新转变。1952年党的十九大后虽选出了25人组成的中央委员会主席团,但这个党章上规定的最高权力机关并未发挥实际作用,实权是由斯大林指定的5人常委所掌握。斯大林还担任着政府首脑,即部长会议主席。斯大林生前并未安排好接班人。在内外政策上,斯大林所坚持的传统路线显然已同变化了的国内外形势不相合适。在这种情况下,新领导的产生,国家政治经济的任何革新,必然会引起激烈的斗争。

在斯大林逝世的第2天,即1953年3月6日,苏联共产党中央委员会、苏联部长会议、苏联最高苏维埃主席团举行联席会议,对党和国家的领导机构采取了如下措施:任命格·马·马林科夫为部长会议主席;贝利亚、莫洛托夫、布尔加宁、卡冈诺维奇为部长会议第一副主席;由部长会议主席和4个第一副主席组成部长会议主席团。建议由伏罗希洛夫接替尼·什维尔尼克任苏联最高苏维埃主席团主席,什维尔尼克改任全苏工会中央理事会主席。把苏联国家保安部和苏联内务部合并成苏联内务部,由贝利亚兼任部长;任命莫洛托夫为外交部长,原外交部长维辛斯基改任副部长;任命布尔加宁为苏联军事部长,原军事部长华西列夫斯基改任副部长;同时还任命了一些其他部的部长。关于党的最高领导机构,认为按照党章只设一个中央委员会主席团,不再设主席团的常务局,确定马林科夫、贝利亚、莫洛托夫、伏罗希洛夫、赫鲁晓夫、布尔加宁、卡冈诺维奇、米高扬、萨布罗夫、别尔乌辛等10人为主席团委员;确定什维尔尼克、波诺马连科、麦尔尼科夫、巴吉罗夫为主席团候补委员(前3人原为主席团委员,巴吉罗夫是新添的)。10名主席委员中除了萨布罗夫和别尔乌辛外,其他8名都是十九大以前的政治局委员,就是说在党的最高领导机构中恢复了十九大以前的阵势。赫鲁晓夫虽然是斯大林治丧委员会主席,而在这次政府的改组中并未受命担任具体职务,"会议认为有必要使尼·谢·赫鲁晓夫集中精力于苏联共产党中央委员会的工作,因此解除他苏联共产党莫斯科委员会第一书记的职务"。赫鲁晓夫的具体工作岗位是在中央书记处。

关于这次领导集团调整的目的和意义,会议的决议特别指出:"在我们党和国家这一困难时期","党和政府的根本任务在于保证国家整个生活得到不间断的、正确的领导",这就需要"领导有极大的团结性,防止任何不协调和混乱"。《真理报》为此专门发表了《最伟大的团结一致》的社论。在3月15日召开的最高苏维埃第4次会议上,进一步用法律形式确定了政府和苏维埃的人事变动。同时,部长会议主席马林科夫对政府机构进行了调整,把全联盟和联盟兼共和国的58个部合并裁减为25个,全部重新任命了部长。

从整个安排看,在这一系列调整中部长会议是权力的中心,在一个相当的时期中,在各种文件和宣传材料中都把政府置于党之前,这是沿用斯大林晚年的传统习惯。马林科夫是政府和党的最高领导人。他既是部长会议主席,又是党中央主席团的头一名委员,主持主席团会议,他还兼任书记处书记。在3月9日的斯大林葬礼上,马林科夫发表了主旨演说,从8个方面总结了斯大林一生的贡献。马林科夫在国内的政策方面指出,要不断地更加增进工人、集体农民、知识分子和苏联全体人民的物质福利,而且把关心人民的福利,最大限度地满足人民的物质和文化的需要,"作为党和政府的法律"提出。

贝利亚排为第二号人物,在领导集团中具有特殊的地位。他不仅重新掌握了1946年失去的内务部的权力,乘斯大林逝世之机迅速掌握了国家保安部队,而且尽力安插了自己的力量。

至于赫鲁晓夫,他在党中央主席团内排在马林科夫、贝利亚、莫洛托夫和伏罗希洛夫之后,名列第五。

贝利亚事件

尽管新领导宣布,斯大林所培养的他的忠实的学生和战友,将保证坚定不移贯彻他所制定的内外政策,但因斯大林的理论和政策在实践中早已出现许多问题,因此,随着新的人事变动,内外政策上的变动是不可避免的。

　　3月27日,苏联最高苏维埃颁布大赦令,对曾犯有并不构成对国家重大危险的罪行,而又能证明可以过诚实的劳动生活,并成为对社会有用的犯人,从拘留所予以释放。这项大赦令虽然只涉及被剥夺自由5年及5年以下和某些犯有渎职罪、经济罪、军职罪的犯人的获释和减刑,不适用因反革命罪、盗窃巨额社会主义财产罪、抢劫罪及谋杀罪的罪犯,但它却揭示了斯大林时期法制上的问题。那些犯有"渎职""经济""危害公共秩序"的错误及其他危险性较小"罪行"的人,本来用行政处分和纪律措施就可以处理,却一律给予了刑罚。因而,最高苏维埃司法部修改了苏联及加盟共和国的刑法。

　　4月4日,塔斯社宣布苏联内务部关于被控进行特务暗害活动的医生恢复名誉并释放的通告。通告说,被苏联国家保安部逮捕的15名医生的案件"是不正确的,是没有任何根据的"。被捕者所做的那些所谓证实其罪行的供词,是前国家保安部侦讯部门用苏维埃法律所不允许并极严厉地禁止的侦讯方法获得的。4月6日,《真理报》就此事发表《苏联社会主义法律是不可侵犯的》社论。社论指出:这件事的发生,主要是因为前国家保安部门的领导者们是不符合标准的,以使这个机关穷凶极恶地违犯苏维埃法律、专横武断、滥用职权。前国家保安部长斯·伊格纳捷夫表现了政治上的盲目性和易受欺骗,他做了像当时负责侦讯的前副部长柳明之类的冒险家的尾巴。因此,在3月6日当选为党中央书记的伊格纳捷夫被撤除了这一新职务,柳明等则被逮捕并使其负刑事责任。

　　3月31日,苏联部长会议和苏共中央还决定,从4月1日起再次降低食品和制成品的国家零售价格,范围涉及20大类数百种食品和制成品,减价5%到50%不等。

　　这一年苏共中央提出的五一国际劳动节口号中,突出了和平协商解决国际问题,维护宪法保证公民权利,增加生产提高人民物质福利等三方面的内容。

　　这一切表明,斯大林逝世后,新的领导班子迅速而急剧地改变着斯大林的传统政策。

　　最早的信息,是3月21日塔斯社公布的苏共中央3月14日全会的决议中透露的。决议批准苏联部长会议主席马林科夫的请求,解除他苏联共产党中央委员会书记的职务;同时选举赫鲁晓夫、苏斯洛夫、波斯洛夫、夏塔林、伊格纳捷夫组成新的书记处。这件事包含着很大的潜在意义。赫鲁晓夫早在十九大修改党章的报告中就说过,撤销中央委员会的组织局,把中央的日常工作,包括组织工作在内都集中在书记处。以赫鲁晓夫为首的新的书记处的组成,为赫鲁晓夫扩大实权造成了有利的条件。

　　7月10日,莫斯科各报刊登的消息宣布:几天前,苏联共产党举行了中央全会,在听取了马林科夫代表中央委员会主席团所做的关于贝利亚为了外国资本的利益而破坏苏联国家、企图把苏联内务部放在苏联政府和党之上的反党和反国家罪行的报告之后,决定把贝利亚从苏联共产党中央委员会清除出去,并把他作为共产党和苏维埃人民的敌人而开除出苏联共产党。同日,最高苏维埃主席团发出公告,解除贝利亚所任苏联部长会议第一副主席和内务部长的职务;把贝利亚的罪行案件交苏联最高法院审理。

贝利亚事件是斯大林逝世后苏联国内发生的一件轰动世界的大事,贝利亚从20年代初就在外高加索作契卡的领导工作,1932年被任命为外高加索党委第一书记,1934年进入党中央委员会,1939年任中央政治局候补委员,1938年7月以后接替叶若夫做了8年苏联内务人民委员,1941年任人民委员会副主席兼国防委员会委员,1946年升为政治局委员,任部长会议副主席。斯大林逝世后是政府和党的第二号人物,怎么会一下子变成"人民敌人"呢?《真理报》社论对此做了如下解释:贝利亚使用各种野心家的伎俩骗取了信任,窃取了领导地位。过去他的反党反国家的罪恶活动,是采取非常隐蔽的和伪装的形式,而最近由于他变得傲慢自大,飞扬跋扈,这便开始暴露了他是人民敌人的面目。社论除重述中央决议中"企图把内务部放在党和政府之上"这一结论外,还罗列了4条具体罪行:即"企图利用内务部中央和地方的机构来反对党和它的领导,反对苏联政府,根据对他个人的忠诚来提拔内务部的工作人员";企图阻挠农业方面重大的迫切问题的解决;企图破坏苏联各民族人民的友谊,在苏联各族人民之间制造纠纷,并唆使各加盟共和国中的资产阶级民族主义分子进行活动;当贝利亚不得不执行党中央委员会和苏维埃政府关于巩固苏维埃法律和消除某些违法乱纪情况的指示时,他就蓄意阻挠这些指示的执行,并多次企图曲解这些指示。

12月7日,苏联最高检查署完成了对贝利亚案件的侦讯工作,侦讯结果是:贝利亚组织了一个和苏维埃国家为敌的阴谋分子叛国集团。1953年3月贝利亚担任内务部长以后,把这一集团的成员安插在内务部的领导岗位上,排挤和迫害内务部中拒绝执行贝利亚罪恶指示的正直工作人员。

"侦讯结果"中增加了贝利亚的"历史罪行",说他还在内战时期就跟外国情报机关有了勾结,1919年在英国间谍机关控制的阿塞拜疆的穆沙瓦特政府的情报机关做特务,1920年在格鲁吉亚跟孟什维克政府的秘密警察建立了联系,以后继续与外国情报机关和孟什维克的流亡分子有联系,说他曾反对奥尔忠尼启则,并对其家属进行了残酷的报复。贝利亚同他的同谋者杀害了契卡的领导人之一的凯德诺夫。

贝利亚事件直接导致了马林科夫和赫鲁晓夫两人在领导集团中的力量和地位

的消长与变化。马林科夫在政府中的力量必然有所削弱,而赫鲁晓夫的地位显然加强了。贝利亚垮台之前,赫鲁晓夫在党中央主席团内名列第五,贝利亚垮台之后,他上升到第三,排在马林科夫、莫洛托夫之后,跃居伏罗希洛夫之前。

马林科夫的新纲领

1953 年 8 月 5 日至 8 日,苏联最高苏维埃举行第 5 次会议。部长会议主席格·马·马林科夫在最后一天的会议上发表了长篇演说。这是自斯大林逝世以来苏联新领导人第一次全面地阐述自己的施政纲领。

马林科夫在演说中提出"迫切的任务是在两三年内大大增加食品和制成品及各种消费品"。

为此,他首先提出要调整工业和农业、重工业和轻工业的关系。他说,解决了这个问题,"就能更顺利地实现我们的首要任务——确保进一步增进工人、集体农民、知识分子和全体苏联人民的物质福利"。他指出,党是以发展重工业开始国家工业化的,28 年来,重工业已在工业总产量中由 1/3 增加到 2/3 强。"现在,在发展重工业已获得胜利的基础上,我们有了一切条件来迅速提高人民消费的生产量。"在过去的 28 年中,生产资料的生产量大约增加了 55 倍,而人民消费品的生产量只增加 12 倍左右。因此,马林科夫指出:政府和党中央认为必须大大增加发展轻工业、食品工业和发展农业的投资,广泛地吸收机器制造工业和其他重工业企业来增加消费品的生产。

其次,为了确保人民消费品生产急剧地提高,必须确保农业得到进一步的发展和提高。马林科夫在充分肯定苏联农业的伟大成就后指出,农业中一些重要部门落后,有不少集体农庄,甚至整个地区的农业处于无人过问的情况;许多区里,集体农庄和国营农场的谷物及其他作物的收获量很低,并且在收割期间,听任作物遭受巨大损失;一部分集体农庄的实物和现金收入都不多,集体农民按劳动日所得的实物和现金、谷物和其他产品也很少。畜牧业的发展不顺利。马铃薯和蔬菜生产严重落后。他提出,要在最短期间结束各落后地区和集体农庄农业无人过问的状态,保证集体农庄的经济得到迅速的发展和巩固,用经济利益的措施保证农业的发展。要提高肉类、奶类、羊毛、马铃薯、蔬菜的收购价格。增加用高价收购的数量,纠正对待集体农民个人副业的不正确态度;大大降低个人副业的义务交售标准,减少农民家庭的现金税。另外,还要提高农业机械化和电气化的水平,增加矿质肥料的生产。1953 年国家给农业的拨款增加到 520 亿卢布。

第三,要进一步扩大贸易,增加商品量。马林科夫强调:社会主义制度下的贸易,现在是,而且在今后几年通过收购和采购掌握 25 至 26 亿普特粮食。为此,赫鲁晓夫提出今后很长时间内仍然是社会主义社会成员中消费品分配的主要形式,他提出要增加消费品的生产,开辟供应市场商品的其他来源,要利用贸易机关在经济中的杠杆作用。

同时,他还提出要改善居民居住条件,改善医疗设施,扩大学校和儿童福利机关网等。这表明马林科夫要改变斯大林时期发展经济的传统方针,要调整重工业、轻工业和农业的比例关系,用增加投资、改变政策、发展贸易等办法迅速发展轻工业和农业,更快地提高人民的生活水平。

过了 1 个月,苏共中央召开九月会议,赫鲁晓夫在会上做了《关于进一步发展苏联农业的措施》的报告。报告中提出的任务与马林科夫的演说完全一样,就是在今后两三年内大大增加对全体居民的食品供应,同时保证把全体农民物质福利提高到更高水平。赫鲁晓夫对苏联农业状况的估计同马林科夫的估计也一致。但是,赫鲁晓夫在对待重工业、农业和轻工业的关系上与马林科夫的提法不同。他认为:"在现阶段,最迫切和最重要的国民经济任务是:在继续大力发展重工业的同时,求得农业所有部门的迅速高涨"。中央委员会根据赫鲁晓夫的报告通过了一项相应的决议。这次会议选举赫鲁晓夫为苏共中央第一书记。

此后,苏联部长会议和苏共中央根据马林科夫的演说和赫鲁晓夫的报告发布了一系列决议,人们看不出政府和党的领导人之间有何分歧。

1954 年 1 月 12 日,最高苏维埃主席团发布了举行最高苏维埃选举的命令。13 日,党的机关报《真理报》就此事发表了一篇社论,只提九月会议的决议,不提最高苏维埃第 5 次会议,而且强调党的中心工作是两个:一方面尽力使国家的经济基础——重工业得到发展并推向前进,一方面要在两三年内迅速提高农业各部门,大量供应居民的食品和工业品。接着,在 1 月 21 日纪念列宁逝世 30 周年的大会上,中央书记处书记波斯别洛夫做报告时开始着重强调发展重工业的必要性。

1 月 22 日,即波斯别洛夫发表演说的第 2 天,赫鲁晓夫给苏共中央主席团写了一封《解决粮食问题的途径》的信。赫鲁晓夫在信中指责马林科夫在党的十九大宣布粮食问题已经解决,这是不完全符合国内粮食供应的实际情况的。他认为,目前国家的任务是:设法急剧增加粮食产量,使国家在今后几年通过收购和采购掌握 25 至 26 亿普特粮食。为此,赫鲁晓夫提出今后几年内在哈萨克斯坦、西伯利亚、伏尔加河流域以及北高加索的一部分地区开垦熟荒地和生荒地。他通过计算认为,这种办法无须大量投资便可大大提高粮食产量,不用削减重工业投资又可在短期内得到大量廉价粮食,似乎是一个两全俱美的办法。

2月11日,以苏联共产党中央委员会名义发表的告全体选民书,其中明确强调:重工业一向是而且仍然是我们和平时期发展经济的基础,是国防力量的基础。这项政策迅速得到军方的支持。2月23日,华西列夫斯基在其纪念建军节的文章中再次阐述了斯大林工业化、农业集体化政策对于加强红军力量、对于打败法西斯的重要意义。他提出,国家要一方面加强国防,一方面提高人民生活水平。

同日,苏共中央全会开会,赫鲁晓夫作了《关于进一步扩大苏联的谷物生产和开垦生荒地和熟荒地的报告》。会上对赫鲁晓夫的垦荒计划进行激烈争论,最后通过了一项相应决议。

主席团和中央委员会的大多数成员之所以赞成垦荒计划,是从这一计划能继续保证优先发展重工业这一愿望出发的。当时西方国家正积极武装西德,接收西德加入北约组织,国际形势一时紧张起来。在斯大林领导的30年中,苏联国内已经形成一种传统观念,人们把优先发展重工业看成社会主义建设的金科玉律。谁要是对此怀疑很容易会被认为是企图削弱社会主义的经济基础,危害国防,站在右倾机会主义立场上。在3月6日到13日这一周里,主席团成员在各个选民区的选民大会上发表演说,大多数成员竞相强调发展重工业的意义。以致马林科夫也不得不说:"我们目前拥有强大的重工业,我们今后还要不断地发展重工业,把它当作保证整个国民经济不断增加和发展的基础,当作苏联国防的可靠堡垒"。

1954年6月24日赫鲁晓夫主持召开苏共中央全会,通过了关于春播总结、作物田间管理、收获准备和保证完成1954年农产品采购计划的决议。决议对苏联农业发展提出尖锐批评:"苏联国营农场部和苏联农业部在组织开垦生荒地和熟荒地的工作中存在着严重的缺点。如在选派领导干部和专家方面显得行动很迟缓,新成立的国营谷物农场的建筑施工进度很慢,技术设备的供应不成套和不及时,没有及时在垦荒地区开展商业工作,使国营农场和机器拖拉机站的职工和专家们享受到应有的服务。汽车、拖拉机和农业机器制造都没有保证完成生产各种牌号的拖拉机和农业机器的任务。集体农庄庄员的劳动积极性、劳动纪律和劳动生产率等方面都存在严重问题。"会后,苏联领导人在排列次序上发生了变化,过去马林科夫总是排在第一位,现在是按姓的第一个字母的顺序排列了。这样一来,马林科夫在党中央主席团内成为平等的一员,已失去最高领导的地位。

1955年1月,苏共中央召开讨论增加畜牧生产品生产的全会。赫鲁晓夫在报告中指责说:"有些同志,因为看到近年来采取了一些增加人民消费品生产的措施,因而在我国重工业和轻工业发展速度问题上就糊涂了。这些可怜的理论家们错误地理解社会主义的基本经济规律并把它作了庸俗化的解释,他们企图引用这个规律来证明,到了社会主义建设的某一阶段,发展重工业好像不再是主要任务了,而轻工业则可以而且必须比其他一切部门优先发展。这是一种极端错误的、反马克思列宁主义的见解,这是与列宁敌对观点的复活,当年李可夫和布哈林一伙就曾宣传过这种观点"。这显然是对马林科夫的批评。

1955年2月3日,最高苏维埃会议开幕。会上赫鲁晓夫和马林科夫亲热地坐在一起,看不出两人之间有何龃龉。但在2月8日的会议上,联盟院主席沃尔科夫宣布联盟院和民族院联席会议主席收到苏联部长会议主席马林科夫请求解除部长会议主席的申请书。马林科夫承担了导致农业落后的责任,并且承认只有"继续尽力发展重工业……才能为一切必需消费品生产的真正高涨创造必要的条件"。同日,苏联最高苏维埃做出关于解除马林科夫苏联部长会议主席职务的决议,并于2月9日在《真理报》发表。

马林科夫失去部长会议主席的职务除了他的新纲领触动了多年的传统观念而不能得到主席团多数支持这一重要原因外,还因为贝利亚被揭露,接着清理"列宁格勒案件"的关系。马林科夫被控同造成这一案件有关。

莫洛托夫被解除外长职务

斯大林逝世后,莫洛托夫同贝利亚、布尔加宁、卡冈诺维奇被任命为部长会议第一副主席,在党中央主席团内名列第三,同时继续担任外交部长。执行马林科夫的和平外交政策,在重大的国际问题上采取了一系列步骤。1953年4月1日,莫洛托夫发表支持中、朝两国政府关于立即恢复朝鲜停战谈判建议的声明。4月25日,《真理报》微妙地转载了艾森豪威尔总统的一篇演说,其中道:"现在全世界都知道,随着斯大林去世,一个时代已经结束了"。5月20日,苏联部长会议决定撤销对德管制委员会,设立高级专员职务。5月30日,莫洛托夫向土耳其大使宣布:"亚美尼亚和格鲁吉亚政府认为,可以放弃对土耳其的领土要求"。7月15日莫洛托夫答复以色列外长夏特里,同意恢复自2月9日以来中断的外交关系。

8月8日,马林科夫在最高苏维埃会议上发表的施政纲领演说中进一步说:"对苏联政府,对我们全体苏联人民来说,巩固和平和保证世界人民安全的事业不是一个外交手腕的问题。这是我们外交政策的总路线"。8月17日,苏联政府就德国问题向美、英、法三国发出照会,提出召开和平会议讨论对德和约;建议组织全德临时政府,举行全德自由选举,减轻德国由于战争后果而担负的财政与经济义务;同时提出了一个对德和约草案。8月20日到22日,马林科夫同民主德国总理格罗提渥举行会谈。苏联政府决定,从1954年1月1日起停止收取德意志民主共和国赔偿费,把苏联在德国的企业移交民主德国,减少驻扎在德国的苏军军费等。

1954年元旦,马林科夫答美国记者问时指出:"在1954年内国际紧张局势的缓和,是存在着有利条件的"。苏联政府要促进国际紧张局势的缓和,并建立正常的国际关系。1月25日到3月5日,莫洛托夫参加了在柏林举行的苏、美、英、法四国外长会议。他代表苏联政府提出召开包括中国在内的五大国外长会议,召开世界普遍裁军会议,让东西德代表参加讨论德国问题,签署对德和约草案和保证欧洲安全第一系列建议。由于西方坚持要重新武装西德,把西德纳入北大西洋条约组织,四国外长会议仅达成在4月召开讨论朝鲜和印度支那和平的日内瓦会议的协议。4月21~27日,苏联举行第4届最高苏维埃第1次会议,马林科夫继续被任命为部长会议主席,莫洛托夫继任部长会议第一副主席兼外交部长。4月26日,莫洛托夫率领苏联代表团参加日内瓦会议,是日内瓦会议两主席之一。在日内瓦会议期间,他进行了频繁的外交活动,同与会各国外交部长多次会谈,提出许多建议。

这些事实证明,直到1954年夏天,苏联政府的外交大权一直掌握在马林科夫和莫洛托夫手中。莫洛托夫为实现新的外交路线承担了繁重的外交任务。

可是,在9月下旬发生了一件令人注目的事情。苏联共产党中央委员会第一书记赫鲁晓夫以最高苏维埃主席团委员会的身份率领苏联政府代表团到北京参加中华人民共和国成立5周年庆祝活动。代表团成员包括部长会议第一副主席布尔加宁、部长会议副主席米高扬、全苏工会理事会主席什维尔尼克、苏联文化部长亚历山大德罗夫、《真理报》总编辑谢皮洛夫、莫斯科市委书记福尔采娃等。苏联代表团同中国领导人进行了较长时间的谈判。10月20日,中苏发表会谈公报,两国政府发表关于中苏关系和国际形势各项问题的联合宣言、关于对日本关系的联合宣言、关于苏军从旅顺口海军基地撤退并将基地交由中国完全支配的联合公报、关于将各股份公司中的苏联股份移交中国的联合公报、关于联合修建兰州—乌鲁木齐—阿拉木图铁路的公报、关于修建从集宁到乌兰巴托铁路的联合公报。苏联代表团执行这么重大的外交任务,代表团并不是部长会议主席马林科夫率领,而且外长莫洛托夫也被排除在外,西方驻莫斯科的外交使节们纷纷猜测其中的奥妙。

在1955年2月举行的最高苏维埃会议上解除了马林科夫部长会议主席的职务,莫洛托夫仍然做了关于国际形势和苏联外交政策的报告。会议还通过一项专门决议对他的报告表示赞同。

斯大林逝世后,苏联领导就着手恢复1948年搞坏了的苏联同南斯拉夫之间的关系。1953年4月,铁托就苏联外交政策评论说:"我认为,他们战后的国际政策已把他们推到一个死胡同里了,他们只要考虑到世界爱好和平的力量在不断增长,就能够从死胡同里找到一条出路……如果有一天他们承认对我们国家犯过错误的话,我们南斯拉夫人将感到满意,甚至非常高兴。我们在等待他们。"5月,苏联同南斯拉夫恢复外交关系。1955年2月,莫洛托夫在关于苏联外交政策的报告中指出,在苏南关系方面最近取得一些成就。他又说:"我们并不认为在这方面已经大功告成,但是,我们相信在这方面也要看南斯拉夫的态度。在最近几年里,南斯拉夫显然在某种程度上离开了它在第二次世界大战后头几年里所走的道路。"3月7日,铁托在南斯拉夫国民议会上批评了莫洛托夫的讲话。他说:"去年年底以前,东欧国家停止了反南斯拉夫的宣传……但奇怪的是几乎在所有这些国家都发生了这样的事情,即在正常化问题上,人们在各种会议上在党员和老百姓面前尽力把我们描绘成据说依然是他们指控我们的那种情况,不过我们总算在某种程度上已经认识了自己的错误,并且正在努力纠正自己的错误。莫洛托夫在最高苏维埃会议的报告中提到南斯拉夫时的说法,在某种程度上与上述说法是相符的。这是企图在他们人民面前把事实真相掩盖起来,这是又一次对我们的损害。"苏联报告先是不加评论地报道了铁托的讲话,几天后才发表了一个温和的评论,而且把莫洛托夫上述言论引了出来,这对莫洛托夫来说又是一个不祥之兆。5月13日,苏南就两国最高级代表团会晤达成协议。苏联方面的代表团成员为:最高苏维埃主席团委员、苏联共产党中央委员会第一书记赫鲁晓夫(团长);苏联部长会议主席布尔加宁;部长会议第一副主席米高扬;苏联最高苏维埃民族院外交委员会主席、《真理报》主编谢皮洛夫;外交部第一副部长葛罗米柯和苏联外贸部长库米金。外交部长莫洛托夫又被排除在外。南斯拉夫代表团成员是:共和国总统铁托;联邦执行委员会副主席卡德尔、兰科维奇和富克曼诺维奇—泰波;外交部长波波维奇和外交部副部长书·米丘诺维奇等。

苏南会谈于5月底和6月初在南斯拉夫举行。5月26日,赫鲁晓夫来到贝尔格莱德机场后发表谈话,表示决心要消除被破坏了的苏南关系。6月2日,双方发表《贝尔格莱德宣言》。宣言规定在相互尊重主权、独立、领土完整、平等和互不干涉内政的基础上发展合作关系。同时宣布:"发展社会主义的基本形式不同是各国人民自身的事"。南斯拉夫的社会主义道路得到承认。长达7年之久的苏联和南斯拉夫之间的冲突暂告结束。

1955年5月14日,在维也纳签订对奥和约的莫洛托夫表示接受英国首相艾登关于召开四国首脑会议的原则。苏、美、英、法四国首脑战后的第一次会议决定在7月18日至21日在日内瓦举行。苏联方面的代表团长是布尔加宁,赫鲁晓夫又以最高苏维埃主席团委员的身份参加代表团,布尔加宁几乎是挂名团长,莫洛托夫参加了日内瓦会议,只是作为外长和其他三国外长一起为首脑会议做程序性的准备。四国首脑会议讨论了4个问题:德国问题、欧洲安全问题、裁军问题和发展东西方接触问题。结果一个问题也没达成协议。但这次会议对赫鲁晓夫来说,却开始了他同大国首脑之间的直接接触和对话,为以后的个人外交打下了基础。因此,他一直念念不忘"日内瓦精神"。

9月9日到13日,根据苏联政府倡议,苏联和德意志联邦政府代表团在莫斯科举行会谈。联邦德国总理阿登纳后来回忆说:"赫鲁晓夫的十足的权力野心和领袖欲已引起了我的注意,他是苏联的一位真正拥有实力的人物。"赫鲁晓夫为了表示自己是左右会谈的主角,他甚至把部长会议主席布尔加宁抛在一边,向阿登纳保证在建交签字后1个月内提前释放9626名德国战俘。苏联和德意志联邦共和国建立了外交关系。

赫鲁晓夫抓住莫洛托夫在2月18日外交报告中的一句话大做文章。莫洛托夫谈到社会主义阵营各国处在不同的发展水平上,指出"同已经建立了社会主义社会基础的苏联一道,还有朝着社会主义采取了只是初步的然而十分重要步骤的各人民民主国家"。赫鲁晓夫认为莫洛托夫把已建成社会主义的苏联说成"建立了社会主义社会的基础",同苏联的一贯提法有矛盾,是严重的政治错误。莫洛托夫不得不在9月16日给《共产党人》杂志的编辑部写信承认自己的说法"在理论上是错误的,在政治上是有害的"。10月8日,《共产党人》杂志发表社论批判莫洛托夫的观点。

1956年6月1日,南斯拉夫总统铁托出发到莫斯科访问。在铁托夫妇到达莫斯科之前,苏联塔斯社宣布:苏联最高苏维埃主席团批准了苏联部长会议第一副主席莫洛托夫呈请辞去苏联外交部长职务的请求。德·特·谢皮洛夫被任命为新外长。

莫洛托夫终于丢掉外交部长的职务。这是继贝利亚垮台、马林科夫辞职之后,赫鲁晓夫在取得最高领导权的道路上又一胜利。

赫鲁晓夫上台

1956年2月14日~25日召开了苏共第二十次代表大会。在这次代表大会上,赫鲁晓夫成为最活跃的中心人物。赫鲁晓夫致开幕词,赫鲁晓夫作中央委员会的总结报告,在2月25日夜间的秘密会议上赫鲁晓夫向全体代表做了批判斯大林的《关于个人崇拜及其后果》的报告。在代表大会闭幕后召开的第一次中央委员会上选出了布尔加宁、伏罗希洛夫、卡冈诺维奇、基里钦科、马林科夫、米高扬、莫洛托夫、别尔乌辛、萨布罗夫、苏斯洛夫、赫鲁晓夫等11人为中央主席团委员;朱可夫、勃列日涅夫、穆希金诺夫、谢皮洛夫、福尔采娃、什维尔尼克等 6 人为候补委员；赫鲁晓夫继续当选为苏共中央第一书记。

赫鲁晓夫

对斯大林的批判在东欧引起的反响尤为强烈。3 月 29 日，匈牙利首先宣布 1949 年与其他领导人一起被控犯叛国罪的原外长拉伊克·拉斯洛恢复名誉。4 月 6 日，1951 年被捕的瓦·哥穆尔卡和其他波兰共产党人恢复名誉并恢复自由。6 月 28 日，波兰的一个工业城市波兹南发生了罢工和骚乱。10 万工人走上街头。

几乎在波兹南事件的同时，发生了匈牙利事件。匈牙利事件由于国内外反革命的插手，大大超过了波兰事件的规模和范围。

1956 年 12 月召开的中央全会上，通过了编制第 6 个五年计划的方针和关于改进国民经济领导的决议。会议强调了国民经济领导工作的民主集中制原则。为此决定，一方面要大力改进计划工作，加强国民经济委员会在制订计划工作中的作用，另一方面则要扩大加盟共和国的权限。会议还决定，暂时减少对重工业的投资，要增加住房建筑、提高生活水平和改善饮食方面的投资。这次会议的决议表明，马林科夫、莫洛托夫等在中央的影响加强了，布尔加宁至少同他们采取了一致的立场。在同年 11 月底，莫洛托夫被任命为国家监察部长。

在这种形势下，赫鲁晓夫极力扭转危局。他从谴责斯大林转向肯定斯大林。宣称他"是在斯大林领导下成长起来的"。从 1956 年 12 月开始，赫鲁晓夫借 1956 年农业丰收，亲自一个地区一个地区去颁发勋章和奖章。他把这一行动作为政治上巩固自己地位的重要手段。因为农业是他领导的。此外，他把已经开始的改进国民经济领导工作抓到自己手中。在 1957 年 2 月，赫鲁晓夫提出了按地区管理国民经济的原则。中央全会根据赫鲁晓夫的原则通过一项决议，委托苏共中央主席团和部长会议拟定具体的建议。3 月底，发表了赫鲁晓夫提出的供最高苏维埃审查的提纲，交全民讨论。5 月 7 日，赫鲁晓夫亲自向最高苏维埃会议做了报告。苏维埃通过了相应的法律。根据这项法律，全国划分 105 个经济行政区。每个经济行政区设立一个国民经济委员会管理本区所属工业和建筑业。由于工业和建筑业下放给地方管理，因而相应地撤销了部长会议所属的 28 个专业部委。通过这次改组不仅中央大部分部被撤销了，而且把原来的"苏联部长会议国民经济长期计划委员会"和原来的"苏联部长会议国民经济年度计划委员会"合并改组为"苏联部长会议国家计划委员会"。这个机关只对各经济委员会提出建议,而无权进行行政领导。部长会议被架空了,工业的实际领导权通过各加盟共和国党中央和地方党委完全落在赫鲁晓夫手中。

5月22日,赫鲁晓夫在列宁格勒市召开的俄罗斯联邦西北地区各州各自治共和国农业工作者会议上讲话时提出:在按人口平均计算的肉类、牛奶和黄油的产量方面赶上美国。1956年苏联农业大丰收,但肉类按人平均产量美国还相当于苏联的3.5倍。赫鲁晓夫要在三四年内实现这一口号。这个口号事前未经中央讨论。赫鲁晓夫置中央委员会于不顾,完全由他一人随意发号施令。这就发生了主席团的大多数成员联合起来,企图解除赫鲁晓夫第一书记职务的事件。

这次从6月18日到29日的事件,分为两个阶段。头一阶段是在主席团内展开。主席团在克里姆林宫举行了3天会议,这期间任何与会者均未离开过克里姆林宫主席团所在地。围绕着要不要解除赫鲁晓夫第一书记职务的问题进行了激烈的争论。站在反对赫鲁晓夫立场上的有马林科夫、莫洛托夫、卡冈诺维奇、布尔加宁、萨布罗夫、别尔乌辛和伏罗希洛夫;站在赫鲁晓夫一边的有苏斯洛夫、基里钦科和米高扬。但是,赫鲁晓夫坚持,主席团无权选举和解除中央委员会第一书记职务,要求召开中央委员会,他尽量拖延时间,争取中央委员会的援助。先是在莫斯科的20名中央委员闻讯赶到克里姆林宫要求参加主席团会议,接着支持赫鲁晓夫的国防部长朱可夫和内务部长谢罗夫动用军用飞机把大批在各地的中央委员运到莫斯科,在83名中央委员的书面要求下,6月22~29日召开了中央委员会。在中央委员会上绝大多数发言者谴责主席团的多数派,支持赫鲁晓夫,最后会议通过把马林科夫、卡冈诺维奇和莫洛托夫定为反党集团并开除出主席团和中央委员会的决定。全会还解除谢皮诺夫苏共中央书记的职务并撤销他的中央主席团候补委员和中央委员的职务。此后不久,解除了他们4人在政府的职务。

赫鲁晓夫对布尔加宁、萨布罗夫、别尔乌辛和伏罗希洛夫采取了区别对待的策略。布尔加宁和伏罗希洛夫仍保留在主席团,别尔乌辛降为主席团候补委员,萨布罗夫保留中央委员资格。他们在政府和最高苏维埃的职务暂时未变。到1958年3月的最高苏维埃会议上,赫鲁晓夫取代布尔加宁兼任部长会议主席,集党政大权于一身。斯大林逝世后,苏联党的领导层之所以经历了5年之久的夺权斗争,最后出现了赫鲁晓夫一人掌权的局面,是苏联当时政治和经济制度的产物。

赫鲁晓夫反对个人崇拜

20世纪30年代以来,苏联的政治生活长期处于不正常的状态,其主要表现就是个人崇拜的盛行。斯大林集党政军大权于一身,放弃集体领导,实行个人专断,社会主义民主与法制遭到严重破坏,人民群众的社会主义积极性和创造性受到极大压制。官僚主义、教条主义盛行。揭露和批判个人崇拜是斯大林逝世后的苏共领导所面临的首要任务,也是进行政治、经济改革的前提条件。1953 年 6 月 10 日《真理报》发表文章,对个人崇拜进行了批评和谴责,指出个人崇拜是反马克思主义的。1953 年的苏共中央七月全会对个人崇拜所带来的恶果进行了揭露。此后苏联出现批判个人崇拜的文章越来越多。但直到苏共二十大以前,反对个人崇拜尚未同斯大林直接联系起来,斯大林仍然是正面形象。1956 年苏共二十大的最后一天夜晚,赫鲁晓夫作"秘密报告",列举大量事实,揭露斯大林的种种错误,并进行了激烈的抨击。二十大后,赫鲁晓夫的报告在国内进行了逐级传达,引起极大反响。苏联掀起了批判斯大林的第一次高潮。1956 年 3 月 28 日《真理报》编辑部发表文章,题为《为什么个人崇拜是违反马克思列宁主义精神的?》,对个人崇拜进行了批判。同年 6 月 30 日,苏共中央发表的《关于克服个人崇拜及其后果》的决议,历数了斯大林的错误,并对产生个人崇拜的原因和历史条件进行了一些分析。接着哲学、政治经济学、历史学、文学、艺术、军事、教育等领域展开了对个人崇拜的批判。但是,由于运动发展过急,出现了一些消极后果。赫鲁晓夫曾暂时改变了对斯大林的评价,并对运动中某些错误倾向进行了批评和纠正。但在 1961 年的苏共二十二大上,赫鲁晓夫再次掀起了批判斯大林的高潮。大会还通过决议将斯大林的灵柩从列宁墓中迁出。二十二大后,在社会科学各领域中进一步开展清除个人崇拜的影响的运动。以斯大林命名的城市、街道、广场、农庄、工厂改变了名称,全国到处都在拆毁斯大林的纪念像和纪念碑,为斯大林辩解的人受到批判,运动达到了顶点。反对个人崇拜的运动有助于苏联广大干部、党员和人民群众摆脱个人迷信的禁锢,充分发挥社会主义建设的积极性和创造性,冲破教条主义的束缚,改变思想僵化的状态,活跃理论的研究和探讨,为苏联进行政治经济的改革提供了思想条件,并推动着改革的深入发展。但是这个运动也存在不足和错误:①批判的方式方法不对。苏共领导虽然认识到克服斯大林个人崇拜的必要性,但对斯大林一生的功与过缺乏公正的、全面的评价,没有肯定斯大林应有的地位。赫鲁晓夫作为斯大林时期的重要领导人之一,对过去的错误缺乏应有的自我批评,拒绝承担任何责任。对斯大林这样一个具有世界影响的历史人物的评价,赫鲁晓夫却采用了突然袭击的方式,从而带来了不必要的社会动荡。②没有找到个人崇拜产生的真正根源以及解决的途径和方法。赫鲁晓夫对个人崇拜的批判过分地强调斯大林的个人作风和品德,而对产生个人崇拜的体制问题缺乏分析,从而使反对个人崇拜的运动实际上成了反对斯大林本人的运动。这种批判的不彻底性以及未能从根本上铲除个人崇拜的原因和条件,导致个人崇拜会在权力集中的基础上重新出现。事实上,赫鲁晓夫在其执政后期已相当程度上重演了个人崇拜。

赫鲁晓夫恢复和加强集体领导

斯大林时期,党政领导权力过于集中,导致了党政不分、以党代政、官僚主义严重等弊端。斯大林逝世后,苏共领导人对个人崇拜进行了批判,重新恢复了集体领导。他们在理论上强调集体领导是党和国家领导的最高原则,在实践中也采取了一些加强集体领导的措施:①党政最高职务分开。斯大林逝世后,赫鲁晓夫担任苏共中央第一书记,负责党内事务,而部长会议主席在 1958 年 3 月之前先后由马林科夫、布尔加宁担任;②苏共中央主席团(政治局)实行集体领导。斯大林逝世后,苏共中央主席团进行改组,成员有 10 人。主席团定期举行会议,一切重大问题由集体讨论决定,主席团难以解决的问题,则提交中央全会讨论决定;③定期召开党代表大会和党中央全会。1952 年的党章规定,党代表大会每四年召开一次,党中央全会每六个月召开一次。党章的规定在实践中得到了比较好的贯彻。在赫鲁晓夫执政期间(1953~1964 年),共召开了 3 次党代表大会,34 次中央全会。苏共采取各种措施恢复和加强集体领导,具有重大的积极意义。它有利于克服党政不分、以党代政等现象,防止个人专权带来的滥用职权、破坏法制等恶果。但是,由于苏共领导对这些问题缺乏真正明确的认识,理论上没能加以很好地论证,实践中也未能形成严格的制度,影响了这一原则的彻底贯彻。随着党内斗争的激化以及反对派的纷纷垮台,赫鲁晓夫的地位越来越上升,权力也越来越集中。到 1958 年 3 月,赫鲁晓夫以苏共中央书记的身份兼任部长会议主席,重新集党政大权于一身。实行了几年的集体领导渐渐名存实亡。

平反运动

斯大林时期,由于肃反扩大化、内务机关权力过大等原因,造成许多冤假错案。斯大林逝世后,平反冤假错案,恢复和加强社会主义法制就成为苏共新领导的当务之急。

1953 年 4 月 4 日,苏联内务部发表通告,宣布"医生案件"是前国家保安机关的工作人员捏造的,决定释放 15 名在押的有关人员,恢复其名誉。随后,"明格列尔案件"也得到平反、战后因"克里米亚案件"被捕的莫洛托夫的夫人也得到释放和恢复名誉。贝利亚垮台后,苏联开始了大规模的平反活动,苏共中央首先对1949年发生的"列宁格勒案件"平反,并宣布这起案件是野心家为陷害列宁格勒的干部捏造出来的,并为沃兹涅辛斯基、库兹涅佐夫、罗吉昂诺夫等人恢复了名誉。1954年,苏共中央成立了一个以波斯别洛夫为主席的调查委员会,专门从事恢复名誉的工作。到二十大前夕,苏联最高军事法庭已给7679人恢复了名誉。实际得到平反昭雪的达几万人。

二十大后,苏共中央为30年代受害者图哈切夫斯基、布勃诺夫等恢复了名誉,还成立李可夫、布哈林等人的专案复查组,准备给他们平反,恢复名誉。苏共中央授权州委会有权恢复那些由任何一级组织开除出党的人的党籍。最高苏维埃的一个特别委员会还派出代表到各劳改所进行清查,有权就地恢复囚犯的名誉。到1957年止,西伯利亚三分之二的劳改营被取消,90%以上的政治犯被释放回家。文艺界以往进行的错误批判也普遍得到纠正。20世纪50年代的平反运动是赫鲁晓夫政治改革的重要内容之一,它纠正了过去破坏法制的严重错误,对恢复和加强法制起了积极作用。运动存在不足之处是:①平反工作不彻底,没有对李可夫、布哈林等人进行彻底平反;②平反面过宽。20世纪50年代,苏联进行三次大赦活动,结果释放了不少不应释放的刑事犯,为社会带来了某些危害。

整顿和改组国家安全机关

赫鲁晓夫时期为改变国家安全机关凌驾于党和国家之上的状况、加强法制而采取的措施。在斯大林时期,苏联的国家安全机关一度畸形的发展。它拥有特殊的地位和权力,不受党和国家机关的监督,可以任意逮捕党政领导干部,包揽从逮捕、侦查、审判到执行的整个司法过程,运用"特别程序"、依靠刑讯逼供来处理案件,造成许多冤假错案。国家安全机关凌驾于党和国家之上,是导致斯大林时期严重破坏社会主义法制的重要原因之一。因此,斯大林去世后,赫鲁晓夫对国家安全机关进行了整顿和改组。主要措施有:

①更换干部。首先是在1953年6月逮捕了长期担任安全机关首脑的内务部长贝利亚,并随后将他处决,同时还惩办了其他一些对斯大林时期大规模镇压负有重大罪责的原内务部和国家安全部高级干部。与此同时,对国家安全机关的干部从上到下进行彻底的更新,从各级党团组织中选拔新干部。国家安全机关的机构和人员编制,也相应进行了缩减。

②取消其特权。斯大林时期,苏联内务部设有"特别会议",这是一个以内务

部长为首的机构,可以把公、检、法三方面的职权集中起来行使。当时还规定,对国事罪案件的侦查和审理采用"特别程序",即可以不按正常的诉讼程序审理案件。这些为制造冤假错案创造了条件。1953年9月1日和1956年4月19日,苏联最高苏维埃主席团分别颁布法令,撤销内务部"特别会议"和对国事罪侦查和审理的"特别程序",规定对这些案件的侦查和审理应当遵守刑事诉讼法典规定的正常程序,只能由法院根据法定的程序才能对真正的犯罪分子判处刑罚。

③改组机构,降低地位。贝利亚垮台后,苏联重新把内务部一分为二,于1954年3月成立国家安全委员会,即"克格勃"。分开后的内务部,变成一个只是维护社会治安的机构,权力大大缩小。1956年秋,各边疆区和州的内务部直属局和民警局,被改组为统一的边疆区和州苏维埃执委会内务局,由内务部和当地苏维埃双重领导,加强了党政机关对内务系统的监督。1960年又撤销联盟内务部,将其职权转交给各加盟共和国内务部。1962年8月之后,加盟共和国内务部改名为"社会治安部",边疆区和州的内务局改名为"社会治安局"。新成立的"国家安全委员会"也必须接受党和国家的领导和监督,其地位和职权已经大大低于过去的苏联内务部。国家安全委员会主席的级别也比不上过去的内务部长。赫鲁晓夫通过以上措施,改变了国家安全机关凌驾于党和国家之上的状况,基本上克服了苏联政治体制中的一个重大弊病,对健全社会主义法制、发扬社会主义民主起了积极作用。

勃列日涅夫的"缓和"战略

勃列日涅夫执政初期,基本上延续赫鲁晓夫的外交政策,执行赫氏的"和平共处"战略。勃列日涅夫上台之后,曾多次讲过要坚持"和平共处"的外交路线。但到60年代末70年代初,随着苏联实力地位的不断提高以及国际形势的变化,他逐渐提出了自己的对美国和西方的战略,即"缓和"战略。

1969年3月,勃列日涅夫在华沙条约组织布达佩斯会议上,为摆脱侵捷事件给苏外交带来的困境,第一次提出实现"欧洲缓和"的详尽设想和主张。勃认为"缓和政策是运用于今后15年左右时期的一项策略性的政策转变",建议建立包括华约组织和北约组织在内的"欧洲集体安全体系"。同年6月,勃列日涅夫又在莫斯科各国共产党会议上提出"亚洲集体安全体系"的设想。1971年召开的苏共第二十四次代表大会上,勃列日涅夫提出"争取和平和国际合作"的六点"和平纲领",其核心就是"缓和"。他明确表示要改善同西方的关系,同美国进行"友好"的"对话"与谈判,并宣布要把"缓和摆在巩固和加强苏联'和平共处'外交的首位"。这一纲领的主要内容是:不使用武力和不以武力相威胁来解决国际争端;承认欧洲边界现状的不可改变;召开欧安会并建立欧洲集体安全体系;停止军备竞赛,缔结裁军协定;建立起新型的国际互利合作关系。他宣称,要把"缓和"放在70年代苏联外交政策的首位。至此,勃列日涅夫确立了他的"缓和"战略。

勃列日涅夫的"缓和"战略和赫鲁晓夫的"和平共处"战略不同。赫鲁晓夫"和平共处"战略的目的,是在苏联实力远不及美国的情况下,在意识到核战争中没有胜利者的情况下,强调东西方两种不同社会制度的国家和平共处,通过和平竞赛,努力发展本国经济和提高人民生活水平,充分发挥各自社会制度的优越性,最终解决谁战胜谁的问题。同时,在国际事务中,争取和美国平起平坐,由美苏合作,共同主宰世界。勃列日涅夫的缓和战略则企图通过缓和,避免与美国发生直接对抗,维护苏联的安全与全球利益,并积极发展苏联的经济军事实力,为将来的美苏对抗做准备。同时,通过缓和,促成美苏对话,削弱和限制对方的力量,扩大和西方的经济交往,吸收西方先进的科学技术和资金,分化美国的盟国,防止中国与西方接近,推进世界革命。1973年勃列日涅夫在布拉格召开的东欧各国领导人秘密会议上阐述了他的"缓和"战略,指出"缓和"的目的是"使苏联赢得时间来加强我们的军事和经济实力,以便在1985年以前使力量对比发生决定的变化,从而使我们能够在任何需要实现我们意愿的地方实现我们的意愿"。这就清楚地暴露了勃列日涅夫"缓和"战略的目的与实质。

勃列日涅夫的农业改革

勃列日涅夫时期在改革农业管理体制和发展农业方面也采取了一系列措施,并于1969年制定了新的《集体农庄示范章程》。其主要措施是:(1)改进农产品收购制度,提高收购价格。从1965年起,国家实行"固定收购,超售奖励"的办法。收购计划一定5年不变,超计划交售加价50%。同时,大范围地提高收购价格。1965~1979年,共提价7次,价格指数提高60%以上。

(2)对庄员实行有保障的劳动报酬制度。即参照当地国营农场的劳动定额和工资标准,先由集体农庄每月向庄员支付一定货币报酬,并在产品收获期发实物报酬,年终最后结算。1980年,庄员的劳动报酬比1965年提高1.3倍。

(3)支持发展个人副业。如为此发放银行贷款,减少税收,放宽私有牲畜头数,扩大拥有宅旁园地的居民范围,放松农庄市场价格等。

(4)推行农业集约化方针。其主要措施是,大量增加农业投资,用以解决农业机械化、化学化、电气化、水利化和土壤改良等。同时,注意建设农产品商品基地,加强农业技术人才的培养和农业科学技术的推广。1965~1982年,农业投资总额达4708亿卢布,比1950~1963年提高7倍,每年对农业的投资占国民经济投资总额的27%左右。

(5)进行农工综合体试验。这是一种跨单位的企业或联合公民主要经营建筑、建材生产、农畜产品生产及加工、社会服务业等。它有利于农业资金、人才和技术的集中使用。

上述措施取得了一定效果,特别是在初期,农业发展很快。1966~1970年的农业总产值年增长率达4.2%,较1961~1965年提高1.9%。1976~1980年间,谷物年均产量达20500万吨,较1961~1965年增加57%。1978年产量最高时达23700万吨。1981年,苏联的小麦、甜菜、土豆、牛奶等产量已居世界第一位,棉花、肉、蛋的产量居第二位,谷物产量居第三位。但是,苏联农业落后问题也未根本解决。它的农业底子较薄,自然条件较差,改革步子不大,国家统得仍然过多,"吃大锅饭"问题仍然存在,加上经营管理不善等诸多因素的影响,进入70年代,农业增长率也不断滑坡,农业产量经常大幅度波动。1971~1975年,农业总产值增长率仅为0.8%,1976~1980年为1.9%,1982年为1%。而且,在农业人均产量和农业劳动生产率方面,也远低于西方发达国家。

苏联经济军事实力的增强

由于勃列日涅夫初则承继赫鲁晓夫的"和平共处"战略,继而推行"缓和"战略,对内实行"新经济体制",对外扩展和西方的贸易,引进西方先进的技术设备和资金,如苏联同西方国家的贸易额由1970年的46亿卢布增至1980年的316亿卢布,所获西方国家的贷款数额由1964~1970年的38亿美元增至1979~1981年的300多亿美元,1978~1980年从西方进口的设备和技术的总价值超过350亿美元,同时大力扩充军备,发展军事力量,使苏联的经济军事实力不断增长。同美国相比,1965年苏联国民收入只占美国国民收入的59%。到1978年,苏联国民收入占美国国民收入的67%;同一时期苏联的工业总产值从相当于美国的62%上升到80%左右,雄居世界第二。1965年到1981年,苏联国民经济固定生产基金增长2.42倍;社会生产总值增长1.46倍;国民收入增长1.44倍,平均每年递增6.1%,超过西方所有国家,在西方所有发达国家中仅次于日本;工业产值增长1.7倍,苏联的工业产量占世界总产量的1/5;农业年均产值,"十·五"期间较"七·五"期间增长

50%多。苏美之间的经济实力的差距开始缩小。苏联很多种主要工业品,如电力、原油、天然气、煤钢等产量超过了美国,而且在世界上亦遥遥领先。苏联的经济实力尚不能和美国并驾齐驱,苏联与美国仍有一定差距。然而,苏联作为社会主义国家,其高度集中的计划经济体制和中央集权使得苏可能在一定时期内集中一切人力物力以更快速度优先发展军事工业。和其前任不同,勃列日涅夫特别注意军事实力、军事科技的发展。他认为,强大的军备和核威慑力量是大国外交的前提。因此,勃列日涅夫在发展国内经济实力的同时,全力发展军事工业,特别是发展战略核武器和远洋海军。他把85%以上的工业投资用于发展军事工业。勃列日涅夫当政18年,苏联的军费逐年增加。1975年以前,苏联军强开支年增长率为8%,几乎高于同期美国的一倍,到1978年,苏联军事费开支已达世界首位,高于美国的20%。到1981年苏联军费开支为1550亿卢布,而1965年仅有326亿卢布,前后增长3.75倍,占全国财政支出的1/3。军事实力的迅猛增长,逐步改变了军事实力的对比。60年代初,美苏实力对比,苏还处于劣势。但是到60年代末,苏联从战略力量的劣势发展成为苏美战略力量的均势。1962年古巴导弹危机前夕,美国拥有200多枚洲际导弹和1000多架能对苏联进行核打击的战略轰炸机,当时苏联的洲际导弹据估计仅40枚,战略轰炸力量也十分薄弱。然而,到了1967年,苏联已拥有洲际导弹570枚,1968年增至850余枚,1969年达1060枚,终于赶上了美国。整个70年代,苏美力量对比更是向有利于苏联的方向发展变化。

到70年代中后期,苏联在洲际导弹、潜射导弹、武装部队总数、坦克、战舰等方面大大超过了美国。在常规军事力量中,70年代末苏联的火炮是美国的4倍,装甲运输车是美国的2.5倍。苏联经济军事实力的增强为其乘美国收缩之机对外扩张提供了基本条件。

安德罗波夫和契尔年科时期的苏联

1982年11月10日,勃列日涅夫病逝,终年76岁。11月12日,苏共中央全会选举安德罗波夫继任党中央总书记,兼苏联国防会议主席。1983年6月,安德罗波夫当选苏联最高苏维埃主席团主席。

安德罗波夫上台时68岁,带病工作、执政仅14个月。但他在理论上有新提法,在实践上有新措施。还在勃列日涅夫病重由他主持苏共中央日常工作期间,1982年4月他就将勃列日涅夫提出的"发达社会主义建成论"开始改为"起点论"。他提出,苏联社会"正处在发达社会主义漫长的历史阶段的起点上。这一历史阶段本身也将分为若干发展时期和阶段"。1983年2月,他撰文重申了这一论点。

他执政期间的主要措施是:(1)整顿劳动纪律,打击违法乱纪行为。1983年内,仅中央部长和州委第一书记中因严重官僚主义和违法乱纪而被撤职的就有70多人。(2)推进经济体制改革。如进一步减少下达企业的计划指标,扩大企业自主权;在集体农庄和国营农场广泛推行集体承包制等。1983年,苏联在各方面稍有起色。

1984年2月9日,安德罗波夫病逝。2月13日,苏共中央全会选举契尔年科继任党中央总书记。4月11日,他当选最高苏维埃主席团主席。契尔年科强调遵循安德罗波夫时期的理论和政策。但他执政时间更短,仅13个月即病逝,终年74岁。

从1982年11月到1985年3月两年多时间里,苏联三位年迈的最高领导人相继病故,这在苏联和全世界都引起注目。

波兰"十月的春天"

1956年10月,众望所归的哥穆尔卡,在群众的欢呼声中重返政坛,这是波兰当代史上重大的转折点。波兰史学家称"波兹南事件"为"灼热的夏天",而把"十月事件"称之为"十月的波兰春天"。1956年10月19日至21日,在华沙召开了具有划时代意义的八中全会。早在全会召开之前,党中央就做出决定,让哥穆尔卡出席八中全会。为此,第一书记奥哈布、国务委员会主席萨瓦茨基和总理西伦凯维兹曾前往哥穆尔卡的休养地,请他重新回到党的领导岗位上来。对此,哥穆尔卡提出下列几项条件:1、承认他在1948~1951年间的立场是正确的;2、取消农业合作化运动;3、维护波兰的民族权益;4、选举产生他信得过的党中央政治局;5、把国防部长、波裔苏联元帅罗科索夫斯基从党中央政治局中排除出去。奥哈布等人同意了他的要求。10月12日,哥穆尔卡开始参加八中全会的准备会议——政治局会议。10月17日,广播电台、报纸公开报道了这一消息。

10月19日,八中全会正式开幕。除哥穆尔卡外,他的患难与共的战友和同事克利什科、洛加一索文斯基和斯彼哈尔斯基也作为中央委员会出席了会议。当时的形势较前更趋紧张。知识分子(特别是大学生)和部分工人都认为只有施加社会压力才能实现社会生活的民主化。华沙街头议论纷纷、一片混乱,到处试图组织示威游行。

波兰出现的紧张局势,引起了苏联的严重不安。苏共中央唯恐哥穆尔卡重返领导岗位后,可能像纳吉在匈牙利那样,脱离华沙条约组织。10月19日早晨,以第一书记赫鲁晓夫为首的苏联共产党代表团抵达华沙,以施加压力来阻止哥穆尔卡的复出。由于苏共代表团是"不请自来",因而华沙机场不准飞机降落。飞机在机场上空盘旋了1小时后称油已耗完,波方才允其降落。波党全会暂时休会,奥哈布和哥穆尔卡等前往机场迎接,在机场,双方进行了唇枪舌剑的交锋。赫鲁晓夫蛮横地大声申斥:"我们为这个国家流了血,而有人却企图把它出卖给美国人和犹太复国主义者,这绝对办不到!"哥穆尔卡反击说:"我们比你们流了更多的血,我们并没有出卖给任何人。"赫鲁晓夫明知故问地怒指哥穆尔卡问道:"他是谁?"哥穆尔卡回敬说:"我就是被你们关进监牢3年多的哥穆尔卡!"赫鲁晓夫质问奥哈布:"他来这里干什么?"奥哈布答:"他来这里,是因为我们决定选他为第一书记。"在从机场前往市区的途中,双方争论不休。赫鲁晓夫不顾兄弟党关系准则和应有的礼仪,竟要求直接前往八中全会所在地参加波党八中全会,这一无理要求遭到哥穆尔卡等人理所当然的拒绝,哥穆尔卡命令司机把汽车开往国宾馆——贝尔凡德尔宫。波党中央政治局经选举委派第一书记候选人哥穆尔卡和奥哈布等组成代表团同苏共代表团进行会谈。当天下午,全会继续开会。奥哈布宣称:"过去几个小时内我们政治局同苏共代表团在诚挚的气氛中进行了会谈,涉及的是关于我们两国、两党最主要的关系问题和波兰局势的发展问题,这是苏联同志深深不安的问题。"19日夜,会谈继续进行,赫鲁晓夫指责波兰领导人"盲目地仿效南斯拉夫",哥穆尔卡回答说:"我们并未仿效任何人,我们在走我们波兰自己的道路。"

在谈到与苏联及社会主义国家关系时,哥穆尔卡说,这种关系应该建立在国际工人团结、相互信任和权利平等的基础上,相互帮助、相互友好地批评基础上,……这样才能解决所有争端。在这种相互关系中,每一个国家应拥有充分的独立和自主,独立管理自己国家的权利应该得到完全的相互尊重。我曾说过,过去应该是这样,现在必须这样。遗憾的是在过去,在我们同我们的伟大的友好邻邦——苏联的关系中却常常不是这样。

会谈进行中,苏联坦克已开到华沙城下,罗科索夫斯基解释说,"驻波苏军在比得哥熙和罗兹方向进行演习。"哥穆尔卡当场宣布"在大炮瞄准华沙的情况下,我们不会谈判,如果苏军不撤走,会谈将停止。"他宣称如苏军不解除包围,他将立即通过广播电台向全国人民呼吁。与此同时,华沙的群众在双方会谈的地点贝尔凡德尔宫外,也在举行集会和示威游行,以支持和声援哥穆尔卡及其波兰代表团。苏联代表团也从罗科索夫斯基那里得知,波兰军队不会听命于他,因此苏方只好放弃动用武力的企图,由苏方科涅夫元帅下令苏军回到原驻地。最后,双方终于达成协议,发表了一个简短的公报:波兰统一工人党代表团于近期内前往莫斯科。翌日凌

10 月 20 日,哥穆尔卡在会上做了长达 6 个半小时的纲领性报告,就波兰统一工人党当时的政治和经济任务全面系统地阐述他的基本立场和观点。他认为波兹南事件的根本原因应"在党的领导中间去寻找";他严厉批判了苏联模式的弊病及其恶果;他提出了调整工业结构、改善企业管理和工人自治问题以及超产奖励问题。在谈到波苏关系时,他说,实现社会主义"这个目标的道路可以是不同的,而且也的确是不同的",社会主义"党和国家之间的关系应当以互相信任和权利平等,互相援助"为原则,"每个国家应当有完全的独立";他认为"党的生活要民主化"。

八中全会根据哥穆尔卡讲话的精神通过了《关于党在目前的政治和经济任务的决议》。10 月 21 日,会议选举产生了波党新的政治局,哥穆尔卡被一致推选为党的第一书记,他的患难与共的战友洛加—索文斯基则当选为政治局委员,另两位战友克利什科和斯彼哈尔斯基当选为中央委员。罗科索夫斯基、明兹等人被排出政治局。由于这一变化符合波兰人民的愿望和利益,因而这一段时间被波兰史学家称之为"十月的波兰春天"。从此人民波兰开始了新的一页。

"拉科西主义"的荼毒

匈牙利"十月事件"爆发前,已近临界点的社会危机和政治危机就像达摩克利斯之剑悬在匈牙利共产党总书记拉科西·马加什的头上。以他的名字命名的"拉科西主义"在当时的匈牙利人看来是一个践踏法制、倒行逆施、不顾人民疾苦的代名词。尽管匈牙利解放前夕他在霍尔蒂法西斯的监狱里待了 16 年,然而,监牢的苦役并未能使他将心比心,体味人民的疾苦。对于一个国家的领导人来说,识别和觉察人民的疾苦,不仅是道义责任,而且首先是政治责任。列宁就是这样一位根据人民的意愿及时调整政策,做出有利于人民的决策的颇具前瞻性眼光的政治家。政治家是否与人民一起流泪,这并不十分重要,重要的是,他是否能在政策中体现人民的疾苦。丘吉尔在不列颠之战时,肯定不会像普通英国民众一样忍饥挨饿、钻简易防空洞,但他忠实地代表了民众的利益,重要的是,在那个关键的时刻,他领导国家与法西斯侵略势力进行了殊死的斗争。

拉科西却不是这样。监狱的体验或许只增加他的冷漠无情和对普通人要求的无动于衷。作为斯大林主义在匈牙利的忠实执行者,也不折不扣地按照后来看来是遗患无穷的"斯大林模式"在匈牙利依葫芦画瓢。工业方面,片面强调发展重工业,生产资料的优先增长被夸大到过分的地步,而满足人民需要的消费品生产却没有提高。与高速度的工业化一样,农业也试图通过加速合作化的办法解决低产问题,然而在匈牙利人民看来,这都不过是梦想而已。实践证明,被高压手段强制加入合作社的农民收入远远低于单干户。拉科西时代农业政策的特点是不断用征购、征税以及不合理的价格压榨农民——就像斯大林时期的农业全盘集体化政策一样。叫苦不迭的农民纷纷逃离土地,到 1953 年为止,全国耕地总面积的三分之一无人耕种,大片大片土地抛荒,而城市居民的许多基本食品和日用品则凭票供应,商店门前排起了长队。多瑙河边辛勤耕耘而被政府夺走了种子的农民,布达佩斯钢铁厂内一度为苏联工业化榜样激励的工人,那些伤痕累累的抵抗战士,怀里揣着党证的普通党员,心里都在问:"事情是怎么了?"日子越过越差,收入越来越少,信仰开始动摇,而报纸上充斥着连篇累牍的工农业增产的喜报。人民感觉似乎受了骗。

在斯大林最好的"学生"拉科西看来,无数的工人、农民、干部只是通向共产主义的巨大输送带上的"齿轮"而已,人民群众只是崇高目标的渺小注脚而已。他肯定忘了,共产主义的目的是为了人积极、全面、健康的发展,而"每个人的自由发展是一切人自由发展的条件"。

不知拉科西后来被发配到苏联的一个集体农庄时对此是否有切实的体会?

"拉科西主义"在国际共产主义运动中则是盲目地服从苏联,成为斯大林"老子党"的应声虫,并不惜颠倒是非,炮制谎言。在"布达佩斯审判案"中,这一点表现得尤其明显。

1949 年 6 月,匈牙利人民共和国外交部长、匈牙利劳动人民党政治局委员拉伊克·伊斯洛因受控叛国罪而被捕。控告他的罪状有三:拉伊克及其同伙是美国情报机关的代理人;是南斯拉夫的间谍和霍尔蒂警察局的特务;企图在匈牙利举行武装暴动。任何对拉伊克的底细有所了解的人都认为这是谎言。作为西班牙内战中国际纵队的优秀指挥员,作为纳粹集中营中坚韧不屈的战士和匈牙利国内地下党的主要负责人,这个身材颀长、蒙古脸型、眼睛闪闪发光的人的品质是无可挑剔的。和纳吉一样,他的朴实作风——这一点,与像拉科西那样从莫斯科回来带着共产国际尚方宝剑的人不同——使他在知识分子,尤其是青年知识分子中深孚众望。对拉科西的错误做法,他经常采取沉默的方式表示其与众不同的态度。平庸的拉科西忌妒拉伊克的威望、经历和立场。这段时间内,莫斯科与南斯拉夫吵翻了,仅仅因为铁托和他领导下的南斯拉夫共产党不愿受莫斯科的颐指气使,希望采取独立自主的立场和方针,探索一条符合其本国国情的建设社会主义的道路。对斯大林来说,这是不能容忍的"犯规"和"异端"。在 1949 年"共产党和工人情报局"——在当时,这是共产主义阵营的象征——的会议上,铁托被宣布为"帝国主义情报机关的间谍",南斯拉夫被斯大林踢出了共产主义阵营之外。会议还耸人听闻地通过了关于南斯拉夫的报告:《南斯拉夫在杀人凶手和间谍手中!》。随之而来的是在东欧各国共产党内纷纷清洗所谓的"铁托分子"。

在拉科西看来,身为外交部长的拉伊克是匈牙利的铁托,他又是匈南友好协会主席,理所当然是"铁托分子"了。1949 年 6 月 17 日,对拉伊克的审判在布达佩斯的一个大会堂内进行。在把无数罪名扣在拉伊克头上的同时,又顺手牵羊地指控南斯拉夫领导人,说他们所有的人都是被盖世太保、法国情报署或英美间谍机关收买的间谍和代理人。颇令人吃惊的是,所有的被告对指控的罪行都供认不讳。拉伊克站在扩音器面前,脸色苍白,毫无表情,嘴里不停地念着捏造出来的供状。他把自己描绘成一个法西斯霍尔蒂政权的雇佣者,盖世太保的仆从,抵抗运动的奸细——然而,一切都与事实相反。在纳粹集中营中也不低头的拉伊克为什么会顺从地承认加在自己头上的罪行呢? 原来,是拉科西的情报机关从苏联那里学来的一套起了作用。先是成年累月地拷问,用几星期不让他睡觉的办法来消耗他的意志,折磨他的神经,并往他体内注入麻醉剂或其他药物,然后变换手法,保安部的军官对已被打成残废、精神上受到摧残的囚犯说:"党了解,你们是无辜的。党请你们理解国际局势的严重性。你们必须承担你们的罪行。你们必须公开承认你们是铁托的特务,然后你们将被判处死刑。你们当然不会真的被处决……"这样的诱供手段是苏联情报机关屡试不爽的灵方,肃反期间的布哈林、季诺维也夫等不少苏共领导人均因此低头认罪,最后人头落地。对拉伊克的生命保证当然是谎言,被告们于审讯后次日被绞死,尸体扔进了生石灰堆中。

这就是臭名昭著的"布达佩斯审判案",铁托在事后不久说:"'布达佩斯案'是历史上罕见的最骇人听闻的事件……类似的审判案有过,类似的欺骗方法也有过,但是,像这次审判那样不道德和粗暴,则是前所未有的……"

拉科西从拉伊克案件中找出这样一种恒等式,凡是解放前在国内生活和斗争的工人运动领导人和成员,必定是霍尔蒂政治警察的密探;凡是在资本主义国家兄弟党中,如西班牙国内战争中战斗过的,则一定是帝国主义国际间谍组织的奸细。

当时,匈牙利的拘留营里则关满了那些破坏社会主义事业的"可恶之徒":从合作社地里偷了 20 公斤玉米的老农民,在当地书记印象中不好的小伙子,杀了一头还未达到规定重量的猪的饥饿者,以及许多对"拉科西主义"持不满意见的人。全国各拘留营里关押的犯人有 15 万之多,以各种莫须有的罪名逮捕的人至少占全体居民的 1.5%。总之,在匈牙利,"拉科西主义"给人民这样一个印象:党永远是正确的,她是"集体的智慧",她不会犯错误,如果有失误的话,人们必须沉默。民主和法制、最基本的公民自由权利都遭到蔑视和践踏。然而匈牙利人民是热爱自由的人民,这从他们对裴多菲塑像的景仰之情可见一斑,裴多菲在100多年前就给了他们《自由与爱情》的著名诗篇,他们有义务接过这烫人的自由火炬。

匈牙利面临着一场严重的信任危机。大多数人已失去了对党、政府的信任,他们在解放初期获得的喜悦感和对未来的憧憬已逐渐消失,潜在的、巨大的怨恨情绪在酝酿、增长与扩散。人们想知道,是谁策划、制造出那么多的冤假错案。

纳吉的沉与浮

1953年3月5日,约瑟夫·斯大林去世。苏联和东欧各国开始了所谓的"解冻过程"。苏共中央的调子有些变化,开始清算个人崇拜的错误。拉科西也不得不在后面跟着,做一些政策上的修补。在匈牙利共产党1953年6月全会上,开始提出拉科西集团的错误问题,但并未涉及问题的实质,倒是代替他部长会议主席职务的纳吉做的政府工作报告引起了众人的注意。纳吉在1949年由于反对拉科西强制超速推行农业集体化的政策受到批判,并被贬到大学里当教授。在贬谪期间,他进一步研究重大的理论问题,丝毫未放弃他认为是正确的观点。在这次全会上,他以拉科西的对立面出现,提出的政策颇得人心,尤其是颇得农民的好感。他主张放慢工业化速度,尤其是重工业的发展速度,调整农业、轻工业、重工业的比例;减轻农民交售农产品和税收的负担;并切实保证贯彻自愿参加合作社的原则;提高劳动人民的生活水平。同时,他还提出恢复社会主义法制,对冤假错案进行平反。但是,大权在握的拉科西只是拉出几个替罪羊敷衍一下。他把保安部的头目关进了黑牢,这只是半遮半掩的搪塞之举,而对受拉伊克案件牵连的近20万党员以及与原社会民主党人有关的案件则迟迟不予处理。他毕竟还是一个不错的政治演员,有一次,他当着政治局全体委员的面,把内务部官员和法官们叫去,训斥说:"你们为什么未能及时发现这些错误? 世俗的刀剑竟然对准工人阶级中的受害者!""世俗的刀剑"——匈牙利人民可想象不出它是个什么东西,只有贼喊捉贼的拉科西心里清楚。他甚至一本正经地做出一副对冤假错案一无所知的样子,吃惊地问一位刚出狱的干部:"你有这样的问题,为什么不早来告诉我?"——搞得像真的一样。

不久,纳吉和拉科西的矛盾也公开暴露出来。全国各大报纸刊登文章,表示一致支持纳吉的改革方案,谴责和声讨拉科西的错误。但是,国际形势又发生了变化,苏联与东欧社会主义国家于1955年5月在华沙正式签订了合作与互助的军事条约(即通称《华沙条约》),以抗衡西方对共产主义阵营的"新月形包围"。苏联的国内政策重新回到优先发展工业和军事工业为中心的轨道上来。拉科西又重新得势,精神抖擞地从苏联返回。他指责纳吉是修正主义路线的主要代表人,把以往攻击拉伊克等人的滥调又搬出来,并在 1955 年 4 月份的中央全会上通过决议,将纳吉开除出政治局和中央委员会,撤销其党内一切职务,随后又免去了纳吉部长会议主席的职务。莫斯科那些不久前还命令纳吉进行改革的人如今又把他放在一边,开始打拉科西这张牌了。

人民为纳吉叫屈。在由大学生、年轻的知识分子、作家和艺术家组成的"裴多菲俱乐部"里,著名哲学家捷尔吉·卢卡奇和作家蒂波尔·德里发表讲话,揭发党的现任领导的缺点,各文学报刊也发表了严厉批判拉科西政权罪行的文章,党内反对派的力量日益强大。独裁者失去了理智,又打算像过去那样进行镇压。

形势又变了。在 1956 年 1 月 24 日至 25 日的一夜之间,莫斯科克里姆林宫内的会议大厅里发生了一件使全世界共产党人改变思想的事件,这就是赫鲁晓夫所做的著名的秘密报告。在苏共"二十大"上的这篇报告里,斯大林是位"没有教养的""血腥的暴君"。赫鲁晓夫大揭大批斯大林的错误,开动了改革苏联政治、经济体制的马达。国际关系领域内,赫鲁晓夫又提出了"和平共处""和平过渡""和平竞赛"的"三和路线",与美国的关系有所缓和,与南斯拉夫的关系也不断升温,还为铁托恢复了名誉。

拉科西这回撑不过去了。莫斯科打算把他给打发下台。在匈牙利共产党政治局 1956 年 7 月会议上,拉科西正谈着纳吉组织反党和反人民民主的公开派系,谈到了裴多菲俱乐部。推门进来了苏共中央委员米高扬,米高扬插话:"请原谅,拉科西同志。您说裴多菲俱乐部是由人民公敌和反革命分子组成的……据我们所知,这些人在所有集会上都高呼党万岁并高唱国际歌。我还是第一次听说反革命分子会唱这支歌。"几分钟后,米高扬向拉科西逐字逐句传达了赫鲁晓夫的话:"鉴于拉科西同志这些非法措施,建议他辞去匈牙利的一切职务并离开这个国家。"就这样,拉科西被赶下了台。

但是,他为国家指定一位并不比他好多少的代理人埃尔诺·格罗作为他的继任者。格罗是拉科西的人,他制订的脱离实际的生产计划使不少匈牙利人在 10 年之间倾家荡产。上台后,他执行的是没有拉科西的"拉科西主义",坚持对纳吉的批判并继续弹着政治斗争的老调。这就给人民这样一个印象:靠"党"解决问题已无指望,群众造反是形势使然,正如布达佩斯人在表达无可奈何的感情时常说的:"新娘已到,好歹要和她睡觉。"

流血的布达佩斯

匈牙利"十月事件"的序幕是规模浩大的拉伊克葬礼。格罗再也无法顶下去了，而给拉伊克平反已不能满足人们的心愿，拉伊克的遗孀坚持要给在一个小树林里发现的拉伊克遗体举行国葬。1956 年 10 月 6 日——这是匈牙利的国耻日，1848 年的这一天，匈牙利革命的第一位首相鲍加尼·劳约什被奥匈帝国军队处死的日子——几十万面色铁青、由正义和人道所驱使的群众自发参加了拉伊克的葬礼。那些长眠地下的死者不仅牺牲了肉体，捐弃了荣誉和理想，而且还在无情地自我贬抑的心灵摧残中目睹玷污的信仰、失落的崇高和对原则的践踏，而这一切都是在拉科西"为了全人类的解放"旗帜下干的黑暗勾当。一想到这些，稍有良知的人都会禁不住怒火中烧。他们稍微回顾一下这些年来的苦日子，回忆一下这些年来沉浸在一种无可奈何的精神迷幻中，就会由苏醒到不安，由怨懑到愤怒，直至发展成骚动和反抗；而在此之前，他们不过被视为可以任意践踏的草芥和随意宰割的生灵。

如果说拉伊克的葬礼蕴聚了人们的愤怒情绪的话，那么 10 月 23 日的群众游行则是显示人民力量的誓师了。这一天，成千上万的布达佩斯大学生——他们是农民和工人的子女，是民族智慧的尖子——手挽着手上街游行，他们游行的目的在于表示声援两天前波兰民族的象征哥穆尔卡当选为党的第一书记。不少的行人纷纷加入游行队伍，高唱着科苏特进行曲和马赛曲，高呼"支持南斯拉夫和波兰！""苏军撤出匈牙利！""支持纳吉！""独立、自由！"有些横幅上干脆写着："俄国人，滚回俄国去！"下班的工人和职员也被游行队伍的热情驱走了疲劳，纷纷参加游行。在国会大厦前，人群翘首以待他们心目中的"匈牙利的哥穆尔卡""好人纳吉"出现。"伊姆雷·纳吉，出来讲话！"50 万民众对一位政治家的呼喊声震撼着周围的房屋，就像纳吉的思想深深震撼他们的心灵一样。

纳吉的一些政治主张是通过裴多菲俱乐部扩散到民间的。颇有意思的是，被内务部派往裴多菲俱乐部侦察的密探竟然接受了俱乐部的改良主义思想，因为，只要是明眼人就会看出，这位戴着夹鼻眼镜、有一副和善老农形象的人道出了他们的心声。纳吉在《伦理与道德》《国际关系中的五项原则》等文章中就人民民主制度和社会主义国与国之间的关系阐述了自己的见解。他认为以拉科西为首的匈牙利人民民主专政已蜕化为波罗巴主义，是个人独裁和暴力的结合，已失去了人民民主的特点；他还谈到了几十万人极大的失望心情，说他们起先对找到一种最终是道德高于一切的运动充满希望，然而他们的希望却被拉科西"满纸崇高理论"的教条主义大棒击得粉碎。因此,纳吉认为,恢复社会主义法制、彻底平反冤假错案和民主化都是势在必行之举。纳吉显然还看到匈牙利作为苏联卫星国附会苟安的状况,他主张社会主义国家之间的关系应当建立在和平共处五项基本原则上,必须遵循民族独立、主权、平等、领土完整和互不干涉的原则。他认为匈牙利是个小国,应当站在大国争霸的影子之外,寻求第三条道路——这就是苏军坦克碾过布达佩斯后,苏联指责的"罪恶的中立政策"。什么是第三条道路? 纳吉如此说:"不是别的,正是社会主义的匈牙利形式;换句话说,就是从社会主义建设的普遍的、基本点,因而是共同的规律出发,根据我国国情运用和进一步发展以其他道路和形式建设社会主义所取得的经验,并以新观点代替旧观点来丰富科学社会主义的同时,把马克思列宁主义运用于匈牙利的独特条件。"纳吉的思想在反对当时拉科西寡头统治的人民心中引起了强烈的共鸣。人民群众希望大街上不安分的苏军士兵回到苏联去,因为匈牙利是匈牙利人民的匈牙利。

作为一个经过无数次政治风浪的智者,纳吉现在虽然应人们的要求出现在国会大厦的阳台上,但他并不希望看到社会动荡,他只是说:"要有耐心,善良的人们! 回家去吧,党会把一切都安排就绪的。"人们对纳吉的表态不满意,广场上哨声四起,人们快快地离开了。

格罗很不是时机地把群众的激愤情绪点燃起来。他在晚上 8 点钟的广播中做了一番空洞无物的"安民告示"后,马上改变声调严厉警告说:"人民政敌今天的主要目的是埋葬工人阶级的政权。松懈我党和光荣的苏联党之间的关系。我们谴责那些滥用国家给予工人阶级的民主自由权利来制造民族主义示威的人们。……"对于格罗的信口胡诌和强硬口气,人们傻眼了。他们是进过霍尔蒂监狱、又蹲过拉科西牢房的老地下工作者;他们是省悟和悔恨的保安局军官;他们是吃着粗茶淡饭的工人;他们是仍然靠洋葱面包度日的农民;他们是一腔热血的工农子弟……而格罗竟然颠倒黑白,恶意中伤。人们被激怒了! 让他们恼火的不再是恶劣的行政管理和资物短缺,更多的是拉科西集团的政治罪恶。他们也不再是局限于游行示威了,愤怒的情绪必然连带着发泄性和破坏性的行动。工人们开来了装有盐酸瓶子和切焊机的卡车,把一根粗钢绳套在英雄广场上 25 米高的斯大林铜像上,把这个凌驾于匈牙利民族之上的异族象征弄倒了。

保安部队的开枪使形势更加复杂。保安部队作为拉科西专制的工具已声名狼藉,现在又开始玩火了。愤怒的群众用棍棒、石头、酒瓶与他们展开巷战。前来增援的一支陆军未多加考虑就把手中的武器交给了群众,因为他们了解保安部队的残暴,他们还与起义者一道与保安部队展开激战。事态越来越复杂,布达佩斯的警察局长科巴奇·山多尔和基里安兵营的毛勒泰尔·帕尔少校倒戈,打开仓库,把大批武器分发给起义者。布达佩斯真刀真枪地干起来了。

在此情况下,格罗等党政领导人手足无措。23 日深夜召开的中央紧急会议决定向驻扎在匈牙利的苏军求援。这一次,格罗算是让纳吉及其支持者洛松齐·盖佐、著名哲学家卢卡奇进了中央委员会。第二次,纳吉正式就任总理,但他也无法收拾乱摊子,仅仅是通过电台宣读了匈牙利劳动人民党中央的《告匈牙利人民书》,呼吁人们停止战斗,并保证对下午 2 时前停止抵抗的人不予追究。同时还宣布戒严令,请求苏军出面干涉。匈牙利事件让克里姆林宫吃惊不小。米高扬和苏斯洛夫乘装甲车抵达布达佩斯,把格罗从第一书记的职务上搞了下来,卡达尔·亚诺什取而代之。驻扎在匈牙利巴拉顿湖畔的苏军坦克部队马上在国防部、内务部以及保安部驻地前摆开了阵势,以求平定骚乱,但是人们的民族情绪却空前高涨,他们用汽油对付坦克或者把传单塞进坦克的射击孔,传单的开头是一条马克思语录:"压迫其他民族的民族是不能获得解放的。"

无政府状态呈蔓延之势,纳吉和米高扬在会谈。米高扬同意了匈牙利人最重要的要求——撤退苏联军队和匈牙利国家的民主化。米高扬热泪盈眶地与纳吉拥抱,"纳吉同志,凡是该救的都要拯救!"纳吉也充满希望地向众人介绍说:"两国的军队领导人不久将举行会晤,坦克将撤离布达佩斯,三个月之内,苏军将全部撤出匈牙利……"10 月 28 日,中央委员会经过长时间的争论后,把 23 日以来发生的事件称为革命性事件。在同一天晚上的广播讲话中,纳吉说革命的目的已经达到。他宣布解散已成为众矢之的的国家保安部队,将起义者编入国家武装部队,恢复治安基干队伍,新的武装力量的任务是阻止外来势力的入侵,无论他们是从西部边界还是从东部边界来都一样,因为在一般匈牙利人心中,匈牙利应该是中立的、不受外来影响的国家。

然而,悲剧就从这个时候开始了。纳吉的讲话给了那些希望讨回公道的起事者以心灵安慰,同时又使其他各种势力怀有在浑水中捞一把的想法。越来越多的人拿到了各式各样的武器装备,很难保证人人都遵守停火协定。实际上,尽管苏军坦克从布达佩斯街头消失,但是暴力事件却在猛增。根据纳吉政府的命令,监狱的大门被打开,释放了所有在押犯人,共 9962 名刑事犯和 3324 名政治犯,其中有不少拉科西专制制度的受害者,但还有大量的罪犯(包括战犯、强盗、扒手、流氓、党卫军分子、霍尔蒂军官、宪兵侦探)被释放出狱,不少人怀着不同的目的滥施私刑,大开杀戒。在这场革命的化妆舞会中,不少忠诚、正直的匈牙利人无辜地失去了性命。

纳吉作为一个理论家或是思想家比他在总理职位上或许更合适,在复杂的政治形势面前,纳吉没有——在错综复杂、党派林立、形形色色的人都拥有枪支的情况下，或许也没有可能——采取强有力的措施安定社会秩序。

此时的国际形势又发生突变。英法联军对苏伊士运河发动了进攻，莫斯科对可能发生的第三次世界大战做好了准备。苏伊士运河事件和苏联中欧驻军的虚弱——匈牙利的"内乱"迟迟未了——都有爆发世界大战的危险。从国际战略的大棋盘考虑，必须消除匈牙利这个隐患，必须在作为中东战局转盘的多瑙河地区采取措施。这样，苏军的坦克于11月1日重新开进了匈牙利。

根据不久前才签订的《华沙条约》的规定，任何军队必须在接到求援国的呼救后方可开进那一人民民主国家的领土。对于这一践踏华沙条约的行动，纳吉总理义正词严地向苏驻匈大使安德罗波夫提出强烈抗议。苏联人的行动太伤匈牙利人的心了，以至于纳吉当即宣布退出华沙条约组织并立即生效。部长会议于下午4时宣布匈牙利中立，并要求联合国给予干预，保卫匈牙利的独立——在苏联看来，这太出格，太离经叛道了，它不允许卫星国偏离自己的轨道之外。这样，苏军的坦克再次在布达佩斯耀武扬威，12年后，它又出现在布拉格大街上，不同的是，捷克人民并未武力抵抗，而是采取波希米亚人的作恶形式回击。纳吉在苏联受过扎实的教育和训练，清楚与苏联人打交道的路数，在此情况下，他只希望谋求妥协。弱小的匈牙利流的血太多了，纳吉不愿看到马扎尔人的后代成为威力无比的苏军坦克射击的目标，他拒绝下达进行武装抵抗的命令。他命令以国防部长帕尔为首的代表团去苏军司令部谈判，但旋被扣留——这完全是一种奥斯曼时代羁押人质的做法。匈牙利人自发地与苏军的坦克展开战斗，可以想象匈牙利青年是如何在约瑟夫·斯大林型坦克周围躲闪腾挪的。坦克后面跟着刚刚成立的匈牙利工农革命政府，已脱离了纳吉政府的卡达尔是工农革命政府的首脑，而在纳吉向安德罗波夫提出抗议之时，卡达尔激动地说，如果苏军返回布达佩斯，他将"走上大街，赤手空拳地与他们战斗"。

广播里重复着纳吉无望而又悲伤的宣告：

"我是部长会议主席伊姆雷·纳吉。苏联军队已于今天早晨开始进攻首都，公然企图推翻匈牙利的合法民主政府。我们的军队在战斗，政府依然存在。我向匈牙利人民和全世界报告这一情况。"

随后，纳吉便同联合政府的20多名成员离开国会大厦到南斯拉夫驻匈牙利大使馆避难，后又辗转到罗马尼亚。苏联支持下的匈牙利政府起先说对纳吉和他的朋友们的言行不追究法律责任，只是要他作"自我批评"，否定他的过去。纳吉在苏联待过15年，对他们出尔反尔的言行见得多了，他表示拒绝，最后，由克格勃和匈牙利保安部押送回国。

匈牙利人民在苏军坦克面前放下了给人以力量和安全感的武器，就像1848～

1849 年反对奥地利的解放战争一样,那时,他们在奥地利皇帝叫来帮助屠杀的沙皇俄国的骑兵部队面前,不得不低下高贵的头颅。

1957 年 1 月 6 日,匈牙利政府发表公报:"伊姆雷·纳吉及其政府的背叛,为匈牙利的法西斯反革命开辟了道路。"几天后,又给他加上"叛徒和西方帝国主义的走卒"的罪名。伊姆雷·纳吉被指控犯有叛国罪,策划旨在推翻匈牙利人民共和国合法制度的阴谋。

1958 年 6 月 15 日,法院"以工人阶级和全体劳动人民的名义"——实际上,匈牙利的工人和农民是热烈地拥戴着这位睿智的 61 岁老人的——判决纳吉等四人死刑。死刑于次日执行。

南斯拉夫社会自治制度

1974 年 2 月 21 日南斯拉夫联邦议会通过新宪法。宪法阐明了南斯拉夫社会主义自治制度的基本原则,命名南斯拉夫的联合劳动组织和自治利益共同体成为自治制度中的完整体系。新宪法把南斯拉夫各级议会由代议制改为代表团制,确认联邦议会是最高权力机关和政治决策中心。联邦议会由联邦院、共和国和自治省院组成,两院根据各自的权力进行活动。共和国和自治省议会均设三院:联合劳动院、区院和社会政治院。联邦主席团是国家的集体元首。主席团主席即共和国总统。联邦主席团由每个共和国和自治省议会各选出一名代表和南共联盟主席共9 人组成。联邦主席团成员任期 5 年,连选连任不得超过两届。主席团每年从自己的成员中按共和国和自治省间的轮换原则选举主席和副主席各一人。联邦执行委员会行使联邦政府的职能。执委会主席(即总理)和委员由联邦议会选举产生,任期 4 年,以连任两届为限。宪法强调,在南斯拉夫还存在三种所有制:社会所有制、个人所有制和私有制。根据新宪法,南斯拉夫在行政上实行四级管理。最低的一级是地方共同体,它按居民住宅划分;地方共同体之上是区一级,全国共有 400多个区;第三级是共和国和自治省一级,有 6 个共和国和 2 个自治省;最高一级是南斯拉夫联邦。宪法规定:除联邦宪法外,各共和国和自治省均制定自己的宪法。但不能与联邦宪法相抵触。1974 年宪法最终形成了社会主义自治的社会经济和政治关系体制。

代表团制是劳动者和公民按照自治原则行使政治权力和管理公共事务的一种民主形式。它不仅是改进政治代表的选举方式和工作方式的有力措施,而且是在自治民主的基础上实现政治权力社会化和决策社会化的制度。南斯拉夫为了改变政治代表制中代表与选民联系较差的状况，1974年宪法规定实行代表团制，即在基层议会代表和选民之间设有代表团。各单位（自治共同体）的选民选出代表团的成员，由他们组成代表团（通常为10~30人，每个单位至少有1人），然后酝酿出基层议会代表的候选人，由全体选民以无记名投票的方式选出议会代表，或由代表团从其成员中推选出议会代表。议会代表一般是固定的（斯洛文尼亚共和国除外）。代表团是常设机构。议会代表必须接受代表团和基层选举单位的监督，与选民保持密切联系。议会在开会前把议事日程和有关材料发给代表，代表则通过代表团征求各单位选民的意见，然后汇总带到会上。代表有义务在议会的会议上陈述多数选民的意见，并一般地根据这一意见确定自己的态度。但在听取了其他代表的不同意见并经过全面考虑后，他也可以独立地做出决定和进行表决，事后必须将表决情况和投票理由告诉代表团和选民。代表团成员的任期为4年，可连任一次，不脱产。代表团成员不称职可随时撤换。议会代表如被基层自治共同体取消了代表团成员资格，也就丧失了议会代表资格。南斯拉夫在基层自治组织也实行代表团制。代表团制使劳动人民直接参与决定社会事务的广度大大增加，使社会主义民主得到进一步深化。

联邦主席团是南斯拉夫的集体国家元首。1980年铁托总统逝世后，南斯拉夫不再选举总统，国家元首的职权完全由联邦主席团行使。联邦主席团的职权是：在国内外代表南斯拉夫社会主义联邦共和国；领导和指挥全国的武装力量，任免和晋升三军将领；下令实行总动员和局部动员；在联邦议会不能开会时宣布战争状态；根据南斯拉夫社盟协商的结果，向联邦议会提出联邦执行委员会主席的人选；接受外国使节的国书，任免驻外全权代表；颁布联邦法律；颁布联邦的勋章、奖章和授予荣誉称号；进行特赦；等等。联邦主席团在职权范围内，从确保各民族平等的原则出发，根据各共和国和自治省对联邦所负的责任，关心协调它们的共同利益。联邦主席团可以建议联邦议会修改宪法，就某些重大的内政或外交问题制定政策和通过法律。联邦主席团可以召集联邦执行委员会的会议，并把某些问题列入议程；有权要求联邦执行委员会为实施联邦议会制定的政策和法律而采取具体措施；有权决定暂缓实施联邦执行委员会制定的具有普遍政治意义的法规，并将问题提交联邦议会有关院处理；有权向联邦议会提出对联邦执行委员会的信任问题。联邦主席团决定问题时，采取多数通过的原则。一般问题的议案由全体成员的过半数通过，特别重大问题的议案由三分之二的多数通过。特别重大的问题包括：有关经济问题的临时措施，有关国防和安全问题的措施，有关修改宪法的问题，有关延缓制定法律或延缓实施联邦执行委员会通过的法规的问题，有关联邦执行委员会主席候选人的提名问题等。联邦主席团根据联邦宪法和法律行使职权，并对联邦宪法和法律负责。1974年宪法规定,联邦主席团由9名成员组成,即每个共和国和自治省各1名,加上南共联盟主席。从1989年5月起南共联盟主席不再担任联邦主席团的当然委员。联邦主席团委员由各共和国和自治省的议会选出,任期5年,可连任1次。联邦主席团选举主席1人和副主席1人,任期1年,按排定的顺序由各共和国和自治省选派的主席团成员轮流担任。联邦主席团设有国防委员会,国防委员会主席由联邦主席团主席担任。联邦主席团还设有:组织问题、提案和申诉、特赦、嘉奖等委员会,各委员会主席由联邦主席团的成员轮流担任。

南斯拉夫议会制度是南斯拉夫权力机关的设置及其职能的体系。南斯拉夫各级议会既是社会自治机构,又是国家最高权力机关。议会实行代表团制度,各级议会均根据代表团制的原则组成,由各基层组织和自治共同体的公民以无记名投票方式直接选出他们的代表团,再从代表团的成员中选出代表参加各级议会。社会政治组织(共盟、社盟、工会、青年团、老战士协会等)也按代表团制原则选出代表参加各级议会。议会向各级自治组织负责。代表团成员不脱产,其活动必须符合所在基层自治组织的方针和路线,受自治单位的监督和指导。参加议会的代表必须根据代表团集体的立场和意见行事。基层自治单位随时有权撤换代表团的个别成员或整个代表团。因此,代表团和议会代表始终同基层保持着直接的联系并代表基层的利益。南斯拉夫议会分为区议会、共和国和自治省议会、联邦议会三级。联邦议会设两院:联邦院、共和国和自治省院;联邦院由各区的自治组织,自治共同体和社会政治组织的代表组成,共和国和自治省院由各共和国和自治省议会选出的代表团组成。共和国议会和自治省议会均设3个院:联合劳动院、区院和社会政治院。区议会也设有3个院:联合劳动院、地方共同体院和社会政治院。各级议会的权利和义务都由法律明确规定。南斯拉夫议会制度的特点是:(1)废除了区议会、共和国议会、自治省议会之间的从属关系,实现了政治决策的非中央集权化。各级议会从国家管理机关日益变成社会自治机关。(2)明确规定国家的政治职能、执行职能和管理职能的范围,议会成为权力组织的统一机构。行政机关必须对议会负责,坚决执行议会制定的法律、法令和政策;议会有责任指导行政机关的工作,使其活动符合宪法;行政机关必须接受议会监督,定期向议会汇报工作。这种议会制度集中了十分广泛的权力,而不再是"橡皮图章"。(3)代表团制使得劳动人民可以通过基层组织的代表团和代表直接参加议会,议会与基层组织之间的联系更加密切了。

南斯拉夫联邦议会是联邦职权范围内的最高权力机关和社会自治机关。根据1974年宪法,联邦议会由联邦院及共和国和自治省院组成。联邦议会的职权包括:决定联邦宪法的修改;讨论和确定国内政策和对外政策;审议联邦法律、条例和一般文件;审议社会计划和联邦预算决算;决定国家边界的变更;决定战争与和平问题;批准国际条约;宣布联邦主席团的选举;选举并罢免联邦执行委员会主席和委员;选举和罢免宪法法院和联邦法院的院长和法官;任免联邦部长、检察长等官员;监督联邦执行委员会的工作;处理宪法规定的其他事务。联邦议会的权利和义务由两院按照宪法规定行使。两院在职权上有明确的分工,联邦院主要处理国内外重大的政治问题,共和国和自治省院主要处理经济方面的问题。联邦议会主席召集并主持议会两院联席会议,签署两院通过的法律、法令和决定。联邦议会设主席一人,副主席若干人,两院代表共 300 多名。议会两院分别设主席、副主席各 1 人。根据 1981 年的南斯拉夫宪法,议会和各院正副主席一年选举一次。联邦议会设有 6 个常设委员会,四个直属机构和四个联邦社会委员会。另外,联邦院设有 11 个直属委员会,共和国和自治省院设有 9 个直属委员会。

南斯拉夫联邦院是联邦议会下属两院之一,由各共和国和自治省的区议会选出的代表组成。根据 1974 年宪法第 285 条规定,联邦院的职权是:征得共和国和自治省议会同意后决定修改宪法;确定对内对外政策的基本原则;制定联邦法律(由共和国和自治省院制定的联邦法律除外)并进行解释;批准联邦的预算和决算;决定国界的变更;决定战争与和平问题;批准关于政治合作和军事合作的国际条约;确定联邦机关的组织原则和权限;审议各联邦机关的工作报告;实行大赦;处理联邦职权范围内不归共和国和自治省院处理的其他事务;等等。同时,联邦院还与共和国和自治省院平等地行使下列职权:选举和罢免联邦机关的领导人;批准需要由共和国和自治省通过新的法律或修改现行法律的国际条约;通过关于延长联邦议会代表任期的决定;宣布联邦主席团选举的结果;对南斯拉夫人民银行的工作实行政治监督并撤销其违法的决定。联邦院共有 220 名代表,其中每个共和国 30 名,每个自治省 20 名。联邦院的会议有过半数的代表出席即为有效。联邦院设主席、副主席各 1 人,任期 4 年,可连任 1 次;1981 年宪法修正案改为任期 1 年,不得连任;1988 年宪法修正案又将任期改为 4 年。联邦院下设 11 个直属委员会。

南斯拉夫共和国和自治省院是联邦议会所属两院之一,由各共和国和自治省议会选出的 8 个代表团共 88 人组成。根据 1974 年宪法第 286 条规定,共和国和自治省院的职权是:通过联邦的社会计划和南斯拉夫科学技术发展战略;制定关于财政、金融、信贷、贸易、对外经济关系、援助不发达地区以及其他有关经济问题的联邦法律和政策,并进行解释;确定每年联邦预算的收入总额和中期计划中的军费总额;设立联邦基金和决定联邦义务的分摊;批准经济方面的国际条约;通过关于临时措施的法律;在本身的职权范围内审议联邦执行和管理机关的工作报告;等等。上述权限必须先经过共和国和自治省议会审议和批准,然后由联邦议会最后表决才算获得通过。此外，共和国和自治省院还独立地行使下列职权：通过有关临时措施的法律；根据联邦主席团的建议，确定国防资金的来源和数额等；讨论联邦执委会和联邦管理机关的报告，监督和指导它们的工作，确定实施联邦法律的政策和义务；审查代表资格，决定本院代表的委任和豁免权问题。共和国和自治省院的会议必须有所有的代表团和全院多数代表的出席方才有效。各项法律和决议由 8 个代表团协商一致通过。共和国和自治省院设主席、副主席各 1 人，任期 4 年，可连任 1 次；1981 年宪法修正案改为任期 1 年，不得连任；1988 年宪法修正案又将任期改为 4 年。共和国和自治省院下设九个委员会。

南斯拉夫联邦执行委员会是联邦议会的执行机关，行使联邦政府的职能。它在联邦的职权范围内，就社会生活各个领域的状况，联邦议会制定的政策和法律的实施情况，指导和协调联邦各管理机关工作的情况，对联邦议会负责。根据 1974 年宪法，联邦执行委员会的职权有三个方面：第一，立法提案权。联邦执行委员会有权建议联邦议会制定对内对外政策，有权对其他机关和团体向联邦议会提出的法律草案发表意见。南斯拉夫社会计划草案和联邦预决算草案在提交联邦议会讨论和批准之前，先由联邦执行委员会审议和确定。第二，法律的实施权。1988 年宪法修正案规定，在执行领域不实行协商一致原则。联邦执行委员会关注联邦议会制定的政策和法律的实施，并可为贯彻执行政策和法律而独立地制定行政法规，发布行政命令和通过行政决议。联邦执行委员会的这些文件在南斯拉夫的社会政治生活和经济生活中起重要的调节作用。如果共和国和自治省的主管机关不执行联邦法律，联邦管理机关将提出警告，并把这一情况报告联邦执行委员会，共和国和自治省执行委员会和议会，如果提出警告后仍无改进，将追究该主管机关领导人的责任，同时联邦执行委员会将直接保证联邦法律的实施。第三，协调、指导和监督权。联邦执行委员会负责协调、指导和监督联邦各管理机关的工作，撤销它们发布的与联邦法律相抵触的文件，保证南斯拉夫政策法令的统一；联邦执行委员会还确定联邦管理机关内部组织的一般原则，设置各种专门机构和任免有关的人员。联邦执行委员会如果认为无法履行其职责，可以提出集体辞职，或要求联邦议会就对它的信任问题进行表决。联邦议会联邦院根据 10 名以上代表的提议，共和国和自治省院根据 1 个代表团的提议，也可以讨论和表决对联邦执行委员会的信任问题。1981 年宪法修正案规定，联邦执行委员会任期满两年后，要向联邦议会做全面的工作报告，议会两院根据报告对其工作做出评价，对联邦执行委员会主席和委员进行信任投票。联邦执行委员会主席的人选，由南斯拉夫社盟的干部政策协调委员会酝酿提名，经联邦主席团以三分之二的多数通过后，提交联邦议会由两院选出。联邦执行委员会的委员则根据联邦执行委员会主席的提名，并按照联邦议会的选举和任命委员会的意见,由联邦议会的两院选出。联邦执行委员会主席和委员的任期为 4 年,主席不得连任(1981 年以前可连任 1 次),委员可连任 1 次(1981年以前在特殊情况下可连任 2 次)。南斯拉夫实行自治制度后,联邦的权力不断下放,联邦管理机关大大精简,联邦执行委员会的机构也不断调整。1988 年 5 月,联邦执行委员会设 8 个联邦秘书处(相当于部)和 7 个联邦委员会。它们分别是:外交、国防、内务、财政、新闻、对外经济关系、立法和管理、经济以及农业、交通和邮电、科学技术发展、旅游、现役军人和残废军人问题、劳动、卫生和社会保障、经济体制改革。联邦执行委员会还设有各种工作机构、咨询机构、直属局署及联邦组织,如社会计划局、统计局、市场监督署、外汇监督署等。

"布拉格之春"

捷克斯洛伐克人民政权建立后,经济发展迅速。1948～1957 年间,国民经济总产值年平均增长率达到 15%。但是,高度集中的管理体制也带来了经济比例失调、企业缺乏自主权、不能充分发挥积极性等问题。

苏共二十大后,捷克斯洛伐克于 1958～1959 年进行了一些改革,主要是放松集中管理。中央管理机关的工作重心由日常事务性工作转到研究制定长期计划,减少国家下达的指令性计划指标,缩小统一调拨的范围。另一方面是扩大企业自主权。企业可以自行安排生产,独立进行经济核算,可以通过利润提成建立自己的财务基金。

60 年代初,国家经济出现困难。农业虽于 1960 年完成了社会主义改造,并实现了合作化,但产量长期徘徊不前,1966 年才达到战前 1936 年的水平。工业生产出现指标冒进、比例失调、增长速度减慢等问题。党中央第一书记、共和国总统诺沃提尼认为,这些问题的形成源于改革的不当。他废除了改革措施,把国家经济管理体制重新恢复到改革前的老样子。可是,经济状况并未因此而好转。改革的呼声再度兴起。

1963 年成立了全国性的改革委员会,由经济学家和国家管理干部组成,负责人是奥塔·希克。1964 年 1 月,报刊发表了改革委员会制定的改革方案。经过讨论,1965 年捷共中央通过了《关于改进国民经济计划管理工作的主要指示》,1966年又公布了《关于加速实施新管理体制的原则》。这次改革比 50 年代的改革前进了一步。它宣布,计划不再是物资分配的计划,而应适应市场的需要。其次,改革企业组织结构,把 384 个生产经济单位按专业合并为 90 个。每个新单位都是完全独立的生产经济组织。第三,改革价格体系,由单一的国家固定价格改为固定价格、限制价格和自由价格三种。先改批发价格,再改零售价格。第四,改革工资制度。工资由企业定。取消对个人收入和单位工资总额的限制。

诺沃提尼原来同意进行改革。1964年赫鲁晓夫下台后,他担心改革会使他重蹈苏共领导人的覆辙,便改变态度,阻挠、限制改革,引起人民的不满。1967年4月,作家第四次代表大会召开。许多作家在会上对现行的政治经济体制进行了尖锐的批评,要求政治民主和新闻出版自由。诺沃提尼采取高压手段,把一些有名的作家开除出党,禁止他们发表文章,同时解散了作家协会。诺沃提尼的倒行逆施激起人民的愤怒。政治斗争日趋激化。

党内的反对派极力想把诺沃提尼撤换下来,他们提出党政职务分开的建议。1967年12月,捷共召开中央全会,多数委员同意免除诺沃提尼的第一书记职务,但由谁接替,各派意见不一。中央全会决定暂时休会。诺沃提尼眼看自己地位不保,便向莫斯科求援。勃列日涅夫亲自飞往布拉格。他看到诺沃提尼已成众矢之的,便向捷共领导人表示,"苏联不干涉你们的内政"。1968年1月,捷共中央举行全会。经过各派协商,杜布切克当选为第一书记。

亚历山大·杜布切克于1921年生于斯洛伐克。1939年加入共产党,1963年当选为捷共中央主席团委员,并担任斯洛伐克党第一书记。杜布切克上台后,竭力把改革派人物扶上领导机构。诺沃提尼不服,企图利用军队中的亲信搞政变,但因得不到军队多数的支持而未能成功。事情败露后,诺沃提尼于1968年3月21日辞去行政职务。斯沃博达接任总统。改革派人物切尔尼克任政府总理,希克任副总理。党政军内的保守派人物则纷纷辞职。

1968年4月,捷共中央召开全会,通过了《行动纲领》,宣布"将进行试验","创立一个新的、适合捷克斯洛伐克情况的、具有人道面貌的社会主义模式"。纲领认为,党的领导作用是毋庸置疑的,但党的目标"并不是要使自己成为社会万能的管理者"。党的"路线不能通过发布命令来贯彻,而只能通过党员的工作和自己的理想所具有的说服力来贯彻","今后再也不允许用党的机构代替国家机构、经济领导机构和社会组织"。纲领提出要发扬社会主义民主,保证集会、结社、迁徙、言论和新闻自由,取消书报检查制度。在国家政治体制方面,纲领认为,"一个党或几个政党的联合,都不能垄断社会主义的国家权力。人民的一切政治团体必须直接参加国家权力机构"。主张以民族阵线为基础,实行社会主义的多元化政治体制。在经济方面,纲领主张扩大企业自主权,建立工人委员会,实行民主管理企业。工人委员会有权指定经理、决定企业的利润分配和社会福利等重大问题。充分发挥市场作用,取消国家对外贸的垄断权。在民族问题上,纲领主张建立捷克和斯洛伐克两个民族的联邦制国家。在对外政策方面,主张在进一步发展同苏联的"联盟和合作"的同时,发展同一切国家的互利关系。4月行动纲领把经济和政治体制改革结合起来,是50年代中期以来捷政府所有改革方案中最激进的纲领。它受到广大人民的欢迎。各界群众举行各种集会讨论国家生活中的各方面问题,出现了"布拉格之春"的活泼局面。

苏联对捷克斯洛伐克发生的变化不满,认为它是反苏的,越出了社会主义民主范围。1968年5月3日,苏联邀请杜布切克到莫斯科会谈,要他改变政策,但被拒绝。5月17日,苏国防部长格列奇科访捷,提出要在捷举行华沙条约国军事演习,以此对捷施加压力。

苏联的行为引起捷人民的愤慨和不安。6月27日,一批知名的科学家、艺术家、知识分子发表了《二千字宣言》,号召人民按自己的首创精神和自己的决定行事,加速各方面的改革。宣言还提醒人们注意"外国势力干涉的威胁",呼吁在必要时用武力支持政府。宣言在人民中引起强烈反响。捷共中央发表文章,表示拒绝宣言的立场。苏联则称这一宣言为"反革命的号召书"。

7月14～15日,苏、波、匈、保、民主德国五国领导人在华沙开会讨论捷克斯洛伐克的局势,并联名给捷共中央发去一封信,谴责捷共的纲领,声言:"我们不能同意让敌对势力把你们国家从社会主义道路上拉开。这已不仅仅是你们的事了。这是我们华沙条约国的共同事业。"18日,捷共中央主席团复信,逐点反驳联名信的观点,指出五国不得干涉捷内政,表示同意和五国个别举行双边会谈。7月29日,捷苏双方在捷边境小镇切尔纳举行会谈,没有取得结果。8月3日,捷共与华约五国党代表团在布拉迪斯拉发举行联席会议。会议没有直接涉及捷克斯洛伐克问题。捷共认为形势有所缓和,全力准备预计9月9日召开的第十四次党代表大会。实际上苏联等几个华沙成员国在积极准备入侵捷克斯洛伐克。

1968年8月20日晚11点,一架苏联民用客机以机器发生故障为由,要求在布拉格机场紧急降落。但降落后从飞机中下来的是苏军突击队员。他们立即占领了机场。接着,装载坦克、大炮和苏部队的运输机一架接一架降落下来。苏军占领了布拉格的各重要据点和党政领导机关,绑架了杜布切克、切尔尼克等领导人。与此同时,苏、波、匈、保和民主德国的20多万军队从四面八方越过捷克斯洛伐克边界,占领了各战略据点。捷克斯洛伐克人民对苏联等华约成员国的侵略行动十分愤怒。捷共中央发表《告全国人民书》,谴责入侵,但因为双方力量对比悬殊,无法防止苏军入侵。它号召人民放弃武装抵抗,只进行政治和道义上的反抗。苏联等国军队在第二天就占领了捷克斯洛伐克全境。

苏联占领捷克斯洛伐克后,把其总统斯沃博达请到莫斯科,想抛开杜布切克,另建一个亲苏政府。但是,斯沃博达坚决拒绝在杜布切克不在场的情况下同苏进行谈判。与此同时,捷克斯洛伐克内部人民斗争不断高涨。8月22日,全国举行一小时总罢工,抗议苏军占领。同一天,捷共第十四次非常代表大会在布拉格卡德工厂秘密举行。大会通过决议,重申对杜布切克的信任,并提出释放被捕的领导人、撤出占领军等要求。在这种情况下,苏联被迫让步,把杜布切克等人从拘押地接到莫斯科举行谈判。8月24日,捷苏谈判正式开始。捷方代表坚持要杜布切克继续担任第一书记,但在苏军入侵问题上做了让步。26日,双方签署会谈公报,说五国军队暂时进入捷克斯洛伐克是因为帝国主义在加紧策划反对社会主义国家的阴谋。捷方表示不允许国内发生破坏社会秩序的事件。10月16日,捷苏又签署了《关于苏军暂时留驻捷克斯洛伐克社会主义共和国境内的条件的条约》,使苏军占领合法化。这以后,捷克斯洛伐克人民多次举行集会示威,抗议苏军入侵。但杜布切克政府采取对苏妥协让步政策。最后,杜布切克本人于1969年4月被撤掉党中央第一书记职务,由胡萨克担任。"布拉格之春"终究以夭折结束。

二战后美国的黑人运动

第二次世界大战后,美国广大黑人反对种族歧视和压迫的觉悟不断提高,黑人运动蓬勃发展。50、60年代发生的大规模黑人民权运动和抗暴斗争,更以磅礴的气势震撼了整个美国社会,引起世界各国人民的关注、同情和支持。

自从奴隶制度在美洲建立起,黑人就开始了反抗奴役的斗争。绵亘二百多年的奴隶制度因19世纪60年代美国内战而解体,黑人世世代代争取人身解放的斗争终于获得胜利。然而,奴隶制的废除并没有给黑人带来真正的自由和解放。虽然他们不再是奴隶了,但依然饱受种族歧视和压迫。在黑人人口最多的南部诸州,种族歧视和隔离制度尤为猖獗,广大黑人的处境极为悲惨。宪法中有关禁止歧视黑人的条文徒具虚文,不能保证黑人的正当权利。美国实际上依然为两个社会,即白人社会和黑人社会。黑人在美国被视为"次等公民",他们绝大多数被剥夺选举权和受教育权。在就业、工资、住房、公共服务设施等方面,备受歧视和凌辱。美国黑人约占全国总人口的12%,他们仍然生活在社会的最底层,成为长期贫困的"下层阶级"。在"解雇在先,受雇在后"的原则下,黑人的失业率比白人高出1倍以上。尤其在美国南部12个州是美国黑人最集中的地区。实际上存在着一条长1600英里,宽300英里的"黑人地带",他们备受奴役和歧视。三K党等种族主义组织的私刑和其他恐怖活动,使广大黑人连起码的人身安全都得不到保障。总之,内战后黑人仍然一直处在美国社会的底层,遭受各种侮辱和损害。

热爱自由的美国黑人为反对种族歧视和争取平等权利进行了长期不懈的斗争。1910年成立的全国有色人种协进会,在反对种族压迫特别是在办理有关种族权利的诉讼案件方面开展了大量的工作。但囿于它的改良主义和渐进主义,只能在法律范围内进行某些斗争,收效不大。直到第二次世界大战后,美国黑人反对种族压迫的斗争才发展成为波澜壮阔的群众运动。

大战期间,由于军需工业急剧发展,劳动力匮乏,罗斯福政府于1941年宣布在国防工业部门雇用工人时不得因种族、肤色等原因而有所歧视,并且成立了"公平就业实施委员会"。大批黑人由南部乡村迁入北部和西部城市,黑人无产阶级的队伍逐渐壮大。在反法西斯战争期间,美国黑人(特别是在海外作战的黑人士兵)开阔了眼界,受到了深刻的启发,从而促使他们将反对纳粹种族主义同反对国内种族主义的斗争联系起来。战后亚非国家有色人种反对帝国主义和争取民族独立斗争的胜利,也鼓舞了美国黑人的斗志。社会主义国家和世界进步舆论对美国黑人反对种族歧视的斗争寄予无限同情,并给予坚决支持。由于上述种种因素所形成的推动力,美国黑人运动在战后进入一个蓬勃发展的新时期。

战后头10年,美国黑人运动的主要内容是进行合法斗争。但这期间,也曾发生过数次群众性斗争。如战后初期的1946年发生在田纳西州哥伦比亚市的一次规模较大的群众斗争。这年2月25日,该市一名老年黑人妇女遭白人种族主义分子殴打,她的儿子——退伍军人史蒂文森为保卫老母,亦被毒打。暴徒们还开车闯进黑人区,用枪射击住宅。黑人群众奋起抵抗。接着,500名警察和国民警卫队带着机枪开进黑人区,袭击黑人,抢劫财物,破坏房屋。黑人英勇还击。最后至少有100名黑人被捕,其中半数是退伍军人,31名黑人被控以谋杀罪和同谋罪。在这次事件中,黑人的斗争得到社会的广泛同情,一些反种族主义的群众团体积极发起营救运动。反动当局在黑人坚决斗争和全国进步舆论的压力下,被迫将逮捕的黑人大部分释放。黑人退伍军人通过这次斗争成立了一个争取黑人平等权利的进步组织"美国黑人和退伍军人联谊会"。

这个时期,美国黑人还向外部世界控诉美国剥夺黑人基本权利的情况。1947年,全国有色人种协进会曾向联合国提交由著名黑人学者和战士威廉·杜波依斯博士起草的请愿书:"关于否认美国黑人公民的少数民族人权的声明;请求联合国予以匡正的呼吁"。这份长达154页的文件,要求联合国保证黑人的生存基本权利,消除美国的种族歧视。1951年,由黑人共产党员领导的左翼组织"民权大会"向联合国提交"我们控告(美国实行)种族灭绝"的请愿书,陈述美国南部黑人惨遭私刑等种种遭遇,呼吁联合国根据"防止及惩办灭绝种族罪公约"对美国采取行动。

1949年，弗吉尼亚州马丁斯维尔城，7名黑人青年被诬告为"强奸罪"被判处死刑，激起全国抗议。但这7名青年在1951年2月被杀害，黑人民权保障大会将2月2日定名为"马丁斯维尔蒙难者纪念日"。

　　1951年10月，全国黑人劳工协会在辛辛那提成立，号召保卫黑人工人的政治和经济权利，争取就业和晋升的平等权利而斗争。美国黑人运动在经历了战后初期短暂的高潮之后，从1947年下半年开始进入一个低潮时期。这是战后美国统治阶段加紧迫害进步力量，尤其是麦卡锡主义猖獗一时所造成的。从战后到1954年期间，美国黑人主要是在法院进行合法斗争，促使联邦最高法院和地方法院做出一些反对种族歧视和种族隔离的判决。

　　总之，战后最初10年，美国的黑人运动具有短暂和分散的特点，也缺乏坚强的领导和一致的目标，因而没有出现十分高涨的斗争形势，规模也相当有限。

小石城事件

　　50年代后期，黑人斗争进入了一个新阶段。1954年5月17日最高法院就"布朗控告托皮卡市教育委员会"一案所做的判决，否定了1896年在"普莱西控告弗格森"一案的判决中所确立的"隔离但平等"的原则，而宣布在公立学校里实行种族隔离制为违反宪法。但由于南部各州以种种方式抵制，这项历史性的裁决形同一纸空文。南部几个最保守的农业州进行强烈的抵制，使黑人儿童因种族隔离而被剥夺了受教育的机会。直到这一判决做出6年之后，弗吉尼亚州在21.1万名黑人学生中，只有170人进入黑白人兼收的学校，北卡罗来纳州31.9万名黑人学生中，只有50名；佛罗里达州21.1万名黑人学生中，只有755名，得克萨斯州28.89万名黑人学生中只有3500人。

　　1957年9月发生的小石城事件，足以说明消除学校种族隔离制是一场严重的斗争：阿肯色州小石城中心中学在新学期招收9名黑人学生入学。州长奥瓦尔·福布斯表示坚决反对。开学之日，福布斯派遣国民警卫队阻拦黑人学生入学。后来迫于联邦法院和社会舆论压力，才撤走国民警卫队。9月23日，黑人学生入学才3小时，大批种族主义分子闯进学校闹事。一千多名暴徒在市内逞凶，逢黑人就打。小石城事件震惊了全国和全世界。美国总统艾森豪威尔在世界舆论压力下，下令派军队去保护9名黑人儿童入学。

　　"小石城事件"使美国黑人运动打破了沉寂，重新活跃起来。经过10年积聚力量，战后美国黑人运动由合法斗争发展到非暴力直接行动的新阶段，史称"民权运动"。

黑人民权运动,主要是指50年代中期到60年代中期美国南部黑人和一些白人同情者以抵制、静坐、游行、"进军"等非暴力抗议手段争取黑人选举权、受教育权、享用公共设施权和经济机会平等的大规模群众运动。民权运动的领导人物是黑人中产阶级知识分子和宗教领袖,而广大黑人学生、城市贫民、自由职业者和妇女则构成运动的群众基础。

民权运动的兴起同当时国内外历史条件密切相关:在国际上,非洲人民反对殖民主义和争取民族独立斗争取得辉煌成就,极大地激发了美国黑人的战斗精神。在美国国内,那时恣意摧残进步势力的麦卡锡主义已经失势。就黑人本身状况看,由于南部农业机械化使大批黑人从农村流入城市,他们在就业、住房和公共设施等方面受歧视的情况较以往更为严重,矛盾愈益尖锐。黑人运动原先基本在法院进行斗争的局限性促使他们探索新的斗争道路。黑人运动的新领袖马丁·路德·金号召黑人群众抛弃"渐进主义",走上街头,开展非暴力直接行动。于是,美国黑人民权运动一浪高一浪地开展起来。

揭开民权运动序幕的,是亚拉巴马州蒙哥马利市黑人抵制公共汽车运动。1955年12月1日,下班回家的黑人女裁缝罗莎·帕克斯乘坐公共汽车时,因拒绝将其座位让给一个白人而被警方逮捕。几天后,又以违反隔离法的罪名被法院判处监禁。消息传出,该市黑人忍无可忍,决心团结一致抵制公共汽车。在以马丁·路德·金为主席的市政改进协会的指导下,全城数万黑人克服重重困难,坚持斗争达1年之久。1956年11月,美国最高法院做出在公共汽车上实行种族隔离为违反宪法的判决,蒙哥马利市黑人这场震撼全国的抵制斗争终于获得胜利。

蒙哥马利市事件意义重大。全市黑人群众在抗议运动中团结一致,非暴力直接行动的策略初试锋芒,标志着战后美国黑人运动进入一个新阶段。新的黑人组织和领袖应运而生。以马丁·路德·金为首的"南部基督教领袖会议"于1957年组成,这是黑人民权运动最有影响的组织,它主要负责协调各非暴力组织的行动,以加强对黑人运动的领导。马丁·路德·金根据基督教义和甘地主义,提出非暴力主义这一纲领性口号,作为民权运动的指导方针。

1960年民权运动的主要内容是静坐示威。这年2月1日,北卡罗来纳州格林斯博罗市4名黑人大学生到伍尔沃思百货公司饮食部买咖啡。白人女侍者拒绝服务,并要他们走开。黑人学生坚决不走,一直坐到下班,以示抗议。此后,越来越多的黑人学生不顾种族分子辱骂、殴打,每天坚持静坐。这场静坐斗争很快由北卡罗来纳扩展到弗吉尼亚、田纳西和南卡罗来纳,继而席卷南部各州。静坐示威运动从饮食业不久扩展到其他公共场所,如在公共图书馆的"静读"示威;在剧院和影院中的"静站"示威;在教堂中的"静跪"示威;在车内用餐饭馆的"车内静坐"示威;以及在游泳池和海滨浴场的"涉水"示威等等。静坐斗争对于民权运动的发展具有重大意义,因为它不是像蒙哥马利市那样的抵制斗争,而是主动去冲击种族隔离制,它的范围不再局限于某一城市,而是扩展到整个南部。在静坐斗争中诞生了民权运动另一著名组织——学生非暴力协调委员会。这是 1960 年 4 月由全国 60 个静坐运动中心的代表和北方 19 所大学的代表在罗利市成立的。

1961 年民权运动的主要目标是反对长途汽车上的种族隔离制。这年 5 月,南部发生两次著名的"自由乘客"运动。第 1 次由种族平等大会发起,该组织的 7 名黑人和 6 名白人于 5 月 4 日从首都华盛顿出发,驶往新奥尔良,他们在长途汽车上有意实行黑白混坐,以无畏的气概向南部种族隔离制挑战。14 日,这些乘客在亚拉巴马州安尼斯顿遭暴徒袭击,12 名乘客受伤住院,汽车被暴徒投进车厢的燃烧弹焚毁。第 2 次"自由乘客"运动由学生非暴力协调委员会发起,8 名黑人和 2 名白人乘车于 5 月 17 日出发。他们虽然在途中遭暴徒毒打,仍以百折不回的毅力勇往直前。5 月 25 日抵达目的地密西西比州杰克逊市后,全体"自由乘客"被警方逮捕。从 6 月到 8 月,又有几批"自由乘客"勇敢地向南部挺进。他们不畏强暴的精神和种族主义分子的暴行,从正反两方面教育了黑人群众,激发了他们的斗争意志。"自由乘客"和广大黑人坚韧不拔的斗争,终于迫使美国州际商务委员会于 1961 年 9 月 22 日宣布取消州际汽车上的种族隔离。

1962 年民权运动的重点是争取南部黑人选举权。学生非暴力协调委员会同种族平等大会、南部基督教领袖会议、全国有色人种协进会等组织联合起来,在密西西比州的黑人中开展选民登记的教育活动。许多大学生放下书本,离开学校,深入到黑人群众中去工作。总的来看,选民登记活动在城市里取得了进展,但在农村遇到种族主义势力的顽抗和破坏,收效不大。

民权运动在 1963 年达到高潮。这一年,在南部 11 个州的 115 个城市,发生930 起抗议示威。4 月 3 日,在美国种族隔离最严重的城市——亚拉巴马州伯明翰市,爆发黑人抗议种族隔离和争取自由平等权利的斗争。在马丁·路德·金领导下,黑人群众连续多次举行抗议示威。该市警察局长、种族主义分子尤金·康纳指挥大批军警用警棍、警犬、高压水龙镇压示威群众,马丁·路德·金和两千多名示威者被捕。但伯明翰黑人群众毫不动摇,并决定举行更大规模示威。5 月 9 日,当局迫于黑人群众的强大压力,不得不接受黑人提出的 4 项要求:取消闹市区各种服务设施的种族隔离;黑人在就业与晋升方面不受歧视;释放被关押的示威者;成立黑白混合委员会研究取消伯明翰市种族隔离问题。

8 月 28 日,25 万黑人和白人同情者在首都华盛顿举行了该市有史以来规模最大的示威游行——争取就业、争取自由的"自由进军"。这是战后美国民权运动极为壮丽的一幕。这次进军由 10 个黑人组织发起，参加进军的有来自全国 50 个州的各阶层黑人代表以及 100 多个民权、劳工、宗教和互助团体的代表。示威者高呼"立即自由"，"我们要工作"等口号，秩序井然地从华盛顿纪念碑游行到林肯纪念堂前举行大会。马丁·路德·金在会上发表"我有一个梦想"的演说，指出"除非黑人获得公民权利，否则美国就不会有安宁或平静"。

民权运动的巨大压力，迫使肯尼迪政府在黑人权利问题上采取一些措施。1963 年 6 月肯尼迪呼吁国会通过新的民权法。次年 7 月国会在经过旷日持久的辩论之后通过了美国历史上内容最广泛的"公民权利法案"，1965 年 8 月又通过了选举权利法。这样，在南北内战结束 100 年后，美国黑人在选举权方面长期受到的限制，以及在各种公共设施方面的种族歧视和隔离制度，正式以国会立法形式宣告终结。民权运动取得辉煌成就。

60 年代后期美国种族骚乱

1964 年以前，美国黑人运动中心主要在南部，主要目标是反对种族隔离制度，争取民权，斗争方式以非暴力的形式为主。但自 1964 年之后，美国黑人运动已经不再局限于南部几个州，而且逐步摆脱了非暴力主义的束缚，走上了武装抗暴斗争的道路。

1964 年 7 月 16 日，纽约哈莱姆区就爆发了黑人骚乱，从此，美国大中城市抗暴事件迭起，形成了规模空前的黑人抗暴斗争。7 月 16 日纽约哈莱姆区 1 名黑人少年被警察枪杀。哈莱姆黑人群众怒不可遏，走上街头游行示威，要求逮捕凶手。警察挥舞警棍，大打出手。愤怒的群众连续数日同警察搏斗，从屋顶上投掷砖头、石块、垃圾箱盖、玻璃瓶和自制燃烧瓶。直到 23 日才平息下来。

继哈莱姆区黑人抗暴斗争之后，7 月底在罗彻斯特，8 月初在泽西，8 月中旬在芝加哥，8 月底在费城，先后爆发了规模较大的黑人抗暴斗争。《华盛顿邮报》惊呼：黑人斗争"是一个长期潜在火山的爆发"。

1965 年在洛杉矶市瓦茨黑人区又爆发了规模空前的抗暴斗争。8 月 11 日，洛杉矶警察蛮横逮捕黑人青年弗赖伊兄弟等 7 人，成为这场骚乱的导火线。黑人群众拥上街头，举行抗议示威。当局出动大批警察进行镇压。黑人奋起以石块、玻璃瓶、自制燃烧瓶袭击警车。反动当局调集大批国民警卫队进行武力镇压。黑人狙击手在屋顶上英勇反击。黑人群众还燃起烈火，将 200 家素日盘剥黑人的商店焚毁。此后，当局增派步兵师将瓦茨区包围起来，一万多名军警设置路障，架起机枪，到处搜捕和屠杀黑人。据统计，在瓦茨区为期1周的暴力事件中，有34人丧生，1032人受伤，3438人被捕；起火24至34次，财产损失约4000万美元。

在许多白人看来，历史性的《民权法案》既已于1964年7月间通过，黑人理当心满意足，他们对层出不穷的黑人暴力骚乱感到无法理解，有些白人以此指责黑人。其实，只要对黑人骚乱的缘由和背景做一番分析，就不难理解黑人抗暴斗争的缘起。首先，民权法的通过只是在法律上结束种族隔离，事实上的隔离并没有随即消除，种族压迫依然存在。第二，黑人在政治上无权，经济上深受剥削，生活日益贫困。尤其是北部城市聚居区的黑人，失业率极高，居住条件恶劣。他们胸中的愤懑，犹如火山熔岩，蓄之既久，其发必猛。第三，在非暴力抗议时期，许多黑人遭警察和暴徒毒打甚至杀害。一次又一次血的教训，擦亮了广大黑人的眼睛，促使他们以暴力代替非暴力的斗争方法。第四，在黑人运动内部，马丁·路德·金的非暴力哲学受到以马尔科姆·爱克斯为首的一批激进青年领袖的非难，不抵抗主义在黑人群众中影响日渐缩小。

随着战后美国黑人运动冲破非暴力主义的藩篱，进入以暴抗暴斗争新阶段，黑人运动在思想上和组织上有了相应的变化。越来越多的黑人摒弃种族合一的思想，而接受黑人民族主义和黑人分离主义。60年代后半期黑人民族主义最有影响的口号"黑人权力"，是由激进的青年黑人领袖斯托克利·卡迈克尔在1966年6月的一次集会上提出来的。此外，还产生了"黑人觉醒""黑就是美"和"文化民族主义"等口号。1964年，马尔科姆·艾克斯发起成立"黑人民族党"。1966年秋，最著名的以暴抗暴的黑人组织黑豹党在加利福尼亚州成立。领导人是休·牛顿，该党在"黑豹党十点纲领"中要求立即结束警察对黑人的暴行和屠杀，号召所有黑人武装起来，进行自卫。这些思想上和组织上的新发展必然使抗暴斗争更进一步和更猛烈地开展。

1967年美国发生了128起种族骚乱。其中规模和影响最大的数7月份在新泽西州纽瓦克市和密歇根州底特律市发生的2起。1967年7月，纽瓦克市的黑人区是北方条件最差的黑人区之一。暴乱是因征用50英亩黑人区土地而引起的，结果25人死亡，725人受伤，1462人被捕，财产损失达1500万美元。后者更被称为"南北战争以后最大规模的国内暴乱"。7月23日晨，警察在底特律市黑人区肆意殴打和捕捉黑人，激起黑人群众的愤慨和反抗。黑人群众燃起一千多处大火，焚烧那些平日残酷剥削黑人的税务所和白人资本家的商店。黑人狙击手以密集的火力惩罚逞凶的军警，一度控制了该市的大片地区。一些老警察说，这是20世纪最要命的城市游击战。美国统治阶级大为惊慌。总统约翰逊下令派空降部队镇压。坦克开到了底特律大街上,参加镇压的军警达 2 万人,截至 8 月 6 日,共有 43 人丧生,约 2000 人受伤,7200 人被捕。财产损失估计约 4400 万美元。

1968 年 4 月 4 日,美国最著名的黑人民权运动领袖马丁·路德·金在田纳西州孟菲斯城被白人种族主义分子暗杀。这一卑鄙行径激怒了黑人,近 10 万人参加了葬礼。这一事件导致几天之内在 36 个州的 138 个城市爆发了规模空前的黑人抗暴斗争。其中首都华盛顿、巴尔的摩、芝加哥、匹兹堡等地的斗争最为激烈。约翰逊政府投入镇压黑人的正规军竟达 6.8 万多人,另有 2 万人待命出动。据司法部门统计,在这次全国性的黑人抗暴斗争中,有 46 人丧生,3500 多人受伤,21271 人被捕,财产损失 4500 万美元。

第二次世界大战后尤其是 60 年代的美国黑人运动,一定程度地推动了社会改革,使黑人和其他少数民族的处境有所改善。70 年代初,广大黑人还积极投入反对美国侵略印度支那战争的群众运动,沉重地打击了美国的战争政策。

美国黑人运动和民权运动,不仅是美国历史上的重大事件,在战后世界历史上也占有重要地位。它在帝国主义心脏地区猛烈地冲击垄断资本的反动统治,对于第三世界人民反对帝国主义和殖民主义的斗争是一个巨大的鼓舞。美国黑人的英勇斗争,受到世界舆论的关注,赢得各国人民的尊敬和支持。

1948 年至 1949 年经济危机

第二次世界大战结束后,美国民用工业得到迅速发展,主要原因有三:第一,消费品需求激增。战时,美国军火生产处于绝对优先地位,消费品实行配给供应,某些耐用消费品如小汽车、家具等甚至停止生产。居民只能把大批钱去购买公债、证券或存入银行。战争结束时,美国人仅银行储蓄和活期证券就达 1364 亿美元,这股巨大的购买力势必冲向市场。物质短缺造成物价飞涨,罢工迭起,同时却也刺激了消费品及其他部门的生产。第二,固定资本大规模更新和新投资猛增。战争中由于加紧生产,机器设备遭到严重磨损;况且原来的许多设备本属陈旧,例如战争期间使用的金属加工机床有 72% 都是已使用了近 40 年以上的旧机床。战后进行军事工业转向民用工业的经济调整,使许多设备必须改造。因此,从 1946 到 1947 两年里,美国固定资本投资平均增长了 33%,远远超过战后其他任何一年,私人企业平均每年用于设备投资的开支比 30 年代超过 4 倍以上。这就为经济高涨奠定了基础。第三,大量出口进一步推动需求的增长。西欧各国和日本的经济遭到战争严重破坏,美国利用其经济实力,扩大出口,抢占市场。此外,战后美国仍维持着高额军事费用。1947 年度联邦政府的直接国防费用仍比战前的 1939 年度高出 13 倍有余。在所有这些因素下,美国出现了 1946 到 1948 年的经济繁荣时期。

但在经济高涨的同时,生产能力的盲目扩大和国内外支付能力相对缩小的矛盾也在加剧。就国内说,在国民收入中,职工工资、薪金所占份额的比率下降,低收入者的税负加重,通货膨胀,物价飞涨,劳动者实际工资明显降低,消费债务增加。至于国外市场,由于发生所谓"美元荒"而严重阻碍了美国商品出口以及国际市场竞争逐渐加剧等原因,使美国的国外市场也趋相对萎缩。这样,终于导致了美国战后第一次周期性危机。这次危机从 1948 年 8 月到 1949 年 10 月,持续了 15 个月。消费品工业的生产提前一个月开始下降,接着原料和机器设备生产部门也相继下降。整个工业生产指数从 1948 年 7 月的 41.7(1967 = 100,下同)下降到 1949 年 10 月的 37.5,下降幅度为 10.1%。受打击较严重者,钢铁产量下降 21.7%,煤产量下降 28.1%,原油产量下降 15.8%;建筑业中新开工私人住房建筑从 1947 年 10 月到 1949 年 2 月降低将近 30%。危机期间,工商业销售额下降 8.3%,固定资本投资下降 15.1%。15 个月内倒闭企业 9928 家。全失业率最高纪录的 1949 年 10 月达 7.9%,失业人数为 491.6 万。批发物价指数从危机爆发后的次月开始下跌,直至 1949 年 12 月降到最低点,下降幅度为 7.9%。消费物价指数从 1948 年 10 月开始下跌,到 1950 年 3 月才出现回升,但降幅仅 4.2%。伴随这次工业危机的是美国第 3 次慢性农业危机(前两次分别为 19 世纪 70 年代到 90 年代中期和 1920 年到第二次世界大战前夕),第 3 次农业危机断断续续到 1972 年才结束,长达 24 年之久。

美国战后第 1 次经济危机在 1949 年 10 月结束,工业生产从 11 月起回升,到 1950 年 4 月超过危机前最高点,危机所造成的生产增长中断达 20 个月。美国在战后实行的政府支持出口等国家垄断资本主义措施,如 1947 年的《欧洲复兴方案》(即《马歇尔计划》)和 1949 年 1 月杜鲁门总统提出的"第 4 点计划",起到了一定的"反危机"作用。当时西欧和日本等国均处于经济恢复时期,对美国商品需求量仍然很大,它们直到 1951 年和 1952 年才相继陷入经济危机。此外,垄断资产阶级促使政府增加国家军事订货以刺激经济。1949 年联邦直接军费占政府财政支出的 1/3,军事采购额从 1947 年度的 91 亿美元增加到 1949 年度的 133 亿美元;以后更逐年猛增。美国许多企业获得大批新订货,挽救了它们濒于破产的危急处境。由于这种种原因,使美国这次危机持续时间不长,对生产力破坏程度也比较轻。

1950 年 6 月美国发动侵朝战争后,政府进一步采取刺激军火工业的措施,迅速推动了工业部门的生产高涨,并使危机过后的萧条和复苏阶段没有明显标志。从 1950 年财政年度开始,美国联邦政府军事开支更迅速增加,1953 财政年度高达 504 亿美元(占国民生产总值的 14.3%),比 1950 财政年度增长 287%。为了加快军工生产,美国政府恢复并扩大推行"加速折旧法",规定接受军事采购合同的企业,其厂房和设备折旧年限由25至30年缩减为5年,使这些企业把大量利润变为折旧基金,加快了资本积累和固定资本投资的增长。到1953年7月,工业生产指数上升到56,比前一周期最高点上升34.3%。这种依靠战争刺激而产生的经济膨胀,并不能掩盖住生产内部的固有矛盾。随着朝鲜停战协定在1953年7月签订,9月便陷入又一次经济危机。

1953年至1954年经济危机

这次危机的持续时间从1953年8月到1954年4月,虽然历时仅8个月,但无情地宣告了美国在侵朝战争中由于实行国民经济军事化而出现的经济"景气"随着战争的失败而告破产。按美国联邦储备委员会1976年7月修订的指数计,工业生产在这一次危机期内下降9.4%,其中耐用品生产下降幅度最大,为15.7%。但是,除了与军事工业有联系的部门外,其他部门在危机前曾出现过停滞和衰退,在危机中受打击也较轻。固定资本投资在1953年第3季度到第2年同期下降了3.9%。全失业率在1954年9月达6.1%(失业率指数属于滞后性指数,在危机过后一般会继续上升),属于战后历次危机中较小的一次,失业人数392.7万。8个月内,由于商品滞销等原因,消费物价指数下跌幅度很小,1954年4月比1953年8月下降0.4%;而道·琼斯30种工业股票的平均价格不但没下跌,反而上升了14%,这是史无前例的。根据这些情况,国内学术界有一种观点认为,应把这次危机看作是由暂时性因素即军工生产削减引起的(1953年第3季度的国防部军事订货比前一季度下降37%,到1954年第1季度,则已下降69.3%),因而是一次"局部的"危机。

1954年5月,工业生产开始回升,到1955年3月超过危机前最高点,其间生产增长中断达18个月。随后经济出现高涨阶段,其中有这样一些特点。首先,住宅抵押信贷和消费信贷(即由住宅或消费品购买人先付一部分价款,余额以所购物为抵押,然后逐月向放款的金融机构加利付还)的扩大。住宅抵押信贷从1953年底的1010亿美元,增加到1957年底的1566亿美元,增长55%,消费信贷中分期付款信贷在同期增长42%。这些信贷的期限也比战前放宽了,住宅还贷期延长到30年(退伍军人40年),消费品中的汽车延长到4年。建筑、汽车制造和钢铁业在二战后被称为美国经济3大支柱。这些以消费者的未来购买力为基础的措施有力地刺激了上述部门的发展,然而孕育着新的危机;其次,美国通过新税法,使第二次世界大战结束后停止实行的、而在侵朝战争中恢复的"加速折旧法"扩大到民用工业，规定凡在 1953 年底以后投产或建设的一切新设备和新企业均可加速折旧，垄断资本家得以把大量利润转变为折旧基金，加速了资本积累过程。从 1955 到 1957 年，美国固定资本投资增长了 19%。再次，美国政府继续增加军事开支和订货，这既保证了垄断资本的高额利润，又是"反危机"的一个重要手段。1954 年度直接军费支出 469 亿美元，虽比 1953 年度有所降低，但比侵朝战争期间平均每年直接军费开支还高出 145 亿美元。该年度的直接军费在联邦预算支出中的比重高达 66.2%，这是自 1947 年以来比重最高的一年。工业部门，也推动了经济高涨。到 1957 年 2 月，工业生产上升到最高点，预示着这一周期的结束。

1957 年至 1958 年经济危机

1957 年春季美国爆发的战后第 3 次经济危机比前两次时间长、波及面广、生产下降幅度大。这次也是战后整个资本主义世界范围第一次周期性经济危机的开端（继美国后，西欧主要资本主义国家、加拿大以及日本也都发生了危机）。

1957 年 4 月，美国工业生产明显下降，以后工业生产指数在 62.2 上下徘徊了 5 个月，到 1958 年 4 月危机结束时，工业生产下降了 13.5%。这次危机对生产力破坏严重，美国经济的 3 大支柱首当其冲。与危机前的最高点相比，新开工的私人住宅到 1958 年 1 月下降 38.7%，汽车产量和钢产量到 1958 年 4 月分别下降 55.7% 和 49.9%。危机期间，制造业和采矿业分别下降 13.3% 和 15.3%。但食品、纸张等部门却略有上升。固定资本投资 1958 年第 3 季度比一年前下降 15.6%。危机期间，破产企业共 16915 家，全失业率最高达 7.5%（1958 年 7 月），失业人数 507.9 万。股票价格猛跌，道·琼斯 30 种工业股票的平均价格，1957 年 11 月比同年 7 月下降幅度达 15.1%。1958 年外贸出口值比前一年下降 14.2%，国际收支出现 33.5 亿美元的巨额逆差，黄金外流多达 23 亿美元。

这次危机明显地具有下列特征。第一，对生产的破坏较大，几乎波及国民经济的各个部门，是一次典型的周期性危机。第二，危机期间物价继续上涨。消费物价和批发物价在危机阶段分别上涨了 4% 和 2.5%，是历史上罕见的。这是由于垄断力量的加强，垄断企业就有可能在危机时通过减产来维持高价，而政府以扩大财政开支和军事订货的方式刺激需求的增长，为高物价的维持提供了充分条件；第三，它是战后第一次具有同步性质的世界性周期危机的发源地，加拿大、日本和西欧各国在同一年或第二年相继陷入危机。

美国政府继续执行国家干预的"反危机"政策,影响了这一周期的发展。危机爆发后,美国政府一方面大搞赤字财政,1957 年尚有 32 亿美元的联邦财政盈余,1958 年逆转为赤字 29 亿美元,1959 年的赤字额猛增到 129 亿美元;另一方面继续维持高水平的军事开支,1959 年联邦政府军事开支上升到 461.7 亿美元,比 1956 年增长了 14.6%。这些措施刺激着美国经济的发展,1959 年 2 月,工业生产经过 22 个月的危机、萧条和复苏后,超过危机前最高点而进入高涨阶段,由于这次高涨带有人为刺激的因素,因此在 11 个月以后,新的危机便又一次来临了。

1960 年至 1961 年经济危机

这次危机的爆发离第 3 次危机只有 11 个月,这一经济周期是美国历史上最短的。战后第 4 次经济危机从 1960 年 2 月到 1961 年 2 月,持续时间 13 个月,工业生产下降 8.6%(1961 年 1 月曾回升 8.2%)。三大支柱的经济部门受较大打击,钢产量下降 46%,汽车产量下降 43.4%,而私人新开工住宅从 1959 年 3 月就先行下降,到 1961 年 12 月的降幅为 36.2%,但与前次危机相比,都不算甚烈。此外,采矿业和消费品工业分别下降 4.4% 和 3.9%。1961 年第二季度,固定资本投资比一年前下降 6.3%。有一种观点认为,这次危机和 1953 年至 1954 年危机一样,带有"局部性"危机的性质。在这次危机期间,物价仍有上涨,但幅度很小,批发物价为 0.5%,消费物价 1.2%。但失业严重,全失业率最高达 7.1%(1961 年 5 月),失业人数 500.3 万,仅次于上次危机的最高点(507.9 万)。破产企业在 1960 年创 30 年代大危机以来的最高纪录,全年达 15445 家,到 1961 年又上升到 17075 家,是这次危机的一个重要特点。

与美元危机相交织是这次危机的又一个新特点。美国由于国际收支连年巨额赤字,黄金不断外流。1949 年,美国黄金储备曾高达 245.6 亿美元,而到 1960 年底已减少到 178 亿美元。这时美国所负短期外债则已高达 210 亿美元,这意味着美国的黄金储备已不够抵偿其所负短期外债,使人们对美元币值的稳定性产生怀疑。这样,1960 年 10 月中旬便爆发了战后第一次大规模抛售美元、抢购黄金的美元危机。10 月 17 日,伦敦黄金市场的金价由长期维持的 35.15 美元左右一盎司突然上涨到 35.25 美元,到同月 20 日更猛涨到 41.5 美元的空前高峰,比官价超出 6.5 美元,涨幅在 19% 以上。为了挽救美元危机,美国伙同西方其他资本主义国家,于 1961 年下半年共同筹措 60 亿美元的备用贷款,组成"10 国集团";同年年底成立由美、英、法、西德、意、荷、比、瑞士 8 国参加的"黄金总库";次年 3 月,美国与 14 个资本主义国家签订了"互惠借款协定",试图通过这些措施,稳定金融市场,但这也正表明了美元的霸权地位从此江河日下。

工业生产从1961年3月起回升,到1961年10月超过危机前最高点,以后便转入高涨阶段。这次高涨持续近8年,是战后最长的一次。按1972年美元计算的国民生产总值,从1960年的7566亿美元增加到1969年的10876亿美元;年平均增长4.6%。工业生产在同期以年平均6.6%的速度增长。科技革命和国家垄断资本主义的干预政策对60年代的增长起了主要促进作用。例如,政府继续推行经济扩张政策,在经济增长的情况下,仍通过发行公债和增发货币来增加政府开支,1961年到1968年,联邦财政赤字从肯尼迪政府的71亿美元增加到约翰逊政府的252亿美元,8年累计527亿美元;政府还大幅度增加军费开支和国防订货。由于侵越战争,美国在60年代的军事开支1960年为460.9亿美元,1969年增加到854.8亿美元。国防部的军事采购合同额1960年为232.4亿美元,1968年上升到420.5亿美元,有力地刺激了重工业等部门的发展。不仅如此,战后科技革命引起新工艺、新产品、新部门成批涌现,改变了美国产业结构,也是和政府上述的干预政策分不开的。美国政府利用国库资金,或是为垄断资本垫支科研经费,或是为私人企业承担科研失败的损失,或是把政府科研项目成果廉价售予私人企业,保证了垄断资本的高额利润,固定资本投资在1961年为656亿美元,而1969年已增加到1143亿美元,平均年增7.2%。

国家垄断资本主义是不能从根本上消除资本主义固有矛盾的。由于大量财政赤字和通货膨胀引起人民强烈不满,新上台的尼克松政府便开始削减政府开支(1969年出现132亿美元的财政盈余)、减少军事订货(1969年比前一年减少15.7%)、收紧银根(1969年4月6日中央银行贴现率从5.5%上升到6%,商业银行的优惠率亦紧紧跟上),等等,这些措施使资本主义本来已日趋尖锐的生产内部固有矛盾激化起来,于是在1969年11月爆发了战后美国第5次经济危机。

1969年至1970年经济危机

从1969年11月到1970年11月底,工业生产在这历时13个月的危机中下降6.8%,是战后历次危机中降幅最小的一次。其中受打击较大的是制造业,在危机前3个月已开始下降,到危机结束时下降幅度为10.2%。这与军工生产相对缩减有关。而三大支柱工业受打击较轻,钢产量下降18.9%,汽车产量到1970年8月下降60.6%,新开工私人住宅从1969年1月的最高点到1970年1月的最低点,下降 38.7%。固定资本投资 1970 年第 4 季度较 1969 年第 3 季度下降 8%,全失业率最高达 1970 年 12 月的 6.1%,失业人数 507.6 万。危机 13 个月期间破产企业11386 家(包括美国最大的一家铁路垄断企业宾夕法尼亚——中央铁路运输公司);军工大垄断企业之一洛克希德飞机公司濒于破产,由政府补贴 2 亿美元才免于难。但总的说来,与前几次危机相比,这次危机对生产力的破坏较轻。

但是,危机在 1970 年 11 月底结束后,美国经济出现两个特点。一是国际经济地位进一步下降。美国黄金储备在 1971 年跌入百亿美元大关,为 97 亿美元,是1935 年以来最低水平。自 1971 年出现 46 亿美元的外贸巨额逆差后,70 年代的年外贸逆差额有逐步扩大的趋势(个别年份除外),而外贸出口值在世界上的比重进一步下降。二是开始出现了通货膨胀、高失业和工业生产停滞或低速增长并存的"滞胀"征兆。这是凯恩斯主义国家干预经济的政策所带来的后果,已成为西方国家经济的顽症。

在这次危机爆发后,美国政府又继续采取了扩张性经济政策,但并未能摆脱经济困境。由于国内财政赤字猛增,物价飞涨;而对外债台高筑,国际收支更加恶化(如 1970 年黄金储备减至 102 亿美元,而对外短期债务却增至 520 亿美元),在1971 年 5 月和 7 月又先后两次在国际上爆发美元危机。因此,尼克松政府于 1971年 8 月 15 日提出了所谓"新经济政策",其内容即:对外暂停外国中央银行以美元向美国兑换黄金;对进口商品增收 10%附加税;对内冻结工资、物价和房租;削减联邦政府开支。提出这一政策的目的据说是实现"没有战争的繁荣",而实质却是对外赖账(停兑黄金即等于不负责收回流出的美元)和向其他国家转嫁危机,对内则是向人民勒索,以维持垄断资本的高额利润。其结果是,美元在 1971 年 12 月和1973 年 2 月两次贬值,黄金官价从每盎司 35 美元提到 38 美元后,再上升为 42.22美元,西方各国宣布实行浮动汇率制,战后初期建立起来的以美元为中心的世界资本主义货币体系宣告崩溃。而国内冻结政策经过 4 个阶段实施之后,于 1974 年 4月 30 日收场。但该年消费物价上涨率为 10.9%,批发物价更是高达 18.9%。

1972 年 1 月,工业生产指数超过危机前最高点,其间工业生产的增长停滞达26 个月。从 1972 年 4 月起,工业生产持续高涨,到 1973 年 12 月又连续下跌 6 个月,许多研究美国经济问题的学者认为这是又一次经济危机的开始。但是,根据1976 年美国联邦储备委员会对所编工业生产指数的修订,和从美国商务部公布的数字来看,1974 年 6 月的工业生产指数(131.9)又超过 1973 年 12 月的 131.3,而在以后连续出现下降时,头 3 个月的指数仍是超过 1973 年 12 月的,因此,这次危机(战后第 6 次)似应是从 1974 年 7 月起算。

1974 年至 1975 年经济危机

这次危机从 1974 年 7 月开始，到 1975 年 3 月结束，历时 9 个月。工业生产下降 15.3%，其中制造业下降 17.3%，受到打击特别严重。三大支柱工业下降程度也十分剧烈，按从最高点到最低点的下降幅度计算，新开工住宅建筑从 1973 年 1 月到 1974 年 12 月下降 64.8%，汽车产量从 1973 年 10 月到 1975 年 1 月下降 56.4%，钢产量从 1974 年 3 月到 1975 年 7 月下降 34.4%。危机期间，固定资本投资下降 16.6%，在战后历次危机中首屈一指。破产企业在危机 9 个月内达 8024 家。全失业率最高达 1975 年 5 月的 9%，失业人数为 843.3 万人，也大大超过前几次危机。从 1973 年 1 月到 1974 年底，道·琼斯 30 种工业股票平均价格猛跌 41.0%，股票价格下跌总额达 5000 亿美元。通货膨胀趋于严重，按国内生产总值消费物价指数计算的通货膨胀率，1973 年为 5.7%，1974 年上升到 11.8%，1975 年仍为 11.1%。

这次周期性危机之所以迅猛异常，首先是由于国家垄断资本主义干预经济的恶果。美国政府的"反危机"措施在危机爆发前可以刺激经济危机提前或推迟发生，在危机爆发时又可促使经济提前复苏，这种人为地缓和矛盾的做法在矛盾尖锐到一定程度时终于难以奏效，其结果是经济危机一发而不可控制。其次是这次危机在西方国家具有普遍性和周期性，使发达国家不但不能转嫁危机，而且互相激荡，加重危机。这次危机爆发后，西方流行一种观点，即产油国家的石油提价是产生这次危机的根源，理由是石油涨价引起通货膨胀，进而导致经济危机。这种论点实际上是不能成立的。经济危机是生产过剩危机，是资本主义基本矛盾的总爆发。从实际情况来看，首先，通货膨胀率不断上升，是战后西方发达国家的一般趋势，在美国尤其如此。其次，石油涨价确实会抬高一部分工业品的生产成本，利润相对减少一般会使这部分工业品萎缩，在这一意义上也只能说，石油涨价造成了经济危机的深化。当然，这一因素是不应忽视的，但决不会成为生产过剩危机的根源。还有两点必须指出：第一，石油涨价引起工业品涨价，是工业发达国家试图把减少利润的损失转嫁到工业品价格上的表现；第二，1973 年涨价前的石油价格尽管十分低廉和很不合理，但美国经济危机并未能避免过。

从 1975 年 4 月起，工业生产开始回升，到 1976 年 8 月超过危机前最高点，以后转入高潮阶段。根据回升及以后高涨阶段来看，美国经济一直处于"滞胀"的情况下。在这一时期，美国加强了国家垄断资本主义对经济的干预，如通过了"1975年减税法"和"1977 年降低和简化税收法"，联邦储备委员会运用"公开市场政策"

来调节货币供应,继续大搞赤字财政等,对调节经济发展起到了有限的一些作用,但不可能从根本上消除资本主义根本矛盾。

1979年至1982年经济危机

1979年4月,美国工业生产指数从一个月前的153.5下降到151.1,在以后的9个月中,时起时伏,徘徊于152.7左右。从1980年2月起,工业生产急剧下降,但到1980年8月,工业生产指数从140.3回升到142.2,以后持续上升,到1981年7月达153.9。从1981年8月开始,工业生产又第二次急转直下,直到1982年11月才结束。关于这次危机的始末,国内学术界存在不同看法,主要有两种。一是与美国全国经济研究局所提出的标准有些类似,该局的主要标准是,在调整美元价值并剔除通货膨胀因素后,国民生产总值出现连续两个或两个以上日历季度的下降,即构成一次衰退。因此,从1979年到1982年出现两次经济危机。另一种较为普遍的意见认为,这是一次危机的两个阶段,从固定资本投资和工业生产升降幅度来看,均不构成两次危机的理由。其中还有一种观点认为,这次危机应从1980年2月起算,理由是在这以前的工业生产下降是由于卡车汽车司机的罢工,石油恐慌引起加油站排队因而家庭妇女外出购货量减少,属于临时性因素,而且工业生产下降幅度也不大。

美国政府的干预政策,是在这次危机中出现两次工业生产下降的直接原因。1980年,卡特总统出于竞选连任的需要,采取了一系列制止"衰退"的措施:财政赤字在1980年高达创历史纪录的596亿美元;中央银行即联邦储备银行的贴现率急剧下降,商业银行的优惠利率也随之下降,如1980年4月平均优惠利率还高达19.77%,到8月已降至11.12%;此外,货币供应量也大大增加了。这些措施人为地中断了周期的危机阶段。1981年2月里根上台后,提出一项所谓"经济复兴计划",包括减税、减少政府限制性规章条例、削减政府开支和严格控制货币供应量4个部分。其后中央银行采取了货币紧缩政策,加上巨额赤字引起的通货膨胀心理,1981年优惠利率便上升到20%左右,使绝大多数部门重新陷入危机。

从1979年4月到1982年11月,危机持续44个月。工业生产下降12.1%,其中耐用品下降19.7%,原料生产下降20.1%。三大支柱工业也遭到严重打击,按从最高点到最低点计,汽车产量从1979年5月到1982年1月下降69%,钢产量从1979年5月到1982年12月下降65.2%,新开工私人住宅建筑从1979年6月到1981年10月下降55.6%。危机期间,非住宅私人固定资本投资下降幅度不大,从

1979年第3季度到1982年第4季度下降了近7%,因而整个工业生产下降幅度也不是很剧烈。在紧缩政策的作用下,危机期间的年物价上涨率呈现下降趋势。但从其他一些与"滞胀"有关的指标来看,这次危机的严重程度要超过以前任何一次。1982年国民生产总值下降1.9%,为1948年以来最大的下降。1982年的企业破产数也创30年代大危机以来的最高纪录,达25346家。全失业率最高达到1982年12月的10.8%,失业人数1203.6万。1982年11月开工率下降到67.4%,为1948年以来的最低点。外贸逆差在1982年创426.9亿美元的历史纪录,国际收支经常项目的逆差在同年竟达80.93亿美元。1981年财政年度的财政赤字已高达579亿美元,1982年财政年度上升到史无前例的1107亿美元。此外,这次危机还与农业危机交织在一起,1982年农产品积存量创30年代大危机以来最高纪录,反映农民购买力的平价比率(即农场主出售农产品价格指数与包括支付利息工资、税收在内的购买商品价格指数之比)在1982年12月下跌到54,为1910年以来最低水平,农场主收入3年里急剧下降。这次危机属于战后第3次具有周期性质的世界性经济危机。

1982年12月,工业生产开始回升,从而标志着这一周期危机阶段的结束。

美苏关系的缓和与争夺

1953年3月斯大林逝世以后,美苏双方关系开始出现了某种微妙的变化。

美国总统艾森豪威尔提出了"和平取胜战略"。他说:"随着斯大林的逝世,一个时代终止了",他要苏联新领导机构正视他们面对的"自由世界",主张通过对话谈判逐步"软化"苏联。

这时的苏联也开始逐渐改变斯大林的对外战略,实行对外政策的调整。同年9月,赫鲁晓夫担任苏共中央第一书记后,并提出了一套争取同美国平起平坐,实现苏美合作,共同主宰世界的基本战略目标。这一战略目标在1956年2月举行的苏共二十大上得到了确认,并从理论上加以系统化。赫鲁晓夫断言,情况已经根本改变,"今天强大的社会力量和政治力量拥有实实在在的手段,不容许帝国主义者发动战争",他提出,"和平共处是社会主义国家外交政策的总路线",同时强调,"世界上最强大的国家——苏联和美国之间建立持久的友好关系,对巩固和平将有重大的意义"。赫鲁晓夫曾经坦率地告诉美国记者:"我们都是世界上最强大的国家,如果我们为和平联合起来,那么就不会有战争。那时,如果有某个疯子想挑起战争,我们只要用手指吓唬他一下,就足以使他安静下来"。总之,赫鲁晓夫追求的目标就是和美国平起平坐,让美国承认苏联有与美国同等权利去主宰世界。

赫鲁晓夫提出这一对外战略的背景是,一方面,世界范围内国际力量对比已开始发生重大变化。民族解放运动蓬勃发展,沉重地打击了帝国主义,使美国称霸世界的计划连遭挫折,苏联正好加以利用。另一方面,苏联国民经济迅速恢复和发展,实力大为增强,有可能从实力地位出发执行新的外交政策。特别是环顾全球,当时唯苏联有资格争取与美国"平起平坐"进行谈判。1953年8月,

艾森豪威尔

苏联氢弹爆炸成功,结束了美国核垄断地位,这也使苏联有可能就裁军、欧洲诸问题发动"和平攻势"。

但赫鲁晓夫乞求的"苏美合作",与美平起平坐,又反映了赫鲁晓夫领导集团尽管野心膨胀却自感力不从心的矛盾状况。这也反映了在苏美关系上一开始强调东西方缓和,而随着苏联实力的进一步增强和美国实力的相对削弱,苏美争夺世界霸权的斗争便愈演愈烈。

第二次柏林危机与戴维营会谈

在50年代中后期,苏联的经济、军事实力有了迅速发展,同美国的力量对比发生了重大变化。1960年,苏联国民收入由1950年仅相当于美国的31%上升为58%。1957年8月26日和10月5日,苏联成功地发射了洲际导弹和世界上第一颗人造地球卫星。这个重大的科技突破,引起美国统治集团很大震动,爆发了关于"导弹差距"的争吵。从此,美国倾注全力发展导弹。苏美虽然存在着导弹差距,但苏联的领导地位并不是很突出的,因为美国的战略空军并没有失去威力。

1957年3月,赫鲁晓夫兼任部长会议主席,10月,又把朱可夫元帅开除出苏共中央,巩固了赫鲁晓夫在苏共中央的地位。此后,赫鲁晓夫便集中精力展开外交攻势。赫鲁晓夫首先在德国和柏林问题上发动了攻势。1958年11月,苏联提出要签

订对德和约,要求正式承认两个德国。同时提出"动外科手术""割掉西柏林这个毒瘤",结束柏林的被占领状态,使西柏林成为一个非军事化的"自由城市",并规定6个月的限期,"如西方国家不同意西柏林自由城市的地位",期满后,苏联将单方采取行动。

对此,美国与英、法、西德进行紧急磋商,决定采取强硬态度。艾森豪威尔扬言,如果苏联对西柏林实行封锁,西方将采取报复措施。这就造成了第二次柏林危机。一时剑拔弩张,大有一触即发之势。

在西方的强硬态度面前,赫鲁晓夫软了下来。1959年1月,他派部长会议第一副主席米高扬以"休假"为名前往美国,向美国表示:苏联提出解决柏林问题的期限是不重要的,主要是开始谈判。尽管艾森豪威尔表示,赫鲁晓夫不能像米高扬那样,对美国进行"非正式的访问",赫鲁晓夫仍然在苏共第二十一次代表大会上强调美苏关系中的"温度已开始上升",希望通过"国家领导人和社会活动家彼此举行会见、会谈和互相访问","改善国家之间的关系"。他埋怨艾森豪威尔剥夺了他访问美国的"权利"。

2月下旬,英国首相麦克米伦访问莫斯科。赫鲁晓夫向他重申:苏联的6个月期限绝不是最后通牒。

到3月底,赫鲁晓夫再退一步,接受了西方提出举行外长会议的建议。5月11日,苏、美、英、法四国外长在东、西德代表参加下举行会,尽管苏联在解决西柏林问题的期限方面一再让步,美仍坚持西方三国在西柏林驻军以及西德和柏林之间的自由通行。

6月23日,赫鲁晓夫在接见美国前驻苏大使哈里曼时,声言他要求取消西方三国在西柏林的占领权,他吹嘘苏联花费300亿卢布研制的导弹足以摧毁美国和欧洲的每一个工业中心。但是又说,他宁愿不这样做。紧接着,赫鲁晓夫又派科兹洛夫于6月底去美,主持苏联在纽约举办的展览会。

这时,长期掌管美国外交大权的约翰·福斯特·杜勒斯已经病死。英国首相麦克米伦希望举行东西方首脑会谈打破僵局。艾森豪威尔经过反复考虑,权衡利弊,决定邀请赫鲁晓夫访问美国。

8月3日,苏美同时宣布:艾森豪威尔邀请赫鲁晓夫于9月间访美,然后赫鲁晓夫邀请艾森豪威尔回访。

艾森豪威尔确定同赫鲁晓夫会谈采取三条方针:第一,在柏林问题及世界其他地区有关美国的"权利问题"上"寸步不让";第二,必须"在没有苏联威胁或任何最后通牒的压力下,"他才愿意参加最高级会议;第三,劝说赫鲁晓夫利用他的地位和权力,采取有利于西方的态度和步骤。艾森豪威尔向国会领袖们表示,他要做出

"一番巨大的个人努力，以便在卸任之前，把苏联领导人哪怕软化一点点"。

8月下旬，艾森豪威尔出访西欧，与阿登纳、麦克米伦和戴高乐进行磋商，确定美苏首脑会谈"最重要的目标是促使赫鲁晓夫同意暂时停止关于西柏林的威胁与反威胁"。争取扩大美苏之间人员来往。艾森豪威尔认为，"仅仅由于俄国政府可以轻易获得我们的生活、文化和工业的情报，而我们却难以获得苏联的情报这一理由，我想美国就应当继续把争取在适当的协定下扩大两国人民之间的接触作为目标"。此外，他还有一个长远考虑，那就是通过人员交流，"努力争取"有朝一日"将会在苏联掌权"的新的一代。

经过双方紧张的准备，1959年9月15日，赫鲁晓夫带着妻子、女儿、女婿飞抵华盛顿，先到外地参观了10天，最后在艾森豪威尔陪同下，飞往戴维营别墅，举行了两天会谈。会谈涉及德国、柏林、裁军、禁止核试验和美苏关系等问题。

根据艾森豪威尔的回忆，会谈中争论最激烈的是召开四大国最高级会议和柏林问题。艾森豪威尔明确地表示，只要存在哪怕与苏联的最后通牒"有一点点相似的东西"，表明苏联"要同东德缔结和约"，并且"要取消盟军在柏林的权力和特权"，他"就永远不会参加最高级会议"。赫鲁晓夫解释说，"西柏林作为爱好和平的民主德国机体里一个不受欢迎的刺激物已变得日益不能容忍。这种局面是不正常的，而且是以战时的决定为依据的，这距今已有14年了，应该予以改变。"艾森豪威尔反问："根据战时协议，你们得到了许多由西方盟国在德国攻占的地方，还得到了日本的千岛群岛"，"你们准备把它们归还吗？"在会谈的最后一天，赫鲁晓夫和艾森豪威尔仅带着一名译员进行秘密会谈。赫鲁晓夫表示将采取步骤，取消关于他限期同东德签署和约的建议，确认把柏林前途问题当作有待谈判的一个议题，而不是一个靠单方面行动来解决的问题。

9月27日，发表了苏美联合公报，公报宣布双方在柏林问题上"达成谅解，恢复谈判，以便达成一个将符合一切有关方面的利益、并有利于维持和平的解决办法"；双方"一致认为，一切没有解决的国际问题，都不应当通过运用武力的办法来解决，而应当通过谈判，和平解决"；公报还预期在短期内双方将"在派出更多的人员互访和扩大思想交流问题上"，"达成相应的协议"。

戴维营会谈是美苏两国互相利用的重要标志。艾森豪威尔顶住苏联的压力，迫使赫鲁晓夫暂时放弃了在西柏林问题上咄咄逼人的立场。而赫鲁晓夫则实现了他访问美国并与世界上头号强国的首脑举行会谈的愿望，使一触即发的柏林局势得到了缓和。会谈结束之后，赫鲁晓夫大肆宣传所谓"戴维营精神"。但艾森豪威尔却说："这是一个我从未用过也从未认为恰当的词儿"。

U-2 事件和四国首脑会议的流产

戴维营会谈后,苏联与西方国家商定:1960 年 5 月在巴黎举行苏、美、英、法四国首脑会议,然后艾森豪威尔访问苏联。但是在四国首脑会议前夕,发生了 U-2 飞机事件,打乱了原定计划。

U-2 飞机是美国主要为收集军事、经济情报专门制造的一种间谍飞机,它能飞到 2 万公尺以上的高空,拍下地面很清晰的图片。这种飞机名义上属于美国国家航空和宇宙航行局,作为"飞行气象实验站",负责"采集放射性样品",实际上归中央情报局指挥,而且其活动计划完全由总统批准。

1960 年 5 月 1 日,经艾森豪威尔批准,中央情报局又派了一架 U-2 飞机,从土耳其起飞,计划横越苏联心脏地区,然后飞到挪威。飞机深入苏联领空 1200 公里,在斯维尔德洛夫斯克上空,被苏联导弹击落。美国获悉 U-2 飞机出事后,便让国家航空和宇宙航行局发表了一个新闻公告,伴称他们的一架气象飞机"失踪"。

5 月 5 日,赫鲁晓夫在苏联最高苏维埃宣布了苏联击落 U-2 飞机的消息。他谴责这一行动是一种"旨在破坏最高级会议的侵略性挑衅",但又为艾森豪威尔开脱,说什么他"不怀疑艾森豪威尔总统谋求和平的真诚愿望"。

这时,美国误以为 U-2 飞机被击落后已经机毁人亡,又发表了一个声明,坚持说"U-2 飞机只是一架气象机。"而且编了一套谎言,似乎这架气象飞机发生事故,是由于"发生氧气供应的困难"。

5 月 6 日,苏联宣布 U-2 飞机的驾驶员弗朗西斯·鲍尔斯还活着并供认了他的间谍身份和任务。苏联报纸还刊登了鲍尔斯及其所使用的摄影装置的照片。

面对着真相大白的事实,5 月 11 日艾森豪威尔宣布苏联击落的 U-2 飞机的确是美国的侦察飞机,并说,他从执政开始,就"发出指令,要通过一切可能的渠道收集情报,以免美国遭受突然袭击"。

艾森豪威尔这种强硬态度,使赫鲁晓夫十分尴尬。就在同一天,赫鲁晓夫在答记者问时说,"你们知道我对这位总统的态度是友好的","我没想到在苏联上空进行侦察的主意,竟不是出于一个不负责任的军官的一时的任性"。"我听到说这位总统是赞成这些侵略行动的,不禁为之毛骨悚然"。当时,美国记者詹姆斯·赖斯顿写道:"由于坚持有权侵犯苏联国境,总统实质上向赫鲁晓夫挑战,使他在一向反对和解的斯大林主义者面前处于尴尬地位"。

尽管如此,赫鲁晓夫仍决定去巴黎出席四国首脑会议。他提前两天到了巴黎,要戴高乐和麦克米伦转告艾森豪威尔:美国政府必须向苏联道歉,惩罚对美国飞机侵犯苏联边界直接负责的人,并保证不再继续类似的行动,否则,他"将不可能参加会谈"。

5月16日正式开会前,赫鲁晓夫首先发言,他重申对美国的几点要求,还宣布撤销对艾森豪威尔的访苏邀请。接着艾森豪威尔为U-2飞机活动进行辩解,他说,他已下令停止侦察飞行。但他拒绝道歉。双方僵持不下,四国首脑会议终于流产。

为了应付国内外的指责和发泄自己的懊恼,5月18日,赫鲁晓夫在巴黎举行的记者招待会上大发雷霆,对艾森豪威尔进行了猛烈的攻击。6月,苏联中断了裁军谈判。7月1日,苏联在巴伦支海上空击落了一架美国侦察飞机。9月,赫鲁晓夫在联合国大会上发表演说,要求改组联合国,把联合国总部从纽约迁到瑞士、奥地利或苏联去。与此同时,苏美双方都追加军费,加紧军备竞赛。

这样,几个月前,赫鲁晓夫大肆宣扬的"戴维营精神",被互相攻击和新的一轮军备竞赛所代替,美苏争夺再度激化。

维也纳会谈

1961年初,约翰·肯尼迪继艾森豪威尔任美国总统。肯尼迪提出了所谓"和平战略",即"一手抓橄榄枝,一手抓箭"。他在竞选中宣称,美国需要一种新的对付苏联的办法。美国可以同苏联在"共同利益"的基础上就某些问题达成协议,但是美国必须以"实力地位"作为谈判的后盾,迫使苏联"愿意承担风险来缓和局势",使美苏关系"逐步解冻"。

苏联密切注视着肯尼迪的上台。在1960年5月发生了U-2飞机事件和巴黎四国首脑会议流产以后,赫鲁晓夫不再对艾森豪威尔抱有什么指望。他抓住几次机会,表示把希望寄托在肯尼迪身上。肯尼迪就职后,赫鲁晓夫立即致电祝贺,表示希望"通过我们共同的努力,在根本改进我们两国关系并使整个国际形势正常化方面获得成功"。赫鲁晓夫还对肯尼迪故作姿态。1960年7月,一架美国RB-47型飞机在苏联领土(伸入北极圈部分)上空被击落,两名飞行员被俘。艾森豪威尔政府曾几次要求释放飞行员,苏联均不理睬;而肯尼迪一上台,被俘的飞行员就释放了。赫鲁晓夫曾就此对美国驻苏联大使卢埃林·汤普森说,这是要使民主党人而不是共和党人得到好处。这一切表明,赫鲁晓夫对肯尼迪的"和平战略"是充满幻想的。

维也纳会谈

为了具体实施"和平战略"中的对苏战略,肯尼迪在2月间把美驻苏大使汤普森以及3位前任艾夫里尔·哈里曼、乔治·凯南、查尔斯·波伦召到白宫,对苏美关系进行了广泛深入的讨论。经研究决定向苏联建议举行一次新的苏美最高级会谈。汤普森带着肯尼迪有关这一建议的信件回到莫斯科,又在3月9日去西伯利亚会见了赫鲁晓夫。赫鲁晓夫接受了这一建议。经外交途径商定,会谈地点在维也纳。

然而,美苏关系并未随即"解冻"。3月,在日内瓦举行的苏美英三国关于禁止核试验的谈判(1958年11月开始)中,美国代表提出了美英两国经过修改的联合建议。但苏联代表不但加以拒绝,而且撤回了苏联对以前已取得一致意见各点的赞同,在苏方的新建议中提高了要价,使谈判达成协议的希望渺茫。这使肯尼迪感到只有在美国有力量持强硬态度时,对苏在边缘上进行试探的政策才会有效。肯尼迪政府随之提出了新的军事战略,即"灵活反应战略",来代替艾森豪威尔政府的"大规模报复战略"。在继续发展核武器的同时,加强常规兵力,以"多样化"的军事力量准备打各种类型的战争。从3月到5月,肯尼迪连续向国会提出特别咨文,要求增加军事预算拨款。苏联也不甘示弱,以加速发展导弹核武器回敬。2月,苏联宣布,苏军改组与装备新型武器的工作已经完成。战略性火箭部队已经建立,它已成为苏军的主力。4月,苏联宣布发射了第一艘载人宇宙飞船"东方号",以此显示苏联火箭的"强大威力"。

在上述背景下,6月3日到4日,美苏首脑在维也纳举行会谈。肯尼迪把这次会谈看成是确定未来美苏关系格局的一个机会。如果赫鲁晓夫有意在柏林问题上采取强硬态度,肯尼迪就希望表明:赫鲁晓夫不可欺人太甚。而赫鲁晓夫对会谈达成实质性协议则不抱期望,只是企图动摇肯尼迪的信念,迫使他做出让步。

会谈议程包括双边关系、裁军、禁止核试验、德国与柏林问题和老挝问题。关于双边关系,肯尼迪坚持要求苏联以现金偿还第二次世界大战期间美国给予苏联的物质援助,但赫鲁晓夫强调苏联在战争期间献出的鲜血比美国物质宝贵得多,因而拒不偿还。关于禁止核试验问题,赫鲁晓夫向肯尼迪提交了苏联政府关于停止原子武器与核试验问题的备忘录。然而,在禁止核试验以及裁军问题上,双方相持不下。焦点集中在两点:第一,赫鲁晓夫提出,禁试问题本身并不重要,必须把禁试同全面和彻底裁军问题联系起来;而肯尼迪则认为,应先从禁试入手,除非能得到裁军问题迅速达成协议的保证,否则美国不能接受苏联的"联系"方案。第二,关于禁试的监督与监督机构。赫鲁晓夫认为监督视察一年三次足矣,再多了就变为间谍活动。监督机构中的任何一方都应拥有否决权;肯尼迪则强调监督视察的重要性,并且不同意赫鲁晓夫的"否决权"主张,指出这将使监督无法进行。

有关禁试与裁军问题的讨论没有结果,随即进行的有关德国与柏林问题的讨论也陷入僵局。赫鲁晓夫向肯尼迪提交了苏联政府关于缔结对德和约并在这个基础上解决西柏林问题的备忘录,表示愿意在对德和约问题上与西方达成协议,但如果美国拒绝,苏联就将与东德签订和约,使西柏林成为一个自由市。无论如何,苏联要在1961年底以前签订这项和约。如果美国想要在柏林问题上打一仗,苏联对此也没有什么办法。肯尼迪针锋相对,回答说美国是不会接受最后通牒的。美军留驻柏林是根据四国协议所规定的权利,美国不能同意由苏联一国来废除四国协议。苏联那样做将在一夜之间使世界局势发生根本变化。肯尼迪奉劝赫鲁晓夫谨慎行事。关于老挝问题,双方只是认为有必要在老挝实现停火,支持老挝的中立与独立。

会谈后发表的联合声明表明,会谈没有取得实质性结果,但双方表示同意就两国和全世界的一切问题保持接触。赫鲁晓夫认为,这次会谈,各自的立场未做丝毫改变,而两国间的紧张关系却在某种程度上加剧了。肯尼迪的评论则是:关于这次会谈最好的一个形容词就是"阴暗"。

美苏在维也纳会谈中的唇枪舌剑很快变为在柏林问题上的军事对峙,6月到8月,发生了柏林危机。

7月25日,肯尼迪在维也纳会谈回国后就"柏林危机"向公众发表电视讲话,说明了美苏关于柏林问题对立的严重性,并要求增加兵力21.7万人,军费34亿美元,以对付苏联的威胁。就在此时,从民主德国逃往西方去的人数急剧增加,这些人大多是由西柏林逃到西方去的,西柏林收容所平均每天收容达 1500 人。另外,由于柏林是一个分裂而没有边界的城市,许多人利用两种马克的差价进行倒买,也给民主德国的经济带来消极影响。8 月 12 日,根据华沙条约缔约国莫斯科会议的建议,民主德国做出了加强边界管理的决定,并于 13 日封锁了东、西柏林的边界,15 日起在分界线上筑起一道高达 13 英尺的"柏林墙",建立一道防止民主德国人员流入西方和可以控制的安全边界。这一措施引起了西方国家的强烈反应,认为这是"破坏了四国在柏林的地位,是非法的。"肯尼迪总统派副总统约翰逊访问西柏林,并派遣 1500 人的增援部队开往西柏林,8 月 20 日,顺利通过民主德国领土,到达西柏林。

由于苏联没有采取阻拦行动,同时在 6 个月期限满后,苏联没有采取与民主德国单独缔结和约,由柏林墙引起的危机才再次缓和下来。

古巴导弹危机

从四国首脑会议流产后,苏美在外交上的另一次重大较量就是古巴导弹危机。

古巴革命胜利后,美国一直企图推翻古巴政府。肯尼迪上台后,在 1961 年 4 月 17 日,由美国组织 1400 名古巴流亡分子组成的雇佣军入侵古巴,在吉隆滩(猪湾)登陆,这次武装进攻以雇佣军大败而告终。肯尼迪政府在外交上输了一个回合,但不肯善罢甘休。1962 年 7 月,苏联以"保卫古巴"为名,偷偷地把中程导弹运进古巴。赫鲁晓夫企图把中程导弹设在古巴这个"不沉的航空母舰"上,变为洲际导弹的代用品,借以弥补苏联的洲际导弹劣势(美国 294 枚,苏 75 枚),加强苏联与美国争夺的战略地位。其次,苏联同美国在加勒比海的这一争夺,实际上是围绕欧洲这个重点而进行的。赫鲁晓夫企图利用设在古巴的中程导弹在一次新的柏林危机中取胜,逼迫美国在欧洲、柏林等问题上让步。再次以"保卫古巴"为名,行控制古巴之实。赫鲁晓夫要以导弹强有力地扩大苏联在拉丁美洲的影响,巩固苏联在拉美的立足点,从"后院"挖美国的墙角。

对于苏联偷偷把导弹运进古巴,美国有所觉察。8 月 29 日,美国 U-2 飞机发现在古巴的萨姆 II 型地对空导弹基地。9 月 4 日,肯尼迪发表声明,警告苏联不得把导弹等进攻性武器运进古巴。9 月 11 日,苏联政府授权塔斯社声明,公开否认有采取这种行动的任何意向。10 月 16 日,肯尼迪接到美国中央情报局的报告:苏联确实在古巴设有中程导弹发射场和"伊尔 28 型"轰炸机,并提供了显示清晰的数千张照片。白宫官员都大为震动,立即研讨对策,认为苏联在古巴设置导弹是一个严重威胁,只能摊牌而不能屈服。但究竟怎样摊牌呢?经过辩论,初步拟订了3个方案:1、只对导弹基地进行空袭;2、除空袭外也派军队进攻,即全面入侵古巴;3、海上武装封锁。实质性的争论是两派:空袭派和封锁派。肯尼迪权衡了利弊,认为空袭将逼使俄国人没有退路,因而要冒全面核战争的风险,而且空袭并不能保证完全清除导弹;海上封锁既能做出坚决有力的反应,又可留有灵活的回旋余地,它能对苏联保持一种可根据需要而逐步增大的压力,使危机在有利于美国的情况下得以解决。于是,美国最后决定采用海上封锁方案。

10月22日晚7点,肯尼迪发表广播电视演说,指责苏联在古巴"设置一系列进攻性的导弹基地","目的只能是配备向西半球进行核打击的能力"。要求苏联停止这种"轻率的和挑衅性的威胁",在联合国监督下撤出那些设置在古巴的进攻性武器。宣布对古巴采取"隔离措施",下令封锁古巴,并对运往古巴的"一切进攻性军事装备,在海上实行严格的检查"。他并强调,他已命令五角大楼为进一步的军事行动做好一切必要准备。在演说之前,美国本土和海外的美军已开始处于高度戒备状态。为了封锁古巴,美国出动了180余艘海军舰艇。与此同时,美国的北大西洋公约组织和美洲国家组织的盟国也做了军事戒备。苏联、古巴、华沙条约组织的国家也做了相应的准备。美苏双方剑拔弩张,一场核战争大有一触即发之势。

22日,肯尼迪致函赫鲁晓夫,并附送了他的演说副本。他在信中提醒赫鲁晓夫,要"正确理解美国在任何特定的情况下的意志和决心",并威胁说核战争将会"带来灾难性的后果"。23日,肯尼迪又签发了"禁止进攻性武器运往古巴"的公告,宣布美军从24日起将拦截可能前往古巴的舰船,并勒令这些舰船必须听候美国人检查。赫鲁晓夫在23日复信肯尼迪,指责肯尼迪以封锁来对他和苏联进行威胁,扬言他已经指令驶往古巴的苏联船只的船长不必服从美国海军的停船命令,对任何苏联船只的干涉行动就将迫使他"采取我们认为对保护我们的权利所必要的和适当的措施"。但实际上,苏联驶往古巴的货船在24日开始全部返航。然而,为数更多的苏联军事工程技术人员正在古巴加速构筑导弹基地和装配伊尔28型轰炸机。

25日,美国驻联合国大使史蒂文森在联合国安理会上公开展示了设在古巴的苏联导弹及其发射场照片,并与苏联驻联合国大使佐林进行辩论。同一天,肯尼迪又致函赫鲁晓夫,重申了敦促苏联从古巴撤出进攻性武器的要求。与此同时,肯尼迪下令做好全面入侵古巴的准备,以便增大压力。面对这种情况,赫鲁晓夫软了下来,他在26日复信肯尼迪,他保证不再向古巴运送武器,已经在古巴的那些武器则予以撤出。同时要求美国以解除封锁和同意不入侵古巴作为交换条件。但他在

27 日的另一封信中提高了要价,表示苏联将从古巴撤走导弹,而要求美国也从土耳其撤走导弹。苏联将保证不入侵土耳其或干涉其内政,美国也应对古巴做出同样的保证。肯尼迪政府经过反复讨论,最后决定采纳司法部长罗伯特·肯尼迪的提议,不理会赫鲁晓夫 27 日的信,而对其 26 日的信做出答复,回函接受了赫鲁晓夫在 26 日来信中提出的解决危机的条件。27 日晚上,罗伯特·肯尼迪奉约翰·肯尼迪之命,约见苏联驻美大使多勃雷宁,威胁说如果在 29 日得不到苏联的回答,美国就将对古巴采取军事行动。28 日,美国做好对苏联在古巴的导弹发射场进行空中轰炸的准备。就在这一天,赫鲁晓夫急忙复信肯尼迪,再次作了退让,表示要在联合国的监督与检查下从古巴拆除和撤走导弹。

危机的高潮就这样过去了。但事情并未最后结束。美苏原准备由联合国监察撤走苏联在古巴的导弹,但遭到古巴总理卡斯特罗拒绝,因为卡斯特罗对这种不尊重古巴主权而随意摆布古巴的做法表示强烈不满。苏联部长会议第一副主席米高扬在 11 月 2 日至 26 日访问古巴,对古巴领导人施加压力,迫使卡斯特罗同意联合国观察员实地观察。在此之前,从古巴运走导弹的苏联船只,在公海上接受美国军舰"舰靠船的观察",美国军用飞机还对陈列于驶离古巴的苏联船只甲板上的导弹进行空中摄影检查。11 月 8 日至 11 日,苏联一共从古巴运走了 42 枚中程导弹。11 月 20 日,肯尼迪宣布赫鲁晓夫还答应在 30 天内从古巴全部撤走伊尔 28 型轰炸机,与此同时美国宣布取消对古巴的海军封锁。12 月 6 日,美国国防部宣布苏联轰炸机已撤离古巴。

古巴导弹危机反映了美苏之间对世界霸权的激烈争夺。由于苏联实力不足,赫鲁晓夫不得不在肯尼迪的威胁面前一再退让。但苏联也在一定程度上达到了原先的目的,用撤出导弹换取了美国不入侵古巴的保证,并在禁止核试验问题上同美国达成某种默契。1963 年 5 月,美苏签订在两国首脑之间建立"热线"的协议。7月,美苏又拉英国一起签订了维持核霸权的"部分禁止核试验条约"。两个超级大国的公开勾结和继续争夺,对整个国际关系格局产生了重大影响,加速了两大阵营的瓦解。中苏关系正式破裂。法国公开反抗美国的霸权地位。第三世界国家组织"七十七国集团",推进不结盟运动,加强了维护民族利益、联合起来反帝反殖反霸的斗争。世界进一步由两极走向多极化。

美苏的新交易和角逐

在 1958 年 10 月,美国、英国和苏联开始了关于禁止核试验条约的谈判。在解决古巴导弹危机的过程中,美、苏双方更感到维护核垄断地位的重要,为此它们进行了新的交易。危机结束后,美国和苏联加快了就禁止核试验达成协议的步伐。

1963 年 7 月 15 日,美、英、苏在莫斯科恢复谈判,并很快达成协议。8 月 5 日,三国代表在莫斯科签署《禁止在大气层、外层空间和水下进行核武器试验条约》(以下简称《部分核禁试条约》)。条约于同年 10 月 10 日生效。此后,约有 100 个国家加入该条约。条约规定,缔约各国保证在大气层、外层空间或水下"禁止,防止并且不进行任何核武器试验爆炸或任何其他核爆炸",还保证"不引起,鼓励或以任何方式参加"上述核武器试验爆炸或其他核试验。

美、苏签订的《部分核禁试条约》是一个意在巩固美、苏核垄断地位的条约。美、苏以此限制其他国家特别是中国研制和发展核武器。然而,美、苏垄断核武器的目的没能达到。法国拒绝在《部分核禁试条约》上签字。中国则揭露了美、苏的企图,指出正确途径应是全面禁止和彻底销毁核武器。1964 年 10 月,中国成功地爆炸了第一颗原子弹,给美、苏核垄断与核讹诈政策以有力打击。同时中国政府郑重声明,中国在任何时候,任何情况下,都不会首先使用核武器。

1968 年美、苏又联合抛出所谓"防止核武器扩散条约"并于同年 7 月签署。这标志着美苏在核武器问题上的更大勾结。条约主要内容是:有核国家保证不直接或间接地将核武器或其他核爆炸器械转让给无核武器国家,或帮助这些国家制造核武器或其他核爆炸器械;无核武器国家保证不制造或以其他方法取得核武器或其他核爆炸器械,不从其他国家接受核武器或其他核爆炸器械,也不索取或接受这方面的援助。条约掩盖美、苏核竞赛是世界紧张局势的根源,反而归罪于"核扩散"。条约还规定国际原子能总署有权检查无核国家的核技术情况,这就为美、苏利用国际组织肆意干涉别国内政打开了大门。

1956 年英、法侵略埃及失败后,美、苏加紧了对中东,尤其是对埃及的渗透和扩张。美国提出艾森豪威尔主义,企图取代英、法,填补中东地区出现的真空。苏联则以军事、经济援助为手段,加紧向埃及、叙利亚、伊拉克等国扩展其影响。苏联的主要目的是防止埃及等国倒向美国,同时却害怕埃及同以色列真的发生军事对抗时把自己卷了进去。

美国针对苏联的行动,决定大力武装以色列,集中打击埃及,以排挤苏联。

以色列自苏伊士战争失败以来,一直耿耿于怀,便在美国的全力支持下,积极扩军备战。1967 年 6 月 5 日拂晓,以色列出动大批作战飞机对埃及进行了闪电式袭击。"六·五"战争,即第三次中东战争于是爆发。此时的埃及,由于从苏联得到关于美国确认"以色列不会发动进攻"的保证和相信苏联关于如果以色列进攻,苏联"决不坐视"的诺言,而放松了对突然袭击的警惕。战争爆发 3 小时后,埃及作战飞机 320 架,相当于全部飞机的 3/4 就被以色列空军击毁。随后,以色列又调转头去袭击叙利亚和约旦空军。一天之内,埃及、叙利亚、约旦空军基本上被摧毁。以军在掌握制空权后,即分兵五路向加沙地带、西奈半岛、约旦河西岸、耶路撒冷旧城和戈兰高地大举进攻。

战争一开始,苏联早把"决不坐视"的诺言抛到九霄云外。战争爆发当天,柯西金即通过"热线"向美国总统约翰逊表示苏联不希望同美国在中东问题上发生战争。当战斗最激烈时,埃及要求苏联立即空运武器装备,苏联却以种种借口拖延不运。经过美苏共同策划,安理会通过了要求阿以双方立即实现停火的决议。7日和 8 日,约旦、埃及和叙利亚先后被迫接受停火。而以色列直到 10 日攻占戈兰高地后才停止进攻。

第三次中东战争历时 6 天,以色列以死亡不足 1000 人的微小代价而大获全胜。埃及、叙利亚、约旦三国失去 65000 平方公里土地,数十万阿拉伯人和巴勒斯坦人离乡背井,沦为难民。

"六·五"战争结束后,6 月 23 日,柯西金和约翰逊在纽约和华盛顿之间的葛拉斯堡就"政治解决"中东问题举行秘密会谈。柯西金为了挽回在阿拉伯世界的面子,要以军撤回"六·五"战争前的停火线,遭到约翰逊的反对。此后,美、苏两国几经磋商,安理会于 11 月 22 日通过关于中东问题的"242 号决议"。决议要求以色列撤出"六·五"战争中占领的土地,结束中东一切交战状态,但未谴责以色列的侵略行径,而且把巴勒斯坦问题归结为"难民"问题。因此,阿拉伯国家拒绝接受这一决议。

"六·五"战争后,阿拉伯国家反美情绪高涨。埃及、叙利亚、伊拉克、阿尔及利亚、苏丹和也门相继同美断交。苏联为讨好阿拉伯世界,宣布与以色列断交,同时又以军事、经济、技术援助为诱饵,对阿拉伯国家加紧渗透。这时,阿拉伯国家领导人已逐渐认清苏联的真实意图。当时纳赛尔曾沉痛地表示,"我们在政治上被大国欺骗了,这是非常危险的"。

尼克松主义

1968 年,共和党人理查德·尼克松在美国总统竞选中获胜。1969 年初,当尼克松昂首步入白宫之时,他的脚步显然是沉重的,因为他面对的是一个正陷入"动乱的深渊"的美国和一个正在发生着深刻变化的世界局势。

首先,越南战争是美国最棘手的问题。越南战争使得美国像一头老牛深深陷足泥淖,不能出"蹄"。到1968年中期,美国在南越已有军事人员53万,而且平均每星期有200个美国人丧生。仅1968年一年美军死亡总数达14592名。这场战争已成为美国历史上最为漫长、也是流血最多的战争:3.5万多名美国人在战斗中丧生,另有7.5万人受伤,还有数百人被关押在北越的战俘营中。财政开支达1000亿美元,几乎有5000架价值超过50亿美元的飞机与直升机被越南人摧毁。越战在人们心中留下了抹不去的阴影,特别是成千上万美军士兵的阵亡严重影响了美国公众对越战的态度。人们开始冷静思考这一严峻的现实问题。多数公众认为,越战不值得美国人付出如此巨大的代价。一篇关于使用军事力量问题的美国公众舆论的调研报告认为:美国公众在1969年比整个冷战时期的任何时候都更加不赞成用美国的武装部队去保卫别的国家。多次盖洛普民意测验结果表明,60年代中后期,越来越多的美国人认为应注意搞好国内问题而不是涉足国外。人们的反战情绪随着战争升级迅速高涨。大学校园成为反战情绪的主要宣泄地,青年学生成为反战运动的主要倡导者。特别是1969年11月15日华盛顿25万大学生时间长达40小时"反对死亡进军"的示威大游行给美国各界以极大震动。此外,国会中的反战情绪亦有增无减,一些参议员更是慷慨激昂,力责越战的得不偿失。幻想的破灭、痛苦的尝试以及对政府行为动机的怀疑,使得人们郁积已久的反战情绪暴露无遗。公众对美国传统的社会准则丧失信心,孤立主义情绪在美国公众找到了广泛的市场。到60年代末,美国统治阶级上层一些人物已充分认识到越战给美国政治、经济带来的无法弥补的严重损失。1969年《幸福》杂志对美国500家最大的工业公司中300余名总经理进行调查,多数认为结束越战乃美国政府当务之急。尼克松亦曾在其回忆录里追忆说:"我一就任总统之后不得不处理的最紧迫的外交问题就是越南战争"。

其二,美国经济地位严重下降,经济形势急剧恶化。1970年同1948年相比,美国在资本主义世界工业总产值中的比重下降了16.8%,占37.8%,在世界出口贸易的比重下降了16.8%,占15%。通货膨胀却日益加剧,1967~1970年通货膨胀率逐年分别为3%、4%、5.6%、6.5%。同时,美国在国际市场上缺乏竞争力,西欧、日本各国商品对美国生产市场压力很大。加上美元大量外流,美金储备不断下降,金库空虚,使得美国财政经济状况日益恶化。

其三,国际格局的变化越来越不利于美国。西欧、日本、中国力量的增强和地位的提高,特别是日美矛盾的加深,西欧的独立发展,使得美国"指手画脚"的时代一去不返,这些昔日的"伙计"这时对美国已不再"俯首贴耳""言听计从"。加之,60年代中后期中苏矛盾的尖锐,使得美国对中国在世界上的地位有了较前更清楚、更深刻的认识,因而对中、苏两大敌对强国都不敢轻视、怠慢。

其四，美苏军事实力对比发生了不利于美国的变化。苏联利用美国深陷越战之机，迅速增加军事经济实力，两国差距大大缩小。苏联的工业产值，1960年是美国的65%，1970年则上升为美国的80%。由于战略核武器方面的劣势使得赫鲁晓夫在古巴导弹危机中颇丢面子，倍感屈辱，于是在此之后，苏联全力发展军工生产，特别是在战略核武器方面到1969年苏联已赶上了美国，到1970年苏则在数量上形成了对美的相对优势。以往美国对苏联在军事上的绝对优势已不复存在。美国的霸权地位无可否认地衰落了。

1969年7月25日，尼克松在关岛会见随行记者时，就美国的亚洲政策发表讲话，指出他正在拟制一项政策，"使美国能在太平洋地区继续成为一个强国而不搞家长式关系"。他表示美国在履行其条约义务和维持对盟国核保护的同时，将不再为制止侵略提供美国军队，而希望亚洲国家负责本国的"国内安全"和"军事防务"。但同时不排除给面临侵略危险的盟国提供军事装备和经济上的援助。

尼克松的关岛声明不仅是美国的亚洲政策，而且是美国决心调整其全球战略实行海外战略"收缩"的一个明显信号。美国参议院外交委员会主席曼斯菲尔德即把尼克松关岛谈话称为"尼克松主义"（或关岛主义）。

1969年11月3日，尼克松在全国电视广播讲话中，进一步明确阐述了"尼克松主义"的三原则：

（一）美国将恪守其一切条约义务；

（二）如果某一核大国威胁美某盟国的自由，或威胁某一美国认为其存在对美国以及整个地区的安全都至关重要的国家自由，美将提供援助；

（三）如果涉及的是其他类型的侵略，美国将在接到请求时，提供军事和经济援助，但不派出人力。

1970年2月8日，尼克松在向国会提交的外交政策长篇报告中，最后全面阐述了"尼克松主义"，进一步扩充了"尼克松主义"的内容，正式将原来的针对亚洲的"关岛主义"发展成为美国的新的全球战略，并提出了所谓"伙伴关系""实力""谈判"三原则作为尼克松主义的三根支柱：即以"伙伴关系"为核心，将盟国及仆从国推上第一线，让他们分摊责任，以减轻美国的负担；以"实力"为后盾，建立强大的"现实威慑力量"，以图与苏抗衡；以"谈判"为手段，代替对抗，在美国、西欧、日本、苏联、中国五大力量中搞均势外交，从"实力地位出发，明智地进行谈判"，以制约苏联，同时打开同中国的关系，推行"三角战略"，使中苏"竞相与美搞好关系"，美国回旋其间以争取有利于己的地位。

从"关岛主义"到最后"尼克松主义"三原则的出台，"尼克松主义"最终诞生了。

从根本上讲,尼克松主义要争取达到四个目标:"维护美国的条约义务和信誉;减少在海外作战的美国部队的数量;削减防务开支;减少国会与公众对美外政策的反对。简而言之:即维护第二次世界大战后美国在国际体系中的主导地位同时,降低美在东南亚介入的费用和官方姿态。

尼克松主义是美轻地外战略从攻势转向守势的重大转折,是其外交政策的分水岭。

尼克松

尼克松主义是美国国力衰败的产物,它标志着美国"黄金时代"的终结,但它并不意味着美国霸权主义野心的消失或减退。美国这时进行海外战略"收缩"——把"拳头"收回来的目的是为了更有力地再打出去,它的"守"是为了更强大的、更猛烈的"攻"。所以"尼克松主义"是一种"休养生息"的战略,是"退一步,进两步"的政策,是美国为更好地维持并保住其霸权地位而采取一种全球战略的新的外交构想。它所要求的仅仅是使美国承担的义务在其国力衰退的情况下同它自身的利益以及它有限的资源和力量相适应。连尼克松本人也承认,"要让美国退出世界竞争,不再设法当第一,那将是非常严重的错误"。美国战后所追求的领导世界的责任和欲望并未有丝毫改变,而且也不会改变。

美国的战略收缩

尼克松认为,战后 25 年,世界形势发生了重大变化,"美国占主导地位的时代"已经结束。世界出现了美、日、西欧、中、苏"五大力量中心",美国遇到了甚至"连做梦也没有想到的挑战"。美国现在已"接近古希腊、罗马最后衰亡时期"。国际形势的"两极世界已让位于从事多边外交活动的新时代";"铁板一块的共产党阵营已分裂为若干相互竞争的力量中心";苏联是一个"非常强大、有力和咄咄逼人的竞争者";中苏矛盾冲突成为"当代世界上最深刻的国际冲突"。美国在纷繁复杂的国际形势下,必须调整对外战略,从而竭力保持美国在国际事务中心的"领导地位"。

尼克松的对外战略调整包括一整套的军事战略和外交战略的调整。

就军事战略而言,尼克松政府提出了"现实威慑战略",其主要内容是:

(一)在战略核力量方面以"充足"论代替"优势"论,宣布美国战略核力量将根据充足原则来计划和部署。这表明美国承认美苏战略核力量已经势均力敌,美国已无法保持核优势地位。

(二)在常规力量方面,以"一个半战争战略"代替肯尼迪政府制定的"两个半战争战略"。所谓"一个半战争战略",即在欧洲(或亚洲)打一场大战,同时有能力在其他地区打一场小规模的战争。它的主要出发点是削减兵员和军费,减轻美国的财政负担和国内压力。

就外交战略而言;由于苏美力量对比发生了变化,美国已无力"在世界上担起保持政治稳定的担子";不得不从原来的全球范围内的干涉政策转而改为推行"均势外交"政策。该政策基本上以亨利·基辛格的均势外交思想为指导。基辛格这位犹太移民心目最崇拜的"英雄"人物之一,就是19世纪纵横捭阖于欧洲外交舞台上的奥地利著名外交活动家、铁血宰相俾斯麦。基辛格曾对这位"欧洲均势"理论实践家的"均势外交"思想及政策进行过潜心研究,他所信奉的那种源于欧洲的"均势"理论以及:"多极"世界的主张成为尼克松外交政策的理论依据。"多极世界"的出现,特别是中苏两国矛盾的加深,为美推行"均势外交"提供了机会。因此,基辛格根据国际形势的变化提出了一整套的外交政策。即调整以中、美、苏三角关系为主的四种均势关系:(一)美苏之间的均势;(二)亚洲、太平洋地区均势;(三)中东、波斯湾地区的均势;(四)欧洲的均势。

尼克松强调"保持一种均势的任务将考验美国领导的能力",这种"均势外交"能使美国在实力不济的情况下利用"五大力量"之间的矛盾,增加美国外交的灵活性,使美国在国际外交舞台上纵横捭阖,游刃有余,立于不败之地,以保持美国对世界的领导地位。美中关系正常化,能有效牵制苏联;在欧洲,可利用联邦德国对抗苏联。因此,尼克松认为在中美苏"三角关系"中美国是能捞到最大好处的"唯一国家"。难怪基辛格曾说:"当国际体系由许多实力大致相等的国家所组成的时候,手腕的巧妙在一定程度上可以代替物质实力"。美国前外交官戴维斯亦指出:"均势战略是一种合算的战略——它可以使较强的敌手的注意力至少部分地从自己身上转移到另一个敌手身上。也许最令人满意的是,这种战略还是它的运用者在任何一方讨价时处于有利的地位"这正是尼克松搞均势外交的真实目的和意图。

尼克松执政以后即开始实行其海外战略"收缩"。其战略收缩的第一步就是结束越南战争，从越战中脱身。一方面结束越战可减轻美国国内压力和美国国外负担。另一方面，结束越战也是打开同苏联、中国搞所谓"缓和"的前提和基础。尼克松在他第一次就任总统以前，就认为"越南问题与缓和是明显地联系在一起的"。而且他亦很清楚"缓和之成败，取决于越南问题的解决"。

为了体面以结束越战，尼克松处理越南问题的高招便是"双管齐下"——采取两项不同然而却是相辅相成的行动；"谈判"和"越南化"。即一方面，在保持强大军事压力的同时，通过谈判争取越南民主共和国和美国从越南南方"共同撤军"；另一方面，搞"越南化"即"非美化"，就是把美国所承担的沉重军事义务转嫁给越南当局，以减轻美军在亚洲的负担并使美军军事力量逐步撤离越南。同时，大大加强南越部队的训练和装备，使其能够担负起南越安全的充分责任，以便使美国扶植的南越政权在美军撤出后能够继续存在。

从 1969 年 1 月 25 日起，美国、南越阮文绍集团、越南民主共和国、越南南方民族解放战线四方开始在巴黎举行谈判。美方提出"一切非南越的部队"全部撤出南越；而越方则坚持"美国必须从越南南方撤出美军和其他外国的全部军队"，至于"在越南南方的越南武装部队问题应由越南各方自己解决"。谈判不欢而散。此后由于美军在越南连吃败仗，阵亡人数不断增加，而且国内公众不满情绪日益增加。于是美国一方面施加军事压力，一方面坚持在谈判失灵的情况下，开始实施撤军计划。1969 年 6 月 8 日，尼克松在与阮文绍中途岛会晤结束之后，不顾阮文绍的反对，单方面宣布 8 月 1 日美将从南越撤走 25000 名美军。9 月，尼克松又宣布，到 12 月 15 日，美军再撤走 40500 人。此后美军又几次宣布撤军人数。美国一方面撤军，一方面又把军事行动升级。1972 年 4 至 5 月，美军又猛烈轰炸河内、海防等地，并在北越所有港口布雷。美国企图通过这种军事升级迫使越方接受南越的政治现状。这种军事升级行动一直延续到 1972 年 10 月。这说明，尼克松政府在实施"越南化"计划的同时，始终未放弃施加军事压力和军事升级的做法。及至 1972 年 5 月 1 日，驻越美军已减至 6.9 万人，至 7 月 1 日，仅剩 4.9 万人。当然美军在撤走大量军事人员的同时，又以空前的规模和速度为南越提供军事装备和经济援助，力促南越军队的现代化。

美国在南越采取的军事升级行动一定程度上达到了预期目的。同时尼克松也不断给阮文绍施加压力，迫使其一步步接受越南北方的条件，经过双方的妥协，1973 年 1 月 27 日，参加巴黎会议的越南民主共和国、美国、越南南方共和临时政府和西贡政权在巴黎正式签订了《关于在越南结束战争、恢复和平的协定》。至此，美国历史上时间最长的战争宣告结束。美国从越南撤出了全部侵越美军。美国这头身陷泥淖的老牛终于出了"蹄"，终于从越战中脱出身来。

尼克松政府在从越南撤军、和中国关系开始正常化进程的同时,对苏联展开了"缓和"外交,企图缓和与苏联的关系。1969 年 1 月 20 日,尼克松在就职演说中谈到对苏政策时说:"经过一段时期,我们正进入一个谈判的时代"。这就发出了对苏缓和信号。尼克松之所以要对苏实行缓和外交,其背景已如前述。这里需要提到的是尼克松在美国实力地位下降、苏联实力地位上升的情况下,试图通过"缓和",通过谈判,来限制苏联扩充军备,同苏联保持大体的力量均衡,同时用满足苏联某些要求的经济协议,换取苏联克制扩张行动。这样,和苏联举行高层会谈变成为美苏缓和的重要形式。

70 年代,苏美首脑共进行了五次会谈;尼克松任期内,美苏两国首脑共举行了三次会晤。

1969 年 1 月 21 日,在尼克松发表就职演说几小时后,苏联领导人就公开宣布愿意同美国就限制核武器问题进行谈判,并提出首脑会晤的想法。苏联当时之所以对改善美苏关系表现出极大热情,主要是由于以下两方面原因;其一,为了更迅速地摆脱侵捷事件以来苏联所面临的外交困境;其二,在当时中苏关系恶化的情况下更大限度地孤立中国。

从 1969 年 11 月起,美苏开始就限制战略武器问题进行会谈。谈判中,美国采取"连环套"策略,主张把谈判同越南问题、中东问题、欧洲问题等政治交易联系起来,压苏联让步。苏联则在核谈判的同时,大力推动召开欧洲安全会议,企图以"缓和战略"麻痹西方,并在中美关系有所变化后,有意放慢"核会谈"步子,力图牵制中美关系的发展。1972 年 5 月 20 日,尼克松抵达莫斯科,拉开了美苏第一次首脑会晤的帷幕。这是二战后第一个美国总统访苏。会晤期间,美苏签署了《美苏关系基本原则》文件。文件确认以"和平共处""缓和"作为两国关系的指导原则。双方保证尽力避免军事冲突,防止核战争,用和平手段解决争端,并决定成立美苏贸易委员会。会谈还签订了《美苏关于限制反导弹系统条约》和《美苏关于限制进攻性战略核武器的临时协定》。美苏首脑莫斯科会晤,使欧洲缓和被纳入美苏缓和的轨道,美苏两国都在某种程度上达到了各自的目的。美国加强了自己在美、中、苏"三角关系"中的地位,从而在未来的国际外交舞台上处于更有利的位置。同时,尼克松的所谓"联系"原则也在一定程度上得到了实现。苏联企盼已久的美苏均势终于得到了美国的承认,这不能不说是苏联外交的胜利。第一次美苏首脑会晤在国际上引起了很大震动。美苏两国高度评价此次会晤,而西欧一些盟国则对美苏会晤后果深表担忧,因为它们担心美苏缓和可能使美国减少在欧洲承担的义务。尽管如此,尼克松和勃列日涅夫都因首脑会晤及限制战略核武器协定的签订在国内声望倍增。

美苏第一次首脑会晤之后,欧洲缓和得到进一步发展。欧安会筹备会议及中欧裁军会议筹备会议先后分别在赫尔辛基和日内瓦举行。同时,第二阶段限制战略武器的谈判亦开始进行,美苏两国的经济贸易较前有了很大发展,文化科技方面的交流也得到加强。1973年2月,苏联领导勃列日涅夫致函尼克松,建议举行第二次首脑会晤。时值尼克松正遇"水门事件"而威信大损,就美方而言,尼克松也希望尽早进行新的一轮首脑会晤,以求迅速摆脱因"水门事件"带来的困境。1973年5月4日,尼克松派基辛格访苏,为6月份的美苏首脑会晤做准备。6月18日,勃列日涅夫访问美国,同尼克松举行了第二次首脑会晤。会晤期间双方签署《美苏防止核战争协定》《美苏关于限制反导弹系统条约》等13个文件,并发表了联合公报。勃列日涅夫与尼克松在会谈中还就中东地区形势、越南问题以及欧安会及共同均衡裁军等问题进行了广泛探讨和磋商。

第二次首脑会晤以后,美苏缓和由于国际上一些地区局部形势的变化而经受了一次考验,但是总的说来缓的势头没有逆转。1974年3月24日,基辛格再次访苏,为预定于6月份举行的第三次首脑会晤做准备。1974年6月27日,尼克松再度访苏,同勃列日涅夫举行美苏首脑第三次会晤。会晤期间,双方就进一步限制反弹道导弹系统、限制地下核试验进行了广泛讨论并在经济、科技、能源等方面达成了协议。第三次美苏首脑会晤由于尼克松在政治上的困境及苏联方面的不信任态度使结果无任何重大突破。

第三次美苏首脑会晤之后不久,尼克松即因水门事件而辞职,福特继任美国总统。福特政府不仅继承尼克松政府的对苏缓和政策,而且取得了重要进展。1974年11月,福特在海参崴同勃列日涅夫进行"工作会谈",双方就限制进攻性战略武器的协定达成了一致。1975年7月,包括美苏两国在内的35个国家政府首脑参加的欧洲安全与合作会议,签署了《最后文件》即所谓《赫尔辛基宣言》。欧安会的召开及最后文件的签署标志着东西方缓和达到最高潮。

1976年,美苏由于在安哥拉问题上相持不下,加上1976年又是美国总统的大选年,美国国内一部分人乘机对福特的缓和政策大加攻击,迫使福特政府对苏采取强硬立场,放弃使用"缓和"一词。苏联虽然仍大力宣扬缓和,但是美苏关系的缓和进程在1976年实际上处于停滞状态。从此以后,缓和开始明显地走下坡路了。

尼克松水门丑闻

1972年6月17日凌晨,以尼克松竞选班子的首席安全问题顾问詹姆斯·麦科德为首的 5 个人闯入华盛顿水门大厦民主党全国委员会办公室安装窃听器时当场被捕。随后,经过初步调查,又逮捕了与此案密切相关的尼克松竞选班子关于募款工作的法律顾问戈登·利迪和原总统特别顾问查尔斯·科尔森的助手小霍华德·亨特。

6 月 23 日,当尼克松从白宫办公厅主任哈里·霍尔德曼那里得知联邦调查局已把被捕人员身上的钱追踪到争取总统连任委员会时,他通过霍尔德曼和国内事务委员会主任约翰·埃利希曼,要中央情报局以联邦调查局继续调查被捕人员身上的钱可能危及中央情报局在墨西哥的资产为借口,转告联邦调查局"停止调查此案。"与此同时,被捕人员收到大量"支持"费用,要他们服罪并保持沉默。在做好这些安排后,尼克松在 8 月 29 日宣称,"白宫和内阁现职官员都与水门事件毫无关系",水门事件的真相就这样被暂时掩盖起来了。11 月 7 日,尼克松在大选中获得空前的胜利。

然而,1973 年 3 月 23 日,华盛顿地区法院的约翰·赛里卡法官公布了面临重刑威胁的麦科德写给他的一封信。麦科德在信中说:"被告们遭受政治压力,要他们承认有罪,并保持沉默"。"共和党的一些高级官员事先知道水门闯入事件"。他表示要打破沉默,揭露事实真相。3 月 28 日,《华盛顿邮报》《纽约时报》等大报详尽地报道了麦科德在以民主党参议员小萨姆·欧文为主席的参议院水门事件特别调查委员会上作证的情况,以及其他当事人、知情人提供内幕材料。从此案情急转直下。

4 月 30 日,尼克松被迫宣布霍尔德曼、埃利希曼辞职,企图摆脱白宫与水门事件的牵连,表白自己对水门事件的公正态度。然而,5 月 17 日,欧文委员会开始电视听证会,白宫负责处理水门事件的法律顾问约翰·迪安为了免于"单独被大火烧死"。对水门事件及掩盖活动提供了详细的证词。与此同时,哈佛大学法律教授、肯尼迪政府的司法部助理检察长阿奇博尔德·考克斯被任命为特别检察官,负责调查水门事件等问题。7 月 16 日,联邦航空管理局局长亚历山大·巴特菲尔特在欧文委员会上透露,1971 年初以来,尼克松录下了他在白宫和行政大楼办公室的大部分谈话,其中包括迪安证词中提到过的所有谈话。欧文委员会和特别检察官考克斯强烈要求尼克松交出录音带,而尼克松援引"行政特权",公开蔑视欧文委员会和考克斯对录音带的传调令。欧文委员会和考克斯告到华盛顿地区法院。8 月 29 日,赛里卡法官命令尼克松把录音带交给他。尼克松不交,又告到哥伦比亚特区上诉法院。然而,10 月 12 日,上诉法院基本上维持赛里卡法官的原判。尼克松被迫退让,表示愿意做出妥协,向赛里卡法官和欧文委员会提供一份经民主党参议员约翰·斯坦尼斯证实的录音带摘要。但考克斯对此提出异议。10 月 20 日,尼克松公然下令解除考克斯的职务,造成了所谓的"星期六晚上的大屠杀"。引起了全国的强烈抗议,纷纷要求尼克松辞职或"对他弹劾"。

1974年2月6日,众议院授权司法委员会开始进行是否应对总统弹劾的调查。4月18日,新任特别检察官利昂·贾沃斯基要传调总统和迪安、埃

尼克松对"水门事件"发言

利希曼、霍尔德曼等人的64次谈话录音。白宫仍然根据行政特权加以拒绝。5月20日,赛里卡法官命令尼克松向法院交出贾沃斯基传调的录音带。尼克松告到上诉法院,赛里卡要求最高法院裁决。7月24日,最高法院竟以8票对零票一致裁决总统必须交出传调的录音带。尼克松无奈只得接受裁决。此后,众院司法委员会加速了就弹劾问题的公开辩论,并于7月30日前通过了弹劾尼克松的三项条款,即(1)采取一系列行动阻挠对水门事件进行公正的调查;(2)广泛滥用总统权力;(3)蔑视国会传调录音带的命令,破坏宪法政府。

在尼克松决定向法院交出的录音带中,包括1972年6月23日他要霍尔德曼让中央情报局制止联邦调查局对水门事件调查的谈话。这就无可辩驳地证明,尼克松对掩盖水门事件不但知情,而且是他直接下令干的。尼克松滥用职权,阻挠司法,几乎肯定要被弹劾。经白宫办公厅主任亚历山大·黑格等人的劝导,尼克松终于在8月8日正式宣布辞职。曾经一心要名垂史册的尼克松就这样成了美国历史上第一个被迫辞职的总统。

"水门事件"前后持续了两年多时间,对美国内外都造成了极为深刻的影响。难怪合众国际社把水门丑闻列为1973年美国的头号新闻,而共同社则将此作为该年十大国际新闻的第三条。尽管杰拉尔德·福特接任美国总统时声称,"一场长期的民族噩梦已经过去。"然而时至今日,其后遗症仍远未消除。

资产阶级历来认为,三权分立相互制衡可以"防止独裁","保障民主和自由"。从现象上看,"美利坚合众国诉理查德·尼克松"一案,是国会(参议院水门事件特别调查委员会与众议院司法委员会)和法院(华盛顿地区法院与最高法院)同总统的对抗,似乎确实证明了"美国最古老的宪法原则——三权分立"的优越性。国会,特别是"众议院司法委员会是反对总统独断专行的堡垒",而法院则"维护任何人,尤其是总统,都不能置身于法律之上"的原则。"自由的新闻界吹响了危险的

警报,并推动了调查的进程"。福特总统明确说,尼克松被迫辞职是"美国宪法起了作用"。欧文参议员称,三权分立的优越性是"难于同时腐蚀(联邦政府的)三个部门"。总之,他们企图渲染这些表面现象,来转移人们对水门丑闻恶劣影响的注意,为美国的宪法原则辩解。我们应该透过现象看本质,正确评价美国的资产阶级民主制度。

在调查水门事件过程中揭露出来的大量事实彻底暴露了美国所谓的民主选举中的种种卑鄙勾当。他们为了击败对手,根本无视法律和道德,毫无顾忌地使用诽谤、闯入、窃听、破坏甚至暗杀等种种手段。正如阿瑟·林克和威廉·凯顿所指出,在调查水门事件过程中逐渐揭露出来的"所有这些活动或者是完全非法的,或者是极不道德的,或者是既非法又不道德。尤其是这些活动都是在总统的主要助手默认、批准,甚至在大多数情况下,是他们直接下令进行的"。尽管这类肮脏做法过去历届政府都用,但尼克松政府在破坏法律和道德准则方面确实是骇人听闻的。尼克松政府的副总统阿格纽和司法部长米切尔为首的40多名政府官员受到了刑事起诉。一位副总统、两名内阁部长、10余名白宫官员和分布在行政部门的其他近15名官员表示服罪或经审判后宣布有罪。凡此种种,使美国人民陷入一片"沮丧、幻灭和失望"的情绪之中。他们认为共和党和民主党都滥用了美国的"民主制度,有人认为美国官员没有一个是好的。"佐治亚州议会前议长老弗雷德·汉德说,"任何一个在州一级搞过竞选活动的人都明白,如果他干的事全部公开出来,他就得作为罪犯被抓起来。"总之,水门丑闻使美国人民越来越清楚地看到了美国的所谓民主制度的虚伪性。

长期以来,美国的白宫和国会之间争权斗争持续不断。第二次世界大战后,总统的权力更为膨胀。特别是20世纪50年代中到60年代初,在美国形成了所谓的"一致意见",即共和党和保守派同意把国家的经济福利,尤其是维持充分就业作为总统的责任,而民主党和自由派则赞同总统应该负责维持世界大部分地区的"和平和自由",推行全球遏制政策。这就进一步扩大了总统的权力,以致美国著名历史学家小施莱辛格把合众国总统称之为"帝王式总统"。特别是尼克松担任总统后,向国会隐瞒对柬埔寨的秘密轰炸,大砍"伟大的社会"的有关计划,禁止联邦官僚机构使用国会已经通过的拨款等等,促使民主党自由派控制的国会于70年代通过了大量立法,企图扭转"行政部门篡权日甚"的趋势,夺回宪法授予国会的权力。水门事件把国会向白宫的争权斗争推向了新的高潮。1973年4月,尼克松宣布放弃某些行政特权,允许白宫官员出席国会的委员会作证;随后又于10月被迫答应交出录音带和秘密文件,这都大大削弱了总统的特权。1973年11月,国会两院又以2/3的多数推翻了尼克松的否决,确认了战争权力法,规定未经国会通过宣战或立法的授权,总统所进行的作战行动不得超过 60 天。这项法律是美国国会有史以来第一次限制总统在战争问题上的权力,被称为 70 年代国会"复活"的最重要标志。1974 年,国会又通过了预算和扣款控制法,规定参、众两院任何一院的决议都可否决总统拒绝使用国会拨款的决定,剥夺了从杰弗逊总统以来历届总统拥有的特权。1974 年 7 月,国会通过对总统的弹劾调查,终于迫使尼克松宣布辞职。总之,所谓宪法原则在水门事件中发挥了作用,只不过是反映了国会和总统之间长期的争权斗争,是以东部财团为靠山的民主党自由派控制的国会和西部财团扶植起来的共和党保守派总统尼克松之间的冲突。这就是说,水门事件的大吵大嚷充其量不过是资产阶级内部的所谓"平等""民主"罢了,而这种"平等""民主"无非是"尔虞我诈、钩心斗角"的代名词而已。用水门丑闻来证明三权分立的优越性只不过是为了混淆是非,安抚人心。

联邦法院系统,特别最高级法院对总统有重要的影响。"组成最高法院的 9 名法官对一位现代总统讲来犹如宗教对中世纪的君主一样",总统的就职仪式是由首席法官主持的。因此,可以说是他赋予新总统以合法地位和宪法权力。尽管最高法院可以运用司法审查权,宣布总统的行动违宪无效,但是一般讲来最高法院经常维护总统的权力,很少直接与总统发生对抗。在审理"美国诉尼克松"一案中,以沃伦·伯格为首席法官的最高法院为了争取公众的最大支持,并对总统施加最大的压力,以 8 票对零票裁决:尼克松必须向华盛顿地区法院赛里卡法官交出 64 次白宫谈话的录音带。这项裁决不仅成了美国历史上第一次出现总统辞职的直接原因,而且就总统是否有权阻挠司法程序、三权分立原则是否授予总统保护秘密通讯的绝对权力、特别就总统是否能宣称他自己是总统的宪法权力和特权的唯一裁判人等问题做出了不利于总统的裁决,从而削弱了总统作为行政首脑的权力,提高了最高法院的权威。

"新闻自由"是资产阶级民主的重要表现形式,对维护垄断资产阶级的统治具有重要作用。美国新闻界竭力标榜"新闻自由",声称他们可以自由地发表各种的消息和评论,对政府、包括行政首脑总统,进行揭露、监督和献策,为美国资本主义的发展起过重要作用。《纽约时报》副社长赖斯顿曾大言不惭地说,美国是记者们"创造"的。美国总统对新闻界热衷于揭露政府的隐私深为恼火。华盛顿总统就曾抱怨美国政府及其官员经常成为报纸咒骂的对象。但是,美国总统也都极为重视新闻工作,千方百计地加以控制,以便操纵舆论,宣扬他的内外政策,树立他本人的形象。尽管新闻界在维护资本主义制度这个根本利益上是与总统完全一致的。但长期以来,美国总统和新闻界的关系一直比较紧张。特别是尼克松担任总统期间与新闻界多次发生冲突。1973 年 3 月,《华盛顿报》的记者鲍波·伍德沃德和卡尔·伯恩斯坦首先揭露了水门事件,掀起了美国历史上新闻界与总统之间持续时间最长而且最尖锐的冲突,把尼克松及其政府搞得声名狼藉。资产阶级学者强调,水门事件再次证明了新闻自由的必要性和重要性。但新闻界对政府的监督作用,决不能忽视所谓"新闻自由"的根本目的是与政府共同维护资产阶级的统治。

苏联在欧洲争夺核优势

70年代中后期,随着苏联经济军事实力的大大加强,苏联政府认为已经"有实际可能在世界帝国主义体系一系列环节实现进攻性阶级斗争战略",于是在继续鼓吹"缓和"的同时,开始推行在缓和掩护下的戟战略,在缓和的烟幕下展开全球范围的扩张。

苏联在这一时期的向全球范围的扩张中,继续把欧洲作为争夺的重点,在欧洲部署重兵。据统计,苏联在欧洲本土和东欧地区集中了它3/4的军队,80~90%的中远程导弹,80%以上的坦克,70%的海军力量,74%的空军和空防军力量,向西欧国家施加压力和军事威慑。与此同时,美国及北大西洋集团在欧洲部署以重兵。据西方估计,华约组织和北约组织部署在欧洲的总兵力,华约是414万人(其中苏联占314万),北约是314万人;坦克:约华是4.6万余辆(其中苏联3.1万多辆),北约1.7万多辆;飞机:华约是1.2万多架(其中苏联7500架),北约为9800多架。在军事力量部署上,苏联驻东欧的31个陆军师是苏联的精锐的部队,全部为满员师,坦克师比重高达50%,仅在东德一地就集中了10个坦克师和10个摩托化步兵师。

苏联同美国在欧洲争夺的焦点是核优势。1977~1982年,苏联在欧洲地区部署了200枚SS-20分导式弹道导弹,加上283枚SS-4和SS-5中程导弹。为此,北约组织自1983年起,在英国、联邦德国、意大利、荷兰、比利时五国部署108枚潘兴Ⅱ式导弹,以对付苏联在欧洲的核优势。

在争夺欧洲的同时,苏联考虑到和北大西洋集团两军对峙的僵持状态实难从正面有所突破,于是把目光转向亚洲、非洲、拉丁美洲,企图从侧翼迂回包抄和孤立西欧,同时扩大苏联势力范围。

非洲大陆濒临大西洋、印度洋、地中海和红海,倘若苏联控制了非洲,便可以夺得两洋控制权。而且非洲有着丰富的战略物资资源。因此加紧向非洲扩张,逐步扩大势力范围,从南翼包围欧洲,就成为苏联的一个战略目标。

1975年,苏联利用古巴雇佣军武装干涉刚刚独立的安哥拉,使安哥拉重陷火海。为其在非洲进一步推行霸权主义取得了立足之后,苏联又把势力扩展到东北非,1976 年又策划政变企图颠覆苏丹政策。同时,乘埃塞俄比亚和索马里发生争端之机,把 1.7 万名苏古军事人员、400 多辆坦克、50 多架新式战斗轰炸机、大量导弹及大炮等价值 10 亿美元的武器运进非洲之角,进行军事干涉。1977 年和 1978 年两次策划入侵扎伊尔,并力图在非洲中央进行突破,拦腰切断非洲,结果未能如愿。在南部非洲,苏联通过挑拨离间,分化瓦解等手段千方百计试图插手津巴布韦、纳米比亚人民的解放斗争,加紧向这一地区渗透,以期卡断西方赖以生存的南大西洋运输线。70 年代末,苏联在非洲挑起几次大的军事冲突都依靠的是古巴雇佣军。包括古巴雇佣军在内的苏、古以及苏仆从国的军事人员共计 6 万余人分布于非洲 17 个国家,非洲 7 个沿海国家被苏控制和使用的港口、机场、导弹基地、军事通讯站等设施多达 20 余处。此外,苏联还同埃塞俄比亚、安哥拉、莫桑比克三国签订了带有军事性质的"友好合作条约"。

《中苏友好同盟互助条约》的签订

新中国诞生的第二天,就得到了苏联的承认,这对新中国是很重要的支持。但是,中国人民革命取得胜利的道路,是中国共产党把马列主义普遍真理同中国革命的具体实践相结合、独立自主找到的正确道路;中国革命迅速取得胜利也出乎苏联领导人意料之外,因而苏联在对中国革命胜利表示热情欢迎的同时,在政治上对新中国又持某些疑虑。在经济方面,按苏联当时的情况,对中国的援助也十分有限。

考虑到当时的国内外形势,为了保持国际共产主义运动的团结,争取苏联的积极支持,以利摆脱帝国主义的孤立和封锁,并加速恢复、发展国民经济,还在新中国宣告成立的前夕,毛泽东就明确地提出了,"我们在国际上是属于以苏联为首的反帝国主义战线一方面的",以及"倒向社会主义"的"一边倒"的对外关系方针。

1949 年 12 月~1950 年 2 月,毛泽东应斯大林的邀请访问了苏联,并就中苏之间的重大政治经济问题进行了会谈。1950 年 1 月周恩来抵苏加入谈判。参加会谈的主要成员还有苏联外长维辛斯基。经过多次会谈,1950 年 2 月 14 日在莫斯科签订了《关于友好同盟互助条约》。同时,还签订了《中苏中国长春铁路、旅顺口及大连的协定》和《关于贷款给中华人民共和国的协定》。

《中苏友好同盟互助条约》规定了双方在政治、军事、经济、文化等各个领域的全面合作,确立了中苏之间的同盟关系。条约的核心内容是,缔约国双方均不参加反对对方的任何同盟、集团、行动和措施,缔约一方如果受到第三国的侵略,另一方"即尽其全力给予军事及其他援助"。条约有效期为 30 年。

《关于中国长春铁路、旅顺口及大连的协定》规定，不迟于1952年末，苏联政府将共同管理中长路的一切权利以及属于该路的全部财产无偿地移交中国政府。在同一期限内，苏军从共同使用的旅顺口海军基地撤退，并将该地区的设备移交中国政府，由中国政府偿付苏联自1945年起对上述设备的恢复与建设的费用；在苏军撤退前的时期，该地区的民事行政，应由中国政府管辖。大连的行政，也完全由中国政府管辖，现时大连所有财产凡为苏联方面临时代管或租用者，应由中国政府接受。后考虑到朝鲜战争还在进行等新情况，1952年9月，双方又协商延长共同使用旅顺口海军基地的期限。1955年5月，驻旅顺口苏军全部撤退回国。

《关于贷款给中华人民共和国的协定》规定，苏联从1950年至1954年五年内，贷款给中国3亿美元，年利为1%；这笔贷款作为中国偿付苏联卖给中国机器设备与器材之用；中国在1963年底以前，将以原料、茶叶、美元等分期还清这笔贷款及利息。

在上述条约和协定签订的同时，中苏外长还以互换照会的形式声明，1945年8月14日苏联与中国国民党政府缔结的各项条约及协定均失去其效力；双方政府确认蒙古人民共和国的独立地位。同时宣布，苏联决定将其在东北自日本手中所获得的财产，及其过去在北京兵营的全部房产，无偿地移交中国政府。

《中苏友好同盟条约》的缔结和实施，对于中苏两国的发展和远东局势的稳定都有积极的作用。中苏两国友好关系以条约和协定的形式固定下来，推动了两国人民友好往来，中国人民掀起向苏学习的热潮。但是，即使在50年代前半期中苏友好交往期间，在条约执行中已发生一些使中国人民不甚愉快的事情。如在关于无偿移交日本投降后在东北留下的财产问题上，苏军在撤离东北时，实际上已将所有能拆卸运走的厂矿机器设备和器材物资等几乎全部搬走，只移交了一些空房子；在两国货币的比值问题上，苏联不顾中国政府的异议，将卢布比值定得很高，将人民币的比值压得很低。这些情况，暴露出苏联大国沙文主义和民族利己主义的倾向。这种错误倾向在以后的中苏交往中更有所发展，从而使同盟条约不可避免地蒙上阴影，并最终导致两国关系的破裂。同盟条约在1980年期满后未再延长。

苏联和南斯拉夫的冲突与和解

苏联与南斯拉夫之间长期存在各种矛盾。早在第二次世界大战时期，苏联为了维护与美英的联盟，在南斯拉夫问题上，采取承认流亡政府、抑制南斯拉夫共产党游击队并促使两者达成协议的政策，苏南两党之间的矛盾已露端倪。

战后,苏联与南斯拉夫矛盾不断发展。首先反映在的里雅斯特的归属问题上。本来,南斯拉夫与意大利对此问题长期存在着争议。但在1945年5月,苏联事前未与南斯拉夫商量就接受了法国提出的方案:把该地区暂分为A、B两区,A区由美英占领,B区由南斯拉夫管辖。南斯拉夫对该方案及苏联这一做法很不满意。接着在两国经济关系中也出现矛盾。1946年8月,两国就经济合作开始谈判,但谈判很不顺利,拖到1947年2月始签订一项关于成立空运公司和河运公司的协定,而南斯拉夫仍认为该协定中有些规定并不平等。

1947年秋至1948年初,在关于筹建巴尔干联邦问题上,两国分歧开始公开化。当时,南斯拉夫、保加利亚、罗马尼亚等国领导人先后接触,酝酿建立巴尔干—多瑙河联邦或邦联的计划。但1948年1月28日苏联《真理报》编辑部发表声明,苏联政府不赞成这一计划。2月,南斯拉夫领导人之一卡德尔应邀赴莫斯科会谈,受到斯大林斥责,并被迫与苏签订了一项就南斯拉夫外交政策同苏联进行磋商的协定。

1948年3月18日,苏联突然宣布立即从南斯拉夫撤走所有军事顾问和教官。次日又通知撤走全部文职专家。从3月18日至5月22日,苏南之间就双方分歧交换了七封信件。苏共中央在信中指责南共领导人"骄傲自大",有"反苏情绪"和"反苏言论";南共"没有体现出阶级斗争的政策精神,资本主义成分正在城乡增长"等。南共中央对上述指责逐一作了辩驳,并建议苏共派代表来南实地调查讨论。苏共则认为必须把分歧提交情报局。同时,苏将分歧透露给东欧各国党。随后,匈牙利、保加利亚、罗马尼亚、捷克斯洛伐克、波兰等国做出支持苏共立场的决议,对南斯拉夫施加压力。

1948年6月,情报局第三次会议在布加勒斯特举行。南共处境不利,拒绝与会。会议通过了《关于南斯拉夫情况》的决议。决议"表示完全同意苏共中央对南共所犯错误的批评",并得出结论说,南共已"处于情报局的队伍之外"。决议号召南共的"健全分子"起来改变南共的领导及其路线。对此,南共中央发表声明,认为情报局这个决议对南是"不公正"的。7月,南共召开"五大",又通过了《关于南共对情报局的态度》的决议,驳斥了对南共的所有指责,并再次选举铁托为南共中央总书记。1949年11月,情报局又在匈牙利召开会议,通过了《南斯拉夫共产党是刽子手和特务当权》的决议,进一步指责南共领导"已完全蜕化为法西斯主义并投入了世界帝国主义阵营",是一个"间谍集团"。

苏南公开冲突和情报局决议给南斯拉夫造成了极大的困难,也造成了战后国际共运的第一次分裂,引起了社会主义阵营的混乱。

斯大林逝世后,苏联开始调整对外政策。1953年6月,苏南外交关系恢复。1955年5月,赫鲁晓夫率苏政府代表团访问南斯拉夫。他在抵南时的讲话中,对过去苏南关系遭到破坏"衷心地表示遗憾",并把问题归咎于贝利亚等人的"挑拨"。经过谈判,6月2日双方发表了《贝尔格莱德宣言》。宣言强调,"在两国关系中互相尊重主权、独立、领土完整和互相平等";并保证互不以任何理由干涉内政。1955年8月,两国在莫斯科缔结了一个长期贸易协定,苏联贷款给南斯拉夫1.94亿美元。为了争取双方进一步接近,1956年2月赫鲁晓夫在苏共二十大所做的"秘密报告"中,指责斯大林"荒谬绝伦地夸大了南斯拉夫的错误",导致苏南断绝了关系。4月,共产党情报局宣布解散。1956年6月,铁托访苏,双方发表了两国政府的《联合公报》与两党关系的《莫斯科宣言》。公报宣称,"在国际局势方面,双方的观点有广泛的相同之处";两国并就扩大经贸合作达成了协议。在两党宣言中,强调了社会主义发展道路与形式的多样性;并指出,两党的合作"应当以完全的自愿和平等为基础,以友善的批评和就两党间有争议的问题同志式交换意见为基础"。从《贝尔格莱德宣言》到《莫斯科宣言》,表明苏南两国两党关系正常化的恢复。但双方在意识形态上和国内外政策上仍存在分歧。

1958年4月,南共联盟"七大"通过了新的纲领。苏联又展开了对南共纲领的批判,从而又开始了苏南第二次大争论。1960年,由于中苏分歧公开化,赫鲁晓夫在这年9月联合国大会期间恢复了与铁托的个人接触。1961年两国再次签订长期贸易协定。苏南关系进入第二次和好。但南斯拉夫在解释与苏联恢复友好关系的含义时,强调这并不意味着放弃自己不结盟的政策。

1968年8月苏联侵略捷克斯洛伐克事件又使苏南争执迭起。南斯拉夫在该事件发生的第二天即发表声明,对此表示强烈愤慨和抗议。苏联则回以照会,斥南斯拉夫是捷克斯洛伐克"修正主义"的教唆犯。但这次双方的尖锐指责并未影响两国在经济和文化方面的继续合作,也没有中断两国领导人的互访。在七八十年代苏联已取代西方成为南斯拉夫最大的贸易伙伴,两国还共同进行了100多个项目的合作研究。

苏联波兰关系与苏联匈牙利关系

反法西斯战争末期,在苏军帮助下,波兰获得了解放。战后,在人民波兰的经济恢复和建设中,苏联也给予了巨大援助。如仅在波兰六年计划期间(1950~1955),苏联即向波兰提供了22亿卢布(相当于5亿多美元)的贷款,以及一大批建设项目的技术援助。波兰人民共和国也宣称,同苏联和其他社会主义国家结成友好同盟是其外交政策的基础。但是,在苏波友好关系中也存在一些刺激波兰人民的问题。

第一个问题是卡廷事件。这应追溯到第二次世界大战期间。1943 年 4 月 13
日,纳粹德国宣布,在其占领的苏联斯摩棱斯克市附近的卡廷森林里,发现了大量
被枪杀的波兰军官的尸骨,并称这是苏联人在 1940 年春天干的。15 日,苏联发表
声明说,这是"无耻的捏造",实是德国占领者所为。但波兰人当时经初步调查认
为是苏联人干的。战后,波兰官方长期不提这个问题。到 1980 年,一些报刊开始
发表有关材料,认为罪责确在苏联。1987 年苏波双方建立联合调查委员会,1990
年 4 月苏联才发表声明承认:有近 1.5 万名波兰军官被屠杀,这是"斯大林主义的
严重罪行之一"。但有关这一事件的赔偿和审判凶手等问题,至今尚未解决。

第二个问题是关于战后波兰疆界的变动。还在波兰东部开始解放时,1944 年
7 月,新成立的波兰人民政权"波兰民族解放委员会"和苏联在莫斯科签订了一项
关于战后波兰疆界的秘密议定书,确定波兰西部边界改以奥得河和西尼斯河为界,
苏波边界以"寇松线"为基础。在 1945 年 2 月和 7 月的雅尔塔会议和波茨坦会议
上,苏联、美国、英国就波兰疆界的这一变动也达成了协议。8 月 16 日,按此正式
签订了波苏边界条约。1950 年 7 月 6 日,德意志民主共和国和波兰签订协议也承
认了波兰西部新边界。波兰疆界变动的结果,其领土在东部减少 179460 平方公
里,这些土地划给了苏联;在西部增加了 102560 平方公里,这些土地原属德国,划
给了波兰。其领土总面积为 312700 平方公里,比战前减少约 70000 平方公里。其
总人口为 2400 多万,比战前减少约 1100 万;而且,由此迫使大量波兰公民西迁。

第三个问题是波苏经济贸易中的不平等交换。如 1945 年 8 月 16 日的波苏协
定规定,为补偿苏联放弃划给波兰的德国领土上的财产,将其移交给波兰,波兰应
按特种价格供给苏联一定数量的煤。1953 年 11 月,双方协议终止了这种煤的供
应。由于这一段时间特价煤的供应,波兰损失约 5 亿美元。又如波兰当时卖给苏
联的糖、火车头和车厢的价格,也远低于国际市场的价格。而苏联向波兰新建钢厂
出售的铁矿石,却远远高于国际市场价格。

第四个问题是苏联对波兰内政的干涉。1948 年,随着苏南公开冲突和南共被
开除出共产党情报局,在苏共授意下,在波兰也掀起了所谓清洗"铁托分子"的运
动。当时波党中央总书记哥穆尔卡主张波兰独立建设本国的社会主义,他在这一
运动中被指责为"铁托分子"和犯"右倾民族主义"错误,并被解除职务,后又被捕
下狱。同时有 1/4 党员受此运动牵连。1949 年 11 月,苏联又派波裔苏联元帅罗科
索夫斯基到波兰,任波政治局委员兼波国防部长。

1956 年 2 月苏共二十大揭露斯大林错误,以及 2 月 19 日苏联、意大利、芬兰、
保加利亚四国共产党和波兰统一工人党发表通告,宣布 1938 年共产国际执委会关

于解散波共的决定是没有根据的,因而恢复波共名誉,这两件事在波兰都引起了强烈震动。这年波兹南事件后,10 月 19 日波党召开二届八中全会,准备调整政治局成员并让哥穆尔卡复出。全会期间,以赫鲁晓夫为首的苏共代表团未经邀请突抵华沙,对此多方阻挠并以苏军向华沙调动相威胁,使波苏关系一度十分紧张。波党坚决抵制,最终两党达成协议,苏方表示尊重波党自己的人选,波方保证波苏友好。随后,哥穆尔卡在全会上当选波党中央第一书记,罗科索夫斯基离波返苏。10 月 30 日,苏联政府发表《关于发展和进一步加强苏联同其他社会主义国家的友谊和合作基础的宣言》,承认过去在处理兄弟国家关系上犯有错误,表示要在完全平等基础上加强社会主义国家之间的友谊与合作。11 月中旬,哥穆尔卡率波党政代表团访苏,双方就两国间一系列政治、经济问题达成协议。波苏关系日趋缓和。

关于苏匈关系,这时期在双方友好合作的过程中也存在一些问题和波折。匈牙利在第二次世界大战期间是德国的欧洲盟国之一。1945 年春,苏军在向柏林进军的过程中帮助匈牙利获得了解放。在 1946 年 7 月开幕的巴黎和会上,苏联为维护匈牙利的独立和主权,与美、英等国进行了坚决的斗争。但在 1947 年 2 月签订的对匈和约中,对有些条款特别是领土条款却作了有利于苏联的规定。它规定:匈奥、匈南和匈罗边界,仍为原有的边界,关于匈捷边界,匈牙利则承认捷克斯洛伐克将战后从匈牙利收回的外喀尔巴阡乌克兰划归苏联。据此,苏匈、苏捷之间都成为接壤的国家。

1948 年 2 月,苏匈两国在莫斯科签订了友好合作互助条约。随后双方又签订了供货协定等一系列协定。这些条约和协定有利于匈牙利人民政权的巩固和国民经济的发展,但通过这些条约和协定,苏联加强了对匈牙利的控制和干涉。匈牙利解放后,在拉科西等人领导下,其政治经济体制几乎完全照抄苏联模式。到 1952 年,无论匈牙利的经济建设,还是政治生活,都已暴露出不少问题。但在斯大林逝世后,苏联赫鲁晓夫领导集团继续干涉匈牙利内政,使匈牙利的人事变动和经济改革反复无常。

1957 年 1 月,以卡达尔为首的匈牙利党政代表团访苏。会谈公报宣称,双方"就进一步发展兄弟关系和事务合作的有关问题,以及当前国际形势的一些重要问题交换了意见",并"表现了充分的一致"。

1957 年莫斯科会议

一、《莫斯科宣言》

苏共二十大后在国际共产主义运动中出现的一系列事件,使各国共产党和工人党感到有必要召开一次国际性会议,以求统一认识,消除分歧,协调共同的策略,促进国际共运的发展。为此,在 1957 年俄国十月革命 40 周年之际,全世界 64 个共产党和工人党派出代表团齐集莫斯科,于 11 月 14~16 日和 16~19 日,先后举行了 12 个社会主义国家共产党和工人党代表会议和 64 个共产党和工人党代表会议。两次会议就当前的国际形势、加强各国共产党、工人党之间的团结和国际共运一些重大问题交换了意见,并分别通过了《社会主义国家共产党和工人党代表会议宣言》(简称《莫斯科宣言》)及《和平宣言》。

《莫斯科宣言》实际上是各种观点妥协与调和的产物。在会议期间,中苏两党代表团在从资本主义向社会主义过渡等问题上发生了分歧。在苏共领导事先为这个宣言拟定的草案中,只提了和平过渡,未提非和平过渡,而且把和平过渡仅说成是"在议会中争取多数,并把议会从资本主义专政的工具变成为真正的人民政权的工具"。中共代表团反对这一观点,并提出了修正草案。在这个修正草案的基础上,中苏两党代表团经过多次讨论又提出两党共同起草的宣言草案,征求其他兄弟党代表团的意见。经过与会各代表团的共同努力,会议最后通过的宣言在从资本主义向社会主义过渡的问题上,同苏共领导最初提出的草案相比,有两点重大的修改:第一,在指出和平过渡的可能性的同时,也指出了非和平过渡的道路;第二,在谈到取得"议会中的稳定的多数"的同时,又强调开展议会外的广泛的群众斗争。中共代表团为了进一步陈述自己的观点,当时还向苏共中央提出了《关于和平过渡问题的意见提纲》。本来,关于从资本主义向社会主义的过渡采取什么道路的问题,这是应由各国党根据本国的具体情况来决定的,而不必由其他党来干涉,但是它却成了这次会议期间中苏两党争论的主要问题。

会议期间,中苏两党在一些原则问题上进行了内部争论,但为了维护国际共运和社会主义阵营的团结,不给帝国主义以可乘之机,中共代表团仍照顾到同苏共二十大观点的衔接,在某些问题上对苏共做了一定的妥协。

《莫斯科宣言》在论述当时国际共产主义运动面临的形势和任务时指出,美帝国主义侵略集团是全世界反动势力的中心,是世界人民最凶恶的敌人。只要帝国主义还存在,就有发生侵略战争的土壤。因此,争取和平、争取和平共处,成了世界各国最广大群众的要求。社会主义国家和各国共产党的首要任务就是争取和平、防止战争。宣言在谈到社会主义国家之间以及兄弟党之间的关系时强调,它们相互关系的基础是无产阶级国际主义原则。社会主义各国的相互关系应建立在完全平等、尊重领土完整、尊重国家独立和主权、互不干涉内政的原则基础上,并在此基础上相互援助,加强团结。社会主义各国关系中存在的问题,完全可以通过同志式的讨论加以解决。宣言还提出了社会主义革命和社会主义建设的一些共同规律,以及这些共同规律与各国具体革命实践相结合的原则。但是,它强调,"在反对教条主义的同时,共产党认为,在目前条件下,主要危险是修正主义,或者说右倾机会主义"。

二、《和平宣言》

《和平宣言》向全世界人民指出,"和平的力量是巨大的,这种力量能够阻止战争,维护和平。但是我们共产党人认为自己有责任提醒全世界的一切人们:可怕的、杀人的战争危险并没有过去"。宣言呼吁:"只有一切珍视和平的人们一致努力提高对战争挑拨者的阴谋的警惕,并且彻底了解到要更加努力保卫还处在威胁之下的和平是自己的神圣职责,和平才能够保卫住"。

由于观点分歧,南共联盟代表团没有参加社会主义国家共产党和工人党代表会议,也未在《莫斯科宣言》上签字;它仅参加了 64 个共产党和工人党代表会议,签署了《和平宣言》。

中苏分歧和中苏关系的恶化

新中国成立初期,中苏之间存在着友好同盟关系。但从 1956 年 2 月苏共二十大起,两党出现分歧,两国关系逐渐恶化。

中国共产党对苏共二十大总的来说是支持的。中共八大文件肯定了苏共二十大的重要性,特别指出反对个人崇拜的重大意义。但认为苏共二十大对于当代国际斗争和国际共运所提出的许多观点,是违反马列主义的,特别是借口所谓"反对个人迷信"全盘否定斯大林和通过所谓"议会道路"和平过渡到社会主义这两个问题,更是重大的原则错误。苏共二十大以后,中共领导人曾多次在与苏共内部会谈中就此提出过不同意见。1956 年 4 月 5 日和 12 月 29 日,中国党又发表了《关于无产阶级专政的历史经验》与《再论无产阶级专政的历史经验》两文,在驳斥帝国主义和反动派的反共谰言的同时,对于斯大林的一生做了全面分析,肯定了十月革命道路的普遍意义,总结了无产阶级专政的历史经验,委婉地然而又是十分明确地批评了苏共二十大的观点。当时,由于苏共二十大产生的严重后果,赫鲁晓夫在国内外处境困难,不能不重视同中国的关系。

1957年11月,毛泽东率中共代表团参加在莫斯科举行的各国共产党和工人党会议。中国党再次以内部商谈方式向苏共提出了对苏共二十大若干问题的不同看法。最后中苏两党协调立场,互有妥协,共同提出《莫斯科宣言》草案,获得会议通过。尽管如此,中苏之间的分歧和矛盾以后还是逐步激化了。

中苏的矛盾和冲突包括两个方面:一方面是意识形态分歧,两党对于国际形势,对于国际共运的路线和策略,对于对方的国际和国内政策,存在尖锐的意见对立;另一方面是当时的苏共领导仍然以"老子党"自居,要求中国党跟着他们的指挥棒转,企图使中国受他们的控制,在军事和外交上服从其"苏美合作,主宰世界"的战略需要。

1958年,苏联向中国提出要在中国领土和领海上建立中苏共有共管的长波电台和共同舰队,这种损害中国主权的要求当即遭到毛泽东和中国其他领导人的严词拒绝。同一年,赫鲁晓夫深恐中国炮击金门妨碍"苏美合作",要求中国在台湾问题上承担不使用武力的义务,中国当然也不能接受。1959年9月,中印边境冲突爆发,苏联领导又不问是非曲直,发表偏袒印度的声明,把中苏分歧公之于世。

1960年4月纪念列宁90周年诞辰时,中国党发表《列宁主义万岁》等3篇文章,不指名地批评苏共领导的某些观点。6月,罗马尼亚工人党三大期间,赫鲁晓夫策划几国共产党在布加勒斯特会晤,对中国党横加指责,中国党不向压力屈服。7月16日,苏联政府突然照会中国,片面决定立即召回在华工作的全部苏联专家,废除两国经济技术合作的各项协议。这种背信弃义的行为发生在中国正经受严重经济困难的时候,极大地损害了中苏之间的关系。

1960年10月,刘少奇率代表团去莫斯科参加各国共产党和工人党会议。经过激烈的争论和必要的妥协,会议通过了《莫斯科声明》。但在1961年苏共二十二大会上和会后,国际共运中的争论愈演愈烈。苏共领导、苏联报刊和在苏共影响下的许多国家的共产党领导纷纷发表决议、声明和文章,攻击中国党和支持中共观点的一些党。中国党则从1962年12月到1963年3月陆续发表7篇文章,答复和批评受苏共影响而指责中国的几个党。1963年7月,邓小平率中共代表团去莫斯科举行中苏会谈,没有结果。在这前后,中共中央发表了《关于国际共运总路线的建议》,苏共中央也就国际共运问题发表了《给苏联各级党组织和全体共产党员的公开信》,中苏争论进一步公开化。从1963年9月~1964年7月,中共中央以《人民日报》编辑部和《红旗》杂志编辑部的名义,相继发表 9 篇评论苏共中央公开信的文章,指名批判"赫鲁晓夫修正主义",并由此论述了社会主义国家"和平演变"和"资本主义复辟"的世界历史教训。这场空前规模的大论战,导致国际共运和许多国家共产党的分裂。

1964 年 10 月,苏共中央撤销赫鲁晓夫领导职务,勃列日涅夫继任苏共中央第一书记。中国党抱着改善关系的愿望,派周恩来率团赴苏参加十月革命庆祝活动。但苏共新领导却声称,他们在对华政策上和赫鲁晓夫"甚至没有细微的差别"。1965 年 3 月,勃列日涅夫强行召开以集体谴责中共为目标的各国共产党和工人党会议的筹备会。在被邀的 26 个党中,许多社会主义国家的党如中、朝、越、罗、阿 5 国党,以及日本共产党、印尼共产党都拒绝参加。1966 年 3 月,苏共召开二十三大,中共决定不派代表出席,从此两党关系中断。此后,苏联向中苏边境不断增兵,并挑起边界武装冲突,而且还向蒙古派驻苏军,中苏关系长期处于对抗状态。

罗苏矛盾与妥协

在东欧国家同苏联的关系中,罗苏关系也很引人注目。一方面,罗马尼亚始终是经互会和华沙条约组织的正式成员国;另一方面,罗马尼亚自 60 年代起明显地执行着一系列独立自主的对外政策,坚决反对外来的干涉与控制,在许多重大国际问题上采取和苏不同的立场。

罗马尼亚和多数东欧国家一样,也是苏联帮助解放的,因而战后初期,罗马尼亚在内政外交方面都紧跟苏联。但这时期在关于罗苏领土纠纷,即关于比萨拉比亚的归属问题上和关于战争赔款问题上,罗马尼亚对苏联的表现感到失望。

斯大林逝世后,由于罗马尼亚领导人适时地对国内外政策进行了一定调整,并对赫鲁晓夫在苏共"二十大"的"秘密报告"持回避态度,使来自苏联的冲击波未在罗马尼亚引起大的振荡。但 1956 年波匈事件的爆发,却使罗马尼亚对苏军驻罗境内甚感忧虑。这年 10 月 30 日,苏联发表《关于发展和进一步加强苏联同其他社会主义国家的友谊和合作的基础的宣言》,罗马尼亚乘机向苏联提出撤军要求。经罗马尼亚多方努力,终于迫使苏联于 1958 年 10 月 1 日将驻罗苏军撤出。

进入 60 年代,随着国际形势的变化,特别是中苏分歧的加剧,罗马尼亚在对外政策方面更趋于独立自主。1964 年 4 月,罗马尼亚发表《罗马尼亚工人党关于国际共产主义运动和工人运动所持立场的声明》,第一次明确地阐述了罗独立自主对外政策的基本原则,声明针对苏联的大党大国主义,强调兄弟党和兄弟国家之间独立自主和平等的原则,指出"任何党不能把它的路线和意见强加于其他党";针对苏联正准备召开一个旨在攻击中国共产党的世界各国共产党会议的筹备会议,罗马尼亚表示坚决反对,并主张这样的会议应包括所有的共产党和工人党。在经互会组织问题上,它反对建立经济联合和一体化的超国家机构;在华约组织问题上,主张取消所有军事集团,同时赞成缔结一项华约和北约之间的互不侵犯条约,以此作为达到取消一切军事集团的过渡措施。这一声明在国际上得到高度评价,被认为是战后东欧国家为摆脱苏联控制的斗争的又一次大胆行动。60年代,围绕着该宣言阐述的基本原则问题,罗苏之间在多方面进行了较量。

在中苏大论战中,多数东欧国家追随苏联反对中国,阿尔巴尼亚由于坚决反对苏联的观点和立场,与苏公开决裂。罗马尼亚则以另一种独特的态度来对待中苏论战双方。在论战未公开之前,罗马尼亚斡旋于中苏之间。公开论战后,罗马尼亚则多次抵制和反对苏联制造并加剧分裂的错误做法。

在经互会和华约内部,罗马尼亚则为争取平等的伙伴关系向苏联的大党大国主义展开了坚决斗争。特别是1968年苏军侵捷事件,使罗苏之间在华约内部的斗争相当尖锐。事件发生之前,苏联曾策划召开华约缔约国会议来干预捷克斯洛伐克的国内改革,罗共同捷共一起拒绝参加。不久,齐奥塞斯库和铁托又先后访捷,以示对捷克斯洛伐克的支持。8月21日,当苏军坦克开进布拉格时,齐奥塞斯库在布加勒斯特市中心广场面对10万群众发表演说,谴责苏联对捷克斯洛伐克主权的侵犯。

在同世界各国发展关系的问题上,罗马尼亚也坚持从本国的政治经济利益出发,而不再一味去与苏联"协调一致"。1961年1月,罗马尼亚不顾苏联和民主德国等国的反对,单独同联邦德国建交。1967年6月中东危机爆发后,苏联和其他东欧国家立即同以色列断交,而罗马尼亚外贸部长却访问了以色列,并签订了两国的贸易协定。1969年8月和1970年10月,美国总统尼克松和齐奥塞斯库进行了互访。

对罗马尼亚在对外政策方面实行完全独立自主,苏联不止一次地施加过压力,但罗马尼亚都以种种方式给予抵制。当时罗马尼亚在经济上甚少依赖苏联,加以得到中国和南斯拉夫的支持,苏联对罗马尼亚也奈何不得。

70年代中期以后,罗苏关系转向缓和。出现这一转机的主要原因在于经济问题。这时期罗马尼亚的石油产量逐年下降,国民经济困难较多。为了解决能源和原材料短缺的问题,罗马尼亚开始主动接近苏联。同时苏联也需进口罗马尼亚的农产品,并力图使罗马尼亚在政治上靠拢自己,也愿改善关系。1976年双方领导人互访频繁,并于11月24日发表了《关于进一步发展两党两国之间兄弟合作和友谊的联合声明》。此后,两党两国关系基本正常化。特别是,两国经济关系发展很快,换货量迅速增加,并扩大了各种形式的经济、技术合作,其中罗马尼亚还参加建设苏联境内的一些重要项目。在罗"七·五"计划期间(1981~1985年),罗苏贸易额比前5年增长17倍以上,大大超过了其他东欧国家对苏贸易额的增长速度。

这时期罗苏关系虽已得到改善,但双方依然存在不少分歧。尤其是在华约组织内部,围绕着增加军费以及军队指挥权等问题,罗马尼亚仍为维护自己的民族利益,多次与苏联激烈交锋。

在经济上成为亲密的贸易伙伴,在政治上各持不同见解,甚至互怀敌意,这是整个世界由两极向多极发展在国际关系中出现的许多新现象之一。七八十年代的罗苏关系明显地带有这一特点。

经互会

经互会于1949年1月成立后,初期只是一个由苏联和东欧7国组成的区域性经济组织。1961年后,由于苏联和阿尔巴尼亚关系破裂,阿尔巴尼亚未再参加经互会活动。1962、1972和1978年,蒙古、古巴和越南相继加入,使它成了一个共有10个正式成员国、跨欧、亚、拉美三大洲的国际性经济组织。从1964年起,南斯拉夫在专门协定的基础上参加经互会一些机构的工作。中国在1956~1961年曾以观察员身份参加经互会的例行会议。后来,老挝、朝鲜、安哥拉、埃塞俄比亚、莫桑比克、也门民主人民共和国、尼加拉瓜和阿富汗也以观察员身份参加经互会的一些会议。1988年6月,经互会同欧洲经济共同体签署了联合声明,相互承认并建立正式关系。但随着东欧各国和苏联形势的变化,经其成员国达成协议,经互会于1991年6月宣告解散。

在经互会存在的41年中,经互会首脑会议每年至少召开一次,轮流在各成员国首都举行,由东道国主持。其总部设在莫斯科,苏联起着主导作用。经互会的经济合作活动大体经历了经济恢复、计划协调、经济一体化及科技发展等几个时期。

1949年至50年代中期为第一时期。这时期主要是利用商品交换和科技资料交换及技术援助的形式,帮助解决各国恢复经济的困难。当时在东欧各国的外贸中,70%是同苏联或在相互之间进行的,而且基本上是以货易货,贸易结算通过"转账卢布"进行。

从50年代中期到60年代后期为第二时期。这时期的主要合作形式是协调国民经济计划并推行生产专业化分工和协作。到1961年底,各成员国已在塑料、合成橡胶、化学纤维、矿物肥料和部分机器设备等方面实现了生产专业化。

从70年代起进入第三时期,主要合作形式是推行"经济一体化"。1971年经互会会议正式通过了发展经济一体化的"综合纲要",规定在15~20年内分阶段实现生产、科技、外贸和货币金融的"一体化"。1975年又规定在1976~1980年由成员国联合投资约90亿卢布共同建设10个大型项目。此后,又相互协议建设了一些联合投资项目。为了缩短同西方国家的科技差距,1985年12月经互会会议要求加强成员国之间的长期科技合作,规定在2000年前,各成员国要在经济电子化最先进的科技领域取得突破性进展,使社会劳动生产率至少提高一倍。

经互会成立后,对于打破西方的经济封锁,促进各成员国的经济发展起了积极作用。据1982年《经互会统计年鉴》公布的材料:在1960~1981年间,苏联社会总产值增加2.36倍,保加利亚增长3.87倍,匈牙利增长1.92倍,民主德国增长1.89倍,波兰增长1.64倍,捷克斯洛伐克增长1.63倍,罗马尼亚增长1.56倍,蒙古增长2.32倍。到80年代初,经互会已成为世界上一个强大的经济集团,其人口约占世界总人口的1/10,国民收入约占全世界国民收入的1/4,工业总产值约占1/3,农业总产值约占1/5。

但是,经互会各国经济发展很不平衡,苏联的经济和技术占绝对优势。随着经互会"经济一体化"的加深,各成员国之间,特别是东欧各国与苏联之间的矛盾也在加深。其中以燃料原料的供需矛盾和外贸价格的矛盾最为突出。东欧国家缺乏能源,按经互会协议,苏联应按固定价格充分满足它们对能源的需求。但从70年代中期起,由于世界市场石油价格大幅度上涨,苏联为了赚取外汇等原因,压缩了对东欧国家的石油供应,并将其出口东欧的石油价格不断上调,而东欧各国向苏出口的机械及农副产品的价格则远低于世界市场。结果,使有些国家开工不足,交通运输困难,对苏贸易出现很大逆差。为此,东欧各国与苏联经常争吵。此外,在关于相互供货的质量和时间问题、共同开发和建设联合项目以及合作体制问题等方面,都存在诸多矛盾。而且,苏联还往往利用其他成员国在经济上对苏有较大的依赖性,迫使它们在政治上也向苏做出某些妥协或让步,这使各成员国更为不满。因而这时期的经互会实际上已出现松散倾向。1990年1月,在第45次经互会会议上各成员国虽就彻底改造经互会取得了共识,并决定重新制订经互会章程,但为时已晚。

华约组织的历程

华沙条约组织于1955年5月正式成立后,原8个成员国中的阿尔巴尼亚也于

1961 年 8 月起停止参加它的任何活动,并于 1968 年 9 月宣布退出。中国曾派观察员参加其政治协商会议,但从 1962 年起未再参加。从 1976 年起,蒙古、越南、老挝派出观察员参加会议。

华约组织的主要机构最初只有政治协商委员会和联合武装部队司令部。前者是最高决策机构,负责协商和决定缔约国的国防、政治、外交、经济等重大问题,由缔约国党的总书记、政府首脑、国防部长和外交部长组成。按规定它每年至少召开两次会议,并轮流在各国首都举行。实际上,会议并未定期召开,并多数在莫斯科举行。后者是军事指挥机关,设在莫斯科,其总司令始终由苏联国防部第一副部长担任。1969 年 3 月增设国防部长委员会,作为最高军事决策机构,负责协调各国的军事行动,研究共同的军事政策,以及联合武装部队的训练、演习和编制、装备等问题,由苏联国防部长担任主席。1976 年 10 月又设外交部长委员会,专门负责协调各国的外交政策。

华约组织的主要活动,是通过上述各种机构在缔约国中推行"军事一体化"。其中包括武装力量一体化、武器装备一体化、军工生产一体化和军事建设规划一体化等。

为推行武装力量一体化,华约组织特别建立了两支部队。一是联合武装部队,由各国拨出一部分军队联合组成。其中,波兰 2 个师,匈牙利 4 个师,捷克斯洛伐克 8 个师,民主德国 6 个师,保加利亚 3~4 个师,苏联若干师。这支部队在发生战争时受联合司令部指挥,平时则分别仍受本国国防部领导。二是一体化部队。这是在 70 年代再从各国拨出一部分军队组成的,无论战时或平时它都受联合司令部指挥,该部队的组成包括苏、保黑海联合舰队,苏、波、民德波罗的海联合舰队,以及苏、捷、匈、民德一体化空军等。此外,苏联还与各成员国先后签订双边或多边协定,在各国派驻大量苏军。据称,驻在民德、波、匈、捷 4 国的苏军共有 30 个陆军师和 4 个航空集团军。其陆军师均为坦克和摩托化部队,计驻民主德国 19 个师共 23 万人,驻波兰 2 个师 4 万人,驻匈牙利 4 个师 6.5 万人,驻捷克斯洛伐克 5 个师 8 万人。驻民德、波兰、匈牙利的苏军是第二次世界大战大战结束后留下的,驻捷克斯洛伐克的苏军是 1968 年侵捷事件时进去的。苏联在保加利亚无驻军,但在保储存有大量武器装备和战略物资。华约武装力量经常在缔约国境内举行军事演习,甚至干涉各成员国内政。1968 年侵捷事件就是这类最突出的事例。

很明显,华约组织一系列机构的建立及其军事一体化的推行,不仅加强了它在与北约对峙中的军事政治实力,有利于保证苏联和东欧国家在东西方对抗中的安全和发展,而且也加强了苏联对它的控制,日益成为苏联对东欧国家施加影响的重要工具。为此,苏联与其他成员国之间既存在着一种联系日益紧密的特殊关系,同时也不断产生矛盾和分歧。例如苏联侵略捷克斯洛伐克时，罗马尼亚立即公开声明，华约组织不能以任何理由、在任何情况下和以任何形式对某一社会主义国家采取军事行动。1978 年后，罗马尼亚军队已不再参加联合军事演习。

1985 年，为期 30 年的华约期满，又续约 20 年。但随着东西方关系日趋缓和，特别是戈尔巴乔夫担任苏联新领导后推行"新思维外交"，华约成员国之间的关系有了某些调整。华约组织一般不再直接干预各国内政，并允许各国在外交上有一定的独立性和灵活性。1988 年底，苏联还决定削减驻各国苏军。随着东欧各国政局的巨变，1991 年 3 月 31 日，苏、波、匈、捷、保、罗达成关于解散华约军事组织结构的协议。7 月 1 日，华约组织政治协商委员会会议签署议定书，宣布停止华约的效力。此后，苏军从原华约其他成员国分批撤出。

欧共体的成立

谋求欧洲统一有相当久远的历史渊源。然而在千余年的发展中，欧洲的政治家和统治者们虽不惜使用最强大的武力，却都失败了。经过两次世界大战的剧烈厮杀后，昔日称雄于世界的欧洲列强均已降为二等国、三等国，它们面对的是一个虚弱不堪、支离破碎的欧洲。在东方，来自苏联和东欧盟国的威胁日益严重；在西方，来自美国的经济渗透和政治控制不断加强。欧洲政治家清醒地意识到，如此下去，欧洲将不再是欧洲人的欧洲。第二次世界大战后，面对严重衰落的欧洲，欧洲政治家们又发出了新的欧洲统一的呼声。

实现欧洲统一的现实障碍是交恶百年的法德矛盾，这个矛盾在二战后主要表现为法兰西民族深深的怨德情绪和法占德国工业原料基地萨尔的归属问题。1949 年联邦德国建立后，阿登纳政府积极努力，主动表示欢迎法国向西德工业投资。1950 年 3 月法国试图先从经济上兼并萨尔，遭到西德和英、美的强烈反对。这使法国政府开始清醒看待欧洲的前途，遂于同年 5 月由外长舒曼提出建立煤钢共同市场的"舒曼计划"。1951 年 4 月，法国、联邦德国、意大利、荷兰、比利时和卢森堡六国签署了煤钢联营协定。从此以后，由于把西德重整军备的关键工业部门置于共同管理和监督之下，法国对德亦怨亦忧的情绪得到缓解，这就为欧洲统一铺平了政治道路。

西欧六国建立的煤钢共同市场开辟了由经济联合入手解决欧洲统一问题的新途径。从战后资本主义发展环境看，走此途径，也是有共同经济基础的。首先，资本主义世界经济发展不平衡及欧美市场斗争为欧洲经济联合提出了共同的尖锐的任务。第二次世界大战结束时,美国在资本主义世界经济中占有绝对优势,但在欧洲国家相继恢复和发展国民经济初见成效之后,美国却因经济危机不断冲击,实力有所下降。50年代中期,美国与欧洲经济力量对比发生显著变化,欧洲国家随着自身实力的增强,要求改变受美元支配局面的呼声日渐高涨,美国与欧洲经济矛盾在市场斗争中形成愈演愈烈之势。在争夺欧洲市场和海外市场的斗争中,欧洲任何一国都无力单独与美国抗衡,现实的选择只有一个,即在经济上联合起来,共同保护欧洲市场,共同开发和继续占有海外市场。其次,欧洲私人垄断资本和国家垄断资本的高度发展,为实现欧洲经济联合提供了经济基础。欧洲国家私人垄断资本高度发达,在战后恢复经济过程中,垄断资本获得进一步加强和发展。同时,国家垄断资本在战后经济的特殊环境中空前发展,形成国家垄断资本体系。由于私人垄断和国家垄断资本已控制了整个国家的经济命脉,代表其利益的国家机器加强了对经济生活的干预调节,因此,当欧洲国家垄断集团之间发生矛盾时,国家出面协调或建立国家间的经济联盟都具备了雄厚的基础条件。这种跨国联合的垄断资本体系,对内加强了统治地位,对外提高了与联盟之外的国家尤其是美国的竞争力。再则,现代资本主义国家生产社会化的深入发展和生产国际分工趋势的加强,也为欧洲经济联合提供了重要保证。战后科学技术的迅猛发展,使欧洲国家加速创建和发展新兴工业,改造和革新传统工业。50年代中后期,欧洲国家生产力迅速发展,生产社会化和国际分工趋势发展同国内市场狭小的尖锐矛盾,提出了生产、商品交流、资本和劳务突破国界,获得更广阔活动空间的要求。这种要求是共同的,在过去经济发展中已有不同程度的合作,而进一步的合作,既能促进本地区经济发展,又能联合攻关,在高、精、尖技术领域与美国竞争。共同体执委会第一任主席哈尔斯坦说:"联合意味着能够在一个比过去更大的、更广阔的规模上处理生产、劳动、资本和工业设置的问题。它意味着更多的收益来源、更大的市场、资源的集中和更合理的使用,以及更高的生产率"。

由于煤钢联营获得成功,欧洲政治家又对欧洲的政治联合提出过高的要求。1952年5月27日,西欧六国签订"欧洲防务共同体"条约,打算建立统一武装,但由于法国议会反对,这项条约流产,1955年,六国政府协商确定,欧洲的联合应该首先从经济入手,并成立斯巴克委员会进一步研究经济联合问题。1956年5月,六国外长威尼斯会议通过斯巴克委员会提交的报告,经六国政府反复讨论修改,最后形成了1957年3月25日在罗马签署的《罗马条约》的内容。1958年1月1日该条约生效,一个包括欧洲六国,拥有116.8万平方公里土地,1.6亿人口的经济共同体正式宣告成立。《罗马条约》包括经济共同体和原子能共同体两大项,6个部分248条及十多个附件。该条约的宗旨是创建共同的经济区,在各经济部门间逐步实现共同政策,为合理利用先进技术制定地区性竞争规则;内容涉及税同盟、共同农业政策、运输和贸易政策及商品、劳务、资金的自由流通等政策。

根据《罗马条约》规定,欧共体设立四个主要机构。一是欧洲议会,负责审议提案和监督执行机构;它虽无立法权但有权弹劾欧洲执委会。议会初期由间接选举产生,任期五年,1976 年实行直接普选。二是部长理事会,负责协调成员国之间的经济政策,拥有管理共同体的最高决策权。它由成员国的部长组成,理事会主席由成员国轮流担任,任期半年。理事会实行两种表决方式,一般事务需一致同意,成员国一国一票;要求特定多数表决时,各国票数不等,需 70% 以上票数方能有效。三是欧洲执委会,负责欧共体日常事务,负责履行欧共体条约和执行新政策,并向理事会提交决议和建议草案。现设主席 1 人,副主席 5 人,任期 4 年,表决方式是简单多数,但决议需经理事会批准才能生效。四是欧洲法院,负责解释共同体条约和新政策,仲裁共同体内部纠纷。成员由成员国各派一名法官组成,任期 6 年。欧洲法院内由理事会任命 4 名检察长。

七国自由贸易区

欧洲经济共同体的存在与发展是以关税同盟为主要基础的。同时,共同农业、渔业政策,共同工业、能源和运输政策,经济和货币联盟,共同教育和社会福利政策,也是欧共体发展和进一步扩大联合领域的重要条件。在经济一体化达到一定程度后,欧洲的政治家们对政治联合的热情又高涨起来,但共同体的主要内容仍然是经济方面的。

《罗马条约》第 9 条明确指出:"共同体应以关税同盟为基础"。欧共体各成员国商品经济发达,生产实力雄厚,对进出口贸易依赖相当大。而战后欧美市场斗争愈演愈烈,欧洲国家均无力单独抗衡美国,只有相互协调一致,共同保护市场,才可能立于不败之地。因此,欧共体当然首先高筑起关税同盟壁垒,对外限制美国货进口,对内减免关税,促进流通。从发展过程看,关税同盟的建立,对欧共体各国确实产生了显著影响。一是促进了欧共体内部和对外贸易的迅速增长,在 1958~1973 年的 15 年间内外贸易额增长了 3 倍。二是促进了欧共体扩大投资和扩大建设规模,对发展生产起了刺激和推动作用。三是加速了欧共体资本集中和垄断化进程,扩大了经营规模,对促进国际分工、生产专业化和资本国际化也有实效。

欧共体国家虽然都是工业发达国家,但农业仍然是各成员国国计民生的重要生产部门。在世界农产品价格经常波动和时有短缺的情况下,保证本地区农业生产的稳定和高效率,是制定共同农业政策的出发点,共同农业政策是欧共体经济一体化的重要内容。法国前总统蓬皮杜说过:"如果农业共同市场受到动摇,经济和货币同盟就没有希望,政治联盟也就不会存在"。《罗马条约》中规定的共同农业政策包括三项主要内容。一是共同农业市场政策,即欧共体部长理事会每年商议一次,确定主要农产品价格范围,并确定个别农产品的干预价格和进口农产品的"闸门价"。共同农业市场政策同时发挥两种作用,当共同市场价格高于世界市场时,实行出口补贴,若低于时则征收出口附加税。二是共同农业结构政策。这是为了防止农业生产者收入长期偏低造成农业衰退而制定的一项政策,即在增加农民收入的同时维持合理的消费价格。三是建立农业指导与保证基金,用于维护共同农业市场政策的落实和对农民的培训、宣传等。共同农业政策实施后产生了显著的效益,加速了土地集中,提高了农业生产率,稳定了内部市场价格,保证了内部农产品的充足供应。

欧共体经济和货币联盟是从70年代初以来逐步形成的,它的基本内容是建立商品、劳务、资本和技术自由流动的经济统一体,固定汇率和外汇储备,设立联合中央银行,逐步发行统一货币。欧洲货币体系在稳定汇率、抗衡美元等方面发挥着日益重要的作用。

欧共体拟议创建过程中,曾积极邀请英国参加,但英国从自身利益出发,倡议建立一个"大自由贸易区"来取代欧共体。欧共体成立后,英国组织了一个"小自由贸易区",以期与欧共体抗衡。参加"小自由贸易区"的国家有英国、瑞典、丹麦、挪威、瑞士、奥地利和葡萄牙等七国,也称七国自由贸易区。这个经济集团内部只在工业产品方面互减关税,而不涉及农产品和对外经济政策的协调。在两大经济集团的抗衡发展中,七国集团显然不敌欧共体。从地理上看,七国不似欧共体六国连成一片,相互贸易联系十分紧密。从经济实力上看,七国除英国外均是小国。它们的工业生产总值在资本主义世界中的比重、出口贸易额和黄金外汇储备等方面均落后于六国。1959~1961年间,六国工业增长26%,出口贸易增长42%,而七国集团仅分别为14%和20%。从发展趋势看,六国内部联系紧密,对外政策协调一致,相互得到的贸易实惠显然十分可观,而七国内部贸易只占全部对外贸易额的16~20%,在竞争中处于不利地位。

英国坚持以七国贸易区来抗衡欧共体出于复杂的政治经济方面的考虑。虽然大英帝国已不复强盛,但英国政治家在战后坚持奉行以英美特殊关系为轴心、维持英联邦传统利益关系和利用欧洲矛盾的三环外交政策,它不情愿看到一个统一联合的欧洲出现在欧洲大陆上。在经济上,英国视英联邦国家为自己的后院,不愿与别国分享这个广阔的原料基地和商品市场。如果以七国自由贸易区形式发展,英国既可以巩固和发展它在欧洲的利益,又可以不失掉独家拥有的英联邦国家的经济利益。而加入欧共体,协调一致对外政策,就意味着英国将失去在英镑区的特权,这是英国难以面对的抉择。

但是,战后国际政治经济形势演变发展千变万化,使英国利己主义的如意算盘不断遭受挫折,形势逼迫英国必须重新考虑自己的全中政策。首先,由于英国经济在世界经济中的实力地位日趋下降,迫使英国重新考虑与欧共体建立关系对自身经济贸易发展带来的利益。到 60 年代,英国经济实力已排在美、西德、法、日之后列西方国家第五位,同时也是通货膨胀、贸易逆差、经济增长率等方面问题最严重的西方国家。其次,英国从英联邦国家经济贸易中得到的好处愈来愈少,其出口贸易额连年下降,60 年代比 50 年代下降了 3.6%,70 年代初又比 60 年代末下降了 16.7%。相比之下,英国对欧共体的出口贸易增加幅度较大,加强了英国对欧共体的依赖。即使在七国自由贸易区内,英国从中得到的贸易好处也已不能与对欧共体的贸易损失相抵消。再则,英国战后奉行的三环外交使英国在谋求自立自强、联合统一的欧洲大陆面前陷入了孤立,而这种孤立的代价是极高的。英国已经敏感地意识到,只有立足欧洲才能立足世界,所以对英美特殊关系做出了新的选择。当然,苏联推行全球霸权战略咄咄逼人,对欧洲国家企图分而治之,一面拉拢联邦德国,一面孤立英国并不断蚕食和染指英国传统的海外殖民地,这些也使英国深刻地意识到"欧洲面临着我们大家可以看到的危险,它必须联合,否则就要沦于灭亡。"

面对严峻的现实,英国政府及时做出了明智的选择,于 1961 年 8 月正式向欧共体提出申请,要求加入欧共体。七国自由贸易区成员国中的丹麦、挪威、葡萄牙也或前或后向欧共体提出了正式申请,这个举动即宣告了七国自由贸易区的解体。

英美特殊关系的解体

欧共体理事会于 1961 年底开始与英国等国就加入欧共体事宜展开马拉松式的谈判,其间主要障碍集中体现在欧共体对英美特殊关系的担忧上。法国戴高乐政府认为,英国加入欧共体,会使美国通过英国控制欧共体,法国的地位也将受到挑战,因此坚决反对接纳英国,并于 1963 年、1967 年两次运用否决权,拒绝了英国的申请。1969 年,戴高乐辞职,继任者蓬皮杜总统考虑到世界局势的发展变化,认为继续把英国关在欧洲统一进程大门之外已不明智,对双方均是弊多利少,遂重新考虑英国的申请。但同时,欧共体仍然担心英国会成为它内部的"特洛伊木马"。对此,英国采取了积极态度,表示要调整外交政策,放弃英美特殊关系。1971 年,英国首相希思告知美国总统尼克松说,两国的特殊关系已经消亡。随着英美特殊关系的解体,英国重新回到了欧洲,欧共体也进入了不断发展扩大的新阶段。

欧共体的扩大过程与作用

欧共体自 1958 年 1 月成立后,经历了两次扩大并正在经历着第三次扩大。

第一次扩大从 1961 年英国、丹麦、爱尔兰、挪威和葡萄牙提出申请开始,历时近 12 年,于 1973 年 1 月完成,欧共体接纳了英国、丹麦和爱尔兰三国。挪威因国内公民投票反对而未能如期加入,葡萄牙因经济落后,与欧共体国家难以实现经济联合而被拒之门外。五个申请国中,英国的问题最为复杂,在排除了政治障碍之后,农业政策问题成为欧共体接纳英国谈判的主要内容。在农业政策方面,共同农业政策的核心是对进口征收差额税,以维持共同市场内部农产品价格高于世界市场价格从而保护农业发展,而英国的农业政策恰恰相反,实行免税进口农产品,对国内农业予以补贴。如果加入欧共体,英国必须改变农业政策,从而导致国内农产品价格上涨 18~26%,并因此引起全国生活指数上升 40~50%。在谈判过程中,英国工党政府主张就农业问题讨价还价,但保守党上台后,面对大形势和农业行情看涨的趋势,决定接受共同农业政策,才使谈判最终达成协议,英国等三国正式加入欧共体。英国加入欧共体后,由于石油危机、国内工潮冲击,爆发了战后最严重的经济危机,保守党内阁因此垮台。1974 年春上台的工党政府重提农业政策问题,要求重新谈判,并以退出欧共体相威胁,导致欧共体面临成立后的第二次严重危机。经过双方一年的艰苦谈判,最后互作让步,达成谅解协议。英国工党政府发表声明,表示愿意继续留在欧共体内,并建议公民支持政府。1975 年 6 月 5 日,英国举行首次公民投票,67.2% 的投票者赞成英国继续留在欧共体内,从而结束了这场危机。欧共体能顺利渡过这场危机,说明欧洲联合在欧洲人民中间有一定基础,也反映出各国求大同存小异,互惠互利、共同发展的积极愿望。到 70 年代中后期,扩大成九国的欧共体经济贸易发展势头较好,生产率已超过美国,生产总值、黄金外汇、出口贸易等也均占世界第一位。

第二次扩大从 1975 年和 1977 年希腊、葡萄牙和西班牙提出正式申请开始,于 80 年代初期和中期相继完成,使欧共体发展成拥有 12 个成员国,总面积 225.4 万平方公里,人口约 3.2 亿的经济一体化组织。过去,欧共体认为希、葡、西三国政治比较弱,经济发展水平低,与欧共体的联系也不紧密,故采取保持松散联系的策略。经过六七十年代的发展,三国经济发展势头一直不减,生产总值和人均收入的增长速度比之欧共体要快约两倍,其中希腊、西班牙已超过爱尔兰,接近意大利,西班牙此时已成为西方世界第八经济大国。葡萄牙在 60 年代初,人均收入仅为 303 美元,与欧共体相差 4 倍,到 70 年代中期,葡萄牙人均收入突破 1600 美元大关,与欧共体的差距缩小到 2.8 倍。除此之外,苏联海军在地中海的出现和势力加强,迫使三国向欧共体进一步靠拢,并迫使欧共体为保护侧翼安全需要而加强同三国的政治经济联盟。因此,70 年代中后期,欧共体积极对待三国加盟的申请,推动双边经济贸易发展,为三国加入欧共体创造条件。希腊从 60 年代起即成为欧共体的联系国,已在消除关税壁垒、建立关税联盟及协调农业政策等方面做了大量工作,因此条件成熟的较早。1979 年双方达成协议,希腊于 1981 年 1 月成为欧共体第 10 个成员国。相比之下,葡、西两国与欧共体经济协调起步较晚,谈判中涉及的诸如农产品价格和保护本国工业品市场等问题也比较复杂,致使谈判几经波折,直至 1985 年春双方才达成最后协议,葡、西两国于 1986 年 1 月被正式接纳为欧共体的成员国。

第三次扩大从 1994 年 1 月 1 日起,欧洲经济区的诞生,是扩大过程的又一里程碑。它是一个从北极圈到爱琴海,包括 17 个国家的 3.7 亿人口的世界最大的自由贸易区。

不断扩大加剧了欧共体内部发展的不平衡性和协调共同政策的困难与矛盾,使欧共体面临严峻考验和挑战。西欧经济衰退和失业,隐没多年的民族主义的复兴,也给联合的前景增添重重愁云。但从全局分析,欧共体的不断扩大,对其自身和世界所产生的积极影响是十分显著的。

法国独立自主的外交政策

戴高乐主义是第二次世界大战后期至法兰西第五共和国初期这段时间里逐步演变形成的,这既是法兰西民族在战败之后民族复兴呼声的体现,也是法国在处理战后国际关系问题时的基本精神和基本原则。戴高乐主义的实质内容就是坚持独立自主的外交政策,在战后复杂的国际环境中掌握自己的命运,争取和维护法国在国际事务中的大国地位,并以欧洲联合为基础抗衡美国的政治控制。

戴高乐主义的独立自主政策的根本立足点是实现欧洲联合,即努力使欧洲成为欧洲人的欧洲。在欧洲统一的问题上,戴高乐认为未来的欧洲绝不应是任何形式的超国家联合体,而是由本国历史、本国文化、不同特性的民族国家构成的,这与欧洲统一的主要倡导者让·莫内的设想截然不同,莫内代表的统一势力主张建立欧洲联邦。戴高乐的欧洲观有两个基点，一是"法国中心论"，二是"法德联盟"。戴高乐多次谈到法国在欧洲统一中的作用，认为欧洲复兴必先有法国复兴，只有当一个站起来的、不受牵制的法国处在领导欧洲的地位时，欧洲才能实现真正的联合。"法德联盟"既是欧洲团结的基础，也是欧洲联合的开端，同时也是法国联合欧洲抗衡美国的关键。

戴高乐

戴高乐主义独立自主政策的具体体现有如下四个方面的内容。

第一，坚持发展法国独立的核力量，努力摆脱美国的核保护伞，为独立自主政策提供可靠的实力保障。戴高乐认为，美苏两个超级大国拥有的核武器都足以毁灭对方，不到冲突的最后关头，彼此不会直接交战，而地区冲突，如发生在中欧或西欧的冲突将使这些国家为美国利益做出牺牲。因此，法国不能在美国保护下求得安全，而必须发展自己独立的核力量，才能有效地保护自己。由于法国战后经济发展较为迅速，国家经济实力空前增强，有条件集中财力和人力发展核武器。1960年2月，法国在阿尔及利亚撒哈拉沙漠地区雷甘，成功爆炸了第一颗原子弹。其后不顾非洲国家的反对和美国的掣肘，于1960年4月、12月和1961年4月接连不断地进行核试验，1962年又集中力量发展和改进运载工具，使法国的独立核力量具备了一定的规模并具有实际打击的能力。与此同时，法国坚决禁止美国核武器运入法国部署，要求美国撤走战略轰炸机。1962年12月英美拿骚会谈后，肯尼迪总统致函戴高乐总统，要求为法国提供北极星潜艇导弹，企图将法国核力量控制在美国多边核力量计划之中，遭到了法国的坚决抵制。1963年7月，美苏签订部分禁止核试验条约，戴高乐认为这个条约的实质是阻止别国发展核武器以维持超级大国的核垄断地位，因而不主张法国参加这项条约。

第二，果断退出北约军事一体化组织，积极发展独立的军事防卫体系，争取在国际事务中保持独立的发言权。戴高乐认为，在核均势时代，北约的国际保障作用已经发生变化，以美国核垄断为基础的保障机制也应该发生变化。欧洲屈从美国的时代已经过去了。因此，法国不应把自己的命运交付给不再能发挥保护作用的

"保护人",而应该按照自己的意愿在欧洲和世界行动。真正要做到这一点,撤出北约组织、摆脱美国控制是不可避免的选择。早在1959年7月,法国地中海舰队就撤出了北约组织。在拥有核打击力量之后,法国开始逐渐脱离北约组织。如1963年6月,从北约撤出法国大西洋舰队;1965年5月,拒绝参加北约联合军事演习。1965年9月,戴高乐在记者招待会上讲话暗示,法国将最迟于1969年退出北约。1966年2月21日,戴高乐在记者招待会上明确宣布法国将退出北约军事一体化组织。3月10日和29日,法国外交部向北约14个成员国政府提交备忘录,要求北约指挥机构、盟国军事人员和军事设施撤离法国。29日的备忘录还规定:欧洲盟军司令部和中欧司令部的总部应在1967年4月1日前迁出法国领土;驻欧美军参谋部和美国陆军、空军各种设施的搬迁工作一般亦应在同一期限内完成。

第三,积极发展"法德联盟",以此为基本巩固和加强欧洲经济共同体,坚决抵制英国加入欧共体,从而防止美国利用英国控制欧洲。戴高乐十分重视法德关系,认为法德和解和联盟是欧洲联合的基础,可以保障欧洲政治的独立性。同时,戴高乐对与美国保持特殊关系的英国采取了顽强的抵制政策,致使英国首相威尔逊叹道:"只要戴高乐将军还在爱丽舍宫,我们之间的关系将极难恢复。"

第四,发展独立的对苏关系,用"缓和、谅解、合作"的外交政策替代冷战与对抗,增强在美苏对抗夹缝中的适应性和灵活性。50年代末期,苏美关系出现转机,美国把美苏关系问题放在其对外政策的支配地位上。而戴高乐认为,美国不能包办欧洲对苏政策,欧洲,特别是法国,应该发挥独立作用。1960年3月,戴高乐邀请赫鲁晓夫全家访法,会谈时,他提出"缓和、谅解、合作"的政策主张。这表明法国已经独立自主地改善同苏联的关系,并向西方联盟中的美国盟主地位发出挑战。戴高乐主张,在苏美接触的同时,欧洲国家应该在诸如经济、文化、技术、旅游等方面同苏联相互交流和接触,这样可以把"铁幕"一块一块地撕碎。

戴高乐主义的独立自主政策,在戴高乐之后的第五共和国历史中一直被延续发展着,这说明它的产生和发展有深刻的历史背景和社会基础。从某种意义上说,它也是战后欧美矛盾的一种体现,是帝国主义阵营分化的一种表现形式。

联邦德国的"新东方政策"

战后德国分裂,联邦德国一直不承认民主德国,视其为德国东部领土,并于1955年开始推行哈尔斯坦主义。1961年,阿登纳仍声称,当德国历史性的时机到来的时候,是不会忘记德国的东部地区的。这时,联邦德国仍期望依靠美国和北约组织的支持来实现统一。但是,由于国际形势的变化,美国深陷越南及其衰退,以及联邦德国对苏联东欧的经济贸易发展的需要等问题,迫使联邦德国的政治家们重新考虑哈尔斯坦主义。从60年代初起,联邦德国的外交政策就出现了微妙变化,开始酝酿一个新的东方政策。

推动哈尔斯坦主义向新的东方政策转变的主要代表人物是德国社会民主党领袖维利·勃兰特,他在六七十年代曾先后出任政府外长和政府总理。勃兰特曾在柏林墙事件时任西柏林市长,他清醒地认识到对抗的严重性,所以主张用和平手段谋求德国的统一。勃兰特任外长时就表示愿意同苏联和东欧国家就互不使用武力的问题进行谈判。1968年苏联干涉捷克斯洛伐克事件发生后,联邦德国内部就是否继续采取缓和政策发生尖锐的意见分歧。1969年勃兰特大选获胜出任政府总理,坚持继续推行缓和政策,并最终完成了新东方政策的转变。由于德国的特殊地理位置,从俾斯麦以来,每个时期都有一个相应的东方政策,为了加以区分,人们习惯地把勃兰特的东方政策,称为"新东方政策"。

新东方政策的基础是缓和、均势与联盟。只有东西方关系出现缓和气氛,联邦德国才有可能摆脱哈尔斯坦主义,采取相对灵活和自主的外交政策,从积极主动改善同苏联和东欧国家的关系中谋求新的统一机会。由于德国分裂形成的战后东西方两大集团的对抗,这种对抗长期处在均势状况中,当谁也无法消灭对手时,均势便成为一种现实,新东方政策的出发点也是对这种现实的承认。在缓和与均势环境中推行新东方政策,需要与美国和西欧国家结成牢固的联盟关系作为后盾,失去了这个基础,新东方政策将无力贯彻推行。

勃兰特说:"我们的东方政策实际上有三重目标:改善同苏联的关系;同东欧各国关系正常化;暂时解决德国两部分的关系"。显然,其中最主要的是解决德国两部分的关系,但这必然涉及联邦德国与苏联和东欧的关系。概括说来,新东方政策是以四个重要条约为基本内容的。勃兰特上台后,坚持与苏联进行谈判,两国外长于1970年夏进行了13次谈判,终于就互不使用武力问题达成协议。同年8月12日,勃兰特总理访苏,正式签订了《莫斯科条约》。条约声明,最重要的目标是维护和平与缓和,保证不使用武力或以武力相威胁,承认欧洲疆界的不可侵犯性和四国占领柏林的权利。联邦德国与苏联的关系从此得到改善,贸易交往逐年增加,成为苏联与西方贸易的最大伙伴。1970年2月,联邦德国开始与波兰谈判。12月7日两国在华沙签署《关于两国相互关系正常化基础条约》。该条约重申奥得—尼斯河边界的不可侵犯性,并相互保证不使用武力。1970年3月19日,勃兰特前往民主德国的埃尔富特,会见了民德总理斯多夫,勃兰特表示愿意改善关系,但互不视为外国。斯多夫则坚持联邦德国必须承认民主德国,互派大使,使西柏林成为"独立的政治单位。"5月,双方总理在卡塞尔举行第二次会晤,但仍无进展,问题由此转入西柏林问题,这只能由四大国会谈解决了。从1970年3月26日至1971年9月3日,四大国就西柏林问题进行了反复交涉,最后签订了一项《四方协定》,各方都保证不在西柏林使用武力或武力威胁,并规定西柏林经过民主德国与联邦德国相通的过境通道应畅行无阻,但西柏林不再是联邦德国的组成部分。这个条约体现了双方的妥协,明显缓和了紧张局势。此后,两个德国重新开始谈判,1971年底先就过境交通问题、双方居民访问旅行问题达成协议。1972年12月21日,两德《关系基础条约》正式签订。次年5月,勃列日涅夫访问联邦德国。9月,两德同时加入联合国。12月,联邦德国同捷克斯洛伐克、匈牙利和保加利亚先后建交。新东方政策至此全面形成并实行。

新东方政策既反映了东西方关系的缓和与变化,也反映出战后美德关系发生了变化。联邦德国发展到70年代,经济上成为仅次于美国的西方经济大国,在欧共体内与法国一道起着重要作用。但这个经济大国却是"政治侏儒",这必然使联邦德国要努力改变这种状况。新东方政策虽然立足西方,但却自主地发展同苏联、东欧国家的关系,这是联邦德国在国际政治舞台上重新发挥重要作用的开端和标志。

日本反对美国控制的斗争

旧金山单独媾和后,日本统治集团制定的国策是,经济上争取最大限度的美援,军事上依靠美国的"保护伞",外交上采取"向美一边倒",把国家的首要目标放在恢复和发展本国经济上。日本1955年的生产恢复到战前水平,1950年至1970年间,日本工业生产以年均增长14%的高速度发展,到1968年国民生产总值达1419亿美元,超过了英、法和西德,成为仅次于美国、苏联的世界第三经济大国,在资本主义世界中居第二位。这一年日本还从债务国变成债权国。自60年代起,随着美国霸权地位的衰落和日本经济的"起飞",日本垄断资本谋求扩大商品和投资市场,要求逐步摆脱对美国的依赖,日美之间控制与反控制的斗争逐渐激化起来。

日美贸易斗争,以1965年为分界,这一年日本对美贸易从入超转为出超。以后日本的顺差数额直线上升,这就导致了日美贸易摩擦的连续发生。1968年,日对美贸易顺差突破10亿美元,引起了1968年至1972年的第一次日美贸易摩擦。此后日美经济发展不平衡更形加剧,也就不可避免地导致日美经济、政治摩擦的进一步加剧。到了70年代,日本已一再强调要发挥其与经济大国相称的政治作用。

美日两国的控制与反控制斗争早已显露端倪。1956年10月日方不顾美国阻挠，与苏联签署联合宣言，规定两国结束战争状态，恢复外交关系。1957年2月，双方互派大使。美日控制与反控制的斗争更为突出地表现在修正1951年签订的《美日安全条约》的问题上。日本人民一直强烈反对这个条约。日本统治集团在50年代后半期也开始普遍对这个条约的不平等性表示不满。他们利用日本人民的反美运动，对美国施加压力，使美国最终不得不于1960年1月同日本签署了《日美共同合作安全条约》，即新日美安全条约，以代替1951年的旧约。新条约确认美国有权继续在日本驻军和保持军事基地，但限定双方必须就此进行协商，并删去了旧约中美军可以镇压日本国内"暴动和骚乱"的条款；此外，规定在日本管理下的领土上受到武装进攻，双方将采取行动以对付共同危险。

新日美安全条约的签订，意味着日本在依附于美国的前提下，取得了更大的自主权，加强了同美国的军事同盟关系。1969年11月日美两国同意自动延长新日美安全条约并签订美国归还冲绳行政权的协定。1972年5月，美国把冲绳行政权正式移交日本。至此，日美领土争执最终解决。

综上所述，到60年代后半期，西方帝国主义阵营已逐步分化，这归根到底是资本主义经济不平衡的结果。

波兰剧变

1989年东欧发生剧变。1990年10月，两德统一。1991年苏联解体，世界发生了翻天覆地的变化。东欧剧变的原因，除了国内经济发展缓慢，改革政策不适合国情，以及帝国主义的颠覆与破坏外，最重要的原因是戈尔巴乔夫为了缓和局势，把他复辟资本主义的"新思维"推行到东欧，冷眼旁观，甚至鼓励东欧国家向资本主义制度倒退的结果。这一过程，在东欧各国剧变的过程中表现得极其明显。

东欧各国由于受到第二次世界大战破坏，战后又受到西方国家的封锁和禁运，经济的恢复遇到很大困难。为了发展经济，建立强大的社会主义国家，1949年由苏、保、匈、波、罗、捷六国组成了"经济互助委员会"。后来其他一些社会主义国家陆续加入，形成一个巨大的地区性经济集团。

然而经互会由苏联支配，苏联经济的好坏，直接影响经互会成员国的经济发展。经互会成员国经济相对落后，如果不与西方交往，在西方寻找市场，他们的经济是难于发展的。于是东欧各国先后都进行了经济改革。但是他们的改革都不适合国情，并且都是关门改革，没有走向世界。所以从70年代到80年代末，东欧经济急剧下滑。

苏联在 80 年代仍对东欧各国进行经济援助。东欧产品除了苏联市场外,没有其他地方可卖。没有苏联的支持东欧经济将立即崩溃。而苏联在 80 年代对东欧的补贴已经到了苏联难于支持的地步。苏联牺牲自己的利益,以低于世界市场的价格,向东欧供应石油,这种情况是不能长久维持下去的。

随着东西方的缓和,东欧开始得到西方贷款,而西方的影响在东欧也就加强,东欧各国开始和平演变。而戈尔巴乔夫的新思维传到东欧后,立即鼓舞了东欧反对社会主义制度的力量。

1985 年 4 月,戈尔巴乔夫上台仅一个月就宣布抛弃勃列日涅夫主义,保证完全尊重东欧各国的主权。换言之,戈尔巴乔夫准备听任东欧局势自由发展。在 1986 年 3 月的苏共 27 大,他要求进行更激烈的改革,这对东欧的资本主义势力无疑是巨大鼓舞。

从 1987 年到 1988 年,戈尔巴乔夫重新制定了苏联对外政策。为了得到西方支持和经济援助,他更进一步容忍东欧的资本主义自由化趋势。1990 年 2 月,苏联外长谢瓦尔德纳泽向苏共中央解释了戈尔巴乔夫支持的导致东欧剧变的政策,他说:"只有通过扩大国际合作,才能解决我们国内存在的尖锐问题",而"苏联如果在东欧镇压,将不可挽回地损害更重要的新苏联的利益。"他认为保卫东欧,负担太重而且弊多利少。在导弹时代,东欧作为苏联与西欧缓冲地带的重要性已经失去价值,战后的"军事紧迫感"已经消失。

在苏联纵容下,东欧反社会主义势力活跃。在匈牙利、罗马尼亚、东德等国都出现了持不同政见者,鼓吹多党制和西方民主。在捷克,闹得更厉害。而在波兰,瓦文萨领导的团结工会已经在准备取代共产党掌权。

1980 年,波兰出现瓦文萨领导的团结工会。由于波兰经济情况不断恶化,加上天主教势力的扩大和民族主义抬头,许多人参加了团结工会。除了名称之外,团结工会已经是一个资产阶级政党,而不是工人阶级的组织。在 1980 年 11 月允许其合法存在后,团结工会迅速扩大到 1000 多万成员。由于许多共产党员参加了团结工会,波共处在分裂之中。

波兰经济进一步滑坡。雅鲁泽尔斯基将军担任总理后,团结工会继续反对政府和进行罢工,波兰局势陷入混乱之中。1981 年 12 月 13 日,雅鲁泽尔斯基将军宣布军管,并成立了救国军事委员会,团结工会被宣布为非法。一些反政府领导人被捕,其中包括瓦文萨。其余领导人转入地下。

但是西方支持瓦文萨,对波兰进行经济制裁。瓦文萨 1983 年还被授予诺贝尔奖奖金,作为西方对颠覆社会主义积极分子的鼓励。

到 1983 年,由于军管,波兰政府比较平稳,7 月 22 日,波兰军管结束。

但是到 1984 年,波兰政治形势又趋紧张,天主教牧师波比耶乌什科利用他的教堂进行反政府活动,使教堂成为反对派活动的中心。这位牧师在 1984 年秋被绑架和暗杀。反对派传说是波兰内政部保卫部队所为,于是反政府活动更加激烈。团结工会又积极开展活动。

面对这些情况,雅鲁泽尔斯基一方面进行经济改革,另一方面逐步放松了政治上的控制,释放了大多数团结工会的积极分子。他力图实现政治稳定,经济发展。

然而波兰政府为了改善经济,采取紧缩政策,限制工人工资的增加,又引起了 1988 年大罢工。罢工进一步恶化了波兰经济,政府被迫与团结工会谈判。1989 年 2 月,政府与团结工会和其他反对派进行圆桌会议。4 月,达成协议,进行宪法改革。团结工会正式成为合法政党。波兰政府的这一让步,具有灾难性的深远影响。

1968 年在捷克,杜布切克曾经打算这样做,但遭到苏联干预。而这一次,戈尔巴乔夫十分清楚地表明:"东欧国家将走他们自己的路。"

团结工会也做了让步,答应在波兰议会中留给执政的波兰共产党 65% 的席位,使共产党在议会中仍占多数。同时,瓦文萨担心反对政府的行动过激会引起波共与苏联的武力反对,因此在 1988 年 7 月 19 日议会投票中,雅鲁泽尔斯基得到瓦文萨帮助当选总统。

雅鲁泽尔斯基被迫妥协,任命瓦文萨的主要助手马佐维耶茨基为总理。马佐维耶茨基考虑到苏联可能的干预,又做了让步,组成有共产党人参加的联合政府·团结工会人士担任了大部分部长职务,但关键的国防与内政部长职务仍留给共产党人担任。

上述政治进程,实际上已经取消了共产党在波兰的领导作用。不过此时,尚在议会和政府为共产党留下一些职位。但是由团结工会控制的政府很快改变这种状况,1990 年 12 月瓦文萨当选总统,共产党被完全排斥在政府之外,波兰剧变完成。

波兰是世界上第一个试图从计划经济转向市场经济的社会主义国家。

取代共产党后的波兰新政府面临恶化的经济形势,通货膨胀上升,生产力下降。瓦文萨在 1990 年 12 月非常轻松地当选总统,然而要兑现选举时的诺言却极其困难。西方并没有给波兰多少援助,而经互会瓦解后,波兰失去了苏联市场。在世界市场上,波兰产品绝大部分没有竞争能力。因此也就没有人肯购买私有企业的股票。波兰人民生活迅速下降,1992 年失业率超过 11%。

波兰人民对西方民主失望,在 1991 年 10 月大选中,全国有半数选民不愿投票。在波兰 20 个不同的政党中,没有一个党的得票率超过 12%,波兰人民对剧变后的政府感到不满。

在 1993 年选举中,右派失败,民主左派联盟获胜,由农民党领导人白夫拉克任总理。左派联盟上台后,波兰经济开始好转。1995 年初,政府改组,由社会民主党领导人奥莱克西任总理。但由于社会经济存在问题,又引起人们的不满,加上总理奥莱克西涉嫌克格勃间谍案等,在 1997 年 9 月大选中,右派又重新当选。波兰总统克瓦希涅夫斯基于 1997 年 10 月 15 日同意在大选中获胜的"团结工会选举活动"领导人布泽克为新政府总理。

由于克瓦希涅夫斯基是左派社会民主党人,因此波兰再次出现左派担任总统,右派担任总理的局面。如果双方不能协商、妥协、宽容、忍让,那么波兰局势将会出现不稳定局面。但是从总的趋势看,波兰人民希望政局稳定,经济发展。因此,任何政党只要能发展经济,提高人民生活水平,保证国家安全,就会得到人民的支持。

匈牙利剧变

匈牙利社会主义工人党在卡达尔领导时期改革一直走在其他国家的前面。从 20 世纪 60 年代后期开始,匈牙利进行了经济改革。1968 年成立了"新经济机构",负责改革。这个机构采取了计划经济与市场经济混合的做法。但四年后又回到计划经济的老路。由于卡达尔的经济思想十分保守,他领导的改革步子迈不开。

1988 年 5 月,卡达尔下台,由改革派格罗斯任总理。1988 年 6 月,匈牙利给纳吉恢复名誉,于是匈牙利社会主义工人党内部发生分裂。匈牙利出现了"自由民族联盟"与"匈牙利论坛"等反对派组织。

1989 年 10 月 6 日,匈牙利社会主义工人党改称匈牙利社会党。该党宣布党的目标不再是实现共产主义,而是"民主社会主义",实行多党制。匈牙利不再是社会主义国家。

1990 年 5 月,匈牙利大选,自民盟领导人根茨·阿尔柏德当选总统,由民主论坛主席安托尔·约瑟夫任总理。

安托尔政府执政四年,但政绩不佳。安托尔推行的渐进改革并未取得预期效果。安托尔任期内国内生产总值下降 23%,工业生产下降 30%,农业也连年歉收,失业率高达 12%,人民生活水平持续下降,全国 1/5 的人口生活在贫困线下,群众不满情绪日增,许多人怀念卡达尔的改革时代。

1994 年 5 月,匈牙利举行第二次大选,左翼社会党大获全胜,由霍恩·久洛担任总理。新政府坚决纠正前政府内外政策中的失误,积极开展工作,努力树立自己的形象。

自 1994 年社会党执政以来,匈牙利国内形势总体上比较安定,经济有所回升。霍恩政府一上台就制定了进一步私有化的新方案,以期发展经济。但是霍恩政府的私有化政策,主要是提供种种优惠来鼓励外资收买匈牙利国有企业和财产,以期利用外资和外国技术把匈牙利经济搞上去。这一政策,使匈牙利私有企业大部分控制在外国人手中。

匈牙利私有化程度因此很高,私有经济在国内生产总值中占的比例到 1996 年底已接近 70%。可是匈牙利整个经济的发展却没有相应跟上,1994 年才艰难地摆脱负增长。近两年经济仅保持低速增长,国内生产总值,1995 年增长 1.5%,1996 年 1%。按此水平,其经济发展达到 1989 年剧变前的水平,要到 20 世纪末。

捷克斯洛伐克解体

二战中捷克斯洛伐克经济遭到严重破坏,但经过 1947 年~1948 年两年经济恢复计划,基本上达到战前最好状况 1937 年的水平。随着经济的好转,捷共威信提高。资产阶级害怕共产党掌握政权,于是向共产党发动进攻,迫使共产党人从政府中辞职。但捷共得到人民支持,粉碎了资产阶级阴谋,反而从参政党变成了执政党。

50 年代,捷克学习苏联,政治上搞阶级斗争,使得人心惶惶。经济上照搬苏联高度集中的经济管理体制,片面发展重工业,使经济严重比例失调。

60 年代初,捷克经济出现严重困难,迫使捷克政府进行改革。但 1968 年 8 月 20 日遭到以苏联为首的波、匈、保、东德等华约国家武装干涉。1969 年 4 月,在苏联支持下,胡萨克担任党中央第一书记。

在 70 年代,政治稳定,经济也有所增长,但 80 年代经济又陷入危机。由于从 1969 年至 1989 年胡萨克当政的 20 年里,经济发展不快,与发达国家差距越来越大。政治上当局拒不给 1968 年事件的受害者平反,使国内矛盾日趋尖锐,导致 1989 年 11 月 17 日发生政变,执政 40 年的捷共失去了政权。

1993 年 1 月 1 日,捷克和斯洛伐克联邦解体,捷克和斯洛伐克成为两个独立国家,两国在经济上摒弃了计划经济,实行市场经济。同时捷克和斯洛伐克开始私有化。到 1996 年底,大规模私有化基本完成。私有化成分占国民经济的 80%。

两国对外奉行"回归欧洲"政策,倒向西方。目前捷克和斯洛伐克都是欧盟联系国,与北约缔结了合作伙伴关系,都在为最终融入西方,成为欧盟和北约成员而努力。

罗马尼亚剧变

战后罗马尼亚由乔治乌·德治领导。1965 年乔治乌·德治逝世后,由齐奥塞斯库继任罗共总书记。在乔治乌·德治时代,罗马尼亚就企图摆脱苏联控制。1958 年他成功地劝说苏联领导人撤走苏军。苏联事实上接受了罗马尼亚独立于苏联集团的立场。

齐奥塞斯库上台后,执行独立于苏联的政策,得到人民拥护。为此他也得到西方的支持,英国曾授予他爵士称号,1969 年他应邀访问美国。70 年代,他就得到西方贷款。

为振兴罗马尼亚经济,他制定了发展计划。但他制定的经济发展计划脱离了现实。他的经济计划的核心是实现都市化,因此该计划被称为"都市化"计划。为了达到都市化的目的,全国将有一半村庄被消灭而代之以楼房。但是由于这个计划过于宏大,脱离实际,最后以失败告终。

在政治上,齐奥塞斯库却大搞个人崇拜,任用妻子、儿子担任党和政府要职,在罗马尼亚进行家族统治,遭到人民反对。加上戈尔巴乔夫"新思维"的影响,1987 年罗马尼亚布拉索夫城有 5000 工人到罗共中央所在地示威游行,高呼打倒齐奥塞斯库的口号。罗马尼亚警察镇压了这次运动。参加这次运动的有蒂米什瓦拉城新教神父匈牙利族人拉斯洛·特凯什。

蒂米什瓦拉位于罗马尼亚西部,1918 年前是奥匈帝国的一部分,第一次世界大战后属于罗马尼亚。1989 年 12 月 16 日至 17 日,罗马尼亚当局勒令拉斯洛。特凯什搬出所在教堂,迁往另一教区。支持特凯什的群众立即包围了教堂,不让特凯什迁走。这一行动导致大规模示威游行。这次游行遭到当局镇压,军队开枪打死 97 人,打伤数百人。

这一事件迅速波及全国、引起人民的抗议。12 月 21 日,在布加勒斯特,群众把官方召开的拥护齐奥塞斯库的大会变成反齐奥塞斯库的大会。22 日,游行的人群冲击罗共中央委员会大楼,齐奥塞斯库下令向群众开枪。国防部长米列亚将军拒绝执行命令,在下令不再向群众开枪后,被迫自杀。这一事件引起军队反抗,他们不再服从齐奥塞斯库的命令。这时只有罗安全部队仍忠于齐奥塞斯库。齐奥塞斯库夫妇乘直升机仓皇出逃,但被抓住,并于 25 日被军队处死。

22 日晚间,罗马尼亚人在布加勒斯特成立了罗马尼亚救国阵线委员会,并发表了 10 条施政纲领,宣布放弃一党制,实行多党制,起草新宪法,改革经济等原则。

救国阵线由前罗共中央书记扬·伊利埃斯库担任主席,由彼得·罗曼为临时政府总理。

1990年5月20日,罗马尼亚举行大选,伊利埃斯库当选总统,罗曼任总理。罗曼新政府在没有周密计划的情况下,立即使计划经济向市场经济转变。其结果是产量下降,失业上升,经济滑坡。

1991年9月25日,千余名矿工聚集布加勒斯特,要求增加工资,改善劳动条件,与警察发生激烈冲突,罗曼总理被迫辞职,由前财政部长斯托洛然为新总理。伊利埃斯库于是采取措施,满足工人的要求,改善他们的生活,又得到了工人的支持。

在90年代初,罗马尼亚在进行经济改革问题上产生了两种观点。救国阵线主席、前总理罗曼主张更快大规模的私有化和急速向市场经济过渡。而伊利埃斯库则主张"缓慢而渐进的经济改革"。由于双方都坚持自己的主张,水火不能相容。支持伊利埃斯库的一派于是退出救国阵线,另立新党,取名为民主救国阵线。

罗马尼亚经济连续滑坡,到1992年,国民生产总值只有1989年的一半。在这种情况下,人民害怕激进改革,支持伊利埃斯库的缓慢、渐进的稳健经济改革计划。

1992年9月,罗马尼亚举行剧变后的第二次大选,民主救国阵线获胜。但是民主救国阵线只拥有相对多数,占全体选票的27%。大选后,仍然由伊利埃斯库担任总统,无党派人士沃克罗尤任总理。1993年5月,民主救国阵线改名为罗马尼亚民主党。为了确保执政地位,1993年6月26日,民主救国阵线和罗马尼亚共产党合并,7月改称罗马尼亚社会民主主义党。由于执行了稳健的经济改革方针,罗马尼亚经济开始好转。1993年工业生产增长1.3%,农业大丰收。1994年经济形势继续好转,国内生产总值增长3.4%,工业增长3.3%,农业增长5%。

然而罗马尼亚反对派力量十分强大。经济情况虽有好转,但仍很严峻,改革进展不大,人民仍然不满。1996年11月17日,农民党人埃米尔·康斯坦丁内斯库当选总统,乔尔贝亚任总理。乔尔贝亚政府上台后,开始急速向市场经济转轨。他采取了货币紧缩政策,压缩开支,努力减少财政赤字,在税收上做了调整,在行政、司法、卫生、教育等部门也进行改革。同时他也推行社会保障政策。1997年社会保障的支出超过国家预算总额的10%。1997年2月,罗市场价和外汇比价全面放开,对罗马尼亚与欧盟及世界贸易组织协议规定以外的产品出口,取消所有配额和限制,取消对亏损国有企业的补贴,以每周50家企业私有化的速度,到年底实现近70%企业私有化和兼并。据估计,1997年罗马尼亚国内总产值将因此下降20%。但总的来说,罗马尼亚政局稳定,经济条件不断改善,乔尔贝亚总理希望到1998年罗经济恢复正常增长速度,并以年均3.5%的速度实现持续增长。

　　1998 年 2 月,乔尔贝亚总理又推出了 1998 年经济改革和社会保障措施,强调其主要目标是停止国民生产的继续下滑,振兴市场经济的发展。该政府的计划是 1998 年政府预算赤字不超过 3.6%,通胀指数从 1997 年 151% 下降到 37% 左右。通过减少工资收入调节税和提高增值税,使国家预算中的主要税收来源从直接税改为间接税。罗马尼亚政府还将对亏损严重,债务缠身的大中型企业进行工业结构调整,加强社会保障,将 1998 年预算收入的 40% 用于社会保障。

保加利亚剧变

　　战后保加利亚一直是东欧一片政治稳定的绿洲,日夫科夫自 1954 年起担任保共第一把手,33 年来牢牢控制着保加利亚的政局。

　　在苏联影响下,日夫科夫曾在 1987 年提出改革计划,从而提高了他的威望。但日夫科夫并没有执行他的改革计划,并且在 1989 年夏天,用暴力镇压国内土耳其族人的反抗,迫使大量土耳其族人逃亡。上述行为严重损害了他在国内外的形象。1989 年 11 月 10 日,在波、匈剧变影响下,保共产党内的革新派迫使日夫科夫辞职。从此,保加利亚进入了一个动荡的新时期。

　　1990 年 1 月 30 日至 2 月 2 日,保共举行第 14 次特别代表大会,宣称党的目标是进行改革和更新社会主义社会,其直接任务是建设民主社会主义,在政治体制上实行议会民主制。在经济政策和社会政策方面,主张发展多种形式的所有制,实行市场机制同社会公正、社会保护相结合的原则。1990 年 4 月 3 日保加利亚共产党改名为保加利亚社会党。1992 年初,选举 33 岁的维德诺夫为保加利亚社会党最高委员会主席。

　　1989 年 10 月以前,保加利亚只有六个持不同政见者组织。到 12 月底,增至 30 多个。12 月 7 日,10 个较大的非官方组织合并,成立了反对派组织民主力量联盟,简称民盟。保加利亚政局开始动荡。

　　1990 年 1 月 3 日,保加利亚议会选举姆拉德诺夫为共和国第一任总统。1990 年 6 月,保加利亚举行大国民议会选举,保加利亚社会党获胜。在 400 人组成的议会中,社会党共取得 211 个席位,占议会席位的 52.75%。民盟获 144 席,占 36%。1990 年 8 月 1 日,议会选举民盟领导人热柳·热列夫为总统。

　　大国民议会选举后,上届社会党政府总理安·卢卡诺夫受命组成新政府。新政府由于反对派的不合作和不断闹事,70 天后被迫辞职,由无党派人士波波夫为总理。

1991 年 10 月,保举行第二次大选,民盟以微弱多数获胜,组成以菲·迪米特洛夫为总理的民盟政府。但民盟执政不到一年,由于议会通过不信任案而下台。1992 年底又由无党派人士贝罗夫为总理。不过该政府于 1994 年 9 月 2 日宣布辞职。1994 年 12 月 18 日,保加利亚提前进行第三次大选,社会党获胜。1995 年 1 月,社会党主席维德诺夫组成联合政府。

政局不稳影响了经济的发展。1989 年政局变化以来,保加利亚经济一直处于危机之中。1990 年~1993 年国内生产总值已下降 50% 以上。维德诺夫出任总理后,人们对他寄以很大希望,希望在他领导下保加利亚能顺利实现向市场经济转轨。然而保加利亚政府未能制定出一个统一的经济改革计划。

维德诺夫为了维护社会稳定,把防止失业、发展生产放在首位,向困难企业提供补贴和发放贷款,使工业生产得以维持。1995 年国内生产总值比上一年提高 2.5%,失业人数减少 10 万,但代价很高,造成大量产品积压,国家银行支付困难,货币贬值。1996 年保加利亚国内生产总值下降 8%,通货膨胀率超过 300%,失业率达 10.4%,许多工人几个月领不到工资,1/3 的人生活在贫困线以下,经济形势十分严峻。

1996 年 12 月,维德诺夫辞职,社会党的多布雷布出任总理,但遭到反对派反对。民盟的前任总统热列夫和 1996 年 11 月当选的现任总统斯托扬诺夫都拒绝让社会党继续执政,要求进行新选举。1997 年 2 月,索非场斯基组成过渡政府。1997 年 4 月,保加利亚议会选举,民盟以 52% 的选票获胜,成为执政党。

阿尔巴尼亚政变

阿尔巴尼亚是东欧变化最为迟缓的国家。霍查在阿尔巴尼亚执政 40 多年。在斯大林逝世后,阿尔巴尼亚与苏联决裂,而与中国保持友好关系。由于霍查捍卫国家独立,又正确处理了与虎视阿尔巴尼亚的强大邻国、特别是与南斯拉夫的关系,使他得到人民的支持。

1985 年霍查病逝,阿利雅继任党的第一书记。他是一位坚定的共产党人,但也试图进行改革以适应国内外形势的发展,特别是适应东欧形势的变化。1990 年 12 月,阿劳动党被迫宣布实行多党制。阿利雅是东欧剧变后仍然执政的共产党领导人。而且在 1991 年 3 月 31 日议会选举中,仍然是劳动党获胜。1991 年 6 月,阿劳动党改名为阿社会党。强调民族、民主和社会主义理想;主张多元政治,实行市场经济,确立法制等。

90年代初,阿尔巴尼亚经济发生危机,300多万人要靠国际援助生活。国家十分贫穷,人民不满日增。反对党迫使议会在1992年3月22日进行选举,结果民主党获胜。民主党主席贝里沙当选总统,亚·梅西克被任命为总理。

民主党人上台后,积极开展外交活动,大力争取外援,国内经济困难得到缓解。1994年以来,阿尔巴尼亚经济连续三年增长,国民生产总值已达到危机前的85%,人民生活水平也有所提高。

由于民主党政府在稳定宏观经济环境、恢复生产的同时,还制定并实施了经济转轨计划,所以阿尔巴尼亚经济取得一定成绩。1996年私有部门创造的产值已占社会生产总值75%。随着市场机制的引入,阿尔巴尼亚经济正以"欧洲最快的速度"增长。工业生产1993年比1992年增长11%,1994年、1995年又继续增长。

但是正当经济顺利发展时,阿尔巴尼亚政府为了鼓励集资,处理不当而引发了严重动乱与危机。由于缺乏资金,梅克西政府于1992年3月制定了"金字塔式集资计划",即以高利息吸纳新储户来支付旧储户的高额利息。这时出现了许多高利集资公司,严重扰乱金融秩序,损害人民利益,从而在1997年初引发了一场剧烈的社会动荡。

1997年1月,苏黛集资公司破产,许多集资公司倒闭,数万人受骗,损失资金总额达10多亿美元,引发了群众示威游行。2月底各地抗议活动上升为武装冲突,阿尔巴尼亚政府陷于瘫痪状态,军警失去作用。3月1日,政府总理梅克西辞职。3月2日,全国实行不定期紧急状况。几个月来,至少有1500人在武装冲突中丧生,数万难民逃往国外,许多工厂和政府机构被洗劫一空。联合国派出由意大利指挥的一支7000余人的多国部队于4月进入阿尔巴尼亚,同时阿政府在国际社会支持下重组警察与军队,重新发挥专政职能。到6月阿尔巴尼亚政局才逐渐趋向稳定。

这次危机沉重打击了贝里沙政府,使其不得不向社会党等反对派做出一系列让步,并决定提前进行议会选举。在6月29日举行的大选中,社会党获胜。7月24日,社会党总书记迈达尼当选总统,社会党主席纳诺为总理。

南斯拉夫内战

进入20世纪90年代,在国际战略格局的剧烈动荡中,位于欧洲南部巴尔干半岛的南斯拉夫社会主义联邦共和国(以下简称前南斯拉夫)陷入了一场深刻的国家危机,并且在国家分裂和民族冲突的漩涡中越陷越深,逐渐演变成为第二次世界大战以来欧洲大陆规模最大的内战。这场旷日持久的战争夺去了数万人的生命,吞噬了上千亿美元的财富,造成了上百万背井离乡的难民。

地处巴尔干半岛西北部的南斯拉夫,面积25.6万平方公里,人口2300多万。周围的邻国有意大利、奥地利、匈牙利、罗马尼亚、保加利亚、希腊和阿尔巴尼亚7个国家,西部和南部面向亚德里亚海。它是中欧一些内陆国家通往黑海和地中海的必经之地,也是中欧到西亚的一条最近的陆上通道和连接巴尔干半岛南北交通的一条重要走廊,战略地位十分重要。

南斯拉夫是一个联邦制的多民族国家,构成联邦的6个共和国和两个自治省基本上反映了南斯拉夫的民族状况。6个联邦共和国是:塞尔维亚、克罗地亚、斯洛文尼亚、波斯尼亚——黑塞哥维那、马其顿和黑山(门的内哥罗);两个自治省是:科索沃和伏伊伏丁那。在这些共和国和自治省的土地上,分别居住着塞尔维亚族、克罗地亚族、穆斯林(在南被当作一个民族)、斯洛文尼亚族、黑山族(门的内哥罗族)五个主体民族。此外,还有阿尔巴尼亚、匈牙利、罗马尼亚、土耳其等20多个少数民族。

南斯拉夫各民族真正形成一个统一的国家仅有70余年的历史。在形成统一国家的漫长历史岁月,南斯拉夫各民族有着一段异乎寻常的复杂经历。

一般认为,南斯拉夫人的祖先是生活在东部欧洲的斯拉夫人。斯拉夫人形成于公元前2000年至公元前500年,他们主要分布在东至奥得河和伏尔加河流域、北至波罗的海、南至喀尔巴阡山、第聂伯河和顿河流域广大地区。公元6世纪,部分斯拉夫人从波罗的海与黑海之间的地区,或是从喀尔巴阡山以东地区向巴尔干半岛迁移(造成这种迁移的原因以及起始地点,从中世纪起就存在争议)。到公元7世纪,这些斯拉夫人部落历尽艰辛,先后几乎占领了整个巴尔干半岛地区,在一些有森林和河流的地方定居下来。这样,斯拉夫民族遂分成3支:东部斯拉夫(俄罗斯、白俄罗斯、乌克兰)、西部斯拉夫(捷克、斯洛伐克、波兰)和南部斯拉夫(斯洛文尼亚、克罗地亚、塞尔维亚、马其顿、黑山、保加利亚)。

南部斯拉夫人在巴尔干定居下来的很长一段时期,由于居住分散,相互来往较少,还难于形成像样的国家。从9世纪起,南部斯拉夫人在与其他民族的长期斗争中,开始先后建立自己的国家。

克罗地亚人在10世纪已建立国家,其疆土远远超出了现今克罗地亚的版图。这是克罗地亚人引为自豪的一段历史。然而,当时十分强盛的匈牙利帝国,在1089年克罗地亚国王死后,将克罗地亚吞并。在此后形成的匈帝国中,克罗地亚一直是匈牙利管辖的属地,前后长达800余年。

塞尔维亚人在12世纪也建成了一个幅员相当辽阔的国家,至14世纪,所统治的地区从北面的多瑙河一直延伸到爱琴海,自称为"塞尔维亚人、希腊人、保加利亚人和阿尔巴尼亚人国家"。15 世纪中叶,土耳其奥斯曼帝国攻占塞尔维亚,统治达400 余年之久。

在奥斯曼帝国与奥匈帝国对巴尔干半岛这一战略要地的争夺中,波斯尼亚和马其顿先后被并入土耳其的势力范围,斯洛文尼亚则成为奥匈帝国的属地,只有英勇善战的黑山人,由于得益于黑石峭壁的自然地利,以及依靠俄国并利用土耳其与奥匈帝国的矛盾和奥俄矛盾,才幸运地在土耳其和奥匈帝国的包围中保持了 400余年的独立。

连年的战乱,造成了大量背井离乡的难民,使得南部斯拉夫地区的民族聚居区频繁更移。1683 年奥匈帝国将土耳其人逐出维也纳,长驱直下马其顿,"解放"了塞尔维亚。此后不久,奥斯曼军队又回占失去的领地并残酷报复塞尔维亚人,数万塞族人紧随北撤的奥匈帝国军队进入匈牙利。原塞族聚居区由阿尔巴尼亚人迁入,这成为原属塞尔维亚的历史疆域有众多阿尔巴尼亚人的历史原因。而进入匈牙利南部的塞尔维亚难民则被奥匈帝国编入边屯区,用于防御土耳其人的入侵。19 世纪末,边屯区被取消,作为克罗地亚地区的一部分并入克罗地亚。边屯区内的大约 64.6 万塞尔维亚人,以占当时克罗地亚总人口 24.6%的比例,成为克罗地亚的一部分,这也成为导致现今克罗地亚地区塞族人地位问题的原始起因。到后来,战争又使克罗地亚和塞尔维亚的难民逃往波斯尼亚。一部分阿尔巴尼亚人也被迫离开其传统地区进入马其顿。只有斯洛文尼亚地区由于属于奥匈帝国的世袭领地,而相对平静,成为南斯拉夫土地上唯一最"纯洁"的单一民族地区。

尽管奥匈帝国与奥斯曼帝国为了维护其统治,对南部斯拉夫各族人民采取了种种分化瓦解和分而治之的手段,企图磨去南部斯拉夫人的民族意识,但是,南部斯拉夫人一直为争取独立和统一而进行着不屈不挠的斗争。1878 年塞尔维亚人和黑山人同俄国联合共同反对土耳其,从而获得独立并得到国际承认。1912 年由塞尔维亚、黑山、希腊和保加利亚组成的巴尔干同盟,在巴尔干战争中战胜土耳其,迫使它放弃长期占领的巴尔干领土。然而,早就觊觎这块战略要地的德国和奥匈帝国,在 1914 年,借口奥地利皇太子斐迪南大公在萨拉热窝被塞尔维亚爱国青年刺杀,遂向塞尔维亚宣战,导致了第一次世界大战的爆发。

第一次世界大战,改变了巴尔干半岛的格局。奥匈帝国的解体,使斯洛文尼亚和克罗地亚摆脱了哈布斯堡王朝的统治,建立了一个南部斯拉夫人的国家,定名为"斯洛文尼亚人、克罗地亚人和塞尔维亚人的王国",后又与塞尔维亚王国和黑山联手,于 1918 年 12 月在贝尔格莱德成立了一个统一的国家,即"塞尔维亚人——克罗地亚人——斯洛文尼亚人王国",后改称"南斯拉夫王国"。这就是历史上的

"第一南斯拉夫"。

　　1939 年 9 月，第二次世界大战爆发伊始，"南斯拉夫王国"政府曾对交战双方保持中立，但很快便决定参加德、意、日三国轴心条约。在南斯拉夫人民反对的声浪中，一批军人发动政变推翻了王国政府。希特勒对此极为恼怒，发誓要把南斯拉夫作为一个国家从地图上抹掉。1941 年 4 月 6 日，德、意等国的 82 个师侵入南斯拉夫。南军最高指挥部下令不抵抗，30 万大军向德国投降。南斯拉夫遂被侵略者瓜分：斯洛文尼亚由德国、意大利占领；塞尔维亚和黑山分别为德军和意军管辖；意大利鉴于阿尔巴尼亚已成为其保护国，将科索沃和梅托希亚以及马其顿的一部分划归阿尔巴尼亚；保加利亚则占领了马其顿、科索沃和塞尔维亚东部的部分地区。至此，存在了 22 年的"第一南斯拉夫"彻底解体。

　　德、意法西斯在肢解南斯拉夫的同时，还利用克罗地亚与塞尔维亚的民族矛盾，在克罗地亚、波斯尼亚和黑塞哥维那的大部队地区，扶植亲法西斯的"克罗地亚独立国"，在塞尔维亚也建立了傀儡政府，极力挑唆南斯拉夫内部进行种族灭绝的自相残杀。

　　为了反抗外来侵略，以铁托为首的南斯拉夫共产党领导各族人民开展了拯救祖国和打击法西斯的武装斗争，经过 4 年多浴血奋战，以 170 万人壮烈牺牲的代价，于 1945 年 11 月 29 日重新组成了南斯拉夫人民共和国，1963 年改称南斯拉夫社会主义联邦共和国，史称"第二南斯拉夫"。

　　在"第二南斯拉夫"40 多年的建设历程中，以铁托为首的南共联盟曾是南斯拉夫加强民族团结、维护国家统一的核心力量。尽管在和平建设的各个时期无视多民族存在的"一元主义"和热衷于地方利益的民族主义一直是威胁南民族团结和国家统一的危险因素，也尽管南共联盟在民族政策上有不少失误，但由于铁托本人在领导南各族人民战胜法西斯的斗争中建立的崇高威望和南共联盟各族领导人的总体团结，民族分裂的倾向多被消灭在萌芽之中。1971 年克罗地亚领导人曾助长本国的"群众运动"，大闹民族主义，甚至要求拥有自己的军队，脱离联邦加入联合国。南共联盟采取断然措施，撤换了一大批闹民族主义的干部，很快控制了局势。但在后来，南共联盟逐渐自我削弱，特别是铁托逝世后，各共和国的共盟组织在不同程度上陷入了民族主义的泥坑。南共联盟也逐步地由只赞成搞"政治多元化"而反对实行多党制的立场，退让到"放弃一党垄断"，把多党制模式引进南的政治生活。此口一开，形形色色的政党在各地纷纷成立，很快发展到 250 多个，并大多具有强烈的民族主义倾向。

　　1990 年初，南共联盟领导层分歧日益加深，南共联盟第 14 次代表大会因斯洛文尼亚代表退场不欢而散，从而陷入了公开分裂的危机，直至最后彻底瓦解。南共联盟的瓦解,使其在各个共和国的议会选举中将会全部获胜的乐观预测化为泡影。多党制选举的结果是民族主义的反对党占了上风。这些政党先后在斯洛文尼亚、克罗地亚和马其顿共和国上台执政,只有塞尔维亚和黑山共和国仍由原共盟(后改称社会党)掌权,形成了分庭抗礼的局面。

克罗地亚反对党上台后,极力推行西方式的民主,扬言要铲除塞尔维亚这个"欧洲最后的共产主义堡垒",主张克从南斯拉夫分裂出去。塞尔维亚则针锋相对,先是主张保持南斯拉夫的统一和集中,后又认为塞族是南最大的一个主体民族,生活在塞尔维亚共和国之外的塞族有权不成为某个分裂出去的共和国的少数民族。对由此带来的边界问题,他们认为:南原各共和国虽有自主权,但不是主权国家,更不是国际法的主体,彼此间的边界仅是一个联邦国家内部的行政划分线,而不是正式边界。为了实现"所有塞族人生活在一起的"目的,母体国之外的塞族,先后成立了数个塞族自治区,甚至成立国中之国。对此,克罗地亚当局也针锋相对,认为只有各共和国或各共和国的主体民族才享有民族自决权和分离权;非主体民族,如克境内的塞族聚居区可享有自治权,但不能分离出母体共和国;南宪法规定的各共和国边界也是不可变动的。为了"捍卫自己的主权和领土完整"以及"保障民族生存权利",塞、克、斯、穆的地方武装以及以塞族为主体的人民军部队错综复杂地交织在一起,在未来国体之争、领土之争和边界之争的尖锐对立中,终于爆发了武装冲突。

所谓的南斯拉夫内战,包括了南联邦的解体过程中,以塞尔维亚为主体的联邦政府和军队同斯洛文尼亚克罗地亚之间的战争,以及南联邦解体后,在波黑境内爆发的穆斯林、克罗地亚、塞尔维亚族之间的战争。

这也可以说是南斯拉夫内战进程中的两个明显阶段。

斯洛文尼亚内战

1991 年 6 月 25 日,斯洛文尼亚和克罗地亚同时宣布独立。斯洛文尼亚在宣布独立后的第 2 天便派遣地方防御部队和警察部队接管了境内的边防哨卡和海关检查站,封锁了边境通道,并把国界上的南斯拉夫标志和国旗取下,换上了斯洛文尼亚共和国的标志和国旗。与此同时,他们还占领了首府卢布尔卡雅那郊区的飞机场,在跑道上停满了各种车辆,防止军用飞机起落。斯洛文尼亚的一些地方当局还下令切断南人民军驻军的水电供应和电话联系,禁止商店给驻军供应食品,在当地就业的人民军军官家属也被解雇。此举遭到南联邦政府和军队的坚决反对。6 月

27 日,南人民军驻斯洛文尼亚第五军区奉联邦政府之命,派出近 2000 名军人和 110 辆坦克开赴斯边界一线,收复过境通道和海关。斯洛文尼亚认为,人民军此举是对斯洛文尼亚主权的侵略,号召打击人民军,于是一场内战正式打响。双方主要目标是争夺斯洛文尼亚与奥地利、意大利和匈牙利接壤的边界地区 28 个较大的过境站和居民区的控制权。

从 6 月 27 日傍晚起,斯洛文尼亚地方武装在境内 20 多个地方向南人民军及其军事设施发动大规模进攻,双方爆发了激烈的战斗,人民军的 6 架直升机被击落、15 辆坦克被击毁,多处人民军军营遭攻击,人民军官兵 100 多人伤亡。

6 月 28 日,南人民军在坦克、喷气战斗机和直升机配合下,开始向被占领的过境通道和海关发起攻击,当天便收复了预定目标,并包围了卢布尔卡雅那郊区的机场。

斯洛文尼亚的局势引起了国际社会的严重关注。欧洲各国担心这个曾经是第一次世界大战导发地的国家,会因为新的战乱而成为"欧洲的黎巴嫩",从而危及欧洲刚刚建立起来的新秩序。它们因此积极参与解决南斯拉夫的这一危机。欧共体率先做出了反应。6 月 28 日,由荷兰、卢森堡和意大利外长等组成的代表团与南联邦总理马尔科维奇、塞尔维亚总统米洛舍维奇和斯洛文尼亚总统库昌及克罗地亚总统图季曼分别进行谈判。在欧共体的斡旋下,冲突各方一度达成停火和恢复联邦主席团合法性的协议。但欧共体代表团刚离开,有关各方就开始反悔。塞尔维亚共和国总统米洛舍维奇首先提出,若要选举克罗地亚的梅西奇担任联邦主席团主席,则斯洛文尼克、克罗地亚必须放弃其独立决定;而斯洛文尼亚则未遵守停火协议,在人民军停火撤回军营后仍不断对其进行袭击,继续切断对人民军驻军的水电、食品和药品供应。企图重新包围军事设施并占领边界的过境通道。

6 月 29 日晚,南斯拉夫武装力量最高指挥部向斯洛文尼亚共和国领导人发出最后通牒,要求他们遵守停火协议,否则南人民军将采取"坚决的行动制止把国家和各民族人民推入灾难深渊的分裂行径"。

6 月 30 日凌晨,斯洛文尼亚议会发表声明,强烈谴责"南军队和联邦机构对斯洛文尼亚共和国领土的野蛮侵略行径,并坚决驳回侵略者的最后通牒",并紧接着出动 3 万余名武装人员向南人民军发动大规模袭击。南人民军由于低估了斯洛文尼亚地方部队的作战能力,付出了很大代价,仅被俘人员就达 2100 多名。面对斯洛文尼亚当局新一轮的军事行动,南人民军增派了部队,出动约 200 辆坦克,分多路在空军掩护下到达斯洛文尼亚和克罗地亚边境敏感地区。

随着冲突的升级,欧共体立场出现变化,认为"应由南斯拉夫人民自己决定其国家和前途",不允许南斯拉夫军队在没有联邦主席团主席命令的情况下擅自行动,并以对整个南斯拉夫停止经济、军事援助向塞尔维亚施加压力,要其同意梅西奇担任联邦主席团主席,以便对人民军进行必要控制。欧共体内部也在是否承认斯洛文尼亚和克罗地亚独立的问题上产生分歧。以德、意等国为一方极力主张不应去维护南斯拉夫联邦的统一,承认斯洛文尼亚和克罗地亚的独立。两国认为,联邦已成为塞尔维亚推行其"大塞尔维亚"的伪装,人民军也成为塞尔维亚镇压其他共和国的工具。而以英、法、西班牙等国为另一方则反对仓促承认,担心这会进一步助长民族分裂主义,使这一地区陷入更大的危机。

美国对斯洛文尼亚乃至整个南斯拉夫的局势,在开始时的态度是反对使用武力,仍希望看到南斯拉夫联邦的统一,甚至表示不会与宣布独立的共和国打交道。但随后又公开指责南斯拉夫联邦政府和人民军,对其军事行动表示遗憾,"不支持使用武力来维护南斯拉夫的统一",并表示,美国将支持斯洛文尼亚和克罗地亚以和平方式争取更多主权和独立,甚至彻底独立。美国还采取了与欧共体一致的立场,对南斯拉夫实行武器禁运。

由于国外的压力和战场形势的变化,交战双方均做出了一定的让步。斯洛文尼亚虽有地方武装部队及警察 6.8 万人,而且从国际市场上购买了数亿美元的导弹、坦克、火炮及大量反坦克武器,并拥有数万名预备役军人,但是,在武器精良、训练有素和数倍于己的南人民军的强大攻势下,不得不再次接受停火,宣布将独立活动暂缓 3 个月,释放了被俘的人民军士兵和警察,同时宣布遣散近万名地方部队。几个回合的较量,也使联邦政府和人民军意识到,与其同一个斯洛文尼亚人占 94.8% 的民族成分较纯的小共和国,打一场有可能引发与周边意大利、奥地利冲突的长期消耗战争,倒不如集中力量打击和孤立使塞族生存受到威胁的正在闹独立的克罗地亚。于是,南联邦政府在欧共体的斡旋下,同斯洛文尼亚当局于 7 月 8 日达成包括停火、控制边界、联邦主席团对军队拥有充分权力等 4 点协议,并决定人民军在 3 个月内撤出斯洛文尼亚,从而使局势趋向缓和。

在短短十几天的交战中,双方死伤数百人,180 多个基础设施遭到破坏,战争造成的直接经济损失达 150 亿美元。

克罗地亚内战

斯洛文尼亚战争刚刚平息,克罗地亚的内战烽火燃起,并迅速升级。

克罗地亚是南斯拉夫第 2 大共和国,面积 5.6 万平方公里,人口 450 万,其中信奉天主教的克罗地亚人占 78%,信奉东正教的塞族约有 60 万人,他们主要居住在与塞尔维亚共和国及波黑共和国接壤的东部和东南部地区。由于历史积怨和宗教信仰不同，两民族之间历来不和。克境内的塞族人，对二次世界大战中，德意法西斯扶植的克罗地亚傀儡政权肆意屠杀塞族人的恐怖记忆犹新。克、塞两族多次发生武装冲突，例如，1991 年 3 月，在克罗地亚中部的普利特维察国家公园，塞族和克族警察发生了较大规模的冲突。

在克罗地亚宣布独立后，出于对历史悲剧重演的恐惧，塞族人遂也宣布独立，成立了克罗地亚塞族自治区，并建立了自己的政府和武装，要求脱离所在的母体国，准备归属塞尔维亚共和国。克罗地亚当局坚决反对塞族独立，并进行了武装镇压，塞族武装则奋起反抗，1991 年 7 月 7 日，克罗地亚内务部警察部队和特种部队，向境内的塞族人聚居区特尼亚镇，发起了大规模围攻。当地居民奋起抵抗。冲突中双方动用了机关枪和无坐力炮等武器，直到南人民军装甲车赶到将冲突双方隔开，才避免了进一步流血。在这次冲突中，至少有 5 人死亡，20 人受伤。克当局认为，人民军进驻冲突地区是保护塞族，因而同人民军发生冲突。7 月 8 日晚，克内务部警察部队向守卫克罗地亚和塞尔维亚边界一座大桥的人民军开火，并发射了3 枚火箭。南人民军以猛烈炮火回击。这是克罗地亚地方部队第 1 次与南人民军发生武装冲突。从此，战争开始在克罗地亚为一方与南人民军和塞族为另一方之间进行。

在克罗地亚宣布独立后的一段时间内，双方的武装冲突虽不断扩大，但基本上是打打停停，冲突的规模和对抗的强度尚处在较低水平双方都在争取时间积极备战，创造机会争取主动。克罗地亚采取边战边和的策略，促使西欧和美国的立场朝有利于自己的方向转变，并从国外购买了数十亿美元的军事装备，把原先只装备轻武器的 7 万余人的国民卫队扩编成为 20 多万人的、拥有现代化重型武器的正规部队，加之人民军内的克族高级将领和战士的"投诚"，以及克军队高价雇佣外国人及西方教官，使克军的战斗力和指挥素质明显提高。随着军事力量的壮大，1991年 8 月下旬，克罗地亚武装开始对克境内的塞族聚居区展开大规模的攻势。与此同时，他们把南人民军视为其独立和彻底消灭塞族武装的最大障碍，一方面，一再要求南人民军从克罗地亚完全撤走，另一方面，加紧封锁和袭击人民军部队驻地和军事设施，切断其水、电、食品供应和通信联络，迫使人民军处于困境，进而逼人民军撤出克境。9 月 13 日，人民军第 5 军区副司令一行乘坐的直升机，被克军炮火击伤迫降，克当局将该副司令及前去接应的 20 多名人民军官兵扣押，准备作为侵略克罗地亚的战犯予以审判。此举引起人民军官兵强烈不满。

为解救被围困的人民军部队，南人民军总部于 9 月 14 日起在克全境发起反击。人民军的战略目标：一是解救被围困的部队；二是保护塞族人的占领区和控制战略要地;三是解除克罗地亚地方部队的武装。14日中午,第1军区的坦克、机械化步兵、炮兵部队率先向克东部战略重镇发起攻击,中路部队主攻格利纳市;沿海军区和第三军区部队在克宁市以南展开,在100余公里的宽大正面上向南部海岸实施攻击,先后控制了150公里宽的沿海地区;沿海军区的舰艇部队也投入了战斗,迅速控制了克罗地亚所有大港口,从海上切断了克与外界的一切联系;空军也出动了数十架歼击轰炸机和武装直升机进行空中支援,摧毁了克罗地亚用于军火运输的18架飞机及满载弹药的车队。战至9月22日,人民军在东部、中部、南部3个作战方向上均取得进展,收复了一些被占领的军营等军事设施,初步掌握了战场主动权。直至22日中午,交战双方才在克罗地亚总统图季曼主动要求下达成停火协议。

在这期间,欧共体曾积极斡旋,将参战双方拢到一起,迫使其达成协议。但由于双方均尚未实现各自的战略目标,加之欧共体成员国之间存在越来越明显的分歧,这些斡旋和协议也显得越来越无约束力,常常是协议达成后仅数小时,战端又起。在此情况下,法国出于不希望德、意、奥在其战前势力范围内重新恢复影响的考虑,一直反对德、意、奥要求承认斯洛文尼亚和克罗地亚独立的呼声,率先要求联合国干预南斯拉夫的冲突。9月下旬,联合国通过了呼吁有关方面不要向南运送武器的决议。美国在安理会上从支持南斯拉夫的统一转为指责塞尔维亚领导人和人民军,说他们"对将这个国家悲剧性地引向内战负有特殊的、日益加重的责任。"

克罗地亚的战局,在安理会决议后不仅没有缓和,反而在1991年10月后于进一步升级。

为了形成一个"所有塞族人生活在一起"的新南斯拉夫领土和解救处在克武装包围封锁中的2万多人民军部队,人民军总部发动攻势,并对著名的中世纪城堡杜布罗夫尼克市进行炮击。地面部队在海空军的掩护下,攻占了战略要地德贝利布里耶格地区,控制了杜布罗夫尼克西北约20公里长的海上交通线,切断了克罗地亚武装的增援通道,并猛攻萨格拉布以南50公里的卡尔洛瓦和锡萨克,一度对克罗地亚首府形成严重威胁。此后,克境东部重镇武科瓦尔也被人民军攻克,市内2000多名克军投降,人民军俘虏、击毙克军各1000多人。

克当局不甘心丢失塞族人聚居的土地,积极向东挺进,试图肃清和赶走东北部的塞族人。11月2日,克武装力量集中约2万兵力,在T-72、M-84重型坦克、装甲车、多管火箭炮的支援下,向克东北部塞族人聚居的村庄发动大围剿,上万塞族人逃到与克相邻的波黑共和国,难民车队绵延长达几十公里。

由于人民军在武器装备和战斗素质方面占有优势,战至12月下旬,战场形势明显地对塞族有利,三个塞族聚居区在克罗地亚领土上立足,其面积占克罗地亚的

1/3。

半年多的大规模血战夺去了 1.5 万人的生命,使数万人受伤致残,直接经济损失达 210 亿美元。经过反复较量,冲突双方都意识到一时无法打垮对方。1992 年初,双方终于接受联合国秘书长特使万斯提出的和平计划,签署了开战以来的第 15 个停火协议。

1992 年 1 月 5 日,欧共体 12 国宣布承认克罗地亚共和国和斯洛文尼亚共和国。这既标志着南斯拉夫联邦的解体,也意味着欧共体实际上已失去了中立地位,很难继续充当调停者的角色。所以,不得不求助于联合国向南派遣维持和平部队,以制止南内战蔓延。

向南派遣维和部队经历了一波三折。1991 年 9 月 17 日,原南联邦主席团主席梅西奇最早要求联合国派维和部队进驻塞、克两共和国间的边界地区,但遭到塞尔维亚方面的反对,认为"任何向南派军队的举动都将被视为对南的侵略"和"对南独立的威胁"。

但是,在南人民军控制了全部塞族聚居区后,尤其是在 1991 年 11 月 8 日欧共体宣布对南实行经济制裁后,塞尔维亚方面对维和部队的态度发生了根本转变。11 月 9 日,科斯蒂奇以联邦主席团名义要求联合国安理会派维和部队进驻克境内的军事分界线上。

经联合国赴南考查调解,有关各方曾于 1991 年 12 月 8 日就部署维和部队问题达成一致意见,但因停火尚未实现,该计划无法付诸实施。1992 年 1 月 2 日,克、塞双方达成了第 15 次停火协议,并表示完全接受联合国秘书长特使万斯提出的和平计划。按照这一计划,维和部队将部署在克境内 3 个塞族聚居区,即所谓"塞尔维亚克拉伊纳共和国"领土上。2 月 21 日深夜,联合国安理会通过 743 号决议,决定向南斯拉夫派遣总数为 1.4 万人的维持和平部队。3 月 8 日下午,维和部队先遣队抵达贝尔格莱德,4 月全部抵达预定地区。此后,克境塞族居住区被置于联合国维和部队保护之下,克武装力量和南人民军都撤离该地区,同时解散当地地方武装。

克塞双方对部署维和部队的动机截然不同:克罗地亚当局打算在维和部队入境地及人民军撤退后,可在包括塞族居住区在内的整个领土行使主权,收回每一寸土地;塞尔维亚当局则认为,可以利用维和部队造成塞族聚居区脱离克当局控制的既成事实,为今后改变共和国边境,把克境内的塞族聚居区并入塞尔维亚铺平道路。所以,联合国维和部队的部署并未解决塞族聚居区未来归属这一实质性问题,克当局与塞族聚居区也一直处于临战状态,零星冲突时有发生。

1993 年 1 月 22 日,克当局乘联合国维和部队任期将到之际,集中 2 万多政府

世界经典文库

世界上下五千年

·二战后的世界·

图文珍藏版

军,出动了飞机和坦克,在长达100多公里的战线上,向本国境内的塞族聚居的"塞尔维亚克拉伊纳共和国"南部发动猛烈攻势,以期"解放"塞族聚居区。"塞尔维亚克拉伊纳共和国"领导人立即发布总动员令,宣布全国进入战争状态,组织地方武装奋起反击,战斗中双方伤亡惨重。这一重起的战端,遭到联合国安理会和欧共体的强硬干预,克当局慑于国际社会制裁的压力,不得不停止进攻。9月9日,克罗地亚和克境内塞族武装又爆发激烈战斗。联合国驻南斯拉夫观察员见双方如此激烈地交战和动用如此大威力的杀伤性武器"局势极其严重,极其危险"。联合国安理会14日呼吁克政府将其武装力量撤到9月9日前占领的阵地上,并敦促塞族武装停止一切军事挑衅行动。克罗地亚总统后来下令单方面停火,局势趋于平静。

波黑战争

1992年3月,波斯尼亚—黑塞哥维纳宣布独立后,立即发生了更大规模的战争。波黑共和国的人口混杂,有44%是信奉伊斯兰教的塞族人(通称穆族),33%是塞尔维亚天主教徒(通称塞族),还有17%是克罗地亚天主教徒。

克罗地亚不承认波黑边境,并占领了波黑北部有60万克罗地亚人居住的地区。塞族民兵则在南联盟支持下攻打穆族,以巩固塞族居民区并希望与塞尔维亚合并。波黑首都萨拉热窝被塞族包围,这次内战的残酷程度令人惊骇,是二战后欧洲尚未发生过的。西方干预和经济制裁均未能制止塞族

波黑战争

的进攻,最后美国及一些西方国家进行赤裸裸的公然军事干涉,以先进的现代化武器攻打塞族人,帮助穆族与克罗地亚攻占了大片塞控土地,迫使波黑冲突各方于1995年底签订了代顿和平协议。1996年波黑举行大选,由三族代表组成了波黑主席团。目前议会和政府都已成立并开始工作,代顿协议正在落实中。

另外南斯拉夫塞尔维亚共和国1996年与科索沃省阿尔巴尼亚族领导人也签署了恢复科索沃阿族教育问题的协议,为政治解决双方问题创造了条件。马其顿境内马、阿、塞族之间矛盾也趋向缓和,社会保持安定。

虽然 1997 年 8 月以来,波黑塞尔维亚共和国议会与总统之间发生矛盾,美国乘机插手,使局势恶化。但有一点可以肯定,即大规模内战不可能再发生。

前南各国恢复和平后,都把重建国家、复苏经济列为当前最重要的任务,其共同点是制定和实施稳定经济的纲领,致力于改善居民生活。同时继续实施经济转轨,从前南时期的半市场经济向完全市场经济过渡。在这些方面,各国都取得了一定成就。

前南地区五国在处理相互关系上,也有重大进步。各国开始相互承认与建交,并逐步开展相互贸易。虽然各国之间民族矛盾并未根本解决,但和平、重建和合作正成为前南地区各国关系中的主流。

但是美国的霸权主义是前南地区实现和平的最大阻力。例如 1998 年初以来,南斯拉夫联盟科索沃省的阿尔巴尼亚族分裂主义者与塞尔维亚族发生冲突。这本是南斯拉夫联盟的内政问题。但美国却威胁说,如果南联盟使用军事力量解决科索沃危机,美国将出动军队加以干预。这种火上加油的做法,使危机升级,最终导致了以美国为首的北约 1999 年 3 月 24 日悍然发动了对南联盟的大规模空袭。

柏林墙的拆除与民主德国剧变

1989 年 9 月,民主德国开始发生大规模动乱。

民主德国是苏联东欧集团的前哨阵地。1989 年 5 月,匈牙利拆除匈奥边界的铁丝网后大批东德人越过匈奥边界逃往西德。美国总统布什呼吁戈尔巴乔夫帮助拆除柏林墙,使欧洲成为:"一个完整和自由的欧洲"。8 月上旬,布什再次敦促苏联将柏林变为"一个合作的地方,而不是一个对抗的场合"。布什称柏林墙是"旧时代和失败政策的纪念物"。

9 月 11 日,匈牙利宣布无限期开放边界,更刺激了大批东德人由此移居西方,仅一个月内就达 4 万多人。从 10 月上旬开始,东德各地连续发生示威游行,有的示威者还和警察发生冲突。10 月 16 日,莱比锡再次爆发大规模反政府示威游行,参加人数多达 12 万。示威者要求言论自由和自由选举,要求当局取消限制人们去捷克斯洛伐克的签证规定,要求让反对派组织"新论坛"合法化。与此同时,东德各大报开始登载批评当局的言论。在居民外逃和城市群众示威两大浪潮的冲击下,10 月 18 日,民德执政党统一社会党中央召开第九次会议,解除了昂纳克中央委员会总书记、政治局委员、民德国务委员会主席和国防委员会主席的职务,由克伦茨取而代之。但民德领导人的换马并未平息事态,居民外逃和各地示威游行集会进一步发展。11月4日,来自全国各地的各界人士约50万人在柏林举行大规模游行集会,要求在民德进行全面改革,实行自由选举,承认"新论坛"组织等。11月6日,民德各地城市继续举行大规模群众示威游行,所提要求除上述外,还要求中央政治局集体辞职,修改关于规定民德党领导民德社会主义建设的宪法第一条等。在这种情况下,11月7日,民德政府召开会议,发表声明宣布集体辞职。11月8日,民德党中央政治局宣布集体辞职。11月9日,民德政府决定开放柏林墙和其他边界检查站,规定私人出国旅游不附加任何条件,公民可随时提出申请,并在很短时间内就可获得批准。象征冷战"铁幕"的柏林墙被推倒了。边境开放后,大批民德人拥入西德和西柏林。边界开放4天内,警方签发私人旅游签证518万,10天后,已签发私人旅游签证1000多万,在全国1670万人口中,近2/3的公民持有可随时出国旅游的签证。每天有数十万人涌入西德。12月1日,民德人民议院通过了修改民德宪法第一条的提案,删去了"在工人阶级及其马克思列宁主义政党领导下"的内容。12月3日,民德教会和"新论坛"组织举行全国性的、约有200万人参加的手拉手活动,全国组成1300公里长的人链,要求自由选举,克伦茨下台。12月6日,克伦茨辞去民德国务委员会主席的职务,在民德历史上第一次由一位非共产党人担任了国家元首职务。12月16日,民德统一社会党在公开的特别代表大会上,将党改名为"德国统一社会党——民主社会主义党"。1990年2月再改名为德国民主社会主义党。1990年3月18日,由基督教民主联盟、德国社会联盟、民主党等组成的德国联盟在大选中获胜,民主社会主义党丢掉了政权,沦为在野党。

两个德国的统一

在民德发生剧变的形势下,两个德国统一的问题提上议事日程。

民德开放柏林墙后,联邦德国前总理勃兰特认为这是向德国可能统一的方向迈出了一大步。1989年11月28日,联邦德国总理科尔提出了实现统一的10点计划,建议两个德国先建立"联邦机构",然后再过渡到一个联邦国家。但民德政府认为该计划不符合当前现实。12月14日,民德反对派提出德国统一三阶段计划,要求德国统一。12月17日,民德统一社会党——民主社会主义党通过的新党纲重申反对德国统一。19日,科尔对民德进行工作访问,在和民德政府总理莫德罗会谈中坚持统一德的"十点计划",莫德罗则主张民德走继续发展的道路。12月29日,民德进行的民意测验表明,有2/3的公民赞成拥有一个独立的民德。

1990年3月民德反对派联盟执政后,提出统一德国的要求。两个德国加快了统一的步伐。5 月 18 日,两个德国正式签署了关于建立货币、经济和社会联盟的第一个国家条约,规定了实现两德经济统一的原则和途径。8 月 31 日,东西德政府又签了第二个国家条约,对两国的政治统一做了具体规定。

对于两德的统一,苏联最初持反对立场。因民德是华约的重要成员和前哨阵地,苏联在东欧驻军的 2/3 在民德。民德的领土面积不及西德的 1/2,人口只有后者的 1/4。两德统一很可能意味是西德吃掉民德。同时担心统一的德国威胁欧洲安全,打破欧洲格局与东西方力量均衡。1989 年 12 月 5 日,戈尔巴乔夫在莫斯科会见西德外长根舍时指出,民主德国是苏联的可靠盟国,是欧洲和平与稳定的重要保障,苏联对它的声援和支持始终如一。后由于大势所趋,苏做了让步,同意德国统一,但苏联坚决反对统一的德国加入北约。4 月 10 日,戈尔巴乔夫在会见英国外交大臣赫德时表示,苏联不能接受统一的德国加入北约。5 月,苏国防部长亚佐夫在华沙条约成立 35 周年纪念会上说,统一的德国如成为北约成员国,就会破坏战略平衡,这是苏联人民所不能接受的。苏联的立场是,统一后的德国或同时加入北约和华约,或保持中立,不加入任何一方。

但联邦德国和美国坚决主张统一的德国加入北约。5 月 17 日,联邦德国总理科尔与美国总统布什在白宫举行会谈,会谈结束后向记者发表谈话,指出统一的德国将是北约的完全成员国;德国在北约中的身份是不容谈判的。

美国和西德一方面坚持统一的德国必须留在北约,另一方面也对苏联百般抚慰。1990 年 7 月 6 日,北约首脑会议在对北约的军事、政治、经济战略进行了调整之后发表声明强调,"要向在'冷战'中曾是敌手的东方国家(苏联)伸出友谊之手";北约"没有侵略意图,承诺和平解决一切争端;在任何情况决不能首先使用武力。"北约秘书长韦尔纳一改过去不与苏联打交道的做法,破例于 7 月 13 日前往莫斯科向苏联阐述了北约的新立场。西德总理科尔两次访问莫斯科,向苏联保证:德国统一后三四年内北约军队不进驻原民德地区;西德的军队削减 40% 以上,把统一后德国的武装力量限制到 37 万人;统一后的德国不制造和拥有核武品,化学武器和生物武器;它将同波兰签订边界条约,不向苏联提出曾属于德国的哥尼斯堡(加里宁格勒)的领土问题。科尔还答应西德继续保持和发展同苏联的经贸合作,并向苏提供 50 亿马克的优惠贷款;苏联从民德撤军后,西德将给予补偿。

在这种情况下,戈尔巴乔夫意识到,如果继续的反对统一后的德国归属北约,不仅达不到目的,还可能引发东西方关系新的紧张,危及其 5 年来谋求的缓和成果。如果顺水推舟,同意德国归属北约,不仅可以谋取经济利益,而且可能利用德国统一推动欧安会进程,建立欧洲安全的新格局、其一直倡导的"欧洲大厦"。于是戈尔巴乔夫再次做出让步。1990 年 7 月 14 日,科尔访苏,经过会谈,苏联同意

"统一后的德国可按自己的意愿决定归属问题"。16 日，戈尔巴乔夫和科尔举行记者招待会，介绍了双方达成的 8 项协议。科尔特别补充说，统一的德国将成为北约成员国，这符合民主德国政府的利益。9 月 12 日，美、英、法、苏加联邦德国、民主德国 6 国外长在莫斯科举行"4 十 2"外长会议，签署了《最终解决德国问题条约》。10 月 3 日，民主德国根据联邦德国基本法第 23 条的规定加入联邦德国，统一后的德国称为联邦德国，定都柏林。德意志民主共和国的历史宣告结束，德国在分裂 45 年之后终告统一。两德的统一，标志着第二次世界大战后确立的雅尔塔体系在欧洲解体，同时也为欧安会第二次首脑会议的召开铺平了道路。

1990 年 11 月 19~21 日，欧洲安全与合作会议第二次首脑会议在巴黎召开，来自欧洲 32 国和美国、加拿大共 34 国的国家元首或政府首脑出席了会议。这次会议是在苏联东欧发生剧变，东西方结束对抗、走向缓和的大背景下召开的。会议主要通过了两个文件：

1、北约和华约 22 国签署了《欧洲常规武装力量条约》。该条约对双方的坦克、装甲车、火炮、作战飞机等常规武装力量的数量作了限定，进行了大幅度裁减，使双方的常规武装力量达到均衡。

2、北约和华约签署了《联合声明》，郑重宣布，在欧洲新时代开始之际，双方"不再互为敌手，相互间将建立新的伙伴关系并友好相处"。同时表示愿意与欧安会其他成员国进行合作，以推动欧安会进程的不断前进。

戈尔巴乔夫改革

一、加速国家社会经济发展战略

1985 年 3 月 11 日，苏共中央全会选举戈尔巴乔夫为新一代的党中央总书记，苏联历史开始了一个新时期。

4 月举行的苏共全会认为，"国家已处在濒临危机的状态"，"必须进行根本性的变革和改造"。同时，提出了"加速国家社会经济发展的战略方针"。全会增选利加乔夫等三人为政治局委员。会后进行了重大人事调整。7 月葛罗米柯当选苏联最高苏维埃主席，谢瓦尔德纳泽担任外交部长，9 月雷日科夫出任部长会议主席，12 月叶利钦调任莫斯科市委第一书记。

戈尔巴乔夫上台后，在社会改造方面的第一个较大举动，是从 4 月起在全国大张旗鼓地、严厉地开展反酗酒斗争，要求将这种丑恶现象从苏联社会中消除掉。但它操之过急，副作用大，很快作罢。

1986 年 2 月 25 日～3 月 6 日，苏共召开了"二十六大"。戈尔巴乔夫在报告中提出，苏共当前的基本任务是，"发展和巩固社会主义，有计划地和全面地完善社会主义"。在经济方面，提出实现加速战略的"主要手段是科技进步和对社会生产力进行根本改革"，并要求在15 年内使国民收入和工业总产值翻一番。在政治方面，提出"进一步民主化"并"扩大公开性"。在对外政策方面，提出要广泛进行国际合作，"来建立一个无所不包的国际安全体系"，并"解决全人类和全球的问题"。大会通过了《苏共

戈尔巴乔夫

纲领新修订本》，它在保留原党纲中的基本理论和原则的同时，强调"社会主义世界的多样性"。大会确认了"加速战略"，并将其具体化。大会选举了新一届中央委员会，勃列日涅夫时期党的领导成员绝大多数退出了政治舞台。

代表大会后，苏联公布了关于政治、经济改革，特别是关于经济体制改革的一系列决定，要求改进经营管理机制，扩大企业自主权。还颁布了《个体劳动法》及《合资企业法》，从法律上打破了单一的公有制。1987 年 6 月又公布《根本改革经济体制的基本原则》，明确要求国家对经济的管理从主要依靠行政方法转向依靠经济方法。随后通过《国营企业（联合公司）法》，规定"企业是社会主义商品生产者"，应转向全面经济核算，实行自负盈亏、自筹资金和自主经营。为此又相继通过有关计划、科技、物资供应、财政、价格、银行等方面进行改革的决定，并要求在两年内全部企业按新原则办事，向新体制过渡。与此同时，苏联领导人通过各种舆论工具、接见各界人士等方式，呼吁人们"改变旧观念"，积极参加改革。

但是，"加速战略"仓促上马，阻力较大，对长期形成的畸形经济结构的调整和对农业体制的深入改革未予重视，对企业改革的宏观决策缺乏具体可行的配套措施，以致各项改革效果不佳。1986～1988 年，国民收入增长率仅为 2.8%，尚低于改革之前，财政赤字上升。

二、政治体制改革和"新思维"外交

在经济改革出师不利的情况下，苏联领导人的改革指导思想明显地发生了变

化,其重点转向政治改革,政治思想向民主社会主义倾斜。1987年11月,戈尔巴乔夫在国内外同时发行其《改革与新思维》一书。书中强调,"改革的最终目标"就是要"最充分地展现出我们制度的人道主义性质"。认为"改革的实质恰恰就在于,它把社会主义和民主结合起来"。并说"新思维的核心就是承认全人类的价值观的优先地位",即"承认人类的生存"。

1988年6月28日~7月1日,举行了苏共第十九次代表会议。会议中心议题是讨论政治体制改革。戈尔巴乔夫在报告中首次完整地提出"人道的、民主的社会主义"的概念,并把"社会主义多元论""民主化"和"公开性"作为三大"革命性倡议"。会议通过了相应的决议,决定把一切权力归还苏维埃,并成立由全民直接选举产生的国家最高权力机构——人民代表大会,再由它选举组成最高苏维埃作为人代会的常设机关。这次会议与以往的党代会不同,各种政治观点和对改革的不同看法在会上进行了激烈的交锋,并明显地形成了三大派,即以叶利钦为代表的"民主激进派",以利加乔夫为代表坚持党领导的"传统派",和以戈尔巴乔夫为代表的新思维"主流派"。

1989年5月25日~6月9日,第一次苏联人民代表大会在莫斯科举行。大会从2210名代表中选出542名组成了新的最高苏维埃。戈尔巴乔夫当选这个最高苏维埃的第一任主席。1990年3月召开的第三次人代会决定,修改宪法,取消苏共的法定领导地位,实行多党制和总统制。戈尔巴乔夫在会上当选为苏联首任总统,卢基扬诺夫当选为最高苏维埃主席。会后,成立了负责决策的总统委员会,其成员有雅科夫列夫、谢瓦尔德纳泽和沙塔林等。

1990年7月2~13日,苏共举行了"二十八大"。会上提出了分别代表三个派别的纲领,即《苏共中央纲领》《马克思主义纲领》和《民主纲领》。大会通过了中央提出的《走向人道的民主的社会主义》的纲领和"向市场经济过渡"的方针。大会期间,已任俄罗斯最高苏维埃主席的叶利钦等人宣布退党,利加乔夫落选后退休。

同年12月举行第四次人代会,大会就国名问题进行了表决,通过保留原国名。同时,通过了按"主权共和国联盟的原则"签订新联盟条约的总构想,并决定实行总统直接领导下的内阁制和设副总统职位。亚纳耶夫当选副总统。

然而,伴随政治体制"根本改革",政局失控状况日趋严重。在"公开性""民主化"和"政治多元化"的口号下,无政府状态在全国迅速蔓延,社会日益动荡。罢工浪潮此起彼伏,经济和刑事犯罪率猛增,反对党派纷纷成立。据报道,新成立的非正式组织有6万多个,共和国级的政党有500多个,全国性的政党约20个。其中有的组织,如支持叶利钦的"民主俄罗斯"颇有影响。这些党派大多公开声明反共反社会主义。反共势力则以此形形色色的党派为依托,策划组织了一系列大规模反共游行和集会,夺取苏共在一些地区和加盟共和国的政权。苏共党内的思想十分混乱,自由化思潮严重泛滥,从全盘否定斯大林发展到彻底否定十月革命和苏联70多年的历史,反对列宁主义和马克思主义,反对共产党和社会主义制度。广大党员对形势的变化迷惑不解,相当多的人对政治冷漠和厌倦,不少人因失望而脱党、退党。从1988年下半年到1991年夏天,苏共党员已由1900万下降到1500万。苏共分裂的趋势日益严重,一些共和国的党已分裂。领导层内的斗争不断加剧,人事变动频繁,党组织和国家政权陷于半瘫痪状态。

与政治体制改革同步,苏联领导人还开展"新思维外交",大幅度调整对外政策。如为缓和国际紧张局势和改善苏联的国际环境,苏联主动提出裁军,甚至单方面裁军,并和美国签署消除部署在欧洲的中程导弹条约;积极开展"富国外交",多方争取经济合作及援助;宣布不再干涉东欧各国事务,并开始主动从东欧撤军;减少对亚、非、拉一些国家的经济和军事援助,停止对一些国家的渗透、颠覆活动;开始逐步消除同中国关系正常化的三大障碍——苏联从阿富汗撤军、从蒙古撤军和削减中苏边境地区驻军、停止支持越南侵略柬埔寨,于1989年在和平共处五项原则基础上恢复苏中关系正常化等。但是,"新思维外交"过分热衷于追求苏美合作和所谓"欧洲大厦",依赖和幻想西方大量经济援助,不顾一切实行妥协和退让。戈尔巴乔夫甚至在西方领导人,尤其是在美国总统布什面前唯唯诺诺。这些作为使苏联的国际地位和影响大大下降,激起苏联所有爱国者,包括一些领导人的强烈不满。同时,"新思维外交"也强调东欧国家根本变革的必要性,积极评价它们的"自由化"改革,并为西方干预这些国家开绿灯,从而催化了东欧各国的剧变,并导致华沙条约的崩溃和经互会的瓦解。这一事态的发展也使苏联人民感到极大的困惑,并在苏共内部引起思想混乱和争论。

苏联民族分离运动的兴起

在政治、外交改革过热和社会动荡不安的形势下,经济改革实际陷于停滞,经济发展速度接连下滑。1989年国民收入增长率降为2.4%,1990年比上年又降4%而出现负增长,开创了苏联战后经济严重滑坡的先例。消费品市场的供应由长期失衡发展到全面短缺,国营商店抢购成风,黑市交易和投机倒把盛行。财政赤字和货币发行失控。1989年通货膨胀率比上年增加56%,1990年又比上年增70%,外债达700亿美元。人民生活水平不断下降,广大群众怨声载道。

影响尤为严重和深远的是,戈尔巴乔夫提出的"公开性""民主化"和"政治多元化"口号,揭开了苏联各民族之间旧时积怨的伤疤,煽起了民族主义情绪,使本已错综复杂的民族矛盾和冲突迅速趋于尖锐和激化。民族之间由群殴、械斗,发展到武装冲突。居民 80%为亚美尼亚人的纳戈尔诺—卡拉巴赫地区的武斗,从 1987 年开始到 1990 年在全苏蔓延着的民族冲突,已造成不少人伤亡,几十万人无家可归。同时,民族分离主义势力乘机崛起,一些共和国的共产党或被民族主义组织取代,或自身已变成民族主义政党,使联盟体制面临崩溃的危机。1989 年 8 月,在波罗的海沿岸三国,民族主义组织"人民阵线"在国外反苏势力支持下,策划组织了上百万人参加的跨界人链活动,抗议导致三国并入苏联的 1939 年苏德条约,并公开提出了"脱离苏联"的口号。1990 年 3 月,立陶宛率先宣布独立。接着,拉脱维亚、爱沙尼亚、格鲁吉亚、亚美尼亚和摩尔多瓦的议会也要求退出苏联。6 月 12 日,俄罗斯人代会又带头发表主权宣言,声称本共和国的法律"至高无上"。随后,一批加盟共和国和自治共和国也相继发表主权宣言。有的甚至更改国名、国旗和国徽,组建起本民族的军队和警察,设立边防和海关等。一些共和国还不断进行横向串联,就政治、经济、文化等问题相互签约,联合对抗中央。另一方面,各共和国之间的"主权战""法律战"和"贸易战"等又层出不穷,使联盟内部的裂痕越来越大,国家传统的经济联系和财政体系遭到破坏。

面对联盟濒临解体的危机,为了遏制民族分裂势头,戈尔巴乔夫和中央政府曾对之软硬兼施,如 1990 年 4 月制定《加盟共和国退出苏联程序法》和《紧急状态法》,对率先宣布独立的立陶宛实行经济制裁,甚至动用军队等。但在国内外敌对势力的压力下,最后都以妥协退让而告终。

1991 年 3 月,就保留联盟问题举行了苏联历史上首次全民公决。有 80%的公民参加投票,其中赞成保留联盟的占 76.4%。但在草拟新联盟条约的过程中几经周折,并在中央做出重大原则让步后才得以定稿。新条约定于 1991 年 8 月 20 日开始签署,它把国名改为"苏维埃主权共和国联盟",强调各共和国的"主权",删去了"社会主义"。如签约成功,苏联就将是一个"自由的、松散的联邦"。

1991 年 6 月,俄罗斯举行全民投票直接选举首任俄罗斯总统,叶利钦获 57.3%的选票当选。他当选后立即访美要求支持,并表示俄罗斯要加速私有化、市场化和自由化。访美归来他发布俄罗斯"第一号总统令",实行俄罗斯国家机关"非党化"。7 月中旬,戈尔巴乔夫赴伦敦向西方 7 国要求经援,也就苏联的私有化、削弱联盟中央权力和军事力量等问题做出承诺。7 月底布什访苏,进一步插手苏联内政。

8·19 事件

1991年8月19日凌晨6时,一条震惊世界的电讯传到了各个角落,苏联副总统亚纳耶夫在莫斯科发布命令,宣布当时正在黑海克里米亚度假的戈尔巴乔夫"由于健康状况,不可能履行苏联总统职责",根据苏联宪法,宣布亚纳耶夫从8月19日起履行苏联总统职责。这个命令发出20分钟后,又发布了苏联领导人的声明,宣布从8月19日6时起,在苏联部分地区实行为期6个月的紧急状态,同时成立苏联国家紧急状态委员会。这一事件的发生,带有很大的突发性和偶然性,出乎许多人的预料。

在此前一天的8月18日下午4时50分,戈尔巴乔夫的侍卫长向他报告,有一群人前来求见他。

戈尔巴乔夫当时还在办公室里工作,所有的通信网络都在手边:政府专线、一般通话线路、战略及卫星通信网等。他拿起一个话筒,寂静无声。他拿起第2个、第3个、第4个、第5个,线路都断了。接着他拿起国际电话,也切断了。但是20分钟前,整个通讯网都还好好的。

他出去请访客进来,但来人已不请自入,进了他的办公室——如此不敬的行为可能是前所未见。这群人包括负责苏联领导人安全的国家安全保卫局局长普列汉诺夫,总统办公厅主任博尔金,苏共中央政治局委员舍宁,苏联国防会议第一副主席巴克拉诺夫和苏联陆军总司令、国际部副部长瓦伦尼科夫。

戈尔巴乔夫在会晤一开始就问:"在开始谈话前,我先要问你们:是谁派你们来的?"

回答说:"委员会。"

"什么委员会?"

"呃,为处理国家紧急状况而成立的委员会。"

"谁成立的? 不是我,也不是最高苏维埃。是谁成立的?"

这批不速之客只说,有批人已经凑在一起,现在需要总统下令,使他们成为合法。他们摆在戈尔巴乔夫面前的情势是这样的:如果不下令就得把权力交给副总统。巴克拉诺夫说叶利钦已经被捕。后来他又更正说,他在他们来此途中应该已经被捕了。

"你们根据什么提这种要求?"

"国家情势危急,——它正走向灾难。我们必须行动,宣布进入紧急状态——

其他手段都救不了我们,我们不能再幻想……"诸如此类的话。

这时,瓦伦尼科夫插嘴说:"那么你就辞职!"戈尔巴乔夫坚决地回击道:"你们的两个要求都不可能得逞,回去告诉你们所有的主子。"

来人一旦明白戈尔巴乔夫对他们的最后通牒无动于衷时,接下来的一切便都依循着冲突的逻辑演变。他们切断了戈氏与外界的所有联系,使他处于孤立无援的困境。这时,戈氏身边只有32名保卫人员,他们决定誓死保护他,并严加防范。

8月19日凌晨4时,苏联国家安全委员会的塞瓦斯托波尔因奉苏联国防空军参谋长马尔采夫上将之命,封锁了戈尔巴乔夫在克里米亚福罗斯的别墅。这个团用两辆牵引车切断了在别利别克的飞机跑道。机场上停放着总统的两架专机:"图—134型"飞机和"米—8型"直升机。

6时整,苏联国防部长亚佐夫召集各军区司令员开会并下达指示:根据形势发展,维护秩序,加强军事设施的警戒;其余情况,注意收听广播和看报。

6时5分苏联副总统亚纳耶夫发布命令宣布,苏联总统戈尔巴乔夫因健康原因已不能履行总统职务,由副总统代行总统职务。

6时23分,亚纳耶夫致函各国元首和政府首脑以及联合国秘书长,重申苏联信守以前"承担的国际义务",希望"得到各国人民和政府以及联合国的应有理解。"

6时25分,亚纳耶夫、帕夫洛夫和巴克拉诺夫3人联名签署《苏联领导的声明》,宣布从1991年8月19日6时起在苏联个别地方实行为期6个月的紧急状态,并成立苏联国家紧急状态委员会。在此期间,国家紧急状态委员会行使国家全部权力。国家紧急状态委员会由8人组成,他们是:苏联国防会议第一副主席巴克拉诺夫,苏联克格勃主席克留奇科夫,苏联总理帕夫洛夫,苏联内务部长普戈,苏联农民联盟主席斯塔罗杜布采夫,苏联国营企业和工业、建筑、运输、邮电设施联合会长季贾科夫,苏联国防部长亚佐夫和苏联副总统亚纳耶夫。

6时34分,苏联国家紧急状态委员会发表《告苏联人民书》,其中说:

"在我们祖国和我国各族人民命运面临的严峻危急时刻,我们向你们发出呼吁!我们伟大的祖国面临致命的危险!由戈尔巴乔夫发起并开始的改革政策已走入死胡同。无信仰、冷漠和绝望取代了最初的热情和希望。各级政权失去了人民的信任。在社会生活中,玩弄权术取代了对国家和公民的命运的关心。对国家各级机构进行恶毒的嘲弄。整个国家实际上已失去控制。

"有些人手中握有权力,却不把权力用于关心每位公民和全社会的安全和幸福,而把它用来谋求与人民格格不入的利益,用作无原则的自我肯定的手段。滔滔不绝的讲话、堆积如山的声明和许诺只能突出地证明所做的具体工作微乎其微。

权力的膨胀比任何其他膨胀都更为可怕的破坏着我们的国家和社会。每位公民都对明天越来越失去信心，对自己孩子的未来感到深切担忧。

"某些人粗暴地践踏苏联基本法，实际上在进行违反宪法变革，醉心于建立不受约束的个人独裁。地方行政机构、市政府和其他违反法律的机构日益擅自取代由人民选出的苏维埃。

"苏联政治和经济形势的日益不稳定破坏着我们在世界上的地位。在某些地方可以听到复仇主义的腔调，提出修改我国边界的要求，甚至还发出瓜分苏联和可能将苏联个别项目和地区置于国际托管的呼声。这是令人痛苦的现实。昨日，在国外的苏联人还感觉自己是一个有影响的受尊敬的国家的体面的公民，而今日，他常常感觉到自己是二等外国人，人们对他常常投以蔑视或怜悯的目光。

"苏联国家紧急状态委员会意识到破坏我们国家的危机的深度，它担负起了对祖国命运的责任，并决心采取最重大的措施使国家和社会尽快走出危机。

"我们打算立即恢复法制和秩序，结束流血事件，无情地对刑事犯宣战，根除诋毁我们社会和贬低苏联公民的可耻现象。我们要清除我们各城市街道上的犯罪现象，结束盗窃人民财产的人的胡作非为。

"我们主张真正的民主过程，主张能导致革新我们的祖国、经济和社会繁荣的彻底的改革政策。这种繁荣能使我们祖国在世界各国大家庭中占有应有的地位。

"我们首先关心的是，解决食品问题和住房问题，将动员现有的一切力量来满足人民的这些最迫切的需求。

"在这个祖国命运的紧要时刻，无所作为就意味着要为悲惨的、真正难以预料的后果承担严重责任。

"我们呼吁苏联全体公民意识到自己对祖国承担的义务并大力支持苏联国家紧急状态委员会，支持在使国家摆脱危机方面做出的努力。"

这一天11时，国家紧急状态委员会发布第一号命令。这项命令包括16点内容，主要是：为了维护苏联各族人民的切身利益、国家的领土完整、恢复法制和克服危机，各级政权机关和管理机关必须无条件实施紧急状态，无力确保实施紧急状态的机关将被停止活动，而由紧急状态委员会任命的专门全权代表负责；立即改组不按苏联宪法和苏联法律行事的政权机关、管理机关和军事组织；政权机关和管理机关不符合苏联宪法和法令决定的一律无效；停止阻碍局势正常化的政党、社会团体的活动；公民和团体非法拥有的武器必须立即交出，禁止集会、游行，必要时可实行宵禁；对新闻进行监督等，命令还要求苏联内阁采取措施保障居民食品和消费品的供应。

这天上午，亚纳耶夫还发布了在莫斯科市实施紧急状态的命令，其中宣布：①

从 1991 年 8 月 19 日起在莫斯科市实施紧急状态;②任命莫斯科军区司令加里宁上将为莫斯科市卫戍司令,他有权发布旨在保障紧急状态制度得以实施的必须执行的命令。

上午 11 时 46 分,叶利钦在俄罗斯联邦政府大厦举行了记者招待会,宣读了《告俄罗斯公民书》,宣布紧急状态委员会是"非法的",是"右派反宪法的反动政变",要求立即召开苏联非常人民代表大会,呼吁"俄罗斯公民对叛乱分子给予应有的回击",并号召举行"总罢工"。

与此同时,莫斯科的跑马场广场已有人举行集会,开始只有几千人,后来人数越来越多。会上宣读了叶利钦的《告俄罗斯公民书》。集会开始不久,一队装甲车从大剧院方向开向跑马场广场,遭到拦截。示威者在民族饭店前用两辆无轨电车封锁了特维尔大街。集会者封锁了广场。军队继续向莫斯科市内调动,装甲车封锁了特维尔大街。13 时,叶利钦走出俄罗斯议会大厦,站在塔曼师 110 号坦克上,呼吁莫斯科人和俄罗斯全体公民进行应有的反击。

这天下午,苏联国家紧急状态委员会发表声明批评叶利钦在上午举行记者招待会"直接纵容人们采取违法行动"。警告叶利钦等人不要采取"不负责任和不明智的步骤"。

下午 5 时,苏联代总统亚纳耶夫在外交部新闻中心举行记者招待会。他表示,苏联国家紧急状态委员会"将采取最果断措施使国家和社会尽快摆脱危机"。亚纳耶夫不同意所谓"今天凌晨苏联发生了国家政变"的说法,强调紧急状态委员会是:"根据宪法做出决定"。他强调,"我们整顿国家秩序的打算,既得到了自治共和国的支持,也得到了绝大多数加盟共和国领导人的支持"。

在戈尔巴乔夫方面,他和他的侍卫队拒绝食用每日从外界送来的食物。他还要求恢复通讯和派飞机返回莫斯科,均无回音。戈氏还给自己制作了录像,寻找可靠的渠道,设法送入外界。他的医生还写了关于戈氏的诊断报告,以便让公民知道总统健康状况。在与外界隔绝的情况下,戈氏只能通过电视了解国内局势,通过英国 BBC 电台和美国之音分析衡量局势的发展。

8 月 19 日这天,俄罗斯联邦总统叶利钦还颁发了第 59 号、第 61 号、第 62 号和第 63 号命令。叶利钦在命令中,把苏联国家紧急状态委员会说成是"违反宪法的组织",威胁要对执行这个委员会的人"追究刑事责任"。

这一天,在莫斯科,也可以说在全苏联,政治空气的紧张程度,是第二次世界大战结束以来所少有的。在莫斯科,这一天没有发生严重的过火行为。在各种政治势力斗争的过程当中,国家紧急状态委员会占了上风。

8 月 20 日,莫斯科的形势发生了明显的变化。苏联国家紧急状态委员会虽然还在控制着局势,但是以叶利钦为首的俄罗斯联邦政府,在美国和其他西方国家的支持并对紧急状态委员会施加压力的情况下,发起了更加猛烈的反击,这一天国家紧急状态委员会已不处于明显的优势。

这天中午,叶利钦向苏联最高苏维埃主席卢基扬诺夫发出呼吁书,要求在24小时内安排他与戈尔巴乔夫会晤;在3天内由世界卫生组织的专家参加对戈氏健康进行医学鉴定;军队立即返回驻地;立即解散紧急状态委员会。

同日,苏联内务部长受苏联国家紧急状态委员会的委托,撤销俄罗斯内务部副部长关于向莫斯科调遣百名军事学院武装学员的命令。命令称,据查,"俄罗斯内务部命令武装部队应于8月21日上午以前开入莫斯科",这实际上是要建立非法武装部队,使其"成为对苏联领导施加强大压力的工具"。

而在这一天,国际上和苏联国内反对紧急状态委员会的势力却发动了新的强大攻势。西方国家领导人明确表示支持叶利钦,不承认莫斯科新领导,并中止对苏联的援助。

美国总统布什在玫瑰园举行了招待会。说他已经与叶利钦通了电话,但是两次都未能与戈尔巴乔夫联系上。他已向叶利钦保证美国继续支持他的目标,即恢复戈尔巴乔夫的地位。布什表示,西方七大国无条件支持戈尔巴乔夫和叶利钦,称赞叶利钦的"勇敢"行动。

英国首相梅杰也同叶利钦通了电话。叶利钦向梅杰介绍了俄罗斯的局势,并告诉苏联克格勃已准备进攻俄罗斯议会大厦。梅杰听后当即向叶利钦表示,一旦事件发生,国际社会将采取果敢措施。

在莫斯科,叶利钦担心紧急状态委员会对俄罗斯议会大厦发动进攻,在通往大厦的方向上设置了16条路障,并在议会大厦5楼叶利钦办公室周围部署了300名武装保卫人员,对一切敢于进攻者开火。

与此同时,叶利钦打电话向亚纳耶夫施加压力。由于亚纳耶夫担心承担"政变"的罪名,所派出的部队没有向议会大厦发起进攻。这时,叶利钦征服了议会大厦周围的从图拉调来的部队,导致这支部队没能按紧急状态委员会的命令,反过来参加了保卫议会和俄联邦政府。

这天,叶利钦发表声明,宣布他已接管了俄罗斯境内的苏军部队,免去了亚佐夫国防部长职务,任命康斯坦丁·科别茨取而代之。

8月21日,苏联的局势急转直下。国家紧急状态委员会已经开始动摇。莫斯科军区参谋长指出,军队正在全部撤出莫斯科。

中午,苏共中央副总书记伊瓦什科受苏共中央书记处的委托,向苏联代总统亚纳耶夫提出立即与戈尔巴乔夫会晤的问题。

叶利钦在俄罗斯最高苏维埃非常会议上宣布:据悉紧急状态委员会的成员已前往莫斯科伏努科沃机场,他们的意图不明。他让俄罗斯内务部和克格勃派人立即封闭该机场。

苏联国防部举行记者招待会,决定把部署的实施紧急状态地区的部队撤回到原驻地。

这天下午4时左右。苏联最高苏维埃主席卢基扬诺夫、苏共中央副总书记伊瓦什科以及克留奇科夫、亚佐夫和季贾科夫先后飞往克里米亚会晤苏联总统戈尔巴乔夫。

5时左右,俄罗斯联邦最高苏维埃非常会议决定向紧急状态委员会发出最后通牒:立即解散紧急状态委员会;释放戈尔巴乔夫,在全国解除紧急状态。会议在获悉克留奇科夫、亚佐夫和季贾科夫去克里米亚会见戈尔巴乔夫的消息后,决定派俄罗斯副总统鲁茨科伊和总理西拉耶夫也去克里米亚会见戈尔巴乔夫。

飞机于晚7时在别利别克机场降落。克里米亚自治共和国最高苏维埃主席巴格罗夫到机场迎接。这批人分乘4辆车,直奔戈氏别墅。

总统别墅一片寂静,围墙内外有民警站岗。俄罗斯派去的这批人被领到主楼。戈尔巴乔夫先后同俄罗斯派去的代表和鲁茨科伊、西拉耶夫以及单独乘专机前往的卢基扬诺夫和伊瓦什科会面。但拒绝会见亚佐夫、克留奇科夫和季贾科夫。

这天晚7时30分,苏联最高苏维埃举行会议,会上决定:"认为实际停止苏联总统戈尔巴乔夫履行他的宪法规定的职责并把这种职责转交给副总统的做法是非法的"。

9时10分,戈尔巴乔夫发表声明,宣布他已完全控制局势,一度中断的同外部的联系也已恢复,过几天他就完全履行总统职责。

21日深夜,戈尔巴乔夫和俄罗斯代表团乘图-134客机于22日凌晨回到莫斯科。

据塔斯社报道,从19日起,戈尔巴乔夫总统在克里米亚与外界中断联系72小时,现已恢复。

22日凌晨,戈尔巴乔夫回到莫斯科后当天举行记者招待会并在电视上发表了讲话。

到22日这天,苏联的政局发生巨变,实权已被叶利钦所控制。上午,叶利钦在俄罗斯联邦最高苏维埃非常会议上宣布:凌晨时分,苏联国防部长亚佐夫、苏联国家安全委员会主席克留奇科夫、苏联国营企业和工业、建筑、运输、邮电设施联合会会长季贾科夫及苏联副总统亚纳耶夫已被拘留;苏联内阁总理帕夫洛夫因病住院,已被就地监护。

同时,俄罗斯联邦护法机关负责人在会议上宣布:苏联内务部长普戈自杀,苏联国家紧急状态委员会另两名成员、苏联国防会议第一副主席巴克拉诺夫和苏联农民联盟主席斯塔罗杜布采夫由于是人民代表,目前尚未拘留。苏联副总统亚纳耶夫被俄罗斯总检查长下令逮捕。

从 21 日到 24 日,与"8·19"事件有关的人员,除上面已经提到的被捕和死亡的以外,还有 3 人自杀。另外,约有 70 名成员的苏联内阁被解散,局级以上领导大换班。紧接着,苏军内部进行了清洗,80%的苏军高级军官被撤换。

由国家紧急状态委员会发起的废黜戈尔巴乔夫总统职务的"8·19"事件,不足 3 天便自行结束了。

苏联解体

1991 年 12 月 25 日晚,全世界所有的人怀着复杂的心情注视着莫斯科红场上发生的苏联历史上的最后一幕:从克里姆林宫的旗杆上,饰有镰刀斧头和红色五角星的苏联国旗徐徐降下。它宣布了苏联历史的结束。

从 8 月 19 日发生的废黜戈尔巴乔夫的"8·19"事变到 12 月 25 日,短短的 4 个月只不过是人类发展史上的一瞬,然而在占世界六分之一陆地大国的苏联,它的首任也是最后一任总统戈尔巴乔夫,却两次被赶下领导人的政治舞台。第一次是被亚纳耶夫赶下政治舞台的,第二次是被叶利钦赶下来的,但却是他自己走出克里姆林宫的。这样,存在了整整 69 年,人类历史曾在这里演出过威武雄壮戏剧的苏维埃社会主义联盟,走到了它历史的尽头,从法律上,苏联作为一个国家已经不再存在了。

苏联的解体,是历史和现实矛盾错综复杂作用的结果。

十月革命后,苏联逐步形成了一个多民族的国家联盟,它最早由俄罗斯、乌克兰、白俄罗斯和外高加索 4 个共和国于 1922 年组成。到 20 世纪 40 年代,先后又有十几个相对独立的国家以各种方式加入联盟,最终发展成一个拥有 15 个加盟共和国、20 个自治共和国以及一些民族自治实体的庞大国家(苏联共有 100 多个民族)。但是,在 20 世纪 80 年代以前,由于苏联高度集中的中央统治,民族矛盾并没有公开化和表面化。

自戈尔巴乔夫入主克里姆林宫后,提出包括"民主化"和"公开化"在内的所谓新思维,这不仅使苏联人对政治观念和价值取向重新进行评判,也使得一些加盟共和国开始追寻他们并入苏联的历史背景和缘由。从高加索地区到波罗的海三国,在这种"反思历史"的气候下,民族冲突民族分离主义的浪潮席卷全苏。

1990年3月11日,苏联大家庭第一次出现"离心力":立陶宛议会通过决议,废除立陶宛加盟共和国宪法和苏联宪法在立陶宛的效力,批准1938年立陶宛共和国宪法(当时立陶宛尚未加入苏联)为临时基本法,宣布立陶宛"恢复独立",并更改了国名、国旗、国徽。

3月13日,戈尔巴乔夫和最高苏维埃都曾极力阻挠这一"独立进程"的发展。但戈氏的新思维"公开化""民主化"所开的口子已无法堵上,结果越开越大。

1991年4月9日,格鲁吉亚宣布独立。亚纳耶夫等人发起的废黜戈尔巴乔夫的"8·19"事变以后,独立风席卷全苏。

8月20日,爱沙尼亚宣布独立。

8月22日,拉脱维亚宣布独立。

8月24日,乌克兰宣布独立。

8月25日,白俄罗斯宣布独立。

8月27日,摩尔多瓦宣布独立。

8月30日,阿塞拜疆宣布独立。

8月31日,乌兹别克和吉尔吉斯宣布独立。

9月9日,塔吉克宣布独立。

9月23日,亚美尼亚宣布独立。

10月27日,土库曼斯坦宣布独立。

12月16日,哈萨克宣布独立。

至此,除俄罗斯外,全国都已自行宣布独立,苏联已经名存实亡。

苏联最后解体的进程是从12月1日乌克兰是否独立举行全民公决开始的。在此之前,除俄罗斯、哈萨克外,其他加盟共和国,包括乌克兰在内虽然都已宣布独立,但除波罗的海3国外,都没有得出苏联必须解体结论。这是因为戈尔巴乔夫主张,各国独立后还可以建立主权国家共和国联盟,而且多数共和国包括俄罗斯和乌克兰在内都没有从根本上否定这个联盟的必要。在这次公决之前,乌克兰领导人却说,这次公决如果大多数人同意乌克兰独立,将全面制定新政策。

12月1日,在苏联原加盟共和国中领土面积占第3位、经济实力仅次于俄罗斯的乌克兰举行了具有深远影响的全民公决。结果,参加投票的选民中有90%的人赞成乌克兰独立。

12月6日,新当选乌克兰首任总统的克拉夫丘克指出:"乌克兰3100万公民投票赞成独立,这意味着反对加入联盟,任何总统都不能改变这一决定。"

叶利钦说,"如果乌克兰在条约上签字,俄罗斯也会签。"他同时指出,没有第二个最强大的共和国乌克兰参加,签署联盟条约是不可能。

12月8日,俄罗斯总统叶利钦和乌克兰总统史拉夫丘克相约飞往白俄罗斯首都明斯克,同白俄罗斯最高苏维埃主席舒什克维奇会面,然后到沿边小城市布勒斯特举行两天秘密会议。会后发表震惊世界的声明。声明认为:"制定新联盟条约的谈判已陷入了死胡同,共和国脱离苏联和建立独立国家的客观进程已成为现实。"3国签署了关于成立独立国家联合体的协议,这个协议实际上宣布了苏联的解体。

面对这种局面,戈尔巴乔夫已经无可奈何,他说:"我此生的主要任务已经完成。"

12月21日,苏联11个主权共和国的最高领导人在阿拉木图以创立国的身份签署了《关于建立独立国家联合体议定书》。在苏联原来的15个加盟共和国中,除已独立的3个波罗的海国家外,格鲁吉亚派观察员出席了会议。

参加签字的11国领导人是:阿塞拜疆总统穆塔博夫、亚美尼亚总统捷尔—波得罗相、白俄罗斯议会主席舒什克维奇、哈萨克总统纳扎尔巴耶夫、吉尔吉斯总统阿卡耶夫、摩尔多瓦总统斯涅古尔、俄罗斯总统叶利钦、塔吉克总统纳比耶夫、土库曼斯坦总统尼亚胯芙、乌兹别克总统卡里莫夫和乌克兰总统克拉夫丘克。这11国领导人致函总统戈尔巴乔夫,通知他苏联已不复存在,苏联总统的设置也已停止存在。

21日,叶利钦在阿拉木图发表讲话,限定戈尔巴乔夫在12月份内辞去总统职务,戈尔巴乔夫的新闻发言人同日宣布,戈尔巴乔夫将在电视上发表"政治声明"之后辞职。

21日,根据叶利钦的命令,苏联总统机构工作人员开始撤离克里姆林宫,俄罗斯联邦总统的工作班子即将迁入。克里姆林宫的全部财产,包括建筑物、住宅以及外汇等动产和不动产均归俄罗斯。

25日晚是西方圣诞节之夜。晚7时,戈尔巴乔夫来到克里姆林宫接待厅,坐在电视摄像机前,向全世界作实况播放。他在电视上的最后演说历时12分钟,他不得不承认,这些年来他所进行的改革"都失败了","国家失去了前途","全面危机最有害的结果莫过于国家的解体"。

在戈尔巴乔夫发表辞职演说后,克里姆林宫屋顶飘扬了69年的苏联国旗降下了,取而代之的是俄罗斯的红蓝白三色国旗。

12月25日,苏联《星期》周刊刊文指出,戈尔巴乔夫的改革将这个被称为超级大国的苏联推入了内战、严酷的相互仇恨,最终完全解体。

亚太地区的崛起

二战后,特别是 70 年代以来,亚太地区经济迅猛发展,成为世界经济中最活跃的地区之一。伴随着这一地区经济力量的上升,它在国际政治、经济中的地位显著提高。

从广义上讲,亚太地区包括环太平洋地区,即除西太平洋地区上,还有北美洲、大洋洲和苏联远东地区(苏联解体后属俄罗斯)。狭义则指西太平洋地区。这里集中了目前世界上最富活力的一些国家与地区,诸如日本、中国及朝鲜半岛及东南亚地区的一些国家。它们之间的经济联系日益密切,在世界经济、政治中的影响与作用与日俱增,引起了世人的瞩目。

亚太地区的崛起,首先表现在这一地区的经济增长速度是世界上最高的。西太平洋诸国,包括战败的日本,在战后初期都是经济落后与贫困的国家。但从 60 年代以来,经济迅速增长。首先是日本,60 年代创造经济起的奇迹。1968 年,一跃而成为仅次于美国的资本主义世界经济大国。1960~1970 年国内生产总值年均增长率达二位数(10.4%)。一个资源贫乏的岛国,在 20 年内超过了大多数西方发达国家,表现了巨大的经济活力。日本经济高速增长带动了亚太地区一系列国家与地区的经济发展。

亚洲"四小龙",即韩国、新加坡、中国的台湾和香港地区的经济起飞始于 60 年代,到 70 年代以更高速度增长,国民生产总值年均增长率为 9% 左右,开始进入新兴工业化国家与地区的行列。

除新加坡外,东南亚国家联盟内的其他国家(马来西亚、泰国、印度尼西亚和菲律宾),从 70 年代初经济加速发展以来,也一直保持较高的增长速度。

在亚太崛起的浪潮中,中国自 70 年代末以来的经济增长空前迅速。1979~1987 年,中国的国民生产总值年均增长率为 9.3%,1988 年更高达 11.2%,其增长速度在 80 年代居亚太国家之首。拥有几亿多人口的中国,经济的高速发展令世人瞩目,并使亚太地区的地位与作用大为提高。

亚太地区的崛起,还表现为这一地区的对外经济联系日益发展,其内部经济的相互依存关系日益深化,它在世界经济网络中的作用与地位显著加强。美国经济重心由大西洋沿岸向太平洋转移,西欧对外经济联系向亚太地区伸展,中日、中美关系的改善和社会主义国家参与亚太地区的经济大循环,均促进了亚太地区国际经济联系的发展。以国际贸易为便,进入 80 年代,世界贸易的重心发生了变化。

1979年,世界头号贸易大国美国的贸易重点从西欧转向亚太地区,横跨太平洋的贸易流量第一次超过了大西洋。到1984年,美国与亚太地区的贸易流量超过对欧贸易300多亿美元。亚太日益成为美国的最大外贸市场。到1986年,亚太在美国外贸中的比重已上升到36%,居第一位,而西欧则从1970年的31.5%下降到25.7%。日本的对外贸易是以亚太为基本立足点的,80年代末,日本出口的60%以上、进口的55%以上是在亚太地区进行的。值得注意的是,作为太平洋地区的发达国家的加拿大、澳大利亚与亚太国家经贸关系迅速发展。加拿大是亚太地区的主要贸易国家之一,近20年来,加拿大进出口总额在亚太地区居美日之后,列第三位。

从投资情况来看,流入亚太地区资本的发展速度超过了世界其他地区。美、日是两个在亚太地区的主要投资国。但日本同亚太新兴工业国家与发展中国家的经济关系比美国更为密切,日本海外直接投资的2/3分布于环太平洋地区,在亚洲则主要集中于"四小龙"和东盟。

伴随着亚太地区国际贸易和投资活动的发展,国际资本的流动日益频繁,新的国际金融中心在这个地区涌现。以香港、新加坡、东京等为代表的西太平洋金融中心拥有雄厚的资金,成为国际银行贷款的重要基地。1970年后,新加坡创设亚洲美元市场,经营外汇兑换业务,它与香港一样作为世界第一流的金融中心崭露头角。东京是亚太地区较早的国际金融中心,1986年东京外汇市场正式开业。马尼拉、台北的金融业也日益发展。国际贸易联系的发展、投资规模的扩大和新兴的国际金融中心的形成,表明了亚太地区对外经济关系和内部经济联系的加强,并预示着亚太地区作为国际金融网络的一个部分正在兴起。

亚太地区科技的飞跃进步,使这一地区经济活力增长,并在世界经济竞争中处于领先地位。这也是亚太地区崛起的重要标志之一。战后的第三次科技革命的中心已转移到太平洋地区。由于充分利用第三次科技革命的成果,日本和亚太新兴工业化国家与地区的工业化取得巨大进展。70年代中期以后,美、日通过对微电子技术为中心的新的尖端技术的开发与研制,把科技革命推向新的高潮。进入80年代,日本政府开始实施"科技立国"的战略方针。与此同时,韩国、新加坡和中国等亚太国家为发展经济,大力引进先进技术,重视高科技的开发和科技人才的培养。韩国提出"振兴科技""技术立国"的口号,计划将产业技术提高到发达国家水平,并确定把电子、机械、生物工程、信息产业、原子能利用5个部门列为"国策战略产业"。新加坡从60年代中期开始引进外国技术,70年代中期,其工业面临技术升级的新课题。1979年,新加坡提出开展"第二次工业革命"的口号,加快发展高精尖产业的步伐。新加坡政府将实现生产自动化、社会电脑化作为80~90年代的发展目标,要将新加坡建成亚洲最重要的电脑中心和最高级的软件中心。

当前,美国是世界科技中心,日本已经跻身于新技术革命的前列,韩国、中国、东盟国家正在努力追赶,亚太地区逐步形成不同层次构成的高科技群体。国际经济竞争很大程度上取决于高技术的竞争。亚太地区各国在科技领域内日益增长的优势,使它们在世界经济竞争中处于有利的地位。

亚洲“四小龙”的经济起飞

韩国、新加坡及中国的台湾和香港地区,从 60 年代起,尤其是 70 年代经济高速发展,引起世界关注,被称为“70 年代的经济奇迹”。这四个国家与地区,均位于亚洲东部,且人少地小,又因韩国和新加坡与中国的历史与文化传统关系密切,它们都属于儒家(龙文化)的文化圈,人们通常称它们为亚洲“四小龙”或亚洲“四小虎”。

亚洲“四小龙”在自然地理条件方面颇为相似:一是土地狭小,资源贫乏。与世界大多数国家和地区相比,亚洲“四小龙”面积狭窄,人口不多,但密度很高。

韩国与台湾有一些矿产,新加坡和香港几乎没有任何矿产资源。在十分狭窄的土地上,“四小龙”的人口分布却十分稠密。1960 年每平方公里的人口密度:香港 2877 人,新加坡 2653 人,台湾 298 人,韩国 254 人。

亚洲“四小龙”的另一特点是,它们均属海岛型或半岛型国家或地区,拥有较长的海岸线和较多的港湾。面向海洋的地理条件为亚洲“四小龙”的经济发展提供了有利的环境。

在战后初期,亚洲“四小龙”的经济都存在不少困难。经济基础薄弱,属于发展中国家或地区,有的国家或地区虽获得美国的大力援助,但经济状况变化不大。50 年代人均国民生产总值不过几十到几百美元。到 1961 年,韩国人均国民生产总值仅 83 美元。但是,从 60 年代起,“四小龙”经济迅速改观。1960~1990 年的 30 年间,它们的经济发展异常迅速,年平均增长率高达 8% 以上。其发展速度不仅高于许多发展中国家,而且高于美国与欧洲共同体等发达国家。与此同时,亚洲“四小龙”的经济实力增强。1990 年它们的国民生产总值分别达到:韩国 2380 亿美元,台湾 1620 亿美元,香港 700 亿美元,新加坡 350 亿美元。随着经济的迅速发展,它们的经济结构发生了显著变化。亚洲“四小龙”逐步改变传统经济面貌,实现了工业化,国际上称它们为新兴工业化国家或地区。它们经济起飞的“奇迹”,越来越多的政治家和学者纷纷探讨它们经济成功的原因、经验和问题。

此外,很重要的是,它们选择了一条比较切实可行的发展战略。“四小龙”中的台湾、韩国和新加坡都有各自不同形式的发展战略作为经济建设的指导方针，只有香港例外，它是港英当局管辖下的一个开放的自由港。港英当局在经济上实行"积极的不干预主义"，既无明显的发展战略，也无多少强烈的政府干预措施，其经济贸易主要靠市场机制调节作用。但是，对其战后经济发展进程进行考察，亦可发现它具有与新加坡等相似的发展轨迹。

亚洲"四小龙"在50年代普遍推行的是"进口替代"战略，这是早期的战略，着重发展劳动密集型的加工工业。进口替代首先是实现消费品工业的进口替代，而后是资本货物与生产资料的进口替代。为了保护幼稚的民族工业，这一时期，韩国、台湾和新加坡均实行关税保护政策，限制外来产品的进口，以刺激国内或本地区内工业的发展。这一战略的实施，初步满足了人民群众的消费需求，节省了外汇，扩大了就业，为工业化发展打下了基础。

60年代，亚洲"四小龙"先后完成了从"进口替代"向"出口导向"的战略转换。这一战略实施的阶段是亚洲"四小龙"经济发展的重要时期，经历的时间较长，约从60年代初持续到70年代末。正是在这20年间，亚洲"四小龙"实现了经济起飞，年均增长率达两位数(10%左右)。它们提出了"贸易立国"或"出口第一"的口号，采取一系列有利于发展对外贸易的措施，大力发展外向型经济，出口贸易增长迅速，轻纺工业乃至重化工业也获得迅猛发展。这一时期香港经济朝多元化方向发展。在贸易、金融、运输、旅游业等方面均有进展，其纺织、服装、鞋帽、玩具等轻纺工业享誉国际市场。

进入80年代后，由于两次石油危机的冲击，世界经济进入一个重新组合与调整的时期。一方面，生产力发展，世界经济一体化和区域化进程加速，金融国际化和自由化趋势增强；另一方面贸易摩擦加剧，贸易保护主义盛行。80年代初，"四小龙"经济一度遭遇困难。深深卷入国际分工漩涡的"四小龙"为适应世界经济发展的潮流，及时进行了经济调整与转型。其战略调整主要是：一、实行科技升级和工业结构高级化；二、实现经济结构多元化；三、促进经济的国际化和自由化。学者认为这一阶段可称为国际化、自由化、科技化战略阶段。在这一阶段，"四小龙"在继续坚持"出口导向"战略的同时，注意增强经济适应能力，大力发展科技，以促进工业结构的升级，并大力发展第三产业，以实现经济结构的多元化，同时开放内部市场，实行进口市场化，以缓解贸易保护主义的影响。一方面扩大内需，另一方面采取"迂回拓销"战略，直接向美、欧投资设厂，同美欧厂商、公司签订合作生产协定，这使它们的外向型经济在国际经济衰退、贸易保护主义抬头的情况下，冲破各种限制，继续高速增长。

在80年代上半叶，发展中国家经济处境困难时期，亚洲"四小龙"仍维持较高的增长速度。只有新加坡在个别年份出现负增长。在迈向 21 世纪的年代里,"四小龙"追随国际经济发展的潮流,发展科技,制订了奔向 2000 年的战略规划,力图早日进入发达国家的行列。

1997 年亚洲金融危机

自 1997 年 7 月起,爆发了一场始于泰国,后迅速扩散到整个东南亚并波及世界的金融危机,使许多东南亚国家和地区的汇市、股市轮番暴跌,金融系统乃至整个社会经济受到严重创伤。1997 年 7 月至 1998 年 1 月仅半年时间,东南亚绝大多数国家和地区的货币贬值幅度高达 30%～50%,最高的印尼盾贬值达 70% 以上。同期这些国家的股市跌幅达 30%～60%。在这次金融危机中,仅汇市、股市下跌给东南亚国家和地区造成的经济损失就达 1000 亿美元以上,受汇市、股市暴跌影响,这些国家和地区的经济出现了严重的经济衰退。

这次亚洲金融危机持续时间之长、危害之大、波及面之广远远超过人们的预料。纵观整个金融危机过程,可以分为五个阶段。

第一阶段首先从泰铢贬值开始。1997 年 7 月 2 日,泰国被迫宣布泰铢与美元脱钩,实行浮动汇率制度,当天泰铢狂跌 20%。和泰国具有同样经济问题的菲律宾、印度尼西亚和马来西亚等国迅速受到泰铢贬值的巨大冲击。7 月 11 日,菲律宾宣布允许比索在更大范围内与美元兑换,当天比索贬值 11.5%。同一天,马来西亚则通过提高银行利率阻止林吉特进一步贬值。印度尼西亚被迫放弃本国货币与美元的比价,印尼盾从 7 月 2 日至 14 日贬值 14%。

继泰国等东盟国家金融风波之后,台湾的台币贬值,股市下跌,金融危机进入了第二阶段。1997 年 10 月 17 日,台币又贬值 0.98 元,达到 1 美元兑换 29.5 元台币,创下近十年来的最低水平,相应地当天台湾股市下挫 165.55 点。10 月 20 日,台币贬至 30.45 元兑 1 美元,台湾股市再跌 301.67 点。台湾货币贬值和股市大跌,不仅使东南亚金融危机进一步加剧,而且引发了包括美国股市在内的大幅下挫。10 月 27 日,美国道琼斯指数暴跌 554.26 点,迫使纽约证券交易所 9 年来首次使用暂停交易制度。10 月 28 日,日本、新加坡、韩国、马来西亚和泰国的股市分别跌 4.4%、7.6%、6.6%、6.7% 和 6.3%。特别是香港股市受外部冲击,香港恒生指数 10 月 21 日和 27 日分别跌 765.33 点和 1200 点,10 月 28 日再跌 1400 点,这三天香港股市累计跌幅超过 25%。

11 月下旬,韩国汇市、股市轮番下跌,金融危机进入第三阶段。11 月,韩国汇价持续下挫,其中11月20日开市半小时就狂跌10%,创下了1139韩元兑1美元的新低;至11月底,韩元兑美元的汇价下跌了30%,韩国股市跌幅也超过20%。与此同时,日本金融危机也进一步加深。11月,日本先后有数家银行和证券公司破产和倒闭,日元兑美元也跌破130日元大关,较年初贬值17.03%。

进入1998年后,金融危机的重心又转到印度尼西亚,这是金融危机的第四阶段。1月8日,印尼盾对美元的汇价暴跌26%。1月12日,在印度尼西亚从事巨额投资业务的香港百富勤公司宣告清盘。同日,香港恒生指数暴跌773.58点,新加坡、台湾、日本股市分别跌102.88点、362点和330.66点。5月起,日元开始持续贬值,到6月中,日本宣告进入战后最严重的经济衰退,日元对美元比价跌至近8年来最低点,从而使亚洲金融市场严重动荡,有的国家股市再创新低。

金融危机的第五阶段已超出了亚洲范围,1998年8月,俄罗斯出现严重的金融危机及政治危机,引发了以欧美股市暴跌为标志的全球金融市场严重动荡,亚洲汇市和股市也出现新的跌风,危机还波及巴西等拉美国家。全球近百个已有一定规模金融市场的国家都或多或少地卷入这场金融危机的漩涡之中。这场金融危机的危害性已大大超过人们预期,美国总统克林顿称此时的全球金融形势是近50年来最严峻的。

亚洲金融危机的产生绝不是偶然的,它是一系列的内外部原因共同作用促成的结果,其根本原因在于这些国家和地区内部经济的矛盾性。这些国家在经济快速增长的同时也暴露出日益严重的问题:其一,以出口为导向的劳动密集型工业发展的优势,随着劳动力成本的提高和市场竞争的加剧正在下降。这些东南亚国家和地区经济增长方式和经济结构未做适当的调整,致使竞争力下降,对外出口增长缓慢,造成经常项目赤字居高不下。1996年,泰国国际收支经常项目赤字为230亿美元,韩国则高达237亿美元;其二,银行贷款过分宽松,房地产投资偏大,商品房空置率上升,银行呆账、坏账等不良资产的日益膨胀。泰国金融机构出现了严重的资金周转问题,韩国数家大型企业资不抵债破产,日本几家金融机构倒闭,印度尼西亚更是信用危机加剧;其三,经济增长过分依赖外资,大量引进外资并导致外债加重。泰国外债1992年为200亿美元,1997年货币贬值前已达860亿美元,韩国外债更是超过1500亿美元;其四,汇率制度僵化。在美元对国际主要货币有较大升值的情况下,东南亚国家和地区的汇率未做调整,从而出现高估的现象,加剧了产品价格上涨和出口锐减。因此,这些国家和地区货币贬值势在必行,而货币贬值又导致了偿还外债能力的进一步下降,通货膨胀压力加剧,从而促使股市下跌;其五,在开放条件和应变能力尚不充分的情况下,过早地开放金融市场,加入国际金融一体化,当国际游资乘机兴风作浪时,一些东南亚国家和地区不知所措或措施不力,完全处于被动地位。

此次亚洲金融危机不仅使遭受危机的国家经济严重受挫,而且使连续几年增长强劲的美国和西欧也难以维持其"繁荣的绿洲"地位。金融危机对世界经济的影响主要表现在三方面。

首先是对亚洲经济、社会及政治等方面产生了严重的影响。亚洲国家出现严重的经济衰退。货币大幅度贬值和股市暴跌,造成这些国家账面财富瞬间遭到巨大的损失。一年多来,亚洲出现危机的国家货币平均贬值超过40%,股价暴跌50%,这个地区1万亿美元的贷款变为呆账,2万亿美元的股票化为乌有,3万亿美元的GDP消失。同时,亚洲国家的贫困现象加剧。经济衰退使大量企业倒闭,失业率上升,工人收入大幅度减少,近20多年来已有所缓和的贫困问题已重新恶化,这一地区1亿多的中产阶层又重新沦为贫困阶层。此外,危机国家还付出了社会动乱甚至政治危机的沉重代价。1997年底泰国和韩国政府发生更迭,1998年5月和8月印尼总统苏哈托和日本首相桥本被迫辞职,都与这些国家的金融危机有直接或间接的关系。

其次,世界多数国家受到危机影响,全球经济增长速度将放慢。除日本、韩国、东南亚国家和俄罗斯等国家已陷入严重的衰退外,其他国家的经济增长率大多低于前一两年。1998年下半年的拉美国家受亚洲金融危机的影响日益明显,尤以巴西和哥伦比亚最为严重。拉美地区经济增长率比1997年下降1.6个百分点。而且,亚洲金融危机对美国和欧洲的影响日益增大,主要是通过贸易和金融等渠道影响美国和西欧的经济增长。1998年,美国出口贸易出现20世纪90年代以来第一次负增长,其中,对亚洲地区出口减少14%。亚洲金融危机旷日持久,使本已出现泡沫的西方股市更加脆弱,美欧股市在1998年8月、9月持续暴跌,从而使美国经济增长率放慢。

第三,中国经济在受到较大的冲击的情况下仍保持高度增长。由于中国出口55%以上是面向亚洲市场,引进外资约70%来自亚洲地区,亚洲金融危机对中国的出口产生了直接的影响。但中国政府采取了一些有效措施,如适当提高部分商品出口退税率、扩大生产企业自营出口、出口市场多元化等措施,使外贸出口仍保持一定的增长势头。1998年头9个月出口为1341.3亿美元,比1997年同期增长3.9%,但与1997年24%的增长率相比出现大幅度回落,贸易顺差为353亿美元,比去年同期增加了4.5%。不仅如此,中国在此次亚洲金融危机中为了地区经济的稳定做出了巨大努力。中国政府在出口增长率下降、国内需求不振、失业增多的情况下,仍坚决维持了人民币汇率的稳定。这一政策缓解了危机国家的出口压力,避免了本地区货币的轮番恶性贬值。此外,中国自危机以来通过参加IMF的操作预算和双边渠道,共向危机国家承诺提供了 45.2 亿美元的援助。

当然,亚洲金融危机对东亚地区乃至世界经济长远发展也有积极的影响,特别是危机促进了亚洲国家对自己的经济政策、发展模式、金融体制及产业结构等进行深刻的反思和调整,同时,也促使国际社会对现行的世界经济、金融体制进行反思与改革,以适应经济、金融全球化发展的规律。

东南亚经济逐步复苏

1999 年以来,东南亚有关国家的汇市稳中有升,股市大幅上扬,生产开始恢复正常,历时近两年的东南亚金融危机已进入谷底,一些国家的经济开始摆脱衰退的阴霾,缓慢地恢复增长。

东南亚金融市场恢复稳定,是这一地区经济开始复苏的可喜现象。尽管日元与美元间的汇率变化无常,但是泰国、菲律宾等国货币受日元的影响已越来越小,与美元的汇率已反弹到近 10 个月来的最高点。1999 年 4 月以后,外国资本流入增多,投资者进入东南亚大量购买资产以及美国股市高升,推动了该地区股市飙升。马尼拉股市综合指数已恢复或接近 1997 年 7 月金融危机爆发前的水平,曼谷股市也创下了近 13 个月以来的最高点。与此同时,东南亚国家通过发行债券、增加出口、争取外援等多种手段,已将外汇储备增至或近近金融危机爆发前的水平。菲律宾外汇储备从两年前的不足 90 亿美元增加到了 130 亿美元,创下了历史纪录,外汇储备的增加为东南亚金融市场的稳定提供了有力的保证。

东南亚经济基本上走的是一条循序渐进的调整之路。自 1998 年底东南亚国家采取的增加财政赤字,扩大公共开支,刺激内需等措施初见成效。1999 年第一季度多数国家的工农业生产开始恢复增长,或下降的幅度大大低于 1998 年。新加坡等国的消费需求有扩大的趋势,进口开始增加。

但金融危机对东南亚国家的冲击是巨大的,对经济和社会造成的后果十分严重,因此,东南亚国家要彻底摆脱金融危机的影响,实现经济的全面复苏还需要二三年甚至更长的时间。东南亚国家经济复苏是否顺利,完全取决于这些国家金融和经济结构调整的成败。亚洲金融形势的前景既取决于本地区经济发展和金融机构调整,也取决于全球市场和世界经济的发展。

布什政府

共和党人布什于 1989 年 1 月就任美国总统后不久,国际风云变幻。东欧剧变,两德统一,伊拉克战败,华约解散,苏联解体。所有这些使美国的国际地位空前提高,似乎达到了胜利的顶峰。但是,外交上的成功并不能缓解国内矛盾的加剧。

美国经济从 1982 年以来,一直持续增长。国内生产总值从 1983 年的 32757亿美元增加到 1990 年的 53922 亿美元。但赤字和国债问题十分严重。里根执政期间,美国联邦预算赤字已失去控制,八年间每年平均超过 1600 亿美元,有些年份竟突破 2000 亿美元大关,累计财政赤字高达 12916 亿美元。贸易赤字每年有 1500亿美元左右。国债则超过 2 万亿美元。布什政府采取灵活冻结开支的办法以平衡预算。这一措施在初期曾起了一定的作用。1989 年的财政赤字比上一年略有减少,但很快就走到了尽头。因为占联邦支出 80% 以上的军费、对低收入居民的补助、社会保险和国债利息几大项开支,削减的回旋余地都极小。虽然美苏关系日趋缓和,客观上已为削减军费开支创造了条件,但是,美国要确保其在全球的领导地位,军费开支不仅关系到美国的全球战略利益,而且涉及各大财团的私利。经过激烈的讨价还价,最后同意 1991 年度削减军费 90 亿美元。这只占赤字的 4.5%,对于巨额赤字来说只不过是杯水车薪。布什政府原指望年经济增长率保持在 3% 左右,在企业利润增加的基础上,政府的收入也会增长。但这一希望也落了空。布什总统不得不改变自己的竞选诺言,于 1990 年 6 月宣布增加税收以减少联邦预算赤字。然而,增税给美国经济带来更多的不利影响。它增加企业费用,抑制投资,减少消费者需求,导致经济增长放慢。1990 年 7 月起,更陷入衰退之中。1991 年经济出现负增长,下降了 0.7%。据美国《时代》周刊 1991 年 11 月公布的民意测验,公众对布什的支持率从海湾危机期间的 90% 的最高峰,下降到 46%。

社会危机特别是种族矛盾是布什政府面对的另一重大问题。1992 年,3100 万美国黑人中,有 36% 的人生活在贫困线下,失业率高达 14.2%。黑人对自己的处境十分不满。1991 年 3 月 3 日,黑人青年罗德尼·金因超速驾车遭到四名白人警察狂暴殴打。1992 年 4 月 29 日,洛杉矶地方法院宣判这四名警察无罪,引起黑人群众的强烈愤怒。当天下午,数千名黑人涌上街头抗议,很快发展成大规模流血冲突事件,到 5 月 2 日才平息下去。有 50 多人被打死,2000 多人受伤,1 万多人被捕,5200 多座房屋被烧毁,经济损失达 7 亿美元。为了平息这场暴力冲突,布什政府调集了数万名海军陆战队和国民警卫队队员,出动大批装甲车,与当地军警一起在市内执行戒严和宵禁。除洛杉矶外，美国其他城市如纽约、芝加哥、旧金山、西雅图等也相继发生群众示威和暴力冲突。这是自60年代如火如荼的黑人民权运动以来最严重的一次种族冲突。

洛杉矶事件和经济的衰退引起社会的不满。群众要求政府减少对国际事务的参与，把更多的精力集中到国内事务上来。同时，人民对共和党的保守主义能否扭转经济衰退之势也日益失去信心。这一状况使荣耀一时的布什在竞选连任总统时败于民主党手下。

克林顿政府

1992年，美国举行新一轮的总统选举。民主党内持中间路线的克林顿一直遥遥领先，很早就把自由主义色彩浓厚的哈金和克里逐出预选进程，而稳获党内提名。共和党内，极右翼的布坎南向布什提出激烈的挑战，但最终遭到失败。11月3日举行全国大选。克林顿以370选举人票的优势击败布什和独立候选人佩罗，当选为美国第四十二任总统。民主党人在野12年后，重又入主白宫。

46岁的克林顿是一位二战以后出生的美国总统。上台后，雄心勃勃，宣称要"实行变革以振兴美国经济"，使美国"更强大、更先进、更安全"。他摒弃了共和党政府推行12年之久的里根经济学，基本继承民主党重视政府干预经济的传统，用行动主义代替放任自流。为此，他在白宫内成立了与国家安全委员会并行的国家经济委员会，统筹和协调美国经济政策的制定和实施。但是，克林顿也没有完全回到传统的自由主义政策上去。他否定民主党的"大政府"和"大赤字"政策。他说他的政策"既不是自由主义的，也不是保守主义的，它两者兼而有之，而又有所不同"。他自称为"新自由主义"。

克林顿

克林顿上台前的 1992 年,美国财政赤字高达 2902 亿美元。它使国债高筑、美元疲软,投资者望而却步,经济回升乏力。政府决定首先向它开刀。克林顿宣布裁减白宫工作人员 25%,降低留用人员薪金 6%～9%,预计 4 年内削减政府开支 2470 亿美元。同时计划在 4 年内增税 2460 亿美元。规定向占全美人口 1.2% 的富人大幅度增税,他们的纳税额将占增税计划总额的 60%。克林顿的这一决策取得成效。联邦政府的财政赤字连年下降,1993 年度较上一年度下降 12%,1994 年度又下降 20%。

社会保障制度是困扰美国的另一大问题。它不仅费用扶摇直上,而且弊病丛生。早在 1975 年社会保障财务赤字就已达 15 亿美元,以后逐年增加。其中医疗保健费用更是惊人,1992 年高达 8385 亿美元,占国内生产总值的 14%,国家不堪重负。与此同时,社会保障制度又造成一些人的依赖心理,他们找到工作后仍宁肯失业。全国约有七八百万人靠接受福利救济度日。他们中不少人还享受医疗保险,而许多工作的人反而享受不到。全美大约有 3700 万人没有医疗保险。克林顿认为,美国福利制度"不起作用,它否定我们的价值观",必须"彻底改革"。他上台几天就任命夫人希拉里负责主持制定一项医疗保健制度的改革计划。两周后又签署了曾遭布什总统否决的"家人就医准假法案"。9 月,正式向国会提出改革医疗保健制的计划,主张由国家、企业和个人共同负担医疗费用。他提出要在 4 年内将政府用于医疗补助的费用减少 384 亿美元。1994 年 1 月,克林顿在国情咨文中,又把改革医疗保健制度列为美国政府当年要做的第一件大事。他强调要把医疗保险扩展到全体居民。克林顿想以改革医疗保健制度为突破口,进一步推动整个社会福利制度的变革。他主张降低人们对福利救济的依赖程度,要求减少对有劳动力的穷人发放救济的时间。主张提高被救济人的自立水平,对无职业技能或文化水平低下者提供免费培训,政府投资开办服务业,为上述人员提供就业机会。克林顿的改革计划引起激烈争论,至其第一任期结束前仍未被国会通过。

克林顿政府为了对付全球性经济竞争,强调面向未来的投资,宣称"把联邦开支重点从消费转向投资是本届政府经济政策的标志。我们不仅致力于控制政府的开支,而且把它导向更有生产性的用途上"。克林顿提出,在 4 年内向基础设施、环境净化工程、教育和研究机构投资 2200 亿美元。1993 年,国会两次讨论总统的长线投资计划,将其金额砍去了一半。

在对外经济政策方面,克林顿重视发展对外贸易,把它视为维护国家经济安全的"首要因素"。1993 年底,促进关贸总协定乌拉圭回合谈判完成。1994 年初,同加拿大、墨西哥达成协议,使北美自由贸易协定生效。参加亚太经合组织首脑会议和美洲首脑会议,密切了同美洲和亚太地区的经济来往,定出了建立自由贸易区的目标。克林顿宣称要坚持"公平合理"和"对等原则"。实际上是,在他认为搞自由贸易对自己有利的地方搞自由贸易,在认为不利的地方就指责对方不公正,搞保护主义直至采取制裁行动。

克林顿认为美国经济和社会弊病的根本原因是教育滑坡。他提出要大力提高教学水平,统一全国教育标准,对学生进行统考,对教师进行定期考核。他要求拨款帮助穷困者进入大学深造,要求各大公司拿出利润的5%用于在职培训。

克林顿采取这些措施后,经济由缓慢复苏转向加速增长。1993年增长了3.0%,1994年又达4.0%。失业率则由7%降为6年以来最低水平的5.8%。

尽管克林顿政府取得一些政绩,但在1994年底的国会中期选举中却遭惨败。在参议院中,民主党由选举前的56席跌为47席,而共和党则由44席增为53席。在众议院中,民主党由256席降为204席,而共和党则由178席增为230席。民主党自1955年以来第一次在众议院成为少数党,而共和党控制了国会的参众两院。在36个州的州长竞选中,共和党从民主党手中夺走11个,从而获得了全国50个州中31个州的州长职位。民主党的失败是各方面因素造成的。1994年美国的经济形势虽然不错,但老百姓的工资收入却几无增长,因此并没有多大热情去投民主党的票。另一方面,社会治安问题日益成为头号关注的问题。共和党历来主张严厉打击犯罪,受到群众的支持。民主党失败还因为民主党的支持者多是少数民族、劳工阶级和自由派知识分子,他们参政意识不强,投票率低。群众中历来存在着反对当政者的情绪。再加上一些民主党老牌政治明星退休,新推出的民主党候选人声望不够,更使民主党丢失许多席位。

新国会成立后,共和党利用它的优势地位,不断向民主党政府施加压力。政府放弃"大政府"政策,在预算方案中,提出要在7年内减少开支4650亿美元。共和党对平衡预算的原则并无不同意见,但提出减少开支8120亿美元,急于要克林顿在其任期内大量削减福利开支,打击民主党的传统支持者——中下层群众。克林顿不肯让步。双方争执不下,国会通不过预算方案,拨款难以到位,导致1995年11月和12月政府部门两次关门停止工作。

进入90年代后期,由于亚洲金融危机和全球金融动荡等因素的影响加剧,克林顿政府又遇到了越来越多的经济难题,1998年9月至10月,美联储不得不在两个多星期的时间里两次突然降低利率,以便刺激经济增长。克林顿政府所遇到的难题主要是增长速度减慢、贸易逆差剧增,消费信心动摇,信贷紧缩明显等方面。但从总体上,美国经济仍保持着增长的态势,这成为克林顿任期内的一大功绩。到1999年9月,美国经济已持续扩张102个月,继续保持低失业率低通货膨胀率和强劲增长的态势。

日本经济发展

从 1986 年 11 月开始,日本经济持续景气。可是,进入 90 年代,日本经济出现重大转折,从景气走向衰退。促成这一转折的,一是日元大幅升值,二是泡沫经济的破灭。

1991 年末,1 美元兑换 133 日元,之后,日元大幅升值,1995 年上半年突破了 80 日元大关。与 1991 年末相比,四年中,日元升值 40%。日元升值冲击了日本国内流通业和内向企业,削弱了日本企业的国际竞争力,加速了日本国内产业的"空心化",给日本经济带来极大的消极影响。80 年代下半期,在日元升值的同时,股价、地价高腾幅度之大远远超过利息、投资收益、企业赢利、生产增长率等的增长,形成了虚拟的泡沫经济。由此,正常的社会经济秩序被打乱,社会资金大量转向股票、不动产、土地投机等,妨碍了生产经营资金的正常运行,同时导致社会货币流通量增长过快。泡沫经济带来的负面影响,给日本经济发展留下隐患。1991 年随着里库路特证券事件等经济大丑闻的曝光,日本政府被迫采取应急措施,提高利率,限制对股票、土地、不动产投资的贷款,设立证券交易监督管理机构,加强对社会经济活动的公正性的调查。在经济紧缩政策、公正交易规范作用力度加强的情况下,股价狂泻不止,地价一落千丈,由此造成的股票资产损失(1991 年 2 月至 1992 年 7 月)达 340 万亿日元,土地价格损失(1991 年至 1992 年)达 108 万亿日元。至此,泡沫经济宣告破产。

随着日元大幅升值的猛烈冲击和泡沫经济的破灭,日本经济进入衰退时期。其主要表现是,市场需求不振,消费信贷增长失去势头,个人消费持续萎缩,商业零售额难以提高,企业设备投资下降,政府经济负担加重,库存调整不见起色,就业形势恶化等。日本经济企划厅于 1993 年 1 月首次将日本经济减速称为"萧条"。这样,自 1991 年 5 月开始的"平成萧条"至 1993 年 10 月跌至谷底。

日本政府为刺激民间设备投资的回升和个人消费的增长以带动日本经济的复苏,采取降低官定利率和扩大公共投资等措施。但是,这些措施收效甚微,1993 年日本国民生产总值增长率为零。此后,日本政府又采取新措施,如保持并降低贴现率;放宽货币政策,刺激需求;继续增加公共投资;从 1995 年起分两个阶段减少所得税和居民税 54600 亿日元等。

1994 年日本经济开始复苏,但复苏势头很弱。这一年经济实际增长率为 0.6%,1995 年日本经济实际增长率尽管提高至 1%,但是,日本经济的复苏仍然乏力,经济增长难有起色。这是因为日本经济深受泡沫经济的后遗症——不良债权的困扰。1995 年 6 月，大藏省正式承认日本银行业不良债权总额高达 40 万亿日元，相当日本银行业发放贷款总额的 6%。不良债权以及由此带来的金融机构的效益和信贷能力的大大降低，使企业难以获得充足的资金，从而严重阻碍日本经济的复苏。此外，出口贸易受到抑制也影响着经济复苏。1995 年上半年日元大幅升值使日本制成品在国际市场上的价格优势丧失，1995 年 3 月至 5 月的两个月中，出口贸易就下降了 25.6%，出口贸易的下降必然导致国内经济形势的恶化。

　　总之，日本经济复苏困难重重，反映出泡沫经济破灭的影响深重，也暴露出日本经济结构存在着严重弊端。因此，非进行彻底调整不可。

日本政治体制改革

　　自 90 年代起，日本政局进入新旧政治体制转换时期。1989 年里库路特事件等受贿丑闻相继披露，日本政治改革势在必行。政治改革不仅包括选举制度改革，也包括根绝金权政治，防止腐化，以获取民意，产生强有力的政治领导。

　　1991 年 11 月，宫泽内阁成立。宫泽首相尽管多次表示，决心推行"政治改革"，但是自民党长期一党执政导致的结构性腐败，使国民对自民党政权失望，甚至极为愤慨。由此产生了自民党本身的分裂和在野党采取联合的战略行动。

　　1992 年 5 月，细川护熙脱离自民党另创日本新党。1993 年 6 月 15 日，日本国会围绕改革选举制度的政治改革法案的争论激化。6 月 18 日，社会党、公明党、民社党联合提出的对宫泽内阁的不信任案在国会通过，宫泽立即召开临时内阁会议，决定解散众议院，一个月后举行全国大选。6 月 21 日，以武村正义为首的十名自民党议员从自民党中分裂出来另立先驱新党(亦称新党魁党)。6 月 23 日，小泽一郎、羽田孜等人也退出自民党创立新生党。1993 年 7 月 4 日，日本开始第四十届众议院选举。19 日揭晓，自民党仅获 223 席，在众议院的 511 个议席中未能获得过半数的议席而无法单独组阁。7 月 22 日，宫泽内阁宣布辞职。8 月 6 日，由社会党、新生党、公明党、日本新党、先驱新党、民社党、社民联参议院民主改革联盟等七党一派联合推荐的细川护熙当选为首相，从而正式终止了自民党长达 38 年的单独执政历史。"1955 年体制"宣告结束。

　　细川内阁积极推进政治改革，于 1993 年 9 月将公职选举法修正案、政治资金限制法修正案等有关政治改革的四项法案提交众议院审议，11 月 18 日，获得通过，但却于 1994 年 1 月 21 日被参议院否决，日本政局再度出现危机。1 月 29 日众参两院最终通过这四项法案,但删去了实施日期。4月8日细川内阁下台。同月28日,羽田孜内阁成立,但只维持了两个月,于1994年6月30日被村山富市内阁取代。

村山内阁是自民党、社会党和先驱新党的联合内阁。村山任首相后,社会党表示按照村山的要求修改和调整党的政策。这就是,承认自卫队符合宪法,放弃中立和不结盟路线,肯定日美安全条约,承认"日之丸"是国旗、"君之代"是国歌。这样,第二次世界大战后在日本政界长期对立、相互攻讦的自民党与社会党尽弃前嫌,携手合作,实现了战后首次"保革"联合。

村山内阁继续推进政治改革,1994年11月,政治改革方案经参议院审查通过而最终成立,并决定12月25日实施。它包括修改公职选举法中的众议院小选举区与比例代表并用制的选区划分法、防止腐败法以及政党法人资格授予法等三项。这些法案对众议院议员选举制度的改革、政党的法人资格、政治资金的来源以及对违法违纪者的处罚都做了明确的规定。其中引人注目的是,取消现行的中选举区制,采用小选举区与比例代表并用制,即在众议院的500人定额中,通过全国划分的300个小选区选出议员300人,同时将全国划分为11个比例代表制选区,按政党得票的比例分配这些选区议员的名额,共计200人。这样,日本自1989年开始提出的以改革现行选举制度为主要内容的政治改革,历经五年磨难,终于告一段落。

一个选区一人当选的小选举区制明显的不利于小党。于是,日本政界出现了政党数由增多向减少方向发展即中小政党联合组建大党的趋势。1994年12月10日,成立了由新生党、日本新党、民社党、公明党等九个在野党组成的日本新进党。该党囊括了所有在野党,拥有众议院180个议席,是日本政坛上最大的在野党。其目标是在新的选举制度下的大选中从自民党、社会党和先驱新党联合执政联盟手中夺取政权。新进党的成立表明日本政坛已从多党竞雄走向两党抗衡,即自民党与新进党两大保守政党对立的局面。它意味着取代"1955年体制"的新的两大保守政党体制的雏形已经出现。

1995年1月,神户大地震,人财损失惨重,村山内阁既没有及时拿出紧急救援对策,也没有制定出一个完善的复兴计划。3月,奥姆真理教在东京地铁施放毒气,使12人死亡,5000多人受伤,引起社会骚动。9月,又发生驻冲绳美军强奸女学生案,引发了日本抗议美军暴行、要求修改日美军事协定的怒潮。这样,对村山内阁的支持率屡屡下降,到1995年底不支持率已超过50%。1996年1月5日,村山富市辞去首相职务。1月11日,自民党总裁桥本龙太郎出任自民党、社会党和先驱新党联合执政内阁的首相。桥本内阁的诞生揭开了日本政坛分化、改组新的一页。

1998 年 7 月 24 日,日本政坛走马换将,桥本龙太郎辞去首相一职,小渊惠三击败竞争对手,当选为自民党新总裁,并被国会各党指名选举为首相。这一权力更迭引起国际社会的广泛关注。小渊惠三在经济政策上主张:实施总额为 6 万亿日元的减税政策,冻结桥本内阁提出的财政改革方案,争取 10 年内削减公务员 20%,在小渊惠三当选当日,东京的股市汇市双双上扬,亚洲各国也传出股市上涨的消息。

冷战后的日本外交

进入 90 年代,随着冷战体制结束,日本外交进入新阶段,其特点之一,是以日美关系为根基,以亚太地区为重点,以联合国为中心,积极参与建立国际新秩序。

1990 年 3 月 2 日,海部首相在施政演说中提出了建立国际新秩序的主张和目标。他表示在"建立和平的今天,日本必须发挥积极的作用"。1991 年 4 月,海部又提出,日本今后实施政府开发援助时要注意受援国以下几点:一、军事支出动向;二、大规模杀伤武器及导弹开发、制造等动向;三、武器进出口动向;四、促进民主化、引进市场经济的努力和保障基本人权及自由状况。这表明日本开始将经济援助作为促进世界经济和建立国际新秩序的外交手段。

1991 年 11 月,宫泽喜一组阁后,即提出要建立"世界和平新秩序",强调苏美两极结构消失后应形成"多国协调格局"。

1993 年 8 月细川内阁成立。细川避开"政治大国"一词,主张日本应作为"国际国家",通过政府开发援助等,在资金、技术方面为解决全球性问题做出与国力相称的贡献。1994 年 6 月村山内阁成立后,一再表示日本要在国际社会中发挥积极作用。

日本积极参与建立国际新秩序,在国际上谋求发挥大国作用,突出地体现在大力推进"联合国中心主义外交"上。而所谓"联合国中心主义外交"就是积极参加联合国救援活动与维和行动以及最终成为安理会常任理事国。

1990 年 9 月,日本外相中山太郎在第四十五届联大会议提出要求删除联合国宪章中"敌国条款"。

1991 年 4 月,日本政府向海湾派出六艘扫雷舰和 400 名自卫队员协助各国部队清扫水雷。1992 年 6 月日本众参两院通过了《联合国维持和平行动合作法案》,并据此于同年 9 月向柬埔寨派出第一批以工程兵为主的维和部队。

1992 年 1 月,宫泽首相在联合国安理会首脑会议上提出,调整安理会成员国职

图文珍藏版

能和构成以反映"新时代的现实"。日本驻联合国大使波多野敬雄则声称"日本负担了联合国资金的 12.45%，仅次于美国居第二位，完全有资格成为常任理事国"，并声称日本要"争取 5 年内成为联合国安理会常任理事国"。日本还就改组联合国安理会提出四项原则：一、不侵犯五个常任理事国的既得利益；二、不损害安理会的信誉与工作效率；三、基于地区平衡增加新常任理事国；四、新常任理事国不拘泥于是否拥有否决权。

1993 年 9 月 27 日，细川首相在联大演说中表示，对于改革安理会一事，"日本将基于建设性的立场参加讨论"。

1994 年 8 月，执政的社会党、自民党和先驱新党一致同意向卢旺达及其周围国家派遣自卫队，以医疗和卫生为中心提供人道主义援助。同年 9 月 9 日，执政三党的外务调整会议决定，以"基于宪法的理念明确规定不参加军事行动，取得国民的一致同意"为前提，谋求成为联合国安理会常任理事国。9 月 13 日，日本政府正式宣布将积极谋求成为联合国安理会常任理事国。9 月 27 日，日本外相河野洋平在第四十九届联大的演讲中，呼吁联合国加速讨论安理会改革问题和修改联合国宪章，删除"敌国条款"，并表示日本决心在发展、环境、人权、难民、人口、艾滋病和吸毒等全球性的经济和社会问题上"做出比过去更大的贡献"。

日本在推进"联合国中心主义外交"，争取实现其政治大国战略目标的同时，还极力争取实现"军事上的自立"，越来越强调军事力量在国家安全中的重要地位与作用。1991 年《防卫白皮书》首次提出了"军事力量的机能靠其他手段和力量无法取代，军事实力是国家安全的最终保证"的论断。

日本的防卫费逐年增加，1991 年度 343.9 亿美元，1992 年度 365 亿美元，1993 年度的 377 亿美元，1994 年度 430 亿多美元，1995 年 8 月确定的 1996 年度预算达 500 亿美元，仅次于美国，居西方世界第二位。同时，自 90 年代初以来日本武器装备的现代化和高技术化发展迅速。日本海上自卫队拥有世界最先进的武器装备系统和亚洲最大规模的驱逐舰队，其扫雷能力居世界第一，反潜艇能力仅次于美、俄。陆、海、空全部实现了指挥控制自动化、信息化。日本堪称东亚地区军事强国。

1996 年，日本与美国共同发表《日美安全保障联合宣言》，其军事战略开始由此以防卫本土为主的内向防御型，向主动介入"周边事态"的外向扩张型转变。尽管日本的"军事自立"的扩军战略在国内仍受到和平宪法、自卫队法和无核三原则的限制，在国际上受到日美安保体制和世界各国尤其是亚洲舆论的制约，而且日本政府一再声称"日本决不做军事大国"，但是，日本军事力量的日趋膨胀，很难消除亚洲各国对日本未来走向的担心和疑虑。在国际上，包括中、俄、韩、朝和东盟国家在内的周边国家普遍对日本军事扩张战略表示反对和谴责，在国内，政界、舆论界的有识之士以及许多政党、地方政权和广大民众予以强烈反对。日本转变军事战略会遇到空前的压力和阻力。

"德洛尔计划"与欧洲经济区的成立

1985 年 6 月,欧共体执委会向欧洲理事会提交《完善内部市场》的白皮书,建议到 1992 年底前在欧共体内建成一个没有边界、人员可自由往来、商品可自由流通、劳务可自由交流、资本可自由流动的统一大市场。自此,"欧洲统一大市场"紧锣密鼓,一步步从蓝图变为现实。

早在 1984 年,法国前财政部长雅克·德洛尔曾设想在任欧共体执委会主席期间的工作重点是"建立货币联盟……完善欧洲内部市场……"。这一设想得到各成员国政府、工会、企业家协会的广泛赞同,被称为"德洛尔计划"。1985 年 3 月,在布鲁塞尔召开的欧洲理事会上集中讨论了在 1992 年建成欧洲共同体单一内部市场的行动。同年 6 月,在米兰召开的欧共体首脑会议上通过了执委会提出的《完善内部市场》白皮书。1986 年 2 月,欧共体各国签署了《单一欧洲法案》(又称欧洲一体化文件)作为《罗马条约》的补充,并于 1987 年 7 月 1 日开始生效。至此"德洛尔计划"正式变成了"欧洲一体化文件"开始实施。《单一欧洲法案》除了确定 1992 年底以前建立统一大市场的目标之外,还提出了经济与货币联盟的设想。标志着欧洲一体化过程进入一个新阶段。1988 年 2 月,欧共体特别首脑会议决定建立欧洲内部市场。

1994 年 1 月 1 日,由欧共体 12 国和除瑞士及列支敦士登外的欧洲自由贸易联盟 5 国组成的共同市场——欧洲经济区正式成立。创设欧洲经济区的协定是欧共体 12 国和欧洲自由贸易联盟 7 国于 1992 年 5 月在葡萄牙的波尔图正式签署的,其中心内容是在欧共体和欧洲自由贸易联盟成员国之间实现商品、人员资本和服务的自由流通,建成一个北起北冰洋、南至地中海的共同市场,即欧洲经济区。在同年底的瑞士公民投票中,欧洲经济区协定被否决,因此,1993 年以来欧洲共同体 12 国同奥地利、芬兰、瑞典、挪威、冰岛、列支敦士登 6 国一致同意在创设协定中追加一份可以"排除瑞士"而创设欧洲经济区的议定书,由此重新履行了批准手续。因为列支敦士登已经同瑞士结成了关税同盟,所以在建立欧洲经济区时已确定不再参加。

欧洲经济区的贸易量占全世界贸易总量的 40%,其国内生产总值为 6.8 万亿美元(1991 年)超过北美自由贸易区,成为世界上最大的经济圈。

一体化的发展与欧洲联盟的建立

90年代初,东欧剧变苏联解体,东西方冷战对峙局面结束。美国和日本成为西欧各国的主要竞争对手。面对新的机遇和挑战,西欧任何一国都难以独自对付,只有深化联合才能在未来的鼎立中处于有利地位。另外,欧共体即将建立统一大市场,需要进一步加强经济政策上的协调,扩大政治方面的合作,来巩固发展一体化进程。在这种形势下,法国总统密特朗和德国总理科尔于1990年4月共同倡议建立欧洲政治联盟。同年召开的欧共体首脑会议认可了这一倡议,并确定了政治联盟的基本内容。这以后,展开了双边和多边的磋商。1991年12月9～10日,欧共体首脑会议在荷兰的马斯特里赫特召开。经过激烈争论,各方都做了一些妥协让步,最后签署了经济货币联盟条约、政治联盟条约等条约,总称欧洲联盟条约。

经济货币联盟条约宣布从1999年起实行统一货币。这项任务的准备工作始于1990年7月1日,任务是协调各成员国的经济货币政策,争取所有成员国的货币都加入欧洲货币体系汇率机制,取消外汇管制。从1994年起,开始过渡阶段。建立独立的欧洲货币局,监管各国经济、财政、货币政策和外汇储备,为将来建立欧洲中央银行做准备。从1997年到1999年1月1日,将逐步实行统一的货币和建立独立于各国政府之外的欧洲中央银行。由于英国坚决反对实行单一货币,条约允许英国推迟参加货币联盟。

欧洲联盟条约确定了政治联盟的基本目标。12国决定实行共同的外交政策。大政方针由欧洲理事会一致决定,具体行动由部长理事会多数决定。关于防务政策问题,法国强调欧共体应有自己独立的安全防务政策,主张将西欧联盟纳入欧共体政治联盟范围之内。英意强调北约是维护欧洲安全的唯一有效的联盟,主张把西欧联盟作为北约的欧洲支柱。德国的立场介于法英之间,但更多倾向于法国。最后达成的协议是:西欧联盟隶属欧洲政治联盟,是欧洲政治联盟的防务机构,负责制定欧洲防务政策。同时,西欧联盟也是欧共体和北约之间的联络机构,北约仍是负责欧洲防务的重要组织。

条约规定进一步扩大共同体的职权范围,增加环境保护、科研、工业、运输、文化领域的职能。扩大欧洲议会的权力。在内部市场计划、科研和开发计划、环保、消费者保护等方面,议会将与部长理事会共同做出决定。这使欧洲议会由原来的咨询和监督机构变为部分权力机构。

关于欧洲联合的最终形式,法德主张建立"欧洲合众国联邦",而英国反对交出主权,主张最终成为"主权国家邦联"。由于"联邦"或"邦联"的提法在当前尚无现实意义,故在约中只写上了建立"更紧密的联盟"的内容。

欧洲联盟条约标志着欧共体从一个经贸组织开始向政治、外交、防务实体方向转变。它是继 1986 年签署关于建立统一大市场协定之后的又一次历史性决定,是欧洲一体化进程中的一次突破性进展。

马斯特里赫特条约于 1992 年 2 月 7 日正式签署。原来预计在得到各成员国批准后,从 1993 年 1 月 1 日起与统一大市场同步实施。但不料 1992 年 6 月 2 日丹麦公民投票,以 50.7% 对 49.3% 否决了马约。法国 9 月的公民投票仅以 1% 的微弱多数险渡难关。英国则于 11 月表示要待丹麦第二次投票后再讨论批准马约。这样,就引出了马约危机。欧洲联盟预定的建立计划成了泡影。

不过,欧洲统一大市场还是在 1993 年 1 月 1 日正式形成,开始实行四大自由流通。在商品流通方面,过去共同体内部已取消关税和进口限额,原则上商品已可以自由流通。但各国为保护本国市场设置了形形色色的非关税贸易壁垒,利用各国内部税制的不同,商品的技术、安全和卫生标准乃至包装、标记规定的差异阻挠商品的真正流通。现在,这些差异绝大部分为统一规定所代替。商品自由流通的技术和税制壁垒被打破。边境检查是另一种障碍。如丹麦的产品运往意大利要经过德国、法国和意大利六道海关的检验,每次检查都在耗费大量时间和人力。现在实行免验制,成员国之间的贸易不再计入各国的外贸,甚至说法也变了,把原来的"出口"和"进口"改称为"发货"和"收货"。在资本流动方面,1990 年 7 月 1 日,欧共体已有八国开始在彼此之间实行资本自由流动。1993 年 1 月 1 日起,希腊、西班牙、葡萄牙和爱尔兰也允许私人资本在欧共体成员国间自由汇来汇去。在人员往来和劳务方面,欧共体成员国的公民自 1993 年起可以在欧共体 12 国内自由迁徙,随意在任何地方居住,而无须申请居留许可;他们还可以在 12 国内求职就业,不必担心受到限制和歧视。

统一大市场的形成推动了欧洲一体化事业。丹麦在单一货币和共国防务政策方面获得例外权后,于 1993 年 5 月 18 日举行第二次公民投票,通过了马约。英国则于 8 月批准了该条约。马斯特里赫特条约经过一番曲折,最后于 1993 年 11 月 1 日正式生效。欧洲共同体最终发展成为欧洲联盟。

欧盟成立前后,欧洲经济处于衰退状态。各国想降低利率,扩大投资,促进经济复苏。但德国马克坚挺,银行实行高利率。其他国家的货币受到巨大压力,难以同马克一起浮动。英镑和意大利里拉于 1992 年 9 月率先退出欧共体货币体系。法郎也受到冲击,自身难保。欧共体为维护自身的汇兑机制,于 1993 年 8 月,决定将各国货币对中心汇率的上下波动幅度由 2.25% 扩大为 15%,即扩大了 5 倍多。

这几乎使欧洲体系陷于瓦解。

不久,欧盟各国经济出现复苏。1994 年 1 月 1 日,经济货币同盟仍按预定日期进入第二阶段,成立了欧洲货币局,并确定德国的法兰克福为欧洲货币局的所在地。

欧共体积极发展同欧洲自由贸易联盟的关系。1992 年 5 月 2 日,双方签订欧洲经济区条约,决定将欧共体统一大市场的四大自由流通在五年过渡时期内扩展到欧洲自由贸易联盟各国。但是,年底瑞士公民投票否定了这一条约。欧共体再次与欧洲自由贸易联盟协议,于 1993 年 3 月 17 日签署了补充规定。经过各国批准后,欧洲经济区于 1994 年 1 月 1 日正式成立,它包括欧共体 12 国和欧洲自由贸易联盟的奥地利、芬兰、挪威、瑞典、冰岛。

1995 年 1 月 1 日,欧洲联盟正式接纳奥地利、芬兰和瑞典为自己的成员国,挪威虽也同欧盟达成入盟协议,但未能获得全民公决的认可而继续留在欧盟之外。新加入欧盟的三国是富国,它们的加入使欧盟的国民生产总值达到与北美自由贸易区的产值大体相当的程度。三国长期执行中立政策,同东欧国家有较密切的联系。扩大后的 15 国欧洲联盟,其影响和地位明显增强。

欧洲联盟利用东欧剧变的机遇,积极推进东扩战略。早在 1989 年 7 月就制定了"波兰、匈牙利经济重组行动"计划。这个计划的英文缩写音译为"法尔",故又名法尔计划。这个计划后来扩展到东欧 11 个国家。到 1994 底,欧盟总共预算拨款 40 多亿埃居(合 50 多亿美元),帮助东欧国家向自由市场经济转轨。另外欧盟还同波兰、匈牙利、捷克、斯洛伐克、罗马尼亚和保加利亚六国签订了联系协议。1994 年 12 月,欧盟在埃森举行首脑会议,邀请这六个联系国的政府首脑与会。会议决定由欧盟委员会就六国入盟问题提出方案。另外,欧盟还在 1994 年 6 月,同俄罗斯乌克兰签署了合作伙伴关系协定。

欧共体一体化的巨大进展同德洛尔的推动分不开。但到 1994 年底他已两届期满,担任委员会主席长达 10 年之久。对他的继任人选,德国同英国意见不一,发生争执。最后双方妥协,推出新的人选。1995 年 1 月,卢森堡首相雅克·桑特尔接替德洛尔出任欧盟主席。桑特尔的出任从一个侧面反映了欧洲一体化进程的艰巨性和复杂性。

1995 年 3 月,德、法、西、葡、荷、比、卢以及意、希、奥十国在申根达成协定,决定取消彼此间的陆路边境检查。但申根协定未能彻底实行。意、希、奥三国最终没有参加进来。

1995 年 6 月 25 日,欧洲联盟 15 国首脑在法国戛纳举行会议,讨论接纳东欧和南欧国家加入欧盟的问题,决定在 1999 年实行单一货币。欧洲联盟在困难与曲折中不断前进。

1999 年 1 月 1 日,欧洲单一货币欧元启动,成为仅次于美元的世界第二大货币。欧洲人想通过经济的融合来提高政治地位。欧盟 15 个成员国中的八国首批加入欧元区,欧洲一体化跨入新的阶段。

中国改革开放取得重大成就

1978 年 12 月,中国共产党召开了十一届三中全会,重新确立了马克思主义的思想路线,政治路线和组织路线,做出了要把工作重点转移到社会主义现代化建设上的决策。自此,中国的社会主义建设走上紧密结合国情的,适应人民需要和生产力发展需要的道路。这条道路最鲜明的特点就是改革开放。改革开放从十一届三中全会起步,十二大以后的全面展开经历了从农村改革到城市改革,从经济体制的改革到各方面的体制的改革,从对内搞活到对外开放的历史进程。

中国的经济体制改革大体经历三个发展阶段:

第一阶段是从 1978 年到 1984 年。这一阶段主要是在农村进行联产承包责任制的试验和推广。通过推行以家庭联产承包为主,统分结合,双层经营,废除人民公社,又不走土地私有化道路,较好地解决了社会主义农村体制的重大问题。同时,农村剩余劳动力的转移使中国的乡镇企业异军突起,为农村致富和逐步实现现代化,为促进工业和整个经济的改革和发展,开辟了一条新路。与此同时,城市改革也进行大量试验,并取得了一定的成绩。

第二阶段是从 1984 年到 1992 年初。1984 年召开的十二届三中全会通过了经济体制改革的决定,这个决定提出社会主义经济是有计划的商品经济,突破了把计划经济同商品经济对立起来的传统观念,为全面经济体制改革提供了理论指导。在这个理论指导下,以城市为重点的改革全面展开。改革的重点是增强国有大中型企业的生机和活力,从扩大企业自主权入手,到实行两步利改税,发展横向经济联合,转变企业经营机制。改革的范围,从生产领域扩大到流通领域,分配领域,从微观搞活企业到宏观改善调控体系,从工业扩大到交通运输业、建筑业、商业和服务业。改革无论从广度和深度上都取得了重大的进展。

第三阶段从 1992 年初开始。1992 年 2 月,邓小平发表南巡讲话,3 月,中央政治局召开全体会议。自此,中国经济体制改革进入了一个新的发展阶段,即以建立社会主义市场经济体制改革为目标的改革阶段。1992 年 10 月 12 日至 18 日,中国共产党第十四次全国代表大会召开。在这次会议上,建设中国特色社会主义理论系统形成,并提出了90年代改革和现代化建设的主要任务。这个阶段改革的重点,除继续进行转换企业体制外,就是在运行机制方面建立社会主义市场经济体制,并围绕这个体制的建立,认真实现四大任务:1、转换企业经营机制,把企业推向市场;2、加快市场体系的培育,逐步放开价格;3、深化分配制度和社会保障制度的改革;4、加快政府职能转换,建立宏观调控体系。

中国的改革开放取得了重大成果。自实行改革开放以来,中国经济持续高速增长,成为世界经济增长速度最快的国家之一。中国综合国力上了一个大台阶,人民生活水平上了一个大台阶。据中国海关统计,1998年中国对外贸易总额达3239亿美元,5年增长了285倍,特别是1979年以来,中国对外贸易年平均增长速度大大高于国民经济和世界贸易的年增长速度,在世界贸易中的排位也由1978年的第32位上升到第11位,中国的贸易伙伴发展到227个国家和地区。

进入1999年后,中国经济仍保持了较快的增长势头。截至10月,全国完成工业增加值1818亿元,比1998年同期增长7%,工业企业实现出口交货值1024亿元,比上年同期增长9.4%。

1999年11月10日至15日,中美两国代表团就中国加入世贸组织进行了双边谈判,经过6天的工作,11月15日,中美两国政府代表在北京签署了关于中国加入世贸组织的双边协议,中国入世迈出重要一步。加入世界贸易组织,将为中国经济发展与世界接轨,加入世界市场的分工与合作提供机遇。

伴随着经济实力的增长,中国的国际地位不断提高。中国政府遵循独立自主的外交原则,扩大对外交往,积极承担国际义务,在国际事务中日益发挥着自己的独特作用,为维护世界和平,促进全球经济繁荣和发展,为维护第三世界的正当权益和支持第三世界的正义斗争,为建立国际政治经济新秩序做出了突出贡献。

1999年12月20日,中国政府继成功收回香港主权之后,又收回了澳门主权。香港、澳门的回归,具有极其重要的历史意义。这是"一国两制"方针的成功实践,为世界其他地区和平解决类似的问题提供了范例,也是中国政府在实现和平统一大业过程中迈出的重要一步。

世纪之交的中国,在中国共产党的领导下,正焕发出前所未有的生机和活力,朝着富强、文明、民主的目标迈进。

中美建设性战略伙伴关系

冷战结束后,中美之间在人权、台湾、武器扩散和贸易不平衡等问题上存在着分歧和矛盾,两国关系一直处于不冷不热、时冷时热、有斗有和、时斗时和的局面。

1993年11月,在亚太经合组织首届领导人会议之际,中国国家主席江泽民与美国总统克林顿举行首次最高级会晤,在一些重大问题取得共识,中美关系走上了改善与发展的轨道;1994年11月,江泽民主席与克林顿总统在雅加达举行第二次会晤,双方就两国关系和共同关心的国际及地区问题广泛交换了意见,双方表示要着眼于世界大局和21世纪,从更广泛的范围和观点来处理中美关系;1995年10月24日,江泽民主席与克林顿在纪念联合国成立50周年之际在纽约举行第三次会晤,1996年11月,中美首脑在菲律宾马尼拉举行第四次会晤,决定中美两国元首在1997年和1998年相互进行国事访问,双方认为,必须摈弃冷战思维,在相互尊重、平等对话、求同存异的基础上处理国家关系。中美首脑的四次会晤为两国关系的发展奠定了基础。

1997年3月,美国副总统戈尔访华,他此行是为江泽民主席访问美国进行准备。在会见中,江泽民主席提出了21世纪发展中美关系的三项原则:始终把握两国间的共同利益;处理中美关系要站得高些,看得远些;切实恪守中美三个联合公报,妥善处理台湾问题。

1997年10月,江泽民主席对美国进行国事访问,这是12年来中国元首对美国的首次访问。访问期间发表了《中美联合声明》,声明确认中美两国共同致力于建立建设性战略伙伴关系,为冷战后的中美关系构筑了一个新框架。建设性战略伙伴关系包括四方面内容:其一,明确双方的共同利益,双方共同利益表现在中美作为联合国安理会常任理事国和核大国,在维护世界及地区和平与稳定、促进全球经济增长方面负有共同责任;双方在防止大规模杀伤性武器扩散,打击贩毒、国际犯罪与恐怖主义问题上有共同利益,可以进行良好合作;中美在经济、贸易、法律、环保等9个领域都存在巨大的合作潜力;其二,恪守中美三个联合公报是基础。中美间的三个联合公报确立了指导两国关系的根本原则,为中美关系长期、稳定发展奠定了基础,这三个公报确立了相互尊重主权和领土完整、互不干涉内政是指导中美关系的根本原则;其三,建立高层对话与磋商机制,目的在于双方缩小分歧、减缓冲突、加强合作、发展友谊,声明规定了三条对话机制:(1)两国元首定期互访;(2)在两国首都之间建立元首间通讯联络以便直接联系;(3)两国内阁级及次内阁级官员定期互访,就政治、军事、安全和军控问题进行磋商;其四,平等互利,发展经贸合作。

1998年6月25日,美国总统克林顿开始对中国进行为期9天的访问,这是对江泽民主席1997年访问的回访。在短短8个月内两国领导人实现互访,标志着两国关系进入了一个稳定发展的新时期。在克林顿访华期间，两国元首在会谈中决定不把两国所控制的核武器瞄准对方。江泽民主席随后在记者招待会上说，他和克林顿的这一决定向世界表明，中国和美国是伙伴，而不是对手。同时，克林顿和江泽民主席就两国间存在的一些重大问题交换了意见，并就悬而未决的 9 个议题的对话日程达成了协议，其中包括恢复高层次的人权对话，加紧有关中国加入世界贸易组织的谈判等。国际舆论认为，此次首脑会谈的最重要成果是中美对话的全面展开，通过对话处理有争议的问题已成为中美关系的新形态。

1999 年 4 月 6 日至 14 日，中国总理朱镕基对美国进行正式访问。这是中国总理 15 年来第一次访美，也是自江泽民主席和克林顿总统成功地实现互访之后，中美关系发展史中的又一件大事。朱镕基总理在美国先后访问了美国西海岸最大的城市洛杉矶、美国首都华盛顿、科罗拉多州首府丹佛，以及芝加哥、纽约和波士顿。在朱镕基总理与克林顿总统的会谈中，克林顿表示，美国政府高度重视发展对华关系，搞好中美关系符合两国的根本利益，朱总理的来访为推动两国关系增加了新的动力。4 月 10 日，中美就中国加入世界贸易组织发表联合公报，美方在公报中承诺"坚定地支持中华人民共和国在 1999 年加入世界贸易组织"。朱镕基总理的访美之行使中美关系的发展进入了一个新阶段。

中美关系的发展不会是一帆风顺的，双方在人权、武器及台湾问题上的分歧不会一下消失。1999 年 5 月 8 日发生的中国驻南斯拉夫大使馆被炸事件，使中美关系的发展又遇挫折。但面向 21 世纪的建设伙伴关系的建立，是中美双方在多年的交往中得出符合两国利益的结论，只要双方本着合作和坦诚的精神通过平等协商和对话缩小两国间的分歧，新世纪的两国关系就能稳定发展。

中俄战略协作伙伴关系

中俄两国关系在过去近半个世纪的风雨历程中有过友好结盟，也有过军事冲突和长期对立。在新旧世纪交替之际，把什么样的中俄国家关系带入 21 世纪，成为双方都必须回答的一个问题。从 1992 年起，中俄先后举行了 5 次最高级会晤，平等信任的、面向 21 世纪的战略协作伙伴关系成为双方的选择。

中俄第一次最高级会晤。1992 年 12 月 17 日～19 日，俄联邦总统叶利钦对中国进行正式访问，双方签署了 24 项文件，其中主要有关于俄中相互关系基础的联合声明，中俄政府间在裁军问题上的相互谅解和加强边境地区军事领域信任的备忘录，确定两国互相视为友好国家。

中俄第二次最高级会晤。1994年9月2日~6日,中国国家主席江泽民对俄罗斯进行正式访问,签署了第二个中俄联合声明,以及中俄关于互不将战略核武器瞄准对方和互不首先使用核武器的联合声明。宣布中俄建立面向21世纪的建设性伙伴关系,并确立长期发展关系的基本方针。

中俄第三次最高级会晤。1996年4月24日~26日,俄罗斯总统叶利钦对中国进行国事访问,签署了第三个中俄联合声明以及一系列政府间和主管部门间的协定。26日,中国、俄罗斯、哈萨克斯坦、吉尔吉斯斯坦和塔吉克斯坦五国首脑在上海签署了关于边境地区加强军事领域信任的协定。中俄宣布决心发展平等信任的、面向21世纪的战略协作伙伴关系。

中俄第四次最高级会晤。1997年4月22日~26日,中国国家主席江泽民对俄罗斯进行国事访问,签署了中俄关于世界多极化和建立国际新秩序的联合声明,中俄宣布正式成立中俄友好和平与发展协会。

中俄第五次最高级会晤。1997年11月9日至11日,应中国国家主席江泽民的邀请,俄罗斯联邦总统叶利钦对中国进行国事访问。加强中俄关系,深化睦邻友好、开拓合作领域、加强经贸合作是叶利钦访华的主要目的。本次会晤的重大成果之一,是宣布中俄东段国界堪界工作已经全部完成。这是中俄关系史中具有重要意义的一件大事,解决了多年悬而未决的问题,中俄东段已勘定的边界(约4200公里)在两国关系上首次在实地得到准确标示。这是在双方共同努力、互相尊重并考虑彼此利益所取得的,本着平等协商、互谅互让的精神,公正合理地解决历史遗留问题的范例。

中俄战略协作关系不仅宗旨明确、内涵丰富,而且还建立了一系列运作机制,包括两国元首和总理定期会晤,建立"热线"联系及国际磋商制度等。

中俄建立和发展战略协作伙伴关系,得到一些国家的效仿。两国关系朝着积极、稳定、健康、合作的方向发展,对于推动世界多极化和国际新秩序的建立会产生极为重要的作用。

美俄关系

美国和俄罗斯之间的关系,与中美、中俄不同。美俄双方在许多重大问题都存在着严重分歧,导致两国关系磕磕碰碰,矛盾不断发生。

苏联解体后,各国纷纷调整战略,努力构建一种"合作伙伴"关系,最早建立伙伴关系的就是俄美两国。1992年,俄美签署了《美俄伙伴和友好关系宪章》,声称要建立"有力的和有效的伙伴关系",但这种伙伴关系仅度过短暂的时期便搁浅了。随着国际风云变幻,两国关系阴晴不定,甚至经常处在对立的状态。

1998 年,俄美关系基本上处在停滞状态,甚至有所倒退。两国固有矛盾没有解决,有些矛盾还在加剧,同时,俄罗斯国内爆发严重的政治危机和经济危机,左派和中左派势力有所上升,美国因而调整了对俄政策,加强对俄的防范,导致两国关系进一步疏远。

俄美两国的矛盾主要表现在北约东扩、两国对独联体的争夺、两国在科索沃、伊朗、伊拉克等问题上的利益冲突等方面。

1997 年 7 月以美国为首的北约做出吸收波、匈、捷三国为新成员国的决定之后,俄美两国在北约是否继续扩大到苏联地区的问题上的矛盾更加突出。1998 年 1 月美国与爱沙尼亚、拉脱维亚和立陶宛三国签署的《伙伴关系宪章》指出,美国支持这三个国家加入欧洲和大西洋的组织,包括加入北约。针对美国的攻势,俄罗斯领导人警告说,吸收包括波罗的海沿岸三国在内的苏联加盟共和国加入北约就等于是在"闯红灯",将迫使俄罗斯"从根本上重新考虑整个局势,改变同北约的全面关系"。

1998 年,美国继续无视俄罗斯的"大国地位"和俄罗斯在巴尔干地区以及在伊朗和伊拉克等国的利益,在处理科索沃和伊拉克问题上独断专行,并由于俄罗斯坚持同伊朗进行核合作而首次对俄进行了经济制裁。俄领导人则公开宣布巴尔干地区是俄"特殊战略利益地区",强调如果北约对南斯拉夫联盟进行导弹袭击,将修改与北约的关系。

1998 年春夏俄国内爆发严重的金融和经济危机之后,美国由于担心俄陷入混乱导致俄共上台或核武器失控,决定帮助俄罗斯摆脱危机。在美国影响下,国际货币基金组织于 1998 年 7 月向俄提供了第一笔 48 亿美元贷款。但此后不久,由于俄政局持续动荡,左派和中左派势力上升,美对俄防范心理也随之加重。

而俄罗斯尽管在经济上需要美国等西方国家的援助,但为维护其"大国地位",在许多涉及其利益的问题上对美国也寸步不让。1998 年,美英空袭伊拉克之后,叶利钦发表声明,指出"美英的军事行动粗暴破坏了联合国宪章和以联合国及安理会为核心的国际安全体系",并为此召回了驻美英两国大使,其反应之强烈让国际社会震惊。1999 年以美国为首的北约开始轰炸南联盟后,俄罗斯又召回了驻北约首席主事代表。在此后的科索沃危机解决过程中,俄罗斯又处处与北约唱反调,从而使美俄关系进一步陷入低谷。美俄关系的这种状态在短时期内不会得到明显改变。

从总体上来看，世纪之交的大国关系，正由冷战时期的那种两极对立、剑拔弩张的气氛转变为"碰撞中磨合"，"竞争中协调"的新型国际关系所取代。由于大国在世界政治、经济、安全的基本结构中所处的地位，这种趋势不仅对大国有利，而且有利于整个世界的稳定和发展。

世界贸易组织的建立

在冷战结束的同时，资本主义和社会主义两大市场也完全消除了平行对立而日益融于一体。跨国公司的跨越国界的经济活动，各国政府和地区经济组织的宏观调整经济活动，推动了全球经济的形成。在新形势下，经济因素在国际交往中的地位作用愈来愈大。因此，各国都积极调整同他国的经济关系，争取建立对自己有利的经济秩序。

随着经济的全球化发展，国际贸易在各国经济中的重要性迅速提高，它成为各国和世界经济繁荣的象征。调整国际贸易的关税及贸易总协定在这方面发挥了愈来愈重要的作用，它自成立以来，为稳定国际贸易秩序、促进世界经济与贸易的发展做了许多工作和贡献。从 1947 年起到 70 年代，先后进行了 7 次有关削减关税的谈判，取得了明显成果。世界平均海关税率稳定下降。发达国家已从 40 年代的 50%下降到 5%，发展中国家也已下降到 14%左右。1964 年，关贸总协定缔约国大会规定对发展中国家实行非互惠的关税和贸易优惠原则，推动了亚非拉国家的贸易和经济的发展。

进入 80 年代后，国际贸易发生根本性变化，服务业贸易和国际直接投资迅速发展。1992 年，银行、保险、娱乐等服务业贸易大约占到世界贸易总额的 30%。1986 年到 1990 年的 4 年期间，世界直接投资额的增长速度是世界生产总值增长速度的 3 倍。与此同时，各国在农产品、服务行业、纺织品、知识产权保护、外国直接投资等领域的纠纷日渐增多。关贸总协定决定开展内容更为广泛的贸易谈判。

1986 年 9 月，在乌拉圭的埃斯特角城开始了第八轮多边谈判。这次谈判涉及的内容主要有二：一是改善市场准入条件问题，二是制定新的国际贸易竞争原则。长期以来，美欧日在农产品贸易问题上争吵不休。美国反对日本实施非关税壁垒，阻碍大米市场的开放，美国与欧共体互相指责对方用农产品价格补贴办法实行贸易保护主义。直到 1993 年 12 月 6 日，美欧在布鲁塞尔才对农产品贸易达成协议。接着，关贸总协定干事长萨瑟兰把各方代表召集到日内瓦做最后冲刺，终于在 12 月 15 日定下最后文件，结束长达 7 年的"最全面、最复杂的多边谈判"。1994 年 4

月15日,关贸总协定117个成员国代表在摩洛哥的马拉喀什正式签署了长达550页的乌拉圭回合协议。最后文件规定:关税平均减1/3,全球平均关税从签约时的5%降到10年后的3%,首次将所有农产品贸易置于全球贸易规则管理之下,并规定减低农产品的贸易补贴;将总协定的规则延伸到服务业贸易和知识产权等新领域,加强专利保护,制定新的反倾销和反不公平低价的规则。文件所涉及的农产品、工业品和服务业的国际贸易额多达4.5万亿美元。据估计,协议生效后10年里,将使世界贸易额增长12%,将使世界经济每年增加产值2000亿美元以上。

乌拉圭协议最初规定成立多边贸易组织,以便更有力地监督协议的执行。美国代表对这一名称提出不同意见,认为美国国会不会通过多边的国际协议,建议改称世界贸易组织。1994年4月15日摩洛哥会议上,萨瑟兰决定接受美国意见。1995年1月1日,世界贸易组织在日内瓦正式成立。

世界贸易组织是一个独立于联合国的永久性国际组织,它的基本原则和宗旨是通过实施市场开放,非歧视和公平贸易等原则,达到推动实现世界贸易自由化的目标。1995年1月1日正式开始运作,负责管理世界经济和贸易秩序。1996年1月1日,它正式取代关贸总协定临时机构。世贸组织的职责范围除了关贸总协定的原有的组织实施多边贸易协议以及提供多边贸易谈判场所和作为一个论坛外,还负责定期审议其成员的贸易政策和统一处理成员之间的贸易争端,以实现全球经济决策的一致性。

联合国的活动

冷战结束后,联合国努力调整自己的机构和活动,以发挥更大的作用。在每年举行一届的大会上,各国代表更积极地提出自己的要求,并对各项重大国际问题发表意见。大会的讨论和决议虽然不具有强制性,但也形成强大的道义力量,对国际秩序产生积极影响。在维护和平方面,联合国安理会经常开会,讨论研究制止世界各地的冲突,力促冲突各方坐在一起商讨解决矛盾的办法。联合国50年来促成了172个和平协定。联合国还派出维持和平部队,以公正、客观的第三者身份帮助实现并维持停火,在冲突各方之间建立缓冲地带。自1948年5月在耶路撒冷设立观察团以来,先后在四大洲组织了近40次维持和平行动,其中规模较大的是在刚果(今扎伊尔,1960~1964年)、塞浦路斯(1964年至今)、埃及(1973~1979年)、黎巴嫩(1978年至今)的活动。90年代在前南斯拉夫地区、柬埔寨、索马里、纳米比亚(1989~1990年)进行了更为困难的维和行动。到1995年,在联合国维和部队服过役的官兵有 72 万余人,其中 1.2 万人在服役期间死亡。为了和平解决地区冲突,联合国自 80 年代以来又开辟了一个新的工作领域——向独立主权国家提供选举援助。联合国先后向纳米比亚、尼加拉瓜、安哥拉、柬埔寨、南非、海地等国家派出了观察团、核查团或特派团,帮助组织和实行选举,监督、观察和核查选举,提供各类技术协助如咨询、必要设备和协助培训人员等。除安哥拉大选因安盟方面不承认选举的结果而失败外,其他选举均获得成功。1991 年联合国第四十六届大会决定设立联合国选举事务协调员,使联合国在选举援助领域的工作获得新的突破。

在裁军方面,联合国于 1946 年 1 月通过的第一项决议就是有关和平方面的决议,有关和平利用原子能和消灭原子武器及其他大规模毁灭性武器的问题。此后,设立了原子能委员会和常规军备委员会,1947 年,两个委员会合并,成为联合国第一个单独处理裁军问题的机构。联合国裁军谈判委员会商定对各种危险武器实行控制,先后提出和通过部分禁止核试验条约(1963 年)、不扩散核武器条约(1970年,1995 年又决定无限期有效)、禁止在海底安置核武器条约(1971 年)、禁止生物武器条约(1972 年)、禁止化学武器条约(1992 年)等。1978 年、1982 年和 1988 年联合国先后三次召开裁军问题的特别会议,讨论裁军的各种问题。在非殖民化方面,联合国做出了巨大成绩。1960 年联合国大会通过《给予殖民地国家和人民独立宣言》,推动了非殖民化进程。殖民地人口在 1945 年多达 7.5 亿,到 1990 年纳米比亚获得独立后减少到 100 多万人。联合国会员国也从最初的 51 个发展到 1994年底的 185 个。1994 年,联合国最后一个托管地密克罗尼西亚的帕劳群岛获得独立,联合国托管制度胜利结束。联合国于 1969 年通过的《消除一切形式种族歧视国际公约》正式生效,专家委员会每年开会监督该公约的执行情况。1973 年联合国大会又通过了《禁止并严惩种族隔离罪行的国际公约》。在联合国和国际社会推动下,新南非终于在 1994 年诞生。

在促进经济和社会发展方面,联合国于 1949 年提出了技术援助扩大方案,帮助较贫困国家发展经济。1961 年联合国大会承认世界欠发达地区的经济和社会发展对实现国际和平与安全具有根本性意义,宣布 60 年代为第一个联合国发展十年,决定持续不断地援助发展中国家。1965 年联合国成立了开发计划署。它积极筹集资金,协调各联合国专门机构的活动,向亚非拉国家提供各种无偿援助项目。自 90 年代起,开发计划署每年预算均在 13 亿美元以上。世界银行从 1946 年到1995 年共向发展中国家提供贷款 3330 亿美元。1974 年、1975 年和 1980 年,联合国先后三次召开关于经济问题的大会特别会议,通过了《各国经济权利和义务宪章》(1975 年)。联合国重视推动社会发展和人类进步工作,1948 年一致通过《世

世界经典文库

世界上下五千年

·二战后的世界·

图文珍藏版

界人权宣言》，后来又通过《发展权利宣言》联合国还召开各种专门会议，讨论人口、家庭、妇女、儿童、老年人、难民等问题。

在保护生态环境方面，联合国在1950年就邀请专家举行保护和利用资源的会议。1972年在斯德哥尔摩举行第一次联合国人类环境会议，通过了《会议宣言》和《人类环境行动计划》。1973年正式成立联合国环境规划署，它负责监测世界海洋、陆地和大气层的污染情况，进行地下环境管理。环境规划署还经常举办同环境有关的各种专业会议，如对抗沙漠化、保护臭氧层的会议。1992年在里约热内卢召开联合国环境和发展会议，又称"地球首脑会议"，通过了《21世纪议程》，制定了保护自然资源、促进经济持续发展的蓝图。

联合国成立50年，在各方面都做出了巨大贡献，但是问题也很多。早在成立之时，不少中小国家就对大国的否决权感到不满，宪章规定的集体安全一直淹没在冷战之中。某些大国还操纵联合国牟取私利，甚至侵犯他国主权。90年代，国际格局发生重大变化，联合国在转折时期发挥了作用，1990年对海湾危机做出迅速反应，维护行动广泛开展。人们对联合国寄予厚望。但联合国改革也成为亟待解决的问题，如何完善集体完全机制、加强安理会和大会的协调、精简机构，成为最受关注的问题。由于各方利益不同，改革步履艰难，联合国任重道远。

足球——世界第一运动

足球是球中之王，在世界上普及范围之广，影响之大，还没有哪一项体育运动项目能与之媲美，被誉为"世界第一运动"。

足球运动起源于哪个国家？至今众说纷纭。如果说足球游戏也可称为足球运动的话，中国就是足球的鼻祖了。据说在殷商时代就有了足球似的游戏，到了战国时代，足球活动开展得已经较为普遍了。那时的足球叫"蹴鞠"。"蹴"就是用脚踢，"鞠"就是用革做外皮，内充毛发的球。足球场叫"鞠城"，两端附有"鞠室"，比赛时以踢进对方"鞠室"的球数来决定胜负；如果认为制定足球规则以后才算是真正的足球运动，那么就得让位于英国人了。据史料记载，约公元476年，英国便有了类似今天的足球活动，经过了1000多年的发展，在1823年，足球终于从橄榄球中分离出来，形成了现在这种形式的足球运动。1848年，英国的威廉·爱尔斯首先为足球制定了规则。1863年10月26日在伦敦成立了英国足球协会，标志着现代运动的诞生。正是因为这种鼻祖地位，至今英国在国际足球界享有不小的特权：参加世界杯预选赛，其他国家只能以国家队出战，而英国却可以派出英格兰队、苏格兰队、威尔士队和北爱尔兰队 4 个地区队参赛。

　　足球运动先是在欧洲普及，然后随着近代殖民运动的发展，足球的火焰就蔓延到除南极洲外的 6 个大洲里，并迅速发展开来，世界各地也先后成立了足球协会，领导着足球运动的发展。

　　1904 年，英、法、乌拉圭等国在巴黎集会，建立了国际足球联合会。到目前为止，已有 150 多个国家和地区加入了国际足联，国际足联已成为世界上最大的和最有权威性的体育运动机构。

　　由于历史的原因，欧洲和南美洲的足球运动水平在世界处于绝对领先地位，以至于在已经举办的 16 届世界杯赛中，金杯全为这两大洲国家夺得。中北美和非洲的足球水平处在第二个档次，亚洲和大洋洲则是足球水平的"第三世界"。

　　足球水平发达的欧洲和南美的一些国家，如英、法、西班牙、葡萄牙、巴西、阿根廷、巴拉圭等国，早在 20 世纪末就开展了自己的职业足球联赛。事实证明，正是这种高水平比赛的不断进行，才使得各国涌现出一批批足球天才来，推动了本国，也促进了世界足球运动的发展。北美和亚洲开展职业联赛的时间较晚，美国在 20 世纪 70 年代曾经开展过职业联赛，但因管理者运作不当，破产了，到了 90 年代，又重新复兴。亚洲国家，韩国在 20 世纪 80 代率先开展了自己的职业联赛，使得韩国足球水平迅速提高，称霸亚洲十数年之久，连续四次闯入了世界杯决赛圈，直至近年，才有被日本赶超之势。日本、中国、沙特、伊朗等一些国家相继在 90 年代开展了各自的足球职业联赛，足球运动在亚洲蓬勃发展起来了。

　　非洲国家无论是政治还是经济，在世界中绝对处于"第三世界"，但非洲的足球水平仅次于欧洲和南美洲，绝对高于亚洲和大洋洲。如尼日利亚、喀麦隆都是世界知名的足球强国，其水平发展迅速的原因何在呢？

　　首先是群众性足球运动在非洲蓬勃发展，人民都酷爱足球运动，在非洲正式登记的足球队就有近两万支，足球运动员更是有五六十万人。其次是非洲各国政府对足球极为关注，为其发展提供了不少帮助。而最重要的是非洲和其他洲（主要是欧洲）在教练员和运动员上的互相交流，促进了非洲足球水平的发展。由于非洲国家多为欧洲国家的殖民地，彼此之间联系紧密，不存在语言障碍，欧洲许多著名教练都曾到非洲执教，而非洲的球员更是可以直接输送到欧洲顶级职业联赛中进行锤炼，水平增长很快，也出现了一大批球星，如曾在国际米兰效力的球星卡努，曾在 AC 米兰长期效力的威阿，都来自非洲，而后者甚至曾被评为"世界足球先生"。这种借鸡生蛋的方法已经引起亚洲、大洋洲等落后国家注意，近几年来，纷纷将自己国家的有潜力的年轻球员送到欧美顶级联赛中去磨砺，以图早日增强自己的足球水平。像日本的中田英寿在罗马效力,中国的杨晨、范志毅、谢晖都在国外效力,伊朗、沙特的不少球员也在欧洲联赛中踢球。

足球,这一世界第一大运动,每四年一次都有它自己的节日,那就是世界杯赛,这世界上最高水平的足球赛事迄今为止共举行了17届,从预选赛到决赛,举办时间之长,范围之大,在世界范围内绝无仅有。

1928年8月5日,以英国为首的一些国家在阿姆斯特丹举行国际足联代表会议,与会者一致通过举办世界足球锦标赛决议。1930年,首届比赛在乌拉圭举行,以后每隔四年举行一次,至2002年日、韩世界杯,共举办了17届。

世界杯的奖杯称为雷米特杯,为了纪念德国籍的国际足球协会会长而命名。金杯以希腊神话中的胜利女神——长翅膀的尼凯为象征,她身着古罗马式的束腰紧身衣,伸直双臂,将杯子高高举起。杯用纯金铸造雕刻而成,重1.8公斤,高30厘米,立在大理石的底座上。国际足联规定,谁获得冠军,金杯就由谁保存,直到下一届比赛之前交还国际足联,再颁发给新的世界冠军。

这个金杯命运多舛,几经风雨,1966年在伦敦失窃,后来在伦敦郊区一花园中发现。巴西队因三次获得世界杯冠军,而永久保留雷米特杯之后,1983年12月20日凌晨被窃,待抓到疑犯时,金杯已经熔掉了,变卖成黄金。现在的雷米特杯是当时第一只杯子的复制品。

历届杯赛中,巴西队以五次冠军的骄人战绩,名列各队之首,其次是意大利和德国各三次,阿根廷和乌拉圭各两次,英格兰一次,法国一次。

除了世界杯赛外,世界上著名的足球赛事还有世界青年足球锦标赛、欧洲杯赛、美洲杯赛、非洲杯赛、北美及加勒比地区金杯赛、亚洲杯赛等大型洲际比赛。

世界各国职业俱乐部之间也组织了许多足球赛事,一般由各大洲足联管理。最著名的要算是欧洲俱乐部冠军杯赛,在这项赛事中,欧洲各国职业联赛的冠军(强国可派前两名或前三名参加)分成几个小组,展开厮杀,水平之高,场面之精彩激烈,丝毫不亚于世界杯赛。欧洲还有欧洲俱乐部优胜者杯赛(已被冠军杯和联盟杯合并)、欧洲俱乐部联盟杯赛、南美解放杯赛、非洲俱乐部冠军杯赛、亚洲俱乐部冠军杯赛、亚洲俱乐部优胜者杯赛等赛事。每年欧洲俱乐部冠军杯赛冠军又要和南美解放者杯赛冠军在日本进行一场激战,争夺丰田杯,以决出谁是世界所有俱乐部中真正的霸主,这项传统赛事由日本丰田公司出资赞助,因此称为“丰田杯”赛。

由此可见,世界无时无刻不在关注着足球,而足球也无时无刻不把快乐奉献给世界人民。

足球运动虽然给人们带来最大的欢悦,但不时也会发生一幕幕毛骨悚然的灾难。

早在 1946 年英足协杯赛上,在伯恩登公园赛场的一场比赛中就因暴力造成 33 人死亡、400 多人受伤;1964 年 5 月 24 日在秘鲁首都利马的国民体育场,在秘鲁队和阿根廷队争夺奥运会出线权的一场比赛中,由于秘鲁观众的骚乱,造成 18 人丧生、500 余人受伤;足球史上被认为是有史以来"最恐怖的球场暴乱事件"发生在 1985 年 5 月 29 日比利时布鲁塞尔的海塞尔体育场,那是意大利尤文图斯队对英国利物浦队争夺欧洲冠军杯的一场比赛,双方球迷互相攻击造成球场看台倒塌,许多人被砖头水泥块砸死,更悲惨地是许多人被打死、踩死。事件中共死亡 38 人(包括儿童和老人)、受伤 425 人。事件发生后,各大媒体纷纷以"黑色星期三""体育场内的大屠杀""恐怖的足球之夜""足球走向坟墓……"等为标题做文章,向世界披露足球流氓令人发指的暴行。事件的主要责任方英国被欧洲足联处以"不定期地禁止英格兰所属各职业俱乐部足球队参加欧洲的比赛",直至 90 年代初才被解禁。这一决定使英格兰足球水平发展落后了欧洲其他国家许多,到 90 年代后期才逐渐恢复起来。

足球暴力问题一直是困扰足球发展的一个顽疾,目前世界各国人民正齐心协力,制止足球暴力的发生,以保护给人们带来欢乐和享受的足球运动,使它能以健康的方式发展。

《罗马假日》与赫本的演艺生涯

1952 年的夏天,著名导演威廉·惠勒执导的喜剧片《罗马假日》开拍了。

影片描述了一位现代欧洲某国的公主访问罗马,被官场的繁文缛节和侍从的管束弄得心烦意乱,十分向往外界的自由生活。入夜,御医给她服用安眠药,宫女服侍她睡下后,她趁机换上便装偷偷溜出了迎宾馆。正当她走到大街上为自己的行动欣喜不已的时候,刚刚吃下的安眠药发作了。她站立不稳,倒在公园长椅上的一名美国记者身上。记者以为她是无家可归的流浪者,便把她扶回自己家里。公主困倦不堪,一头栽倒在床上。而这名记者厌恶地把她扔到沙发上,自己舒舒服服地睡在大床上。翌日,他翻开早报,公主失踪的消息和照片赫然跃入眼帘!他赶快跳起来,恭恭敬敬地将熟睡的公主抱回大床。记者的职业感使他赶忙叫来摄影师,还要带领公主去游玩。这可正中公主下怀。三人在罗马城尽兴而游,尽情拍照,不亦乐乎。而那边却急坏了罗马当局和某国使馆,大批人马被派出四处搜寻公主下落。直到晚上,玩得筋疲力尽的公主才回到使馆,一场虚惊才落下帷幕。数天之后,在招待会上,公主与记者不期而遇,二人对望两相爱,情意绵绵。但皇族和平民的地位悬殊,双方都不敢做非分之想。虽说是两心相印,却只得抱憾而别。

这部影片播出之后,欧美影坛为之轰动。剧中那位秀色清奇、娇憨可爱的公主令影迷们如痴如醉。她的扮演者正是奥黛丽·赫本。

奥黛丽·赫本于1929年生于比利时的布鲁塞尔。父亲是爱尔兰裔的英国商人,母亲是个荷兰的女男爵。家庭教养的熏陶,在赫本身上留下了优雅迷人的贵族气派。她四岁时便被送到英国一家私立学校接受良好教育。六岁时父母离异,但她一直在那里长到十岁。

当时的欧洲已被战争的烟云笼罩,母亲把赫本接回老家荷兰,本以为这样会安全些,没想到她们全家都陷入了法西斯的铁蹄之下。十几岁的赫本正是长身体的时候,可她却终日徘徊在饥饿和贫困之间。那时,全家人都时刻面临着死亡的威胁,赫本仍用自己参加芭蕾舞演出挣来的钱捐助荷兰的抵抗运动。在艰苦的战争环境中,她在当地一家艺术学校里勤奋地学习芭蕾舞,并醉心于这项高雅的艺术。战争结束时,她以优异的成绩获得去英国深造的资格,以后便做了职业芭蕾舞演员。

然而,多年的饥饿贫病侵蚀了她的身体,赫本一直是瘦弱的。而要做职业的芭蕾舞演员,没有过硬的身体素质是不行的。由于体力不支,她只得忍痛放弃了自己心爱的职业,为生活所迫做过时装模特和歌舞女郎。

1951年,联邦影片公司的导演札姆皮看中赫本,邀请她出演《天堂里的笑声》,由于名气太小等原因,最终只演了一个毫不起眼的女侍角色。但从此以后,她便开始了影艺生涯。

初入影坛,由于赫本多年悉心专注于舞蹈艺术而忽略了表演技巧,她表现平平,虽然拥有出众的姿容,却常常被影片公司拒绝在门外,最多演点小角色。可是聪明而坚韧的赫本对自己充满信心,她利用业余时间参加了著名影星费里克斯·埃尔默举办的表演训练班,潜心钻研演技。逐渐显露出才华的赫本在一部部影片中节节高升,由一个毫不起眼的小演员变成一颗耀眼的新星。

《罗马假日》的成功,使赫本声名鹊起。出身于贵族之家的赫本生性活泼开朗,再加上老天赋予的娇好姿容,她演公主可谓如鱼得水。更重要的是聪慧好学的她经过一年的磨炼,演技大大改观。初登银幕时的拘谨、凝涩的感觉没有了,她发挥出爽朗欢快的天性,正与角色和剧情相吻合。赫本把公主那种对虚伪礼节的憎恶,对自由的渴望,对平民世界的新奇感都把握得很准确,一个充满青春活力、天真任性、不谙世情的公主被演活了。赫本也因此而获得了1953年度的奥斯卡金像奖和纽约影评家的最佳女演员桂冠。她在片中亮相的那种秀美的短发型以"赫本式"的名称被争相仿效,风靡一时。

赫本所引起的轰动是不容易说清楚的。曾执导过赫本任主角的影片《莎勃琳娜》的导演比利·怀特曾这样表示:"自从嘉宝以来还不曾出现过这样的人物:导演见了会忍不住再三为她大拍特写镜头——拍她那端庄的大眼睛,拍她那诱人的甜蜜微笑,拍她活泼的举止,拍她炽烈的感情。你离开了影院,但她的音容笑貌时常出现在你眼前,挥之不去,欲忘不能。"的确,赫本是摄影师的宠儿,因为她无论从哪个角度看上去,都是美丽的。

1955年,赫本在英美影坛上独领风骚,无人可敌。这一年,赫本出演了一部史诗般的彩色巨片——《战争与和平》,这是派拉蒙公司根据托尔斯泰的同名著作改编而成的,从此轰动影坛,久演不衰,无人再敢涉足这个题材。赫本饰演的娜塔莎造型清丽脱俗、明艳照人,性格把握细腻贴切,贵族少女娜塔莎性格发展的各个断面,从初恋安德烈时的欣喜热盼到受浪荡公子阿那托尔诱惑时的意乱情迷、醒悟后的羞愧悔恨,再到安德烈将死时的哀伤茫然、颠沛流离之后最终嫁给彼埃尔时的深沉持重,无不真切、传神、富有层次感,值得细细玩味。观众写信反映说:"赫本演得如此出色,以至于每当我翻开小说《战争与和平》,一副赫本面孔的娜塔莎就跃然纸上。"

此外,赫本还出演了一系列的作品:如《蒙特卡罗宝宝》《俏人儿》《修女传》《第凡内早餐》《窈窕淑女》《罗宾汉和玛利安》等等,抒写了电影史上独特的一页。

天使一般的赫本可称得上德艺双馨。首先在家庭生活方面,赫本对爱情很专一,对家庭很尽心,可她的婚姻并不顺利。自拍完《翁迪娜》后,赫本与男演员梅尔·费勒假戏真做,嫁给了他,尽管他曾多次离婚。赫本眼中只有自己心爱的丈夫和孩子,而不久之后,竟发现费勒迷上了一个西班牙女郎,她真诚的秉性不能容忍这种欺骗,于是毅然地结束了第一次婚姻。当她躲到意大利休养的时候,一位罗马的心理医生安德列亚·道蒂用真诚的爱慰藉和医治了赫本心上的创伤。于是,赫本在生活中上演了一部《罗马假日》,并且以欢乐的婚礼进行曲做了结尾。为此,赫本放弃了十几年的影艺事业。

其次在职业道德上,赫本也是令人钦佩的。在她近30年的影艺生涯中总共拍了26部影片(包括一部电视片),主演了20部,这在欧美影坛的著名演员中几乎是最少的。她抱定宁缺毋滥的原则,对剧本精挑细选,只要自己满意,片酬少些也无妨:在拍摄《如何盗窃一百万》时,赫本还主动地把自己的片酬由100万美元减为75万美元,与那些争相渔利的人形成鲜明对比。赫本为人很有教养,从不摆出大明星的架子,她把自己的一切成就归功于导演的扶掖,其实她的光彩源自她的勤奋敬业。她的表演功力深厚、真切感人,她是真正的表演艺术家。她从不在摄影机前搔首弄姿,更不用裸露镜头和挑逗性的动作神色来取悦观众。在她身上似乎有一股化腐朽为神奇的魔力。一些商业性很浓的导演如扬·杜宁和爱德华等,一经与赫本合作,便得以净化、升华,拍出艺术水准很高的电影。

赫本的美是清新雅洁、由内至外的真美。她的形象毋庸置疑满足了人们心中对至美的追求。她的银幕造型多是天真无邪、活泼善良的少女,正如一种评论所说:"男人把她视为最理想的女性,女人把她看成羡慕的对象。"然而,她的这一突出特点也是她的不足之处。她始终没能跳出清新可爱的形象框子,从而显得缺乏创新。

她的影片大部分是供人玩赏消遣的小品,人物都像是从神话中走出来的,缺乏发人深省的内涵。赫本表示:"我并不要求有多高的艺术价值,电影只要具有趣味性和娱乐性就够了。"这样的观念必然使她的表演艺术带有一定的局限性。

可见,一位杰出的演员必须具备多方面的才能。毕竟,赫本为银幕创造了一个美的时代,人们永远不会忘记她。

悉尼歌剧院

1955年9月,澳大利亚新南威尔士州的总理宣布举行一次世界范围的歌剧院设计方案竞赛。澳大利亚政府决定出资在奔尼浪岛上建一座歌剧院。这首先要归功于一名叫作古申斯的乐团指挥。

古申斯常常参加乐团演出,敬业爱业的他总是苦恼于没有一个合适的演出场所与他钟爱的艺术相得益彰。他想,要是能有一个造型优美,功能齐全的大型歌剧院让他和他的乐团来演绎那些艺术珍品,那该多好啊!这个梦想要变成现实谈何容易,古申斯清楚地知道,依自己微薄的个人力量要想实现它,那无异于痴人说梦。这将是多么庞大的一项工程啊!对,只有依靠政府的力量。他想起了自己的好友,当时担任澳大利亚总理的凯希尔,通过他把这个意见反映出去。凯希尔是个热爱艺术的人,听到这个提议,他立刻举双手赞成。于是,悉尼歌剧院才有了诞生的可能。

当设计方案竞赛公布之后,在丹麦,一位名不见经传的建筑师耶尔恩·乌特松为之动心。他积极投入了构思设计之中。在乌特松居住的丹麦农村附近,有一座古老的城堡,据说莎士比亚的名剧《哈姆雷特》就是以这座城堡为背景创造出来的。这座城堡幽深奇谲,尤其是它那奇特的构造,散发着诱人的魅力。乌特松常常在这里徘徊,仔细地品味着城堡的建筑艺术。终于,一套绝妙的设计方案便整理出来了。他满怀希望,把它投向了遥远的澳大利亚……

这次竞赛一共收到了来自英、法、德、美和日本32个国家的233位建筑师的设计图纸。美国著名建筑师沙里宁被任命为评委会主席,由评委会共同评选。可是当时沙里宁有事缠身,没能及时赶到。当评委会的初评工作已经结束并选出10个入围方案后,他才匆匆赶来。

悉尼歌剧院

看过这10个方案,沙里宁表示不很满意。他重新找来被淘汰的223个方案,一一审查。突然,他眼睛一亮,一份构思奇异的设计令他拍案叫绝,他力排众议,极力推荐这个方案,他认为如果它能通过,必将为世界留下一座足以彪炳千古的伟大建筑。这个方案当然就是丹麦建筑师耶尔恩·乌特松的设计啦!他如愿以偿了。

悉尼歌剧院正式破土动工于1959年3月。工程宏伟,耗资巨大。当工程进行到第9年时,总理凯希尔——这个坚定不移的支持者猝然去世了。工程的主体结构此时已经建成,出乎人们意料的是,它的造价已经超过了原估价的5倍之巨。于是,新上台的自由党便以此为借口,表示经费方面无法承受,因此拒付所欠的其余设计费。于此,原本顺利进展的工程出现了搁置局面。可是,面对这样庞大的半成品,面对舆论的指责,何去何从?最终政府组织了一个3人工作小组,使工程得以延续。1973年10月,在历时14个春秋,耗资1亿多澳元之后,悉尼歌剧院终于落成了,英国女王伊丽莎白二世专程前来助兴。

悉尼歌剧院整体建筑由一个大基座和3组拱顶组成。使用的建筑材料全部是乳白色的大理石。总体占地1.84公顷,高67米,相当于一座20多层高的大楼,煞是雄伟壮观。

用混凝土制成的大基座高出海面19米,使整个歌剧院居高临下,气势逼人。世界上最大最长的一条室外水泥阶梯就建在基座临街的一面,铺着赭红色的花岗岩,宽91米。4块巍峨的贝壳状的拱顶分成两组,分别覆盖着一个音乐厅、一个歌剧院厅和那些附属于它们的前厅和休息厅。这4块"贝壳"是这样排列的:有3块面向着海湾,它们有秩序地依次覆盖着,仿佛偎依在一起的亲密伙伴;另一块则背对着海湾,打破了前 3 块形成的固定秩序,独具一格地傲立着,这一个变化使整个建筑充满活泼的生趣。总体看来,和谐无比。

这美丽的"贝壳"是歌剧院独有的亮彩。在建筑时,它是难度最大的地方。贝壳的尖顶是由 2194 块弯曲形混凝土预制件用钢缆拉紧拼成的,每块重 15.3 吨,外表粘贴着 105 万块乳白色的釉面瓷砖。远远望去,闪着白玉般的光泽。

歌剧院是一个以两个演出大厅为中心的多功能游艺场所。此外还包括休息室、餐厅和酒吧!休息室设在贝壳开敞着的大口处。2000 多块高 4 米、宽 2.5 米的法制玻璃板镶在大口上,形成一面晶莹闪烁的玻璃墙。于是,休息室成为人们放眼海天,纵览胜景的最佳去处。悉尼湾的海港风光、悉尼城的万家灯火尽收眼底。

歌剧院的室内装饰选取高级木材料贴饰房顶墙面和地面,华丽考究。歌剧院的音乐厅和剧场再加上其他 900 多个大小厅室在一起,可同时容纳 7000 余人。它每天开放 16 个小时,吸引着层出不穷的游人,更吸引着全世界所有的乐队、歌唱家和剧团。人们都以能够在这里有过演出的经历而自豪。

自打歌剧院建成后,美丽的悉尼湾又平添了一道诱人的风光,仿佛一只振翅欲飞的白天鹅,又似一朵冉冉开放的白莲花,更像一艘鼓足了风帆的小船,悉尼歌剧院以它独特的外貌赋予人们以艺术的感受和丰富的想象。

孤独的川端康成

历史转瞬间到了 1968 年,在那久享盛誉的瑞典文学院的庄严肃穆的典礼大厅内,刚刚宣布了本届诺贝尔文学奖的得主——日本作家川端康成,大厅内顿时沸腾了,人们真诚的掌声伴着祝福将一位白发苍苍的瘦弱老人送上领奖台去,这就是诺贝尔获奖作品《雪国》《千纸鹤》《古都》的作者——川端康成。

川端康成是日本现代著名小说家,日本的第一位诺贝尔文学奖获得者。

1899 年 6 月 14 日,川端康成出生在日本大阪,他幼年生活极其凄苦,两岁丧父,三岁丧母。父母双亡对他的影响很大。他曾在《致父母的信》一文中写道:"深深刻入我幼小心灵的,便是对疾病的夭折的恐惧。"这以后,他被祖父母收养了。然而极其不幸的事接踵而来。7 岁那年,祖母死了;10 岁那年,唯一的姐姐死了;15 岁,最后一位亲人——祖父也辞别人世了。极端的孤独和不幸遭遇,乃是形成川端康成孤僻性格的主要原因,更是他的作品格调悲凉的重要根源。

川端康成秉性孤独,但同时上天赐予他一颗善感的心灵,他对文学的爱好自幼便显示出来。小时候他很喜欢读书,入中学后,对文学作品更显敏感,同时投入更多的热情。他将自作的新诗、文章和书信编为《谷堂集》，积极投稿。1917年，川端康成考入东京第一高等学校英文科。1920年，进入东京大学英文科，随后转入国文科。他在这一时期接触了大量国内外优秀作品，对俄国的陀思妥耶夫斯基、契诃夫和日本的志贺直哉、芥川龙之介等大家进行了认真的研读，为日后走上文坛奠定了坚实的基础。

大学毕业后，川端决心走专业作家的道路，他和同仁一起创办过一系列的文学杂志，进行了有益的探索和实践。难能可贵的是，在30年代日本军国主义势力横行一时之际，川端康成保持着一名理智作家的超然态度，没有狂热地卷入鼓吹"圣战"和投入战争的风潮中，他大部分时间过着半隐居的生活。

日本战败后，现实令川端康成感到不满和失望，他的作品反映出他的这一思想基础。创作的成果日益丰盛，这使他获得了多种头衔和荣誉，直至诺贝尔文学奖。然而随着盛誉的累积，川端康成渐感压力无比并出现创作危机，加之晚年虚无主义思想的影响，他的生命如风中之烛。1972年4月16日，川端康成在工作室中口含煤气管自杀，终年72岁。

川端康成一生创作丰富，一生留下一百余部长篇、中篇和短篇小说，此外还写许许多多散文、随笔、讲演、评论、诗歌等。他的作品体现出现代派的手法同日本传统审美情趣的融合，作品整体风貌优美流畅和新奇别致。

川端康成在20年代中期曾发起新感觉派运动，一度单纯模仿表现主义和达达主义等西方现代派手法，极力强调主观感觉，热心追求新颖形式。30年代又一度被乔伊斯的新心理主义和意识流所吸引。后来感到此路不通，于是决心另辟新径——即将日本文学传统与新心理主义以及意识流结合起来，写出了《雪国》这样的好作品。由此，川端康成形成了自己独具一格的特色，即心理刻画纤细入微，意境描绘缠绵凄迷，结构安排自由灵活，语言表达简约含蓄，文章情调既美且悲。

《雪国》是川端康成费时15年创作的一部力作，然而却是一部中篇小说，可见其精审的态度。小说写的是东京一位舞蹈艺术研究家岛村三次到雪国与驹子交往的故事。岛村与身为艺妓的驹子邂逅并相爱，中途又被一位萍水相逢的姑娘——叶子所吸引。岛村本身是一个思想充满虚无色彩和感伤情调的孱弱文人，对驹子的身世爱莫能助，只得中断与驹子的交往。而叶子自有意中人，并在意中人病逝后丧生于火海。生活比较认真，意志比较顽强的驹子追求纯真的爱情，然而她可怜的身份和境遇使她的感情扭曲。她的爱情既有纯真的一面，又有畸形、病态的一面。《雪国》的创作方法和艺术表现方面比较充分地体现了川端康成的创作特色。他认为美与悲是相辅相成、密不可分的，因此，他总是把美与悲联系起来加以表现，构

·二战后的世界·

图文珍藏版

成一种既美且悲、愈美愈悲、因悲方美、因美方悲的独特格调,抒情味浓,感染力强,因此被誉为"近代文学史上抒情文学的顶峰"。

此外。川端康成的其他作品如《古都》《千纸鹤》《伊豆的舞女》等,也是值得玩味的。日本的四时风物、人情习俗、文化情趣,如一张张鲜亮的图片,一例例展现出来。可以称之为一系列的日本风情画。作者在这些作品中不同程度地表达了他对社会、对人生的理解及对下层人物遭遇的同情,同时表现了他对爱情和艺术的追求。

存在主义的萨特

"我的生活是从书开始的,它无疑也将以书结束。"这是萨特对自己作为一个执着的知识分子的生平概括。

让·保罗·萨特是法国著名的作家、社会活动家、存在主义的最伟大代表。1905 年他出生于法国巴黎一个海军军官家庭,两岁的时候父亲就去世了,他只好随着他的母亲迁居于巴黎外祖父家。他的外祖父是一个德语教师,在这里他开始进入书的世界。

1915 年萨特进了亨利四世学校六年级读书。但两年后,因母亲改嫁,他又随母到了继父所在的拉罗舍尔的一家船厂。

1920 年,他回到巴黎,继续读中学。这时他已经开始对哲学产生兴趣。最早开启他走进哲学大门并对他产生长远影响的是非理性主义哲学家叔本华、尼采,特别是柏格森的著作使他受益匪浅。

1924 年,他进入著名的巴黎高等师范学校攻读哲学。五年以后,他以第一名的成绩通过哲学教师学衔考试,遂任中学教师多年。

1929 年,萨特与波伏娃相识,共同的志趣使他们碰撞出爱情的火花,并且相伴终生。西蒙娜·德·波伏娃也是法国著名的作家,代表作品有《女客》(1943)、《他人的血》(1945)和四部回忆录等。她的女权主义论著《第二性》(1949)产生了较大的影响。她虽然从未跟萨特举行过正式婚礼,但却是萨特的忠实追随者和终身伴侣。

在服了一年半的兵役之后,1931 年起萨特开始任勒阿弗尔中学哲学教员。这时他开始接触胡塞尔哲学,很受鼓舞。

1933 年至 1934 年,他赴德国柏林法兰西学院研究海德格尔的存在主义哲学和胡塞尔的现象学,还读了克尔凯郭尔、雅斯贝尔斯以及黑格尔等人的著作。这时他已形成存在主义思想,特别是现象学本体论的思想。他在当时写成的《自我的超越》《胡塞尔现象学的一个基本思想:意向性》两篇文章就是对他的存在主义的一些基本观念作了初步的论述。

萨特在 1934 年 10 月回到法国后继续做中学教师。从这时开始,他陆续发表作品,有哲学著作《影像论》、短篇小说《墙》和著名的中篇小说《恶心》,这标志着他写作生涯的开端,而且是起点很高的一个开端。

萨特的文学处女作,短篇小说《墙》是存在主义的文学名篇。小说以第一人称为叙述视角,主人公是西班牙内战时期的反法西斯战士伊比塔,汤姆和无辜群众朱安。他们被捕后都被反动派判处了死刑。作者详尽描写了他们在临刑前夜生理上的恐惧:朱安尖声叫喊,变颜变色;汤姆唠叨不休,小便失禁。"我"头痛欲裂,汗如雨下。不过,在心理上"我"依然保持着镇静,认为生与死只有一"墙"之隔,它就是对死亡的恐惧,当意识到"生存即死亡",生与死毫无差别时,就可以超越隔墙,获得自由,所以"我"的"自由选择"就是宁死不出卖战友雷蒙·格里。萨特完全是从存在主义的角度去理解革命者的。临刑前,伊比塔为了戏弄敌人,提供了格里藏在墓地的假口供,因为他知道格里隐藏在堂兄家。谁知格里因为与堂兄发生口角而出走,他又不愿连累别人,鬼使神差地竟然转移到了墓地。敌人果真捉到并杀害了他,伊比塔则得以活命。当"我"听到这一消息后昏倒在地,醒来后不禁"狂笑起来,笑声如号哭一样凄厉",最后"笑出了眼泪"。世界就是如此荒诞,不可理喻。

发表于 1938 年的日记体长篇小说《恶心》也是萨特的代表作。它被称为"哲学日记",是一部直接阐述存在主义思想的典型作品。小说没有什么故事情节,主要写青年历史学家安东尼·洛根丁的恶心感——对荒诞世界的深深厌恶。

二战爆发以后,从小患眼疾的萨特像一只"社会动物"被送上了战场。

次年 5 月,恰好在他 35 岁生日那天,萨特在洛林被俘,在集中营关了 10 个月后因视力不佳获释。回国后,他参加了抵抗运动。

"战争使我必须干预生活",在这场莫名其妙的战争中的这段莫名其妙的经历,对萨特日后对待政治生活的态度发生了重要影响。令人惊叹的是,在枪林弹雨的战场上,萨特仍能潜心阅读和写作,动手创作了长篇小说《懂事的年龄》,并写下大量的哲学笔记,成为后来《存在与虚无》的基础。

从 1943 年起,萨特开始专门进行创作。并且在同一年,写成了他的哲学代表作《存在与虚无》,奠定了他存在主义哲学大师的地位。

1945 年,他创办传播存在主义思想的杂志《现代》。从 50 年代起,萨特积极投身于世界和平运动,旗帜鲜明地反对侵略行径,如美国侵朝、侵越,苏联出兵匈牙利、捷克、阿富汗等。

在战后法国和世界各种社会政治势力的斗争中,萨特尽管时有摇摆,总的说走的是一条中间偏左的道路。他不赞成苏联模式的社会主义,但也不反对社会主义。1945年,他拒绝接受法国官方授予他的荣誉团勋章。

1964年,他更做出了一个令世人瞠目结舌的决定,拒绝接受瑞典科学院所授予的诺贝尔文学奖。

在50至60年代,他对法国政府所进行的阿尔及利亚殖民战争进行了激烈的谴责。萨特的存在主义哲学思想战后有所变化,这主要表现在他力图冲淡《存在与虚无》等著作中所表述的个人具有绝对自由的观点,强调维护个人自由要与尊重他人自由结合起来,把自由与责任联系起来,甚至认为要在一定的社会历史背景下来理解个人自由,甚至还想调和存在主义和马克思主义。

1956年以后,萨特将存在主义和马克思主义融合起来的倾向更加强烈,他1957年开始写作的《辩证理性批判》便是反映他这种倾向的代表作。此观点成了西方马克思主义思潮中所谓存在主义的马克思主义的最主要代表。

萨特晚年仍积极参加社会政治活动,特别是支持资本主义社会中左派学生和青年的反抗运动。他是1968年发生于法国的所谓五月风暴的积极支持者。

在哲学上,他有不断更新自己理论的愿望,但他既没有投入无产阶级的社会主义革命运动,也没有真正接受马克思主义。他承认自己始终是个无政府主义者,在马克思主义和存在主义中宁肯选择存在主义。

作为一个存在主义的哲学家,萨特在理论上的建树并不高于他的先行者海德格尔、雅斯贝尔斯。然而,由于他同时是西方声望卓著的作家和社会活动家,他善于用戏剧、小说等文艺形式通俗地表达晦涩艰深的存在主义哲学内容,也善于使存在主义适应西方广大资产阶级和青年学生反抗现实、维护个人自由和尊严的政治要求,这就使他在哲学上的实际影响远远超出了其他存在主义者。

作为存在主义哲学的形象解说,萨特的戏剧比小说影响更大。《苍蝇》是他的第一个剧本,也是他最享有盛誉的剧本之一。也正是因为这个剧本创作的成功,瑞典学院授予萨特诺贝尔文学奖。这个剧本取材于古希腊埃斯库罗斯的悲剧《俄瑞斯忒斯》。但那是一些个人存在屈从于命运安排的悲剧,而《苍蝇》则不然,这是一出个人存在敢于反抗命运、自由选择、自我创造的悲剧。也就是说,作者在古希腊悲剧中注入了存在主义哲理,用以说明:尽管生活是荒诞的、不合理的,但是自我选择是不可阻挡的。只要是为自己的自由采取行动,就能获得肯定的意义。

虽然,萨特拒绝了诺贝尔文学奖,但是瑞典学院对他的评价却是相当准确而深刻的。"因为他那思想丰富、充满自由气息和探求真理精神的作品,已对我们时代发生了深远影响。"

1980年4月15日萨特病逝。数十万人沿街伫立为他送葬,其盛况只有雨果的葬礼可与之相比。

东西方文化融汇的舞蹈之花

一位英俊而强壮的男子在一束红光中伫立,脚下躺着一位圣洁美丽的女子。四周飘荡着遥远而又真切的乐声,神秘而且安宁。亚当与夏娃就这样长久地静默。这时,威严而又静穆的圣母身着拖地长袍缓步登台,身后还跟着一个小姑娘。小姑娘推着一辆古旧的自行车同样缓缓地跟上台……

这篇名作叫作《小岛》,这部舞蹈诗剧是由一个富有神秘色彩的东方女性编导的。剧中融汇了东方传统文化与西方古典艺术及现代气息,成为世界著名的舞剧之一。

这位具传奇色彩的杰出女性就是洪信子。她独立创办了"笑石舞剧团",并以亚裔身份跻身于纽约杰出的舞蹈家之列。她说:

"万物有灵,即使是块石头也会笑,一切全在于你内心的认识。"

洪信子于1940年出生于南朝鲜。在那个能歌善舞的民族中,洪信子自幼便是一个佼佼者。但她又是一个反叛者。她以自己的心来体会音乐,不拘泥于传统的固定模式。

洪信子从来没有接受过正规、专业的舞蹈教育。从小至大,她一直在认真地对待普通学校教育,从而为自己的人格奠定了坚实的文化基础。60年代初,洪信子从肃明女子大学毕业,并获得了英国文学学士学位。由于朝鲜深受中国传统汉学的影响。洪信子对于儒学与佛学深有研究。这使得她的性格上集中体现了东方人超脱自然之外的神秘感。

1966年,洪信子不顾父母的劝阻,毅然拒绝了在当地人眼中看来极为美满的婚姻,只带了简单的行李独自迁往美国。她有自己的愿望与生活方式,而这些是身为农民的父母与邻居们所无法理解的。

洪信子为了心中那"自由的舞蹈"的理想开始系统地学习美国舞蹈。她选择了艾尔文·尼古莱这位提倡创新的现代舞名师为自己的舞蹈生涯启蒙。此后,洪信子又以无比的自信与热情遍访名师,习得各流派所长。最后,洪信子又走进了哥伦比亚大学与俄亥俄州辛辛那提市联合研究生院,最终成了舞蹈教育硕士与宗教舞蹈博士。

经过这 30 多年的充分准备,洪信子最终成了有着深刻文化内涵的舞蹈家。

1973 年,洪信子在纽约市著名的现代舞试验剧场——"舞剧工作室"初露锋芒。她自编自导了许多作品。随后,洪信子只身前往印度、香港、夏威夷、南朝鲜各地巡回演出。在这次演出中,佛教圣地——印度对她有着强烈的吸引力。于是,洪信子于 1975 年重返印度。她在那里深入地研究了佛经,并系统地研究了印度的传统舞蹈、音乐与文化哲学。

1979 年,洪信子返回祖国,在青州艺术学院担任舞蹈系主任。但是,她渐渐感到说教远不如形体动作传达得直接、真实。两年之后,洪信子重返纽约。

1981 年,洪信子毅然创建了"笑石舞剧团"。她自己编写剧本,自己排练导演。终于使这支小舞团在短短几年内成为世界舞坛上一支独具特色的著名舞团。她先后编导了《从嘴到尾》《合二为一》《三翅果》《螺旋姿态》《四面墙》《小岛》《事实上》《天使》《尘埃》等众多的世界著名的舞剧。

《螺旋姿态》分为两部分。

第一部分由洪信子独立表演。她身穿深色长袍、两脚与肩同宽地立在舞台中央,左手将一颗人的骷髅头骨捧在腰间,右手不时缓慢地向着观众挥舞,右手手指不时地旋转战栗。身体如同陀螺一样前后左右地慢慢晃动不止。很久、很久,好像一个人就是这样的一世。死亡与生命在无意义地回复、休止。

第二部分是由 4 个女人共同表演的群舞。她们自始至终一直在不停地旋转,开始是缓慢的,然后渐渐变快、变快,直到舞台上只有旋转的暗影,最终结束。

《小岛》是洪信子出于对人类历史及人际关系的反思而创作的一部长剧。它以一位圣母与一个年幼少女的五次登场以及切光暗场与明场的转换将全剧自然地分为四个篇章。这部舞剧于 1986 年在纽约的"妈妈剧院"首演。以简洁凝练的形式表达了深重的人生思考,给人以强大的震撼力,发人深省。该剧获得极大成功,并于 1989 年获得南朝鲜最佳表演艺术大奖。

洪信子以自己丰富的文化内涵为基础,以健全的人格为后盾,以探索人类生存的困境为永久主题,大胆地把东西方文化融汇为一体,以现代的舞蹈方式表达出这一整体的效果,获得了巨大成功。她的艺术才是真的艺术,她的舞蹈才是真的舞蹈。

也正因此,洪信子获得了众多观众的赞誉。她连续四年获得美国全国艺术基金会的编舞奖金。两次获得纽约州艺术基金会奖金,一次获得纽约市艺术基金会奖金。1987 年,洪信子获得纽约的"亚洲文化委员会"研究奖金。1989 年,洪信子又获得华盛顿的"富尔布莱特奖金"。

如此多的声誉,对于她——洪信子来说只不过是人世浮云。但在这个世俗的世界中,这也算是她工作成绩的证据。这位博学的妇人,以其真正的艺术向人民传达了自己生活的世界。她说:"儒学与佛教对任何事物都无绝对化的定义。一切会看上去像某种东西,却可能是别的什么东西。一个动作对于某个人来说,可以意义颇多,亦可以意义很少,即使两个人一起观看某个东西,也可能感知到截然不同的东西。时间是一种概念,我们无法称什么太慢或太快——数千年可以看上去只是一瞬间,一天可以看上去像几辈子,还是在于你的背景与感知能力。

"人们到剧场来总想得到愉悦,他们只喜欢生活中甜味的东西,但我们也需要苦味的东西。我们常常明知良药苦口,却又总想回避这苦口良药,因为这苦药让人不快。在我的舞蹈中,我想让人们深刻地正视自己,感觉自己,体验自己。我们像机器人那样回避自己真实的生活。他们不敢正视自己。他们只想看到自己那张外表漂亮的脸。

"我是靠汲取东西方文化的精华来工作的。东方的美学与哲学和西方的美学与哲学是可以融为一体的,并最终貌似合一的。但我对东方的哲学与美学更加亲近,因为归根结底,我是个东方人。"

洪信子无疑是个最标准的东方人,但又不仅仅是东方人。她超出了东方人,融汇了西方文化,从而成为一个人。

这个人了解了太多的真实,表达出来的都是残酷的实在。

人群在半醒半睡之间不知是幸运,抑或是不幸。

故事仍在继续。这朵东西方文化共同培育的花朵永远美丽。

影坛伉俪

在日本影坛上,有一对耀眼的明星,他们以杰出的演技彼此辉映着,为日本、也为世界影坛奉献了一部部优秀的作品。他们就是山口百惠和三浦友和。

山口百惠在"触电"之前就早以闻名全日本,只是当时的身份是日本流行歌曲界最受欢迎的新星。她13岁时初登舞台便一鸣惊人。她演唱的《蓝色的果实》获得了1973年第6届新宿音乐节的银奖、第四届日本流行歌曲大奖的联盟奖、广播音乐新人奖等等,荣誉接踵而来。第二年,她又以《一个夏天的经历》,获得了第五届日本流行歌曲大奖的广播音乐奖、优秀流行歌曲奖,以及第16届日本唱片大奖的大众奖。

她闪闪的星光立刻被日本各大制片公司捕捉到了。从此,舞台上的"百惠热"传到了电影界。1974年,日本东宝公司首先大胆起用了对电影几乎毫无经验的山口百惠,让她主演影片《伊豆舞女》。

在征求男主角时,此时已小有名气的三浦友和中选了。三浦友和生于1952年,原名三浦稔。20岁时,他第一次在电视片《秘密部队》中饰演角色而崭露头角。很快,他凭借艺术才华和美男子的相貌引起人们的注意。在《伊豆舞女》一片中,三浦友和与山口百惠初次联手合作,并从此结下不解之缘。

山口百惠

《伊豆舞女》系根据日本著名作家川端康成的同名小说改编而成。故事发生在20年代的日本。一个外出旅游的大学生在旅途中和一队流浪人同行。一名出身贫寒但美丽多情、能歌善舞的舞女,引起大学生的同情和赞叹。二人彼此欣赏,关系和谐、默契,并渐渐心心相印,产生了爱情。但这爱情却是短暂的。到了旅游终点,他们就不得不分手了,彼此各奔前程。大学生留下自己心爱的笔作纪念,舞女则满含热泪目送情人远去。故事在凄婉、惆怅的氛围中结束了。

这部作品已是第六次搬上银幕,它几乎成了日本历届女演员登上明星宝座的阶梯:如田中涓代、美空云雀、鳄渊晴子、吉永小百合、内藤洋子等都曾主演过此片。这一次,山口百惠和三浦友和的演绎又一次深深打动了日本观众。他们的形象纯真、可爱,表演生动、真切,特别是山口百惠发挥她演唱的专长,以婉转、悲切的歌声给影片增添了更为感人的效果。

《伊豆舞女》一片的感动,使山口百惠和三浦友和声誉鹊起,他们两人也在电影艺术上迈出了可喜的第一步。此后,他们合作演出了一系列生动感人的爱情故事,如《海涛》《绝唱》《风雪黄昏》《春琴抄》《炎之舞》《污泥中的纯情》《雾之旗》《风筝恋》《洁白的爱情》《天使的诱惑》等等。

《绝唱》以第二次世界大战为时代背景,描写了一对青年恋人在日本乡村中发生的悲剧。三浦友和饰演地主少爷顺吉。顺吉是一个思想纯洁、品德高尚的青年,他性格倔强,情感真挚、深沉,富于反抗精神。他热烈地爱上了出身贫寒的农家少女小雪(山口百惠饰),面对来自家族的阻力,他毫不畏惧、毫不退缩,勇敢地为自己的真情而斗争。小雪的形象纯真、可爱、朴实、善良、灵心慧性,对爱情忠贞不贰,对生活给她制造的各种磨难,她都默默地忍受着,含辛茹苦,但又很坚强,体现了日本民族坚忍的精神。这部影片使三浦友和与山口百惠在艺术上更趋成熟。

《风雪黄昏》是一个感人至深的故事。山口百惠饰演的节子是一个纯真的姑娘,她爱上了多年的同窗达郎,并勇敢地向他表白了自己的爱情。三浦友和饰演的达郎接受了节子的爱。正当一场美丽的爱情即将上演之时,达郎却因为要去参加战争而又不得不拒绝了节子的爱。因为他清醒地意识到一个男人在战争中的命运,他不愿意将这种命运所带来的不幸加到自己心爱的人身上。他拒绝爱情恰恰是因为他爱得深沉。三浦友和的表演很见功力,达郎的内心矛盾被他揭示得真实而又生动。故事的结束是令人扼腕痛惜的:节子在焦急地盼望和日益沉重的病痛中无声地死去了,而达郎却侥幸从战场上活着回来了,当他得知节子死去的消息后,瞬间,他的目光凝滞了,面部表情愕然而又凄烈,让人感到战争残酷到了令人发指的地步。所有经历过战争或体味过爱情的人都能与这部影片产生强烈的共鸣。

《春琴抄》是山口百惠花了相当大精力才完成的一部力作。这部影片根据日本著名作家谷崎润一郎的同名原著改编的,并且是第五次搬上银幕。女主角是个性格古怪、暴躁的盲女,名叫阿琴,山口百惠饰演。三浦友和饰演一名忠实的男仆,名叫佐助,他性格温顺、心地善良,每天的任务就是领着阿琴到琴师家学艺。他们的关系默契、和谐,在别人眼中却是神秘费解的。阿琴不知为何有了身孕,众人都怀疑是佐助所为,但他们俩都矢口否认。后来,阿琴被人用开水烫伤了脸面,她不愿再让佐助见他。当佐助得知后,竟出人意料地用针刺瞎了自己的双眼,从此永远留在主人身旁。一对有情人最终得以朝朝暮暮相厮守。山口百惠为了演好盲女阿琴这个角色,经常用手巾蒙起双眼,反复体会盲人的动作、心理,并且亲自到老艺人家中去学习琴艺,每天都要扶琴一连端坐几个小时。功夫下得深,形象才动人。山口百惠的表演不仅形体动作真实可信,而且在性格刻画、心理和情感的表露上也达到情真意切,称得上是没有表演的表演。

三浦友和曾获得过"日本的阿兰·德龙"的美称,这源于他在《污泥中的纯情》一片中的表演。不同于以往任何一个忠厚正直的形象,这回他扮演了一名自私自利、玩世不恭的阿飞。这可是一次截然不同的新体验。为了演好这个角色,他专门把自己从外形上打扮得同阿飞一样:穿上稀奇古怪的装束,晒得黑黑的,剃个怪发型,并且混迹于阿飞出没的饭店、酒吧、舞厅、赌场,仔细地观察和体会这些人的神态、气质,以及每一个细小的动作。终于,他以天才和勤奋成功地塑造出一个日本现代社会堕落的青年形象。

该片中,山口百惠饰演的富家小姐对这个阿飞一见钟情,不顾世俗的门第和偏见,义无反顾地苦苦追求他,并希望通过自己的爱情和努力把她的爱人从泥淖中解救出来,然而事实却是残酷的,她不但没有实现自己的理想,反而随着阿飞一起陷入了可怖的黑社会之中。山口百惠的形象也一反往日的单纯质朴,而是显得浪漫、矜持又大方,这正好符合富家小姐的角色需要。

山口百惠和三浦友和最成功的作品应数《雾之旗》。自幼失去双亲、同哥哥相依为命的桐子是个恬静、老实的女孩。然而一件突如其来的事情彻底改变了她的性格。她哥哥被人诬告杀人,并被判死刑。桐子含着巨大的悲愤下决心要救出无罪的哥哥。她千里迢迢赶到东京,求救于大律师大塚先生。然而大塚却是个唯利是图的人,穷苦的桐子根本付不起他提出的高昂辩护费,被拒之门外。哥哥含冤死去,桐子决意复仇。这期间她认识了一名正直的记者(三浦友和饰),为她奔走呼告,花了很大力气,但终于无效。桐子很感激他,并且他们相爱了。但此时桐子已被复仇的火焰点燃,她埋藏了爱情,在东京做了下贱酒女,等待报复的时机。终于桐子抓到了机会:大塚律师的情妇被告为杀人犯,而桐子掌握着唯一能证明她清白的证据,不论大塚如何向她求情,终是没能动摇桐子。并且她继续使出种种手段把大塚搞得身败名裂。

桐子的角色很复杂,山口百惠准确地把握住了人物情感的变化,每一个动作都表达得自然、真切、流畅,三浦友和与之成功地搭配,达到了珠联璧合的效果。

随着一部部爱情剧的出演,山口百惠与三浦友和在现实生活中也逐渐达到了爱情的圣殿。这一对影坛伉俪在影坛之下结成了百年之好。人们纷纷为他们的结合感到欣喜。

然而遗憾的是,结婚后的山口百惠为了把全部精力和爱情献给她的丈夫和家庭,放弃了电影事业,从此消逝在影坛上。

魔幻现实主义的扛鼎者——马尔克斯

1982 年 10 月,又一位拉丁美洲作家登上了瑞典皇家学院的领奖台,来领取本年度的诺贝尔文学奖,他就是哥伦比亚小说家加西亚·马尔克斯。他虽然不是拉丁美洲第一个获此殊荣的作家,但可以肯定地说,他是最有趣味的拉美作家,他的《百年孤独》是世界上拥有读者最多的拉丁美洲小说,20 世纪拉美文学的中流砥柱

"魔幻现实主义"派,也因有了《百年孤独》而更放异彩。那么马尔克斯是怎样一步步走向诺贝尔文学奖奖台的呢? 下面就让我们追本溯源来看一下他走过的路。

马尔克斯于1928年3月6日出生于哥伦比亚的一个微不足道的小镇——阿拉卡塔卡镇。他的父亲加夫列宁·埃利希奥·加西亚小的时候也曾废寝忘食地刻苦学习,学习成绩名列班级之首,但是由于家庭经济状况不佳,亲友中没有一个有多余的财力接济他,所以只好中途辍学。后来,他东奔西走,不辞劳苦,终于在傍海的热闹小镇阿拉卡塔卡邮电所谋到了当电报报务员的差事。

他的母亲路易莎·圣地亚哥·马尔克斯·伊瓜兰,出身名门。其父是遐迩闻名的尼古拉斯·马尔克斯·伊瓜兰上校,他是哥伦比亚历史上有名的自由派将领拉法埃尔·乌里维·乌里维的亲密战友。他以大无畏的献身精神和赫赫战功荣升上校军衔,作为一位名副其实的英雄度过了一生。

加夫列尔·埃利希奥·加西亚夫妇几经迁居,最后终于在加勒比海边的古城卡塔赫纳定居下来。

这对夫妇虽不富裕,人丁却很兴旺。他们一共生了12个孩子:加西亚·马尔克斯是长子,下面有六个弟弟和五个妹妹。

由于小时候父母居无定所,所以马尔克斯的童年是在他的外祖父家中度过的。这位老上校的家里常常高朋满座,高谈阔论,在这样的环境中小马尔克斯增长了不少见识。哥伦比亚大西洋沿岸历时四分之一个世纪之久的"香蕉热"、1928年在西埃纳加火车站发生的3000香蕉工人大罢工及其惨遭政府军大屠杀的悲剧,他就是在这个时候听说的。这些故事对他以后的创作起了很大的影响。

他的外祖母是一位讲故事能手,对他讲了许多印第安人的神话传说。她相信人死以后灵魂还将继续存在,为了不让亡灵们感到孤独,她特地为他们安排了两间空房,经常与他们谈话。马尔克斯的姨妈也笃信鬼神,有一天,她感到自己将要死亡,便坦然地躲进自己的房间,成天在里面织尸衣。寿衣缝完后果然躺在床上死了。

这一切的一切,给童年时代的马尔克斯留下了终生难忘的记忆。后来他常常回忆那时的生活,那幢他住过的大房子,那个梦幻般的世界:"那幢大房子每个角落都死过人,都有难忘的往事。每天下午六点钟后,人们就不能在院子里走动了。那真是一个既恐怖又神奇的世界,常常可以听到莫名其妙的喃喃声。""那幢房子里有一个空房间,佩德拉姨妈就死在里头。还有一个空房间,拉萨罗舅舅在那里咽了气。那时候,一到夜幕降临,就没有人敢到院子里去了。因为这时死鬼比活人还要多。一到下午六点,大人就让我坐在一个旮旯里,对我说:'你别乱走乱动,不然的话,佩德拉姨妈或拉萨罗舅舅的鬼魂就会从他们的屋间里走到这儿来。'所以我那时总是乖乖地坐着……"

在后来的岁月里,那幢房子一直是加西亚·马尔克斯神魂牵绕的一种梦境。古老的大房子、外祖母的故事、夜晚恐惧的心情,像噩梦一般永远留在加西亚·马尔克斯的记忆里。但是,这一切,特别是外祖母讲的故事和讲故事的方式,都使他得益匪浅。从某种程度上说,为他日后的小说创作提供了源泉,奠定了基础。孤独而带有神秘色彩的阿拉卡塔卡给作家留下了深刻的印象,培养了他独有的审美情趣。

12岁时,马尔克斯来到首都波哥大教会学校读书。

18岁时,他进入了哥伦比亚国立大学攻读法律,他虽然只在大学学习了一年,但是这一年对他来说是难以忘怀的,因为正是这一年他的名字第一次和哥伦比亚文学发生了联系:《观察家报》文学版主编、小说家爱德华多·萨拉梅亚·博尔达(1907~1963)在报刊上发表了他的第一个短篇小说《第三次无奈》。

正当加西亚·马尔克斯初露头角,决计在文学上百尺竿头更进一步之时,一桩使他震惊不已的事件发生了。

1948年4月9日,在野的自由党领袖豪尔赫·埃利埃塞尔·加伊坦在首都波哥大市中区遇刺,使波哥大和哥伦比亚全国经历了本世纪最为惊心动魄的时刻。

加伊坦被害,震撼了全国。加西亚·马尔克斯和一切目睹国家和人民遭难的人一样,心中燃起了义愤的火焰。他和同学们参加了游行,国立大学校园和全城一样掀起了抗议浪潮。因而校门被当局封闭。马尔克斯不得不离开首都,不久进报界工作。

1948年5月20日,《宇宙报》编辑部主任克莱门特·曼努埃尔·萨巴拉在该报上刊登了一篇他亲自写的《欢迎加西亚·马尔克斯》的文章,同时预言他"将不会保持沉默,他将在报纸的栏目上发表世界上每天发生的事件在他那不平静的脑海里引起的一切见解。"

果不其然,从1948年5月到1949年10月,仅专栏文章他就发表了38篇,不失为一位忠于职守尽职尽责的新闻工作者。

他在卡塔赫纳工作学习了两年,直到1950年一个偶然的机会使他的生活发生了一次新的重要变化,他辞掉了《宇宙报》的工作,彻底放弃了法律专业的学习。

情况是这样的。有一次他去巴兰基利亚办事,结识了一位老人和几个青年。他们跟马尔克斯一见如故,就把当时在他们手中传阅的乔伊斯、威廉·福克纳、维吉尼娅·伍尔芙和海明威等著名作家的小说借给他,这些小说的创作理念和创作手法等令马尔克斯感到新奇不已,所以马尔克斯立刻就觉得自己将成为这个小小的文学圈子里的一个成员。在交往过程中,他感到,他们对世界上的小说无所不知,他们的文学修养十分渊博。对他们来说,生活就是一种冒险,文学更是应该怀着对生活的热情来品尝的美味佳肴。马尔克斯经常同他们聚会,高谈阔论文学,并不时聆听博学的导师拉蒙·宾耶斯的教诲和讲座,往往通宵达旦。

这个时期的生活对他产生了很大影响,给他留下难忘的记忆。在巴兰基利亚,他开了一家书店,专售西班牙、意大利、英国、法国等欧洲诸国的优秀文学作品,为传播西方文学到拉美做了大量工作,是一位广为人知的文化名人。

1954 年,他任《观察家报》记者兼电影专栏负责人。

1955 年,加西亚·马尔克斯的第一部长篇小说《枯枝败叶》在波哥大出版,被认为是"哥伦比亚的一桩重要事件","他以引人入胜、生动有力的风格如此迅速赢得广泛的声誉。"

但是这部作品从写作到出版是非常艰难的。马尔克斯 17 岁时就想写一部这样的作品,后因种种原因拖了下来。22 岁时又重整旗鼓。当时他住在巴兰基利亚一家妓女出入的旅馆里,房费虽低廉,但他的收入极其微薄,他要是交不出房租,就得把书稿抵押给看门人。他深夜躲在编辑部里拼命工作。虽然头上有扇吹风,房间仍然热似蒸笼。当他疲劳地从打字机前站起来时,天色已近破晓。

从 1955 年 7 月开始,马尔克斯羁旅欧洲,他曾经到过意大利、法国、英国、苏联、波兰、捷克、匈牙利等国。在游历的岁月当中,他广泛地吸收欧洲文学的营养,学习各种创作技巧。这些都为他的创作注入了一股新鲜血液。

在羁旅巴黎期间,有一件事给他留下了难忘的记忆。那就是他见到了崇拜已久的美国作家海明威。

1957 年春天的一个阴雨连绵的日子,马尔克斯在巴黎街头游荡。在圣来歇尔大街,他忽然看见海明威和他的妻子玛丽·威尔希正在向卢森堡公园走去。当时海明威已 58 岁,但是依然步履稳健。看到这位文学大师,他竟惑然不知所措。因为他那时只不过是一个新闻记者,虽发表过一些短篇小说,得过一次大奖,但知名度有限。所以,他只是站在远处,把双手凑成一个喇叭放在嘴上,对着海明威大声喊:"艺-术-大-师!"听见这声叫喊,海明威转过身来,举起手用西班牙语回答:"再见了,朋友!"

这是他第一次也是最后一次看到海明威。因为在 4 年后,海明威自杀身亡。

这次会见,在马尔克斯的脑海里激起了一阵阵波澜。

1959 年,马尔克斯回国,担任古巴"拉丁社"驻哥伦比亚办事处的负责人。他对古巴革命表示坚决支持和拥护,并且以实际行动履行了他支持古巴的诺言。

1961年他任该社驻联合国记者,后来迁居墨西哥,至1976年才返回哥伦比亚。为了抗议军人政权,他曾于是年举行"文学罢工"。

在这期间他写了长篇小说《恶时辰》,获美国埃索石油公司在波哥大举办的埃索文学奖。

同年,他发表了自认为是写得最好的小说——中篇小说《没有人给他写信的上校》。其中上校的形象融入了他外祖父的经历和作家自己在《观察家报》被封后生活艰难时的切身体验。因而这一形象塑造得极为成功。作家用幽默诙谐的笔法来写他忧郁沉重的心情,使作品具有一种独特的艺术感染力。

1967年,马尔克斯发表了他的代表作——长篇小说《百年孤独》,达到了他创作的辉煌时期,而且也奠定了他作为拉美魔幻现实主义文学大师的地位。

《百年孤独》是魔幻现实主义的扛鼎之作,它的问世在拉丁美洲引发了"一场文学地震"。作品主要描写了生活在马孔多的布恩蒂亚家族六代人的历史。

"百年"与"孤独"就是小说的主要内容。"百年"是时间的概念,历史的概念,马孔多从创建到消亡正好是百年,实际上它浓缩了拉丁美洲的历史沧桑。

"孤独"是精神状态,是小说的基本色调,是小说的主题,是造成拉美不幸的根本原因。

《百年孤独》具有非凡奇特的艺术魅力。小说按照拉美人民的传统观念去反映现实,形成浓郁的魔幻氛围。作家基于拉美人民传统的时间轮回观念,采用了环形结构方式。布恩蒂亚家族几代人的名字、性格、动作在不断地重复,他们的精神历程都是一个圆形的轨迹:孤独——行动——更沉重的孤独。

马尔克斯既扎根于民族的沃土中,又能积极吸收西方现代派文学的精华。他打破时空,有意地把现在时、过去时和将来时混合在一起使用,起到了一种独特的艺术效果。

小说还极具象征性。如俏姑娘升天,象征着爱与美的消失;集体健忘症暗指人们忘记了自己的根,不知道总结历史教训,以谋求变革。黄色是不吉祥的象征,黄花、黄蝴蝶、黄色火车、黄色水果——香蕉、黄色的小金鱼、黄色的衣服、黄色的头发,都与衰败、死亡、灾难相连。总之,作者以神奇的手法绝妙地反映了拉丁美洲神奇的现实,不愧是一部伟大的传世之作。

70年代以后,马尔克斯的创作虽然没有离开魔幻现实主义的轨道,然而现实主义成分显著增强。

1975年发表的《家长的没落》是他用8年的时间写成的一部长篇小说。1976

年就被美国《时代》周刊评为当年世界十大优秀作品之一。

1976 年 9 月 11 日,马尔克斯做出一个不同寻常的决定:只要奥古斯托·皮诺切特不倒台,他就不再出版一本小说。他说,他作这一决定的目的是想把他的读者变成那个名叫皮诺切特的刽子手的反对者。

后来,在认识到"文学罢工"的消极效果后,他于 1981 年出版了一部纪实小说《一桩事先张扬的凶杀案》。

1981 年,受军政府迫害的马尔克斯流亡墨西哥。1982 年,哥伦比亚新政府成立,他得以返回故土,从事文学创作,当年获诺贝尔文学奖。同年,应法国总统密特朗的邀请,他担任法国——西班牙国家文化交流委员会主席。

作为一名文坛巨擘,马尔克斯对我国的文学事业也有极为重大的影响,我国当代著名的作家苏童、莫言等都受到他作品启发。作家们曾说,读了马尔克斯,才知道小说可以这样写。

马尔克斯 1982 年获诺贝尔文学奖,获奖词为:"由于其长短篇小说结构丰富的想象世界,其中糅混着魔幻与现实,反映出整个大陆的生命矛盾。"

可以脚踏南北半球的地方——厄瓜多尔

厄瓜多尔,西班牙文的意思是"赤道"。因而,厄瓜多尔这个地球上不起眼的小国就以它"赤道之国"的名声传遍世界。

凭借其独特的地理位置,厄瓜多尔有许多奇异的自然现象为身居南北半球的人们所罕见。因此,尽管这里因为得天独厚地享受着太阳的格外恩赐而显得天气过分炎热,它依然吸引着来自全世界各个地方的游览者。

有一年春天的一个阳光灿烂的日子,一群游人为了缓解天气炎热,纷纷聚集在厄瓜多尔首都基多的一口水井旁。其中有一名摄影工作者,凭着他的工作习惯,悉心观察着周围。到了中午时分,突然,这名摄影工作者惊奇地叫了一声,原来他发现身旁的井被照得亮堂堂的,井底一清二楚地展现在人们眼前,原来是阳光垂直照射到了井底。摄影师立刻举起照相机把这一场景拍摄了下来。游人们也纷纷表示惊奇,因为这同人们惯常印象中的黑洞洞的井底形成鲜明反差。原来这一天正是 3 月 21 日,春分时刻,太阳正在垂直照射赤道。

每年的春分和秋分时刻,这里都会有这样的奇观。与此同时,如果人们在阳光下行走,就会找不到自己的影子,可谓是又一奇观。在每年的 3 月 21 日和 9 月 23 日,厄瓜多尔人都会举行盛大的迎接太阳神的活动,以感激太阳赐给人类温暖和光明。

这一活动有它悠久的历史渊源。当地印第安人的祖先在很久以前就崇拜太阳神。为了能长久地得到太阳神普照的光明,人们建造了一座无顶的圆形建筑,作为观测站来长期观察阳光投影的运动和变化。现在,这座圆形建筑位于厄瓜多尔首都基多的卡央贝一带。

经过常年观察,人们终于发现:那里就是太阳一年两度跨过南北半球的必经路线。于是,人们称之为"太阳之路",并及时地立下了标志,这反映了辉煌灿烂的古代印加文化的一个侧面,后来的赤道纪念碑便以此为雏形建造起来。

直到18世纪,赤道的位置被法国、西班牙和厄瓜多尔的科学家正式测定出来,恰恰就是数百年前印第安人设立标志的地方。旧的赤道纪念碑于1936年建于距该标志南面不远的圣安东尼奥镇,在首都基多以北24公里。碑身由赭红色花岗岩建成,高10米,呈正方形。碑身四面用醒目的4个西班牙字母标示着——"E、S、O、N(东西南北)"几个镀金大字,"这里是地球的中心"刻在碑面上。最引人注目的是碑顶上那个石刻的地球仪。它的南极朝南,北极朝北,中间用一条白色分界线代表赤道。这条白线向东西两个方向分别延伸,直到同碑身两侧台阶上的红白两色线相连。如果继续延长,就会在地球的另一面汇合起来。

游客们可以自豪地把两脚分踏在赤道线的两侧,这时他就是脚踏南北半球的人了。

1982年8月9日,一座极其壮观的新赤道纪念碑建立起来了,它高30米,位于厄瓜多尔首都基多。

海湾危机

1990年初,伊拉克总统萨达姆·侯赛因派兵悍然入侵科威特。联合国安理会从维护世界和平出发,制定了相关决议,要求伊拉克撤出科威特。然而。伊拉克拒不执行安理会决议,相反,更加疯狂地发动对科威特的战争,使海湾地区陷于危机之中。1990年11月29日,联合国安理会以12票赞成、2票反对、1票弃权的多数通过了第478号决议,给伊拉克发出最后通牒:如果伊拉克政府于1991年1月15日之前仍拒不执行从科威特撤军等安理会的有关决议,联合国成员国有权使用一切手段,维护和执行有关的安理会决议,恢复海湾地区的和平与安全。

但是,联合国的这一最后通牒并没有吓倒萨达姆,伊拉克随即于次日表示拒绝安理会的这项决议。在随后的外交努力中,伊拉克的强硬态度尽管有所松动,但在从科威特无条件撤军这一点上却毫无商量余地。

1991年1月12日,在距联合国给伊撤军规定的最后限期1月15日到来之前三天,美国国会参众两院分别以52票对47票和250票对183票通过决议,授权时任总统布什在他认为必要的时候对伊拉克使用武力。于是,由伊拉克侵占科威特这一地区性冲突而升级形成的国际性海湾危机,终于走到了战争边缘。

这时。美国根据"沙漠盾牌"计划在海湾地区集结的总兵力已达38万人。其中,以陆军8个师和海军陆战队5个旅为主的地面部队共30万人。

萨达姆

装备坦克1400多辆,作战飞机120余架;海军包括几艘航空母舰在内的各型舰只80多艘,舰载飞机240多架,巡航导弹350枚;空军40000多人,装备各型作战飞机800多架,另外,还有数万美军正在开往海湾的途中。与美军协调配合的多国部队此时也已基本部署完毕。其中,西方包括英、法、德、意、比、加、荷、挪、希、葡、丹、澳、新西兰和西班牙在内的14国总兵力约50000人,装备作战飞机200多架。各型舰艇60多艘,各型坦克300多辆;阿拉伯世界的埃、叙、摩三国三个师又五个旅,共70000人,装备坦克约800辆;伊斯兰世界的巴基斯坦、孟加拉国、塞内加尔和尼日尔四国共12000万人。此外有拉美两国阿根廷和洪都拉斯及东欧的捷、保、匈、波四国分别派有少量的舰艇、防化分队或军事医疗队。以上各国再加上沙特等海湾六国,在海湾与伊拉克军事对抗的国家多达35个,总兵力70多万人,装备坦克约4000辆、各型舰艇300多艘、作战飞机2000多架。他们分布在沙特、波斯湾、红海、地中海、土耳其、阿联酋、叙利亚等各处,对伊拉克形成合围之势。

驻海湾的各国部队中,美、英部队由美方指挥,其他多国部队统归沙特哈立德亲王指挥,美驻海湾部队司令施瓦茨科普夫上将与哈立德亲王各自秉承美、沙元首指令,相互协调指挥作战。驻海湾美军各部反复进行了各种实战演练,侧重沙漠战、防化战、夜战和以夺取科威特为目标的两栖登陆作战等科目。

美军对伊作战计划分大中小三种。小者如"外科手术式"的空中袭击;中者如海空的袭击下夺取科威特行动；大者则是"全面、致命"的打击，打一场有限规模的局部战争。无论何种打法，均力求突然、速战速决，力避重陷越南战争的泥潭。

针对美军和多国部队在海湾地区的大规模集结行动，伊拉克相应地完成了防御作战的军事部署。到 1 月 12 日，伊在科战区集结的兵力达 37 个师 54 万人，装备坦克 4000 余辆，装甲车 2700 辆，大炮约 3000 门，飞毛腿-B 型地对地导弹发射架 14 部，蛙-7 战术火箭发射架约 30 部，各型作战飞机 250 架，武装直升机 125 架。其中约有一半的兵力部署在科境内。

伊军在科沙、伊沙边界沿线构筑了一道长 240 公里、宽 7 公里~8 公里的多层次坚固的防御工事。

此外，伊拉克在北部边境部署了 8 个师，西部边境地区 7 个师，两伊边境地区 9 ~ 10 个师，首都及中南部地区 16 ~ 17 个师。

鉴于战争威胁日益严重，伊拉克政府在国内进行了全面战争动员，准备同各国部队大打出手。各政府部门均已研究制订了战争爆发的应急计划，首都巴格达及其他大城市频繁进行防空、疏散演练及战时民防教育。

伊拉克当局命令所有 17 ~ 33 岁的男性公民应征入伍，组织了数百万人民军（民兵），几乎是全民皆兵。伊拉克政府多次申明，一旦海湾爆发战争，伊拉克将选择以色列作为首要报复打击目标，挑起阿以战争；将使用化学武器，大量杀伤美国和多国部队；将袭击沙特油田，毁坏海湾石油设施；将支持阿拉伯和伊斯兰激进组织开展圣战，并到处袭击美国及其盟国的利益，把战争扩大到全世界。

1 月 14 日，伊拉克国民议会召开紧急会议，一致通过决议，授予萨达姆·侯赛因总统解决海湾危机所需的一切必要的权力，支持他在科威特问题上不做任何退让的立场。1 月 15 日下午，联合国安理会结束了有关海湾危机的两大紧张磋商，没有取得任何实际成果。安理会为和平解决海湾危机的最后努力宣告失败。

沙漠风暴行动

1991 年 1 月 17 日，巴格达时间凌晨 2 时 40 分左右，以美国为首的驻海湾多国部队向伊拉克发动了代号为"沙漠风暴行动"的大规模空袭。从美国的各种军舰上，从沙特阿拉伯的陆地上，数以百计的飞机和巡航导弹飞向北方和西方，袭击伊、科境内的轰炸目标，巴格达火光冲天、声震大地。伊拉克则用导弹予以还击。一场以伊拉克为一方，以美国为首的多国部队为另一方的现代化战争终于爆发。

按照"沙漠风暴行动"计划，美国为主的多国部队第一步是利用海空优势，对伊拉克的指挥、通信、联络、空防、机场等重要军事战略目标进行狂轰猛炸,削弱甚至摧毁伊拉克战争的潜力;第二步是大规模空袭伊地面作战部队,最大限度地打击和削弱其战斗力;第三步是投入地面部队和两栖登陆力量发起地面进攻。

按照"沙漠风暴行动"计划,美军为主的多国部队在战争前期主要是对伊拉克进行空袭。

空袭开始的前10天,美、英、科、沙、法、加、意和卡塔尔、巴林9国就出动了各型飞机约20000架次,美驻波斯湾和红海的战列舰及潜艇发射了近250枚战斧式巡航导弹,对伊、科境内的军事目标进行了狂轰滥炸。

战争开始的头3天为战略空袭,4700多架各式飞机和约200枚战斧式巡航导弹对伊、科境内的防空和雷达系统、军用和民用机场、萨达姆总统住所、军事指挥中心、政府首脑机关、通信联络枢纽、核生化和地空导弹设施等军事战略目标进行了轮番轰炸。

此后则转向战术轰炸,侧重空袭伊在科战区以及共和国警卫师等地面部队、伊前线部队的后勤补给线等目标,以削弱伊在科战区的军事实力,为地面决战扫平道路。

美军及多国部队对伊拉克的空袭作战持续了整整37天,据美及多国部队军方发表的战报,空袭使伊空、海军基本失去战斗力,伊导弹等大规模杀伤性武器袭击能力削弱到最低限度,伊军指挥控制系统被摧毁3/4,伊军前线部队通讯联络发生困难,伊驻科部队后勤补给线基本被切断,从而使伊在科战区的战斗力受到重创。

针对美及多国部队的狂轰滥炸,伊拉克除加强防空力量外,时不时地有飞机升空作战,同时连续地向以色列和沙特阿拉伯发射"飞毛腿"导弹以反击对方空袭,但由于受到"爱国者"反弹道导弹的拦截,再加上其导弹本来就命中精度不高,伊的反击威力非常有限。在海湾战争前期的整个空袭作战阶段,伊拉克一直未能改变自己所处的被动挨打局面。

1991年2月24日,举世关注的海湾地面战终于开始了。

还在战前,美及多国部队就已为地面进攻做了充分准备。空军使用气浪弹等重磅炸弹从伊军防线的雷区打开了许多通道,海军在海上大规模地进行了扫雷,空袭和炮击摧毁了伊前沿阵地许多坦克、火炮及岸舰导弹等防御阵地。

发起进攻第二天,美及多国部队进一步加强备战工作。美军首先使用凝固汽油弹,破坏伊军阵地前沿的贮油壕沟,接着出动大型推土机在伊军沙堤防线打开决口,并且加强了对伊军前线部队的空袭和炮击。

2月22日~23日,美军出动B-52重型轰炸机达到海湾战争以来最高日出动量,对美地面部队进攻方向上的伊军阵地作了地毯式轰炸。英军第一装甲师倾其所有大炮与火箭对其地面部队进攻方向进行了火力攻击,仅 21 日一天就发射了 1300 发炮弹,144 枚火箭。

同时,美和沙特等国还派出小分队,对伊军的前线部队作了火力侦察,并夺取了一些伊前哨阵地。正是在这些充分准备的基础上,美及多国部队的地面进攻分突破防线、纵深作战和合围围歼三个阶段在顺利地进行着。

2 月 24 日,美海军陆战队两个师和阿拉伯联合部队组成的东路军率先在科沙边界兵分多路突破伊军防线,挥戈直指科威特市,当天即对科市形成合围之势。与此同时,美、英、法 3 国 10 个师组成的西路军,在沙伊边界多方向突破伊军防线,由南往北向伊南部纵深挺进,美 18 军的第 101 空降师还在伊沙边界以北 80 多公里处实施空降行动,为多国部队深入伊境内作战建立了第一个后勤补给基地。

25 日和 26 日,多国部队东路军在科境内切割伊军部队,并挫败了伊装甲机械化部队在科市外围地区的反击行动,歼灭伊军约 10 个师;西路军的法国第 6 轻装师击败伊 2 个步兵师后进抵伊纳西里亚—萨马瓦一线的幼发拉底河流域,美第 18 空降军的 3 个师继续向伊纳西里亚地区开进,美第 7 军的 5 个师和英第 1 装甲师则由伊南部及科伊西部边境地区向东进击伊驻科地区的部队,西路军在两天多的作战行动中歼灭伊军 11 个师,并完成对科战区伊军迂回包围的钳形攻势。

其间,伊总统曾亲临伊南部前线组织反包围作战行动,但未能获得成功,遂于 26 日下令驻科伊军全部撤出科威特,收缩战线,准备在伊南部巴士拉地区进行抵抗。

2 月 27 日起,美英装甲机械化部队对伊军 5 个共和国警卫师等精锐部队实施围歼作战,美海军陆战队和阿拉伯联合部队则围歼科市外围伊军,并与科军开进科市,宣告科获解放。

整个地面作战行动于 2 月 28 日上午结束,举世瞩目的海湾战争终于停火。

海湾战争中 100 个小时的地面决战,其规模之大为二战以来所罕见。交战双方动用兵力达百万之众,作战区域涉及伊南部及科全境,共约 50000 平方公里的整个科战区,结果以美为首的多国部队大获全胜。据美国、沙特等军方宣布,整个海湾战争使伊军 42 个师中的约 40 个师被摧毁或失去战斗力,加上空袭作战的结果,共摧毁和缴获伊军坦克 3700 多辆、装甲车 1800 多辆、大炮 2140 多门,击毁击落伊作战飞机 150 架,击沉或重创伊舰艇 57 艘,俘虏伊军 17.5 万人,造成伊军死伤 10 万~15 万人,占领伊南部地区 26000 平方公里。多国部队方面总共伤亡失踪 600 余名军人(其中美军死 79 人,伤 213 人,失踪 44 人),被俘官兵 41 人,损失作战飞机 49 架（其中美机 38 架），被水雷炸伤美两栖攻击舰和巡洋舰各一艘。相比之下，力量占优的美及多国部队以极小的代价使伊军遭受惨重失败。

伊拉克人民从此陷入水深火热的生活之中。

第三十章 当代社会

——日新月异的时代

在 20 世纪,社会主义现代化模式表现出强大的吸引力和生命力。一些落后国家难以按照资本主义模式达到富强的目的,纷纷选择了社会主义模式,使得第二次世界大战后社会主义跃出了一国的范围。

作为一种现代化模式的社会主义的首要任务是以社会主义方式推进现代化。能否把握住这个中心,关系到社会主义模式能否存在下去的根本问题。遗憾的是,斯大林时期的苏联没有认识到苏联社会主义的特殊性,错误地认为资本主义进入最后灭亡的总危机阶段,改变了列宁时期极其有益的探索,过分强调生产关系的变革,追求纯粹的社会主义,超越了生产力发展阶段,造成了灾难性的后果,最终导致苏联的剧变。

可喜的是,中国总结了历史的经验教训,在邓小平理论的指导下,摆脱了苏联模式的束缚,明确了开创社会主义现代化的方向,确立了一个中心、两个基本点的方针,不断进行改革,完善社会主义现代化模式,取得了举世瞩目的成就,为世界各国的现代化提供了宝贵的经验。

多种现代化模式的诞生还表现在新兴独立国家的探索上。亚、非、拉地区的大多数国家独立以后,采取了资本主义制度。但是,它们所走的现代化道路并没有完全仿效重复欧美国家,在发展战略、国家干预等许多方面都具有自己的特色,形成与原发性现代化国家有很大不同的传导性现代化、或者说赶超型现代化的模式。其中东亚和拉丁美洲一些国家取得了显著的成就。

社会主义模式和资本主义赶超型模式本身也不是单一的,内部呈现出多样化的趋势。多种现代化模式的诞生反映出历史发展既是统一的,现代化是必由之路,同时又是多样的,各个民族有必要、也有权利根据本民族的特点选择自己的发展道路。

20 世纪整体世界的发展首先表现在经济的全球化,资本、商品、技术、劳动力在全球范围内的流动日益频繁,参与国际分工的国家增多。同时,在国际政治中呈现出国际关系民主化的趋势,随着殖民体系的崩溃,民族自决权由理论变为现实,民族国家成为国际关系中的相互平等的主体,少数大国主宰世界的历史已经一去不复返。不同文化越出民族的范围接触交流,相互吸收融合。整体世界的发展也带来了资源、环境、战争与和平等一系列全球性问题,需要世界各国共同协商解决。

但是,由于欧美资本主义国家的现代化居于世界前列,在整体世界居于主导地位,由此形成了不合理、不平等的世界政治经济秩序,发展中国家在国际交往中往往处于不利的地位。这种状况阻碍了整体世界的发展,也影响了发展中国家的现代化的进展,必须予以改变。

21世纪人类需要解决全球化和民族主义之间的矛盾。一方面,每一个民族在维护国家主权和民族根本利益的基础上,要具有全球意识,遵循民族平等与和平共处的原则,通过协商解决利益的冲突,另一方面,必须坚决反对霸权主义。建立起新的国际政治经济秩序。只有这样,和平才能够维持,发展才能有保证。

曼德拉就任南非总统

1994年5月11日,曼德拉在宣誓就任南非总统之后,与南非第二副总统德克勒克高

曼德拉

举紧紧相握的两只手。这标志着种族主义的统治一去不复返了。

1994年4月26日子夜,南非升起了新国旗,象征着南非已经告别种族主义统治,迈向新的历史时期。南非首次不分种族的全国大选在当天举行,5月20日,曼德拉宣布非国大党在大选中获胜。5月11日,新当选的南非总统曼德拉及首届南

非民族团结政府内阁成员宣誓就职。3个多世纪的种族隔离制度和白人种族主义统治终于走到了终点,南非开始迈上了政治解放和种族平等的发展道路。

亚洲金融危机

在1997年亚洲金融危机以前,东南亚国家的经济已经连续10年高速增长,伴随着经济的高速增长,这些国家的银行信贷额以更快的速度增加,短期外债也达到前所未有的水平,其中相当部分投向房地产。投资的增加导致资产价格膨胀(主要是泰国和马来西亚)。此外,汇率制度缺乏弹性也使得大量外债没有考虑汇率风险。这些都为危机的爆发埋下了伏笔。

危机首先从泰国爆发。1997年3月至6月期间,泰国66家财务公司秘密从泰国银行获得大量流动性支持。此外,还出现了大量资本逃离泰国。泰国中央银行将所有的外汇储备用于维护钉住汇率制度,但仍然以失败告终。

7月2日,泰国财政部和中央银行宣布,泰币实行浮动汇率制,泰铢价值由市场来决定,放弃了自1984年以来实行了14年的泰币与美元挂钩的一揽子汇率制。这标志着亚洲金融危机正式爆发。很快,危机开始从泰国向其他东南亚国家蔓延,从外汇市场向股票市场蔓延。

不久,这场风暴扫过了马来西亚、新加坡、日本和韩国等地。打破了亚洲经济急速发展的景象。亚洲一些经济大国的经济开始萧条,一些国家的政局也开始混乱。

发生在1997年至1998年的亚洲金融危机,是继20世纪30年代大危机之后,对世界经济有深远影响的又一重大事件。它暴露了一些亚洲国家经济高速发展背后的一些深层次问题。此次危机迫使除了港币之外的所有东南亚主要货币在短期内急剧贬值,东南亚各国货币体系和股市的崩溃,以及由此引发的大批外资撤逃和国内通货膨胀的巨大压力,给这个地区的经济发展蒙上了一层阴影。

科索沃战争

科索沃战争是由科索沃危机引发的,而科索沃危机则根源于南斯拉夫社会主义联邦共和国的解体。后由黑山和塞尔维亚组成的南联盟共和国,反对科索沃独立。致使双方矛盾加剧。在以美国为首的北约的干预下,对南联盟实施军事打击。

结果以南联盟战败而告终。

东欧剧变后,南斯拉夫联邦迅速解体,在解体过程中由于领土、财产和利益分割上的矛盾以及原本存在的民族纠纷和宗教冲突,各共和国间和各国内的不同民族间先后发生规模不等的战争。

进入 20 世纪 90 年代后,阿族的民族主义运动进一步高涨,于 1992 年 5 月自行组成议会和行政机构,还选举民主联盟领导人鲁戈瓦为"科索沃共和国"总统,形成了与塞族政权并行的另一个政权。

米洛舍维奇

1996 年,阿族激进分子成立武装组织"科索沃解放军",开始了运用暴力手段的分离运动。面对阿族人的反抗,米洛舍维奇为首的南联盟和塞尔维亚当局采取强硬镇压措施,派遣大批塞族军队和警察部队进驻科索沃,试图消灭"科索沃解放军"。战火越烧越旺。

从 1998 年底起,以美国为首的北约开始介入科索沃危机,北约与南联盟的矛盾逐渐成为主要矛盾。

1999 年 2 月 6 日,在美国和北约的压力下,塞尔维亚和科索沃阿族代表在巴黎附近的朗布依埃举行和平谈判,谈判的基础是美国特使希尔草拟的方案。

该方案的主要内容是:尊重南联盟的领土完整,科索沃享有高度自治,南联盟军队撤出科索沃,"科索沃解放军"解除武装,按当地居民人口比例组成新的警察部队维持治安,北约向科索沃派遣多国部队保障协议实施。

这个方案对双方来说都难以接受,阿族坚持要最终走向独立,并且不愿解除武装,南联盟则不同意科索沃获得自治共和国的地位,亦反对北约部队进驻科索沃。但是,主持谈判的美国和北约表示,这个方案的 80% 内容不许改变,必须接受,否则拒绝的一方将受到惩罚,其中对南联盟而言将遭到北约的军事打击。在谈判陷入僵局后曾一度休会,3 月 15 日复会,阿族代表于 18 日签署了协议,但塞尔维亚方面仍然拒绝签字。3 月 19 日,北约向南联盟发出最后通牒。3 月 24 日,北约发动了对南联盟的空中打击,科索沃战争爆发。

科索沃战争主要以大规模空袭为作战方式。以美国为首的北约凭借占绝对优势的空中力量和高技术武器,对南联盟的军事目标和基础设施进行了连续 78 天的轰炸,给南联盟造成了重大财产损失和环境破坏,也造成了许多无辜平民(包括阿族难民）的伤亡。

在北约空袭的巨大压力下，经过俄罗斯、芬兰等国的斡旋调停，南联盟最终软化了立场，6月2日，南联盟总统米洛舍维奇接受了由俄罗斯特使切尔诺梅尔金、芬兰总统阿赫蒂萨里、美国副国务卿塔尔博特共同制定的和平协议，该协议在坚持原朗布依埃方案基本内容的同时，强调了通过联合国机制解决问题的必要性，并对此做了具体规定。根据这个协议，进驻科索沃的多国部队将按照联合国宪章精神建立，科索沃未来自治地位的确切性质将由联合国安理会决定，难民返回家园的安捧也将在联合国难民事务高级专员的监督下实施。

6月3日，南联盟塞尔维亚共和国议会通过了接受上述协议的决议。6月9日，北约代表和塞尔维亚代表在马其顿签署了关于南联盟军队撤出科索沃的具体安排协议，南联盟军队随即开始撤离科索沃。6月10日，北约正式宣布暂停对南联盟的空袭。同一天，联合国安理会以14票赞成、1票（中国）弃权通过了关于政治解决科索沃问题的决议。历时两个半月的科索沃战争至此落下帷幕。

科索沃于2008年2月17日正式宣布独立。

英国王妃戴安娜车祸之谜

1997年的8月31日，戴安娜在法国巴黎的一场车祸中与男友多迪一道不幸遇难。她是死于交通意外还是死于谋杀呢？

1997年8月30日下午，英国王妃戴安娜与男友多迪·法耶兹在法国南部旅游胜地圣托贝度假一周后回到巴黎。午夜过后，他们在巴黎里茨饭店用完晚餐后准备前往多迪在巴黎16区的私人住宅。由于酒店门口聚集了大量闻风而来的狗仔队，多迪和戴安娜打算从酒店后门悄悄地离开，饭店派亨利·保罗为他们开车。他们乘坐的奔驰280SE3.5型豪华轿车时速高达150公里以上，可是，7名骑摩托车的摄影记者仍然紧追不舍。

31日凌晨约00:30，汽车行至巴黎市中心塞纳河畔的阿尔玛桥下公路隧道时突然失去控制，撞在隧道中央的一根分界水泥柱上，汽车被完全撞坏，多迪和司机亨利·保罗当场身亡，戴安娜与她的保镖身负重伤。记者们追踪而至，但是他们没有对伤者进行抢救而是围在汽车残骸周围，举起相机从各个角度拼命拍照。戴安娜后来被火速送往医院救治，追踪戴安娜的7名摄影记者随即被警方拘留。凌晨4:00，戴安娜因胸部大出血在医院逝世，年仅36岁。当晚，她的遗体在查尔斯王子和她两个姐妹的护送下由专机运送回英国。

戴安娜王妃

戴安娜遇难事件使英法两国为之震惊,巴黎警方迅速对戴妃死因展开调查。最初人们认为是狗仔队的追赶直接导致了车祸,戴安娜的死使媒体与记者成为人们指责的对象。戴安娜早就指责过英国媒体对她的骚扰,这次车祸可以说又是为躲避记者追踪超速驾驶而造成的。更令人气愤的是,车祸发生后,记者没有对伤者进行及时抢救,反而忙于拍照抢镜头。就这样,与戴安娜遇难车祸有关的 9 名摄影记者和 1 名报社摩托车手受到控告。最后,法院最高上诉法院做出判决,宣布这 9 名摄影记者和 1 名摩托车手杀人罪名不成立。但在另外一起诉讼中,这 9 名摄影记者仍需接受侵犯隐私指控调查,因为他们在车祸发生后对车内拍照已触及人的隐私权。

1999 年,法国地方法院裁定造成车祸的原因是司机保罗酒后开车以及超速驾驶,当时保罗体内每公升血液酒精含量达到 1.75 克。但是后来不断有人证实保罗早已戒酒,开车当晚并没有喝酒。

2006 年英国警方以"交通意外,司机亨利·保罗酒后超速驾驶所致"这一调查结果,将此案终结。十多年来,戴安娜的死亡原因一直广受怀疑,而那场车祸虽几经调查,仍然留下了不少疑点,很多人不相信那仅仅只是一场车祸。

一项民意调查显示,有 85% 的英国人相信戴安娜死于谋杀。而谋杀论的具体说法更是五花八门,有人提出,是地雷制造商策划的谋杀,因为地雷制造商们痛恨戴安娜积极推动的全球禁雷运动,损害了他们的利益。当然,更普遍的一种说法是,英国王室对戴安娜我行我素的行事方式早就心怀不满,但戴安娜却不想做出任何改变。

戴安娜男友多迪的父亲穆罕默德·法耶兹曾公开表示,这是一场忠于皇室的人策划的阴谋,并斥资 5000 万美元捉拿凶手。这位年逾古稀的老人坚信,是英国军情六处的特工杀害了戴安娜。当年在车祸现场,曾发现戴安娜手上带着的一枚黄金钻戒,法耶兹向外界透露,戴安娜和自己的爱子多迪已经准备订婚,戒指是多迪送给戴妃的订婚礼物。法耶兹还宣称,当时戴安娜很可能已经怀孕,有人害怕将成为英国王位继承人的威廉王子会有一个有着伊斯兰血统的弟弟或妹妹,使王室的血统不再纯正,因此最终采取了谋杀措施。穆罕默德·法耶兹曾要求法庭传唤菲利普亲王出庭,并以书面质询方式要求女王作证,但遭到拒绝。

那些坚信戴安娜是被谋杀的人,指出戴安娜的遗体在法国未经验尸就做了防腐处理,目的就是为了掩饰怀孕的证据。验尸最终在英国伦敦富勒姆殡仪馆举行,经理罗伯特·汤森见证了整个验尸过程,但他否认戴安娜当时已怀孕。

除了怀孕问题外,司机亨利·保罗的血样和真实身份,一直以来也是疑云重重,成为谋杀论者质疑的焦点。有记者通过调查发现,亨利·保罗竟然是英、法两国情报机关的双料特工。那会不会是保罗受命与戴安娜和多迪同归于尽呢?

戴安娜王妃的车祸里究竟有什么秘密呢?还是说它仅仅是一场车祸呢?一定有人知道真相,但不知道这个谜何时才能解开。

比尔·盖茨登上世界首富宝座

比尔·盖茨有这样一个观点:"每张书桌上会有电脑,每个家庭会有电脑。"而"每台电脑都用微软产品"则是他的梦想。这个梦想源于比尔·盖茨和保罗·艾伦具有预见性的创业计划。早在中学时,盖茨和艾伦就迷上了一台笨拙的计算机终端。这个贵族式学校超前的眼光让学生还在 60 年代末就使用上了计算机——事实证明,正是这笨拙的庞然大物对盖茨的成长创业起了非常重要的作用。

1975 年,年仅 19 岁的比尔·盖茨和他的朋友保罗·艾伦创建了电脑软件公司——微软。微软在成立十四年后终于实现了他的目标,成为首家年销售额达 10 亿美元的软件公司。如今,几乎所有的工业和商业组织都依赖于微软建立起来的庞大的软件系统,只是程度上稍有不同而已。1998 年,当盖茨的财富火箭般上窜的时候,他每天进账最多达 5000 万美元。

比尔·盖茨

如今,绝大多数人都知道通过一种被称为计算机语言的东西,让计算机做人们想要做的事情。70年代中期,个人电脑的作用还不明显。当今计算机方面的许多发展是由于大约两百年前许许多多天才们的远见卓识和不懈努力的结果。

1742年,法国的数学家布莱兹·帕斯卡尔发明计算机时,这种庞然大物还只是实验室里的宝贝疙瘩。普通人很少能有机会接近。19世纪中叶,这种机器又被查尔斯·巴比奇加以改进和发展,1823年,他开发出一台实际上能够"编制程序"的庞大的"分析机"。巴比奇被誉为"电子计算机之父"。

当盖茨1975年成立微软公司创业的时候,全世界最顶尖的公司叫IBM,由汤姆·斯沃森领导着。当时一台电脑足有现在我们整个摄影棚这么大,但是比尔·盖茨的眼光已经看到25年之后,我们的桌上会摆上一台小型的电脑。IBM则不是这样认为,这从它的名字也可看出来:I代表Internation即国际,B代表Business即商务,M代表Machine即机器,所以IBM认为它的主要顾客是公司而非个人,而公司一般使用大型电脑。

同样在1975年,美国的史蒂夫·乔布斯在车库里创办了苹果电脑公司。80年代开始的时候,乔布斯而不是盖茨被认定为数字化企业家的象征,虽然两人同年出生,但乔布斯更具有60年代的反叛色彩。他与盖茨争夺家用电脑的主导权之战像是一场艺术对商业之战。乔布斯为自己产品起的名字叫作Apple PC,PC代表的真正含义就是个人电脑。他瞄准的就是个人电脑这个巨大的产能市场。所以乔布斯在24岁的时候资产一度高达5亿美元,成为全美年轻人崇拜的偶像。

但是,盖茨25年之后,已经凭借着DOS、WINDOWS等操作系统牢牢占据了软件市场,身价超过600亿美元,与乔布斯相比足足超过了60多倍。几乎位于同一起跑线上,为何25年后身价会有如此大的差距?难道盖茨比乔布斯聪明65倍吗?不可能,这其中的原因只有一个,那就是盖茨对信息资讯梳理把握的能力比乔布斯更好。乔布斯虽然掌握了个人电脑的趋势,但盖茨了解控制电脑硬件的是软件,软件应该是一个更大的趋势,所以盖茨会成为世界首富。

欧元的诞生

从2002年1月1日(欧洲人称作"E-day",即欧元日)起,3亿多的欧洲公民开始使用同一种货币——欧元(英文是EURO,货币符号是"€")。现在欧元纸币和硬币已经成为欧盟15个成员国中12国的法定货币,这12个国家是比利时、德国、希腊、西班牙、法国、爱尔兰、意大利、卢森堡、荷兰、奥地利、葡萄牙、芬兰,即欧元区国家;另外3个欧盟成员国(丹麦、英国、瑞典)出于本国各自不同的情况而暂不采用欧元。欧元作为欧洲统一的货币从最初设想提出到最终成为现实,经过了几十年的漫长历程。

20世纪80年代末期,随着欧共体统一市场建设的顺利进展,建立经济货币联盟终于成为欧洲经济一体化进程的下一个重大目标。1989年4月,欧共体执委会提出了"德洛尔报告",制定了建立经济货币联盟的详细计划。6月,在欧共体理事会马德里会议上,各国首脑决定于1990年7月1日开始实施经济货币联盟的第一阶段。1991年12月10日,欧共体各成员国政府首脑在荷兰的马斯特里赫特市召开会议,就欧洲联盟条约达成协议,该条约被称作《马斯特里赫特条约》(简称"马约")。1992年2月7日,各国外交部长和财政部长正式签署了欧洲联盟条约,条约确定了经济货币联盟的结构和时间表,最终目标是建立欧洲中央银行和用欧洲货币埃居代替各国货币。马约规定经济货币联盟的建设分三个阶段完成,第一阶段实际上在马约签署之前的1990年7月1日就已经开始,主要内容是与统一市场建设工作保持一致,加强经济和货币政策的协调合作,取消外汇管制,允许资本自由流动,所有成员国都纳入欧洲货币体系的汇率机制并实施相同的波动幅度。欧洲联盟条约于1993年11月1日正式生效,欧共体更名为欧洲联盟。1994年1月1日,欧盟开始经济货币联盟建设的第二阶段:建立欧洲货币局,为向欧洲中央银行过渡和实现统一货币准备条件,制定所需的规章和程序;逐步缩小汇率波动幅度,促进埃居的使用并扩大其功能;建立经济政策的协调和监督机制,敦促成员国实现经济趋同。

1999 年 1 月 1 日，欧洲经济货币联盟按期进入第三阶段，参加国货币之间的汇率被锁定，统一货币欧元以与埃居相等的价值正式启动，设在德国法兰克福的欧洲中央银行作为整个欧元区的中央银行开始运作，即负责欧元运营的监管和统一货币政策的制定实施。但在 2001 年 12 月 31 日以前的过渡期内，欧元只是账面货币，不发行纸币和硬币，私人和企业可以自由选择使用欧元或者各国货币的账户，而政府发行的新公债和金融机构之间的交易必须使用欧元。2002 年 1 月 1 日，欧元纸币和硬币开始流通，同时各国货币仍然可以使用；3 月 1 日，各国纸币和硬币停止流通，欧元成为唯一的法定货币。从目前的情况来看，欧元向现金的转换进展迅速、良好，没有出现任何大的问题，这是因为欧元成功问世三年来欧元区金融市场已经为欧元的正式流通创造了基本条件。

欧元诞生三年多来的顺利运营已经使得欧元区国家受益匪浅。在欧元区内部，随着欧元问世带来的货币政策的统一和财政政策的协调，以及汇率风险消失、交易成本降低、价格差异减小和更为透明的市场，欧洲统一市场中商品、人员、服务和资本的自由流通更为便捷，使得企业达到更高的效率和竞争力，这对于成员国经济形成一个统一的经济实体从而达到长期共同繁荣发展和抵御外部经济冲击无疑是非常有利的。

欧洲中央银行行长杜伊森贝赫在纪念马约实施 10 周年的讲话中指出，欧元的流通是给统一市场戴上一顶"王冠"，欧元已经成为欧洲一体化在其他政策领域发展的催化剂。从历史演变的角度而言，货币一直是国家主权的重要象征，而随着欧洲公民对使用统一货币的利益的感知，必然会产生消除欧元区内部其他经济乃至政治障碍的要求，从而推动民族国家向统一欧洲的目标迈进。因此，欧元的流通将使得欧洲一体化进程变成一种由欧洲公众推动的自下而上的进程，欧洲的历史发展将由此呈现出更为精彩的篇章。

美国逼迫萨达姆下台

在 2002 年 10 月 19 日，美国总统布什再次重申，推翻萨达姆是美国的政策。美国副总统切尼在同月 26 日发表讲话时说，美国在"倒萨"计划上耽误不起，应当"尽早"实施这一计划。同时，五角大楼也在秘密调兵遣将，"倒萨"计划正在紧锣密鼓的准备之中。尽管"倒萨"计划受到国际社会的强烈反对，但是美国依然一意孤行，准备先发制人攻打伊拉克，推翻萨达姆。

布什政府坚决"倒萨"是有其历史原因的。11 年之前，布什之父老布什总统发动了"沙漠风暴"行动,大胜伊拉克军队,解救了科威特,但萨达姆政权依然存在。美国鹰派一直对老布什当年在海湾战争中没有一鼓作气拿下巴格达而耿耿于怀。他们感到美国没有在海湾这个重要的地缘战略要地拥有控制权,却让一个敌对政权长期存在,这是对美国利益的极大威胁。布什若能在任内完成"倒萨"大举,则"青出于蓝胜于蓝"。布什入主白宫以来,一直为"倒萨"造势。所以,美国想利用反恐战争这个天赐良机,一举端掉萨达姆政权。

布什政府"倒萨"还有其现实原因。有学者认为,美国政府有意渲染"倒萨",原因是为了转移美国公众对布什政府信任危机的注意力。一段时间以来,包括布什在内的美国政府高官的经济丑闻让美国白宫焦头烂额,这不但严重削弱了美国公众对布什政府及其共和党治理经济能力的信任,而且还引发了人们对布什本人诚信的怀疑。在国内问题堆积如山之时,把民众的注意力吸引到对外战争上是政客们的惯用招数。

当然,布什"倒萨"也意在石油。在美国人的如意算盘中,石油可能比民众和人权更重要。伊拉克是全球第二大产油国。美国一旦推翻了萨达姆政权,就可以获得石油,从而摆脱对沙特的依赖。美国总统布什和副总统切尼都是石油商人,他们当然意识到这些问题。

美伊战争经历的 5 次战役

2003 年 3 月 20 日上午 10:36,从美国战舰上发射的"战斧"巡航导弹飞向伊拉克。美军对伊拉克的战争正式打响,北京时间 3 月 20 日上午 11:15,美国总统布什发布讲话,宣布了对伊拉克的战争开始。这场战争共经历以下几大战役:

乌姆盖斯尔之役

3 月 20 日,美英地面部队首次行动,攻陷伊南部乌姆盖斯尔市。英军在乌姆盖斯尔遭到顽强抵抗,美军遭顽强抵抗后联合星条旗升起又撤下,5 名记者在乌姆盖斯尔受伤,3 人失踪。

纳西里耶之役

3 月 23 日,美军在纳西里耶遭遇顽强抵抗。24 日,美伊在纳西里耶战况惨烈,每座桥梁都要反复争夺。美军宣称已攻占纳西里耶,但是联军在纳西里耶仍然遭遇顽强抵抗。103 名美士兵在战斗中阵亡。

纳杰夫之役

3 月 23 日凌晨,美英地面部队以极快的速度推进,在巴格达以南 160 公里处的纳杰夫与伊拉克军队发生激烈战斗。3 月 26 日,美伊双方血战纳杰夫,伊军在纳杰夫战役中共损失约 650 人。3 月 27 日,伊共和国卫队分兵南下直指纳杰夫美军营地,美第三步兵师激战伊军,伊军死亡 1000 人,"巴格达门神"死守跨河大桥。伊军在纳杰夫附近摧毁美军数辆坦克及战车。美军 72 小时内在纳杰夫共打死 1000 名伊拉克人。3 月 31 日,美军包围纳杰夫,打死 100 伊准军事组织成员,封锁了所有进城道路。4 月 1 日,美伊在纳杰夫城激烈交火。4 月 2 日,伊军受到重创。

巴士拉之役

美军挺进巴士拉,伊第 51 师 8000 人全部被俘,巴士拉防御严重削弱。美国空袭巴士拉,造成 77 人丧生,366 人受伤。英军攻占巴士拉南部重要据点,俘获 200 名伊兵。

巴格达之役

4 月 3 日,美军开始"最后一击"。随即占领底格里斯河重要桥梁,渡过幼发拉底河,推进到距巴格达仅 10 公里的机场附近。4 月 4 日,巴格达萨达姆国际机场发生交火,美军部队占领机场,同时,美军特种部队进入巴格达城内关键位置。之后,美军兵临巴格达城下,伊军仍奋力顽强抵抗。不久,美军 101 空降师加入守卫巴格达机场,美军坦克进入巴格达市区。美陆战队同伊共和国卫队在巴格达东南激战。萨达姆敢死队首次在巴格达露面,萨达姆号召全国参战。美军装甲部队开始进攻巴格达萨达姆总统府。

4 月 6 日,美军步兵主力向巴格达推进,不久巴格达被全部包围。4 月 7 日,伊军士兵在巴格达机场与美军激战,美军第一架运输机降落巴格达机场,美军形成西北包围之势,美军两辆坦克开进巴格达萨达姆一官邸,随后,美军占领巴格达市中心重要阵地。不久,巴格达市中心的拉希德饭店被美军攻占,美军在巴格达萨达姆官邸内升起美国国旗。美军坦克向巴格达中心推进,直指伊政府心脏,并占领巴格达南部的拉希德机场。

2003 年 5 月 1 日,美国总统布什宣布联军在伊拉克的主要战斗行动已经结束。

美国发动这场战争主要目的是为适应能源战略调整的需要,控制伊拉克的石油，为其实施全球战略目标服务，是一次以强凌弱的侵略战争。

欧盟的建立

欧洲联盟（英文名称：European Union；法文名称：Union européenne），简称欧盟（EU），总部设在比利时首都布鲁塞尔，是由欧洲共同体（European Community，又称欧洲共同市场）发展而来的，主要经历了三个阶段：荷卢比三国经济联盟、欧洲共同体、欧盟。其实质是一个集政治实体和经济实体于一身、在世界上具有重要影响的区域一体化组织。1991 年 12 月，欧洲共同体马斯特里赫特首脑会议通过《欧洲联盟条约》，通称《马斯特里赫特条约》（简称《马约》）。1993 年 11 月 1 日，《马约》正式生效，欧盟正式诞生。

欧盟现有 27 个成员国，人口 5 亿，GDP14.5 万亿美元。欧盟的宗旨是"通过建立无内部边界的空间，加强经济、社会的协调发展和建立最终实行统一货币的经济货币联盟，促进成员国经济和社会的均衡发展"，"通过实行共同外交和安全政策，在国际舞台上弘扬联盟的个性"。欧盟的盟旗是蓝色底上的十二星旗，普遍说法是因为欧盟一开始只有 12 个国家，代表了欧盟的开端。实际上这个十二星旗代表的是圣母玛利亚的十二星冠，寓意圣母玛利亚将永远保佑欧洲联盟。欧盟 27 国总面积 432.2 万平方公里。

克隆技术

所谓"克隆技术"是英语 clone 的音译，原意是动植物无性系。

1997 年 2 月 25 日，英国罗斯林研究所的动物胚胎学家威尔马特博士领导他的科研小组，经过 7 个月的培养，成功地采用无性繁殖技术，培育出一只威尔士高山"克隆"羊。这只羊与其基因母羊具有完全相同的内外特征，是一只纯粹的"复制品"。是一只没有经过性繁殖而来到世间的羔羊，威尔马特给这只羊取名为"多利"。

复制"多利"的过程完全依照基因的分子克隆技术。分子克隆技术通常称为基因工程技术。利用它，人们可以根据需要，像工厂流水线制造产品一样，大量繁殖复制优质动物。此外，根据这项技术，科学家还要研究转基因动物乳房生物反应器，利用转基因动物，可以大量生产珍贵蛋白质以及含抗体和药用价值的动物乳供人饮用,让人类达到益寿延年的目的。

但是也有很多对克隆技术的发展以及将来可能用于人类提出尖锐的批评。一位美国科学家警告说,威尔马特的工作应该永远不要公布,因为一旦技术被滥用,社会将会陷入无穷的罪恶中。美国前总统克林顿专门委托一个 18 人的国家生物专家委员会审查美国的相关法律。德国还明确规定,禁止将基因工程应用于人类。

纳米技术

所谓纳米技术,是指在 0.1 纳米~100 纳米(符号 nm,长度单位,原称毫微米,就是 10 亿分之一米的 10^{-9} 米)的尺度里,研究电子、原子和分子内的运动规律和特性的一项崭新技术。科学家们在研究物质构成的过程中,发现在纳米尺度下隔离出来的几个、几十个可数原子或分子,显著地表现出许多新的特性,而利用这些特性制造具有特定功能设备的技术,就称为纳米技术。

纳米技术是一门交叉性很强的综合学科,研究的内容涉及现代科技的广阔领域。纳米科学与技术主要包括:纳米体系物理学、纳米化学、纳米材料学、纳米生物学、纳米电子学、纳米加工学、纳米力学。这七个相对独立又相互渗透的学科和纳米材料、纳米器件、纳米尺度的检测与表征这三个研究领域。纳米材料的制备和研究是整个纳米科技的基础。其中,纳米物理学和纳米化学是纳米技术的理论基础,而纳米电子学是纳米技术最重要的内容。

纳米技术在陶瓷领域,医学、化工等领域有着无限的前景。总之,一个崭新的世界提供给人类的将是不同于以往任何经验的东西,它不仅会给人类生活带来一场革命,还会使我们再一次地感受到:科学与技术日新月异,正以超乎人们想象的速度向前发展。

疑点重重的"9·11"事件

美国以本·拉登策划了"9·11"事件为由发动了阿富汗战争。可是,战争已经过去将近九年了,"9·11"事件还有许多谜底至今尚未被解开。

在 2001 年 9 月 11 日,美国东部时间约早上 8 时 50 分,纽约市曼哈顿区遭到恐怖袭击。世贸中心被两架遭恐怖分子劫持的民航客机相继冲击,两座大厦随即起火并冒出大量浓烟,稍后相继倒下,伤亡人数难以估计。此外,世贸中心倒塌后大约一小时,位于华盛顿的五角大楼被第三架飞机撞击,两度爆炸后,其中西翼大楼随即倒塌,造成大量伤亡。这就是震惊世界的"9·11"事件。

事后,美国认为本·拉登是这一恐怖事件的罪魁祸首,并发动了阿富汗战争。可是,就人们所掌握的情况来看,"9·11"事件疑点重重,有许多谜底至今尚未解开。

美国总统布什是何时获悉"9·11"事件,以及他对整个事件都了解哪些内情呢?有消息称布什是在2001年8月6日的度假期间就收到了一份来自美国国家安全顾问赖斯的"分析报告"。报告警告布什,美国可能会很快受到恐怖分子的攻击。那么,这份警告报告的性质到底是什么样的?有关的恐怖警告细节是什么?当时布什是否应该立即终止假期直接返回华盛顿研究相关问题呢?在这些问题上,布什政府一直采取低调的回避态度。他们的这种态度,让公众产生了巨大的怀疑。

难道真如人们所猜测的,早在"9·11"事件发生之前,美国政府就收到了相关的警告,但却因为疏忽大意或自以为是而未能采取相应的应急措施?但这一切还仅仅是猜测,到目前为止,人们对真相还不得而知。

关于"9·11"事件,还有很多疑点没有解开。许多人认为,当时并没有飞机撞击五角大楼,"9·11"事件是美国政府一手制造的,目的是给入侵阿富汗和后来入侵伊拉克制造借口。

疑点一:没有残骸从最早播出的袭击画面上可以看到。五角大楼外的草坪上干干净净,没有飞机的残骸。官方的解释是飞机已完全冲入大楼并在高温中烧毁,因此没有在外部留下残骸。后来有媒体刊登了一幅飞机机身残片的照片,它被广泛用于证明确曾有过飞机撞击。但在政府公布的残骸回收清单上并没有这块残片。

疑点二:恐怖分子的驾驶技术。劫机的恐怖分子名叫哈尼汉茹尔,但他是否有能力驾驶飞机如此精确地撞进五角大楼?官方称飞机撞楼时飞行高度很低,但时速高达850公里,汉茹尔有这么好的驾驶技术吗?在这场过于干净的、未在草坪上留下一点痕迹的飞机撞楼事件中,这名非职业飞行员不太可能实现如此低空且如此完美的飞行。

疑点三:撞击留下的洞太小。飞机撞上了五角大楼的外墙,并在墙上留下了一个洞。有人认为这个洞太小,不可能是波音757所为。此外飞机的两翼没有在墙上留下任何痕迹,外部也没有任何机翼或尾翼残片。另据目击者称,他们看见一个好像20座小飞机的物体撞上了外墙,并发出了导弹似的声音。因此有人估计真正

"9·11"事件瞬间

袭击五角大楼的是导弹。

疑点四：被藏起来的监控录像。在袭击当天，可能记录下撞击过程和撞击前飞机数公里飞行轨迹的所有监控录像全被联邦调查局拿走。后来在审讯恐怖嫌犯穆萨维的过程中，一些录像才公之于众。它们画面粗糙，并不能明显证明有飞机撞上了五角大楼。

疑问五："9·11"当天崩塌的有三座楼，世贸双塔，再就是世贸7号楼。世贸7号楼就在世双塔的一边，十几层楼高，没有遭到飞机撞击，但是个别楼层有轻微失火。这座楼在"9·11"下午3点左右，也以和世贸双塔类似的方式崩塌。"9·11"调查委员会说，它是因为双塔的火蔓延到它的楼层，导致崩塌。事实是世贸双塔周围有很多类似的建筑，而且有的失火比它还严重，但都没有崩塌，为什么只有它崩塌了？它也因此成为世界上第三座因为大火而崩塌的现代建筑，而前两个就是世贸双塔。

疑问六：世贸双塔在"9·11"之前3个礼拜，被纽约一个大富豪买下，并投了30亿美元的保险，其中包括遭受恐怖袭击之后的赔偿。

世贸双塔的幸存者回忆，在"9·11"之前半年，有一支不知身份的建筑检查队对世贸双塔进行过检查。在世贸双塔的地下室，以及第六层、第九层等人们发现了一些溶化物；世贸地下室曾经遭遇恐怖袭击，之后它的入口均配备有防爆犬，但是在"9·11"之前不久,所有的防爆犬被撤走一个小时,而下达这项命令的是布什的弟弟;世贸全部工作人员曾经被全部撤离过,原因是安全演习;北美防空司令部的最高指挥权在"9·11"之前2个月,被美国副总统切尼从国防部长那里收回,这是历史上第一次。而北美防空司令部负责北美防空,也包括下令击落有威胁的飞行器。

"9·11"事件的这些疑问,不知道什么时候才能被解开。

非典型性肺炎

非典型性肺炎,又称严重急性呼吸道症候群(Severe Acute Respiratory Syndromes),简称 SARS,是一种因感染 SARS 相关冠状病毒而导致的以发热、干咳、胸闷为主要症状的传染病,严重者出现快速进展的呼吸系统衰竭,是一种新的呼吸道传染病,极强的传染性与病情的快速进展是此病的主要特点。

2002 年 12 月 15 日,河源市人民医院收治了一位叫黄杏初的病人,由于病情恶化,两天后,被转送到原广州军区总医院。在病人转院后 10 天内,河源市人民医院先后有 9 个曾为其治疗过的医护人员病倒,症状与就诊病人相同。黄杏初最终被确定为"中国第一例非典病例"。

2003 年 3 月 12 日,在日内瓦,世界卫生组织(WHO)正式发出一些地区出现 SARS 这一流行病的全球警报,称严重的 SARS 在越南,中国的香港、广东爆发。主要是在医护人员之间传播,暂时还不清楚病源。在查明病源之前,医院要对受感染的病人进行隔离治疗。

3 月 17 日,WHO 在日内瓦组织国际性的 SARS 项目研究网络。这个"全球化的实验室"由德国病毒学家克劳斯·斯托尔创意并依托 WHO 的全球流感监测网络,每天通过远程电信会议联系着各个实验室,通报结果,资源共享。

3 月 31 日,中国疾病预防控制中心向全国各级卫生医疗部门推出了《非典型性肺炎防治技术方案》,并于当天在互联网上公布。

4 月 14 日,中共中央总书记、国家主席胡锦涛深入广东地区视察了解疫情,以制定紧急对策。14 日上午,胡锦涛来到广东省疾病预防控制中心考察,并同医务工作者座谈,深入了解防治非典的情况。胡锦涛指出,"要始终把人民群众的安危冷暖放在心上,把防治非典型性肺炎的工作,作为关系改革发展稳定大局、关系人民群众身体健康和生命安全的一件大事,切实抓紧抓好"。

4 月 14 日,在抢救了 23 天以后,通过非典患者恢复期血清治疗的 74 岁老专家姜素椿康复出院。姜素椿是解放军302医院的教授,因抢救SARS病人受感染,被确诊感染上了非典。这次非典的疫情发生后,姜教授开始想到了使用非典患者恢复期血清治疗。由于他的坚持,在他的治疗过程中采取了这个特殊的办法进行试验。

4月16日,全球联合攻关网络成立后一个月之时,WHO在日内瓦召开由10个国家和地区13个实验室专家参加的SARS研讨会,正式宣布冠状病毒变种为SARS的病原,并正式命名为SARS病毒。至此,中国医学科研领域最大的公案已落下帷幕,"衣原体"之说被证明是错误的。

4月23日,国务院常务会议决定,成立全国防治非典型性肺炎指挥部,由党中央、国务院、军队系统和北京市的30多个部门和单位的人员组成。国务院总理温家宝在24日举行的成立会上强调,要加强领导,统一指挥,协调各方面力量,坚决打赢防治非典型性肺炎这场硬仗。

这场突如其来的灾害考验着中国人民,这场没有硝烟的战争锤炼着民族精神。在以胡锦涛总书记的党中央坚强领导下,举国上下抗击非典,奏响了一曲众志成城、团结互助、和衷共济、迎难而上、敢于胜利的壮歌。这是伟大的民族精神在抗击非典斗争中的集中体现,也是夺取抗击非典斗争胜利的强大精神力量。终于,万众一心,伟大的中国人民战胜了非典!

此次灾难中全球共有8464人曾被非典病毒感染,有812人死亡,2003年6月24日,世界卫生组织解除各地的旅行限制建议。

神舟五号载人飞船发射成功

2003年10月15日9时,中国载人飞船神舟五号(简称神五)在甘肃酒泉发射成功。经过21小时23分钟,飞船围绕地球飞行4圈、飞行了60万千米之后,于10月16日凌晨6时多安全降落在内蒙古预定主着陆区,返回舱在降落时顺利打开降落伞。6时38分,中国第一位航天员杨利伟凯旋归来。神五返回舱着陆后,其轨道舱仍然留在太空中继续运作,通过将多个轨道舱衔接,就有可能建成太空站,开展太空科学实验和应用技术研究。

此次中国首次载人航天飞行圆满成功,使中国成为继美国、俄罗斯之后第三个依靠自己的力量成功将航天员送入太空的国家,显示出中国的航天科技已达到国际尖端水平,中国跃身成为世界第三航天大国。中国人数千年来的飞天梦想终于得以实现,中国的国际声望大为提高。2004年,中国科学技术奖励大会在北京举行。曾受到钱学森青睐,如今已年过七旬的中国工程院院士、中国载人航天工程总设计师王永志从中华人民共和国国家主席胡锦涛手中接过 2003 年度国家最高科学技术奖,这位被誉为"中国实现千年飞天梦想第一人"的科学家说:"这是全体航天人的荣誉,我是代表他们来领这个奖的。"

四座城市同时遭遇袭击

这一天,四座城市几乎同一时间遭受爆炸袭击,虽然无法断定四起事件是否有直接的联系,但人们不禁要问:残忍的恐怖分子为何如此猖獗?

2004 年,从 10 月 7 日傍晚 7:00,到 8 日凌晨 5:00,伊拉克首都巴格达、阿富汗首都喀布尔、法国首都巴黎和埃及旅游胜地西奈几乎同时遭到了不同程度的恐怖袭击。没有人知道它们之间有何必然的联系,但它们的性质都一样——受伤害的都是平民,被瞄准的都是民用目标,遭打击的都是普通人的心灵,施暴者都是既不珍惜自己更不珍惜他人生命的极端分子。

2004 年 10 月 7 日傍晚 7:00 位于伊拉克首都巴格达市中心的喜来登酒店遭到武装人员袭击。两枚火箭弹落在了酒店附近,随后从邻近的底格里斯河和美国驻伊大使馆附近传来激烈的枪声。据附近巴勒斯坦饭店的警卫人员说,枪声持续了10 分钟左右,美军基地附近也有枪声传来。在交火声逐渐平息的时候,底格里斯河对岸较远的地方又传来一声巨大的爆炸声。

当地时间 10 月 7 日晚 10:00 左右,与埃及—以色列边境通道仅有数米之隔的塔巴希尔顿饭店首先发生强烈爆炸,部分建筑坍塌。埃及电视台称爆炸是煤气泄漏所致。但以色列媒体称爆炸是汽车炸弹造成的。据埃及官方最初报告称,爆炸造成至少 35 人死亡,160 多人受伤,其中多数是以色列旅游者。

塔巴希尔顿饭店发生爆炸约两个小时后,西奈半岛的另外两处著名风景点——位于塔巴以南约 60 公里的希塔尼角和苏尔坦角旅游度假村几乎同时又响起爆炸声。两起爆炸间隔不过 5 秒钟,度假村住满了以色列人。这两个度假区也是大批以色列旅游者经常光顾的地方。

当地时间 10 月 8 日凌晨 1:30 左右,美国驻阿富汗大使馆遭到火箭弹袭击。两枚火箭弹落在美驻阿使馆附近。第一枚火箭弹击中了使馆区大选媒体登记站附近的一处停车场,距美国使馆约二三百米,但没有造成人员伤亡。第二枚火箭弹的具体爆炸位置和造成的损失情况在报道时候尚不清楚。为了谨慎起见,爆炸发生后美国驻阿使馆全体人员都进入地下防空洞躲避。

几乎在同一时间，也就是当地时间 10 月 8 日清晨，印度尼西亚驻法国巴黎大使馆也遭到炸弹袭击。一枚装有自动引爆装置的中等型号的炸弹在巴黎的印度尼西亚大使馆前面爆炸，造成 10 人不同程度受伤，伤者中包括 5 名使馆人员。这枚炸弹被安置在使馆前不远处，并用旗子掩盖着，很明显是针对印尼使馆的。剧烈的爆炸在现场留下一个大坑，方圆 30 米内一些建筑物的玻璃被震碎。

尽管无法断定这四起恐怖袭击事件是否有直接的联系，但恐怖分子的残忍和嚣张令人发指，恐怖分子的猖獗对无辜平民的生命财产安全，对国际社会的稳定、发展构成了空前威胁。在今后相当长的时间内，恐怖活动仍是国际社会的主要威胁。

汶川大地震

2008 年 5 月 12 日 14:28，北纬 31 度，东经 103.4 度：这里是大熊猫的故乡，这里是中国 4 个羌族聚居县之一，这里是四川阿坝藏族羌族自治州，这里是阿坝州"工业经济走廊"，这里是"中国民族民间艺术——羌绣之乡"，这里是汶川县，这里是映秀镇；这里有卧龙自然保护区，这里有三江生态旅游风景区，这里有大禹的故乡，这里有羌文化遗址，这里有三国文化遗址……这一刻，这里大地震动，屋倒墙倾，惨状犹超唐山当年；这一刻震动了全中国，震动了全世界……震级里氏 8.0 级，最大烈度 11 度，是新中国自"建国以来有历史记录最大的地震"，直接严重受灾地区达 10 万平方公里。极重灾区共 10 个县（市）：汶川县、北川县、绵竹市、什邡市、青川县、茂县、安县、都江堰市、平武县、彭州市。

地震波从汶川传遍中国，震中位置迅速被锁定。地震发生 10 余分钟后，新华社发出第一条快讯，28 分钟后发出了第一张新闻图片。32 分钟后，央视在新闻频道播出第一条新闻，此后又打破原有节目安排，推出专题直播。片刻之间，国人的目光开始聚焦汶川。

中华人民共和国国务院总理温家宝第一时间赶往救灾第一线，中华人民共和国中共中央总书记、国家主席、中央军委主席胡锦涛亲临救灾现场，全国乃至全世界纷纷为灾区贡献自己的力量。各类救援队伍与大批媒体记者已开始奔向灾区。中国速度，让世界惊诧。解放军抢险队伍开动、搜救队开动、专业医疗队开动……众多队伍的终点，只有一个，汶川！汶川！而此时已抵达汶川的众多媒体，开始报道地震灾情。截至 8 月 26 日，汶川大地震导致 69226 人遇难，374643 人受伤，17923 人失踪。全国收到各界捐赠款物，截至 8 月 25 日，总计 592.98 亿元，实际到账 592.46 亿元,已拨付灾区 253.13 亿元。

地震一周后,中华人民共和国国务院发出公告:2008 年 5 月 19 日至 21 日为全国哀悼日。在此期间,全国和各驻外机构下半旗志哀,停止公共娱乐活动,外交部和我国驻外使领馆设立吊唁簿。5 月 19 日 14:28 起,全国人民默哀 3 分钟,届时汽车、火车、舰船鸣笛,防空警报鸣响。

2008 年 5 月 19 日凌晨,天南海北的辽阔土地上,无数面国旗升到顶端,在短暂的定格后开始缓缓下降。观旗的人们满脸肃穆,一种难以名状的苦痛爬上脸庞。吾国吾民,至此难分彼此。

5 月 19 日下午,天安门广场上,数万民众聚集于此。14:28,一切喧嚣声突然消失,所有人默立垂首,汽笛声从四野响起,直刺苍穹。在响彻神州的悲声与哀鸣之后,是一颗颗凝聚的心、一颗颗感动的心、一颗颗坚强的心……

北京奥运会开幕

2008 年 8 月 8 日晚 8:00,全世界的目光共同聚集中国北京!

2001 年 7 月 13 日,北京赢得了 2008 年第 29 届奥运会的举办权,在中国历史上留下了难忘的一页。7 年多来,筹办奥运会逐步形成、积累了巨大的精神财富。可以将其归结成"奥运精神":为国争光的爱国精神、艰苦奋斗的奉献精神、精益求精的敬业精神、勇攀高峰的创新精神、团结协作的团队精神。第 29 届奥运会是源远流长的中华文明与历史悠久的奥林匹克的一次伟大握手,是中国文化与世界文化的一次雄伟交会。中国的奥运精神正是顺应时代的潮流应运而生,它是以往精神的继承和发扬,是融入进亿万人心血的新力作。

北京奥运,同样是一次对中华民族精神的检阅。从汶川大地震发生的那一刻起,奥运圣火的境内传递也被赋予了"众志成城,抗震救灾"新的含义,肃立默哀,捐款捐物,缩短路线,节省开支……参与传递的人们用各种方式表达对死者的敬重、对生者的关切。

北京奥运会注定会是一次特殊的奥运会。由于汶川大地震,世界和中国走得更近,全世界的人们更加关注中国。擦干眼泪,绽开笑颜,中国人民以真诚和负责任的态度履行对世界的庄严承诺,让来自全世界各地的人们感受和平、增进友谊、同享欢乐。风雨过后,彩虹更美;经过大灾洗礼,中国人民的微笑更加动人。

2008 年 8 月 8 日晚 8:00,第 29 届奥林匹克运动会在中国首都北京开幕。此次奥运会设置了三大理念:绿色奥运、科技奥运、人文奥运;举行了 28 个大项、38 个

北京奥运会会徽和吉祥物福娃

分项的比赛,产生 302 枚金牌;共有两万多名运动员、教练员和官员参加北京奥运会;除大部分比赛在北京举行外,帆船比赛在青岛举行,马术比赛在香港举行,部分足球预赛在天津、上海、沈阳和秦皇岛举行。

奥运会是展现中华民族丰厚文化的大舞台,北京奥运会主题口号"同一个世界同一个梦想"、吉祥物"福娃"、奥运徽章"中国印·舞动的北京"、火炬"祥云"以及奥运会开闭幕的设计,都体现出丰富而悠久的中国传统文化独特的魅力,传达着勤劳自强的中华民族迈向世界的豪情和自信。

16 天的奥运会比赛中,五星红旗一次又一次升起,国歌一遍又一遍奏响。在本届奥运会金牌榜上,中国代表团第一次名列第一,以 51 枚金牌、21 枚银牌、28 枚铜牌的成绩独占鳌头。

2008 年 8 月 24 日,29 届奥林匹克运动会在中国首都北京落下帷幕。

医学顽疾——艾滋病

艾滋病,即获得性免疫缺陷综合征(又译:后天性免疫缺陷症候群,Acquired ImmuneDeficiency Syndrome),英语缩写 AIDS 的音译。1981 年在美国首次注射和被确认。曾译为"爱滋病""爱死病"。分为 HIV-1 型和 HIV-2 型两型,其特点是患者细胞免疫功能特别是 T 吸附柱细胞(TH)免疫功能缺陷,引起一系列条件性感染或肿瘤,造成患者死亡,死亡率极高。艾滋病病毒在人体内的潜伏期平均为 12 年至 13 年,在发展成艾滋病病人以前,病人外表看上去正常,他们可以没有任何症状地生活和工作很多年。现在,艾滋病已经成为严重威胁人类生命甚至生存的严重问题,被称为"史后世纪的瘟疫",也被称为"超级癌症"和"世纪杀手"。

艾滋病传染主要是通过性行为、体液的交流而传播,母婴传播。体液主要有:精液、血液、阴道分泌物、乳汁、脑脊液。其他体液中,如眼泪、唾液和汗液,存在的数量很少,一般不会导致艾滋病的传播。

一般的接触并不能传染艾滋病,所以艾滋病患者在生活当中不应受到歧视,如共同进餐、握手等都不会传染艾滋病。艾滋病病人吃过的菜,喝过的汤是不会传染艾滋病病毒的。艾滋病病毒非常脆弱,在离开人体,如果暴露在空气中,没有几分钟就会死亡。艾滋病虽然很可怕,但该病毒的传播力并不是很强,它不会通过我们日常的活动来传播,也就是说,我们不会经浅吻、握手、拥抱、共餐、共用办公用品、共用厕所、游泳池、共用电话、打喷嚏等而受到感染,甚至照料病毒感染者或艾滋病患者都没有关系。

自 1982 年 6 月 5 日,美国疾病防治中心发表的第一份报告列举了 5 例艾滋病病例到 2002 年的 20 年间,艾滋病病毒在全球范围内迅速传播,全世界约 2200 万人死于艾滋病,3610 万人感染上艾滋病病毒,全世界每天有 8500 多人成为新的艾滋病病毒感染者,艾滋病成了现代历史上最严重的瘟疫。

目前,尚无预防艾滋病的有效疫苗,因此采取有效措施控制艾滋病的蔓延已经成为全世界关注的问题。如果人类不采取措施,艾滋病将会困扰我们人类相当长的时期,给人类带来无穷的灾难,是对人类的一个巨大挑战。

上海世界博览会

中国 2010 年上海世界博览会(Expo 2010),是第 41 届世界博览会。于 2010 年 5 月 1 日至 10 月 31 日期间在中国上海市举行。此次世博会也是由中国举办的首届世界博览会。上海世博会以"城市,让生活更美好"(Better City , Better Life)为主题,副主题为城市多元文化的融合、城市经济的繁荣、城市科技的创新、城市社区的重塑及城市和乡村的互动。总投资达 450 亿人民币,创造了世界博览会史上最大规模纪录。

中国 2010 年上海世界博览会会场,位于南浦大桥和卢浦大桥区域,并沿着上

上海世界博览会

海城区黄浦江两岸进行布局。世博园区规划用地范围为 5.28 平方公里,包括浦东部分为 3.93 平方公里,浦西部分为 1.35 平方公里。围栏区范围约为 3.22 平方公里。

截至 2010 年 4 月 30 日,已有 200 个国家和 45 个国际组织确认参加上海世博会。

世界博览会是人类文明的驿站。自 1851 年伦敦的"万国工业博览会"开始,世博会正日益成为全球经济、科技和文化领域的盛会,成为各国人民总结历史经验、交流聪明才智、体现合作精神、展望未来发展的重要舞台。

具有悠久东方文明的中国,是一个热爱国际交往、崇尚世界和平的国度。中国取得了 2010 年世博会的举办权,这是注册类世界博览会首次在发展中国家举行,体现了国际社会对中国改革开放道路的支持和信任,也体现了世界人民对中国未来发展的瞩目和期盼。

中国 2010 年上海世博会是一次探讨新世纪人类城市生活的伟大盛会。21 世纪是城市发展的重要时期,全球总人口已有 55% 居住于城市。因此,对城市生活的憧憬与展望是一项全球性的课题,它与不同发展水平的国家和人民都休戚相关。作为首届以"城市"为主题的世界博览会,在上海世博会 184 天的展期里,世界各国政府和人民将围绕"城市,让生活更美好"这一主题充分展示城市文明成果、交流城市发展经验、传播先进城市理念,从而为新世纪人类的居住、生活和工作探索崭新的模式,为生态和谐社会的缔造和人类的可持续发展提供生动的例证。

中国 2010 年上海世博会是一曲以"创新"和"融合"为主旋律的交响乐。创新是世博会亘古不变的灵魂;跨文化的碰撞和融合是世博会一如既往的使命。"以人为本、科技创新、文化多元、合作共赢、面向未来"——上海世博会将在新的时代背景下继续弘扬"创新"和"融合"的主旋律,创作一曲人类新世纪的美妙乐章。

中国 2010 年上海世博会是世界各国人民的一次伟大聚会。一方面,上海世博会努力吸引 200 个左右的国家和国际组织参展,吸引海内外 7000 万人次游客前来参观,从而以最为广泛的参与度载入世博会的史册。另一方面,上海世博会组委会将始终以全球的视野来筹备和举办上海世博会,举全国之力,集世界智慧,最大限度地争取世界各国政府和各国人民的参与、理解和支持,从而使上海世博会真正成为"世界人民的大团圆"。

中国 2010 年上海世博会成为人类文明的一次精彩对话。这一世纪性的宣言将汇集各国人民在世博会上的真知灼见,承载人们对全球未来合作与人类未来发展的深邃思考和广泛共识。这将是上海世博会为世界人民留下有关城市主题的一份丰厚的精神遗产。

2010 莫斯科红场阅兵式

2010 年 5 月 9 日,反法西斯战争胜利 65 周年暨俄罗斯纪念卫国战争胜利 65 周年盛大阅兵式在俄罗斯首都莫斯科红场举行。中国国家主席胡锦涛等 20 多个国家领导人和国际组织代表出席庆典,共同纪念这一正义战胜邪恶、光明战胜黑暗的重要节日。

莫斯科时间上午 10:00(北京时间下午 2:00),阅兵仪式正式开始。俄代理国防部长谢尔久科夫和莫斯科军区司令巴津分别乘敞篷轿车在红场绕场一周,向受阅部队官兵致以节日的祝贺。

俄罗斯总统梅德韦杰夫、总理普京及其他领导人也出席了阅兵式。梅德韦杰夫在阅兵式上发表讲话,向俄罗斯国民、卫国战争老战士和军队官兵表示节日的祝贺。他呼吁人们不要忘记战争教训,表示俄罗斯军队像国家本身那样,"正在增强力量,变得更加强大"。

阅兵式分为历史场景再现和现代两个部分,共有 1.05 万俄罗斯士兵和 1000 名外国士兵参加,俄罗斯所有军种和兵种都一一亮相。受阅重型武器装备共 161 件,参加空中展示的飞机共 127 架,"白杨-M"导弹也首次亮相。

俄罗斯国旗、胜利旗和俄罗斯军旗编队在三军仪仗队护卫下飘扬在红场。胜利旗是专门从俄中央军事博物馆调来的。65 年前，攻入柏林的苏联红军把这面旗帜插在了纳粹德国国会大厦的楼顶。

2010 年莫斯科红场阅兵式

12 架米格－29 歼击机和 11 架苏－25 强击机编队在空中分别组成"6"和"5"的数字图案，寓意卫国战争胜利 65 周年，引得检阅台上一片喝彩。最后，6 架苏－25 强击机在红场上空喷出象征俄罗斯国旗白、蓝、红三色的烟雾，将阅兵式气氛推向高潮。

美英法派出军队走过红场。俄罗斯这次还邀请了约有 1000 人规模的外国军队，既包括阿塞拜疆和白俄罗斯这样的前独联体成员国，还有美英法这样的反法西斯同盟国。

英国派出了身穿红色礼服、头戴黑色熊皮帽的威尔士近卫团第一营，他们在国内负责守卫英女王居住的白金汉宫。美国派出了第 170 步兵旅 18 步兵团第 2 营的 70 名官兵。法国则派出 70 名空军士兵，他们举着二战传奇兵团"诺曼底－涅曼"飞行队的旗帜走过红场。

阅兵式结束后，梅德韦杰夫、胡锦涛等各国领导人走下观礼台，步行穿越红场，来到附近的无名烈士墓，向为反法西斯战争胜利献出生命的人献花。

65 年前，苏联军民经过 4 年浴血奋战，以牺牲 2700 万人的代价，终于战胜了德国法西斯。自 1945 年起，苏联将 5 月 9 日确定为卫国战争胜利日。俄罗斯在 1991 年至 1995 年取消了红场阅兵式，从 1996 年起恢复在红场举行阅兵式。

2011 年日本大地震

2011 年 3 月 11 日，日本气象厅表示，日本于当地时间 11 日 14 时 46 分发生里氏 9.0 级地震，震中位于宫城县以东太平洋海域，震源深度 20 公里。地震引发大规模海啸，造成重大人员伤亡，并引发日本福岛第一核电站发生核泄漏事故。海啸中 1 号机组发生氢气爆炸。日本政府把福岛第一核电站人员疏散范围由原来的方圆 10 公里上调至方圆 20 公里，把第二核电站附近疏散范围由 3 公里提升至 10 公里。国际原子能机构说，日本正从两座核电站附近转移 17 万人。

海啸袭击了日本列岛的广阔范围，但是以岩手县为中心的三陆海域是里亚斯型海岸(属沉降海岸),有可能导致灾害更为严重。气象厅地震海啸监视科科长横山博文指出,里亚斯型海岸的特殊地形有可能使海啸的巨大能量进一步被放大。地震后仅30分钟,就有3米高的海啸到达了陆地。引发的海啸几乎袭击了日本列岛太平洋沿岸的所有地区。日本学者称本次海啸高度和受灾区域之广都是日本国内迄今最大的,属百年一遇规模。

2012 年伦敦奥运会

　　2012年伦敦奥运会,即2012年夏季奥林匹克运动会,正式名称为第三十届夏季奥林匹克运动会。2005年7月6日,国际奥委会在新加坡举行的第117次国际奥委会会议上宣布,由英国伦敦主办此次奥运会,这是伦敦第3次主办夏季奥运会。在伦敦当地时间2011年7月27日晚上7点,伦敦奥运会开始倒计时一周年活动。2012年4月18日,在伦敦奥运会开幕倒计时100天时,伦敦奥组委公布口号为"Inspire a generation",翻译中文为"激励一代人。"伦敦奥运会在斯特拉特福德奥林匹克体育场于北京时间7月28日4时整开幕。8月13日凌晨,第30届伦敦奥运会圆满闭幕。

　　中国体育代表团在本届奥运会上以顽强拼搏的精神、坚韧不拔的毅力赢得了88枚奖牌(38金27银23铜)。给祖国和人民交上了一份满意的答卷。

附录:世界历史大事年表

约 500—100 万年前	早期人类南方古猿诞生。
200 万年前	人类进入打制石器的旧石器时代。
100 万年前	人类掌握了火的使用技术。
2 万年前	人类发明弓箭。
1 万年前	人类进入定居农业社会。
前 7000 年	中国仰韶文化时期已有陶窑及模制的陶器。
前 4500 年	埃及金字塔建造。
前 4241 年	古埃及发明了世界上最早的太阳历。
前 4000 年	埃及人已掌握陶器制造、冶金术、酒醋制造、颜料染色。
前 3100 年	埃及形成统一国家。
前 2500 年	埃及人用沙和苏打制取玻璃。
前 2100 年	美索不达米亚人发明六十进位制、乘法表。
前 2000 年	埃及人发明十进制、整数和分数计算法、三角形和圆面积计算法、正方角锥体和锥台体积计算法,发明防腐剂以保存木乃伊。
前 1950 年	巴比伦人能解两个变量的一次和二次方程。
前 1894 年	古巴比伦王国建立。
前 1200 年	中国用蚕丝织丝绢。
前 1200 年	中国殷商青铜(铜锡合金)冶铸技术已达成熟阶段。
前 1066 年—前 221 年	周朝。
前 770—前 476	春秋时代。
前 770 年	中国已会铸铁。
前 722 年	中国开始用干支记日。
前 700 年	管仲记载了磁石。
前 7 世纪	巴比伦人发现日月食循环的沙罗周期。
前 611 年	中国有彗星的最早记录。
前 6 世纪	希腊的泰勒斯发现琥珀摩擦生电,发现磁石吸铁现象。

	希腊毕达哥拉斯证明了勾股定理。
	印度人计算出 2 的平方根为 1.4142156。
前 594 年	希腊梭伦改革。
前 551 年	孔子诞生。
前 5 世纪	希腊的德谟克利特完成古代原子论。
前 5 世纪	中国的《周礼》中记载了用金属凹面镜从太阳取火的方法。
前 475-前 221	战国时代。
前 462 年	希腊巴门尼德、芝诺等埃利亚学派指出在运动和变化中的各种矛盾。
前 400 年	墨翟发现小孔成像。
前 4 世纪	希腊亚里士多德对数学、动物学等进行综合研究。
	希腊的菲洛劳斯提出中心火说,是日心说的萌芽。
	中国的庄子中记载了钻木取火的方法。
前 350 年	中国战国时代的甘德、石申编制了世界上最早的星表。
前 3 世纪	希腊欧几里德发表《几何原本》13 卷。
前 3 世纪	希腊的阿基米德发现杠杆原理和浮力定律,发明阿基米德螺旋。
前 285 年	埃及国王托勒密二世即位,奖励保护学术。
前 258 年	希腊埃拉西斯特拉托最早从事比较解剖学和病理解剖学。
前 250 年	中国战国末年《韩非子》一书中有用"司南"识别南北的记载。
前 245 年	希腊的克达席布斯在埃及亚历山大发明压力泵、气枪等。
前 230 年	希腊的厄拉多塞在埃及的亚历山大测定出地球的大小。
前 221-前 206	秦朝。
前 221 年	中国秦始皇统一度量衡。
前 206-公元 220 年	汉朝。
前 2 世纪	刘安著淮南子,记载用冰作透镜,用反射镜作潜望镜。
前 2 世纪	中国西汉用丝麻纤维纸。
1 世纪	希腊希龙发明蒸汽旋转器和热空气推动的转动机。
	罗马普利尼的百科全书《博物学》问世。
	中国的《汉书》记载尖端放电。
100 年	希腊尼寇马写《算术引论》一书。
105 年	中国东汉时蔡伦造纸。
132 年	中国东汉时张衡发明世界上第一个测量地震的仪器地动仪。

2 世纪	希腊托勒密运用圆锥、圆筒等方法绘制地球。
220-581 年	三国两晋南北朝。
3 世纪初	中国汉末华佗发明麻醉剂麻沸散用于外科手术。
3 世纪	中国魏晋时期的刘徽提出割圆术,得圆周率为 3.1416。
5 世纪	中国南北朝时南朝的祖冲之算出圆周率的值到小数点后第七位,即 3.1415926。
581-618 年	隋朝。
6 世纪	中国北魏时贾思勰写《齐民要术》。
618-907	唐朝唐太宗。
7 世纪	中国唐朝已采用刻板印刷。
725 年	中国南宫说等人实测子午线的长度。
8 世纪	中国造纸术传入西方。
9 世纪	中国唐朝的炼丹士发明火药。
	阿拉伯花剌子模发表《印度计数算法》。
10 世纪	中国唐朝的炼丹士发明了火药。
	阿拉伯伊本·西拿写成《医学经典》。
	中国宋代发明了胆矾溶液浸铜法生产铜。
960-1279 年	宋朝。
11 世纪	中国宋代沈括写成《梦溪笔谈》一书。
	阿拉伯爱萨(西方人称为阿维森纳)写成《医典》。
1041 年	中国北宋毕昇发明活字印刷术。
1054 年	中国《宋史》记载了一次超新星爆发。
1200 年	欧洲人开始使用眼镜。
1202 年	意大利斐波那契发表《计算之书》把印度-阿拉伯计数法介绍到西方。
1231 年	中国宋朝人发明"震天雷"充有火药,可用投掷器射出,是火炮的雏形。
1259 年	中国南宋抗击金兵时,使用一种用竹筒射出子弹的火器,是火枪的雏形。
13 世纪中前叶	中国火药传入阿拉伯。
1279-1368 年	元朝。
1284 年	意大利人发明眼镜。
14 世纪中前叶	中国开始应用珠算盘。
1368-1644	明朝。

1385 年	中国在南京建立观象台。
14 世纪-16 世纪	欧洲文艺复兴运动。
1487 年	葡萄牙人迪亚士发现非洲南端的好望角。
1492-1502 年	意大利人哥伦布发现美洲。
1498 年	葡萄牙人达·伽马开辟好望角到印度的航路。
1500 年	达·芬奇设计了风力计、湿度计、降落伞、纺纱机、踏动车床等草图。
1517 年	德国的马丁·路德发动宗教改革。
1519-1522 年	葡萄牙人麦哲伦完成第一次环球航行。
1539 年	波兰的哥白尼提出了以太阳为中心的宇宙理论。
1543 年	哥白尼的《天体运行论》出版,提出日心说,标志近代自然科学的诞生。
1582 年	西欧许多国家实行格里历。
1583 年	意大利的伽利略发现摆的等时性原理。
1589 年	荷兰的史特芬发现力的平行四边形法则。
1590 年	意大利的伽利略做自由落体等一系列科学实验。
	荷兰的詹森发明复式显微镜。
1593 年	意大利的伽利略发明空气温度计。
1596 年	中国明代李时珍《本草纲目》出版。
1600 年	意大利的布鲁诺因拥护哥白尼地动说并宣传宇宙无限,在罗马被教会烧死。
1605 年	英国的培根著《学术的进展》,提倡以实验为基础的归纳法。
1607 年	意大利的伽利略尝试测量光速。
1609-1619 年	德国的开普勒提出行星运动定律。
1609 年	意大利的伽利略制成第一架天文望远镜,用其发现了木星的四颗卫星。
	意大利的伽利略初次测光速未获成功。
1620 年	荷兰的斯涅尔发现折射定律。
	葡萄牙的德列贝尔发明潜水船。
1628 年	英国的哈维发现血液循环。
1632 年	意大利的伽利略提出相对性原理。
1637 年	中国明朝的宋应星完成《天工开物》,总结了中国工农业生产技术。
1638 年	法国的笛卡尔提出"以太"。

1640 年	英国资产阶级革命开始。
1644–1911	清朝。
1648 年	捷克的马尔西发现光的色散。
1649 年	英国查理一世被处死。
1654 年	德国的盖里克发明真空泵,表演马德堡半球实验。
1660 年	英国的胡克发现弹性定律。
1666 年	英国的牛顿提出万有引力定律。
	英国的牛顿用三棱镜分光。
1676 年	丹麦的罗默利用木卫食测光速。
1677 年	德国的莱布尼兹发明微积分。
1687 年	英国的牛顿提出力学三定律和绝对时间、绝对空间的概念。
1689 年	英国的牛顿《自然哲学的数学原理》一书出版,近代自然科学的确立。
	法国的阿蒙顿发现摩擦定律。
1701 年	英国的贝努利创建变分法。
1728 年	英国的布拉德雷利用光行差测光速。
1745 年	德国的克莱斯特发明莱顿瓶。
1748 年	法国的孟德斯鸠《法的精神》一书出版,系统阐述了三权分立学说。
1750 年	英国的米切尔设计测静电力扭秤,并提出磁力的平方反比定律。
	美国的富兰克林发明避雷针。
1752 年	美国的富兰克林作风筝引天电实验。
1762 年	法国的卢梭《社会契约论》一书出版。
1775 年	意大利的伏打发明起电盘。
1776 年	美国宣布独立。
1780 年	意大利伽伐尼发现蛙腿肌肉收缩现象,认为是动物电所致。
1781 年	英国的瓦特改良蒸汽机。
1785 年	法国的库仑用实验证明静电力的平方反比定律。
1789 年	法国大革命开始,7 月 14 日为法国国庆日。
1792 年	意大利的伏打研究伽法尼现象,认为是两种金属接触所致。
1794 年	法国热月政变。
1798 年	英国的卡文迪许用扭秤测定万有引力常数。
1799 年	法国拿破仑发动雾月政变。

1800 年	意大利的伏打发明伏打电堆。英国的赫谢尔从太阳光谱的辐射热效应发现红外线。
1801 年	英国的杨用干涉法测出光波波长。
1802 年	英国的特里维西克造出了蒸汽机车。
1804 年	拿破仑建立法兰西第一帝国。
1808 年	法国的马吕斯发现光的偏振现象。
	英国的道尔顿发表提出化学原子论。
1818 年	卡尔·马克思诞生。
1820 年	丹麦的奥斯特发现电流的磁效应。
	法国的安培发现电流之间的相互作用力。
1821 年	爱沙尼亚的塞贝克发现温差电效应。
1826 年	德国的欧姆确立欧姆定律。
1827 年	英国的布朗发现液体中的微粒做无规则运动。
1830 年	意大利的诺比利发明温差电堆。
1831—1834 年	法国里昂工人起义。
1831 年	英国的法拉第发现电磁感应现象。
1834 年	法国的珀耳帖发现电流可以制冷的珀耳帖效应。
1835 年	美国的亨利发现自感。
1836—1858 年	英国宪章运动。
1840 年	鸦片战争。
1845 年	英国的法拉第发现磁场使光的偏振面旋转。
1848 年	《共产党宣言》发表，马克思主义诞生。
1849 年	法国的斐索用转动齿轮法测光速。
	英国的开尔文提出热力学第一和第二定律。
1850 年	英国的赫姆霍芝提出了能量守恒定律。
1850 年	中国太平军起义。
1851 年	法国的富科证明地球自转。
1852 年	英国的焦耳和汤姆生发现气体膨胀制冷效应。
1858 年	德国的普吕克尔在放电管中发现阴极射线。
1859 年	德国的基尔霍夫开创光谱分析法。
	英国的达尔文发表《物种起源》开创了生物进化论。

1861 年	美国南北战争。
1868 年	日本明治维新开始。
1869 年	俄国的门捷列耶夫发表元素周期表。
1871 年	法国巴黎公社成立。
1875 年	英国的克尔发现电光效应。
	巴黎会议签订米制公约。
1876 年	美国的贝尔发明电话。
1879 年	英国的麦克斯韦出版《电磁通论》，集电磁理论之大成。
	美国的霍尔发现电流通过金属，在磁场作用下产生横向电动势。
	美国的爱迪生发明电灯。
1880 年	法国的居里兄弟发现晶体的压电效应。
1881 年	美国的迈克尔逊发明灵敏度极高的干涉仪。
1882 年	德、奥、意三国同盟形成。
1883 年	奥地利的马赫的《力学科学》出版，批判了牛顿力学中的绝对时空的概念以及力和质量的概念。
1883 年	卡尔·马克思逝世。
1885 年	德国的本茨发明了汽油内燃汽车。
1887 年	德国的赫兹发现电磁波，发现光电效应。
	美国的迈克尔逊和莫雷试图由地球在"以太"中运动而引起的光的干涉效应，证实"以太漂移"的存在，但得到否定结果。
1889 年	法国的拉瓦锡发表《化学纲要》，开创了化学新纪元。
	英国的菲茨杰拉德提出了收缩假说，以解释迈克尔逊-莫雷实验的"零结果"。由于发表其论文的英国《科学》杂志不久停刊，所以直到1892 年荷兰的洛伦兹独立提出收缩假说才为世人所知。
1890 年	匈牙利的厄缶作实验证明惯性质量和引力质量相等。
1892 年	荷兰的洛伦兹独立提出收缩假说。
1894 年	中日甲午战争。
1895 年	德国的伦琴发现 x 射线。
	恩格斯逝世。
1896 年	法国的贝克勒尔发现放射性。
	荷兰的塞曼发现磁场使光谱线分裂。

1897 年	英国的汤姆生从阴极射线证实电子的存在。
1899 年	俄国的列别捷夫用实验证实光压的存在。
1899 年	德国的卢梅尔和鲁本斯做空腔辐射实验,精确测得辐射能量分布曲线,为普朗克 1900 年的量子假说提供了重要实验依据。
1900 年	八国联军侵华。
1901 年	德国的考夫曼从镭辐射测 β 射线在电场和磁场中的偏转,从而发现电子质量随速度变化。
1903 年	美国的莱特兄弟发明飞机。
	俄国的齐奥尔科夫斯基提出采用多级火箭实现航天飞行的理论。
1904 年	日俄战争爆发。
	荷兰的洛伦兹提出时空坐标变换方程组。法国的彭加勒提出电动力学相对性原理,并认为光是一切物体运动的极限速度。
1905 年	瑞士的爱因斯坦创立狭义相对论。俄国"波将金"号战舰起义。
1905 至 1906 年	法国的彭加勒阐明了电磁场方程对洛伦兹变换的不变性,并提出了四维时空理论。
1907 年	德国的明可夫斯基提出狭义相对论的空间——时间四维表示形式。
1908 年	德国的普朗克提出动量统一定义,肯定了质能关系的普遍成立。
1908 年	法国的佩兰用实验证实布朗运动方程,求得阿伏伽德罗常数。
1911 年	辛亥革命。
	荷兰的翁纳斯发现低温下金属的超导现象,首次将氦液化。
	英国的威尔逊发明云室。
	奥地利的海斯发现宇宙射线。
1913 年	丹麦的玻尔提出定态跃迁原子模型。
	德国的斯塔克发现原子光谱在电场作用下的分裂。
	英国的布拉格父子用晶体的 x 光衍射测定晶格常数 d。
1914 年	第一次世界大战爆发。
1915 年	爱因斯坦完成广义相对论。
1917 年	爱因斯坦提出有限无界的宇宙模型。
1917 年	俄国爆发十月社会主义革命。
1918 年	第一次世界大战结束。

1919 年	英国的爱丁顿等人在巴西和几内亚湾观测日全食,证实引力使光线弯曲的预言。
	巴黎和会。
1920 年	国际联盟成立。
1921 年	中国共产党成立。
1922 年	苏联的弗里德曼得到引力场方程的非定态解,据此提出宇宙膨胀假说。
1925 年	美国的亚当斯发现天狼星光谱线的引力红移,再次验证了广义相对论。
1929—1933 年	资本主义世界经济大危机。
1929 年	美国的哈勃发现星系的红移与离地球的距离成正比——宇宙膨胀。
1931 年	美国的劳伦斯建成第一台回旋加速器。
1932 年	英国的考克拉夫特和爱尔兰瓦尔顿发明高电压倍增器,用以加速质子。
	美国的安德森在宇宙射线中发现正电子。
	英国的查德威克发现中子。
1933 年	罗斯福就任美国总统,实行新政。
	德国希特勒上台。
1934 年	俄国的契仑柯夫发现液体在 β 射线照射下发光。
1935—1936 年	意大利侵略埃塞俄比亚。
1936 年	苏联新宪法颁布。
1936—1939 年	西班牙内战。
1937 年	中国抗日战争爆发。
1938 年	德国的哈恩、施特拉斯曼用中子轰击铀而发现了铀的裂变。
	《慕尼黑协定》签订。
1939 年	奥地利的迈特纳、弗立施提出铀裂变的解释,并预言每次核裂变会释放大量的能量。
	美国的奥本海默和斯奈德预言黑洞。
	德国进攻波兰,第二次世界大战爆发。
	第一次实现电视直播。
1940 年	敦刻尔克大撤退。
1941 年	美籍意大利人罗西和美国的霍耳由介子蜕变实验证实时间的相对论效应。
	德国进攻苏联。
	英美发表《大西洋宪章》。

世界经典文库

世界上下五千年

·世界历史大事年表·

图文珍藏版

1942 年	美国的阿伦间接证明中微子的存在。
	苏中美英等 26 国发表《联合国家宣言》。
	美国在费米等人领导下,根据铀核裂变释放中子及能量的性质,在芝加哥大学建成了第一个热中子链式反应堆。
	美日中途岛海战。
1942—1943 年	斯大林格勒战役。
1943 年	意大利投降。
1944 年	英美军队诺曼底登陆,欧洲第二战场开辟。
1945 年	德国无条件投降。
	美国在奥本海默领导下制成原子弹。
	美国向日本广岛、长崎投掷原子弹。日本签署无条件投降书,抗日战争胜利,第二次世界大战结束。
	联合国成立。
1946 年	第一台计算机 ENIAC 在美问世。
	美国的伽莫夫提出大爆炸宇宙模型。
1947 年	马歇尔计划出台。
	以色列国建立。
1948 年	美国的肖克利、巴丁与布拉顿发明晶体三极管。
	北大西洋公约组织成立。
1949 年	中华人民共和国成立。
1952 年	美国的格拉塞发明气泡室。
1955 年	华约组织成立。
1957 年	苏联发射第一颗人造地球卫星。
1958 年	德国的穆斯堡尔实现了 γ 射线的无反冲共振吸收。
1959 年	古巴革命胜利。
1960 年	美国的梅曼制成红宝石激光器。
1960 年	非洲独立年,非洲 17 个国家获得独立。
1961 年	美国的格拉肖、温伯格和巴基斯坦的萨拉姆提出电弱统一理论。
	苏联成功发射了第一个载人航天器。
1963 年	发现类星体(Quasar),体积不大,能量极大,亮度剧变。宇宙中大约有 106 个。

1964 年	美国的彭齐亚斯和威尔逊在检测接收卫星信号的天线时,发现在波长7.35cm 处有 3.5K 的宇宙微波背景辐射。
1964 年	中国制造出第一颗原子弹。
1965 年	首批美国海陆战队在越南登陆。
1967 年	中国爆炸了第一颗氢弹。
	欧共体成立。
1968 年	英国的休伊什发现脉冲星。
	匈牙利开始在全国推行全面经济体制改革。
1969 年	美国阿波罗 11 号宇宙飞船成功登月。
1970 年	中国发射"东方红 1 号"人造地球卫星。
1971 年	美国 Intel 公司制成微处理器,开始计算机第二次革命。
	美国的凯汀和海弗尔携带原子钟环绕地球飞行 80 小时,证明了时间的相对性。
1972 年	美国总统尼克松访华。
1973 年	英国的霍金发现量子效应会使黑洞辐射粒子,并使黑洞蒸发。
1978 年	全国科学大会。
	美国的泰勒观测短周期双星证实引力波,这是广义相对论的一个验证。
1979—1989 年	苏联入侵阿富汗。
1981 年	美国的航天飞机第一次升空。
1982 年	中国潜艇水下发射火箭成功。
1989 年	亚太经合组织建立。
1990 年	美国的哈勃望远镜被送上太空。
	纳米比亚独立。
	中国北京大型正负电子对撞机建成。
1991 年	苏联解体
1991 年	海湾战争爆发。
1992 年	北美自由贸易区形成
1993 年	欧洲联盟建立
1994 年	世界贸易组织协议执行会议在日内瓦举行,决定世界贸易组织将于1995 年 1 月 1 日正式成立。

1995 年	联合国《不扩散核武器条约》审议和延长大会在联合国总部举行。
1996 年	中俄两国元首签署《中俄联合声明》。
1996 年	克隆羊多利诞生。
1997 年	亚太经合组织第五次领导人非正式会谈在温哥华举行,会议发表《联系大家庭》宣言。
1998 年	美国总统克林顿先后访问了中国。
1999 年	科索沃战争。
2000 年	俄罗斯总统叶利钦宣布辞去总统职务,并将权力移交给总理普京。
	曾在 1986 年造成世界上最大的民用核电事故的切诺贝核电站被关闭。
2001 年	"9·11"事件发生,美国纽约世界贸易中心大楼和五角大楼遭遇恐怖袭击。
	中国正式加入世界贸易组织,成为其第 143 个成员。
2002 年	韩朝两国军舰在朝鲜半岛中部以西海域发生冲突。
2003 年	美国航天飞机哥伦比亚号航天飞机在着陆前于得克萨斯州上空解体。机组人员共 7 人全部罹难。
	胡锦涛当选中华人民共和国新任主席,温家宝当选国务院新任总理。
	伊拉克战争爆发。
2004 年	第 28 届奥林匹克运动会在雅典举行。
	印度洋大地震引起印度洋沿岸巨大海啸,对印度洋沿岸国家造成巨大破坏,有超过 20 万人在此次海啸事件中丧生。
2005 年	美国发现号航天飞机在肯尼迪航天中心发射升空。
	沙特阿拉伯获准加入世界贸易组织。
2006 年	伊拉克总统萨达姆被执行绞刑。
2007 年	潘基文接替科菲·安南出任联合国秘书长。
2008 年	第 29 届奥林匹克运动会在中国首都北京举行。
	美国发射"阿特兰蒂斯"号航天飞机。
	奥巴马当选美国总统。
	中国四川汶川 5·12 大地震。
	全球金融危机。
2009 年	挪威诺贝尔委员会授予奥巴马诺贝尔和平奖。
2010 年	全球首个人造单细胞生物诞生。

		美墨西哥湾漏油酿生态灾难。
	2011 年	日本大地震。
		利比亚遭多国空袭。
		基地组织领导人本·拉登在巴基斯坦被美军击毙。
	2012 年	普京赢得俄总统选举
		叙利亚国家安全总部遭袭击
		以色列对加沙地带发起军事行动
	2013 年	习近平访问俄罗斯、非洲三国并出席金砖国家领导人会晤
		"棱镜门"事件引发关注
		伊拉克首都爆炸袭击致 200 多人死伤
	2014 年	国家主席习近平出席索契冬奥会开幕式
		搜寻马航 370 航班
		韩国"岁月"号客轮沉没
		诺曼底登陆 70 周年庆,美欧俄关系沧桑巨变
		马航 MH17 被道弹击落,美欧与俄矛盾越陷越深
	2015 年	100 多万名西亚北非难民疯狂涌入欧洲。
		台客机坠河已致 19 人死亡 27 人失联。
		沙阿联军空袭再起,也门危机政治解决前景黯淡。
		日本再改历史教科书贯彻"病态史观",东亚稳定堪忧。
		俄罗斯一架战机执行反恐任务途中被土耳其军机击落。
	2016 年	美国将生产液化天然气,用于出口。此举为 1969 年来首次。
		美国第 45 任总统选举将在爱荷华州和新罕布什尔州展开。
		中国政府将宣布新的五年计划。
		联合国举行巴黎气候协议签字仪式。
		民主党、共和党选出各自总统候选人。
		美国总统大选、国会选举。
	2017 年	苹果公司史蒂夫·乔布斯发布 iPhone 手机 10 周年。
		"世界盖头日"鼓励世界各地的女性在这一天体验戴上头巾的感觉。
		英国民众庆祝"全国果冻豆日",比起地球日参与者,这个节日小众得多。
		欧洲冠军联赛在威尔士卡迪夫举行决赛,欧洲足球季在高潮中收官。

世界经典文库

世界上下五千年

·世界历史大事年表·

图文珍藏版

	肯尼亚举行大选。
	韩国票选新总统。
2018 年	美国总统特朗普在 2018 年 3 月 22 日签署对中国产品加征惩罚性关税的备忘录。
	英俄间谍中毒事件引发外交危机。
	美国驻以使馆将迁至耶路撒冷并举行开馆典礼。
	特朗普和金正恩在新加坡圣淘沙岛的嘉佩乐酒店,举行首场历史性会晤。
	苹果发布三款新 iPhone:史上最贵。
	孟晚舟被加拿大政府扣押。
2019 年	剑桥大学承认中国高考成绩
	法国巴黎著名地标巴黎圣母院起火
	屠呦呦获国际生命科学研究奖
	新冠病毒肆虐全球
	黎巴嫩首都贝鲁特港口区发生剧烈爆炸
	拜登赢得美国大选
2021 年	日本决定将福岛核污水排放入海
	塔利班基本控制阿富汗全境,美军撤离
	澳大利亚撕毁与法国的潜艇合同
2022 年	俄乌冲突开始,其起因是由北约东扩问题造成的
	北京冬季奥运会和冬残奥会在北京和张家口举行
2023 年	俄罗斯瓦格纳军叛乱,24 小时后和平平息

特别提示:

本书在编写过程中,参阅和使用了一些报刊、著述和图片。由于联系上的困难,和部分作品的作者(或译者)未能取得联系,对此谨致深深的歉意。敬请原作者(或译者)见到本书后,及时与本书编者联系,以便我们按照国家有关规定支付稿酬并赠送样书。

联系电话:010-80776121　联系人:马老师